**Reading VOCA** (리딩보카―독해의, 독해에 의한, 독해를 위한)

지은이 최인철
펴낸이 허 민
펴낸곳 스텝업

초판 1쇄 발행 2013년 3월 21일
초판 5쇄 인쇄 2023년 3월 8일

출판신고 제 324-2012-000051호
05248 서울시 강동구 올림픽로 667 대동피렌체리버 705호

TEL 02-747-7078
FAX 02-747-7079

www.stepupbook.net

ISBN 978-89-94553-06-1

가격은 뒤표지에 있습니다.

· 이 책의 무단전재 및 복사, 복제행위 또는 독창적인 편집의 모방은 저작권법에 위반됩니다.
· 파본은 구입한 곳에서 교환이 가능합니다.

스텝업은 (주) 네오인의 어학전문 브랜드입니다.

독해의, 독해에 의한, 독해를 위한
리딩보카 READING VOCA
Of the Reading, By the Reading, For the Reading

최인철 지음

스텝업

# 머리말

## 1. 어휘력의 중요성

어학공부에서 어휘가 차지하는 비중은 실로 크다. 어휘에서 의미가 나오며 개념이 생기는 것이다. '내가 그의 이름을 불러주기 전에는 그는 다만 하나의 몸짓에 지나지 않았다. 내가 그의 이름을 불러주었을 때 그는 나에게로 와서 꽃이 되었다.' 라는 어느 시인의 말처럼, 어떤 현상이나 물체를 나타내는 이름이 있을 때 그 의미가 생기는 것이다. 한 언어에 어떤 단어가 없으면, 그 단어가 나타내는 개념을 이해시키기 어렵다. 우리말에 '구수하다'란 어휘가 영어에 정확히 대체할 수 있는 어휘가 없으므로, 영어 원어민들에게 그 뜻을 이해시키기 어렵다. 이는 개인에게도 마찬가지로 적용된다. 자신이 모르는 단어에 관한 개념은 형상화하기 어렵고 따라서 이해하기도 어렵다. 언어습득에서는 개념의 전달에 핵심적인 역할을 하는 어휘를 습득하는 것이 가장 기초적이면서도 가장 중요한 일이기도 하다.

또한, 한 흥미로운 심리언어학 실험을 통해서 'A dog was bitten by the boy.'라는 문장을 듣는 순간, 원어민들은 '한 강아지가 소년을 무는 상황'을 머릿속에 떠올리지, '소년이 강아지를 무는 상황'을 생각하지 않는다는 사실이 밝혀졌다. 즉, 사람들은 일반적으로 쉬운 의미의 단어로 구성된 문장을 듣고 나서는, 문장 구조를 분석하기 전에, 친숙한 어휘의 의미를 생각하고 머릿속에 있는 기존의 의미체제(스키마)에 맞도록 의미를 짜 맞춰 이해하고 넘어간다. 이처럼, 우리가 말과 글을 이해할 때는 문장 구조보다는 어휘의 개념을 먼저 인지하고 나서야 구문에 그 어휘의 의미를 짜 맞춰 생각하게 된다. 사고 개념이 일차적으로 어휘에서 창출된다는 점을 생각해 볼 때 어휘의 중요성을 잘 알 수 있을 것이다.

## 2. 우리나라 어휘학습의 문제점

우리나라의 학생들은 영어 어휘력의 중요성을 잘 인식하지 못하는 경향이 있는데, 이는 교재나 교과 과정뿐만 아니라 교육방법이 그 원인이라고 생각된다. 우리나라 중등 영어교육 과정에서는 모르는 단어는 유추하라는 어휘 학습법을 맹신하고 있는 듯하다. 물론, 논리적 사고를 통하여 유추하는 능력을 배양하는 것이 독해력 향상에 효과적인 방법이며, 사전을 볼 수 없는 시험상황을 대비하여서 논리적 사고를 통한 추론능력을 배양하는 것은 바람직하다. 그러나, 유추해 본 후에 그 어휘의 뜻을 정확히 파악하기 위해 사전을 통하여 확인하는 것이 반드시 필요함에도, 대부분의 학생들은 그 필수적인 확인 과정이 귀찮다는 이유로 대충 넘어가는 것이 문제이다.

더욱이, 모르는 어휘의 유추 학습법은 어느 정도 어휘력을 갖춘 상태에서 학습자의 수준에 맞는 글을 읽을 때 바람직한 방법이지, 기본이 되어 있지 않은 상태에서 무턱대고 유추를 권장하는 것은 잘못된 방법이다. 실제로 외국어 학습자 입장에서는 유추가 결코 쉽지 않으며 기본 어휘력이 결여된 상태에서는 유추 학습법의 효과도 매우 낮다. 연구에 의하면, 어휘력과 독해력의 관계가 일차함수가 아닌 2차 함수 이상의 상관관계가 있다고 알려졌다. 예컨대, 100단어 정도로 한정된 독해 지문에서 모르는 어휘가 1단어 정도이면 그 어휘의 의미를 어느 정도 유추할 수 있어서 독해 지문을 이해할 수 있지만, 모르는 어휘가 2단어만 되도 유추가 어려워지고 지문을 이해하는 것이 2배 이상으로 어려워진다는 것이다.

우리나라의 중등 영어교육에서 익히게 되는 어휘 수는 교육과정에 따라서 개발된 교과서 (최대 3천 단어 수준)와 참고서를 포함한다고 해도 4천 단어 정도에 불과하다. 대부분 대학생들이 고3 때의 영어실력을 넘지 못하는 것 또한 현실이다. 따라서, 이런 정도의 어휘력을 지닌 대재나 대졸 수험생들이 적어도 7-8천 단어 이상의 수준을 요구하는 영어 독해 시험 (TOEFL이나 GRE는 그보다 훨씬 높은 수준임)을 보려면 어려울 수밖에 없다. 이런 점에서 볼 때 대부분 수험생들은 현재의 어휘력을 거의 배가시켜야 원서독해뿐만 아니라 영어시험에서도 좋은 결과를 얻을 수 있을 것이다.

## 3. 효과적인 어휘 학습 방법

이런 어려운 상황을 극복하기 위해서는 효과적인 외국어 어휘 학습법이 필요하다. 외국어 학습법 차원에서 어휘를 습득하는 데는 크게 2가지 효과적인 학습방법이 있다. 주제별로 연결하여 어휘를 의미에 따라 학습하는 의미론적인 학습법과 파생어를 만드는 접사들을 기억함으로써 어휘력을 키우는 형태소적인 학습법이 있는데, 이 두 가지 모두 병행하는 것이 학습효과를 높일 수 있다. 현재, 형태소적인 학습법에 근거한 교재는 시중에 많이 나와 있으나 주제별로 분류된 어휘의 학습에 초점을 맞춘 교재는 별로 없는 것이 사실이다. 따라서, 본서는 우리나라 대부분 학생들에게 부족한 의미론적 어휘 학습에 도움이 되도록 주제별 어휘학습에 초점을 맞추어 집필되었다.

우리 머릿속의 어휘는 그물 구조 (넷워크)처럼 의미상 관련된 어휘(lexicon)끼리 연결되어 있다. 따라서, 어휘력 증진에 가장 효과적인 방법은 연상법을 활용하여, 주제 관련 어휘를 많이 기억하는 것이다. 본서는 인문, 사회, 자연, 문화, 일상생활 등 원서 독해에서 다루어지는 의미/주제 120개를 선정하여 독해 시험에 필수적인 어휘 10,000(관련 어휘 포함)여 개의 주제별 관련 어휘를 독해 지문으로 꾸며서 의미론적인 학습법의 효과를 극대화하도록 하였다. 각 주제별로 의미 있는 독해 지문을 제시하여 주요 관련 어휘의 의미를 좀 더 "적확하게"(매우 정확하게) 이해하도록 하였고, 각 어휘는 의미 있는 문맥의 문장을 통하여 복습문제로도 연습할 수 있도록 제시되었다. 어휘를 독립적으로 따로 외우는 것은 의미와 분리되어서 기억효과가 떨어지므로, 반드시 어휘가 포함된 구(phrase)나 절(clause) 등의 표현을 통해서 습득하는 것이 효과적이란 사실은 주지의 사실이다. 이렇게 주제별로 어휘를 공부하면 학습효과도 매우 높을 것이고, 주제별로 독해 지문이 나올 수밖에 없는 영어 독해 시험에서도 좋은 성적을 얻게 될 것이다.

현대 영어 평가에서 중요하게 다루는 독해를 통한 어휘시험(영국의 Cambridge대학 평가원-영국의 ETS 같은 기능으로서 더 오랜 역사와 전통을 지닌 평가기관-에서 개발하는 영어시험과 TEPS에 포함되는 어휘시험 등)에서는 의미적으로 혼동되는 표현 (예: look, gaze, glance, glare, stare, etc.)을 구분하는 어휘력을 자주 측정하고 있는데, 이런 시험에서 좋은 성적을 얻기 위해서도 유사한 어휘들의 정확한 의미를 습득하는 것이 매우 중요하다. 고급 독해로 올라갈수록 독해력을 좌우하는 것은 구문분석력보다는 독해 지문에서 다루는 주제에 대한 배경지식이며, 그 배경지식의 핵심은 정확한 의미를 파악하는 어휘력임을 잊지 않고, 주제별 어휘력 향상을 위해서 꾸준히 노력하면 독해력 증진에 큰 효과가 있을 것이다.

또한, 인지·심리학적 측면에서 효과적인 어휘 학습 방법에 대해서 간단히 설명하고자 한다. 어휘력이 진정한 독해력의 초석이 되기 위해서는 내재화(잠재의식 속에 들어감)되어야 한다. 이런 살아 있는 어휘력을 계속 유지하기 위해서는 장기 기억력(long-term memory)이 필요하다. 장기 기억력을 극대화하기 위해서는 단기간에 집중적으로 학습하는 것(cramming: 소위 시험 전 "벼락치기")보다, 장기간에 걸쳐 여러 번 반복하는 것이 바람직하다. 단기간의 집중 학습은 단기 기억력 (short-term memory)에는 도움이 될 수 있지만, 장기 기억효과가 높지 않다. 예컨대, 일주일 중 하루에만 5시간 학습하고 (나머지 날들은 어휘에 대해 기억을 하지 않는) 방법과 일주일 중 5일 동안 매일 1시간씩 학습하는 방법은 총 학습 시간이 5시간으로 동일하지만, 후자의 학습방법이 장기 기억력에 훨씬 도움이 된다. 이는 심리학 실험을 통해서 이미 밝혀진 바이며, 대부분 경험적으로 알고 있는 사실이겠지만, 무엇보다도 실천이 중요하다. 언어 학습은 습관이라고 말하는 이유가 여기에 있으며, 어휘력 학습에서는 더욱더 어휘 학습을 습관화하는 것이 중요하다.

## 4. 독서의 생활화

마지막으로, 이렇게 다양하고 중요한 주제별 어휘들을 잘 학습했다고 하여도, 어휘력을 계속 유지하기는 쉬운 일이 아니다. 결국, 고급수준의 어휘력을 유지하기 위해서는 의미 있는 의사소통 상황을 통한 반복적 입력 및 사용 횟수가 중요하다. 이를 위해서는 살아 있는 영어의 보고인(인터넷에서 얼마든지 무료로 손쉽게 볼 수 있는) 영자 신문 및 잡지나 여러분이 좋아하는 취미 관련 서적 등을 꾸준히 볼 것을 추천한다. 본서에서 제시한 중요 어휘 표현들을 살아 있는 신문이나 잡지 등을 통해서 확인하게 되면, 그 어휘 표현들은 여러분의 잠재의식 속에서 훨씬 더 쉽게 습득이 되고, 여러분의 평생에 도움이 되는 큰 자산이 될 것을 확신한다.

끝으로 이 책의 출간을 도와주신 허 민 대표님과 스텝업 R&D 연구원, 그리고 편집에 수고해 주신 직원 여러분들께 심심한 사의를 표하며, 지혜를 충만히 주시는 하나님과 늘 기도로 성원해 주는 가족에게 마음속 깊이 감사드린다.

안암동 연구실에서 **최 인 철** 교수 드림

# 리딩보카의 특징과 구성

## 1. 리딩보카의 주요 특징

**❶ 국내 최초의 독해의, 독해에 의한, 독해를 위한 어휘교재**

리딩보카는 일반적인 영어 학습뿐 아니라 영어원서나 영자신문을 읽기 위해 또는 시험을 위한 독해에 반드시 필요한 영어 단어를 의미론적 또는 주제별 관련어휘로 구성된 지문을 통해 학습할 수 있도록 만든 국내 최초의 독해를 통한 어휘 학습교재이다.

**❷ 분야별 어휘를 독해 지문에서 활용한 구성으로 학습 효과 최대화**

시중에 출간된 몇 안 되는 테마별 어휘교재는 죄다 각 분야별 단어를 평면적이고 인위적으로 카테고리를 설정하여 나누어 단편적으로 설명하고 있는 반면, 리딩보카는 해당 분야를 개괄적이고 평이하게 설명한 글 속에 분야별 어휘를 배치하고 설명하는 구성으로 입체적이고 효율적인 분야별 어휘학습을 유도하고 있다. 즉, 독해 지문 속에서 주제별 어휘를 학습하도록 구현한 획기적인 독해 어휘 교재이다.

**❸ TOEFL, TEPS, IELTS, 수능, 공무원, 편입 등 독해 완벽 대비서**

리딩보카는 시험에 자주 등장하는 각 분야의 지문과 독해 어휘를 충분히 다루어 TOEFL, TEPS, IELTS, 수능, 공무원, 편입 등 각종 시험에 완벽하게 대비할 수 있도록 하였다. 인체의 구성부분, 의학, 감정, 의식주, 가족, 교통 등 흔히 접하는 일상적인 영역뿐만 아니라 인문, 예술, 사회과학, 자연과학 등 학문적 영역의 기초지식을 빠짐없이 다루고 있으며, 진화론과 창조론, 사형제도, 안락사, 지구 온난화 등 특히 자주 이슈가 되는 시사적인 영역도 충분히 다루고 있다.

**❹ 일상용어에서부터 원서나 신문에 자주 쓰이는 전문용어까지 폭넓게 수록**

리딩보카는 일상적으로 쓰는 가장 기본적인 어휘에서부터 원서나 영자신문 등에 자주 나오는 전문 용어까지 폭넓게 수록하여 사전 없이 영어 원서를 쉽게 읽을 수 있도록 기초지식을 제공한다. 독해 문장이 어려운 경우 간략한 구문 설명을 곁들여 문장이해를 돕고 있다.

**❺ 총 120개 주제 및 분야로 정리한 각 분야별 독해 어휘와 배경지식**

기본적으로 알아야 할 영어지문을 크게 신체와 정신, 가정과 사회, 일상생활, 인문과학, 사회과학, 자연과학 등 총 6개의 파트로 나누고, 각 파트에는 여러 개의 소목차로 세분하여 총 120개의 영역을 다룬다. 각 지문에 해당 영역에 자주 등장하는 용어를 지문 속에 녹아들도록 하여 자연스럽게 테마별 어휘를 익힐 수 있도록 구성하였으며, 어려운 용어에는 간략한 배경지식도 수록하여 이해를 돕도록 하고 있다. 각 분야를 매우 포괄적이고 개괄적으로 다루고 있는 본서에 수록된 각 지문들은 그 자체로 충분한 배경지식을 전달해 줄 것이다.

**❻ 약 10,000개를 넘는 풍부한 분야별 어휘 수록**

하나의 분야를 포괄하는 하나의 지문에서 약 20~27개의 표제어를 뽑아내고 각 표제어에는 관련단어(동의어, 관련어휘, 혼동어휘)를 부가적으로 설명하여 총 10,000여 개가 넘는 어휘를 수록하였다. 이 정도의 어휘량이라면 영어로 된 어떤 지문이라도 읽고 이해하는데 큰 무리가 없을 것이다.

**❼ 예문으로 구성된 Review를 통해 효과적 복습 제공**

각 지문과 표제어 학습이 끝나면 해당 단어의 뉘앙스를 가장 잘 전달할 수 있고 인접 단어까지 학습할 수 있는 잘 짜인 예문으로 복습할 수 있는 Review를 제공한다.

## 2. 리딩보카의 구성

### 각 분야를 망라한 120개 주제의 지문과 분야별 독해 어휘

인간이 접하고 연구하는 거의 모든 분야를 총 6개의 파트와 23개의 챕터 속에 배치된 120개의 지문으로 녹여내었다. 각 분야는 유기적이고 논리적인 흐름으로 자연스럽게 구성하였다.

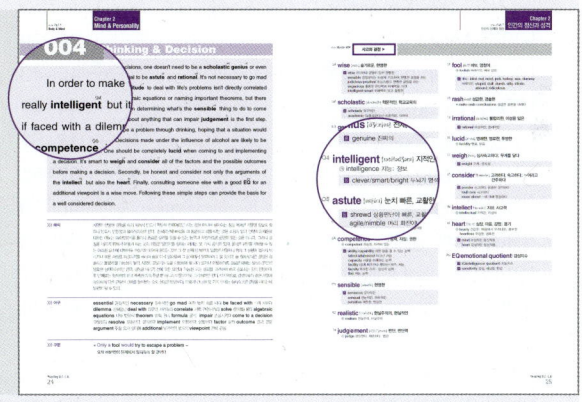

### 독해 문장과 관련 표제어의 입체적 구성

좌측 독해 문장에 사용된 테마별 단어를 바로 우측 페이지에서 확인하고 학습할 수 있도록 편집하여 효율성을 극대화하였다. 독해 지문 속 표제어와 표제어 설명란의 번호를 상호 매칭시켜 상호 대조 확인의 용이성을 극대화하였다.

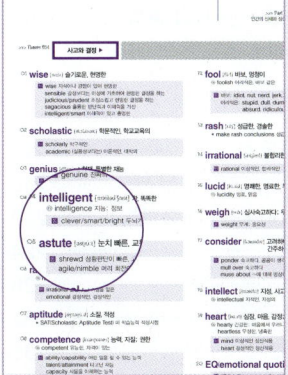

### 표제어의 확장

지문 속에서 사용된 표제어를 단편적으로 나열하는데 그치지 않고 해당 표제어와 관련된 파생어, 동의어 [동], 관련어휘 [관], 혼동어휘 [혼], 뉘앙스 구분이 필요한 경우 [뉘] 등으로 관련 단어를 풍부하게 수록하여 어휘력 확장에 도움이 되도록 하였다.

### 예문으로 구성된 Review를 통해 효과적 복습 제공

앞에서 배운 분야별 표제어 및 관련어휘를 이용하여 만든 예문을 통해서 복습할 수 있도록 Review를 수록하였다. 예문과 해석을 한 페이지에 좌우로 편집하여 쉽게 확인이 가능하도록 배려하였다.

※ 전체색인은 www.vocabible.com에서 제공합니다.

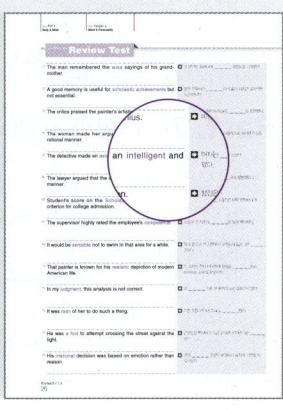

VII

# Contents

### Part. 1 · 인간의 신체와 정신(Body & Mind)

1. 인간의 신체(Parts of the Body)
   - [001] The Head 머리 ········ 12~15
   - [002] The Body 몸 ········ 16~19
   - [003] Internal Organs 내장 기관 ········ 20~23

2. 인간의 정신과 성격(Mind & Personality)
   - [004] Thinking & Decision 사고와 결정 ········ 24~27
   - [005] Cognitive Action 인지작용 ········ 28~31
   - [006] Personality 성격 ········ 32~35

3. 인간의 감정(Emotion)
   - [007] Anger 분노 ········ 36~39
   - [008] Happiness 행복 ········ 40~43
   - [009] Sadness 슬픔 ········ 44~47
   - [010] Disappointment 실망 ········ 48~51
   - [011] Embarrassment 당황 ········ 52~55
   - [012] Surprise 놀람 ········ 56~59
   - [013] Fear 공포 ········ 60~63
   - [014] Like & Dislike 좋음과 싫음 ········ 64~67
   - [015] Enthusiasm 열정 ········ 68~71

4. 오감과 육감(Senses)
   - [016] Sight 시각 ········ 72~75
   - [017] Sounds 소리 ········ 76~79
   - [018] Taste 미각 ········ 80~83
   - [019] Smell 냄새 ········ 84~87
   - [020] Touch 촉감 ········ 88~91
   - [021] Sixth Sense 육감 ········ 92~95

5. 질병과 의학(Diseases & Medicine)
   - [022] Diseases & Symptoms 질병과 증상 ········ 96~99
   - [023] Doctors 의사 ········ 100~103
   - [024] Treatment & Medicine 치료와 의약품 ········ 104~107
   - [025] Addiction 중독 ········ 108~111

■ 분야별 보충용어 정리[1] ········ 112~113

### Part. 2 · 가정과 사회(Home & Society)

1. 의식주와 환경(The Necessities of Life & Environment)
   - [026] Food & Eating 음식과 식사 ········ 116~119
   - [027] Clothes 의류 ········ 120~123
   - [028] House & Residence 주거와 거주 ········ 124~127
   - [029] Furnishing 가구 ········ 128~131
   - [030] Chores & Tools 집안일과 도구 ········ 132~135
   - [031] Buildings 건물 ········ 136~139
   - [032] Town & City 읍과 시 ········ 140~143

2. 성과 가족(Gender & Family)
   - [033] Gender & Puberty 성과 사춘기 ········ 144~147
   - [034] Gender Equality & Feminism 성적 평등과 여권신장 ········ 148~151
   - [035] Family & Kinship 가족과 혈연 ········ 152~155
   - [036] Marriage 결혼 ········ 156~159

3. 자녀와 교육(Children & Education)
   - [037] Pregnancy & Delivery 임신과 출산 ········ 160~163
   - [038] Education 교육 ········ 164~167
   - [039] Academy 대학 ········ 168~171

4. 인종과 민족(Race & Ethnos)
   - [040] Race & Ethnos 인종과 민족 ········ 172~175
   - [041] Racism 인종차별 ········ 176~179

■ 분야별 보충용어 정리[2] ········ 180~181

### Part. 3 · 일상생활(Daily Life)

1. 여가생활(Leisure)
   - [042] Hobbies & Pastimes 취미와 오락 ········ 184~187
   - [043] Holiday 휴일 ········ 188~191
   - [044] Vacation 휴가 ········ 192~195
   - [045] Accommodations 숙박시설 ········ 196~199
   - [046] Shopping & Sale 쇼핑과 판매 ········ 200~203
   - [047] Kinds of Sports 스포츠의 종류 ········ 204~207
   - [048] Actions in Sports 스포츠의 동작 ········ 208~211

2. 교통(Traffic)
   - [049] Automobile 자동차 ········ 212~215
   - [050] Traffic & Driving 교통과 운전 ········ 216~219
   - [051] Public Transportation 대중교통 ········ 220~223
   - [052] Rail 철도 ········ 224~227
   - [053] Air 항공 ········ 228~231
   - [054] Ship 선박 ········ 232~235
   - [055] Accidents 사고 ········ 236~239

3. 매스미디어(Mass Media)
   - [056] Reading 독서 ········ 240~243
   - [057] Newspapers & Magazine 신문과 잡지 ········ 244~247
   - [058] Broadcast 방송 ········ 248~251
   - [059] Web site 웹 사이트 ········ 252~255

4. 의사표현(Communications)
   - [060] Phone 전화 ········ 256~259
   - [061] Postal Service 우편업무 ········ 260~263
   - [062] Request & Favor 요청과 부탁 ········ 264~267
   - [063] Invitation 초대 ········ 268~271
   - [064] Excuse & Apology 변명과 사과 ········ 272~275

[065] Complain & Criticize 불평과 비난 ········ 276~279
[066] Opinion & Debate 의견과 토론 ········ 280~283
[067] Advise & Warn 충고와 경고 ············· 284~287
[068] Compliment & Comfort 칭찬과 위로 ····· 288~291
■ 분야별 보충용어 정리[3] ···················· 292~293

## Part. 4 · 인문과학(Cultural Science)

1. 언어와 문학(Language & Literature)
   [069] Language 언어 ························· 296~299
   [070] Speaking 말하기 ······················· 300~303
   [071] Writing 쓰기 ··························· 304~307
   [072] Literature 문학 ························ 308~311

2. 예술(Art)
   [073] Art 예술 ······························· 312~315
   [074] Beauty & Appearance 아름다움과 외모 ···· 316~319

3. 종교와 역사(Religion & History)
   [075] Belief & Superstition 믿음과 미신 ····· 320~323
   [076] Faith & Religion 신앙과 종교 ·········· 324~327
   [077] History & Prehistory 역사와 선사시대 ··· 328~331
   [078] Archaeology 고고학 ····················· 332~335
■ 분야별 보충용어 정리[4] ···················· 336~337

## Part. 5 · 사회과학(Social Science)

1. 정치와 국가(Politics & Government)
   [079] Election & Political System 선거와 정치제도 ···· 340~343
   [080] Political Party 정당 ·················· 344~347
   [081] Legislative Branch 입법부 ············· 348~351
   [082] Administrative Branch 행정부 ·········· 352~355
   [083] Judiciary Branch 사법부 ··············· 356~359
   [084] Constitution & Rights 헌법과 인권 ····· 360~363

2. 법률과 범죄(Law & Crime)
   [085] Crime 범죄 ····························· 364~367
   [086] Criminal 범죄자 ························ 368~371
   [087] Criminal Trial & Punishment 형사재판과 형벌 ···· 372~375
   [088] Capital Punishment 사형제도 ··········· 376~379
   [089] Euthanasia 안락사 ······················ 380~383
   [090] Lawsuit 소송 ··························· 384~387

3. 경제와 금융(Economy & Finance)
   [091] Economy 경제 ··························· 388~391
   [092] Finance 재정 ··························· 392~395
   [093] Banking 은행 ··························· 396~399

[094] Investment 투자 ························ 400~403
[095] Marketing 마케팅 ······················· 404~407

4. 직업과 노동(Jobs & Labor)
   [096] Kinds of Jobs 직업의 종류 ············· 408~411
   [097] Employment & Layoff 고용과 해고 ······· 412~415
   [098] Labor Dispute 노동 쟁의 ··············· 416~419
   [099] Organization & Position 조직과 직위 ···· 420~423
   [100] Meeting 회의 ··························· 424~427
■ 분야별 보충용어 정리[5] ···················· 428~429

## Part. 6 · 자연과학(Natural Science)

1. 우주와 생물(Universe & Organism)
   [101] Science & Technology 과학과 기술 ····· 432~435
   [102] Earth & Cosmos 우주와 지구 ············ 436~439
   [103] Evolutionism & Creationism 진화론과 창조론 ···· 440~443
   [104] Organism & Reproduction 생명체와 번식 ···· 444~447
   [105] Plants & Trees 식물과 나무 ············ 448~451
   [106] Animals 동물 ··························· 452~455
   [107] Characteristics & Habitats 습성과 서식지 ···· 456~459
   [108] Food Chain 먹이사슬 ···················· 460~463

2. 물질과 형태(Material & Form)
   [109] Materials 물질 ························· 464~467
   [110] Shape 모양 ····························· 468~471
   [111] Number & Quantity 수와 양 ············· 472~475

3. 환경과 자연현상(Environment & Natural Phenomenon)
   [112] Geology & Ecology 지질과 생태계 ······· 476~479
   [113] Resource & Environment 자원과 환경 ···· 480~483
   [114] Energy 에너지 ·························· 484~487
   [115] Alternative Energy 대체 에너지 ········ 488~491
   [116] Pollution 오염 ························· 492~495
   [117] Global Warming 지구 온난화 ············ 496~499
   [118] Weather & Climate 기상과 기후 ········· 500~503
   [119] Natural Disaster 자연 재해 ············ 504~507
   [120] Earthquake 지진 ························ 508~511

■ 분야별 보충용어 정리[6] ···················· 512~513

## Appendix

1. Branches of Science 학문의 분야 ············ 514~516
2. Abbreviation & Acronym 약어와 두문자 ······· 517~519

# Part 1
## 인간의 신체와 정신
## (Body & Mind)

### 1. 인간의 신체(Parts of the Body)
- [001] The Head 머리
- [002] The Body 몸
- [003] Internal Organs 내장 기관

### 2. 인간의 정신과 성격(Mind & Personality)
- [004] Thinking & Decision 사고와 결정
- [005] Cognitive Action 인지작용
- [006] Personality 성격

### 3. 인간의 감정(Emotion)
- [007] Anger 분노
- [008] Happiness 행복
- [009] Sadness 슬픔
- [010] Disappointment 실망
- [011] Embarrassment 당황
- [012] Surprise 놀람
- [013] Fear 공포
- [014] Like & Dislike 좋음과 싫음
- [015] Enthusiasm 열정

### 4. 오감과 육감(Senses)
- [016] Sight 시각
- [017] Sounds 소리
- [018] Taste 미각
- [019] Smell 냄새
- [020] Touch 촉감
- [021] Sixth Sense 육감

### 5. 질병과 의학(Diseases & Medicine)
- [022] Diseases & Symptoms 질병과 증상
- [023] Doctors 의사
- [024] Treatment & Medicine 치료와 의약품
- [025] Addiction 중독

>>> Part 1
Body & Mind

**Chapter 1
Parts of the Body**

>>> Theme **001** **The Head**[01]

A person's **face**[02] could be the blending of the **characteristics**[03] of parents and grandparents. Your mother's side of the family may be the source of your **oval-shaped**[04] face. The **forehead**[05] can be high like one's mother's mother. You may find yourself **mimicking**[06] your father's way of tapping his **temples**[07] with a pencil while deep in thought. Your father's mother's **eyebrows**[08] may be thick in the same way that yours are. Your father's father may be the source of your eye color while your mother may be the reason for your **far-sightedness**[09]. Your father may apologize for sticking you with his large ears. Your grandmother may be the source of your long **pointy**[10] **nose**[11]. Pictures may reveal that your **cheeks**[12] have **dimples**[13] in the same spot as your maternal grandfather's do. The **shape**[14] of your mouth may be borrowed from your father's mother. Your mother may be the source of your unusually large wide white **teeth**[15]. You may even be able to roll your **tongue**[16] like your paternal grandfather. So through examining your **wrinkled**[17] progenitors, you may unlock the key to the clues of what you shall be in the future.

---

>>> 해석   어떤 사람의 얼굴은 부모나 조부모 얼굴의 특징을 혼합해 놓은 것이라고 할 수 있다. 당신의 타원형의 얼굴은 모계로부터 받은 것이고 그 이마는 외조모의 이마처럼 높을지도 모른다. 어느 날 당신은 깊은 생각에 빠져 있을 때 연필로 관자놀이를 두드리곤 했던 부친의 행동을 따라 하고 있는 자신을 발견할지도 모른다. 당신 친할머니의 눈썹은 당신의 눈썹 모양처럼 짙을 수도 있다. 당신의 눈동자 색은 친할아버지로부터 물려받은 것인 반면 어머니를 닮아 원시일지도 모른다. 당신의 아버지는 큰 귀를 물려준 것에 대해 당신에게 사과를 해야 할 것이며 당신의 길고 뾰족한 코는 할머니로부터 물려받았을 것이다. 사진을 보면 당신의 뺨의 보조개는 당신의 어머니의 할아버지와 같은 위치에 있음을 알 수 있을지도 모른다. 입의 모습은 당신의 할머니로부터 온 것일지 모른다. 당신의 어머니는 당신의 비정상적인 크고 넓은 하얀 이의 원천일지 모른다. 당신의 친할아버지처럼 심지어 당신의 혀를 말수 있을지도 모른다. 그러니 주름진 조상들의 사진을 자세히 관찰해보면 당신이 장차 어떤 모습이 될지 알 수 있을 것이다.

---

>>> 어구   **blend** 섞다 **tap** 가볍게 두드리다 **spot** 지점, 부위 **paternal** 아버지의, 부계의 **progenitor** 조상, 선조

---

>>> 구문   • you may unlock the key to the clues (of what you shall be in the future).
(당신이 미래에 어떤 모습이 될지의) 단서에 대한 비밀을 밝힐 수 있을 것이다

# Chapter 1 인간의 신체

>>> Part 1 인간의 신체와 정신

>>> Theme 001    머리 ▶

01 **head** [hed] 1. 머리, 두뇌
    2. 책임자, 수장
    3. (~쪽으로) 향하다
   - skull [skʌl] 두개골
     scalp [skælp] 머리 가죽
     skeleton 골격, 해골
     brain 뇌, 두뇌

02 **face** [feis] 1. 얼굴, 얼굴 표정
    2. (~쪽으로) 면하다, 직면하다, 대면하다

03 **characteristic** [kæ̀riktərístik] 특징, 특색
   - countenance [káuntənəns] (얼굴) 표정, 안색; 용모
     feature [fíːtʃər] 이목구비; 얼굴의 한 부분; 특징
     complexion [kəmplékʃən] 안색, 얼굴빛

04 **oval-shaped** [óuvəl-ʃéipt] 달걀모양의
   - oval 달걀모양; 타원형의
     shaped ~한 모양을 한

05 **forehead** [fɔ́ːrid, fɔ́ːrhèd] 이마, 앞부분

06 **mimic** [mímik] 흉내 내다, 꼭 닮다

07 **temple** [témpl] 1. 관자놀이 2. 사원

08 **eyebrow** [áibràu] 눈썹
   - eyelash 속눈썹 eyelid 눈꺼풀 eyeball 안구
     iris 홍채 pupil [pjúːpəl] 동공
     sclera [skliərə] 흰자위
     glabella [gləbélə] 미간

09 **far-sighted** 원시의; 선견지명이 있는
   - near-sighted 근시의
     myopic 근시의, 근시안적인

10 **pointy** [pɔ́inti] 끝이 뾰족한

11 **nose** [nouz] 코, 후각
   - pointy nose 뾰족한 코
   @ nosy 참견하기 좋아하는
   - snout (돼지 등의) 코, 주둥이
     muzzle (개나 말의) 주둥이
     trunk (코끼리의) 코
   - nasal [néizəl] 코의, 콧소리의
     nostril [nástrəl] 콧구멍

12 **cheek** [tʃiːk] 뺨, 볼
   - cheekbone 광대뼈
   - with tongue in cheek 놀림조로
   - jaw [dʒɔː] 턱 chin [tʃin] 아래턱

13 **dimple** [dímpl] 보조개
   - pimple 여드름, 뾰루지
     freckle 주근깨
     wart 사마귀

14 **shape** [ʃeip] 1. 모양, 모습, 형태, 몸매
    2. 형성하다
   - in good shape 몸 상태가 좋은

15 **tooth** [tuːθ] 이 〈복수형〉 **teeth**
   - wisdom tooth 사랑니
   - canine tooth 송곳니
   - decayed tooth 충치
   - have a sweet tooth 단 것을 좋아하다

16 **tongue** [tʌŋ] 혀
   - on the tip of one's tongue
     (입에서 뱅뱅 돌 뿐) 생각이 나지 않는

17 **wrinkle** [ríŋkl] 주름
   - crease (얼굴의) 주름

>>> Part 1 Body & Mind    >>> Chapter 1 Parts of the Body

>>> Theme 001 **Review Test**

01 Hair on your head serves multiple purposes.
➡ _____에 있는 머리카락은 여러 가지 기능을 한다.

02 He has a smile on his face.
➡ 그는 _____에 미소를 띠고 있다.

03 In the form of DNA, genes determine the characteristics of every living thing.
➡ 유전자는 DNA의 형태로 모든 생물체의 _____을 결정짓는다.

04 They have an oval-shaped body and a narrow head with a pointed snout.
➡ 그것들은 _____ 몸집과 뾰족한 주둥이를 가진 좁다란 머리를 가지고 있다.

05 Worry had entrenched creases on his forehead.
➡ 근심으로 그의 _____에 주름이 생겼다.

06 Joe likes to mimic his teacher.
➡ 조는 선생님을 _____것을 좋아한다.

07 The woman rubbed her throbbing temples.
➡ 그녀는 떨리는 _____를 문질렀다.

08 My sister prefers men with thick eyebrows.
➡ 여동생은 _____이 짙은 남자를 좋아한다.

09 It was far-sighted of him to sell all his stocks before the crash.
➡ 주가가 폭락하기 전에 모든 주식을 팔다니, 그는 _____.

10 Pointy things like pencils or scissors can be very dangerous.
➡ 연필이나 가위처럼 끝이 _____ 것들은 매우 위험할 수 있다.

11 Dogs' noses are so sharp they can find even the faintest smell.
➡ 개의 _____는 너무 예민해서 심지어 아주 희미한 냄새도 맡을 수 있다.

12 The dimples created deep creases in the soft cushion of her cheeks.
➡ 보조개는 그녀의 보드라운 _____에 깊은 골을 만들었다.

¹³ Agnes has a lovely dimple in one of her cheeks when she smiles.

▶ 아그네스는 웃을 때 한쪽 볼에 예쁜 _____가 생긴다.

¹⁴ Our thoughts shape our lives and make us what we are.

▶ 우리의 생각이 우리의 삶을 _____하고 현재의 우리를 만든다.

¹⁵ The teenager had to have his new wisdom tooth pulled out.

▶ 그 십 대는 새로 난 _____를 뽑아내야만 했다.

¹⁶ The different regions of the tongue can taste sweet, salty, bitter and sour foods.

▶ _____의 각기 다른 부분에서 단맛, 짠맛, 쓴맛, 신맛을 느낀다.

¹⁷ Laughter left its traces as wrinkles on her face.

▶ 웃어서 그녀의 얼굴에 _____이 남았다.

---

**〉〉〉 정답**

| | | | | |
|---|---|---|---|---|
| 01. 머리 | 02. 얼굴 | 03. 특징 | 04. 타원형의 | 05. 이마 |
| 06. 흉내 내는 | 07. 관자놀이 | 08. 눈썹 | 09. 선견지명이 있었다 | 10. 뾰족한 |
| 11. 코 | 12. 뺨 | 13. 보조개 | 14. 형성 | 15. 사랑니 |
| 16. 혀 | 17. 주름 | | | |

>>> Part 1 Body & Mind
>>> Chapter 1 Parts of the Body

>>> Theme 002   The Body

In addition to the mental and psychological benefits of **working out**[01], **physical exercise**[02,03] also has excellent benefits for the body. **Weight lifting**[04] can cause a lot of physical pain or discomfort. But if one puts up with the physical discomfort of pushing the **muscles**[05] to the extreme, one can see the positive results. The **arms**[06] become slimmer and firmer as fat **cells**[07] **shrink**[08] and muscle **fibers**[09] become denser. The **forearm**[10] and upper arm become more toned. The **hips**[11] become **sleeker**[12]. The **waist**[13] becomes narrower and the **stomach**[14] becomes tighter after hundreds of **sit-ups**[15] repeatedly targeting **abdominal**[16] muscles. In order to maintain these results, exercisers need to remember to use proper technique to avoid **straining**[17] the **back**[18]. Exercisers should alternately work muscle groups in order to avoid overworking and damaging muscles. If not you can sustain injuries that will make you hurt all over from the top of your hair to the **nails**[19] of your fingers to the soles of your feet. But even after injuries to **Achilles tendons**[20], **shin**[21] splints and **sprained knees**[22,23] dedicated runners return to the tracks, roads, and sidewalks, with wrist weights strapped on enjoying the adrenaline rush that accompanies the **exertion**[24], rewarded with slim knees between hard **thighs**[25] and **toned calves**[26,27].

>>> 해석

운동을 하면 정신적, 심리적인 기쁨을 얻을 수 있을 뿐만 아니라 신체에도 득이 된다. 역기를 들면 육체적으로 상당한 고통이나 괴로움이 수반된다. 그러나 근육을 최대로 밀 때 생기는 육체적 불편만 참는다면, 그 결과는 긍정적이라고 할 수 있다. 지방세포가 줄어들고 근섬유의 밀도가 높아지면서 팔은 점점 가늘고 단단해진다. 전박과 상박이 고루 단단해진다. 허리선이 매끄러워지고 허리도 점점 가늘어진다. 복근강화를 위해 윗몸일으키기를 수백번하면 위도 튼튼해진다. 이러한 효과를 유지하기 위해 운동하는 사람은 적절한 기술로 등을 무리하게 사용하지 않도록 해야 한다. 과도한 운동으로 인한 근육 손상을 막기 위해 번갈아가며 근육 운동을 해야 한다. 그렇지 않으면 머리 꼭대기에서부터 손톱, 발바닥까지 온몸이 욱신거리는 상처를 입을 수도 있다. 그러나 아킬레스건 파열이나 정강이통, 무릎골절 같은 부상을 입은 후에도 헌신적으로 운동하는 선수들은 격렬히 운동했을 때 분비되는 아드레날린을 즐기며 모래주머니를 차고서 트랙이나 도로 또는 인도로 복귀하게 되는데, 이런 노력으로 그들은 단단한 허벅지와 둥글게 탄력 있는 종아리 사이에 슬림한 무릎을 갖게 된다.

>>> 어구

**mental** 정신의, 심적인 **psychological** 심리적인 **benefit** 이익 **put up with** ~을 참다 **discomfort** 불쾌, 고통 cf. **comfort** 위로, 편안함; 위로하다 **dense** 밀집한 **alternately** 번갈아가며, 교대로 **sustain** 유지하다, (피해를) 입다 **dedicate** 헌납하다, 바치다 **strap** 가죽끈으로 묶다, 반창고를 바르다 **adrenaline** 아드레날린, 흥분시키는 것

>>> 구문

- **If not you can sustain injuries**~
  그렇지 않으면 당신은 ~한 상처를 입을 수도 있다
- **with wrist weights (being) strapped** [with 분사구문]
  모래주머니를 찬 채

>>> Theme 002    **몸 ▶**

01 **work out** (운동으로) 몸을 단련하다

02 **physical** [fízikəl] 육체의, 신체의; 물리학의
 • physical punishment 체벌
 밴 mental 정신의

03 **exercise** [éksərsàiz] 운동, 연습
 • physical exercise 육체적 운동

04 **weight lifting** [wéitlìftiŋ] 역도
 팬 weight 무게, 체중 lift 들어 올리다

05 **muscle** [mʌ́sl] 근육
 • muscle tissue 근육조직
 • muscle spasm 근육경련
 팬 contract 수축하다 relax 이완하다

06 **arm** [áːrm] 팔
 팬 armpit 겨드랑이 elbow 팔꿈치

07 **cell** [sél] 세포; 전지; 작은 방
 • stem cell 줄기 세포
 • somatic cell 체세포

08 **shrink** [ʃríŋk] 움츠러들다; 축소시키다; 수축

09 **fiber** [fáibər] 섬유; 섬유질, 섬유 조직
 • muscular fiber 근섬유
 • fiber optics 광섬유

10 **forearm** [fɔ́ːrɑ̀ːrm] 전박(팔뚝)
 팬 upper arm 상박

11 **hip** [híp] 둔부(다리의 끝부분에서 허리 아래 부분)
 팬 buttocks 엉덩이 rear/ posterior 둔부
  bottom 궁둥이, 둔부; (맨) 바닥
  ass (속어) 엉덩이, 항문(=asshole)
  anus 항문 cf. anal 항문의

12 **sleek** [slíːk] (몸매가) 매끄러운, 날씬한

13 **waist** [wéist] 허리
 팬 pelvis 골반

14 **stomach** [stʌ́mək] (소화기관으로서) 배, 복부, 위
 표 turn a person's stomach ~의 기분을 상하게 하다

15 **sit-up** [sítʌ̀p] 윗몸일으키기
 팬 push-up 팔굽혀펴기 chin-up 턱걸이

16 **abdominal** [æbdɑ́mənl] 배의, 복부의
 ⓝ abdomen 배, 복부
 팬 tummy 배를 의미하는 유아어
  belly 몸에서 배의 부위
  pot belly 올챙이 배
  beer belly (맥주를 많이 먹어) 불룩하게 나온 배

17 **strain** [stréin] 잡아당기다, 긴장시키다, 무리하다

18 **back** [bǽk] 등, 등뼈가 있는 부분
 • bend over backwards 비상한 노력을 기울이다
 팬 backbone 등뼈, 척추 spine 등뼈, 척추 vertebra 척추(골)
  • to the backbone 철두철미하게

19 **nail** [néil] 손톱
 팬 thumbnail 엄지손톱
  finger 손가락 cf. fingertip 골무
  toe 발가락
  digit 손가락, 발가락; 아라비아 숫자
  thumb 엄지손가락 first/index finger 검지
  middle finger 중지 ring finger 약지
  little/pinky finger 새끼손가락
  palm [páːm] 손바닥

20 **Achilles(') tendon** 아킬레스건
 팬 Achilles' heel 치명적 약점 heel 발뒤꿈치

21 **shin** [ʃín] 정강이
 • shin guard 정강이 보호대
 • shin splints 정강이통

22 **sprain** [spréin] (발목 · 손목 등을) 삐다
 • sprain one's ankle 발목을 삐다
 팬 ankle 발목 wrist 손목 knuckle 손가락 관절

23 **knee** [níː] 무릎 (관절)
 • on one's knees 무릎을 꿇고
 팬 kneel 무릎을 꿇다
  lap 무릎(앉았을 때 허리에서 무릎마디까지)

24 **exertion** [igzɔ́ːrʃən] 노력; 격심한 활동
 ⓥ exert (힘 등을) 쓰다; 노력하다

25 **thigh** [θái] 허벅다리, 대퇴부

26 **tone** [tóun] 1. (근육 · 피부의) 탄력; 건강한 상태
  2. (근육 · 피부를) 탄력 있게 (탄탄하게) 만들다
  3. 음조, 색조
 ⓐ toned 탄력있는

27 **calf** [kǽf, káːf] 종아리; 송아지 〈복수형〉 **calves**

>>> Part 1 Body & Mind    >>> Chapter 1 Parts of the Body

## >>> Theme 002  Review Test

01 The two brothers work out together every day.
➡ 두 형제는 매일 같이 _____.

02 Muscles contract and relax during physical activity.
➡ 근육은 _____을 하는 동안 수축과 이완을 한다.

03 She gets plenty of exercise at her job.
➡ 그녀는 직업상 많은 _____을 한다.

04 Weight lifting is the gymnastics sport of lifting weights in a prescribed manner.
➡ _____는 규정된 방식에 따라 역기를 들어 올리는 체육 스포츠이다.

05 Eating protein is important to build muscles.
➡ 단백질 섭취는 _____을 형성하는데 중요하다.

06 She stretched her arms before working out in the gym.
➡ 그녀는 체육관에서 운동하기 전에 _____을 뻗었다.

07 White blood cells help the body fight infections and other diseases.
➡ 백혈구 _____는 몸이 감염과 다른 질병에 맞서 싸우는 것을 돕는다.

08 This sweater won't shrink when you wash it.
➡ 이 스웨터는 세탁해도 _____ 않는다.

09 Too much fiber can actually hurt your body.
➡ 지나친 _____는 실제로 당신 몸을 해칠 수 있다.

10 Playing tennis tones and strengthens the muscles in the forearm and upper arm.
➡ 테니스를 치면 _____과 _____의 근육이 탄력이 생기고 강화된다.

11 The elderly woman had an operation to replace her hip.
➡ 그 나이 든 부인은 _____ 복위 수술을 받았다.

12 This new car was designed with a sleek modern look.
➡ 이 신차는 _____하고 현대적인 외형으로 설계되었다.

13 During his wife's pregnancy, the man's waist expanded with hers.
➡ 아내가 임신해 있는 동안, 아내의 _____와 같이 그의 _____도 불어갔다.

14 Her stomach began to ache from eating too much.
➡ 너무 많이 먹어서 그녀는 _____가 아프기 시작했다.

15 Sit-ups and leg raises are the best way to easily get a flat stomach at home.
➡ _____와 누워 다리들기 운동은 집에서 쉽게 뱃살을 빼는 가장 좋은 방법이다.

Reading V.O.C.A

>>> Part 1  인간의 신체와 정신
>>> Chapter 1  인간의 신체

16 Abdominal obesity is characterized by excess fat in the abdominal area.
➡ _____ 비만은 _____에 지방이 과다한 것으로 특징지어진다.

17 The Olympic athlete was straining every muscle in his body to get to the finish line.
➡ 그 올림픽 선수는 결승선을 넘기 위해 모든 근육을 _____ 있었다.

18 The man stretched his back by twisting his spine.
➡ 그 남자는 _____를 비틀면서 _____을 폈다.

19 The hand has five digits: the thumb, first, middle, ring and little (or pinky).
➡ 손은 ____, ____, ____, ____, ____ 이상 다섯 손가락으로 구성되어 있다.

20 The Achilles' tendon is attached to the heel.
➡ _____은 발뒤꿈치에 있다.

21 The woman banged her shin on the side of the table.
➡ 그녀는 테이블의 한쪽 면에 _____를 부딪쳤다.

22 The football player had his knee reconstructed.
➡ 그 축구 선수는 _____ 복원 수술을 받았다.

23 She sprained her ankle while running.
➡ 그녀는 뛰다가 _____.

24 You will succeed if you only do your exertion.
➡ _____을 다하기만 한다면 성공하게 마련이다.

25 There was a bruise on his thigh from the run-in with the coffee table.
➡ 커피 탁자와 부딪히는 바람에 _____에 타박상을 입었다.

26 Running tones calves and thigh muscles.
➡ 달리기는 종아리와 대퇴부 근육을 _____.

27 The thighs and calves are a particularly difficult area for many to lose weight.
➡ _____와 _____는 많은 사람들에게 특히나 살을 빼기 힘든 부위다.

>>> 정답
01. 운동한다   02. 신체적 활동   03. 운동   04. 역도   05. 근육
06. 팔   07. 세포   08. 줄어들지   09. 섬유질(의 섭취)   10. 전박, 상박
11. 엉덩이   12. 매끈   13. 허리   14. 배   15. 윗몸일으키기
16. 복부   17. 혹사(무리)하고   18. 등뼈, 등   19. 엄지, 검지, 중지, 약지, 새끼손가락
20. 아킬레스건   21. 정강이   22. 무릎   23. 발목을 삐었다   24. 노력
25. 허벅지   26. 탄력있게 만든다   27. 허벅지, 종아리

Reading V.O.C.A

>>> Part 1 Body & Mind
>>> Chapter 1 Parts of the Body

## >>> Theme 003 Internal Organs

Under a person's **skin**[01] lies a complex world of **organs**[02] that **function**[03] in harmony. The **skeleton**[04] provides the framework and support for your body. Between the **collar bone**[05] and the bottom most **ribs**[06] are enclosed by many **vital**[07] organs. This area houses the **heart**[08], which pumps blood through **arteries**[09], **veins**[10], and **vessels**[11] to all parts of the body. The **lungs**[12], which form the **respiratory**[13] functions, are also found in this **region**[14]. The **abdomen**[15] is also the site of several important **internal**[16] organs. After food travels from the mouth down through the throat, it heads to the stomach where it is **digested**[17] and the waste is parcelled out in two directions. Liquids are stored in the **bladder**[18] and the wastes are regulated by the **kidney**[19], while the solid wastes travel through the large and small **intestines**[20] to be expelled through the **anus**[21]. At the top of the skeleton is the skull, which is the internal "helmet" for the brain. Scientists have yet to fully comprehend how different parts of the brain control the various functions of the body, yet it is understood that it is the command center for this wonderfully complex machine.

>>> 해석

사람의 피부 아래에는 서로 기능의 조화를 이루는 복잡한 신체 기관의 세계가 있다. 골격은 신체를 이루는 기본 뼈대와 토대를 이룬다. 쇄골과 둔부 사이의 늑골은 아주 중요한 기관으로 둘러싸여 있다. 이 지역에 위치한 심장에서는 펌프질을 하여 동맥, 정맥, 혈관을 통하여 신체의 각 부분에 피를 흘려보낸다. 호흡기능을 하는 폐 역시 이 지역에 있다. 복부 역시 몇 개의 중요한 신체 내부기관 중의 하나이다. 음식물은 입에서 식도를 거쳐 위로 가는데 위에서는 음식물을 소화시키고 배설물은 두 방향으로 나뉘게 된다. 액체는 방광에 저장되고 배설물은 신장에 의해 조절되는 반면, 단단한 배설물은 대장과 소장을 거쳐 항문을 통해 배출된다. 골격의 맨 윗부분에 위치한 두개골은 뇌를 감싸는 몸속의 '헬멧'이라고 할 수 있다. 뇌가 이 놀랍도록 복잡한 기계의 지휘소라고 알려져 있지만 뇌의 어떤 부분에서 신체의 각기 다른 다양한 기능을 통제하고 있는지는 아직도 과학자들이 밝혀내야 할 부분이다.

>>> 어구

**complex** 복잡한 **in harmony** 조화하여 **framework** 틀, 구조, 뼈대 **enclose** 에워싸다, 동봉하다 **house** 수용하다 **parcel out** 나누다, 분배하다 **store** 저장하다, 축적하다 **regulate** 규제하다, 조절하다 **expel** 배출하다; 내쫓다 **travel** 이동하다 **comprehend** 이해하다 **command center** 지휘소

>>> 구문

- Under a person's skin lies a complex world of organs that function in harmony.[도치]
  (= A complex world of organs that function in harmony lies under a person's skin.)
  사람의 피부 아래에 ~의 복잡한 세계가 있다.
- Scientists have yet to fully comprehend~ [have yet to R]
  과학자들은 아직 ~을 충분히 이해하지 못하고 있다
- yet it is understood that it(=the brain) is the command~ [It is understood that~]
  하지만 그것(뇌)이 ~지휘소라고 여겨지다

>>> Part 1 인간의 신체와 정신
>>> Chapter 1 인간의 신체

>>> Theme 003  **내장 기관** ▶

01 **skin** [skín] 피부, 가죽, 껍질
- dermal 피부의  dermis 진피
  epidermis 표피
  dermatologist 피부과의사
  excoriate 피부를 벗기다
  melanin 멜라닌 색소 (피부와 머리카락의 색소)

02 **organ** [ɔ́:rgən] (생물의) 기관
- organ transplant operation 장기이식수술
- ⓐ organic 기관의; 유기적인

03 **function** [fʌ́ŋkʃən] 기능, 작용(하다)

04 **skeleton** [skélətn] 해골, 뼈대, 골격; 매우 마른 사람
- 관 skull 두개골

05 **collar bone** [kɑ́lərbòun] 쇄골
- 관 collar 목걸이, 깃

06 **rib** [ríb] 늑골, 갈비

07 **vital** [váitl] 극히 중요한, 생명의
- a vital organ (신체의) 중요기관

08 **heart** [há:rt] 심장; 마음, 용기
- heart attack 심장마비  heart disease 심장병
- heartbeat 심장박동
- 관 cardiac 심장의; 심장병 환자
  cardiovascular 심장 혈관의
  myocardial infarction 심근경색
  ventricle 심실  atrium 심방

09 **artery** [ɑ́:rtəri] 동맥
- hardening of the arteries 동맥경화

10 **vein** [véin] 정맥; 기분
- intravenous injection 정맥주사
- ⓐ veinous 정맥이 두드러지는
  venous 정맥의

11 **vessel** [vésl] 관, 용기, 그릇
- capillary vessel 모세혈관
- blood vessel 혈관
- 관 blood pressure 혈압
  – hypertension 고혈압  hypotension 저혈압

12 **lung** [lʌ́ŋ] 폐, 허파
- 관 pneumonia 폐렴
  bronchus 기관지
  asthma 천식

13 **respiratory** [réspərətɔ̀:ri] 호흡의, 호흡을 위한
- a respiratory disease 호흡기 질환
- severe acute respiratory syndrome 중증급성호흡기증후군 (사스)
- ⓝ respiration 호흡, 호흡작용
  respirator 인공호흡장치, 방독면
- ⓥ respire 호흡하다, 숨 쉬다(=breathe)

14 **region** [rí:dʒən] (신체의) 부위, 국부; 지역, 영역
- ⓐ regional 국부의, 지역의
- regional anesthesia 국부 마취

15 **abdomen** [ǽbdəmən] 배, 복부
- ⓐ abdominal 배의, 복부의
- 동 belly 배, 위  tummy (유아어) 배
  stomach 위, 배, 아랫배
- 관 navel [néivəl] 배꼽

16 **internal** [intə́:rnl] 내부의, 체내의
- internal organs 내장(기관)
- an artificial internal organ 인공장기

17 **digest** [didʒést, dai-] (음식을) 소화하다; 요약하다
- 관 ingest (음식을) 섭취하다

18 **bladder** [blǽdər] 방광
- gall bladder 쓸개, 담낭

19 **kidney** [kídni] 신장, 콩팥
- a kidney stone 신장결석(=a renal calculus; nephrolithiasis)
- 관 liver/hepar 간

20 **intestine** [intéstin] 창자, 장
- large intestine 대장
- small intestine 소장
- 관 viscera 내장, 창자
  pancreas [pǽnkriəs] 췌장
  appendix 맹장
  rectum 직장  colon 결장  duodenum 십이지장
  throat/gullet/esophagus 식도

21 **anus** [éinəs] 항문
- ⓐ anal 항문의
- 관 urethra [juərí:θrə] 요도
  excrement 대변, 배설물
  urine 오줌, 소변

Reading V.O.C.A
21

>>> Part 1 Body & Mind
>>> Chapter 1 Parts of the Body

>>> Theme 003 **Review Test**

01 People with dark skin have more melanin than people with light skin.
➡ _____가 검은 사람은 _____가 밝은 사람보다 더 많은 멜라닌을 갖고 있다.

02 Stem cells can be grown into any organ.
➡ 줄기세포는 (인체의) 어떤 _____으로도 배양될 수 있다.

03 Moderate exercise enables us to have a healthy physiological function.
➡ 적당한 운동이 생리적 _____을 건강하게 해준다.

04 The skeleton is the frame of the body.
➡ _____이란 신체의 뼈대 구조를 말한다.

05 The boy fractured his collar bone when he fell from the tree.
➡ 그 소년은 나무에서 떨어져서 _____에 금이 갔다.

06 Men have one less rib than women.
➡ 남자는 여자보다 _____가 한 개 적다.

07 Clean water is vital in our lives.
➡ 깨끗한 물은 우리 생활에 _____하다.

08 The heart pumps blood through the body.
➡ _____은 펌프질을 하여 피를 온몸에 보낸다.

09 The Amazon River serves as the main artery of the rainforest.
➡ 아마존 강은 이 열대우림에서 _____ 역할을 한다.

10 Blood vessels are comprised of veins and arteries.
➡ 혈관은 _____과 _____으로 이루어져 있다.

11 The blood circulates through the body through an elaborate system of blood vessels, veins, and arteries.
➡ _____, _____, 그리고 _____의 정교한 체계를 통해서 혈액은 온몸을 순환한다.

12 Health reports link smoking to lung cancer.
➡ 건강보고서는 흡연이 _____과 관련이 있다고 말한다.

13 Smokers have a higher chance of being infected with respiratory diseases than nonsmokers.
➡ 흡연자는 비흡연자보다 _____ 질환에 걸릴 확률이 높다.

14 The procedure is usually done under general or regional anesthesia.
➡ 그 수술은 대개 전신 또는 _____를 한 상태에서 받게 된다.

Reading V.O.C.A
22

¹⁵ You had better avoid belts or clothes that put too much pressure on your abdomen.

▶ _____에 지나치게 압박을 주는 벨트나 옷은 피하는 게 좋다.

¹⁶ The body's longest internal organ is the small intestine at an average length of 7 meters.

▶ 인체의 가장 긴 _____은 평균 길이가 7미터인 소장이다.

¹⁷ The gallbladder helps the body break down and digest fats.

▶ 쓸개는 신체가 지방을 분해하고 _____ 것을 돕는다.

¹⁸ Her small bladder constantly made her go to the bathroom.

▶ 그녀는 _____이 작아서 화장실을 자주 갔다.

¹⁹ His sister donated her kidney for the transplant.

▶ 그의 여동생은 이식 수술을 위해 자신의 _____을 기증하였다.

²⁰ After the food reaches the stomach, it makes its way through the intestines.

▶ 음식물은 위에 도착한 후에도 _____을 통해 계속 나아간다.

²¹ These narrow and flexible tubes allow your doctor to see into your anus and rectum.

▶ 이러한 가늘고 유연한 관들을 통해 의사는 당신의 _____과 _____을 진찰할 수 있다.

---

**〉〉〉 정답**

01. 피부    02. 기관    03. 기능    04. 골격    05. 쇄골
06. 내장기관    07. 극히 중요    08. 심장    09. 대동맥    10. 정맥, 동맥
11. 혈관, 정맥, 동맥    12. 폐암    13. 호흡기    14. 국부 마취    15. 복부
16. 내장기관    17. 소화하는    18. 방광    19. 신장    20. 장
21. 항문, 직장

>>> Part 1
Body & Mind

**Chapter 2
Mind & Personality**

>>> Theme **004 Thinking & Decision**

In order to make **wise**[01] decisions, one doesn't need to be a **scholastic**[02] **genius**[03] or even really **intelligent**[04] but it is essential to be **astute**[05] and **rational**[06]. It's not necessary to go mad if faced with a dilemma. The **aptitude**[07] to deal with life's problems isn't directly correlated to **competence**[08] in solving algebraic equations or naming important theorems, but there are some formulas for success in determining what's the **sensible**[09] thing to do to come to a decision. Being **realistic**[10] about anything that can impair **judgement**[11] is the first step. Only a **fool**[12] would try to escape a problem through drinking, hoping that a situation would go away or resolve itself. Decisions made under the influence of alcohol are likely to be **rash**[13] and **irrational**[14]. One should be completely **lucid**[15] when coming to and implementing a decision. It's smart to **weigh**[16] and **consider**[17] all of the factors and the possible outcomes before making a decision. Secondly, be honest and consider not only the arguments of the **intellect**[18] but also the **heart**[19]. Finally, consulting someone else with a good **EQ**[20] for an additional viewpoint is a wise move. Following these simple steps can provide the basis for a well considered decision.

>>> 해석

사람이 현명한 결정을 하기 위해서 반드시 학문적 천재여야만 하는 것은 아니며 심지어는 정말 똑똑한 사람일 필요도 없으나 반드시 빈틈없고 합리적이어야 한다. 진퇴양난에 빠졌을 때 흥분하고 화를 내는 것은 소용이 없다. 인생의 문제들을 대하는 태도는 대수방정식을 풀거나 중요한 정리를 말할 수 있는 능력과 직접적으로 관련이 있는 것은 아니다. 그러나 결정을 내리기 위해서 어떻게 하는 것이 현명한 일인지를 정하는 데에는 몇 가지 공식이 있다. 올바른 판단을 저해할 수 있는 어떠한 요소에 대해서도 현실적이 되어야 한다는 것이 그 첫 번째 단계이다. 멍청한 사람이나 행여 그 상황이 없어져 버리거나 혹은 저절로 해결되기를 바라며 술을 마셔 댐으로써 그 문제에서 탈피하려고 할 것이다. 술 취해서 내린 결정은 경솔하고 불합리할 가능성이 높다. 사람이 결정지은 것을 이행해야 될 때 와있거나 이행하기로 결심한 때에는 정신이 완전히 명료한 상태이어야만 한다. 결정을 내리기 전에 모든 요인과 가능한 모든 결과를 고려하며 비교 검토하는 것이 현명하다. 두 번째로는 정직해야 하고 똑똑한 이의 주장 뿐 아니라 마음까지도 고려해야 한다. 마지막으로, 감성지수가 좋은 사람과 상담하여 다른 관점의 견해를 들어보는 것도 현명한 방법이다. 이렇게 간단한 몇 가지 단계는 심사숙고한 결정을 내리는데 발판이 될 수 있다.

>>> 어구

essential 본질적인 necessary 필수적인 go mad 미친 듯이 화를 내다 be faced with ~에 처하다 dilemma 진퇴양난 deal with 다루다, 처리하다 correlate 서로 관련시키다 solve (문제를) 풀다 algebraic equations 대수 방정식 theorem 법칙, 원리 formula 공식 impair 손상시키다 come to a decision 결정짓다 resolve 결심하다, 결의하다 implement 이행하다, 실행하다 factor 요인 outcome 결과, 결론 argument 주장, 요지, 말다툼 additional 부가적인, 별도의 viewpoint 견해, 관점

>>> 구문

• Only a fool would try to escape a problem ~
  오직 바보만이 문제에서 탈피하려 할 것이다

24

# Chapter 2 인간의 정신과 성격

>>> Part 1 인간의 신체와 정신

>>> Theme 004  사고와 결정 ▶

01 **wise** [wáiz] 슬기로운, 현명한
- wise 지식이나 경험이 있어 현명한
- sensible 감정보다는 이성에 기초하여 현명한 결정을 하는
- judicious/prudent 조심스럽고 현명한 결정을 하는
- sagacious 훌륭한 판단력과 이해력을 가진
- intelligent/smart 이해력이 있고 총명한

02 **scholastic** [skəlǽstik] 학문적인, 학교교육의
- scholarly 학구적인
- academic (실용성보다는) 이론적인, 대학의

03 **genius** [dʒíːnjəs] 천재, 특별한 재능
- genuine 진짜의

04 **intelligent** [intélədʒənt] 지적인; 총명한, 똑똑한
- ⓝ intelligence 지능; 정보
- 통 clever/smart/bright 두뇌가 명석한, 영리한

05 **astute** [əstjúːt] 눈치 빠른, 교활한, 빈틈없는
- 통 shrewd 상황판단이 빠른, 교활한
- agile/nimble 머리 회전이나 동작이 빠른

06 **rational** [rǽʃənl] 이성적인, 합리적인
- ⓝ rationalism 이성론, 합리주의
- 반 irrational 불합리한, 이성을 잃은
- emotional 감정적인, 감성적인

07 **aptitude** [ǽptətjùːd] 소질, 적성
- SAT(Scholastic Aptitude Test) 미 학습능력 적성시험

08 **competence** [kámpətəns] 능력, 자질; 권한
- ⓐ competent 유능한, 자격이 있는
- 통 ability/capability 어떤 일을 할 수 있는 능력
- talent/attainment 타고난 재능
- capacity 사물을 이해하는 능력
- facility (쉽게 배우거나 행하는) 재주, 재능
- faculty 특수한 지적·정신적 능력
- flair 재능, 능력

09 **sensible** [sénsəbl] 현명한
- 혼 sensuous 감각적인
- sensual 관능적인, 육욕적인
- sensitive 예민한, 민감한

10 **realistic** [rìːəlístik] 현실주의의, 현실적인
- ⓝ realism 현실주의, 사실주의

11 **judg(e)ment** [dʒʌ́dʒmənt] 판단, 판단력
- ⓥ judge 판단한다, 재판하다; 법관

12 **fool** [fúːl] 바보, 멍청이
- ⓐ foolish 어리석은, 바보 같은
- 통 바보: idiot, nut, nerd, jerk, turkey, ass, dummy
- 어리석은: stupid, dull, dumb, silly, idiotic, absurd, ridiculous

13 **rash** [rǽʃ] 성급한, 경솔한
- make rash conclusions 성급한 결론을 내리다

14 **irrational** [irǽʃənl] 불합리한, 이성을 잃은
- 반 rational 이성적인, 합리적인

15 **lucid** [lúːsid] 명쾌한, 명료한, 투명한
- ⓝ lucidity 명료, 맑음

16 **weigh** [wéi] 심사숙고하다; 무게를 달다
- 혼 weight 무게; 중요성

17 **consider** [kənsídər] 고려하다, 숙고하다; ~이라고 간주하다
- 통 ponder 숙고하다, 곰곰이 생각하다
- mull over 숙고하다
- muse about ~에 대해 명상하다

18 **intellect** [íntəlèkt] 지성, 사고력
- ⓐ intellectual 지적인, 지성의

19 **heart** [háːrt] 심장, 마음, 감정; 용기
- ⓐ hearty 건강한; 마음에서 우러나온; 풍부한
- heartless 무정한, 냉혹한
- 비 mind 이성적인 정신작용
- heart 감성적인 정신작용

20 **EQ(emotional quotient)** 감성지수
- 반 IQ(intelligence quotient) 지능지수
- 관 sensitivity 감성, 세심함, 민감

>>> Part 1 Body & Mind     >>> Chapter 2 Mind & Personality

## >>> Theme 004 Review Test

01 The man remembered the wise sayings of his grand-mother.
➡ 그 남자는 할머니의 _____ 말씀들을 기억했다.

02 A good memory is useful for scholastic achievements but not essential.
➡ 좋은 기억력은 _____ 에 도움이 되지만 필수적인 것은 아니다.

03 The critics praised the painter's artistic genius.
➡ 비평가들은 그 화가의 예술적 _____ 을 칭찬했다.

04 The woman made her argument in an intelligent and rational manner.
➡ 여자는 _____ 이면서 이성적으로 자신의 주장을 폈다.

05 The detective made an astute observation.
➡ 탐정은 _____ 하게 관찰을 하였다.

06 The lawyer argued that the defense behaved in a rational manner.
➡ 변호사는 피고인이 _____ 으로 행동했다고 주장했다.

07 Student's score on the Scholastic Aptitude Test is a criterion for college admission.
➡ 학생의 SAT(_____) 성적은 대학 입학허가의 기준이 된다.

08 The supervisor highly rated the employee's competence.
➡ 소장은 그 직원의 _____ 을 높게 평가했다.

09 It would be sensible not to swim in that area for a while.
➡ 얼마 동안은 그 지역에서 수영하지 않는 것이 _____ 것이다.

10 That painter is known for his realistic depiction of modern American life.
➡ 그 화가는 현대 미국인의 생활을 _____ 으로 묘사하는 것으로 유명하다.

11 In my judgment, this analysis is not correct.
➡ 내 _____ 으론, 이 분석결과는 정확하지 않다.

12 It was rash of her to do such a thing.
➡ 그런 짓을 하다니 그녀가 _____ 했다.

13 He was a fool to attempt crossing the street against the light.
➡ 신호등을 무시하고 길을 건너려 하다니 그는 _____ 였다.

14 His irrational decision was based on emotion rather than reason.
➡ 그의 _____ 결정은 이성보다 감정에 기반을 둔 것이었다.

¹⁵ She was so tired that it was difficult to remain lucid.
➡ 그녀는 너무나 피곤해서 _____ 있기가 힘들었다.

¹⁶ The company appears to be carefully weighing the advantages and disadvantages of this merger.
➡ 그 회사는 이번 합병의 이해득실을 신중히 _____ 하고 있는 것처럼 보인다.

¹⁷ The woman considered the possible repercussions.
➡ 그 여자는 있을 수 있는 영향들을 _____.

¹⁸ Man's intellect distinguishes him from beasts.
➡ _____ 이 인간을 짐승과 구별 짓는다.

¹⁹ He does not have the heart to tell her he loves her.
➡ 그는 그녀에게 사랑을 고백할 _____ 가 없다.

²⁰ The person's sensitivity was reflected in his EQ.
➡ 그 사람의 감수성은 EQ(_____)에 나타났다.

---

**》》》 정답**

| 01. 현명한 | 02. 학업성취 | 03. 재능 | 04. 지적 | 05. 기민 |
| 06. 이성적 | 07. 학습능력 적성시험 | 08. 능력 | 09. 현명할 | 10. 현실적 |
| 11. 판단 | 12. 경솔 | 13. 바보 | 14. 비합리적인 | 15. 정신을 똑바로 차리고 |
| 16. 심사숙고 | 17. 고려했다 | 18. 지성 | 19. 용기 | 20. 감성지수 |

>>> Part 1 Body & Mind    >>> Chapter 2 Mind & Personality

## >>> Theme 005 Cognitive[01] Action

Reading a textbook should be an active process. In order to properly **appreciate**[02] the information, one should look upon it as a chance to **mull over**[03] new ideas and possibilities. Instead of **mindlessly**[04] **memorizing**[05] facts and figures, one should try to **reason**[06] and **recognize**[07] why things happened and how events are related. For example, instead of knowing the date that something happened, one should mull over the **circumstances**[08] under which it occurred. One should check to see if one has **grasped**[09] the underlying themes which contributed to the event and shaped the people's **opinions**[10]. Another application would be to consider, given the same situation, if you would have **conceived of**[11] the same options as some of the great figures in history or if you would **reckon**[12] that you would have chosen an alternate plan. One should **be aware of**[13] what influences made the **philosophers**[14] believe what they did. When reading literature, try to **contemplate**[15] what the writer is trying to **infer**[16]. Try to take the place of the main character and **guess**[17] what's to be done next. By taking an **inquisitive**[18] approach to reading, **analytical**[19] skills as well as **creative**[20] **thinking**[21] are sharpened.

>>> 해석

교과서를 읽는다는 것은 활동적인 과정이라 할 수 있다. 정보를 적절히 인식하기 위해서는 새로운 사실과 가능성을 오래오래 생각해 볼 기회로 알고 교과서를 찾아 읽어야만 한다. 아무 생각 없이 사실과 숫자들을 외워대는 대신, 어떻게 그 일들이 일어났으며 사건과 사건은 어떻게 연관되어 있는지를 추론해 보고 깨달으려는 시도를 해야만 한다. 예를 들어 단순히 어떤 사건이 일어난 날짜를 아는 것보다는 그 사건이 발생하게 된 주변 상황에 대해 생각해 보아야만 하는 것이다. 여론을 형성하고 그 사건 발생에 기여한 기저의 주제, 사상에 대해서도 파악했는지 점검해 보아야만 한다. 만일 똑같은 상황에 처한다면 역사 속의 위대한 인물들과 같은 선택을 할 것인지, 그렇지 않으면 대안으로 내놓을 다른 계획을 세울 것인지를 생각해 보는 것이 또 다른 응용 방법이다. 교과서를 읽는 사람은 철학자들이 무엇의 영향을 받아 자신들이 한 행동에 믿음을 갖고 있었는지도 알아야만 한다. 문학작품을 읽을 때에는 작가가 말하고자 하는 것이 무엇인가를 잘 생각해 보아야만 한다. 주요 인물의 입장이 되어 다음에 어떤 일이 일어날 지를 추측해 보라. 많이 알고자 하는 마음으로 독서를 하면 창조적 사고력 뿐 아니라 분석력도 날카로워진다.

>>> 어구

process 과정, 처리 look upon A as B A를 B로 간주하다 instead of ~ 대신에 figure 숫자, 형태 occur 일어나다, 발생하다 alternate 교대의, 택일의 influence 영향(을 미치다) take the place of ~을 대신하다 approach 접근(하다), 접근법 sharpen 날카롭게 하다

>>> 구문

• be aware of what influences made the philosophers believe/ what they did/.
   어떤 영향이 철학자들로 하여금/ 자신들이 한 것을/ 믿게 만드는지 의식하다

>>> Part 1 인간의 신체와 정신
>>> Chapter 2 인간의 정신과 성격

>>> Theme 005  인지작용 ▶

01 **cognitive** [kágnətiv] 인식의, 인지의
- cognitive function 인지적 작용
- cognitive ability 인지능력
- ⓝ cognition 인식, 인지

02 **appreciate** [əprí:ʃièit] 올바르게 인식하다; 감사(감상)하다
- ⓝ appreciation 인식, 감사, 감상, 진가
- ⓐ appreciative 안목이 있는; 감사하는 [of]

03 **mull over** 심사숙고하다
- 혼 mull 실수; 엉망으로 만들다
- 동 muse 명상하다, 묵상하다

04 **mindlessly** [máindlis] 아무 생각 없이
- ⓐ mindless 무관심한, 생각 없는
- ⓝ mind 마음, 정신; 생각; 기억
- 동 thoughtlessly 생각 없이
  thought 생각, 사상, 고려

05 **memorize** [méməràiz] 암기(기억)하다, 기념하다
- ⓝ memory 기억, 추억; 기억 장치
  memorial 기념일, 기념물
- 혼 mesmerize 최면을 걸다
  memoir 회고록

06 **reason** [rí:zn] 1. 논리적으로 판단하다; 추론하다
  2. 이성, 사고력; 이유, 변명
- ⓐ reasonable 논리적인, 적절한
- 반 unreasonable 불합리한, 이성적이 아닌

07 **recognize** [rékəgnàiz] 인지하다; 인정하다; 알아주다
- ⓝ recognition 인식, 승인

08 **circumstance** [sə́:rkəmstæ̀ns] 주위의 상황, 처지, 정황
- ⓐ circumstantial 정황적인

09 **grasp** [græsp] 파악, 이해력; 이해하다; 붙잡다
- 표 beyond one's grasp 이해할 수 없는 곳에

10 **opinion** [əpínjən] 의견, 소신
- In my opinion 제 생각으로는
- 동 view (개인적) 견해, 관점

11 **conceive** [kənsí:v] 1. 상상하다; 생각하다; 이해하다[of]
  2. 임신하다
- ⓝ concept 개념, 구상
  conception 개념; 고안, 발명품

12 **reckon** [rékən] 세다, 계산하다; 생각하다; 평가하다
- reckon with ~을 고려하다
- ⓝ reckoning 계산, 집계

13 **be aware of** ~을 깨닫다; 의식하다
- 관 be wary of ~을 예의주시하다
  – wary 경계하는, 조심하는

14 **philosopher** [filásəfər] 철학자, 현인
- ⓝ philosophy 철학

15 **contemplate** [kántəmplèit] 심사숙고하다, 생각하다
- 동 ponder 숙고하다, 곰곰이 생각하다
  mull over 숙고하다
  muse about ~에 대해 명상하다
  consider 고려하다, 숙고하다
  meditate 명상하다; 숙고하다

16 **infer** [infə́:r] 추론하다, 추측하다
- ⓝ inference 추론, 추리
- 혼 refer 참조하다, 조회하다
  defer 연기하다; 경의를 표하다

17 **guess** [gés] 짐작하다, 추측하다; 추측
- 동 surmise 짐작하다; 추측
  conjecture 추측하다; 어림짐작, 추측

18 **inquisitive** [inkwízətiv] 호기심이 많은, 알고 싶어 하는
- ⓝ inquisition 조사, 심문
  inquiry 조사, 연구, 질문

19 **analytical** [ænəlítikl] 분석적인; 정신 분석의
- analytical skills 분석력
- ⓝ analysis 분석, 검토

20 **creative** [kriéitiv] 창조적인, 독창적인
- 동 ingenious 독창적인, 재치 있는
  original 독창적인, 원래의; 원본

21 **thinking** [θíŋkiŋ] 생각함, 사고
- way of thinking 사고방식
- ⓥ think 생각하다, 사고하다

Reading V.O.C.A
29

>>> Part 1 Body & Mind
>>> Chapter 2 Mind & Personality

## >>> Theme 005 Review Test

01 The beginning of English education after a child develops cognitive ability is not late at all.
➡ 아이의 _____ 이 발달한 후에 영어 교육을 시작해도 전혀 늦은 것이 아니다.

02 The man really appreciated the free tickets.
➡ 남자는 무료입장권을 받고 _____.

03 The man mulled over his options.
➡ 남자는 선택사항들을 _____.

04 You should not accept the rumor mindlessly as truth.
➡ 그 소문을 _____ 진실로 받아들여선 안 된다.

05 The woman memorized the formula.
➡ 여자는 공식을 _____.

06 The man reasoned that leaving was the best decision.
➡ 남자는 떠나는 것이 최선의 결정이라고 _____.

07 The man recognized the source of the problem.
➡ 남자는 문제의 원인을 _____.

08 His decision is irrational under the present circumstances.
➡ 현재 _____ 에서 그의 결정은 비합리적이다.

09 He found it difficult to grasp the concept.
➡ 그는 그 개념을 _____ 하기가 어려웠다.

10 Public opinion over the issue of human cloning is sharply divided.
➡ 인간복제 문제에 대한 _____ 이 첨예하게 나뉘고 있다.

11 It's difficult to conceive of life without the Internet.
➡ 인터넷이 없는 삶이란 _____ 하기 어렵다.

12 He reckoned that it would take twelve hours to get there.
➡ 그는 그곳에 도착하는 데 12시간이 걸릴 것이라고 _____.

13 Drivers should be aware of children crossing the street.
➡ 운전자들은 길을 건너는 아이들을 _____ 해야 한다.

14 He looks like a philosopher, but he is a brilliant mathematician.
➡ 그는 _____ 처럼 보이지만, 사실은 훌륭한 수학자이다.

¹⁵ He spent the afternoon contemplating his fate.
➡ 그는 자신의 운명을 _____ 하며 오후를 보냈다.

¹⁶ The writer's position could be inferred from the story.
➡ 그 소설을 통해 작가의 입장을 _____ 해볼 수 있었다.

¹⁷ The man guessed at the answer.
➡ 그 남자는 정답을 _____.

¹⁸ His bright and inquisitive nature was a legacy of his father.
➡ 그의 밝고 _____ 성격은 아버지로부터 물려받은 것이었다.

¹⁹ In this job you need analytical skills as well as creative thinking.
➡ 이 직업에서는 창의적인 사고뿐 아니라 _____도 필요하다.

²⁰ Humor can sometimes lead to new creative ideas and solutions.
➡ 유머는 때때로 새로운 _____ 아이디어와 해결책을 이끌어낸다.

²¹ He is intelligent, but his way of thinking is rather outmoded.
➡ 그는 똑똑하지만, 그의 _____ 은 다소 케케묵은 데가 있다.

---

**>>> 정답**

| 01. 인지 능력 | 02. 감사해 했다 | 03. 심사숙고하였다 | 04. 아무 생각 없이 | 05. 암기했다 |
| 06. 판단했다 | 07. 인지하였다 | 08. 상황 | 09. 이해 | 10. 국민 여론 |
| 11. 상상 | 12. 생각했다 | 13. 조심 | 14. 철학자 | 15. 곰곰이 생각 |
| 16. 추론 | 17. 추측했다 | 18. 호기심 많은 | 19. 분석력 | 20. 창의적인 |
| 21. 사고방식 | | | | |

>>> Part 1 Body & Mind    >>> Chapter 2 Mind & Personality

## >>> Theme 006 Personality[01]

Parents need to shape the **character**[02] of their children. It is the position and duty of parents to weed out **negative**[03] **characteristics**[02]. Parents should **encourage**[04] their children to be **self-confident**[05] and caution them against being **self-important**[05]. The children who are **self-centered**[05] need to be taught to be **sympathetic**[06] and **considerate**[07]. Parents should try to impress upon children to what degree certain characteristics are acceptable. Children need to learn the difference between being **candid**[08] and **outspoken**,[09] and **brusque**[10] and **curt**[11]. A child needs to be taught the difference between being **assertive**[12] and being **bossy**[13] as well as being **strong-willed**[14] and being **pig-headed**[15]. Parents should support and praise a child's **meticulous**[16] nature while **discouraging**[04] him away from being **fastidious**[17]. A child's **tendency**[18] to be inquisitive should be fostered while a habit of being **meddlesome**[19] or **nosey**[19] should be reprimanded. Parents can use the images in movies and TV as instances of negative behavior, for example, admonishing children that **unscrupulous**[20], mean and **ill-tempered**[21] behavior is not acceptable. Moreover, parents should be real-life models of **positive**[03] behavior. From their parents, children should learn first-hand how to be **affectionate**[22], sensitive, kind, **reliable**[23], **amiable**[24] and generally well-behaved. Even when they also behave in a less than **exemplary**[25] style, parents ought to reinforce that when one behaves poorly, one should always recognize when one is at fault and try to do better next time.

>>> 해석

부모들은 자녀들의 성격을 형성해 주어야 한다. 부정적인 성격을 없애는 것이 부모의 의무이며 자세이다. 부모들은 자녀가 자신감을 갖도록 격려해야 하고 거만해지지 않도록 주의를 주어야 한다. 자기중심적인 아이들은 남의 입장을 고려하고 동정하는 법을 배워야 한다. 부모들은 어떤 성격이 어느 정도 받아들여질 수 있는지 아이들에게 인식시켜 주어야 한다. 아이들은 솔직하고 기탄없는 것과 무뚝뚝하고 퉁명스러운 것의 차이점을 배워야 한다. 의지가 강한 것과 고집불통의 차이 뿐 아니라 자기주장이 강한 것과 거만한 것과의 차이도 배워야만 한다. 아이의 호기심 많은 성향은 키워 주는 한편 남의 일에 지나치게 간섭하는 버릇은 질책해야 한다. 부모들은 영화나 TV에 나오는 여러 모습들을 부정적인 행동의 예로 삼을 수 있다. 예를 들어, 비양심적이고 비열하고 성마른 행동들은 용납될 수 없는 것으로 자녀들에게 가르칠 수 있다. 더욱이 부모는 긍정적인 행동의 살아 있는 본보기가 될 수 있다. 자녀들은 어떻게 행동하는 것이 사랑스러운 것인지, 예민한 것인지, 친절한 것인지, 혹은 신뢰감을 주는 것인지, 상냥한 것인지, 일반적으로 품행이 단정하다고 하는 것이 어떤 것인지 등을 부모로부터 직접 배운다. 심지어 부모가 다소 모범적이지 못한 모습을 보일 때에도, 자녀가 예의 없이 행동한다면 잘못한 것을 깨닫고 다음에는 더 잘하도록 북돋아 주어야 한다.

>>> 어구

shape 형성하다  caution ~에게 경고하다  impress 명심시키다  praise 칭찬하다  foster 육성하다
reprimand 꾸짖다, 질책하다  admonish 훈계하다  first-hand 직접적으로
reinforce 강화하다, 힘을 북돋우다

>>> Part 1 인간의 신체와 정신
>>> Chapter 2 인간의 정신과 성격

>>> Theme 006  성격 ▶

01 **personality** [pə̀ːrsənǽləti] 성격, 개성
   ⓐ personal 개인의, 인격적인
   혼 personnel (총) 인원; (전) 사원

02 **character** [kǽriktər] 성격, 인격; 등장인물
   ⓝ characteristics 특질, 특색; 독특한

03 **negative** [négətiv] (성격이) 소극적인; 부정적인
   반 positive 적극적인; 긍정적인

04 **encourage** [inkə́ːridʒ] 용기를 북돋우다, 장려하다
   반 discourage 낙담시키다; 방해하다

05 **self-confident** [selfkánfədənt] 자신감 있는
   ⓐ confident 자신만만한, 확신하는
   관 self-important 자만심이 강한
      self-centered 자기중심적인, 이기적인
      self-interested 이기적인

06 **sympathetic** [sìmpəθétik] 동정적인
   ⓝ sympathy 공감, 동정

07 **considerate** [kənsídərət] 이해심 있는, 사려 깊은
   혼 considerable 상당한

08 **candid** [kǽndid] 솔직한; 자연스러운

09 **outspoken** [autspóukən] 까놓고 말하는, 노골적인

10 **brusque** [brʌsk] 무뚝뚝한, 퉁명스러운

11 **curt** [kəːrt] 무뚝뚝한, 퉁명스러운
   동 blunt 무딘, 무뚝뚝한

12 **assertive** [əsə́ːrtiv] 독단적인, 자기주장이 강한
   ⓥ assert 단언하다, 주장하다

13 **bossy** [bɔ́ːsi, bɑ́ːsi] 으스대는, 거만한
   ⓝ boss 두목, 사장
   표 boss around 이래라 저래라 하다
   동 arrogant 거만한  impertinent 건방진  insolent 건방진, 무례한
   관 pussy 억지가 센

14 **strong-willed** [strɔːŋwild] 완고한

15 **pig-headed** [pighédid] 고집 센, 완고한
   동 stubborn 고집 센  obstinate 완고한, 고집 센
   반 obedient/docile 고분고분한, 순종적인
   관 disobedient/recalcitrant 반항적인

16 **meticulous** [mətíkjuləs] 꼼꼼한, 작은 일에 심경을 쓰는

17 **fastidious** [fæstídiəs] 까다로운, 가리는; 세심한
   동 scrupulous 꼼꼼한; 양심적인
      fussy 까다로운
      picky 성미 까다로운
      choosy 가리는, 까다로운

18 **tendency** [téndənsi] 성향, 버릇, 경향
   • have a tendency to R ~하는 경향이 있다
   혼 tendentious 편향적인

19 **nosey/nosy** [nóuzi] 참견하기 좋아하는
   표 put one's nose into another's business 남의 일에 간섭하다
   동 meddlesome 참견하기 좋아하는

20 **unscrupulous** [ʌnskrúːpjuləs] 비도덕적인, 사악한
   반 scrupulous 꼼꼼한; 양심적인

21 **ill-tempered** [iltémpərd] 화를 잘 내는, 성질이 사나운
   ⓝ temper 기질, 성질, 기분
   관 bad-tempered 심술궂은
      quick-tempered 성질 급한
      hot-tempered 성급한, 화를 잘 내는
   반 even-tempered 온화한

22 **affectionate** [əfékʃənət] 애정 넘치는
   ⓝ affection 애정; 영향

23 **reliable** [riláiəbl] 신뢰할 수 있는; 확실한
   ⓥ rely on ~에 의지하다, 신뢰하다
   반 unreliable 신뢰할 수 없는
   동 trustworthy 신뢰할 수 있는

24 **amiable** [éimiəbl] 붙임성 있는, 상냥한
   동 friendly 정다운, 친절한
   혼 amicable 우호적인, 평화적인

25 **exemplary** [igzémpləri] 모범적인, 훌륭한
   ⓝ exemplar 모범, 표본
   관 example 보기, 모범

>>> Part 1 Body & Mind
>>> Chapter 2 Mind & Personality

## >>> Theme 006 Review Test

01 He has a very gentle and generous personality.
➡ 그는 매우 온화하고 인자한 _____의 소유자다.

02 A child's character is greatly influenced by his parents.
➡ 아이의 _____은 부모님의 영향을 크게 받는다.

03 This book shows the way how to change the negative thinking into positive thinking.
➡ 이 책은 _____ 생각을 _____ 생각으로 바꾸는 방법을 말해준다.

04 The government encouraged corporate investment with less regulation.
➡ 정부는 규제를 줄여 기업투자를 _____.

05 The woman spoke with poise and self-confidence.
➡ 여자는 안정되고 _____ 목소리로 말했다.

06 The judge seemed to feel a bit sympathetic toward the poor accused.
➡ 판사는 그 가엾은 피고에게 다소 _____을 느끼는 것처럼 보였다.

07 David is always considerate towards everyone he meets.
➡ 데이비드는 만나는 모든 사람에 대해 항상 _____.

08 The woman was candid about her battle with drug addiction.
➡ 여자는 그녀의 마약 중독과의 싸움에 관해 _____.

09 The man was an outspoken advocate for reform.
➡ 남자는 개혁에 대한 _____ 주장자였다.

10 The woman bristled at the man's brusque tone.
➡ 여자는 남자의 _____ 어조에 격분했다.

11 The woman gave a curt retort.
➡ 여자는 _____ 말대꾸를 했다.

12 The woman admired the man's assertiveness.
➡ 여자는 그 남자가 _____ 것을 좋아했다.

13 The mother scolded the child for being bossy.
➡ 엄마는 아이가 _____ 것을 혼냈다.

14 The strong-willed woman would stop at nothing.
➡ _____ 그 여자는 어느 것에도 멈추지 않았다.

15 He is so pig-headed about what he once has decided to do.
➡ 그는 일단 하기로 마음먹은 것에 대해서는 대단히 _____.

16 The clerk kept meticulous records.
➡ 점원은 _____ 기록했다.

17 The accountant kept the records with fastidious precision.
➡ 회계사는 _____ 정확성을 가지고 기록을 했다.

18 Kate had a tendency to exaggerate.
➡ 케이트는 과장해서 말하는 _____.

19 The father scolded his daughter for being nosy.
➡ 아버지는 _____ 그의 딸을 혼냈다.

20 Cheating on a test is a typical example of unscrupulous behaviors.
➡ 시험에서 커닝하는 것은 _____ 행위의 전형적인 예이다.

21 The fan was ill-tempered after his team lost.
➡ 팬은 그의 팀이 지자 _____졌다.

22 She was affectionate toward her two daughters.
➡ 그녀는 두 딸에 대한 _____.

23 The information came from a reliable source.
➡ 그 정보는 _____ 출처에서 왔다.

24 The amiable man started a conversation with the person in the next seat.
➡ _____ 남자는 옆자리에 있는 사람과 대화를 시작했다.

25 I will give this ring to anyone whose manner is exemplary.
➡ 누구든 태도가 _____ 사람에게 이 반지를 줄 것이다.

>>> 정답

01. 성격　　02. 성격　　03. 부정적인, 긍정적인　　04. 장려했다　　05. 자신감 있는
06. 동정심　　07. 사려가 깊다　　08. 솔직했다　　09. 노골적인　　10. 퉁명스러운
11. 퉁명스러운　　12. 자기주장이 강한　　13. 으스대는　　14. 완고한　　15. 고집이 세다
16. 꼼꼼하게　　17. 까다로운　　18. 경향이 있었다　　19. 참견하기 좋아하는　　20. 비도덕적인
21. 성질이 사나워　　22. 애정이 넘쳤다　　23. 신뢰할 수 있는　　24. 붙임성 있는　　25. 모범적인

>>> Part 1 Body & Mind

**Chapter 3**
**Emotion**

## >>> Theme 007  Anger[01]

**Stress**[02] puts even the nicest person's **emotions**[03] on end. When pressure gets to be too much, it is important to realize that we should resolve it in a healthy and positive manner. It's easy to be **cross**[04] when the children won't listen. A **callous**[05] **demanding**[06] boss can definitely put someone **under pressure**[07]. The stress may also be magnified because of a big project. An **insensitive**[08] and **rude**[09] co-worker can make one **livid**[10] and a fight with a friend can leave you **upset**[11], but **unleashing**[12] the **rage**[13] on someone else will only **compound**[14] the problem. Instead of **going through the roof**[15], it's wisest to do things to **relieve**[16] the pressure by exercising or writing out one's feelings or talking to an **impartial**[17] friend. As an alternative to being **at odds with**[18] someone, it may help to inform the other person that one **has a bone to pick**[19]. One should talk to the person with whom there is a problem in a **non-confrontational**[20] tone. This indicates that a **reconciliation**[21] is the most **desired**[22] outcome. It might just be the best way to a more **peaceful**[23] life.

>>> 해석

스트레스는 아주 마음씨 좋은 사람의 감정까지도 극에 달하게 만든다. 스트레스가 너무 심해질 때는 건강하고 긍정적인 방법으로 그것을 풀어야 한다고 인식하는 것이 중요하다. 아이들이 말을 잘 안 들을 때 화를 내기는 쉽다. 냉정하고 고압적인 상사는 분명 누군가에게 압력을 가할 것이다. 그 스트레스는 중요한 프로젝트 때문에 더 커질 것이다. 둔감하고 무례한 직장 동료는 사람을 화나게 만들 수도 있고 친구와 다투면 마음이 산란할 수도 있다. 그러나 그 때문에 다른 사람에게 분노를 표출하는 것은 문제를 악화시키는 것밖에 되지 않는다. 벌컥 화를 내는 대신 운동을 하거나 자신의 감정을 편지로 써 내려가거나 혹은 공정한 친구와 대화를 나누는 등 스트레스를 줄일 일을 하는 것이 현명하다. 누군가와 사이가 좋지 않으면 그 대안으로 상대방에게 자기가 따질 일이 있다고 말하는 것이 도움이 될 수 있다. 문제가 있는 그 사람에게 대립하는 어조로 말해서는 안 된다. 이는 화해가 가장 바람직한 결과라는 것을 말해주는 것이다. 보다 평화로운 삶을 위해서 그렇게 하는 것이 최선의 방법일 것이다.

>>> 어구

resolve 해결하다; 결심하다; 분해하다  definitely 명확히, 분명  magnify 확대하다, 과장하다  write out 쓰다  inform 알리다  outcome 결과, 성과

>>> 구문

- it is important to realize that we should resolve it in a healthy and positive manner. /
  It's easy to be cross when the children won't listen. /
  it may help to inform the other person that one has a bone to pick. [it 가주어 to R 진주어]
  ~인식하는 것이 중요하다/~할 때 화를 내기는 쉽다/ ~을 알리는 것이 도움이 될 수 있다

- unleashing the rage on someone else will only compound the problem.
  다른 사람에게 분노를 표출하는 것은 문제를 악화시킬 뿐이다

# Chapter 3 인간의 감정

>>> Part 1 인간의 신체와 정신

>>> Theme 007  분노 ▶

01 **anger** [ǽŋɡər] 노여움, 화; 성나게 하다
- ⓐ angry 성난, 화난

02 **stress** [strés] 압력, 압박(감); 강세, 강조
- suffer mental stress 정신적인 스트레스를 받다

03 **emotion** [imóuʃən] (희로애락의) 감정, 감동
- ⓐ emotional 감정의, 감정적인

04 **cross** [krɔ́ːs, krɑ́s] 짜증 난, 화가 난
- be cross 짜증을 내다, 짜증이 나다

05 **callous** [kǽləs] 냉담한, 무감각한; (피부가) 못 박힌
- 통 indifferent 무관심한

06 **demanding** [dimǽndiŋ] 요구가 지나친; (일) 힘이 드는
- ⓥ demand 요구하다, 필요로 하다

07 **be under pressure** 스트레스를 받다
- 관 pressure 압력, 압박(감)

08 **insensitive** [insénsətiv] 둔감한, 무감각한
- 반 sensitive 민감한, 예민한, 섬세한

09 **rude** [rúːd] 버릇없는, 무례한
- 통 무례한: impolite/insolent/impertinent/discourteous

10 **livid** [lívid] 노발대발한; 흙빛의

11 **upset** [ʌ̀psét] 당황하게 하다, 속상하게 하다
- be upset 속상해하다, 냉정을 잃다

12 **unleash** [ʌ̀nlíːʃ] 자유롭게 하다, 풀어놓다
- ⓝ leash 가죽끈, 구속

13 **rage** [réidʒ] 격노, 분노
- ⓥ enrage 몹시 성나게 하다
- ⓝ outrage 분노, 분개; 불법, 폭행
- ⓐ outrageous 난폭한; 부당한
- 통 furious 노하여 펄펄 뛰는
  - ~ fury 격노, 격분 infuriate 격분시키다

14 **compound** [kámpaund] 1. 악화시키다, 복잡하게 하다
                                      2. 합성의
- 통 aggravate 악화시키다 deteriorate 악화되다

15 **go through the roof** 매우 화가 나다
- 표 hit the ceiling[roof] 매우 화가 나다

16 **relieve** [rilíːv] 완화하다, 경감하다
- 통 완화하다: mitigate/alleviate/soothe/palliate/appease

17 **impartial** [impɑ́ːrʃəl] 공정한
- 반 partial 불공평한, 편파적인
- 통 unbiased 편견이 없는, 공평한

18 **be at odds with** ~와 사이가 좋지 않다

19 **have a bone to pick with** ~에게 따질 게 있다

20 **non-confrontational** 대립적이지 않은
- 반 confrontational 대치하는, 대립되는

21 **reconciliation** [rèkənsìliéiʃən] 화해, 조정
- ⓥ reconcile 화해시키다
- 관 bury the hatchet 화해하다

22 **desired** [dizáiərd] 바람직한, 바랬던
- It is desired that ~하는 것이 바람직하다
- the desired outcome 바라던 결과
- ⓐ desirable 바람직한, 호감이 가는

23 **peaceful** [píːsfəl] 평화로운, 평온한
- 통 serene 고요한, 평온한
  placid 평온한, 차분한

Reading V.O.C.A
37

>>> Part 1 Body & Mind    >>> Chapter 3 Emotion

>>> Theme 007 **Review Test**

01 The mother was angry with the disobedient child.
➡ 어머니는 아이가 말을 듣지 않아 _____.

02 Anger can lead to stress, heart attacks, or alcoholism.
➡ _____는 _____, 심장 마비 또는 알코올 중독으로 이어질 수 있다.

03 Painting can also be used as a means of delivering one's thoughts and emotions to others.
➡ 그림은 생각과 _____을 타인에게 전달하는 수단으로도 사용될 수 있다.

04 The woman became cross with the pushy salesman.
➡ 여자는 강매하려는 외판원에게 _____.

05 She is so callous about the needy.
➡ 그녀는 빈곤한 이들에게 매우 _____.

06 The boss is very demanding of his employees.
➡ 그 사장은 고용인들에게 너무 _____.

07 He had been under so much pressure at work that he quit his job last month.
➡ 그는 일하면서 너무 _____, 지난달에 회사를 그만뒀다.

08 When someone is exposed to violence too often, he or she will be insensitive to violence.
➡ 폭력에 너무 자주 노출되면 그 사람은 폭력에 _____ 해질 것이다.

09 The rude woman was never invited out.
➡ _____ 여자는 결코 초대받지 못했다.

10 She was livid when she saw the mess.
➡ 그녀는 엉망으로 어질러진 것을 보자 _____.

11 The bad news upset him.
➡ 좋지 않은 소식을 듣고 그는 _____.

12 The kids nagged their mother to unleash the dog tied to the post.
➡ 아이들은 엄마에게 기둥에 묶여 있는 개를 _____ 졸라댔다.

13 The protesters' rage was on the verge of explosion.
➡ 시위대의 _____는 폭발 직전이었다.

14 Passive actions will just compound the situation.
➡ 소극적인 조치는 상황을 더 _____시키기만 할 것이다.

15 She hit the ceiling when she saw the bill.
➡ 그녀는 영수증을 보고 몹시 _____.

16 This treatment relieves stress and improves blood circulation.
➡ 이 치료는 스트레스를 _____ 혈액순환을 돕는다.

17 He is well known as an impartial judge.
➡ 그는 _____ 재판관으로 잘 알려져 있다.

18 The roommates had been at odds with each other for weeks.
➡ 룸메이트끼리 몇 주 동안이나 서로 _____.

19 The man had a bone to pick with his brother.
➡ 그 남자는 동생에게 _____.

20 You need to understand their different point of view in a non-confrontational manner.
➡ 그들의 다른 견해를 _____ 방식으로 이해하려고 노력해야 한다.

21 There have been various diplomatic actions aimed at making the mood of reconciliation between the two countries.
➡ 두 나라 간의 _____ 분위기를 조성하려는 다양한 외교적 조치가 있어 왔다.

22 If you go on to the Internet, you can get any desired information immediately regardless of time and place.
➡ 인터넷에 접속하면 시간과 장소에 상관없이 당신이 _____ 정보를 바로 얻을 수 있다.

23 The author now leads a peaceful life in his hometown.
➡ 그 작가는 지금 자신의 고향에서 _____ 삶을 살고 있다.

---

>>> 정답

01. 화가 났다  02. 화, 스트레스  03. 감정  04. 화가 났다  05. 냉담하다
06. 많은 것을 요구한다  07. 스트레스를 받아서  08. 둔감  09. 무례한  10. 노발대발했다
11. 속이 상했다  12. 풀어달라고  13. 분노  14. 악화  15. 화를 냈다
16. 풀어주고(경감시키고)  17. 공정한  18. 사이가 좋지 않았다  19. 따질 일이 있었다  20. 대립적이지 않은
21. 화해  22. 바라는  23. 평화로운

>>> Part 1 Body & Mind     >>> Chapter 3 Emotion

## >>> Theme 008 Happiness

Holidays are excellent times of the year since more people are generally in a good **mood**. Many people see them as a time to reflect and be **grateful**. The general **atmosphere** is lighter as there is a **merry** feeling in the air as one sees happy **grins** across passing faces. The office becomes **festive** and parties abound as even bosses are **content** enough to let the employees **joke** and **kid** around. Everyone **is delighted** to get a few days off and as the date gets closer, people are **ecstatic** about their plans to visit loved ones. Some **cheerfully** describe memories of the last time they **celebrated** the holiday, **bursting out laughing** as they recount **hilarious** stories. It is not uncommon for people to **burst into tears** of joy on the **occasion** of being reunited with friends and loved ones.

>>> 해석

(부활절 크리스마스와 같은) 휴일은 일 년 중에 최고의 시기이다. 왜냐하면, 평소보다 더욱 많은 사람들이 대체로 기분이 좋기 때문이다. 많은 사람들이 이러한 휴일을 자신을 되돌아보는 즐거운 시간으로 생각한다. 웃고 즐기는 기분이 감돌기에 전반적으로 가벼운 분위기가 되고 서로 마주칠 때도 즐거운 미소를 보게 된다. 사무실에서는 상사들조차도 종업원들이 주위에서 서로 농담을 주고받는 것을 용납할 정도로 축제 분위기가 되고 파티가 성행한다. 모든 사람들이 며칠 쉬게 되는 것을 좋아하고 날짜가 다가옴에 따라 사람들은 친지를 방문할 계획으로 들뜨게 된다. 어떤 이들은 작년 명절 때의 추억을 즐겁게 회상하고 재미있었던 일들을 하나하나 이야기하다 웃음을 터뜨리곤 한다. 친구들이나 사랑하는 이들과 다 같이 모였을 때 사람들이 기쁨의 눈물을 흘리는 것이 그리 드문 일은 아니다.

>>> 어구

reflect 반영하다, 나타내다  abound 많이 있다, 풍부하다  day off 비번, 휴일  recount 자세히 말하다  reunite 재회하다

>>> 구문

1. • Many people see them as a time to reflect and be grateful [전치사 as]
   많은 사람들이 그것들을 반성하고 감사히 여기는 시간으로 여기다
2. • **as** there is a merry feeling in the air 즐거운 기분이 감돌기 때문에 [접속사 as]
   **as** one sees happy grins 즐거운 미소를 보면서
   **as** even bosses are content enough to 상사들 조차 ~하는데 만족하며
   **as** the date gets closer people are ecstatic 날짜가 다가옴에 따라 사람들은 들뜬다
   **as** they recount hilarious stories 재미있는 이야기를 말하는 동안

>>> Part 1 인간의 신체와 정신
>>> Chapter 3 인간의 감정

>>> Theme 008  행복 ▶

01 **happiness** [hǽpinis] 행복, 기쁨
   - ⓐ happy 행복한, 즐거운
   - 등 felicity 매우 큰 행복, 경사
     bliss 더없는 기쁨
     euphoria (극도의) 행복감, 희열

02 **mood** [muːd] 기분; 분위기
   - in a good mood 기분이 좋은
   - in a bad mood 기분이 안 좋은

03 **grateful** [gréitfəl] 기분 좋은, 감사하는
   - ⓝ gratefulness 감사
   - 반 ungrateful 은혜를 모르는; 불쾌한

04 **atmosphere** [ǽtməsfìər] 분위기; 대기

05 **merry** [méri] 명랑한, 웃고 즐기는
   - 등 gay 명랑한, 즐거운
     jolly 즐거운, 행복한

06 **grin** [grin] 이를 드러내고 싱긋 웃다; 활짝 웃음
   - 반 grim 엄한; 불길한; 불쾌한
   - 관 grimace 얼굴을 찡그리다; 찌푸린 얼굴

07 **festive** [féstiv] 축제의, 축제 분위기의
   - ⓝ festival 축제, 잔치
   - 비 party (주로 집에 초대하여 벌이는) 모임
     feast 축하연, 잔치
     revel (흥청거리는) 술잔치
     banquet 연회, 축하연
     fete (야외에서 모금목적으로 벌이는) 축연
     gala 축제, 잔치; 경기 대회

08 **content** [kántent] 1. 만족하여; 만족하다
                         2. 내용(물), 콘텐츠
   - ⓝ contentment 만족
   - 동 contention 말다툼, 분쟁
   - 반 malcontent 불평분자

09 **joke** [dʒouk] 놀리다; 농담
   - 표 pull somebody's leg 놀리다

10 **kid** [kid] 1. 놀리다, 장난치다, 농담하다
                2. 아이, 청소년; 새끼염소
   - You're kidding. 놀리는 거지.
   - Are you kidding me? 날 놀리는 거지?
   - No kidding. 농담 아니야, 정말이야.

11 **be delighted** 아주 기쁘다
   - ⓝ delight 기쁨, 즐거움
   - ⓐ delightful 매우 기쁜
   - 관 be pleased 기분이 좋다
     be excited/thrilled 흥분하다

12 **ecstatic** [ekstǽtik] 황홀해 하는, 기뻐서 어쩔 줄 모르는
   - ⓝ ecstasy 황홀경, 정신 혼미
   - 등 rapture 큰 기쁨, 황홀

13 **cheerful** [tʃíərfəl] 쾌활한, 명랑한, 즐거운
   - ⓝ cheer 환호, 갈채, 격려
   - ⓐd cheerfully 쾌활하게, 즐겁게

14 **celebrate** [séləbrèit] 축하하다, 경축하다
   - ⓝ celebration 축하연, 경축 행사
   - 등 celebrity 명사, 연예인
     – celebrated 유명한, 저명한
   - 관 anniversary (해마다 돌아오는) 기념일
     memorial 기념일; 기념비
     ceremony (종교적·국가적인 공식) 의식

15 **burst out laughing/burst into laughter**
   웃음을 터뜨리다

16 **laugh** [læf] (소리 내어) 웃다
   - ⓝ laughter 웃음, 웃음소리

17 **hilarious** [hilɛ́əriəs] 유쾌한, 아주 재미있는
   - 관 exhilarate 기분을 들뜨게 하다

18 **burst into tears/burst out crying** 울다

19 **occasion** [əkéiʒən] 특별한 행사, 일; 경우
   - celebrate an occasion 특별한 일을 축하하다

>>> Part 1 Body & Mind
>>> Chapter 3 Emotion

>>> Theme 008 **Review Test**

01 The children were happy to see their grandparents.
▶ 아이들은 조부모님들을 뵙게 되자 _____ 했다.

02 Getting a raise put the woman in a good mood.
▶ 봉급이 올라서 그녀는 _____.

03 The man was grateful to get his wallet back.
▶ 남자는 지갑을 돌려받자 _____ 했다.

04 There is a homelike atmosphere in our company.
▶ 우리 회사에는 가족적인 _____ 가 있다.

05 The mood during the holidays is merry.
▶ 휴가 기간에는 분위기가 _____.

06 The woman grinned in understanding.
▶ 여자는 이해하고 _____.

07 The international event was successfully held in Germany with a festive mood.
▶ 국제행사는 _____ 속에서 성공적으로 독일에서 개최되었다.

08 The couple was contented with the accommodations.
▶ 부부는 숙박시설에 _____.

09 John used to tell jokes he'd seen in the sitcoms.
▶ 존은 시트콤에서 본 _____ 을 하곤 했다.

10 Are you kidding me? I can't believe that.
▶ 지금 날 _____ 거지? 믿을 수 없어.

11 The man was delighted to accept the invitation.
▶ 남자는 초대에 _____ 응했다.

12 The man was ecstatic about the news.
▶ 남자는 그 소식을 듣고 _____.

Reading V.O.C.A
42

¹³ The woman gave a cheerful smile.　　▶ 여자는 _____ 미소를 지었다.

¹⁴ His family had a party to celebrate his promotion.　　▶ 그의 승진을 _____ 하기 위해 가족이 파티를 열었다.

¹⁵ I burst out laughing at his joke.　　▶ 나는 그의 농담에 _____.

¹⁶ He looked so ridiculous that I could not help laughing.　　▶ 그가 너무 우스꽝스러워 보여서 나는 _____ 을 참을 수가 없었다.

¹⁷ Robert plays a hilarious character in this movie.　　▶ 로버트는 이 영화에서 _____ 인물을 연기한다.

¹⁸ The revelation made her burst into tears of joy.　　▶ 뜻밖의 새로운 사실을 듣고 그녀는 기쁨의 _____.

¹⁹ Her birthday party was a happy occasion.　　▶ 그녀의 생일파티는 즐거운 _____ 였다.

>>> 정답
01. 기뻐　02. 기분이 좋았다　03. 고마워　04. 분위기　05. 흥겹다(즐겁다)
06. 싱긋 웃었다　07. 축제 분위기　08. 만족했다　09. 농담　10. 놀리는
11. 기꺼이(기쁘게)　12. 기뻐서 어쩔 줄 몰랐다　13. 명랑한　14. 축하　15. 웃음을 터뜨렸다
16. 웃음　17. 아주 재미있는　18. 눈물을 터뜨렸다　19. 행사

>>> Part 1 Body & Mind  >>> Chapter 3 Emotion

## >>> Theme 009 Sadness

Being physically ill can have a **psychological**[01] **toll**[02]. The headache, runny nose or **sore**[03] throat of a cold or flu can make you **moan**[04] and **groan**[05] in **agony**[06]. Missing out on special occasions and events, such as a party or concert, can increase the feeling of **melancholy**[07]. One can **feel blue**[08] because of the total or partial inability to take care of oneself without **discomfort**[09] or great **exertion**[10]. Often the fatigue of being ill **expresses**[11] itself in a variety of ways. One may feel sad for oneself and **sigh**[12] **dejectedly**[13] or even burst into tears. Speaking negatively and becoming **sullen**[14] are signs of **bitterness**[15] and **depression**[16] which can result from a prolonged sickness. Yet research has shown that an **upbeat**[17] **outlook**[18] on **overcoming**[19] an illness or **injury**[20] has a positive effect upon recovery, even speeding it up.

### >>> 해석

육체적으로 아프다는 것은 심리적인 희생을 수반할 수 있다. 감기에 걸려 머리가 아프고 코가 줄줄 흐르고 목이 아프면 사람을 괴롭게 만든다. 감기 때문에 신체가 몹시 지쳐 파티나 연주회같이 특별한 행사에 참석하지 못하게 되면 우울감이 더 심해진다. 전체적으로 또는 부분적으로라도, 자신을 불편 없이 혹은 큰 수고 없이 돌보지 못하게 되어 우울해지는 사람도 있다. 병이 나서 피로한 증세는 여러 가지 형태로 나타난다. 어떤 이는 자기 자신을 슬퍼하고 풀이 죽어 한숨을 내쉬거나 눈물을 터뜨리기도 한다. 부정적으로 말하고 골난 듯이 음울해지는 것은 오래 지속되는 병으로 생긴 슬픔과 의기소침의 증세이다. 그러나 연구조사에 따르면 질병이나 부상을 극복하려는 낙관적인 사고방식이 환자의 회복에, 심지어는 회복을 빠르게 하는데 긍정적인 영향을 미치는 것으로 드러났다.

### >>> 어구

headache 두통, 두통거리 runny nose 콧물이 흐르는 코 cold 감기, 추위 flu 독감, 인플루엔자 occasion 행사 increase 증가하다, 늘다 inability 무능, 무력 take care of 돌보다 fatigue 피로 variety 다양, 갖가지 result from ~에서 기인하다 prolonged 오래 끄는 recovery 회복 speed up 빠르게 하다 have an effect on ~에 영향을 미치다

### >>> 구문

• can make you moan and groan ~    [make 5형식 동사]
  ~는 당신이 신음하고 괴로워하게 만들 수 있다

• research has shown that an upbeat outlook ~
  연구조사는 ~을 보여주었다 → 연구조사에 따르면 ~으로 드러났다

>>> Part 1 인간의 신체와 정신
>>> Chapter 3 인간의 감정

>>> Theme 009  **슬픔**

01 **psychologic(al)** [sàikəládʒik(əl)] 심리적인, 심리학의
   - ⓝ psychologist 심리학자
   - 반 physical 육체의, 신체의
   - 관 mental 마음의

02 **toll** [tóul] 희생; 사상자 수; 통행료

03 **sore** [sɔ́ːr] 아픈, 쓰린; 화가 난
   - sore throat 인후염, 아픈 목
   - 혼 soar [sɔ́ːr] 높이 치솟다, 급등하다

04 **moan** [móun] 한탄하다, 신음하다
   - ⓐ moanful 슬퍼하는
   - 동 mourn 슬퍼하다, 한탄하다
     weep 눈물을 흘리다, 울다
     whimper 훌쩍훌쩍 울다
     sob 흐느껴 울다

05 **groan** [gróun] 신음하다, 괴로워하다; 신음

06 **agony** [ǽɡəni] 심한 고통, 고통의 몸부림
   - 동 throe 심한 고통; 임종의 고통
   - 유 pain (일반적으로) 아픔, 고통
     ache 몸의 일부에 느끼는 계속적인 아픔
     pang 갑자기 닥치는 일시적 아픔
     anguish/distress/torment (정신적) 고통, 고뇌

07 **melancholy** [mélənkàli] 우울한; 침울
   - 동 gloomy 우울한, 울적한
     glum 시무룩한, 침울한
     bleak (미래가) 암담한
     somber 침울한; 어두침침한

08 **blue** [blúː] 우울한
   - feel blue (기분이) 우울하다
   - 관 feel down 낙담하다

09 **discomfort** [diskʌ́mfərt] 1. 불쾌, 불편; 가벼운 통증
   2. 불쾌하게 하다

10 **exertion** [iɡzɔ́ːrʃən] 노력; 전력
   - ⓥ exert 힘을 쓰다; 노력하다

11 **express** [iksprés] (생각을) 표현하다; 급행
   - ⓝ expression 표현, 표정

12 **sigh** [sái] 한숨 쉬다, 탄식하다
   - 관 plaintive 구슬픈, 애처로운

13 **dejected** [didʒéktid] 낙심한, 낙담한
   - ⓥ deject 낙담시키다
   - ⓐⓓ dejectedly 낙담하여, 맥없이
   - 동 despondent 기가 죽은, 의기소침한

14 **sullen** [sʌ́lən] 부루퉁한, 골난
   - 동 dour 뚱한, 시무룩한
     sulky 부루퉁한, 골난
     – sulk 부루퉁함; 골나다

15 **bitterness** [bítərnis] 쓰라림, 비통
   - ⓐ bitter 쓰라린, 비통한; 신랄한

16 **depression** [dipréʃən] 의기소침, 우울증; 불경기
   - ⓥ depress 낙담시키다, 우울하게 하다
   - ⓐ depressed 의기소침한; 불경기의

17 **upbeat** [ʌ́pbìːt] 낙관적인
   - an upbeat outlook 낙관적 전망
   - 동 optimistic 낙관적인, 낙천주의의
   - 반 pessimistic 비관적인

18 **outlook** [áutlùk] 전망, 조망, 견해

19 **overcome** [òuvərkʌ́m] 이기다, 극복하다

20 **injury** [índʒəri] (신체적) 상해, 손상
   - 동 harm 해, 손해
     damage 손해, 손상

>>> Part 1 Body & Mind  >>> Chapter 3 Emotion

## >>> Theme 009 Review Test

01 These symptoms are resulted from psychological factors rather than physical factors.
➡ 이러한 증상들은 _____ 요소보다는 _____ 요소에 기인한다.

02 The storm took a heavy toll of lives.
➡ 태풍이 수많은 _____를 냈다.

03 This cough medicine will ease your sore throat.
➡ 이 감기약을 먹으면 _____ 목이 가라앉을 것이다.

04 The sick man moaned on his hospital bed.
➡ 아픈 남자는 병원 침대에서 _____.

05 The man groaned in dismay.
➡ 남자는 낙담하여 _____.

06 She got over the agony of the severe backache and in the end became well again.
➡ 그녀는 극심한 요통의 _____을 극복하고서 마침내 다시 건강을 회복했다.

07 The empty house made the man melancholy.
➡ 텅 빈 집은 그 남자를 _____ 했다.

08 The homesickness made the man blue.
➡ 향수병 때문에 그 남자는 _____ 했다.

09 The splint can help relieve discomfort.
➡ 부목은 _____을 완화하는 데 도움이 될 수 있다.

10 It is necessary that you exert yourself to achieve your goal.
➡ 목적을 이루려면 당신은 힘껏 _____ 해야만 한다.

11 Music can also be a great tool to express your emotion and thought.
➡ 음악은 또한 당신의 감정과 생각을 _____ 하는 훌륭한 도구가 될 수 있다.

12 The man let out a plaintive sigh.
➡ 남자는 구슬픈 _____을 내쉬었다.

13 The man felt dejected after having a bad interview.
➡ 남자는 면접을 잘하지 못해 _____ 했다.

14 The boss went away in a sullen mood.
➡ 사장은 _____ 나가 버렸다.

¹⁵ His life is full of anger and bitterness.

▶ 그의 인생은 분노와 _____으로 가득 차 있다.

¹⁶ The woman was depressed after being laid off.

▶ 그 여자는 해고를 당하자 _____했다.

¹⁷ He has won a rapid promotion due to his upbeat attitude.

▶ _____ 태도 때문에 그는 승진이 빨랐다.

¹⁸ I have a healthy outlook on life.

▶ 나는 건전한 _____을 가지고 있다.

¹⁹ Improving consumer spending helps the nation overcome the slump.

▶ 소비지출의 증가는 국가가 경기침체를 _____ 데 도움이 된다.

²⁰ There were a few passengers who escaped without injury.

▶ 몇몇 승객들은 _____ 없이 탈출했다.

---

>>> 정답

| | | | | |
|---|---|---|---|---|
| 01. 신체적, 심리적 | 02. 사상자 | 03. 아픈 | 04. 신음했다 | 05. 괴로워했다 |
| 06. 통증(고통) | 07. 우울하게 | 08. 우울 | 09. 통증 | 10. 노력 |
| 11. 표현 | 12. 한숨 | 13. 낙담 | 14. 골이나서 | 15. 비통함 |
| 16. 낙심 | 17. 낙관적인 | 18. 인생관 | 19. 극복하는 | 20. 부상 |

Reading V.O.C.A
47

>>> Part 1 Body & Mind
>>> Chapter 3 Emotion

>>> Theme 010  **Disappointment**

It's easy to feel **down and out**[01] after an emotional **disappointment**[02], but the key to overcoming is to never **give up**[03]. Don't let a **defeat**[04] get the best of you. Defeat should be seen as a **challenge**[05] to turn a negative situation into an **opportunity**[06] for character building. Instead of being **devastated**[07] by not getting the job of your dreams, you can turn the situation into a **motivational**[08] device to analyze what skills need to be **enhanced**[09]. Life should be lived to the fullest and with the **pursuit**[10] of our dreams as the ultimate goal. Instead of being **frustrated**[11] by an **unfruitful**[12] outcome, one ought to **take stock**[13] and consider **alternatives**[14] and try another **approach**[15]. Life's **trials**[16] make a person stronger. Instead of becoming dejected by them, we ought to **rejoice**[17] in them. Don't **let** yourself **down**[18]. You should rise to the challenge and **fulfill**[19] your **potential**[20].

>>> 해석

감정적인 실망 후에는 기진맥진해지기 쉬우나 그것을 극복하는 방법은 결코 포기하지 않는 것이다. 절대로 실패가 당신을 이기도록 내버려 두지 마라. 실패는 부정적인 상황을 인격형성의 기회로 변화시키는 일종의 도전으로 인식되어야만 한다. 당신이 꿈꾸던 직업을 갖지 못하게 되었다고 해서 절망적으로 낙담하기보다는 그 상황을 동기부여 장치로 바꾸어 어떤 기술을 더 길러야 할지를 분석해야 한다. 인생은 만끽하며 살아야 하고 궁극적 목표인 우리의 꿈을 추구하며 살아야만 한다. 성과가 없는 결과에 실망하는 대신 대안을 생각해 보고 또 다른 접근을 시도해야 한다. 인생의 시련은 인간을 강하게 만든다. 인생의 시련 때문에 기죽어 있기보다는 그 안에서 기뻐할 줄 알아야 한다. 자신에 실망하지 말라. 난관에 잘 대처하고 당신의 잠재력을 발휘해 보라.

>>> 어구

get the best of ~를 이기다  turn A into B A를 B가 되게 하다  analyze 분석하다  to the fullest 최대한으로, 마음껏  outcome 결과, 성과  rise to the challenge 난국에 잘 대처하다

>>> 구문

- the key to overcoming is to never give up
  극복하는 방법은 절대 포기하지 않는 것이다

- let a defeat get the best of you  [let 사역동사]
  패배가 당신을 이기도록 내버려 두다

>>> Part 1 인간의 신체와 정신
>>> Chapter 3 인간의 감정

>>> Theme 010  실망 ▶

01 **down and out** 기진맥진한; 무일푼의

02 **disappointment** [dìsəpɔ́intmənt] 실망(감)
　ⓥ disappoint 실망시키다; 좌절시키다
　[동] dismay 당황(하게 하다); 실망, 절망

03 **give up** 포기하다, 그만두다

04 **defeat** [difí:t] 패배시키다, 좌절시키다
　[관] overcome 극복하다

05 **challenge** [tʃǽlindʒ] 도전; 도전하다; 이의를 제기하다
　ⓝ challenger 도전자

06 **opportunity** [àpərtjú:nəti] 기회
　ⓐ opportune 시기가 좋은

07 **devastated** [dévəstèitid] 몹시 속상한
　ⓥ devastate 황폐시키다, 초토화하다
　ⓐ devastating 압도적인, 엄청난

08 **motivational** [mòutəvéiʃənl] 동기를 부여하는
　ⓝ motivation 자극; 동기부여
　ⓥ motivate 동기를 부여하다
　[관] motive 동기

09 **enhance** [inhǽns] 높이다, 강화하다
　ⓝ enhancement 상승, 향상, 증대

10 **pursuit** [pərsú:t] 추구; 수행, 종사
　ⓥ pursue 쫓다, 추구하다, 종사하다

11 **frustrated** [frʌ́streitid] 좌절한, 욕구불만의
　ⓥ frustrate 좌절시키다

12 **unfruitful** [ʌnfrú:tfəl] 헛된; 불모의
　[동] fruitless 보람(효과) 없는, 무익한
　　futile 헛된, 효과 없는
　[반] fruitful 결실이 있는; 비옥한

13 **take stock (of the situation)** (상황을) 자세히 살펴보다
　ⓝ stock 재고; 주식; 줄기; 혈통

14 **alternative** [ɔ:ltə́:rnətiv] 대안, 양자택일
　ⓥ alternate 번갈아 하다, 교체하다; 교대의

15 **approach** [əpróutʃ] 접근, 접근법; 접근하다
　• a practical approach to the problem
　　그 문제에 대한 실용적 접근법

16 **trial** [tráiəl] 시련; 재판; 실험
　• trials and tribulations 시련, 많은 고난
　• stand one's trial 재판을 받다
　• a trial flight 시험비행

17 **rejoice** [ridʒɔ́is] 기뻐하다, 기쁘게 하다
　ⓝ rejoicing 기쁨, 환희

18 **let down** 실망시키다, (체면을) 떨어뜨리다
　ⓝ letdown 감소, 실망, 의기소침
　[반] live up to one's expectations 기대에 부응하다

19 **fulfill** [fulfíl] 이행(실행)하다; 완수하다
　ⓝ fulfillment 이행, 실현, 완수

20 **potential** [pəténʃəl] 잠재력; 가능성; 가능한
　ⓝ potentiality 가능성, 잠재력

>>> Part 1 Body & Mind    >>> Chapter 3 Emotion

## >>> Theme 010 Review Test

01 Losing his job made him feel **down and out**.
➡ 실직으로 그는 _____ 해졌다.

02 The candidate expressed **disappointment** with the voting results.
➡ 그 후보는 투표 결과에 대해 _____ 을 나타냈다.

03 He is too valuable to **give up** for the company.
➡ 회사 입장에서 그는 _____ 하기에 가치가 너무 크다.

04 We **were defeated** by five goals to one.
➡ 우리는 5:1로 _____.

05 The new **challenge** before us was not only exciting but also very tough.
➡ 우리 앞의 새로운 _____ 은 흥미로웠지만, 매우 힘든 것이기도 했다.

06 Amy wanted **an opportunity** to restart her life.
➡ 에이미는 인생을 다시 시작할 _____ 를 갖고 싶어했다.

07 I **was devastated** to see my child suffering from the pain.
➡ 아이가 아파하는 것으로 보자 _____.

08 **Motivation** is an important factor in learning.
➡ _____ 은 학습에 중요한 요소이다.

09 The company has made efforts to reduce cost and **enhance** efficiency and quality.
➡ 회사는 가격은 낮추고 효율성과 질은 _____ 노력을 해왔다.

10 Everyone is entitled to the **pursuit** of happiness.
➡ 인간은 저마다 행복을 _____ 할 권리가 있다

11 The slow pace **frustrated** her.
➡ 그녀는 진행이 더딘 것에 _____ 했다.

12 All his efforts were **unfruitful**.
➡ 그의 모든 노력은 _____ 것이었다.

13 We are still **taking stock of** the situation.
➡ 우리는 아직 _____ 있다.

14 There is no **alternative** but to give up smoking.
➡ 금연 외에 다른 _____ 은 없다.

¹⁵ This is a sensitive subject and you need to take a judicious approach to it.
➡ 이 문제는 예민한 주제이므로 신중히 _____ 해야 한다.

¹⁶ Overcoming the trials and challenges is part of life.
➡ _____과 도전을 극복하는 것은 인생의 한 부분이다.

¹⁷ He rejoiced to see his old friends again.
➡ 그는 옛 친구들을 다시 만나게 되어 _____.

¹⁸ Don't let me down.
➡ 나를 _____ 마.

¹⁹ He is so diligent that he fulfills his duty sincerely.
➡ 그는 매우 근면하여 자신의 의무를 성실히 _____.

²⁰ China has great potential, but it is still a risky market.
➡ 중국은 큰 _____을 가지고 있지만, 여전히 위험한 시장이다.

>>> 정답

| 01. 기진맥진 | 02. 실망감 | 03. 포기 | 04. 패배했다 | 05. 도전 |
| 06. 기회 | 07. 몹시 속상했다 | 08. 동기유발(동기부여) | 09. 높이려는 | 10. 추구 |
| 11. 좌절 | 12. 헛된 | 13. 상황을 주시하고(잘 살펴보고) | 14. 대안 | 15. 접근 |
| 16. 시련 | 17. 기뻐했다 | 18. 실망시키지 | 19. 이행한다 | 20. 잠재력 |

>>> Part 1 Body & Mind    >>> Chapter 3 Emotion

## >>> Theme 011 Embarrassment

Instead of **losing face**[01] in a situation when you don't know what is happening, stay **calm**[02] and **maintain**[03] **a facade**[04] **of assurance**[05]. There are a few ways to **avoid**[06] looking **embarrassed**[07]. To avoid appearing **puzzled**[08], be certain to speak in a calm and **even**[09] tone. Raising the voice is a dead giveaway that one is **baffled**[10]. Secondly, be certain that the eyebrows do not go up. This will maintain a **serene**[11] and **placid**[12] visage that belies the **perplexed**[13] **turmoil**[14] inside. Finally, it's said that the eyes are the windows to the soul, so **make sure that**[15] they do not appear wide because this is an instant clue that a person is **confused**[16] or **bewildered**[17]. In an **emergency**[18] situation in which one **is caught off guard**[19], it's important to smile and look at ease, **keeping a poker face**[20] to present the image that everything is well.

### >>> 해석

무슨 일이 일어나고 있는지 모르는 상황에서는 공연히 체면을 잃지 말고 침착함을 유지하고 확신에 차 있는 척하라. 당황한 듯이 보이지 않는 방법이 몇 가지 있다. 난처한 듯이 보이지 않으려면 조용하고 한결같은 어조로 말해야 한다. 목소리를 높이는 것은 그 사람이 당황했다는 것을 치명적으로 드러내는 것이다. 두 번째로는 놀라지 말아야 한다. 이렇게 하면 당황하고 혼란스러운 당신 내부의 마음상태를 속일 수 있는 조용하고 차분한 얼굴 표정을 유지할 수 있을 것이다. 마지막으로는 옛말에 눈은 마음의 창이라고 하듯이 눈이 커지지 않도록 하는 것을 명심해야 한다. 왜냐하면, 이것은 사람이 당황하고 혼란스러워 하고 있다는 것을 나타내는 즉각적인 단서가 되기 때문이다. 방심한 채 위급한 상황에 놓이게 될 때에는 하고 있는 모든 일이 잘 되고 있다는 인상을 주는 포커페이스(무표정한 얼굴)를 유지하며 조용히 미소 지으며 마음 편한 듯이 보이는 것이 중요하다.

### >>> 어구

**dead giveaway** 결정적인 증거 **eyebrows go up** 깜짝 놀라다 **visage** 얼굴, 외관 **belie** (실상을) 속여 나타내다 **instant** 즉시의; 순간

### >>> 구문

- **stay** calm and **maintain** a facade of ~ [명령형]
  침착해라, 그리고 ~인 척하라
- There are **a few** ways ~ 방법이 몇 가지 있다
  cf. There are **few** ways ~ 방법이 거의 없다
- **it's said that** the eyes are the windows to the soul
  (= **People say that** the eyes are the windows to the soul)
  눈이 마음의 창이라고들 말한다
- an emergency **situation in which** one is caught off guard
  (= an emergency situation + one is caught off guard **in the situation**)
  허를 찌르는 위급한 상황

>>> Theme 011  **당황** ▶

01 **lose face** 체면을 잃다, 망신당하다
   - 반 keep[save] one's face 체면을 세우다

02 **calm** [káːm] 차분한, 잔잔한; 진정시키다
   - ⓐ calmly 고요히, 침착하게
   - ⓝ calmness 고요, 침착
   - 동 composed 침착한, 차분한
   - 반 discomposure 동요, 당황

03 **maintain** [meintéin] 지속하다, 유지하다; 부양하다
   - ⓝ maintenance 지속, 유지, 보수관리
   - 동 sustain 유지하다, 지속하다; (피해를) 입다

04 **facade** [fəsάːd] (실제와 다른) 허울; 정면, 외관
   - • maintain a facade of ~인 척하다
   - 혼 facet (사물의) 단면; 국면

05 **assurance** [əʃúərəns] 확신, 자신; 보증
   - ⓥ assure 보증하다, 납득시키다

06 **avoid** [əvɔ́id] 피하다, 회피하다, 막다
   - 동 shun/dodge/shirk/evade 회피하다

07 **embarrassed** [imbǽrəst] 어리둥절한, 당황한
   - ⓥ embarrass 당황하게 하다
   - ⓝ embarrassment 난처, 당황

08 **puzzled** [pʌ́zld] 어리둥절한, 당혹스러운
   - ⓥ puzzle 당황하게 하다; 수수께끼, 퍼즐
   - 동 riddle 수수께끼, 퍼즐 enigma 수수께끼
     conundrum 수수께끼

09 **even** [íːvən] 한결같은, 차분한

10 **baffled** [bǽfld] 당황한
    - ⓥ baffle 당황하게 하다
    - ⓐ baffling 당황하게 하는, 이해할 수 없는

11 **serene** [səríːn] 고요한, 평온한
    - ⓝ serenity 고요함, 평온
    - 동 tranquil 조용한, 차분한
      - tranquillity 평온, 침착함

12 **placid** [plǽsid] 평온한, 차분한, 잔잔한

13 **perplexed** [pərplékst] 어찌할 바를 모르는, 당황한
    - ⓥ perplex 난처하게 하다, 당황하게 하다
    - ⓝ perplexity 당황, 난처한 일

14 **turmoil** [tə́ːrmɔil] 소란, 소동, 혼란
    - 동 tumult 소란, 소동; 동요
      disturbance 소란, 동요; 방해, 걱정
      commotion 동요, 소동

15 **make sure (that)** 확인하다, 꼭 ~하다

16 **confused** [kənfjúːzd] 혼란스러운; 당황한
    - ⓥ confuse 당황하게 하다, 혼동하다
    - 동 confounded 당황한
      - confound 당황하게 하다, 혼동하다

17 **bewildered** [biwíldərd] 당황한, 어리둥절한
    - ⓥ bewilder 당황하게 하다

18 **emergency** [imə́ːrdʒənsi] 비상사태, 위급, 응급
    - 동 urgency 긴급, 긴급한 일

19 **be caught off guard** 방심하여 잡히다, 허를 찔리다

20 **keep a poker face** 감정을 얼굴에 드러내지 않다

>>> Part 1 Body & Mind
>>> Chapter 3 Emotion

>>> Theme 011 **Review Test**

01 The outburst made him lose face.
➡ 감정의 폭발로 그는 _____.

02 He tried to look calm.
➡ 그는 _____ 보이려 애썼다.

03 The efforts of our ancestors to maintain peace were priceless.
➡ 평화를 _____ 하려던 조상의 노력은 아주 값진 것이었다.

04 The facade of the building is very luxurious.
➡ 그 건물의 _____ 은 매우 화려하다.

05 Jane spoke in a voice filled with assurance.
➡ 제인은 _____ 에 찬 목소리로 말했다.

06 She was always careful to avoid being late.
➡ 그녀는 항상 지각을 _____ 주의했다.

07 The woman blushed in embarrassment.
➡ 여자는 _____ 해서 얼굴이 붉어졌다.

08 The woman was puzzled by his actions.
➡ 여자는 그의 행동으로 _____ 했다.

09 The minister preached in an even tone of voice.
➡ 목사는 _____ 어조로 설교를 했다.

10 The man was baffled by her behavior.
➡ 남자는 그녀의 행동에 _____.

11 He looks as calm and serene as ever.
➡ 그는 예나 지금이나 항상 _____ 하고 _____ 해 보인다.

12 There is a placid lake near the small town.
➡ 그 작은 마을 근처에는 _____ 호수가 있다.

13 The turn of events perplexed the man.
➡ 형세가 급변하자 그는 _____.

14 Her life is thrown into turmoil by this incident.
➡ 이번 일로 그녀의 삶이 _____ 에 빠져 있다.

Reading V.O.C.A
54

15 Make sure you lock the door **before leaving**. ▶ 나가기 전에 _____.

16 The string of events **confused** him. ▶ 일련의 사건들이 그를 _____.

17 The woman **was bewildered by** the situation. ▶ 여자는 그 상황에 _____.

18 She had to have **emergency** surgery. ▶ 그녀는 _____ 수술을 받아야만 했다.

19 She **was caught off guard** and accidentally dropped the plate. ▶ 그녀는 _____ 했고 실수로 접시를 떨어뜨렸다.

20 He used to tell funny stories, keeping **a poker face** the whole time. ▶ 그는 _____ 얼굴을 한 채 웃긴 이야기를 늘어놓곤 했다.

>>> 정답

01. 체면을 잃었다  02. 침착해  03. 유지  04. 정면(입구)  05. 확신
06. 피하려고  07. 당황  08. 당황  09. 차분한  10. 당황했다
11. 차분, 평온  12. 잔잔한  13. 어찌할 바를 몰랐다  14. 혼란  15. 꼭 문단속하거라
16. 혼란에 빠뜨렸다  17. 당황했다  18. 응급  19. (허를 찔려) 당황  20. 무표정한

>>> Part 1 Body & Mind  >>> Chapter 3 Emotion

## >>> Theme 012 Surprise

As an operator for an emergency **hot-line**,[01] one needs to remain **composed**[02] and provide the voice of calm assurance. Even at the description of the most **bizarre**[03] and **peculiar**[04] account of **violence**[05] or an **accident**,[06] one's voice or words may not betray **alarm**.[07] One should speak with authority in a strong and even **low-pitched**[08] voice that is devoid of **astonishment**.[09] Regardless of what is said, one cannot become **flabbergasted**[10] and forget to follow the procedure, which includes asking the necessary questions to get the appropriate help to the person **in need**[11] as soon as possible. If one sounds **amazed**[12] at the **weirdness**[13] of the situation, the person seeking help may become **hysterical**,[14] becoming **overwhelmed**[15] at the **queerness**[16] of the situation. Emotions must be put aside, not out of **callousness**,[17] but due to the **overriding**[18] importance of assisting a person in need, if not saving a life.

### >>> 해석

응급전화를 받는 교환수라면 마음의 안정을 유지하고 침착한 목소리를 내야 한다. 폭력사건이나 사고를 굉장히 기괴하고 특별하게 설명한다 하더라도 목소리나 말은 불안감을 드러내서는 안 된다. 놀란 기색 없이 강하면서도 차분하고 낮은 목소리로 권위 있게 말해야 한다. 어떤 말을 들어도 아연실색해서는 안 되며 위급한 사람을 가능한 한 빨리 적절히 도와줄 수 있도록 필요한 질문을 하는 등 절차를 따라야 한다는 것을 잊어서는 안 된다. 교환원이 놀라서 말을 하면 도움을 구하고 있는 사람은 상황의 섬뜩함에 완전히 압도당해 병적인 흥분상태에 빠지게 될 수가 있다. 무감각해서가 아니라 생명을 구하는 것까지는 아닐지라도 곤경에 처해 있는 사람을 도와주는 것이 가장 중요하기 때문에 감정은 완전히 배제되어야만 한다.

### >>> 어구

operator 조작자, 교환원  description 기술, 묘사  betray (무심코) 나타내다  with authority 권위 있게
devoid of ~이 없는  procedure 절차  appropriate 적절한  put aside 치우다, 제거하다
due to ~에 기인하는

### >>> 구문

- one needs to remain composed
  ~할 필요가 있다 → 해야 한다
- low-pitched voice (that is devoid of astonishment)
  (놀람이 결여된) 저음의 목소리
- sound amazed at ~에 놀란 듯이 들리다
  cf. look amazed at ~에 놀란 듯이 보이다
- the person (seeking help) may become ~
  (도움을 구하는) 사람은 ~가 될 수도 있다
- not out of callousness, but due to the ~ [not A but B]
  무감각해서가 아니라 ~ 때문에

>>> Theme 012  놀람 ▶

01 **hot-line** (비상) 긴급직통전화

02 **composed** [kəmpóuzd] 침착한, 차분한
- ⓥ compose 마음을 가라앉히다[oneself]; 구성하다
- 반 discompose 안정을 잃게 하다
  - discomposure 동요, 당황

03 **bizarre** [bizɑ́ːr] 기괴한, 이상야릇한
- 혼 visa 비자, 사증
  bazaar 바자, 시장

04 **peculiar** [pikjúːljər] 기묘한, 특이한, 독특한
- 동 weird/odd/abnormal/queer/outlandish/eccentric/grotesque 기이한

05 **violence** [váiələns] 폭력, 격렬
- ⓐ violent 격렬한, 난폭한

06 **accident** [ǽksədənt] 사고, 재해; 우연
- ⓐ accidental 우연한, 부수적인
- 관 disaster 재해, 대참사
  calamity 큰 재난
  catastrophe 대참사, 큰 재앙

07 **alarm** [əlɑ́ːrm] 놀람, 경보; 자명종
- with alarm 불안한 마음으로
- ⓐ alarming 놀라운, 심상치 않은
- 동 alert 경보, 경계; 경계하는
  warning 경고, 경보

08 **low-pitched** [lóupítʃt] 저음의, 음조가 낮은
- ⓝ pitch 음조, 음의 고저
- 반 high-pitched 높은 목소리의, 고음의

09 **astonishment** [əstɑ́niʃmənt] 놀람, 경악
- ⓥ astonish 놀라게 하다
- ⓐ astonishing 놀라운
  astonished 깜짝 놀란
- 동 astound 몹시 놀라게 하다
  - astounding 몹시 놀라게 하는
  startle 몹시 놀라게 하다
  - startling 몹시 놀라게 하는

10 **flabbergasted** [flǽbərgæstid] 깜짝 놀란, 어리둥절한
- ⓥ flabbergast 깜짝 놀라게 하다
- 동 consternation 깜짝 놀람
  - consternate 깜짝 놀라게 하다
  stun 기절시키다, 대경실색케 하다
  dismay 당황, 놀람

11 **in need** 어려움에 처한
- 관 in want 가난한
  in a quandary 곤경에 처한

12 **amazed at** ~에 깜짝 놀란
- ⓥ amaze 몹시 놀라게 하다, 몹시 놀라다
- ⓐ amazing 놀랄만한, 굉장한

13 **weird** [wíərd] 기묘한, 섬뜩한
- ⓝ weirdness 기묘함, 섬뜩함

14 **hysterical** [histérikəl] 히스테리성의, 병적으로 흥분한
- ⓝ hysteria 병적 흥분, 히스테리

15 **overwhelmed** [òuvərhwélmd] 압도당한
- ⓥ overwhelm 압도하다, 당황하게 하다
- ⓐ overwhelming 압도적인, 굉장한

16 **queer** [kwiər] 기묘한, 괴상한; 동성애의
- ⓝ queerness 괴상함

17 **callousness** [kǽləsnəs] 냉담, 냉정, 무감각
- ⓐ callous 냉정한, 태연한; (피부에) 굳은살이 박힌

18 **overriding** [òuvərráidiŋ] 최우선의, 가장 중요한
- ⓥ override 깔아뭉개다, 결정을 번복하다

>>> Part 1 Body & Mind  >>> Chapter 3 Emotion

## >>> Theme 012 Review Test

01 The proposal to set up a hot-line between the two offices was dropped.
➡ 두 관서 사이에 _____를 설치하자던 제안은 철회되었다.

02 Kennedy seemed very composed in spite of the great stress he was under.
➡ 케네디는 엄청난 스트레스를 받고 있었지만 _____해 보였다.

03 They met by a bizarre set of coincidences.
➡ 그들은 _____ 우연의 일치로 만났다.

04 The man behaved in a peculiar way.
➡ 그 남자는 _____하게 행동했다.

05 As the police take full charge of school violence, teachers will be less burdened.
➡ 경찰이 _____을 전적으로 담당하게 됨으로써, 교사는 부담을 덜게 될 것이다.

06 It was a pure accident that they met.
➡ 그들이 만난 것은 순전히 _____이었다.

07 He reacted with alarm.
➡ 그는 _____한 반응을 보였다.

08 He was humming a low-pitched melody in the garden.
➡ 그는 정원에서 _____ 멜로디를 흥얼거리고 있었다.

09 He could not conceal his astonishment at the sight of the damaged car.
➡ 그는 부서진 차를 보고 _____을 감추지 못했다.

10 The man was too flabbergasted to reply.
➡ 남자는 너무 _____서 대답을 할 수 없었다.

11 She was a great help to me when I was in need.
➡ 내가 _____ 때 그녀는 내게 큰 도움이 되었다.

12 The response amazed her.
➡ 그녀는 그 반응에 아주 _____.

Reading V.O.C.A

¹³ There was something weird about the town.
➡ 그 마을에 어떤 _____ 것이 있었다.

¹⁴ The older the spinster gets, the more hysterical she becomes.
➡ 그 노처녀는 나이를 먹을수록 더 _____ 가 심해지고 있다.

¹⁵ All those present were overwhelmed by her beauty.
➡ 참석해있던 모든 이들이 그녀의 아름다움에 _____.

¹⁶ The man had queer mannerisms.
➡ 그 남자는 _____ 한 버릇이 있었다.

¹⁷ He has a callous attitude toward the suffering of others.
➡ 그는 타인의 고통에 대해 _____ 하다.

¹⁸ Their overriding concern is to maximize their profits.
➡ 그들의 _____ 관심사는 이윤을 극대화하는 것이다.

>>> 정답
01. 긴급직통전화  02. 침착  03. 기묘한  04. 특이  05. 학교폭력
06. 우연  07. 불안  08. 음조가 낮은  09. 경악  10. 놀라
11. 어려움에 처했을  12. 놀랐다  13. 이상한  14. 히스테리  15. 압도당했다
16. 괴상한  17. 무감각  18. 최우선

>>> Part 1 Body & Mind   >>> Chapter 3 Emotion

## >>> Theme 013 Fear

Despite being **frightened**[01] to death by the **scary**[02] scenes, audiences continually flock to **horror**[03] movies with expectations of seeing a **brave**[04] hero **defeat**[05] a **sinister**[06] **villain**[07] or **grotesque**[08] **monster**[09]. **Petrified**[10] moviegoers watch the **victims get cold feet**[11][12] about going somewhere or doing something. Everyone has a **lurching**[13] feeling in the pit of the stomach, knowing that the villain or monster is hiding in wait for the **hapless**[14] innocent victim. People do not mind watching these **hair-raising**[15] and **terrifying**[16] tales because it is commonly known that the "good guys" will win in the end. The cop that tirelessly pursues the **psycho**[17] killer uses his physical, mental and psychological strength to outmaneuver and capture the criminal. Aside from the regular assortment of guileless innocent victims, there is an especially **macabre**[18] **fate**[19] for the weak-willed and **cowardly**[20] who die at the hands of the **evil-doers**[21]. In the classic melodramatic style, the **hero**[22] knowingly risks his life to defeat the forces of evil and make the world safe. By watching these movies, cinema audiences live vicariously through the heroes, tasting a bit of **adventure**[23] and triumph before returning to their safe and normal homes.

### >>> 해석

관객들은 무서운 장면을 보고 놀라서 까무러칠 것 같아도 용감한 주인공이 나타나서 사악한 악당이나 기괴한 괴물을 물리치는 것을 보기를 기대하며 공포영화에 계속해서 몰려든다. 겁에 질려 온몸이 굳어버린 영화 팬들은 영화 속의 피해자들이 어디론가 가면서 혹은 어떤 일을 하면서 무서워서 벌벌 떠는 모습을 바란다. 악한이나 괴물이 운이 없는 순진한 피해자를 숨어서 기다리고 있다는 것을 아는 관객들은 모두 가슴이 떨리는 느낌을 갖게 된다. 그래도 사람들은 이 머리끝이 쭈뼛해지는 무서운 이야기를 지켜보는 것을 꺼리지 않는다. 왜냐하면, 보통 이런 이야기는 결국엔 '착한 사람'이 나타나 이긴다고 알려져 있기 때문이다. 살인마를 지칠 줄 모르고 쫓는 형사는 그의 육체적, 정신적 심리적 힘을 이용하고 뛰어난 책략으로 범죄자의 허를 찔러 그를 체포한다. 정직하고 순진한 희생자라는 평범한 분류 외에도 특별히 악의 손에 죽고 마는 의지가 약하고 겁 많은 사람들의 섬뜩한 죽음을 다루기도 한다. 고전적인 멜로 드라마 같은 양식에서 주인공은 자신의 목숨을 걸어 악의 힘을 물리치고 세상에 평화를 가져온다. 이러한 영화들을 관람함으로써 영화관객들은 자신들의 안전하고 평범한 가정으로 돌아가기 전에 약간의 모험과 승리를 음미하며 영화의 주인공이 된 것처럼 인생을 즐기는 것이다.

### >>> 어구

flock 떼 짓다, 모이다 expectation 기대, 예상 moviegoer 영화 팬 the pit of the stomach 명치 innocent 순진한, 죄 없는 tirelessly 지칠 줄 모르고 pursue 쫓다, 추구하다 physical 육체의 mental 정신의 psychological 심리적인 outmaneuver 허를 찌르다 capture 붙잡다, 체포하다 assortment 분류, 구분 guileless 교활하지 않은, 정직한 melodramatic 멜로 드라마식의 audience 관객, 청중 vicariously 대리로 taste 맛보다, (짧게) 경험하다

### >>> 구문

- seeing a brave hero defeat ~/ watch the victims get cold feet [5형식 지각동사]
  어느 용감한 주인공이 ~을 물리치는 것을 보는 것/ 희생자들이 겁에 질리는 것을 보다
- People do not mind watching ~
  사람들은 ~을 보는 것을 마다하지 않는다

>>> Part 1 인간의 신체와 정신
>>> Chapter 3 인간의 감정

>>> Theme 013 　공포 ▶

01 **frightened** [fráitnd] 깜짝 놀란, 겁이 난
- ⓥ frighten 겁먹게 만들다, 놀라게 만들다
- ⓝ fright 공포, 놀람
  - 동 fear 공포, 두려움; 두려워하다
    - fearful 걱정하는, 무서운
    - fearless 두려움을 모르는, 용감한

02 **scary** [skɛ́əri] 무서운, 겁나는
- ⓐ scared 겁먹은, 깜짝 놀란

03 **horror** [hɔ́:rər] 공포, 전율
- a horror movie 공포영화
- a gore movie (피가 낭자한) 잔혹영화
- ⓥ horrify 소름끼치게 만들다
- ⓐ horrible 무서운, 소름 끼치도록 싫은
  - 동 terror 공포, 테러
  - 관 gore 핏덩이; 살인
    - gory 피투성이의, 유혈의

04 **brave** [bréiv] 용감한
- ⓝ bravery 용감, 용맹
  - 동 courageous 용기 있는
    - valorous/gallant 용감한
    - valiant 용맹스런
    - intrepid 무서움을 모르는

05 **defeat** [difí:t] 쳐부수다, 패배시키다; 패배
- be defeated 패배하다

06 **sinister** [sínəstər] 사악한; 불길한
- 동 evil 사악한, 악랄한
  - wicked 못된, 사악한, 짓궂은
  - portentous/ominous 불길한
- 관 vicious 악랄한, 증오에 찬, 잘못된
  - malicious 악의적인

07 **villain** [vílən] 악한, 악인
- ⓐ villainous 사악한, 악한 같은
  - 동 악당: rogue/scoundrel/gangster/ruffian/rascal/hoodlum

08 **grotesque** [groutésk] 기괴한, 기이한
- 동 eerie 기분 나쁜, 무시무시한

09 **monster** [mánstər] 괴물, 극악무도한 사람

10 **petrified** [pétrəfàid] 극도로 겁에 질린
- ⓥ petrify 깜짝 놀라게 하다; 경직시키다
- 동 stupefy 깜짝 놀라게 하다; 마비시키다

11 **victim** [víktim] 희생자, 피해자; 희생
- 동 casualty 사상자, 피해자

12 **get cold feet** 겁을 먹다

13 **lurch** [lɔ́:rtʃ] 1. (놀람 등으로 명치가) 떨리다
2. 곤경, 불리한 입장
- 표 leave a person in the lurch
  궁지에 빠진 사람을 내버려 두다

14 **hapless** [hǽplis] 운이 나쁜, 불운한
- 관 mishap 사고, 불행한 일, 불운
  hap 우연, 운, 요행

15 **hair-raising** [hɛ́ər-rèiziŋ] 머리털이 곤두서게 하는
- 동 spine-chilling 등골이 오싹해지는
  bloodcurdling 소름이 끼치는

16 **terrifying** [térəfàiiŋ] 겁나게 하는; 무서운
- ⓥ terrify 무섭게 하다
- ⓐ terrible 소름끼치는; 엉망인
- ⓝ terror 공포, 테러
  - 동 lurid 소름끼치는, 끔찍한

17 **psycho** [sáikou] (아주 이상하게 폭력적인) 정신병자
- 관 psychopath 사이코패스

18 **macabre** [məká:brə] (죽음과 관련된) 섬뜩한
- 관 morbid (죽음에 대한 관심이) 병적인
  pathological 병적인; 병리학상의

19 **fate** [féit] 운명, 죽음, 파멸
- ⓐ fatal 치명적인
  - 관 mortal 죽어야 할 운명의

20 **cowardly** [káuərdli] 겁이 많은
- ⓝ coward 겁쟁이

21 **evil-doer** [í:vəldù:ər] 악인, 악행자

22 **hero** [hí:ərou] 영웅, 주인공
- ⓐ heroic 영웅의; 용감무쌍한

23 **adventure** [ædvéntʃər, əd-] 모험; 위험한 행동
- ⓐ adventurous 모험을 좋아하는, 모험적인
- 관 adventitious 우발적인, 우연의

>>> Part 1 Body & Mind    >>> Chapter 3 Emotion

### >>> Theme 013  Review Test

01 The noise frightened the man.
➡ 그 소리 때문에 남자는 _____.

02 She was scared of making a fool of herself.
➡ 그녀는 자신이 웃음거리가 되는 것을 _____.

03 His smile turned to a look of horror.
➡ 그의 미소는 _____ 얼굴로 바뀌었다.

04 The brave warrior fearlessly entered battle.
➡ _____ 그 전사는 두려움 없이 전투에 참가했다.

05 He had no choice but to admit defeat.
➡ 그에겐 _____를 인정하는 수밖에 다른 선택이 없었다.

06 The house man had a sinister laugh.
➡ 경비원은 _____ 웃음을 지었다.

07 He plays the role of a villain in this drama.
➡ 그는 이번 드라마에서 _____을 맡고 있다.

08 The grotesque pictures of the victims were exhibited in court.
➡ 희생자들의 _____ 모습의 사진이 법정에 전시되었다.

09 Our indifference acts as a catalyst in creating a monster like the murderer.
➡ 우리의 무관심이 그 살인자와 같은 _____을 만드는 촉매로 작용한다.

10 The thought of giving a speech petrified her.
➡ 연설을 해야 한다는 생각에 그녀는 _____.

11 She was targeted as the next victim.
➡ 그녀가 다음 _____로 표적이 되었다.

12 The bride got cold feet the day of her wedding.
➡ 신부는 결혼식 날 _____.

13 His heart lurched when he met her.
➡ 그녀를 만났을 때 그의 가슴이 _____.

14 More users will become hapless victims of the system.
➡ 더 많은 이용자들이 그 시스템의 _____ 희생자가 될 것이다.

>>> Part 1 인간의 신체와 정신  >>> Chapter 3 인간의 감정

15 The movie was filled with hair-raising stunts.
➡ 그 영화는 _____ 묘기 장면이 많이 나왔다.

16 The man was terrified of snakes.
➡ 남자는 뱀을 보고 _____.

17 She managed to escape from the psycho.
➡ 그녀는 간신히 그 _____에게서 도망쳤다.

18 The homicide detective was fascinated by the macabre scene.
➡ 강력계 형사는 그 _____ 광경을 보고 얼이 빠졌다.

19 My fate was in his hands.
➡ 내 _____은 그의 손안에 있었다.

20 The cowardly actions made him an outcast.
➡ 그는 _____ 행동 때문에 버림받았다.

21 Even the god will not forgive evil-doers like them.
➡ 신 조차도 그들과 같은 _____은 용서치 않을 것이다.

22 Not everybody can be a hero.
➡ 누구나 다 _____이 될 수 있는 것은 아니다.

23 He enjoyed adventure and freedom, traveling around the world.
➡ 그는 세계를 돌아다니면서 _____과 자유를 즐겼다.

>>> 정답
01. 겁이 났다   02. 두려워했다   03. 공포스러운   04. 용감한   05. 패배
06. 사악한   07. 악역   08. 기괴한   09. 괴물(극악무도한 사람)   10. 극도로 겁에 질렸다
11. 희생자   12. 겁을 먹었다   13. 요동쳤다(떨렸다)   14. 불운한   15. 머리끝이 쭈뼛해지는
16. 겁이 났다   17. 정신병자   18. 섬뜩한   19. 운명   20. 겁 많은
21. 악인들   22. 영웅   23. 모험

>>> Part 1 Body & Mind    >>> Chapter 3 Emotion

## >>> Theme 014  Like & Dislike

It's been said that there is no accounting for **taste**⁰¹. **Falling in love**⁰² depends upon the **chemistry**⁰³ of two people. A woman may set up **a blind date**⁰⁴ for her best friend, believing that she's found the perfect **sweetheart**⁰⁵ for the woman she knows so well. It may in fact turn out that during the date the friend finds the man to be **revolting**⁰⁶ and can't understand what her best friend finds **attractive**⁰⁷ about him. What **enchants**⁰⁸ one person may **repel**⁰⁹ someone else. Somebody who one person raves about as witty and **charming**¹⁰ may be absolutely **dull**¹¹ and **boring**¹¹ to a close friend. For example, one's friends might pronounce that the **enchanting**⁰⁸ new **darling**⁰⁵ of one's life is a dull dimwit. The reasons why one **is fond of**¹² a new **dear**¹³ may be why they hate him. One may say that it's love while one's friends look with **disdain**¹⁴ at the new **infatuation**¹⁵. The person in love may feel that he was **lured**¹⁶ by her **seductive**¹⁷ **charms**¹⁰, while the friends perceive the new girlfriend as a selfish person who'll do anything to get what she wants. Someone may view the new love as intense and **passionate**¹⁸ yet the friends believe that the person is **ruthless**¹⁹ and that their **buddy**²⁰ has bitten off more than he can chew.

>>> 해석

좋아하고 싫어하는 것에는 이유가 없다고들 한다. 사랑에 빠진다는 것은 두 사람 간의 이성적 끌림에 달려 있다. 어떤 여자가 자신의 가장 친한 친구를 위해 데이트를 주선하면서 자기가 너무나 잘 알고 있는 그 친구에게 딱 어울릴 만한 사람을 찾았다고 생각할지도 모른다. 그러나 실제로는 그 친구는 데이트를 하면서 소개받은 남자를 혐오스럽다고 생각하고 자기의 제일 친한 친구는 도대체 그 남자의 어디가 매력적이라고 생각했는지 이해할 수 없어 하는 것으로 드러날 수 있다. 어떤 사람에게는 매력적인 점이 다른 사람에게는 불쾌감을 느끼게 할 수 있다. 어떤 이가 재미있고 매력적인 사람이라고 평하는 누군가가 그의 친한 친구에게는 완전히 재미없고 지루한 사람일 수 있다. 예를 들어 친구들은 그 사람의 인생에서 가장 매력적인 새로 생긴 애인을 우둔한 멍청이라고 단언할 수도 있는 것이다. 그 사람이 그의 새 애인을 좋아하게 된 이유들이 다른 사람들이 그 애인을 싫어하는 이유일 수 있다. 자기가 새로이 빠져 있는 사람을 자신의 친구들은 혐오스럽게 바라보는 반면 당사자는 그건 사랑이라고도 한다. 사랑에 빠진 사람은 자신의 여자 친구의 유혹적인 매력에 빠졌다고 느끼지만, 그의 친구들은 그 새 여자 친구는 그녀가 원하는 것을 위해서라면 무엇이든 할 이기적인 사람으로 알 수도 있다. 누군가는 자기의 새 사랑이 강렬하고 정열적인 사랑이라고 보는 반면 그의 친구들은 새 연인은 인정머리 없는 사람이고 그가 힘에 부치는 일을 하려고 한다고 생각할 수 있다.

>>> 어구

There is no accounting for tastes. 취향은 각인각색 account for 설명하다 depend on ~에 달려 있다, 의존하다 set up 제공하다 turn out that ~으로 드러나다 rave about ~을 극찬하다 witty 재치 있는 pronounce 선언하다 dimwit 멍청이 selfish 이기적인 intense 강렬한 bite off more than one can chew 힘에 겨운 일을 계획하다

>>> 구문

- It's been said (by people) that ~(=People have said that ~) ~라고들 말하다, ~라는 말이 있다
- the woman (who/whom) she knows so well / Somebody (who/whom) one person raves about ~ * 목적격 관계대명사 자리에는 whom이 맞으나 who도 많이 쓰는 추세이다.
  그녀가 매우 잘 알고 있는 그 여자/ 어느 한 사람이 격찬하는 누군가
- understand what her best friend finds attractive  * find A (to be) B A를 B라고 생각하다
  그녀의 가장 친한 친구가 무엇을 매력적이라고 생각하는지 이해하다

>>> Theme 014　좋음과 싫음 ▶

01 **taste** [téist] 기호, 애호; 미각
- ⓐ tasty 맛좋은; 세련된
  tasteless 맛없는, 저속한
- 圄 flavor/savor/relish/gusto 맛, 풍미

02 **fall in love (with)** (~와) 사랑에 빠지다
- 괜 affection 애정; 감동; 영향

03 **chemistry** [kéməstri] 화학; (이성간의) 화학반응, 끌림
- • sexual chemistry 성적인 화학반응
- • the chemistry between ~사이의 궁합
- ⓐ chemical 화학의, 화학제품의
- ⓝ chemist 화학자; 약사, 약국

04 **blind date** 서로 모르는 남녀의 데이트, 소개팅
- 표 hit it off (금방) 친해지다, 잘 지내다
  go out with ~와 사귀다

05 **sweetheart** [swíːtʰɑːrt]/**sweetie** 애인
- 圄 darling 가장 사랑하는 사람
- 괜 paramour 정부

06 **revolting** [rivóultiŋ] 불쾌한, 역겨운
- ⓥ revolt 반란(을 일으키다); 매우 싫어하다
- 圄 disgusting 메스꺼운, 역겨운
  abominable 심히 끔찍한, 가증스러운
  loathing 혐오, 질색
  abhor/detest 몹시 싫어하다

07 **attractive** [ətræktiv] 매력적인, 마음을 끄는
- ⓥ attract 흥미를 끌다, 매혹하다
- 圄 appealing/fascinating/charming/bewitching/
  inviting/enthralling/captivating 매력적인

08 **enchant** [intʃǽnt] 매혹하다
- ⓐ enchanting 매혹적인
- 圄 enthrall/captivate 마음을 사로잡다, 매료하다
  entice/allure/lure/seduce 유혹하다

09 **repel** [ripél] 쫓아버리다, 불쾌감을 주다
- ⓐ repellent 혐오감을 주는; 방충제
  repulsive 혐오감을 일으키는
- ⓝ revulsion 극도의 불쾌감
- 圄 offend 불쾌하게 하다
  – offensive 불쾌한, 무례한

10 **charming** [tʃɑ́ːrmiŋ] 매력 있는, 매력적인
- ⓝ charm 매력; 매혹하다, 주문을 걸다
- 圄 winsome 매력 있는, 애교 있는

11 **dull** [dʌl] 무딘, 둔한; 재미없는, 지루한
- 圄 boring 지루한
  monotonous 단조로운
  prosaic 산문(체)의, 지루한
  tedious 지루한, 장황한

12 **be fond of** ~을 좋아하다
- ⓐ fond 좋아하는, 너무 귀여워하는
- ⓐⓓ fondly 다정하게, 귀여워해서
- ⓝ fondling 사랑하는 자식; 애완동물
- 圄 care for 좋아하다; 돌보다
  adore 아주 좋아하다, 숭배하다
  cherish 소중히 하다, 귀여워하다

13 **dear** [diər] 1. 친애하는; 소중한; 비싼
  2. 애인, 귀여운 사람
- 괜 pet 총아, 아끼는 사람; 애완동물

14 **disdain** [disdéin] 경멸하다, 업신여기다; 경멸
- 圄 contempt 경멸, 멸시, 모욕
  look down on 경멸하다
  hatred 증오

15 **infatuation** [infætʃuéiʃən] 심취, 홀딱 반함
- ⓥ infatuate (사람을) 호리다
- ⓐ infatuated with ~에 심취한
- 괜 fatuous (말이나 행동이) 얼빠진
- 圄 have a crush on ~에 홀딱 반하다

16 **lure** [lúər] 꾀다, 유혹하다; 유혹, 미끼
- 괜 allure 꾀다, 유인하다, 매혹하다

17 **seductive** [sidʌ́ktiv] 유혹적인, 매력 있는
- ⓥ seduce 부추기다, (나쁜 길로) 유혹하다
- ⓝ seduction 유혹, 매력

18 **passionate** [pǽʃənət] 열렬한, 정열적인
- ⓝ passion 열정, 열광; 고난
- 괜 impassion 크게 감동시키다, 흥분시키다

19 **ruthless** [rúːθlis] 무자비한, 냉혹한
- 圄 merciless 무자비한, 잔인한
  scathing 냉혹한, 가차 없는

20 **buddy** [bʌ́di] 친구, 동료
- 圄 fellow/company/chum 친구
  associate/coterie/colleague 동료

>>> Part 1 Body & Mind  >>> Chapter 3 Emotion

>>> Theme 014 **Review Test**

01 These paintings are not to my taste.
▶ 이런 그림들은 내 _____에 맞지 않다.

02 The two fell in love with each other.
▶ 둘은 서로 _____.

03 The chemistry between the actors led to love.
▶ 그 배우들 간의 _____은 그들이 사랑하게 만들었다.

04 I always get cold feet before a blind date.
▶ _____을 하기 전에 나는 항상 긴장되고 떨린다.

05 The man gave his sweetheart chocolates.
▶ 남자는 그의 _____에게 초콜릿을 주었다.

06 This food looks quite revolting, but tastes good.
▶ 이 음식은 보기엔 아주 _____지만, 맛은 좋다.

07 The woman attracted the best suitors.
▶ 여자는 최상의 구혼자들을 _____.

08 The woman was enchanted by her dinner companion.
▶ 여자는 그녀와 저녁 식사를 같이 한 사람에게 _____.

09 The man's actions repelled the woman.
▶ 그 남자의 행동은 여자에게 _____.

10 She is so charming that men are enchanted by her.
▶ 그녀는 너무 _____이어서 남자들이 매혹당한다.

11 The lecturer was boring.
▶ 강의는 _____했다.

12 The woman was quite fond of the man.
▶ 여자는 남자를 상당히 _____.

13 The woman was a dear kind soul.
▶ 여자는 _____하고 착한 영혼이었다.

14 The religionist has a tendency to disdain politicians.
▶ 그 종교가는 정치인들을 _____하는 경향이 있다.

Reading V.O.C.A
66

¹⁵ The woman was infatuated with a famous actor.
➡ 여자는 유명한 배우에게 _____ 있었다.

¹⁶ The lure of easy money made him turn to a life of crime.
➡ 쉽게 돈을 벌고자 하는 _____ 이 그를 범죄자의 인생으로 만들었다.

¹⁷ She gave me a seductive smile.
➡ 그녀는 내게 _____ 미소를 보냈다.

¹⁸ Passionate kissing burns 6.4 calories a minute.
➡ _____ 키스는 1분에 6.4칼로리를 소모시킨다.

¹⁹ The tycoon was ruthless in his business dealings.
➡ 그 재벌은 사업상의 거래에서 _____.

²⁰ He got a call from his old buddy last night.
➡ 어젯밤 그는 옛 _____ 에게서 전화를 받았다.

>>> 정답

01. 취향(기호)  02. 사랑에 빠졌다  03. 이성적인 끌림  04. 소개팅  05. 연인
06. 역겨  07. 유혹했다  08. 매혹 당했다  09. 불쾌감을 주었다  10. 매력적
11. 따분  12. 좋아했다  13. 소중  14. 경멸  15. 홀딱 빠져
16. 유혹  17. 유혹적인  18. 정열적인  19. 냉혹했다(피도 눈물도 없었다)  20. 친구

Reading V.O.C.A

67

>>> Part 1 Body & Mind    >>> Chapter 3 Emotion

## >>> Theme 015  Enthusiasm[01]

When one **undertakes**[02] a new project or **activity**,[03] one may attack it **with gusto**,[04] but **spending**[05] too much **time** at it can make one feel **burned out**[06] after a while. In the beginning, a new sport is a **passion**[07] into which one **devotes**[08] great amounts of time and **energy**.[09] But overdoing it on the field or at the gym is not really the best way to get peak **performance**.[10] Performance may **diminish**,[11] or worse, injuries may result from not allowing muscles to rest and repair themselves. When one becomes **involved**[12] in a new project or organization, again it's easy to **be caught up in**[13] the **frenzy**[14] of deadlines and trying to do the best job ever. Even though it's really important to do things with **zeal**[15] and to have an **ardor**[16] for a cause, it's equally important to know one's limit and delegate responsibility before you become **worn out**[06] and your health and relationships begin to suffer. The same type of **overexuberance**,[17] as that for fitness or work, is repeated in a slavish **devotion**[08] to following the latest **craze**[18] in music or **fashion**.[19] Sometimes people become caught up in the latest craze faithfully listening to and wearing what is dictated as the latest **fad**.[20] But after a lot of **commotion**,[21] people become tired of a singing group or fashion item, and the CD or piece of clothing is relegated to the bottom of the stack or back of the rack.

### >>> 해석

사람이 새로운 프로젝트나 활동에 착수할 때에는 즐겁게 시작할 것이다. 그러나 거기에 시간을 너무 많이 쏟다 보면 얼마 후에는 지쳐 버릴 수가 있다. 새로운 운동을 처음 배울 때에는 상당한 시간과 정력을 바친다. 그러나 운동장 혹은 체육관에서 계속 연습을 하는 것이 반드시 운동의 성과를 최고조에 달하게 하는 최선의 방법은 아니다. 운동의 성과는 오히려 감소하거나 더 나쁘게는, 근육을 쉬게 하거나 근육 손상을 적절히 치료하지 못함으로 해서 부상을 입는 결과가 생길 수도 있다. 사람이 새 프로젝트나 조직에 참여하게 되면 업무를 최고로 수행하면서 최종 기한까지 업무를 마치려고 일에 몹시 열중할 수 있다. 일을 열심히 하고 그 일의 대의명분에 열의를 갖는 것이 정말로 중요할 지라도 완전히 기진맥진해 지고 자신의 건강과 주변의 사람들이 고통 받기 전에 자기 자신의 한계를 알고 책임감을 위임할 줄 아는 것 또한 같이 중요하다. 운동이나 일에 있어서와 비슷한 형태의 지나친 열중은 음악이나 패션에 있어서 열광적으로 최신 유행을 따르는 노예근성의 심취에서도 반복된다. 때때로 사람들은 최신 유행이라고 알려진 것들을 충실히 입고 들으며 그 최신의 광기에 사로잡히게 된다. 그러나 그런 야단법석이 지나가고 나면 사람들은 인기 그룹이나 유행에 싫증을 내게 되고 그 CD와 유행했던 의상들은 한 쪽 구석에 처박히는 신세로 전락하고 만다.

### >>> 어구

**attack** 착수하다; 공격하다 **after a while** 잠시 후에 **great amounts of** 상당히 많은 양의 **gym** 체육관 **the best way to** ~하기에 가장 좋은 방법 **peak** 절정, 최고조 **result from** ~에서 기인하다 **organization** 조직, 단체 **deadline** 최종 기한, 원고마감시한 **cause** 원인, 이유; 대의명분 **delegate** 위임하다; 대표, 사절 **responsibility** 책임, 의무 **slavish** 노예근성의 **faithfully** 충실하게 **dictate** 받아쓰게 하다, 좌우하다 **relegate** (덜 중요한 위치로) 밀쳐 버리다 **stack** 더미 **rack** 선반

### >>> 구문

- The same type of overexuberance, as that for fitness or work [the same A as B B와 같은 A]
  운동이나 일에 대한 지나친 열중과 같은 유형의 지나친 열중 * that(=overexuberance)
- what is dictated as the latest fad 최신 유행이라는 것

>>> Theme 015  열정 ▶

01 **enthusiasm** [inθúːziæzm] 열광, 열의, 의욕
- ⓐ enthusiastic 열광적인, 열렬한, 열중한
- ⓝ enthusiast 열광자, 광신자

02 **undertake** [ʌ̀ndərtéik] 맡다, 착수하다
- ⓝ undertaker 인수인, 기업가; 장의사
  undertaking 맡은 일, 사업, 기업
- 표 take over 인계받다, 떠맡다

03 **activity** [æktívəti] (취미나 특별한 목적을 위한) 활동
- an outdoor activity 야외활동
- 비 action 동작; (문제해결을 위한) 조치; 작전
  act (특정한) 행동(행위)

04 **gusto** [ɡʌ́stou] (하는 일에 대한) 열정; 즐김, 기호
- with gusto 즐겁게, 신나게
- 동 enthusiasm/passion/ardor/zest/fervor/zeal 열정

05 **spend time** 시간을 보내다
- 관 a spending spree 흥청망청 돈을 써댐

06 **burned out** 지쳐 녹초가 된, 타버린
- 동 worn out 지친; 닳아서 못 쓰게 된
  tired out 완전히 지친
  exhausted 지칠 대로 지친, 다 써버린
  pooped 녹초가 된
  bushed 지쳐버린

07 **passion** [pǽʃən] 열정, 열광; 고난
- ⓐ passionate 열렬한, 정열적인

08 **devote** [divóut] (노력 등을) 쏟다; 봉헌하다
- ⓐ devoted 헌신적인, ~에 빠진; 애정이 깊은
- ⓝ devotion 헌신, 전념; 신앙심
- 동 dedicate ~에 전념하다; 봉헌하다

09 **energy** [énərdʒi] 정력, 활동력; 에너지
- ⓐ energetic 정력적인, 활기에 찬
- ⓥ energize 활기를 북돋우다
- 동 vigor 정력, 활기
  – vigorous 정력적인, 활기 있는

10 **performance** [pərfɔ́ːrməns] 실행, 성과; 연기
- ⓥ perform 실행하다, 연주(연기)하다

11 **diminish** [dimíniʃ] 줄이다, 줄다
- 동 lessen/reduce/decrease 줄이다, 줄다

12 **involved** [inválvd] 복잡한; 연루된; 열중하여 [in]
- involved in ~에 관련된, 연루된, 열중하는
  involved with ~와 관련된
- ⓥ involve 1. 종사하다; 몰두시키다 [oneself]
  2. 수반하다; 연루시키다
- ⓝ involvement 연루

13 **be caught up in** ~에 사로잡힌, ~에 발목 잡힌
- be caught in a traffic jam 교통체증으로 꼼짝 못하다

14 **frenzy** [frénzi] 열광, 광란; 격분
- ⓐ frenzied 열광적인, 광분한
- 동 frenetic 열광적인, 광란한

15 **zeal** [ziːl] 열의
- ⓐ zealous 열심인, 열정적인
- ⓝ zealot 광신자, 열광자
- 동 fanatical 열광적인, 광신적인
  – fanatic 광신자, 열광자
  maniac ~광; 광적인
  – mania for ~에 대한 열광

16 **ardor** [άːrdər] 열정, 열의
- with ardor 열심히
- ⓐ ardent 열렬한, 열심인
- 동 fervor 열정, 열렬
  – fervent 열렬한, 강력한
- 혼 arduous (일) 고된, 힘드는

17 **exuberance** [igzúːbərəns] (활력·기쁨의) 충만
- ⓐ exuberant (열정 등이) 넘쳐흐르는, 열광적인
- ⓝ overexuberance 과도한 충만

18 **craze** [kréiz] 열광, 대유행; 미치게 하다
- ⓐ crazy 미친, 반한, 열광적인

19 **fashion** [fǽʃən] 유행, 스타일; 방식
- ⓐ fashionable 최신유행의, 유행하는
- 동 vogue 대유행, 인기
- 표 be in fashion[vogue] 유행하고 있다
  → out of fashion 유행이 지난

20 **fad** [fǽd] (일시적인) 유행, 변덕
- ⓐ faddish 일시적 유행의, 변덕스러운

21 **commotion** [kəmóuʃən] 동요, 소동, 난리
- 동 tumult 소란, 소동, 법석

## Review Test

01 The student responded with enthusiasm.
➡ 학생은 _____ 대답했다.

02 The Minister of Education will undertake the responsibility for this educational reform.
➡ 교육부 장관이 이번 교육 개혁에 대한 책임을 _____ 것이다.

03 He enjoys many outdoor activities such as sailing, hiking, and fishing.
➡ 그는 보트 타기나 하이킹, 낚시와 같은 야외 _____ 을 즐긴다.

04 They danced with gusto at the ball.
➡ 그들은 무도회에서 _____ 춤을 추었다.

05 He spent much more time doing something personal rather than business in his office.
➡ 그는 사무실에서 회사 일보다는 개인적인 일을 하는데 훨씬 많은 _____.

06 The man was burned out from months of working without a day off.
➡ 남자는 하루도 쉬지 않고 몇 달간 일해 _____.

07 There is no hope or passion without dreams.
➡ 꿈이 없으면 희망도 _____ 도 없다.

08 The Nobel Prize winner has devoted his whole life to helping needy children.
➡ 그 노벨상 수상자는 가난한 아이들을 돕는 데 일생을 _____.

09 Our teacher always looked confident and full of energy.
➡ 선생님께서는 늘 자신감 있고 _____ 이 넘쳐 보이셨다.

10 The research shows that skipping breakfast can reduce people's performance at school and at work.
➡ 연구에 따르면 아침을 먹지 않으면 학교나 직장에서의 _____ 가 줄어들 수 있다.

11 This acquisition will help diminish the risk.
➡ 이번 인수는 위험을 _____ 데 도움이 될 것이다.

12 The woman is deeply involved in this scandal.
➡ 그 여성은 이번 스캔들과 깊이 _____.

>>> Part 1 인간의 신체와 정신   >>> Chapter 3 인간의 감정

13 Many children are caught up in the games.
➡ 많은 아이들이 게임에 _____.

14 The spectators went into a frenzy when the winning goal was scored.
➡ 결승골이 터지자 관중은 _____ 했다.

15 The lobbyist represented the cause with great zeal.
➡ 로비스트는 _____ 당위성을 주장했다.

16 The man declared his affections with great ardor.
➡ 남자는 _____ 자신의 애정을 표현했다.

17 His poetry is praising the exuberance of youth.
➡ 그의 시는 젊음의 _____을 찬양하고 있다.

18 The teenagers practiced the latest dance craze.
➡ 십 대들은 최근 _____ 하는 춤을 연습했다.

19 Your hairstyle is out of fashion.
➡ 당신의 머리 스타일은 _____.

20 Natural treatments are the fad these days.
➡ 요즘에는 자연적 치료법이 _____ 이다.

21 A commotion broke out on Friday evening in front of City Hall.
➡ 금요일 저녁에 시청 앞에서 한바탕 _____ 이 일어났다.

>>> 정답

01. 열정적으로  02. 떠맡게 될  03. 활동  04. 신나게  05. 시간을 보냈다
06. 녹초가 되었다  07. 열정  08. 바쳐왔다  09. 활력  10. 성과
11. 줄이는  12. 연관되어 있다  13. 빠져(사로잡혀) 있다  14. 열광  15. 열렬히
16. 열렬히  17. 충만함  18. 유행  19. 유행이 지났다  20. 유행
21. 소동

Reading V.O.C.A
71

>>> Part 1
Body & Mind

Chapter 4
Senses

>>> Theme 016  Sight[01]

People **watching**[02] is an excellent way to pass the time. After sitting at an outdoor cafe or standing in a crowded subway, people can become familiar with the behavior of others. It is easy to tell who is waiting for another person. The person may periodically **glance**[03] at a watch or may barely **glimpse**[04] at a book or paper, but may constantly **look up**[05] to **stare**[06] in the direction from which the person should be coming. Despite being unable to hear the words, you may also be able to **tell**[07] that someone is having a disagreement because of the way the person **glares at**[08] the person across from him. Another thing that one is able to **note**[09] is an individual's quirks that the person may not have even **noticed**[10]. Someone may have an **unconscious**[11] habit of playing with her hair or twirling her pen while **gazing**[12] into space deep in thought. You may even be able to **spot**[13] the person who refuses to wear glasses as this person constantly moves a magazine back and forth in distance, **squinting**[14] to **peer at**[15] the contents. **Observing**[16] how people interact teaches a lot about human behavior.

>>> 해석

사람들을 지켜보는 것은 시간을 보내기 아주 좋은 방법이다. 노천카페에 앉아 있거나 혹은 혼잡한 지하철에 한동안 서 있으면 다른 사람들의 행동에 익숙해진다. 다른 사람을 기다리는 사람을 구분해내기는 매우 쉽다. 누군가를 기다리는 사람은 주기적으로 시계를 슬쩍슬쩍 쳐다보거나 또는 책이나 신문에 거의 눈길을 주지 않는 반면에, 기다리는 사람이 오는 방향을 응시하기 위해서 계속해서 고개를 들어 쳐다 볼 것이다. 비록 대화를 자세히 들을 수는 없다 하더라도 어떤 사람이 맞은편에 앉은 사람이 빤히 쳐다보는 것 때문에 언쟁 중이라는 것 또한 알 수 있다. 당신이 알아 챌 수 있는 또 한 가지는 어떤 사람의 자기 자신도 인식하지 못하고 있는 기묘한 버릇이다. 어떤 이는 무의식중에 머리를 갖고 장난치는가 하면 깊은 생각에 빠져 있을 때 허공을 응시한 채 펜을 빙빙 돌리기도 한다. 심지어는 안경을 쓰려하지 않고 잡지를 멀찌감치 두고 그 내용을 실눈을 뜨고 보면서, 책을 앞뒤로 뒤적이는 사람을 발견할 수도 있다. 사람들이 어떻게 교류하고 있는지를 관찰하는 것은 인간의 행위연구에 있어 많은 가르침을 준다.

>>> 어구

pass the time 시간을 보내다 excellent 우수한, 뛰어난 crowded 붐비는, 혼잡한 familiar with ~에 익숙한 periodically 주기적으로 barely 거의 ~않다 constantly 계속적으로 have a disagreement 다투다 individual 개인, 개인의 quirk 버릇, 변덕 twirl 빙빙 돌리다 refuse ~하지 않으려 하다 back and forth 이리 저리, 왔다갔다 interact 교류하다, 상호작용하다

>>> 구문

• stare in the direction from which the person should be coming
  (= stare in the direction + the person should be coming from the direction)
  그 사람이 올 방향을 응시하다

• Despite being unable to hear the words, you may ~
  (= Although you are unable to hear the words, you may ~)
  비록 당신이 말을 들을 수 없더라도, ~

>>> Part 1 인간의 신체와 정신

# Chapter 4
## 오감과 육감

>>> Theme 016   **시각 ▶**

01 **sight** [sait] 보기, 시야, 시각; (pl.) 관광지
- 파 see ~을 보다, 보이다; 알다
  sightseeing 관광

02 **watch** [wɔtʃ] (움직이는 것을) 지켜보다, 관찰하다
- 표 watch over 감독하다, 감시하다
- 비 watch 일정기간 계속 주의를 기울여서 움직이는 것이나 일어나는 일들을 보다
  look 다분히 의도적으로 주의를 기울여 보다
  see 눈에 들어오는 것을 그냥 보다
  stare 오랫동안 뚫어지게 쳐다보다

03 **glance** [glæns] (~을 의도적으로) 흘끗 보다 [at]

04 **glimpse** [glimps] (우연히) 언뜻 보다; 흘끗 봄
- get[have, catch] a glimpse of ~을 흘끗 보다
- 비 glimpse 아주 짧은 시간동안 눈에 들어오다
  glance 빠르게 보지만 의도적으로 보다

05 **look up** 고개를 들다, 쳐다보다 [at]
- 표 look up to N ~를 존경하다
  ↔ look down on N ~를 깔보다

06 **stare** [stɛər] 빤히 보다, 응시하다 [at]

07 **tell** 1. 알다, 이해하다
  2. 구별하다, 분간하다 [from]
  3. 이야기하다
- be able to tell 알 수 있다
- tell A from B A와 B를 구별하다

08 **glare at** 노려보다
- ⓝ glare 번쩍이는(눈부신) 빛; 섬광; 노려보기

09 **note** [nout] 1. ~을 알아차리다; 주의하다
  2. 적다, 메모하다; 메모, 기록
- ⓐ noted 저명한, 주목할 만한

10 **notice** [nóutis] 1. 알아차리다, 알다; 주목(하다)
  2. 통지, 게시
- take notice of 주목하다, 주의를 기울이다
- ⓐ noticeable 남의 눈을 끄는, 두드러진
  unnoticed 남의 눈에 띄지 않은
- 파 notify 알리다, 통지하다
  – notification 알림, 통고, 통지서

11 **unconscious** [ʌnkánʃəs] 의식하지 못하는 [of]
- 반 conscious 자각하고 있는, 깨닫고 있는[of]

12 **gaze** [geiz] 가만히 쳐다보다; 응시
- stand at gaze 뚫어지게 바라보며 서 있다

13 **spot** [spɑt/spɔt] 1. 발견하다, 탐지하다
  2. 장소, 지점, 현장
  3. 반점, 얼룩; 더러워지다
- on the spot 현장에서, 즉시의
- ⓐ spotless 오점이 없는, 결백한
- ⓝ spotlight 스포트라이트, 세상의 주목
- 파 descry (멀리 있는 것을) 어렴풋이 발견하다

14 **squint** [skwint] 눈을 가늘게 뜨고 보다
- 동 squinch 눈을 가늘게 뜨다

15 **peer** [piər] 1. 자세히 보다, 눈여겨보다 [at]
  2. 동료, 귀족
- 파 peerless 비길 데 없는
  compeer 동료, 친구
- 동 peep 몰래 엿보다, 훔쳐보다

16 **observe** [əbzə́:rv] 1. (주의 깊게) 관찰하다
  2. 알아채다
  3. (법을) 준수하다
- ⓐ observant 잘 지켜보는; 준수하는
- ⓝ observance (법률의) 준수
  observation 관찰, 정탐
  observer 관찰자, 옵서버
- 파 witness 목격하다; 증언하다

>>> Part 1 Body & Mind    >>> Chapter 4 Senses

## >>> Theme 016 Review Test

01 The five senses are sight, hearing, smell, touch, and taste.
▶ 오감에는 _____, 청각, 후각, 촉각, 미각이 있다.

02 The crowd watched the fire fighter rescue the old woman.
▶ 사람들은 소방관이 노부인을 구조하는 것을 _____.

03 The man glanced at the newspaper's headline.
▶ 그 남자는 신문의 헤드라인을 _____.

04 The man got a glimpse of the celebrity before she drove away.
▶ 남자는 그 여자 연예인이 차를 몰고 가기 전에 _____.

05 My father looked up at the sky without a word.
▶ 아버지께서는 말없이 하늘을 _____.

06 The woman stared in disbelief.
▶ 여자는 못 미더운지 _____.

07 An obstetrician is able to tell the sex of a fetus before 20 weeks.
▶ 산부인과 의사는 태아가 20주가 되기 전에 성별을 _____ 수 있다.

08 The woman glared at the rude person.
▶ 여자는 무례한 그 사람을 _____.

09 Sometimes patients themselves are able to note symptoms and side effects.
▶ 때때로 환자들은 스스로 병의 증상과 부작용을 _____ 수 있다.

10 The man took notice of the items.
▶ 그 남자는 그 항목들에 _____.

11 She was conscious of the eyes of others around her.
▶ 그녀는 주위의 시선을 _____.

12 The young couple spent hours gazing into each other's eyes.
▶ 젊은 커플은 서로의 눈을 _____하면서 시간을 보냈다.

¹³ I couldn't spot any difference at all.

➡ 나는 어떤 차이도 _____ 할 수 없었다.

¹⁴ I need to squint to read the caption.

➡ 자막을 읽으려면 나는 _____ 한다.

¹⁵ The child peered through the keyhole.

➡ 아이는 열쇠 구멍을 통해 _____.

¹⁶ The woman observed the man's behavior.

➡ 여자는 남자의 행동을 _____.

>>> 정답

01. 시각   02. 지켜보았다   03. 대강 훑어보았다   04. 힐끗 보았다   05. 올려다보셨다
06. 빤히 쳐다보았다   07. 알   08. 노려보았다   09. 알아차렸   10. 주의를 기울였다
11. 의식했다   12. 응시   13. 발견   14. 눈을 가늘게 뜨고 봐야   15. 자세히 들여다보았다
16. 관찰했다

>>> Part 1 Body & Mind  >>> Chapter 4 Senses

## >>> Theme 017  Sounds

People become adjusted to daily **noises**[01] of life that they learn to screen out. A person from the country may find it difficult to sleep or even relax due to a **din**[02] of unfamiliar city **sounds**[03]. He may be startled by the **rumble**[04] of a streetcar or alarmed by the **clatter**[05] of garbage cans. He may not be able to get to sleep because he's **listening to**[06] the neighbors' argument through the wall. He may jump at the **bang**[07] of the neighbors' doors. He may even be awakened by a **loud**[08] **creak**[09] from one of the house's floor boards. On the other hand, a girl from the city may go to the country for a little bit of peace and **quiet**[10] only to discover that it is not a **noiseless**[01] environment. She may be startled by the **moo**[11] of a nearby cow. The constant **baa**[11] of the sheep may prevent her from being able to sleep. She may also be disturbed by hearing a **cockadoodledoo**[11] at the **crack**[12] of dawn. Humans become accustomed to their **noisy**[01] environments, whether it's the **bustle**[13] of manmade clatter or the sounds of nature's **chatter**[14].

### >>> 해석

사람들은 일상생활의 소음에 익숙해져 필요한 소리만 걸러 내고 살아가는 법을 익히게 된다. 시골에서 온 사람들은 도시의 소음이 익숙하지 않아 잠을 자기도 어렵고 쉬기조차 어려울 수 있다. 그 사람은 지나가는 자동차의 굉음에 혹은 쓰레기 깡통의 덜거덕 소리에 깜짝 놀랄 수도 있다. 그 사람은 벽을 통해 들려오는 이웃의 싸움 소리를 듣느라 잠을 이루지 못할 수도 있다. 이웃집 꽝하는 문소리에 놀라 벌떡 일어날 수도 있다. 바닥의 마루 한 장이 삐걱 소리를 내는 바람에 잠에서 깰 수도 있다. 반대로 평화와 고요를 찾아서 시골로 온 도시의 아가씨는 시골도 결국 소음이 없는 환경이 아니라는 것을 알게 된다. 끊임없이 매애 거리는 양의 울음소리 때문에 그 아가씨는 잠을 잘 수가 없을지도 모른다. 새벽 동이 틀 때에는 닭이 꼬꼬댁 울어대는 통에 단잠을 깰 수도 있다. 사람이 만들어 내는 덜거덕 소리이건 자연이 만들어 내는 시끌벅적한 소리이건 인간은 소란스러운 주위환경에 익숙해진다.

### >>> 어구

adjust to ~에 순응하다  screen out ~을 가려내다  relax 편히 쉬다  due to ~때문에  unfamiliar 익숙지 못한  be startled by ~ 때문에 놀라다  garbage 쓰레기  argument 말다툼; 주장  jump at (놀라서) 움찔하다  be awakened by ~때문에 잠이 깨다  constant 끊임없이 계속되는  be disturbed by ~에 방해받다  accustomed to ~에 익숙한

### >>> 구문

- become adjusted to daily noises of life that they learn to screen out
  (= become adjusted to daily noises of life and they learn to screen out daily noises of life)
  일상생활의 소음에 익숙해진다 + 그리고 그 소음을 걸러 내는 법을 배운다
- may find it difficult to sleep or even relax [it 가목적어 to R 진목적어]
  자거나 심지어 쉬는 것조차 힘들지 모른다
- only to discover that ~
  (~지만) 결국 ~하다는 것을 발견하다, 알고 보니 ~하다

>>> Part 1 인간의 신체와 정신
>>> Chapter 4 오감과 육감

>>> Theme 017  소리 ▶

01 **noise** [nɔiz] (불쾌한) 소음, 잡음
　ⓐ noisy 떠들썩한, 시끄러운
　- noiseless 소리 없는, 조용한
　  white noise (가전제품 등에서 나는) 백색소음
　- sound (일반적인) 소리, 음
　  voice (사람의) 목소리; 발언권
　  tone 음, 어조

02 **din** [din] (크고 시끄러운) 소음
　- racket (시끌벅적한) 소동, 소음

03 **sound** [saund] 1. 소리, 음향, 음
　　　　　　　　　 2. 소리를 내다; ~처럼 들리다
　　　　　　　　　 3. 건강한, 건전한
　- soundless 소리가 나지 않는, 조용한
　  unsound 건강(건전)하지 않은

04 **rumble** [rʌmbl] (천둥이 우르르) 울리다
　ⓝ rumbling 우르르 울리는 소리; 불평소리
　- grumble 투덜거리다, 우르르 울리다
　  crumble 부수다, 부서지다, 무너지다

05 **clatter** [klǽtər] 1. 덜커덕 소리를 내다
　　　　　　　　　　 2. 시끄러운 소리, 소동
　- clutter 잡동사니, 어질러져 있는 것

06 **listen** [lísn] (~에) 귀를 기울이다 [to]
　- listen 일부러 귀 기울여 듣다
　  hear 들리는 소리를 듣다
　　• hearing test 청력검사　listening test 듣기평가
　  eavesdrop 몰래 엿듣다, 도청하다
　  overhear 우연히 엿듣다

07 **bang** [bæŋ] 1. 쿵 하는 소리, 굉음; 강타
　　　　　　　 2. 심하게 치다, 세게 두들기다
　- thud 쿵 하는 소리(를 내다)
　- clang 땡그랑 하고 울리다
　  clunk 땅 하는 소리(가 나다, 내다)

08 **loud** [laud] 소리가 큰, 시끄러운
　ⓝ loudness 큰 소리, 시끄러움
　- deafening 귀청이 터질듯한
　- laud 찬양(하다), 칭찬(하다)
　　– laudable 칭찬할만한

09 **creak** [kriːk] 삐걱거리다, 삐걱거리는 소리
　- squeak 찍찍 울다; 삐걱거리는 소리
　  screech 끽하는 소리, 날카로운 소리를 내다

10 **quiet** [kwáiət] 1. 고요한, 조용한; 말 없는
　　　　　　　　　 2. 고요, 조용함
　ⓝ quietude 고요함, 조용함
　cf. noiseless<silent<quiet<noisy<loud<deafening
　- disquiet 동요, 불안(하게 하다)
　- placid 조용한, 평온한
　  calm 고요한, 조용한, 침착한
　  serene 조용한, 평온한

11 **baa** [bæː] (양의) 매하고 우는 소리
　- moo 음매(소 울음소리)
　  cock-a-doodle-doo 꼬끼오(닭 울음소리)
　  hiss (뱀이) 쉿 소리를 내다
　  bowwow 멍멍(개 짖는 소리)
　  bark 개 짖는 소리; (개가) 짖다
　  growl (개가) 으르렁거리다
　  woof (개가) 낮게 으르렁거리다
　  meow/mew 야옹(고양이의 울음소리)
　  boo (비난이나 야유로) 우하는 소리
　  oink (돼지가) 꿀꿀거리는 소리

12 **crack** [kræk] 1. 날카로운 소리를 내며 깨지다
　　　　　　　　　 2. (깨진) 금, 틈
　cf. crack of dawn 새벽녘, 새벽
　- clack 딸각하는 소리, 지껄여대다
　  crackle 탁탁 타는 소리를 내다
　  clash 충돌하다, 땡땡 울리다
　  crash 쾅하고 무너지다, 충돌(하다), 추락

13 **bustle** [bʌsl] 1. 웅성거림, 붐빔
　　　　　　　　 2. 분주히 돌아다니다
　ⓐ bustling 부산스러운, 떠들썩한
　- rustle 바스락거리다, 바스락거리는 소리

14 **chatter** [tʃǽtər] 1. 재잘거리다
　　　　　　　　　　 2. 재잘거림, 잡담
　- gabble 시시한 말을 지껄이다
　  gabber 수다쟁이
　  prate 재잘거리다, 수다
　  blab 수다를 떨다
　  babble 중얼거리다, 재잘거리다
　  palaver 재잘거리다; 잡담

Reading V.O.C.A
77

>>> Part 1 Body & Mind    >>> Chapter 4 Senses

## >>> Theme 017  Review Test

01 The commotion in the news room grew from noisy to deafening the closer it got to deadline.
▶ _____ 편집실이 마감일에 가까워오자 _____ 더 시끄러워졌다.

02 The woman could barely hear over the din in the noisy eatery.
▶ _____ 간이식당의 _____ 때문에 그 여자는 거의 아무 소리도 들을 수 없었다.

03 The enemies were startled at the sound of the explosion.
▶ 적들은 폭발 _____ 화들짝 놀랐다.

04 The man's empty stomach rumbled during the meeting.
▶ 회의 중 남자의 빈 뱃속에서 _____.

05 The elegant subdued eating area belied the clatter in the restaurant's kitchen.
▶ 우아하고 차분한 분위기의 식사 공간과는 달리 그 식당의 주방에서는 _____가 났다.

06 The sympathetic friend listened attentively.
▶ 동정적인 친구는 주의 깊게 _____.

07 The door closed with a bang.
▶ 문이 _____ 닫혔다.

08 Cats do not make loud noises like dogs.
▶ 고양이는 개처럼 _____ 소리를 내지 않는다.

09 She heard the creak of a door open and the sound of footsteps.
▶ 그녀는 문이 _____ 열리는 소리와 발걸음 소리를 들었다.

10 The young writer wants to enjoy a quiet and peaceful life in the country.
▶ 그 젊은 작가는 시골에서 _____ 하고 평화로운 인생을 즐기길 원한다.

11 The baa of the sheep could be heard on the other side of the paddock.
▶ 양의 _____가 반대편 작은 목장까지 들렸다.

12 He could see outside through a crack in the door.
▶ 그는 문의 _____으로 바깥을 내다볼 수 있었다.

Reading V.O.C.A
78

¹³ **The park** is **bustling with visitors** who want to see flowers in full blossom.

➡ 공원은 만발한 꽃을 보고자 모인 방문객들로 _____.

¹⁴ I told her to be quiet because her **chatter** was interrupting my reading.

➡ 그녀의 _____이 독서에 방해가 되어서 나는 조용해 달라고 말했다.

---

**》》》 정답**

01. 시끄러운, 귀청이 터질 것 같이  02. 시끄러운, 소음  03. 소리에  04. 꾸르륵 소리가 났다  05. 덜거덕거리는 소리
06. 들어주었다  07. 쾅하고  08. 큰  09. 삐걱거리며  10. 조용
11. 매하고 우는 소리  12. 갈라진 틈  13. 붐비고 있다  14. 재잘거림

Reading V.O.C.A
79

>>> Part 1  Body & Mind
>>> Chapter 4  Senses

## >>> Theme 018  Taste

A **meal**[01] should have a variety of **flavors**[02] in order to make it a **delicious**[03] meal. A **salad**[04] with a **mixture**[05] of **bitter**[06] and **bland**[07] **greens**[04] with a **dressing**[04] with a slight **acid**[08] **bite**[09] would be a good way to start the meal. The **broth**[10] of the **soup**[10] should not be **greasy**[11] nor **flat**,[12] but should be subtly **flavored**[02] to **enhance**[13] the **taste**[14] of the **vegetables**[04], **noodles**[04], or **beans**[04] that provide the **texture**[05] of the soup. The vegetables should be firm and lightly **seasoned**[15] to avoid masking their natural taste. A **meat**[04] seasoned to have a **pungent**[16] **savory**[17] flavor is an excellent **entree**.[18] **Strong**[07] bitter coffee is a good way to counter the **sweet**[06] taste of the **dessert**.[18] A pleasant after-**dinner**[01] drink would be the best choice to round out the evening. Most importantly a host should not offer an **insipid**[19] or bland meal but a **zesty**[20] one that will leave a pleasant taste in the memories of the guests.

>>> 해석

한 끼 식사가 맛있으려면 다양한 맛을 지녀야 한다. 약간 신맛의 드레싱을 얹어 씁쓸한 채소와 순한 채소를 섞어 놓은 샐러드를 먹는 것은 식사를 시작하는 훌륭한 방법이다. 수프의 국물은 기름져서도 안 되고 그렇다고 맛이 없어서도 안 되며 수프에 들어간 채소나, 국수, 콩의 맛을 살려내는 미묘한 맛을 지니고 있어야 한다. 야채는 단단하고 원래의 맛을 없애지 않기 위해서 살짝 간을 해야 한다. 자극적인 맛이 나도록 요리된 고기는 훌륭한 주요리이다. 쓰고 진한 커피는 후식의 단맛을 더해 준다. 저녁식사 후의 즐거운 한 잔은 그 저녁을 성공적으로 마무리 짓는 최선의 선택이다. 주인은 맛없고 심심한 식사보다는 손님들의 기억에 남을 맛있는 식사를 대접해야 한다는 것이 가장 중요하다.

>>> 어구

a variety of 다양한  be a good way to ~하기에 좋은 방법이다  subtly 미묘하게  firm 단단한  lightly 가볍게, 약간  avoid 피하다, 막다  mask (냄새 등을) 없애다  round out 마무리하다, 완전한 것으로 만들다  pleasant 유쾌한  host (손님을 접대하는) 주인  guest (초대받은) 손님

>>> 구문

- A salad (with a mixture of bitter and bland greens)³ (with a dressing)² (with a slight acid bite)¹
  샐러드 (씁쓸한 채소와 순한 채소를 섞어 놓은)³ (드레싱과 함께)² (약간 신맛을 가진)¹

- should not be greasy nor flat ~ [not A nor B]
  기름져서는 안되고 맛이 없어서도 안된다

- should not offer an insipid or bland meal but (offer) a zesty one [not A but B]
  맛없거나 심심한 식사가 아니라 맛있는 식사를 제공해야 한다

>>> Theme 018  **미각** ▶

01 **meal** [miːl] 식사, 한끼
- 관 breakfast 아침식사
  lunch 점심식사 cf. brunch 늦은 아침식사
  dinner/supper 저녁식사
- 표 eat out 외식하다
- 비 food 식량, 식품, 음식
  diet 일상 음식; 규정식, 식이요법

02 **flavor** [fléivər] 1. (음식이 가지는) 맛, 풍취
2. 맛을 들이다
- @ flavored ~ 맛이 나는 flavorless 맛이 없는
- ⓝ flavoring 조미료, 양념
- 동 relish 맛, 풍미; 양념; 좋아하다
- 혼 favor 호의, 친절한 행위

03 **delicious** [dilíʃəs] 맛좋은, 매우 맛있는
- 동 delectable 맛있는, 즐거운

04 **salad** [sǽləd] 샐러드
- 관 green 푸성귀의 vegetable 야채, 채소
  bean 콩  lettuce 상치  turnip 순무
  meat 고기, 육류  noodle 면, 국수
  dressing (요리에 치는) 드레싱

05 **mixture** [míkstʃər] 혼합, 혼합물, 첨가물
- 동 concoction 혼합, 혼합음료
  potpourri [pòupúəri] 고기와 채소의 잡탕
- 관 texture (음식물의) 질감; 짜임새, 천

06 **bitter** [bítər] 1. (맛이) 쓴
2. 신랄한, 통렬한; 쓰라린
- 반 sweet 단, 달콤한

07 **bland** [blænd] 1. 부드러운, (음식이) 자극이 없는
2. 맛이 없는, 재미없는
- 혼 blend[blend] 섞다, 섞이다; 혼합(물)
  brand[brænd] 상표, 소인
- 반 strong 맛이 강한, 진한

08 **acid** [ǽsid] 1. 신맛이 나는
2. 산성의; 신랄한
3. 산, 산성 물질
- ⓝ acidity 신맛, 산성도
- 동 sour[sauər] (음식이) 신

09 **bite** [bait] 1. (음식의) 한 입, (톡 쏘는) 맛; 물기
2. 물다, 깨물다; (추위가) 살을 에다
- @ biting 살을 에는 듯한, 매서운; 신랄한

10 **broth** [brɔːθ] 묽은 수프, 국물
- 관 soup 수프(덩어리를 포함해서 끓이는)

11 **greasy** [gríːsi,-zi] 기름진, 기름투성이의
- 동 fat (음식이) 기름진; 살찐, 비만의

12 **flat** [flæt] 1. 맛없는, 김빠진; 재미없는
2. 평평한, 납작한; 바람이 빠진
3. 불황의
- 동 flavorless, insipid, savorless, vapid 맛없는

13 **enhance** [inhǽns] 높이다, 강화하다
- 동 fortify (영양가나 알코올 도수를) 강화하다

14 **taste** [teist] 1. 미각, 맛; 시식; 취향
2. 맛보다, 시식하다; (~의) 맛이 나다
- @ tasty 맛있는 ↔ tasteless 맛없는

15 **seasoned** [síːznd] 양념한, 조미한
- ⓝ seasoning (양념 등의) 조미료
- 동 flavoring 조미료, 양념
  spice 양념, 향신료 spicy 양념을 넣은, 매운
  condiment 조미료, 양념

16 **pungent** [pʌ́ndʒənt] 1. 얼얼하게 매운, 자극적인
2. 신랄한
- 동 piquant 매운, 톡 쏘는, 식욕을 자극하는

17 **savory** [séivəri] 맛있는, 식욕을 돋우는
- ⓝ savor 맛, 풍미
- 반 savorless 맛없는

18 **dessert** [dizə́ːrt] (식후에 먹는) 디저트
- 관 appetizer (식욕을 돋우기 위한) 에피타이저
  entree [ɑ́ːntrei] 앙트레(생선요리와 고기요리 사이에 나오는 주요리); 입장(수단)

19 **insipid** [insípid] 1. 맛없는, 김빠진
2. 재미없는, 진부한
- 반 sipid 맛좋은, 재미있는
  sapid 맛이 좋은, 재미있는

20 **zesty/zestful** 맛이 있는; 재미있는; 자극적인
- ⓝ zest 풍미, 재미
- 관 gusto 기호, 재미

>>> Part 1 Body & Mind
>>> Chapter 4 Senses

## >>> Theme 018 Review Test

01 The report argues that drinking water during or after a meal can actually improve digestion.
➡ 보고서에 의하면 _____ 중이나 _____ 후에 마시는 물이 실제로는 소화를 돕는다고 한다.

02 Salt adds flavor to food.
➡ 소금은 음식에 _____을 더해준다.

03 Lemon meringue pie is one of the most delicious and favorite desserts in the US.
➡ 레몬 머랭 파이는 미국에서 가장 _____ 즐겨 찾는 디저트 중 하나이다.

04 Potato salad is always a hit at a picnic or barbecue.
➡ 감자 _____는 피크닉이나 바비큐 파티에서 항상 인기 있는 음식이다.

05 A mixture of lightening and chemicals creates an explosion.
➡ 빛과 화학물질이 _____ 되면서 폭발이 일어난다.

06 The coffee was strong and bitter.
➡ 그 커피는 진하고 맛이 _____.

07 Hospital food is notoriously bland.
➡ 병원 음식은 _____ 악명 높다.

08 Some people add sugar to spaghetti sauce to cut the acid of the tomatoes.
➡ 어떤 사람들은 토마토의 _____을 없애기 위해 스파게티 소스에 설탕을 첨가한다.

09 Mustard can add extra bite to any food.
➡ 겨자는 모든 음식에 _____을 더해줄 수 있다.

10 Too many cooks spoil the broth.
➡ 요리사가 많으면 _____를 망친다(사공이 많으면 배가 산으로 간다.)

11 The greasy hamburger gave the diner indigestion.
➡ _____ 햄버거를 먹은 사람은 소화불량에 걸렸다.

12 The soda went flat after being left out all night.
➡ 밤새 그냥 두었더니 소다수의 _____.

13 A signature will enhance the value of the book.
➡ 서명이 있으면 그 책의 가치가 더 _____질 것이다.

14 We seem to have similar tastes in movies.
➡ 우리는 영화 _____이 비슷한 것 같다.

Reading V.O.C.A
82

¹⁵ This soup is seasoned with various spices.
▶ 이 수프는 여러 _____ 되어 있다.

¹⁶ The lamb's pungent taste made the restaurant famous.
▶ _____ 양고기 맛으로 그 식당은 유명해졌다.

¹⁷ The recipe for the savory beef stew was a family secret.
▶ _____ 비프스튜의 요리법은 그 집만의 비밀이었다.

¹⁸ I used to enjoy eating the chiffon cake for dessert.
▶ 나는 예전에 쉬폰 케익을 _____ 으로 즐기곤 했었다.

¹⁹ The sauce had an insipid flavor.
▶ 그 소스는 _____ 맛이 났다.

²⁰ This dish has a zesty taste, made up of salted Chinese cabbage and red pepper powder.
▶ 이 음식은 소금에 절인 배추와 고춧가루로 만들어져 _____ 맛을 낸다.

---

>>> 정답

| | | | | |
|---|---|---|---|---|
| 01. 식사 | 02. 맛 | 03. 맛있고 | 04. 샐러드 | 05. 혼합 |
| 06. 썼다 | 07. 맛이 없기로 | 08. 산(신맛) | 09. 톡 쏘는 맛 | 10. 수프 |
| 11. 기름기 많은 | 12. 김이 빠졌다 | 13. 높아 | 14. 취향 | 15. 양념이 가미 |
| 16. 매운 | 17. 맛좋은 | 18. 후식 | 19. 밋밋한 | 20. 자극적인 |

Reading V.O.C.A
83

> Part 1 Body & Mind    > Chapter 4 Senses

## Theme 019 Smell

Our **sense of smell** (or **olfaction**) allows us to **identify** food, mates, and danger, as well as sensual pleasures like **perfume** and flowers. Some **odors** are perceived as **pleasant** like **scent** of flowers and **herbs**, **fragrance** of perfumes, smell of burning **incense**, and a **faint aroma** of coffee. On the other hand, some odors are called **malodors** because they are perceived as **unpleasant** like a **stench** of rotting fish, a **stink** of sweat, and a **rancid** smell of gutters. Humans are able to **distinguish** over 10,000 different **odor molecules**. When you put food in your mouth, odor molecules from that food travel through the passage between your nose and mouth to **olfactory receptor** cells at the top of your **nasal cavity**, just beneath the brain and behind the **bridge of the nose**. If **mucus** in your **nasal passages** becomes too thick, air and odor molecules can't reach your olfactory receptor cells. Thus, your brain receives no signal identifying the odor, and everything you eat tastes much the same.

>>> 해석

우리의 후각은 향수나 꽃 같은 감각적인 쾌락뿐만 아니라 음식, 짝, 그리고 위험을 식별하게 해준다. 향기로운 꽃과 허브, 향수 냄새, 향을 태우는 냄새, 그리고 은은한 커피 향처럼 어떤 냄새들은 유쾌하게 받아들여진다. 반면에 악취라고 불리는 냄새들도 있는데, 생선 썩는 냄새, 땀 냄새, 오줌 냄새처럼 불쾌하게 여겨지기 때문이다. 인간은 1만개가 넘는 냄새 분자들을 구별할 수 있다. 음식을 입에 넣게 되면 음식에서 나는 냄새 분자가 코와 입 사이의 통로를 통해 콧구멍 상단, 즉 뇌의 바로 밑과 콧등 아래에 위치한 후각 기관 세포로 이동한다. 만약 콧구멍에 콧물이 탁해지면, 공기와 냄새 분자는 후각 기관 세포에 도달하지 못하게 된다. 그래서 뇌는 냄새를 확인하는 어떤 신호도 받지 못하게 되고, 먹는 음식도 마찬가지로 거의 맛을 느끼지 못한다.

>>> 어구

primitive 원시적인, 원초적인 be located in ~에 위치하다 creativity 창작성 rot 썩다 sweat 땀 gutter 도랑, 하수구 thick 탁한 signal 신호 much the same 거의 마찬가지

>>> Theme 019　냄새 ▶

01 **smell** [smel] 1. (특정한) 냄새, 후각
　　　　　　　　2. (특정한) 냄새가 나다, 냄새를 맡다
　• sense of smell 후각
　ⓐ smelly 악취가 나는, 역한
　　– smelling ~의 냄새가 나는
　관 anosmia 후각상실증, 무후각증

02 **olfaction** [alfǽkʃən, ɔl-] 후각, 후각 작용
　ⓐ olfactory 후각의, 후각 기관의
　• olfactory receptor 후각수용체, 후각기관
　• olfactory nerve 후각신경

03 **identify** [aidéntəfài] 확인하다, 식별하다
　관 distinguish 구별하다, 식별하다
　　– distinction 구별, 차이, 특징

04 **perfume** [pə́ːrfjuːm] 1. 향수; 향기
　　　　　　　　2. 향기를 풍기다, 향수를 뿌리다
　• wear perfume 향수를 뿌리다
　• a bottle of perfume 향수 한 병
　관 fume (냄새가 독한) 가스, 연기(가 나다)

05 **odor/odour** [óudər] 냄새, 악취, 향기
　• odor molecule 냄새 분자
　ⓐ odoriferous 향기로운; 악취를 풍기는
　　odorous 향기가 나는, 향이 있는
　반 odorless 무취의
　관 deodorize 냄새를 제거하다
　　deodorant 데오도란트; 체취 제거제

06 **pleasant** [plézənt] 쾌적한, 유쾌한, 기분 좋은
　반 unpleasant 불쾌한, 싫은

07 **scent** [sent] 1. (주로 좋은) 향기; 〈영〉 향수
　　　　　　　 2. 자취, 낌새
　　　　　　　 3. 냄새로 알아차리다, 향기가 나다
　• scent of flowers 꽃향기
　ⓐ scented ~의 냄새가 나는
　• fruit-scented 과일 향의

08 **herb** [əːrb, həːb] (약용, 식용, 향료용의) 약초
　• aromatic herbs 방향성 허브

09 **fragrant** [fréigrənt] 향기로운, 냄새 좋은
　ⓝ fragrance 향기, 향; 향수
　혼 flagrant 노골적인, 악명 높은
　동 redolent 향기로운, ~ 냄새가 나는
　　– redolence 방향, 향기

10 **incense** [ínsens] 1. 향, 향연기
　　　　　　　　 2. 몹시 화나게 하다
　• burn incense 향을 피우다, 분향하다
　관 juniper 향나무

11 **faint** [feint] 1. (빛·소리·냄새가) 희미한[약한]
　　　　　　　 2. 기절하다, 졸도하다
　• a faint smell of perfume 은은한 향수 냄새

12 **aromatic** [ærəmǽtik] 향기로운, 방향성의
　• aromatic oil 방향성 오일
　ⓝ aroma 향기, 방향
　관 aromatherapy 방향요법

13 **malodor** [mælóudər] 악취, 고약한 냄새
　• oral malodor 구취, 입 냄새
　ⓐ malodorous 악취를 풍기는

14 **stench** [stentʃ] 악취
　• give off a stench 악취가 나다
　ⓐ stenchful 악취가 가득한

15 **stink** [stiŋk] 1. 악취, 고약한 냄새
　　　　　　　 2. 악취가 나다
　• a stink of sweat 땀의 악취
　ⓐ stinking 악취가 진동하는
　동 reek 악취, 지독한 악취를 풍기다
　　fetor [fíːtər] 강한 악취
　　pong 〈영〉 악취

16 **rancid** [rǽnsid] 1. (기름기가 든 식품이) 부패한
　　　　　　　 2. 썩은 냄새가 나는
　• go rancid 상하다, 부패하다
　• a rancid smell of gutters 하수구에서 올라오는 악취
　관 putrid (썩으면서) 악취가 나는
　　fetid 악취가 나는, 냄새가 고약한
　　noisome (냄새가) 불쾌한, 역겨운

17 **receptor** [riséptər] 수용체, 감각기관
　　　　　　　 ※ 외부로부터 정보를 받아들이는 구조
　• olfactory receptor neuron 후각수용체 뉴런

18 **nasal** [néizəl] 코의, 코에 관한, 비음의
　• nasal cavity[passages] 비강, 콧구멍
　관 nostril 콧구멍
　　bridge of the nose 콧잔등

19 **mucus** [mjúːkəs] (코 등에서 나오는) 점액
　• nasal mucus 콧물

■ 오감(五感)
　sight 시각 – visual 시각의
　hearing 청각 – auditory 청각의
　smell 후각 – olfactory 후각의
　taste 미각 – gustatory 미각의
　touch 촉각 – tactile 촉각의

>>> Part 1 Body & Mind  >>> Chapter 4 Senses

## >>> Theme 019 Review Test

01 Anosmia is the medical term for loss of the sense of smell, which is usually caused by a nasal condition or brain injury.
➡ _____은 _____의 상실에 대한 의학적 용어로서 대개 코의 병이나 뇌손상에 의해 일어난다.

02 Inhaling certain chemicals can damage our olfactory nerves.
➡ 특정 화학물질을 들이마시면 _____이 손상될 수 있다.

03 The animal can identify a prey by its smell.
➡ 그 동물은 냄새로 먹이를 _____할 수 있다.

04 The perfume was so popular that the scent was easily recognized.
➡ 그 _____는 유명해서 향을 쉽게 알아차릴 수 있었다.

05 Odors are also called smells, which can refer to both pleasant and unpleasant odors.
➡ 향으로 불리기도 하는 _____는 좋은 냄새와 역한 _____ 모두를 나타낼 수 있다.

06 Deodorants help prevent unpleasant body odors.
➡ 데오드란트는 몸에서 나는 _____ 냄새를 없애준다.

07 The candles lightly scented the room.
➡ 그 양초들이 방에 은은한 _____.

08 Mint is well known as an aromatic herb.
➡ 민트는 _____로 유명하다.

09 This coffee has a peculiar fragrance.
➡ 이 커피에서 독특한 _____이 난다.

10 Thousands of years ago, ancient Egyptians burned incense as part of their religious rituals.
➡ 수천 년 전에, 고대 이집트인들은 종교적 의식의 일환으로 _____.

11 I could smell the faint fragrance of a perfume on her.
➡ 그녀에게서 _____ 향수 냄새가 났다.

12 The fresh herbs made the kitchen an aromatic delight.
➡ 신선한 향료 식물들이 부엌을 _____ 하였다.

¹³ Oral malodor is usually caused by bad oral hygiene.

➡ _____는 대개 불결한 구강 위생상태로 인해 생긴다.

¹⁴ The stench of rotting fish hit my nose.

➡ 부패한 생선의 _____가 내 코를 찔렀다.

¹⁵ The stinking garbage had to be taken out.

➡ _____ 쓰레기를 치워야만 했다.

¹⁶ Oil becomes rancid when left exposed to air.

➡ 기름은 공기 중에 노출되면 _____한다.

¹⁷ Humans have about 40 million olfactory receptor neurons.

➡ 인간에게는 약 4천만 개의 후각 _____ 뉴런이 있다.

¹⁸ The nasal cavity, the air passage behind the nose, plays an important role in breathing.

➡ 코 뒤에 있는 공기의 통로인 _____은 숨 쉬는 데 중요한 역할을 한다.

¹⁹ Mucus acts as a filter of the air you breathe by catching dirt and debris as you inhale it.

➡ _____은 공기를 들이마실 때 먼지나 부스러기를 잡아 줌으로써 호흡할 때 공기의 필터 역할을 한다.

>>> 정답

01. 무후각증, 후각  02. 후각신경  03. 식별  04. 향수  05. 냄새
06. 불쾌한  07. 향을 풍겼다  08. 방향성 허브  09. 향  10. 향을 피웠다
11. 은은한  12. 향기롭게  13. 입 냄새(구취)  14. 악취  15. 악취를 풍기는
16. 부패  17. 수용체  18. 비강  19. 점액

Reading V.O.C.A
87

>>> Part 1 Body & Mind    >>> Chapter 4 Senses

## >>> Theme 020  Touch

Animals **sense**[01] the intentions of those that try to **handle**[02] them. A cat will stay still to have its fur **stroked**[03] and **touched**[04], but it will not remain there to be heavily **pawed**[05]. If it senses that its tail will be **grabbed**[06], it may **flee**[07]. Likewise, a dog enjoys being **patted**[08] on its back or having its paws playfully **grasped**[09], but it will quickly **scurry away**[07] and bark when an attempt to **snatch**[10] its collar is not done in fun. A pet can be **pressed**[11] closely to one's chest in a sign of affection, but as soon as the space becomes too **tight**[12], the animal will **scamper away**[07]. It is rather fascinating how animals sense and **instinctively**[13] react to the motives of people before they are ever **physically**[14] manifested.

### >>> 해석

동물들은 자신을 만지려는 사람들의 의도를 알아챈다. 고양이는 털을 쓰다듬거나 만져 주면 얌전히 있을 것이다. 그러나 거칠게 다루면 그곳에 가만있지 않을 것이다. 만약 자기의 꼬리가 잡힐 것 같은 느낌이 들면 그 고양이는 도망갈 것이다. 강아지는 등을 두드려 주거나 앞발을 잡아주는 것을 좋아한다. 그러나 강아지의 목걸이를 잡으려는 시도가 장난으로 하는 것이 아닐 때에는 재빨리 멀리 달아나서는 짖어 댈 것이다. 애완동물들은 애정의 표시로 사람 품에 꼭 안길 수 있지만, 지나치게 꽉 끼자마자 동물들은 재빨리 도망갈 것이다. 사람들이 동기를 육체적으로 나타내기도 전에 동물들이 어떻게 그것을 알아채고 본능적으로 반응하는지는 다소 흥미롭기까지 하다.

### >>> 어구

fur 부드러운 털, 모피  heavily 몹시  flee 달아나다  playfully 장난스럽게  collar 개의 목걸이; 깃  affection 애정  fascinating 매혹적인, 흥미진진한  motive 동기  react 반응하다  manifest 분명히 나타내다

### >>> 구문

- A cat will stay still to have its fur stroked and touched [to R=조건]
  고양이를 쓰다듬거나 만져준다면, 가만히 머무를 것이다
- It is rather fascinating how animals sense ~ [it 가주어 how 진주어]
  동물이 어떻게 ~을 느끼는지는 다소 흥미롭다

>>> Part 1 인간의 신체와 정신
>>> Chapter 4 오감과 육감

>>> Theme 020　촉감 ▶

01 **sense** [sens] 1. 느끼다, 알아채다
　　　　　　　　2. 감각
　　　　　　　　3. 느낌, 의식, 관념; (pl.) 제정신
　　　　　　　　4. 의미; 분별
　ⓐ sensitive 예민한, 민감한
　ⓝ sensitivity 민감함, 감수성
　- sensible 현명한
　　sensuous 감각적인, 관능적인
　　sensual 육감적인, 육욕의

02 **handle** [hǽndl] 1. 손으로 만지다(다루다)
　　　　　　　　　2. (문제를) 다루다, 처리하다
　　　　　　　　　3. 손잡이

03 **stroke** [strouk] 1. 쓰다듬다, 어루만지다
　　　　　　　　　2. 타격, 발작
　- caress 애무하다, 쓰다듬다
　- hug 껴안다, 포옹하다
　　embrace 포옹하다, 껴안다

04 **touch** [tʌtʃ] 1. 손대다, 만지다, 닿다
　　　　　　　　2. 인접하다; 감동시키다
　　　　　　　　3. 접촉, 촉감; 재능; 기미
　ⓐ touchable 만져 알 수 있는
　　touching 감동시키는
　- tangible 만질 수 있는, 명확한
　　palpable 만질 수 있는, 명확한

05 **paw** [pɔː] 1. 거칠게 다루다(만지다)
　　　　　　　2. 발로 긁다(치다)
　　　　　　　3. (발톱이 있는 네발짐승의) 발
　- hoof (소나 말의) 발굽, (발굽이 있는) 발

06 **grab** [græb] 1. (단단히) 붙잡다. 거머쥐다; 가로채다
　　　　　　　　2. 잡아챔, 횡령
　- grip 단단히 잡다(쥐다); 단단히 잡음, 장악

07 **flee** [fliː] 달아나다
　- scurry away 후다닥 달아나다
　　scamper away 허둥지둥 달아나다

08 **pat** [pæt] 가볍게 두드리다
　- pet 애완동물
　- tap 가볍게 두드리다, 툭 치다
　　rap 가볍게 두드리다

09 **grasp** [græːsp] 1. 꽉 쥐다, 붙잡(으려 하)다
　　　　　　　　　2. 이해하다
　　　　　　　　　3. 꽉 쥐기, 포옹; 이해(력)

10 **snatch** [snætʃ] 1. 잡아채다, 빼앗다
　　　　　　　　　2. 날치기, 강탈, 유괴
　- snap 덥석 물다, 잡아채다

11 **press** [pres] 1. 껴안다, 압박하다
　　　　　　　　2. 내리누르다, 밀다
　　　　　　　　3. 강요하다, 재촉하다
　　　　　　　　4. 출판물, 신문; 언론기관
　ⓝ pressure 압박, 억압; 압축
　　* be under pressure 압박을 받다
　ⓐ pressing 긴급한, 임박한
　- compress 압축하다, 요약하다; 압박붕대
　　suppress 억압(진압)하다, 억제하다
　　repress 억누르다, 억압하다, 억제하다
　　depress 낙담하게 하다
　　impress 깊은 인상을 주다, 감동시키다

12 **tight** [tait] 1. 단단히 맨, 꽉 죄는, 비좁은
　　　　　　　　2. 단단히, 꽉(closely)
　ⓥ tighten 단단히 죄다
　- fast 단단한, 견고한; 단단히, 꽉
　　- fasten 단단히 묶다, 고정시키다
　- loose 헐거운, 느슨한; 풀어놓다
　　- loosen 풀다, 늦추다, 완화하다

13 **instinctively** [instíŋktivli] 본능적으로
　ⓐ instinctive 본능적인, 직관적인
　ⓝ instinct (타고난) 본능, 충동; 직관
　- distinct 전혀 다른, 별개의, 뚜렷한
　　extinct 멸종된, 사라진, 꺼진

14 **physically** [fízikəli] 육체적으로, 물리적으로
　ⓐ physical 신체의; 물질의
　- mentally 정신적으로, 마음속으로
　　psychologically 심리적으로

Reading V.O.C.A
89

## Part 1 Body & Mind
## Chapter 4 Senses

### >>> Theme 020 Review Test

01 Humans have the ability to sense danger the same way animals do, but we tend to ignore those instincts.
➡ 인간도 동물처럼 위험을 _____ 수 있는 능력이 있지만, 우리는 그러한 본능을 무시하는 경향이 있다.

02 The moving men handled the boxes with care.
➡ 이삿짐을 나르는 남자들이 그 상자들을 조심해서 _____.

03 The woman stroked the cat's fur.
➡ 여자는 고양이의 털을 _____.

04 The man touched the coat to feel the material.
➡ 남자는 소재를 알아보려고 코트를 _____.

05 The dog pawed at the ball.
➡ 강아지가 공을 _____.

06 The man grabbed the boy from the path of the car.
➡ 남자는 차도에서 소년을 _____.

07 After the fugitives fled abroad, the government has been trying its best to find them out.
➡ 탈주자들이 국외로 _____ 후, 정부는 그들을 찾아내는데 전력을 기울이고 있다.

08 The mother patted the baby's back.
➡ 어머니는 아가의 등을 _____.

09 The man grasped the knob and turned.
➡ 남자는 손잡이를 _____ 돌렸다.

10 The robber snatched the woman's purse.
➡ 강도가 여자의 지갑을 _____.

11 The subway riders were pressed together.
➡ 지하철 승객들은 서로 _____.

12 Cats like to crawl into tight spaces.
➡ 고양이는 _____ 공간에 기어들어가는 것을 좋아한다.

¹³ **Salmons instinctively return to where they were born.**

➡ 연어는 _____ 태어난 곳으로 돌아간다.

¹⁴ **Regular physical activity is one of the most important things you can do for your health.**

➡ 규칙적으로 _____ 활동을 하는 것이 당신이 자신의 건강을 위해 할 수 있는 가장 중요한 것 중 하나이다.

>>> 정답

01. 알아챌   02. 다루었다   03. 쓰다듬었다   04. 만져 보았다   05. 앞발로 만지작거렸다
06. 붙잡있다   07. 달아난   08. 토닥토닥(가볍게) 두드렸다   09. 붙잡고   10. 낚아챘다
11. 떠밀렸다(압박되었다)   12. 좁은   13. 본능적으로   14. 신체

> Part 1
> Body & Mind

> Chapter 4
> Senses

## Theme 021 Sixth Sense

Science has been unable to explain the **existence**[01] of **sixth sense**[02]. For example, some people have been led to find important items such as evidence in a case not through **deductive**[03] **reasoning**[04] or a process of elimination but through a **hunch**[05] that can be neither explained nor justified. The person simply answers that he just "knew" **with great certainty**[06] or that she felt drawn or compelled to go to that spot where the important article was. Similar to this is the feeling of **intuition**[07] that dictates that someone should or should not participate in a company or trip, for example, only to find out later that dreadful **consequences**[08] **befell**[09] those who were involved. Another case is the **sensation**[10] of **deja vu**[11] in which people have the **distinct**[12] **impression**[13] that they have done or **experienced**[14] something already, although it is **definitely**[15] the first time that they have visited a place or met a person. **Telekinesis**[16] is another unexplained **phenomenon**[17]. The **apparently**[18] unaided movement of an object across a distance has been attributed to telekinesis, the ability to move objects solely by the power of thought. The last example of **inexplicably**[19] enhanced **mental**[20] sensitivity is **telepathy**[21]. Twins have often described a type of telepathy in which they feel mentally in contact with each other's feelings and thoughts without saying a word.

### 해석

과학으로는 아직까지 육감의 존재를 설명할 수 없다. 예를 들어 어떤 사람들은 어떤 사건의 증거물과 같이 중요한 사물을 발견하게 되는데 연역적인 추리에 의해서나 소거 과정을 통해서가 아니라 설명될 수도 없고 증명될 수도 없는 직감을 통해서 그렇게 하는 것이다. 그런 사람은 확실히 '그럴 줄 알았다'라고 간단히 대답하거나 중요한 사물이 발견된 그 장소에 단순히 끌리듯이 혹은 누가 잡아당기듯 가게 되었다고 대답한다. 어떤 모임이나 여행에 꼭 가야 한다거나 혹은 꼭 가지 말아야 한다는 직감이 들었는데, 알고 보니 거기에 관련된 사람들에게 엄청난 결과가 생겼다는 것 또한 앞의 경우와 비슷한 예이다. 또 다른 경우는 기시감의 예인데 이는 어떤 사람을 만나거나 어떤 장소를 방문한 것이 분명 이번이 처음인데도 전에 이미 가보았거나 만난 적이 있다는 특이한 느낌을 갖게 되는 것을 말한다. 염동작용 역시 설명할 수 없는 현상이다. 멀리 떨어져 있는 객체가 명백히 아무 도움도 받지 않고 움직인다는 것은 염동작용에 기인한 것이라고 알려져 왔는데 염동작용에서는 객체를 단지 사고력만으로 움직일 수 있다. 설명할 수 없을 정도로 앙양된 정신적 감수성의 마지막 예는 텔레파시이다. 쌍둥이들은 말하지 않아도 정신적으로 서로의 감정과 생각을 나눌 수 있는 일종의 텔레파시를 종종 보여준다.

### 어구

**be unable to R** ~할 수 없다 **for example** 예를 들면 **elimination** 제거, 배제 **compel A to R** A가 억지로 ~하게 하다 **dictate** 영향을 주다, 받아쓰게 하다 **trip** 여행, 출장 **dreadful** 엄청난 **enhance** 높이다, 고양시키다 **contact** 접촉, 교제, 연락 **describe** 묘사하다, 설명하다

### 구문

- not through deductive reasoning ~ but through a hunch [not A but B]
  연역적 추리를 통해서가 아니라 직감을 통해서
- befell those who were involved 관련된 사람들에게 (일이) 닥쳤다
- telekinesis, the ability to move objects [동격]
  염동작용, 즉 객체를 움직이는 능력

>>> Theme 021　**육감**

01 **existence** [igzístəns] 존재, 실존
　ⓥ exist 존재하다, 실존하다
　ⓐ existing 존재하는, 현존의
　　existential 실존주의의
　　[동] extant 현존해 있는, 잔존의
　　[반] extinction 소멸, 멸종

02 **sixth sense** 제6감, 직감

03 **deductive** [didʌ́ktiv] 연역적인
　ⓥ deduct 추론하다; 공제하다
　　deduce 연역하다, 추론하다
　ⓝ deduction 추론, 연역; 공제
　　[반] inductive 귀납적인

04 **reasoning** [ríːzniŋ] 1. 추론, 추리, 논리
　　　　　　　　　　　 2. 이성이 있는
　ⓐ reasonable 이치에 맞는, 합당한
　ⓝ reason 이유, 근거; 이성; 생각해내다, 추론하다
　　[동] logic 논리학, 논리; 조리, 설득력
　　　 – logical 논리적인, 타당한; 논리학의
　　　 rational 합리적인, 이성적인

05 **hunch** [hʌntʃ] 1. 예감, 육감
　　　　　　 　2. 덩어리, 혹
　　　　　　 　3. 등을 구부리다; 예감이 들다
　　[동] omen 전조, 조짐, 예감; 전조가 되다
　　　 premonition 예감, 징후
　　　 presentiment 예감, 육감
　　　 foreboding 예언, 육감

06 **certainty** [sə́ːrtnti] 확실성, 필연성
　• with certainty 의심의 여지 없이
　ⓐ certain 확실한, 틀림없는, 확신하여

07 **intuition** [intjuːíʃən] 직관, 직감
　ⓥ intuit 직감으로 알다
　ⓐ intuitive 직관적인, 직관으로 아는
　　[혼] tuition 교육, 수업료

08 **consequence** [kánsikwəns] 결과, 결론; 중요성
　ⓐ consequential 결과로서 일어나는
　　[뉘] effect 무엇에 의해 초래되는 영향
　　　 result 무엇에 의해 야기되는 직접적인 결과
　　　 consequence 특히 좋지 못한 결과
　　　 repercussion 어떤 사건이 초래한 부정적인
　　　 (간접적) 결과나 영향
　　　 outcome 어떤 행위에 대한 결과물
　　　 aftermath (전쟁·사고 등의) 여파, 후유증
　　　 upshot 일련의 사건의 최종적인 결과
　　　 corollary 논리나 주장에 대한 논리적 귀결

09 **befall** [bifɔ́ːl] (나쁜 일이) 닥치다, 일어나다

10 **sensation** [senséiʃən] 1. 감각, 느낌, 기분
　　　　　　　　　　　　　2. 센세이션, 화젯거리
　ⓐ sensational 선풍적 인기의

11 **deja vu** [dèiʒaː vjúː] 데자뷰, 기시감
　(처음 보는 것인데 예전에 경험한 것으로 여기는 착각)

12 **distinct** [distíŋkt] 1. 뚜렷한, 분명한
　　　　　　　　　　　 2. 별개의, 전혀 다른
　ⓐ distinctive 특유의, 독특한
　ⓝ distinction 구별, 특징, 차이
　ⓥ distinguish 구별하다

13 **impression** [impréʃən] 1. 인상, 느낌, 감동
　　　　　　　　　　　　　 2. 자국, 흔적; 인쇄
　ⓐ impressive 강한 인상(감명)을 주는
　ⓥ impress 감명을 주다, 인상 지우다

14 **experience** [ikspíəriəns] 1. 경험하다, 체험하다
　　　　　　　　　　　　　　 2. 경험, 체험
　ⓐ experienced 경험이 풍부한, 숙달한
　　[반] inexperienced 경험이 없는, 서투른

15 **definitely** [défənitli] 명확하게, 단호하게; 확실히
　ⓐ definite 명확한, 한정적인
　ⓝ definition 정의, 한정; 선명도
　　[반] indefinite 불명확한, 애매한

16 **telekinesis** [tèləkiníːsis] 염동작용, 염력
　　(심리작용으로 물체를 움직이는 일)
　　[동] psychokinesis 염력

17 **phenomenon** [finámənàn] 현상, 사건, 신동
　ⓐ phenomenal (자연) 현상의; 놀랄 만한
　　[관] status quo 상태, 현상

18 **apparently** [əpǽrəntli] 외관상, 보기에
　ⓐ apparent 명백한, 외관상의

19 **inexplicably** [inéksplikəbli] 불가사의하게
　ⓐ inexplicable 설명할 수 없는, 불가해한
　　[동] inscrutable 불가사의한, 심오한

20 **mental** [méntl] 마음의, 정신의; 상상의
　ⓝ mentality 정신, 지능, 사고방식
　ⓐⓓ mentally 정신적으로, 마음속으로
　　[반] physical 육체의

21 **telepathy** [təlépəθi] 텔레파시, 정신 감응
　　[혼] empathy 감정 이입, 공감
　　　 sympathy 동정, 연민

>>> Part 1 Body & Mind    >>> Chapter 4 Senses

## >>> Theme 021 Review Test

01  He doesn't believe in the existence of God.
➡ 그는 신의 _____를 믿지 않는다.

02  The sixth sense told her to avoid riding the subway.
➡ 그녀는 그 지하철을 타지 말아야겠다는 _____이 들었다.

03  Deductive thinking moves from the more general to the more specific.
➡ _____ 사고는 일반적인 것에서 더욱 구체적인 것으로 옮겨간다.

04  A brilliant detective should have uncommon reasoning power to solve crimes.
➡ 뛰어난 탐정은 범죄를 해결하기 위한 남다른 _____ 능력이 있어야 한다.

05  The detective followed a hunch and solved the case.
➡ 형사는 _____으로 사건을 처리했다.

06  No one can say with certainty who she is.
➡ 아무도 그녀의 정체를 _____ 말할 수 없다.

07  The woman followed her intuition.
➡ 그 여자는 자신의 _____을 따랐다.

08  As a consequence of his carelessness, James lost his both legs.
➡ 부주의한 _____. 제임스는 두 다리를 잃었다.

09  Serious natural disasters befell Japan last year.
➡ 작년에 심각한 자연재해가 일본에 _____.

10  Suddenly, I felt unpleasant sensations.
➡ 문득 나는 불쾌한 _____이 들었다.

11  Despite never having visited the city before, the traveler had a strong sense of deja vu.
➡ 전에 그 도시에 가 본 적이 없었음에도 불구하고 그 여행객은 _____ 느낌이 강하게 들었다.

12  There are distinct differences between male and female brains.
➡ 남성과 여성의 뇌는 _____ 차이가 있다.

¹³ Making a good first impression is important for building relationships with other people.
➡ 다른 사람들과 관계를 쌓으려면 좋은 첫 _____이 중요하다.

¹⁴ Smokers often experience symptoms of nicotine addiction and nicotine withdrawal.
➡ 흡연자들은 종종 니코틴 중독과 금단 증상을 _____.

¹⁵ You should definitely keep it secret.
➡ _____ 그 일을 비밀에 부쳐주셔야 합니다.

¹⁶ The man claimed that he moved the vase through telekinesis.
➡ 남자는 _____으로 꽃병을 움직였다고 주장했다.

¹⁷ The Earth is full of various types of natural phenomena, including hurricanes, thunderstorms and tornadoes.
➡ 지구는 허리케인, 뇌우, 토네이도를 포함해 여러 종류의 자연 _____으로 가득 차있다.

¹⁸ She apparently does not understand how the system works.
➡ 그녀는 시스템의 작동 방법을 모르는 _____.

¹⁹ Strange and inexplicable things happen in the Bermuda Triangle more often than anywhere else.
➡ 버뮤다 삼각지대에서는 그 어떤 곳보다 이상하고 _____ 일들이 자주 일어난다.

²⁰ Physical health can have a significant influence on a person's mental health.
➡ _____ 건강은 _____ 건강에 상당한 영향을 미칠 수 있다.

²¹ The woman claimed that her sister used telepathy to warn her of danger.
➡ 여자는 자신의 동생이 _____로 자신에게 위험을 경고해준다고 주장했다.

**》》》 정답**

01. 존재　　02. 직감　　03. 연역적인　　04. 추리　　05. 육감
06. 확실히　　07. 직감　　08. 결과로　　09. 들이닥쳤다(일어났다)　　10. 기분(느낌)
11. 이전에 그곳을 본 듯한　　12. 뚜렷한　　13. 인상　　14. 겪는다　　15. 확실히
16. 염력　　17. 현상　　18. 듯 보인다　　19. 설명할 수 없는(불가해한)　　20. 육체적, 정신적
21. 텔레파시

>>> Part 1
Body & Mind

**Chapter 5
Diseases & Medicine**

>>> Theme **022** **Diseases & Symptoms**

The annual examination by a **physician**[01] should not be overlooked because not only does it provide the **patient**[02] with an opportunity to voice problems to the physician, but also for the physician to inform the patient of problems about which he or she was unaware. The normal **medical physical examination**[03] includes the mandatory request to stick out the tongue so the doctor can **check out**[04] the back of the throat. The doctor also checks the heart and lungs with a **stethoscope**[05]. He is likely to check the **pulse**[06], **reflexes**[07] and **blood pressure**[08]. The patient may describe **symptoms**[09] to the doctor or tell the doctor of the progress of a certain **affliction**[10]. A woman who attributes constant **dizziness**[11], **nausea**[12] and **vomiting**[13] to a **stomach flu**[14] or an **infection**[15] may find out that it's not **an upset stomach**[32] but the signs of **morning sickness**[16]. On the flip side, the doctor can inform the patient of pre-existing **conditions**[10] that if not treated could be **harmful**[17] if not **fatal**[18]. The doctor may run tests and discover that due to **hypertension**[08] and a poor diet the person may be **vulnerable to**[19] a **heart attack**[20]. If it had gone unnoticed, the person could have had a heart attack and been **hospitalized**[21] in the **intensive-care unit**[22] or been left **paralyzed**[23] by a **stroke**[24]. Patients who are bothered when their joints **swell up**[25] and their movement is **stiff**[26] may learn that they have **arthritis**[27], the symptoms of which can be **relieved**[28] through medicine. Patients who complain of **sleeplessness**[29] due to severe **indigestion**[30], **cramps**[31] or **stomachaches**[32] may discover that the **abdominal pain**[32] is actually an **ulcer**[33] or **appendicitis**[27]. After losing consciousness, a patient may learn that what was believed to be an occasionally strong **headache**[32] was actually signs of **encephalitis**[27]. Therefore, patients must maintain open lines of communications with their physician to head off problems.

>>> 해석
매해 실시되는 신체검증을 간과해서는 안 된다. 왜냐하면 정기검진이 환자가 자신의 문제를 의사에게 말할 수 있는 기회를 부여하기 때문만이 아니라 의사 역시 환자가 알지 못했던 문제를 알려줄 수 있는 기회를 제공하기 때문이다. 일반적인 의료검진에는 환자가 혀를 내밀도록 하여 의사가 목구멍의 뒤쪽을 볼 수 있게 하는 진료가 포함된다. 의사는 또한 청진기로 가슴과 폐를 진찰한다. 의사는 아마도 혈압과 맥박을 잴 것이다. 환자는 의사에게 자신의 증세를 설명하거나 특정 질병의 진행 상황을 이야기하게 될 것이다. 계속 어지럽고 메스꺼우며 구토를 한 것이 위장병 때문이라고 생각했던 여자 환자는 그 증상이 배탈 증상이 아니라 입덧 증세였음을 알게 될 지도 모른다. 반대로 의사는 이미 발병해 있는 상황을 말해 주며 치료하지 않으면 목숨이 위태롭게까지 되지는 않더라도 해로울 수 있다는 것을 알려 줄 수 있을 것이다. 의사는 검사를 해 보고 환자의 고혈압과 나쁜 식습관 때문에 심장마비가 일어날 확률이 높다는 것을 발견하게 될지도 모른다. 환자에게 알려 주지 않았더라면 그 환자는 심장마비를 일으켜 중환자실에 입원하거나 혹은 뇌졸중으로 신체의 마비가 왔을 수도 있다. 관절이 부어오르고 움직이기가 어려워 고통을 받는 환자들은 그것이 약을 복용하면 증세가 나아질 수 있는 관절염임을 알게 될 수도 있다. 심각한 소화불량, 위경련, 혹은 복통으로 잠을 이루지 못한다고 호소하는 환자들은 그 복부의 통증이 사실은 궤양 혹은 맹장염 때문이었음을 발견하게 될지도 모른다. 때때로 심한 두통이 있다고 생각해 온 어느 환자는 사실은 그것이 뇌염 증세였음을 알게 될 수도 있다. 그러므로 환자들은 더 큰 문제를 미리 예방하기 위해서 의사들과 마음을 터놓고 수시로 대화를 해야만 한다.

>>> 어구
**annual** 해마다의, 연례의 **overlook** 간과하다 **inform A of B** A에게 B를 알려주다 **unaware** 알지 못하는 **mandatory** 명령의, 강제적인 **request** 요청, 부탁 **stick out** ~을 내밀다 **attribute A to B** A의 원인이 B에게 있다고 생각하다 **on the flip side** 반면 **diet** 식습관 **unnoticed** 알아채지 못한 **be bothered with** ~으로 괴로워하다 **complain** 불평하다, 호소하다 **joint** 관절, 이음매 **lose consciousness** 의식을 잃다 **occasionally** 때때로 **head off** 예방하다

>>> 구문
• pre-existing conditions that (if not treated)¹ could be harmful (if not fatal)²
  (만약 치료받지 않으면)¹ (치명적이진 않더라도)² 해로울 수 있는 발병 상태

>>> Part 1 인간의 신체와 정신

# Chapter 5 질병과 의학

>>> Theme 022  질병과 증상 ▶

01 **physician** [fizíʃən] 내과 의사

02 **patient** [péiʃənt] 1. 환자
   2. 인내심(참을성)이 있는 (↔impatient)

03 **medical** [médikəl] 의학의, 의료의
   • medical examination 건강검진
   • physical examination 신체검사

04 **check out** 검사하다; 체크아웃하다
   관 checkup 건강진단(=health check)

05 **stethoscope** [stéθəskòup] 청진기

06 **pulse** [pʌls] 맥박(이 뛰다)
   ⓥ pulsate (심장이) 고동치다(=beat)
   ⓝ pulsation 고동, 맥박, 파동
   동 heartbeat 심장박동

07 **reflex** [ríːfleks] 1. 반사 (작용); (pl.) 반사 신경
   2. 반사작용을 일으키다
   동 reflexion/reflection 반사, 반영; 반성, 숙고

08 **blood pressure** 혈압
   관 hypertension 고혈압 ↔ hypotension 저혈압

09 **symptom** [símptəm] 증상, 징후(=sign)
   동 sign 징후; 신호

10 **affliction** [əflíkʃən] 고통, 고통의 원인, 질병
   비 pain (육체적) 고통, 괴로움; (pl.) 수고
      illness (일반적으로 두루 쓰이는) 병
      disease (신체적인) 병, 질병  ailment (특히 가벼운) 병, 질환
      sickness (특정한 종류의) 병, 메스꺼움
      disorder (주로 신체적) 장애
      condition (치유가 힘든 만성) 질환; 건강상태

11 **dizziness** [dízinis] 현기증
   ⓐ dizzy 현기증 나는, 어지러운
   동 giddiness [gídinis] / vertigo 현기증

12 **nausea** [nɔ́ːziə] 구역질, 뱃멀미
   ⓥ nauseate 구역질나다, 혐오감을 주다

13 **vomit** [vɑ́mit] (음식을) 토하다; 구토
   ⓝ vomiting 구토
   동 emesis 구토  throw up/bring up 토하다

14 **flu** [fluː] / **influenza** 유행성 감기, 독감
   • stomach[intestine] flu 설사를 일으키는 감기
   • bird flu/avian influenza 조류독감

15 **infection** [infékʃən] 감염, 전염(병)
   ⓐ infectious 전염성의, 옮기기 쉬운
   동 contagion 감염, 접촉전염(병) – contagious 전염성의
      epidemic/pandemic 전염병, 유행병

16 **morning sickness** 입덧
   관 phantom pregnancy 상상 임신

17 **harmful** [hɑ́ːrmfəl] 해로운, 유해한
   ⓥⓝ harm 해[손해]를 입히다; 해, 손해
   동 damage 손해, 손상 – damaging 해로운
      injury 상해, 손상 – injurious 해로운  detrimental 해로운

18 **fatal** [féitl] 치명적인
   ⓝ fate 운명, 숙명; 죽음

19 **vulnerable** [vʌ́lnərəbl] 상처입기 쉬운, 취약한 [to]
   동 susceptible 영향을 받기 쉬운, 취약한

20 **heart attack** 심장 마비
   동 heart failure 심장마비

21 **hospitalize** [hɑ́spitəlàiz] 입원시키다
   ⓝ hospital 병원
   관 hospice (말기 환자를 위한) 의료서비스
      hospitable 환대하는, 대접이 후한

22 **intensive care unit(ICU)** 중환자실, 집중치료실
   관 emergency room 응급실  ward (환자를 수용하는) 병동

23 **paralyze** [pǽrəlàiz] (손·발·기능을) 마비시키다
   ⓝ paralysis [pərǽləsis] 마비, 중풍
   동 palsy 마비(시키다)

24 **stroke** [strouk] (뇌졸중 등의) 발작
   동 paroxysm/convulsion/spasm 경련, 발작

25 **swell** [swel] 1. 부풀다, 팽창하다; (손·발 등이) 붓다 [up]
   2. 증대하다, 의기양양해지다   3. 팽창, 증대

26 **stiff** [stif] (목·어깨 등이) 뻣뻣한, 경직된

27 **arthritis** [ɑːrθráitis] 관절염
   관 –itis (기관의 염증)  bronchitis 기관지염  appendicitis 맹장염
      encephalitis/cerebritis 뇌염  gastroenteritis 위장염

28 **relieve** [rilíːv] (고통을) 완화시키다

29 **insomnia** [insɑ́mniə] 불면증 (=sleeplessness)
   관 somniloquy 잠꼬대  noctambulism 몽유병

30 **indigestion** [indidʒéstʃən] 소화불량
   관 digestion 소화, 소화력
   동 dyspepsia [dispépʃə] 소화불량 ↔ eupepsia [juːpépʃə] 소화 양호

31 **cramp** [kræmp] 1. (근육의) 경련, 쥐 (=charley horse)
   2. 꺾쇠, 속박(하다); 비좁은

32 **stomachache** [stʌ́məkèik] 복통
   • an upset stomach 배탈
   동 abdominal pain 복통  관 diarrhea 설사
   관 headache 두통  toothache 치통  earache 귀앓이

33 **ulcer** [ʌ́lsər] 궤양
   • a stomach[gastric] ulcer 위궤양

>>> Part 1 Body & Mind  >>> Chapter 5 Diseases & Medicine

## >>> Theme 022 Review Test

01 His parents want him to be a physician like his brother.
➡ 그의 부모님은 그가 형처럼 _____가 되길 바란다.

02 Physicians and dentists rarely help their patients quit smoking.
➡ 내과의사나 치과의사가 _____들이 금연하도록 돕기는 어렵다.

03 Medical experts claim that secondhand smoke is more dangerous than actual smoking.
➡ _____ 전문가들은 직접흡연보다 간접흡연이 더 위험하다고 주장한다.

04 You are not allowed to eat anything 10 hours before the checkup.
➡ _____ 10시간 전에는 아무것도 먹어선 안 됩니다.

05 Her family physician examined her with a stethoscope.
➡ 그녀의 가족 주치의는 _____로 그녀를 진찰했다.

06 The doctor took the woman's pulse during the physical exam.
➡ 의사는 진찰을 하면서 그녀의 _____을 쟀다.

07 A series of yawns just by seeing someone else yawn is a kind of biological reflex.
➡ 남이 하품하는 것을 보고 잇따라 하품하게 되는 것은 일종의 생물학적 _____이다.

08 Stress can raise the blood pressure.
➡ 스트레스 때문에 _____이 높아질 수 있다.

09 The man described the symptoms to the doctor.
➡ 그 남자는 의사에게 _____을 설명했다.

10 New treatments helped David recover from his affliction.
➡ 새로운 치료법 덕분에 데이비드는 _____에서 회복되었다.

11 The man felt dizzy and left to get some air.
➡ 그 남자는 _____ 신선한 공기를 마시러 자리를 떴다.

12 Nausea is not illness but common symptom that accompanies some pain.
➡ _____은 질병은 아니지만, 얼마간의 고통을 수반하는 흔한 증상이다.

13 She drank so much that she vomited all night long.
➡ 그녀는 술을 너무 많이 마셔서 밤새 _____.

14 The flu virus has infected everyone in this area.
➡ 이 지역 사람은 모두 _____ 바이러스에 감염되었다.

15 The antibodies healed the infection.
➡ 그 항체로 _____을 치료하였다.

16 The woman experienced morning sickness in the first few months of pregnancy.
➡ 그녀는 임신 초기 몇 개월 동안 _____을 했다.

17 A lot of people believe that mobile radiation is harmful to people's health.
➡ 많은 사람들이 휴대전화기에서 나오는 방사선이 건강에 _____고 생각한다.

18 You have many faults and any one of them could prove fatal.
➡ 너는 많은 단점을 가지고 있고, 그 중 어떤 하나도 _____이 될 수 있다.

19 Aging makes us more vulnerable to depression.
➡ 노화는 우리를 우울증에 더 _____하게 만든다.

Reading V.O.C.A
98

²⁰ The heart attack made him rethink his lifestyle.

➡ _____로 인하여 그는 자신의 생활방식을 다시 생각하게 되었다.

²¹ Some of them were briefly hospitalized for the same symptoms.

➡ 그들 중 몇몇은 같은 증세로 잠시 _____.

²² The car accident victim was in the intensive care unit.

➡ 그 교통사고의 피해자는 _____에 있었다.

²³ The man in the wheel chair was paralyzed from the waist down.

➡ 휠체어의 그 남자는 허리 아래로 _____가 왔다.

²⁴ She lost the ability of speech after the stroke.

➡ 그녀는 _____으로 쓰러진 이후 언어능력을 잃었다.

²⁵ Her injured ankle began to swell up.

➡ 그녀의 다친 발목이 _____ 시작했다.

²⁶ A hot shower and gentle stretches can help relieve your stiff neck.

➡ 따뜻한 물로 샤워하고 가볍게 스트레칭 해주면 _____ 목을 풀어주는 데 도움이 된다.

²⁷ Arthritis made the joints stiff and swollen.

➡ _____ 때문에 관절이 _____ 되고 부어올랐다.

²⁸ Swearing is a way to relieve stress.

➡ 욕을 하는 것은 스트레스를 _____ 하는 한 가지 방법이다.

²⁹ The man was tired and irritable after two days of insomnia.

➡ 이틀 동안 _____ 때문에 그는 신경과민이 될 정도로 피곤했다.

³⁰ The man was suffering from indigestion.

➡ 그 남자는 _____으로 고생하고 있었다.

³¹ The swimmer got out of the pool when he got a cramp in his leg.

➡ 그 수영선수는 다리에 _____이 일어나자 수영장에서 나왔다.

³² The most common symptoms of food poisoning include vomiting, stomachache, and diarrhea.

➡ 식중독의 가장 흔한 증상은 구토, _____, 설사를 포함한다.

³³ The business executive had ulcers due to stress.

➡ 그 중견 사업가는 스트레스로 인해 _____이 생겼다.

---

**〉〉〉 정답**

| 01. 내과 의사 | 02. 환자 | 03. 의학 | 04. 건강진단 | 05. 청진기 |
| 06. 맥박 | 07. 반사작용 | 08. 혈압 | 09. 증상 | 10. 질병 |
| 11. 어지러워서(현기증이 나서) | 12. 구역질 | 13. 토했다 | 14. 독감 | 15. 전염병 |
| 16. 입덧 | 17. 해롭다 | 18. 치명적 | 19. 취약 | 20. 심장마비 |
| 21. 입원했다 | 22. 중환자실 | 23. 마비 | 24. 뇌졸중 | 25. 붓기 |
| 26. 경직된 | 27. 관절염, 경직 | 28. 완화 | 29. 불면증 | 30. 소화불량 |
| 31. 경련 | 32. 복통 | 33. 궤양 | | |

> Part 1 Body & Mind    > Chapter 5 Diseases & Medicine

## Theme 023 Doctors

Frequently, a person's primary care **doctor**[01] will refer the patient to a **specialist**[02] who has in-depth knowledge about a field. Heart attack victims would be seen by those who have special **expertise**[03] in **cardiology**[04]. Aches and pains in the joints which may baffle **a general practitioner**[05] may be easily understood by an **orthopedist**[06]. **Dermatologists**[07] are sought out for solutions to chronic acne. An **ophthalmologist**[08] would be able to prescribe lenses to correct nearsightedness. A visit to a **chiropractor**[09] may clear up frequent back pains. Women have annual check-ups with **gynecologists**[10] who are able to diagnose and address any gender-specific problems that they may have. Instead of seeing an **obstetrician**[11], some pregnant women put their faith in trained **midwives**[12] and choose to **deliver**[12] the baby at home. Parents take their preteen children to a **pediatrician**[13] who is especially versed in childhood development and illnesses. In **emergency**[14] situations, the **paramedics**[15] are first on the scene administering care to stabilize the patient before arrival at the hospital for care by a physician.

>>> 해석

종종 초진 의사는 환자를 어떤 분야에 심층적인 지식을 갖고 있는 전문의에게 보낼 것이다. 심장마비 환자들은 심장학에 전문 지식을 갖고 있는 의사들에게 진료를 받을 것이다. 일반 개업의를 당황하게 하는 관절의 통증을 정형외과 의사는 쉽게 알아낼 것이다. 피부과 의사들은 만성적인 여드름의 치료책을 개발하려 노력한다. 안과 의사라면 근시 교정을 위해 렌즈를 사용하도록 처방을 내릴 수 있을 것이다. 척추치료사를 한 번 찾아가면 자주 일어나는 요통을 없앨 수 있을 것이다. 여성들은 혹시 있을지 모르는 여성에 국한된 질병을 진단하고 알려 줄 수 있는 부인과 의사들에게 연례 건강검진을 받는다. 어떤 임산부들은 산과 의사를 찾는 대신, 경험이 많은 산파를 신뢰하며 집에서 분만하는 것을 선택한다. 부모들은 자신의 아이들을 아동의 발육과 질병에 정통한 소아과 의사에게 데려간다. 응급상황에서는 환자가 병원에 도착해서 의사의 치료를 받기 전까지 환자를 안정시키는 처치를 행하는 응급처치사가 제일 먼저 현장에 달려온다.

>>> 어구

**frequently** 종종 **primary care** 1차 진료 **refer A to B** A를 B에게 보내다 **in-depth** 깊이 있는, 자세한 **field** 분야, 영역 **heart attack** 심장마비 **victim** 희생자, 피해자 **ache** 아픔, 통증 **joint** 관절, 이음매 **baffle** 당황하게 하다 **seek out** ~을 찾아내다 **solution** 해결책 **chronic** 만성적인 **acne** 여드름 **prescribe** 처방하다 **correct** 교정하다 **nearsightedness** 근시 **annual check-up** 연례 건강검진 **diagnose** 진단하다 **gender-specific** 특정성별에 국한한 **pregnant** 임신한 **deliver** 출산하다 **preteen** (9세~12세의) 아동 **be versed in** ~에 정통하다 **be on the scene** 현장에 도착하다 **administer** 처리하다, 행하다

>>> 구문

- Aches and pains (in the joints) (which may baffle a general practitioner) may be easily understood
  (관절의) 아픔과 통증(일반 개업의를 당황하게 할지도 모르는)이 쉽게 이해된다

- take their preteen children to a pediatrician [take A to B]
  십대 초반의 아이들을 소아과 의사에게 데려가다

- are first on the scene/ administering care /to stabilize the patient
  제일 먼저 현장에 나타나서/ 처치를 행한다/ 환자를 안정시키기 위한

>>> Part 1 인간의 신체와 정신
>>> Chapter 5 질병과 의학

>>> Theme 023   의사 ▶

01 **doctor** [dάktər] 1. (일반적으로) 의사; 박사
2. 치료하다
3. (문서 등을) 변조하다
> 관 physician 내과의사 surgeon 외과의사
> dentist 치과의사 veterinarian 수의사
> pediatrician 소아과 의사

02 **specialist** [spéʃəlist] 전문의, 전문가
> ⓐ special 전문의, 특별한, 특수한
> ⓥ specialize in ~을 전공하다

03 **expertise** [èkspərtíːz] 전문적 지식(기술)
> ⓝ expert 전문가; 전문적인, 숙련된

04 **cardiology** [kὰːrdiάlədʒi] 심장(병)학
> ⓝ cardiologist 심장병 학자
> ⓐ cardiac 심장(병)의, 심장병 환자의; 강심제
> 관 어근 cardi(=heart: 심장)
> cardiovascular 심장 혈관의
> cardinal 기본적인, 중요한; 진홍색의
> 관 neurology 신경학 physiology 생리학
> pathology 병리학

05 **practitioner** [præktíʃənər] 개업의사; 개업변호사
• a general practitioner 일반 개업의사
> 관 quack/charlatan 돌팔이 의사
> 표 hang out one's shingle 개업하다

06 **orthopedist** [ɔ̀ːrθəpíːdist] 정형외과 의사
> ⓝ orthopedics 정형외과(주로 척추나 관절을 치료하는 곳)
> 관 plastic surgery 성형외과

07 **dermatologist** [dὰːrmətάlədʒist] 피부과 전문의
> ⓝ dermatology 피부과; 피부병학
> 관 dermatitis 피부염
> 동 skin doctor 피부과 의사

08 **ophthalmologist** [ὰfθælmάlədʒist] 안과 의사
> ⓐ consequential 결과로서 일어나는
> 동 eye doctor 안과 의사
> 관 oculist 검안 의사

09 **chiropractor** [káirəpræktər] 척추 치료사
> ⓝ chiropractic 척추(교정) 지압법
> 관 어근 chiro(=hand)
> chiropodist 발치료사, 족병전문의(podiatrist)
> chirographer 서예가

10 **gynecologist** [gὰi-nikάlədʒist, dʒinə-]
부인과 의사(여성의 생식기관을 다루는 의사)
> 관 어근 gyne/gyno(=woman, female)
> gynephobia 여성 공포증
> 동 urologist 비뇨기과 의사
> – urology 비뇨기과

11 **obstetrician** [ὰbstətrətríʃən] 산과 의사
> ⓝ obstetrics 산과학, 조산술

12 **midwife** [mídwàif] 산파, 조산사
> 관 deliver 출산하다; 배달하다, 연설하다
> – delivery 출산; 배달
> give birth to (아이를) 낳다, 일으키다
> pregnant 임신한

13 **pediatrician** [pìːdiətríʃən] 소아과 의사
> ⓝ pediatrics 소아과
> 관 pedology 육아학, 소아학

14 **emergency** [imə́ːrdʒənsi] 긴급사태, 응급
• emergency room 응급실(ER)

15 **paramedic** [pǽrəmèdik] 구급 의료대원
> 관 medic 위생병
> give first aid 응급처치를 하다
> a first aid kit 구급상자

■ 기타 의사들
anesthesiologist 마취과 의사
psychiatrist 정신과 의사
therapist 물리적·심리적인 치료 전문가
orthodontist 치열교정의사
otolaryngologist 이비인후과 의사
proctology 항문과 의사
thoracic 가슴의, 흉부외과의
– chest surgery 흉부외과

Reading V.O.C.A
101

>>> Part 1 Body & Mind
>>> Chapter 5 Diseases & Medicine

>>> Theme 023 **Review Test**

01 The difference between surgeons and other doctors is that surgeons perform operations.
➡ _____가 다른 _____와 다른 점은 외과의사는 수술을 한다는 점이다.

02 It takes many years of formal education training to be a heart specialist.
➡ 심장 _____가 되려면 정규 교육 수업을 수년간 받아야 한다.

03 He has expertise in both biology and food science.
➡ 그는 생물학과 식품학 양쪽 모두에 _____을 가지고 있다.

04 The cardiologist told the man why he was having heart problems.
➡ _____는 그 남자에게 왜 심장에 문제가 생겼는지를 말해주었다.

05 A general practitioner offers primary health care and specializes in family medicine.
➡ _____는 초기진료를 봐주고, 가족 의료를 전문으로 한다.

06 The man described the pain in his knee to the orthopedist.
➡ 그 남자는 자신의 무릎의 통증을 _____ 의사에게 설명하였다.

07 The dermatologist prescribed a treatment for the acne.
➡ 그 _____는 여드름에 대한 처방을 주었다.

08 The ophthalmologist tested the man's vision.
➡ 그 _____는 그 남자의 시력을 검사하였다.

09 The chiropractor cracked the man's back.
➡ 그 _____는 그 남자의 등을 탁탁 두드렸다.

10 The gynecologist told the woman that she was pregnant.
➡ 그 _____는 그녀에게 임신이라고 알려주었다.

11 The obstetrician administered prenatal care.
➡ 그 _____는 태아기의 치료를 하였다.

12 The baby was delivered at home under the guidance of a midwife.
➡ _____의 도움으로 집에서 그 아기를 분만하였다.

Reading V.O.C.A

¹³ **The mother took the sick child to the** pediatrician.

➡ 어머니는 아픈 아이를 _____에게 데려갔다.

¹⁴ **It's best to talk to your child's doctor before going to the emergency room.**

➡ _____에 가기 전에 아이의 의사에게 말하는 것이 최선이다.

¹⁵ **The paramedics rushed to the scene of the accident.**

➡ _____은 사고현장으로 달려갔다.

>>> 정답

01. 외과의사, 의사    02. 전문의      03. 전문지식    04. 심장 전문의   05. 일반의
06. 정형외과         07. 피부과 전문의 08. 안과 의사   09. 척추치료사    10. 부인과 의사
11. 산과 전문의      12. 산파        13. 소아과 의사  14. 응급실       15. 구급대원

>>> Part 1 Body & Mind   >>> Chapter 5 Diseases & Medicine

## >>> Theme 024  Treatment & Medicine

Modern **medicine**[01] has made it possible to handle emergency medical situations in an effective and efficient manner. If a serious injury dictates that an **ambulance**[02] arrives and the person must be carried out on a **stretcher**[03], on the way to the hospital **first aid**[04] can be administered in the ambulance to **stabilize**[05] the person. Once the person is admitted to a hospital, the person may be able to wait for **treatment**[06] in the emergency room or may be rushed to the **trauma**[07] center for immediate treatment. For instance, a woman who's ready to deliver a baby would be hurried into the delivery room. Doctors who examine patients may make a **diagnosis**[08] and discover that the patient needs immediate **care**[09] such as a **transfusion**[10] or an **antidote**[11]. Through x-rays, doctors can tell whether a bone is broken and needs to be **put in a cast**[12] or if it's sprained and needs to be **put in a sling**[12]. In order to **recuperate**[13], the patient may then be kept in the hospital where he can get **bed rest**[14] and lots of fluids, allowing the patient to **heal**[15] and the hospital staff to make sure that the possibility of **relapse**[16] is reduced, if not eliminated. While the patient is **convalescing**[17], the doctor may **be on rounds**[18] when she conducts a routine check-up, including taking the patient's **temperature**[19] with a **thermometer**[19] and offering a **prognosis**[20] which may be dependent upon the results of future **operations**[21]. Finally, the patient may be **released**[22] and given a **prescription**[23] to fight any infection and orders to use **OTC**[24] **painkillers**[25].

>>> 해석   현대 의학의 발달로 위급상황을 효과적이고도 능률적으로 처리할 수 있게 되었다. 누군가 심한 상처를 입어 구급차가 와서 들 것에 실려 가야 한다면 병원으로 가는 도중에 구급차 안에서 환자를 안정시키기 위한 응급처치를 할 것이다. 일단 병원에 입원하게 되면 그 환자는 응급실에서 치료받기 위해 기다리거나 혹은 외상치료센터에 가서 즉시 치료를 받을 수 있게 될 것이다. 예를 들어 아기를 낳으려고 진통을 하는 여성은 급히 분만실로 가게 될 것이다. 환자를 검진하는 의사들은 우선 진단을 하고 나서 당장 수혈을 해야 한다거나 해독제를 써야 한다는 것을 알 것이다. X-ray 사진을 찍어 보고 나서야 의사들은 뼈가 부러져서 깁스를 해야 한다든지 혹은 삐었기 때문에 삼각건을 매야 한다든지를 말할 수 있다. 회복을 위해서 환자는 병원에 입원해 있으면서 침대에 누워 휴식을 취하고 충분한 수액을 섭취하게 될 것이다. 이렇게 하면서 환자는 병을 고치게 되고 또 의료진들은, 만일 완치되지 않았다면, 재발의 가능성을 줄일 수 있게 될 것이다. 환자가 서서히 회복되어 가는 동안 의사는 회진을 돌며 체온계로 체온을 재고, 다음 수술 결과에 따라 예후를 말해주는 등 매일매일 진찰을 하게 될 것이다. 마침내 환자는 퇴원을 허가받고 병원에서는 감염을 물리치는 약(항생제)을 처방해주고 약국에서 파는 진통제를 사용하도록 말해 줄 것이다.

>>> 어구   **effective** 효과적인 **efficient** 능률적인 **dictate** 지시하다, 강요하다, 좌우하다 **be admitted to a hospital** 입원하다 **emergency room** 응급실 **sprain** 삐다 **fluid** 수액 cf. **Rínger('s) solùtion[flùid]** 링거액 **reduce** 줄다, 줄이다 **eliminate** 제거하다 **conduct** 행하다 **routine** 정해진 대로의, 일상적인 **be dependent upon** ~에 의해 좌우되다 **infection** 감염

>>> 구문
- Modern medicine has made it possible to handle [it 가목적어 to R 진목적어]
  현대 의학이 처리하는 것을 가능하게 했다
- allowing the patient to heal and the hospital staff to make sure that ~[allow A to R]
  환자가 병을 낫게 하고 의료진들은 ~하도록 하게 한다
- be given a prescription (to fight any infection) and orders (to use OTC painkillers).
  (감염을 물리치는) 처방전과 (OTC 진통제를 사용하라는) 지시를 받는다

>>> Part 1 인간의 신체와 정신
>>> Chapter 5 질병과 의학

>>> Theme 024  치료와 의약품 ▶

01 **medicine** [médəsin] 1. (내복)약, 의약품
        2. 의학, 의료업
  ⓝ medication 투약, 약물치료
  图 administer 투약하다; 관리하다
    – administration 투약; 관리, 행정
  관 pill 알약/ tablet 정제/ powder 가루약
    cf. drug 주로 마약을 의미함
    pharmacy 약국  pharmacist 약사
    dose (약의) 1회 복용량; 투약하다

02 **ambulance** [ǽmbjuləns] 구급차
  관 ambulate 걸어 다니다, 여기저기로 이동하다

03 **stretcher** [strétʃər] (환자 운반용) 들것
  ⓥ stretch 뻗다, 펼치다

04 **first aid** [fə́ːrstéid] 응급치료
  图 emergency treatment 응급조치

05 **stabilize** [stéibəlàiz] 안정시키다
  ⓐ stable 안정된, 변하지 않는; 마구간
  ⓝ stabilization 안정
  반 unstable 불안정한, 변하기 쉬운

06 **treatment** [tríːtmənt] 1. 치료, 처치
          2. 대우, 취급
  ⓥ treat 치료하다; 대우하다, 접대하다, 한턱내다

07 **trauma** [trɔ́ːmə] 외상(성 상해), 정신적 충격
  ⓐ traumatic 외상성인; 충격이 큰
  图 injury 상해, 부상, 손상
    wound (특히 전쟁에서의) 부상
    lesion [líːʒən] 상처, 손상

08 **diagnosis** [dàiəgnóusis] 진찰, 진단
  ⓥ diagnose (병이 ~이라고) 진단하다 [as]
  관 examine 진찰하다

09 **care** [kɛər] 1. 돌봄, 간호, 치료
       2. 걱정, 불안
       3. 주의; 관심(사)
       4. 돌보다; 걱정하다; 좋아하다[for]
  ⓐ careful 주의 깊은, 신중한
  图 cure 치료, 치료제; 치료하다, 요양하다
    – cure-all 만병통치약(=panacea)
    remedy 치료, 처치; 구제책; 치료하다

10 **transfusion** [trænsfjúːʒən] 수혈, 주입
  ⓥ transfuse 수혈하다; 주입하다
  图 transplant (장기를) 이식하다
  관 injection 주사(=shot), 주입
    inoculate/vaccinate 예방접종하다

11 **antidote** [ǽntidòut] (~에 대한) 해독제 [to]
  图 antibiotic 항생제/ antiseptic 소독약, 방부제
  图 counterpoison 해독제

12 **cast** [kæst] 깁스붕대; 던지다
  • put in a cast 깁스를 하다
  관 sling 삼각건, 어깨에 걸메는 붕대; 투석기
    * put in a sling 삼각건을 하다

13 **recuperate** [rikjúːpərèit] (병에서) 회복하다
  ⓝ recuperation (건강의) 회복
  图 recover (건강을) 회복하다
    – recovery 회복, 회수

14 **bed rest** 수면을 취하며 쉬는 것, 장기 요양

15 **heal** [hiːl] (상처를) 치유하다; (상처가) 낫다
  ⓐ healing (병을) 고치는, 치유의
  图 therapeutic 치료(법)의

16 **relapse** [rilǽps] 1. (병의) 재발; 퇴보
        2. 재발하다; 원래상태로 되돌아가다
  관 recurrence (병의) 재발; 되풀이, 반복
    – recur 재발하다; 되돌아가다

17 **convalesce** [kànvəlés] 서서히 회복하다, 요양하다
  ⓝ convalescence (병의) 회복, 회복기

18 **rounds** 회진, 순찰; 순환
  • make rounds 회진을 돌다
  • on one's rounds (의사가) 회진 중인

19 **thermometer** [θərmɑ́mətər] 온도계, 체온계
  • take[check] one's temperature with a thermometer 체온계로 체온을 재다
  관 temperature 온도, 체온

20 **prognosis** [pragnóusis] 예후(치료 후 병의 경과 예상)
  ⓥ prognose 병의 경과를 예측하다
  图 diagnosis 진찰, 진단

21 **operation** [àpəréiʃən] 수술; (군사) 작전, 운영
  • caesarean operation 제왕절개수술
  图 surgery 수술, 외과, 수술실
    – surgeon 외과 의사

22 **be released from the hospital** 퇴원하다
  반 be hospitalized 입원하다

23 **prescription** [priskrípʃən] 처방, 처방전; 규정
  ⓥ prescribe (의사가) 처방하다; 규정(지시)하다

24 **OTC(over-the-counter)** 처방전 없이 살 수 있는 약, 일반의약품
  반 prescription drug 처방전이 필요한 약

25 **painkiller** [péinkìlər] 진통제
  图 pain pill/analgesic/anodyne 진통제
  관 sedative/tranquilizer/depressant 진정제

>>> Part 1 Body & Mind
>>> Chapter 5 Diseases & Medicine

>>> Theme 024 **Review Test**

01 Cold medicine is also known to have some side effects.
➡ 감기_____은 몇 가지 부작용이 있는 것으로 또한 알려져 있다.

02 Because of the heavy snowfall, the ambulance arrived at the hospital too late.
➡ 폭설 때문에 _____가 병원에 너무 늦게 도착했다.

03 The unconscious man was put into the ambulance on a stretcher.
➡ 그 의식이 없는 남자를 _____에 들어 구급차로 옮겼다.

04 The man quickly administered first aid to the wound.
➡ 그 남자는 상처에 재빨리 _____를 했다.

05 Neuroleptic drugs are used to help stabilize the patients who are in a highly agitated state.
➡ 신경 이완제는 매우 불안한 상태에 있는 환자들을 _____시키는데 사용된다.

06 Without proper treatment, your condition will seriously deteriorate.
➡ 적절한 _____를 받지 않으면, 당신의 건강은 극도로 악화될 것입니다.

07 The gunshot victim was rushed to the trauma center.
➡ 총상을 입은 사람은 _____센터로 급히 옮겨졌다.

08 The doctor diagnosed that the pain was caused by an ulcer.
➡ 의사는 통증이 궤양 때문이라고 _____.

09 Dr. Jonas Salk discovered the cure for polio.
➡ Jonas Salk 박사가 척수성 소아마비에 대한 _____을 발견했다.

10 The man desperately needed a blood transfusion.
➡ 그 남자는 절대적으로 _____이 급했다.

11 The doctors raced against time to find an antidote.
➡ 의사들은 _____를 찾느라 촌각을 다투었다.

12 The doctor set the bone and put the arm in a plaster cast.
➡ 의사는 뼈를 제자리에 맞춘 후 팔에 _____를 해 주었다.

13 The woman took a week off from work to recuperate.
➡ 그 여자는 _____을 위해서 일을 하지 않고 일주일간의 휴가를 내었다.

14 The doctor prescribed plenty of bed rest.
➡ 의사는 충분한 _____ 처방했다.

>>> Part 1 인간의 신체와 정신   >>> Chapter 5 질병과 의학

15 The wound began to heal.
▷ 상처가 _____ 시작했다.

16 The woman suffered a relapse in her health.
▷ 그녀는 병이 _____해서 고생을 했다.

17 The man was convalescing at home.
▷ 그 남자는 집에서 _____.

18 The resident made the rounds.
▷ 그 레지던트는 _____.

19 The nurse took the woman's temperature with a thermometer.
▷ 간호사는 _____로 그 여자의 체온을 쟀다.

20 With adequate treatment, the doctor gave a positive prognosis for recovery.
▷ 의사는 적절한 치료를 받으면 회복될 것이라는 좋은 _____를 말해 주었다.

21 The doctor had to operate to remove the tumor.
▷ 의사는 종양을 제거하기 위해서 _____을 해야만 했다.

22 My brother was completely cured and was released from the hospital a week ago.
▷ 동생은 일주일 전에 완쾌되어서 _____.

23 Prescription drugs should not be taken after the expiration date.
▷ _____ 약들은 유효기간이 지난 후에는 복용해서는 안 된다.

24 Over-the-counter drugs do not require a prescription.
▷ _____은 의사의 처방이 필요하지 않다.

25 The doctor gave the patient painkillers and a sedative to help her sleep.
▷ 의사는 환자에게 _____와 진정제를 주어 잠을 자도록 해 주었다.

>>> 정답
01. 약   02. 구급차   03. 들것   04. 응급처치   05. 안정
06. 치료   07. 외상   08. 진단했다   09. 치료책   10. 수혈
11. 해독제   12. 깁스   13. 회복   14. 수면을 취하게 하라고   15. 낫기
16. 재발   17. 요양 중이었다   18. 회진을 돌았다   19. 체온계   20. 예후
21. 수술   22. 퇴원했다   23. 처방   24. 일반의약품   25. 진통제

>>> Part 1 Body & Mind    >>> Chapter 5 Diseases & Medicine

## >>> Theme 025 Addiction

**Addictions**[01] come in several forms. **Obsessive**[02] behavior can take several forms. One is the **workaholic**[03] who cannot delegate or leave work at the office even when half-way around the world. Another example would be a **gambler**[04] who **consistently**[05] bets his bottom dollar despite having lost everything, including family and friends. **Chemical dependency**[06] also creates **compulsive**[07] behavior. **Drug traffickers**[08][09] and dealers have a steady **clientele**[10] of **junkies**[11] who need a daily **fix**[12] no longer just to **get high**[13] but in order to deal with every day. Some people start with **marijuana**[14], or **pot**[14], but in **pursuit**[15] of a greater high may try harder **narcotics**[16] such as **coke**[14] or the highly **addictive crack cocaine**[01]. Despite the fact that it is legal, **alcohol**[17] is still a drug. Like any other drug, dependency can form, altering the behavior and perspective of the **alcoholic**[17]. For example, a person may consistently drink until he is **under the table**[18] or drive **under the influence**[19] even after having accidents from drinking and driving. Yet there is hope to **break**[20] **addictions**[01] if the person is willing to do the hard journey to **recovery**[21]. For example, to break the hold **Alcoholics Anonymous**[17] offers a twelve-step program to face and overcome the problem.

>>> 해석

중독은 여러 가지 형태로 나타나며 강박적인 행동도 여러 행태를 띨 수 있다. 직장에서 멀리 떨어져 있어도 남에게 일을 맡기거나 남겨 두지 못하는 일 중독자도 있다. 다른 예로는 가족과 친구를 포함한 모든 것을 잃은 뒤에도 계속해서 마지막 1 달러까지 도박에 써 버리는 도박꾼도 있다. 약물 중독 역시 강박적인 행동을 유발한다. 마약 중개업자와 밀매업자들에게는 마약 중독 고객들이 있는데 그들은 더 이상 단순히 마약에 취해보고자 하는 사람들이 아니라 하루라도 마약을 맞지 않으면 살아갈 수 없는 사람들이다. 어떤 이들은 마리화나 대마초로부터 시작한다. 그러나 좀 더 강렬한 도취감을 원하면서 코카인이나 중독성이 강한 크랙처럼 점점 더 강한 마약을 시도해보려 할 것이다. 합법적이긴 하지만 알코올 역시 일종의 마약이다. 알코올 역시 다른 마약과 마찬가지로 의존증세가 생기고 알코올 중독자의 시각과 행동을 바꿔 놓는다. 예를 들어 어떤 이는 인사불성이 될 때까지 계속 마셔 대거나 음주운전으로 사고를 낸 후에도 또다시 술에 취해 운전대를 잡는다. 그래도 중독자가 정상으로 돌아오기까지의 힘든 치료 여정을 기꺼이 감수할 의지가 있다면 중독을 퇴치할 희망은 있다. 한 예로 알코올 중독자 갱생회에서는 중독성을 끊기 위한 12단계의 프로그램을 준비하여 문제를 직시하고 이를 극복해 나가도록 하고 있다.

>>> 어구

delegate 위임하다 chemical 화학의, 화학적인 highly 매우, 대단히 alter 바꾸다, 고치다 perspective 전망, 관점 journey 여행, 여정 hold 억제력, 지배력, 구속

>>> 구문

- Another example would be ~
  또 다른 예로 ~가 있다
- but in pursuit of a greater high (they) may try~
  더 큰 도취감을 추구하여 (그들은) ~하려 시도할 것이다
- For example, to break the hold Alcoholics Anonymous offers ~
  예를 들어, 그 구속력(중독성)을 끊기 위해 갱생회에서는 ~를 제공한다

>>> Theme 025　　중독 ▶

01 **addiction** [ədíkʃən] 중독, 상용, 탐닉
- ⓥ addict 중독, 중독자; ~에 빠지다
- • drug addict 마약 중독자
- ⓐ addicted to ~에 중독된
- 동 hook (마약 등에) 중독되게 하다
- 비 addiction (술·마약·게임 등에) 중독
  poisoning (약품·독극물·유해물질 등에) 중독
  – be poisoned 중독되다
  – food poisoning 식중독 gas poisoning 가스중독

02 **obsessive** [əbsésiv] 강박관념의, ~에 사로잡힌
- ⓥ obsess (강박관념에) 사로잡히다
- ⓝ obsession 강박관념

03 **workaholic** [wò:rkəhó:lik] 일 중독자
- 동 –holic (중독자)
  shopaholic 쇼핑중독자
  cocaholic 코카인 중독자

04 **gambler** [gǽmblər] 노름꾼
- ⓥ gamble 도박하다; 도박

05 **consistently** [kənsístəntli] 항상, 변함없이
- ⓐ consistent 일관된, 모순이 없는
- 변 constantly 끊임없이, 계속

06 **dependency/~ce** [dipéndənsi] 의존상태, 의존물
- • chemical dependency 약물 의존
- ⓥ depend on 의존하다
- ⓐ dependent 의지하는, ~에 좌우되는[on]

07 **compulsive** [kəmpʌ́lsiv] 강박관념의, 강제적인
- • compulsive gambler 상습도박꾼
- ⓥ compel 억지로 시키다
- ⓝ compulsion 강제, 강요, 강박

08 **drug** [drʌg] 마약; 약품
- 동 dope 마약, 흥분제; 마약중독자
  hype 마약 상용자; 과대광고
- 관 medicine (일반적으로) 의약품

09 **trafficker** [trǽfikər] (주로 마약 등의) 밀매업자
- • drug trafficker 마약 밀매업자
- ⓝ traffic 부정거래; 왕래, 교통; 매매를 하다
- 동 smuggler 밀수업자

10 **clientele** [klàiəntél] 고객, 단골
- 비 client (주로 소송의) 의뢰인
  customer 고객, 단골손님

11 **junky / junkie** [dʒʌ́ŋki] 마약 중독자
- ⓝ junk 마약; 쓰레기, 폐품
- 동 drug addict 마약 중독자

12 **fix** [fiks] 한 번 먹는 마약의 양
- 관 shot 마약 1회의 주사

13 **get high / feel high** (술·마약에 취해) 기분이 붕 뜨다
- 동 get stoned 정신이 몽롱하다

14 **marijuana** [mæ̀rəhwá:nə] / **pot** 대마초, 마리화나
- 동 opium 아편
  coke/cocaine 코카인
  crack (cocaine) 코카인보다 중독성이 강한 마약

15 **pursuit** [pərsú:t] 추구, 추적
- • in pursuit of ~을 추구하여
- ⓥ pursue 쫓다, 추구하다

16 **narcotic** [na:rkátik] 마약, 수면제, 마취제
- 관 aphrodisiac 최음제

17 **alcoholic** [ælkəhɔ́:lik] 알코올 중독자
- • AA(Alcoholics Anonymous) 알코올 중독자 갱생회
- ⓝ alcoholism 알코올 중독
  alcohol [ǽlkəhɔ:l] 알코올, 술
  intoxicant/ inebriant 취하게 하는 것(주류, 마약 등)
  – intoxicated/inebriated 술에 취한, 흥분한
  liquor 알코올음료

18 **under the table** 1. 만취한, 몹시 취해서
　　　　　　　　 2. 남몰래, 은밀히

19 **under the influence (of alcohol)** 술에 취한 상태로
- 관 on the wagon 금주하고 있는
  off the wagon (끊은) 술을 다시 마시는

20 **break** [breik] 중단하다, 끊다
- • break the habit (안 좋은) 습관을 끊다
- 관 drug withdrawal 마약 금단 증상

21 **recovery** [rikʌ́vəri] 회복
- ⓥ recover 회복하다
- 동 rehabilitation 사회복귀, 갱생
  • a rehabilitation center (알코올(마약) 의존증 등의) 복귀 치료소
  rehab 재활원

>>> Part 1　Body & Mind　　　>>> Chapter 5　Diseases & Medicine

>>> Theme 025　**Review Test**

01　His chemical addiction led him to stealing.
➡ 약물 _____ 은 그가 절도를 하게 만들었다.

02　His obsessive behavior destroyed his marriage.
➡ _____ 에 사로잡힌 행동으로 그의 결혼생활은 파탄이 났다.

03　The workaholic would work on accounts while on vacation.
➡ 그 _____ 는 휴가 기간 중에도 회계 일을 계속 할 것이다.

04　His father is said to be a notorious gambler.
➡ 그의 아버지는 악명 높은 _____ 으로 알려져 있다.

05　The birth rate is going down consistently.
➡ 출생률이 _____ 감소하고 있다.

06　Alcoholism and other forms of chemical dependency are rampant in the homeless community.
➡ 알코올 중독이나 여타 약물 _____ 은 노숙자 집단에서 만연해있다.

07　The compulsive gambler could not stop betting.
➡ _____ 도박꾼은 도박을 멈출 수가 없었다.

08　The drug lords evaded the police and had people gripped by fear.
➡ 그 _____ 왕은 경찰의 포위망을 빠져나가서 사람들을 공포에 떨게 했다.

09　The drug trafficker controlled drug flow from one country to another.
➡ 그 마약 _____ 는 국가 간의 마약 유통을 관리하였다.

10　The store's main clientele are foreigners, especially Japanese tourists.
➡ 그 가게의 주 _____ 은 외국인이며, 특히 일본 관광객들이다.

11　The junky stared blankly into space.
➡ 그 _____ 는 멍하게 허공을 바라보았다.

12　The drug addict stole money to get her next fix.
➡ 그 마약 중독자는 다음번에 맞을 _____ 을 구하려고 돈을 훔쳤다.

¹³ The drug addict will do anything to get high.

➡ 그 마약 중독자는 _____ 위해서라면 어떤 짓이라도 할 것이다.

¹⁴ Marijuana is produced from the hemp plant.

➡ _____는 대마 잎으로 만든다.

¹⁵ Purpose of living is the pursuit of happiness.

➡ 삶의 목적은 행복의 _____이다.

¹⁶ The residents fought to keep narcotics out of the schools.

➡ 지역 주민들은 학교에서 _____을 추방하기 위해 노력했다.

¹⁷ The alcoholic joined AA because he realized that he had a problem.

➡ 그 _____는 자신이 문제가 있다는 것을 깨닫고는 알코올중독자 갱생회에 가입했다.

¹⁸ He got so drunk that he was under the table.

➡ 그는 술을 너무 많이 마셔서 _____.

¹⁹ The police stopped the man for driving under the influence.

➡ 그 남자는 _____ 운전을 하고 있었기 때문에 경찰이 제지하였다.

²⁰ He's trying to break the habit of eating too much.

➡ 그는 너무 많이 먹는 _____ 애쓰고 있다.

²¹ There was little hope of his recovery.

➡ 그가 _____할 가능성은 거의 없었다.

---

**>>> 정답**

| | | | | |
|---|---|---|---|---|
| 01. 중독 | 02. 강박관념 | 03. 일 중독자 | 04. 도박꾼 | 05. 지속적으로 |
| 06. 의존 | 07. 상습 | 08. 마약 | 09. 밀매업자 | 10. 고객 |
| 11. 마약 중독자 | 12. 마약 | 13. 마약에 취하기 | 14. 마리화나 | 15. 추구 |
| 16. 마약 | 17. 알코올중독자 | 18. 만취했다 | 19. 음주 | 20. 습관을 버리려고 |
| 21. 회복 | | | | |

## >>> 분야별 용어정리 [1]  신체와 정신

### 1. 신체 용어

■ **Hair** (머리털)
parting 가르마
a brunet (흰 피부의) 검은 머리 여성
a blonde 금발의 여성
a redhead 빨강 머리를 가진 사람
gray hair 새치
curly hair 곱슬곱슬한 머리
bald 대머리의
tonsure [tάnʃər] (수도승의) 삭발
disheveled 헝클어진
bob/bobbed hair 단발머리
braid 땋은 머리
ponytail 말총머리
crew cut/buzz cut 스포츠머리
permanent/perm 파마머리
wig 가발  cf. big wig 거물
whisker 구레나룻
mustache 코밑수염

■ **Ear** (귀)
helix 귓바퀴
earlobe 귓불
earwax 귀지

■ **Tooth** (치아)
dentist 치과 의사
dental 이의
molar 어금니
canine 송곳니
gum(s) 잇몸

■ **Eye** (눈)
glaring eyes 도끼눈
slit eyes 뱁새눈

■ **Mouth** (입)
the upper lip 윗입술
palate 입천장

■ **Neck** (목)
neck 목(목의 뒷부분)
throat 목구멍(목의 앞부분)
Adam's apple 울대뼈
thyroid 갑상선

■ **Chest** (가슴)
chest (주로 남성의) 가슴
breast (여성의) 젖가슴
bust (여성의) 가슴둘레
nipple/tit 유두, 젖꼭지
bosom 여성의 가슴
 cf. bosomy 가슴이 풍만한
boob (속어) 여성의 가슴
cleavage 가슴골

■ **Skin** (피부)
liver spots 기미
freckle 주근깨
pimple 여드름
blackhead (윗부분이 검은) 여드름
blemish 잡티
wart 사마귀
callus 각질, 굳은살
corn 티눈
birthmark 모반
hives/rash 두드러기, 발진
blister 물집

■ **Muscle** (근육)
tendon 건, 힘줄
ligament 인대
hamstring 햄스트링(뒷다리 관절 뒤의 건)

■ **Brain** (뇌)
neuron 뉴런, 신경단위
cerebral 대뇌의, 뇌의, 지적인
cerebrum 대뇌, 뇌
cerebellum 소뇌
diencephalon/interbrain 간뇌
brain tumor 뇌종양
concussion 뇌진탕
cerebral hemorrhage 뇌출혈

■ **Nerve** (신경)
nerve 신경; 신경과민
 – sensory nerve 감각신경
 – peripheral nerve 말초신경

■ **Reproductive organ** (생식기관)
organ (생식기관)
penis 남성의 성기 〈속〉 dick, cock
 – testicle 고환
 – semen 정액 〈속〉 cum
sperm 정자
vulva 여성의 성기 〈속〉 pussy, cunt
womb/uterus 자궁
ovum 난자
oviduct 나팔관
chromosome 염색체

### 2. 질병 용어

■ **Infectious disease** (전염병)
epidemic 유행병
pandemic 전국적으로 유행하는 병
infection 전염병
plague 역병, 전염병
flu/influenza 독감
 – avian influenza/bird flu 조류독감
AIDS(Acquired Immune Deficiency Syndrome) 후천성 면역 결핍증
STD (Sexually Transmitted Disease)/V.D. (Venereal Disease) 성병
syphilis 매독
gonorrhea 임질
dysentery 이질, 설사
diarrhea 설사
typhoid/enteric fever 장티푸스
cholera 콜레라
malaria 말라리아, 학질
hepatitis 간염
polio 소아마비
chicken pox/varicella 수두
small pox 천연두
encephalitis 뇌염
tetanus 파상풍
measles/rubeola 홍역
rabies/hydrophobia 광견병
leprosy 나병, 한센병
 – leper 나병환자
HFMD 수족구병
tuberculosis (TB) 결핵
consumption 폐결핵

■ **Dermatosis** (피부병)
dermatitis 피부염
acne/pimple/zit 여드름
eruption 뾰루지
rash 몸에 나타나는 발진
hives/nettle rash/urticaria 두드러기
spots 얼굴에 나타나는 발진
sty 다래끼
ringworm/tinea 백선, 버짐
watery ringworm/eczema 습진

itch/scabies 옴, 가려움
herpes 포진
 — herpes zoster/shingles 대상포진
boil/abscess 종기, 농양
callous 굳은살, 못
corn 티눈
blister 물집
pigmentation 색소침착
atopy 아토피
osmidrosis 액취증
 — armpit smell (겨드랑이) 암내
athlete's foot 무좀
vitiligo 백반증
hypertrichosis 다모증
hypotrichosis 무모증

■ Mental disorder (정신병)
Alzheimer's disease 알츠하이머병(치매)
autism 자폐증
amnesia 기억상실증, 건망증
aphasia 실어증
epilepsy: epileptic 간질, 간질병의, 간질환자
neurosis 신경증, 노이로제
nervous breakdown 신경쇠약
stress 스트레스
depression/tristimania 우울증
manic depression 조울증
schizophrenia 정신 분열증
delirium/derangement 정신 착란
paranoia 편집증

■ Respiratory disease (호흡기 질환)
asthma 천식
bronchitis 기관지염
rhinitis 비염
sinusitis/ozena 축농증
pneumonia 폐렴
dyspnea 호흡곤란
be choked 숨이 막히다
suffocate 질식하다
lose consciousness 의식을 잃다
faint 기절하다
feel faint 어지럽다

■ Hereditary disease (유전성 질환)
Down's syndrome 다운 증후군
hemophilia 혈우병

■ Lifestyle disease (성인병)
hyperlipemia 고지혈증
hypertension 고혈압
hypotension 저혈압
diabetes 당뇨병
 — diabetic 당뇨병 환자
arteriosclerosis 동맥 경화
obesity 비만
fatty liver 지방간
heart attack/heart failure 심장마비
cardiac arrest 심장마비
angina 협심증
stroke/palsy 뇌졸중, 중풍

■ Ulcer(궤양)/Tumor(종양)/Cancer(암)
liver cancer 간암
stomach cancer 위암
lung cancer 폐암
thyroid cancer 갑상선암
bladder cancer 방광암
rectal cancer 직장암
pancreatic cancer 췌장암
colon cancer 결장암
skin cancer 피부암
breast cancer 유방암
ovarian cancer 난소암
cervical cancer 자궁경부암
uterine cancer 자궁암
uterine fibroids 자궁근종
testicular cancer 고환암
prostate cancer 전립선암
prostatitis 전립선염
leukemia 백혈병
brain tumor 뇌종양
ovarian tumor 난소종양
duodenal ulcer 십이지장염
appendicitis 맹장염
gastric ulcer 위궤양
metastasis (암의) 전이
carcinogen 발암물질
anticancer drug 항암치료제

■ Injury (부상)
frostbite 동상
burn 화상 cf. sunburn 햇볕에 타다
bruise/contusion 타박상
sprain 삐다, 염좌
joint dislocation 탈구, 탈골
lump 불쑥 나온 것, 혹

fracture 금이 가다; 골절
concussion 뇌진탕
laceration 열상(찢어진 상처)
cut 자상(칼에 베인 상처)
hernia 탈장(내부 장기가 빠져나옴)
abrasion/scrape 찰과상
scar 흉터

■ 기타 질병
osteoporosis 골다공증
slipped disk 디스크, 추간판탈출증
constipation 변비
kidney stone 신장결석
urolith 요로결석
hemorrhoids 치질
anemia 빈혈
jaundice 황달
anorexia 거식증
bulimia 폭식증
insomnia 불면증
narcolepsy 기면증, 발작성 수면

■ Disability (장애)
cripple 불구 (절름발이, 앉은뱅이)
maim 불구로 만들다
disfigure (외양을) 추하게 하다
hunchback/humpback 꼽추

■ 기타 용어
cadaver/corpse 해부용 시체/송장
invalid 환자
recuperate 회복하다
side effects 부작용
ill[adverse] effects 역효과
complications 합병증

# Part 2

## 가정과 사회
## (Home & Society)

1. 의식주와 환경(The Necessities of Life & Environment)
   - [026] Food & Eating 음식과 식사
   - [027] Clothes 의류
   - [028] House & Residence 주거와 거주
   - [029] Furnishing 가구
   - [030] Chores & Tools 집안일과 도구
   - [031] Buildings 건물
   - [032] Town & City 읍과 시

2. 성과 가족(Gender & Family)
   - [033] Gender & Puberty 성과 사춘기
   - [034] Gender Equality & Feminism 성적 평등과 여권신장
   - [035] Family & Kinship 가족과 혈연
   - [036] Marriage 결혼

3. 자녀와 교육(Children & Education)
   - [037] Pregnancy & Delivery 임신과 출산
   - [038] Education 교육
   - [039] Academy 대학

4. 인종과 민족(Race & Ethnos)
   - [040] Race & Ethnos 인종과 민족
   - [041] Racism 인종차별

>>> Part 2
Home & Society

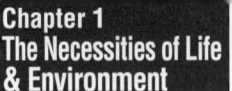
Chapter 1
The Necessities of Life & Environment

>>> Theme **026   Food & Eating**

At a smorgasbord, the wide variety of delicious foods makes it easy to **overeat**. Depending upon the **palate** to which the restaurant is **catering**, the **buffet** may offer the same items that are available for **gourmet** meals simply in unlimited quantities. Yet buffets consistently feature a selection of soups, **meats**, and salad items. To start the meal, buffets may offer a creamy corn or **mushroom** soup, or a **vegetable** soup with a clear broth packed with **corn**, **peas**, **carrots**, and **onions**. Food bars also boast an assortment of meats including **ribs**, **beef**, **pork** and **chicken** that have been **grilled**, **broiled**, **baked** or **fried** to perfection to **make one's mouth water**. There may even be someone on hand to carve a **roast** in which case one can request a rare, medium or well done **portion**. The offerings for salads generally consist of **tofu**, cheddar cheese, bleu cheese, mushrooms, **beans**, bean **sprouts**, **radishes**, tomatoes and **lettuce** which are accompanied by various dressings, two of which will invariably be French and Thousand Island. For the patron's convenience, there are often a few **condiments** such as salt, **pepper**, **soy sauce**, **ketchup** and **mustard**. These make it possible for the patron to **season** the food to his or her own preference. After eating **to one's hearts content**, the meal can be topped off with the multitude of cakes, cookies and pies offered in a **tantalizing** display. For those who prefer a lighter **fare**, they can finish their meals with a **fruit** bar featuring **pineapples**, **kiwis**, **grapes**, **watermelons**, and various **berries**. In most cases after **nibbling** at each of a buffet's offerings, even the most **famished** customer can leave **stuffed**.

>>> 해석

스모가스보드에는 맛있는 음식이 다양하게 있어 과식하기가 쉽다. 레스토랑이 제공하는 기호에 따라, 뷔페는 고급 요리와 같은 종류의 음식을 무제한의 양으로 제공해 준다. 그러나 뷔페는 선택된 스프, 고기, 샐러드만을 획일적으로 제공하는 특징이 있다. 식사 첫 코스로 크리미 콘이나 버섯 스프, 또는 옥수수, 완두콩, 당근, 양파로 꽉 찬 맑은 고기국물로 만들어진 야채스프를 먹을 수 있다. 푸드바에도 갈비, 쇠고기, 돼지고기, 닭고기 등을 포함하여 모든 고기의 구색을 갖추어 놓고 있는데 군침을 흘리게 하기에 딱 좋을 정도로 석쇠에 구운 것, 브로일러에 구운 것 튀긴 것들이 있다. 고기는 요청에 따라 덜 익힌 부위, 중간정도 익힌 부위, 완전히 익힌 부위 중에 선택할 수 있다. 샐러드엔 보통 두부, 체다 치즈, 블레 치즈, 버섯, 콩, 콩나물, 무, 토마토, 양상치 등이 다양한 드레싱과 함께 제공되는데 드레싱은 보통 프렌치 드레싱과 사우전드 아일랜드 드레싱이 있다. 고객의 편의를 위해 소금, 후추, 간장소스, 케첩, 겨자 등과 같은 조미료가 제공된다. 이것들을 가지고 손님은 자신의 기호에 맞게 음식에 양념할 수 있다. 만족스럽게 먹은 후에 잘 진열된 다양한 케이크, 쿠키, 파이를 끝으로 식사를 마무리할 수 있다. 좀 더 가벼운 식사를 원하는 사람은 파인애플, 키위, 포도, 수박, 많은 종류의 딸기가 제공되는 푸르트바에서 식사를 끝마칠 수도 있다. 대부분의 경우에 각각의 뷔페음식을 조금씩 먹고 나면 아무리 시장한 사람도 배가 불러서 나올 수 있을 것이다.

>>> 어구

**smorgasbord** 스모가스보드(온갖 음식이 다양하게 나오는 뷔페식 식사) **a variety of** 온갖 종류의 **depend upon** ~에 따라 다르다 **offer** 제공하다 **available** 이용할 수 있는 **unlimited quantity** 무제한의 양 **feature** 특징을 이루다 **broth** 맑은 국물 **packed with** ~으로 가득한 **boast** 자랑하다 **assortment** (여러 가지를) 한데 갖춘 것 **to perfection** 완벽하게 **carve** 고기를 베어 나누다 **consist of** ~으로 이루어지다 **be accompanied by** ~이 동반하다 **invariably** 변함없이 **patron** 단골 **convenience** 편의 **multitude of** 다수의 **prefer** ~을 선호하다 **preference** 선호도, 더 좋아함 **various** 다양한 **customer** 손님, 고객

>>> 구문

• These make it possible (for the patron) to **season** the food [for+의미상 주어]
  이러한 것들은 (손님이) 음식에 양념을 할 수 있게 해준다

# Chapter 1 의식주와 환경

>>> Part 2 가정과 사회

>>> Theme 026　음식과 식사 ▶

01 **overeat** [òuvəríːt] 과식하다
- 동 glut 실컷 먹다; 포식하다 – glutton 대식가
  gormandize 많이 먹다, 포식하다
  gorge 게걸스럽게(배불리) 먹다; 포식
  wolf down 게걸스럽게 먹다

02 **palate** [pǽlət] 미각, 입맛, 기호
- ⓐ palatable 맛좋은, 입에 맞는
- 관 appetite 식욕

03 **cater** [kéitər] 1. 음식·서비스 등을 공급하다
2. 구미에 맞추다, 만족시키다 [to]
- ⓝ catering 음식조달업, 출장요리
  caterer 연회 요리업자

04 **buffet** [bʌ́fit] 1. 뷔페; 간이식사
2. 타격, 구타
3. (수동태로) 뒤흔들다; 싸우다
- 관 restaurant (큰 호텔 등의) 식당
  bistro (편안한 분위기의) 작은 식당
  cafeteria 구내식당, 간이식당
  canteen 부대 내 매점, 간이식당
  mess hall 군대 식당

05 **gourmet** [gúərmei] 미식(가), 식도락
- • gourmet meal 고급 음식
- 동 epicure/gastronome/bon vivant 미식가

06 **meat** [miːt] (식용의) 고기
- 관 rib 갈비, flank 옆구리살,
  ham (돼지) 넓적다리 bacon 베이컨
- 관 beef 소고기 pork 돼지고기 chicken 닭고기
  turkey 칠면조 고기 mutton 양고기
  lamb 새끼양의 고기 venison 사슴고기

07 **vegetable** [védʒətəbl] 야채, 채소
- ⓝ vegetarian/veggie 채식주의자
  cf. vegan (달걀,우유도 안먹는) 완전채식주의자
- 관 mushroom 버섯 onion 양파 corn 옥수수
  pea 완두 bean 콩 tofu 두부 wheat 밀 carrot 당근
  radish 무 turnip 순무 radicle 작은 뿌리 sprout 싹, 눈
  lettuce 상추 endive 양상추 spinach 시금치
  cabbage 양배추 scallion 골파
  leek 서양부추 celery 셀러리 parsley 파슬리
  squash 호박 pumpkin 호박 zucchini 서양호박
  eggplant 가지 hot pepper 고추 garlic 마늘

08 **grill** [gril] 석쇠(에 굽다)
- 관 broil (석쇠로) 불에 굽다
  bake (오븐의 열로) 굽다
  fry 기름에 튀기다
  roast (오븐에) 굽다, (콩이나 커피를) 볶다
  parch (콩 등을) 볶다
  boil 삶다, 끓이다
  simmer/stew 약한 불로 끓이다
  steam (증기로) 찌다
  blanch/parboil 뜨거운 물에 살짝 데치다

09 **make one's mouth water** 군침이 흐르게 하다
- 표 smack[lick] one's lips 입맛을 다시다

10 **portion** [pɔ́ːrʃən] 1. (음식의) 1인분
2. 일부, 부분; 몫, 할당(하다)
- 동 helping 한 차례 먹는 분량
- 관 apportion 배분(할당)하다
  proportion 비율, 균형

11 **condiment** [kɑ́ndəmənt] 향신료, 양념
- 동 seasoning 조미료
  – season with ~으로 맛을 내다(양념하다)
  sweetener 감미료
- 관 mustard 겨자 pepper 후추 sauce 소스
  dressing (샐러드 등에 치는) 드레싱

12 **to one's hearts content** 마음껏, 실컷
- • eat to one's hearts content 실컷 먹다
- 표 have[grab] a bite 요기하다

13 **tantalize** [tǽntəlàiz] 감질나게 하다
- ⓐ tantalizing 감질나게 하는, 끌리게 하는

14 **fare** [fɛər] 1. (레스토랑의) 요리, 식사
2. 승차 요금
3. 해나가다, 살아나가다, 잘되어가다
- 혼 fair 공정한, 적정한, 맑은, 아름다운; 품평회

15 **fruit** [fruːt] 과일; 열매; 성과
- ⓐ fruitful 결실이 많은, 비옥한
  ↔ fruitless 무익한, 보람이 없는
- 관 pineapple 파인애플 kiwi 키위 grape 포도
  watermelon 수박 persimmon 감 pear 배
  strawberry 딸기 raspberry 산딸기 cherry 체리
  peach 복숭아 plum 자두 apricot 살구
  fig 무화과 pomegranate 석류 lime 라임

16 **nibble** [níbl] 1. 조금씩 뜯어[갉아]먹다; 헐뜯다
2. 음식의 한 입

17 **famished** [fǽmiʃt] 굶주린, 몹시 배고픈
- • I'm starving. = I'm famished. 배고파죽겠다.
- ⓝ famine 기근, 굶주림
- 동 starved 굶주린, 허기진 – starvation 기아

18 **stuffed** [stʌft] 속을 채운, 배부른
- ⓥ stuff 채우다, 배불리 먹이다; 재료, 시시한 것
- • I'm stuffed. = I'm full. = I've had enough. 배불러요
- 동 cram 억지로 쑤셔 넣다, 과식하다; 벼락공부하다

>>> Part 2 Home & Society
>>> Chapter 1 The Necessities of Life & Environment

>>> Theme 026 **Review Test**

01 After **overeating** most people experience discomfort.
➡ 대부분의 사람들은 _____ 후에 불편을 경험한다.

02 The friends smiled pretending that the barely **palatable** food was delicious.
➡ 친구들은 거의 _____ 않는 음식을 맛있는 체 하며 미소를 지었다.

03 Many writers are depending on sales and try to **cater** to the tastes of the public.
➡ 많은 작가들이 판매량에 의존하고 대중의 기호에 _____ 노력한다.

04 Every Saturday the all-you-can-eat **buffet** features a wide variety of Indian dishes.
➡ 매주 토요일에 마음껏 먹을 수 있는 _____ 는 다양한 인도 음식을 특선 요리로 하고 있다.

05 In an effort to impress his in-laws, the man prepared a nine-course **gourmet meal**.
➡ 친척들을 감동시키고자 하는 노력의 일환으로 그 남자는 풀코스의 _____ 을 준비했다.

06 The **meat** at the butcher's shop is always fresh and lean.
➡ 정육점 _____ 는 항상 신선하고 지방이 적다.

07 **Vegetables** make up one of the five food groups necessary for a healthy balanced diet.
➡ _____ 는 건강하고 균형 잡힌 식단을 위한 5가지 필수식품군중 하나이다.

08 Flame-broiled hamburgers on an open **grill** are juicier than those that are fried.
➡ 덮개 없는 _____ 위에서 구워진 햄버거는 튀겨진 햄버거보다 즙이 많다.

09 The smell of the roasting turkey was good enough to **make one's mouth water**.
➡ 사람들이 _____ 정도로 칠면조 굽는 냄새가 좋았다.

10 The huge pizza was cut into 100 **portions**.
➡ 그 거대한 피자는 100_____ 으로 나누어 잘렸다.

11 Since ancient times people have used **condiments** to enhance their food.
➡ 고대부터 사람들은 음식의 맛을 더하기 위해 _____ 를 써왔다.

12 She ate **to her heart's content** at the party.
➡ 그녀는 파티에서 _____ 먹었다.

Reading V.O.C.A
118

>>> Part 2 가정과 사회
>>> Chapter 1 의식주와 환경

¹³ The tantalizing aroma of smoked bacon wafting through the house made it impossible to stay in bed.

▶ 집안에 풍기는 훈제 베이컨의 _____ 냄새를 맡고 침대에 가만히 누워 있을 수 없었다.

¹⁴ This restaurant is famous for traditional Swedish fare.

▶ 이 식당은 스웨덴 전통 _____으로 유명하다.

¹⁵ For a healthy diet, people should have two to three servings of fruit a day.

▶ 건강한 식단을 위해서 하루에 _____을 두세 번 먹어야 한다.

¹⁶ Already full, the guest nibbled politely at the meal.

▶ 이미 배가 불러온 그 손님은 점잖게 음식을 _____.

¹⁷ We were famished when we arrived home.

▶ 집에 도착했을 때 우리는 _____ 상태였다.

¹⁸ After her sixth helping, the woman pushed away her plate and declared that she was stuffed.

▶ 그 여자는 여섯 그릇째 먹고 나더니 접시를 밀어내고 _____고 말했다.

>>> 정답

01. 과식   02. 입에 맞지   03. 맞추려고   04. 뷔페   05. 고급음식
06. 고기   07. 야채      08. 석식      09. 군침을 흘릴   10. 인분
11. 조미료 12. 실컷      13. 감질나는   14. 음식         15. 과일
16. 조금씩 먹었다   17. 몹시 굶주린   18. 배부르다

Reading V.O.C.A
119

>>> Part 2 Home & Society
>>> Chapter 1 The Necessities of Life & Environment

## >>> Theme 027 Clothes

Unlike a man's limited **wardrobe**[01], a woman has many ways to **dress up**[02]. In contrast to a man's white **cotton**[03] **briefs**[03] or **polyester**[04] striped **boxer shorts**[05], a woman's **underwear**[04] comes in a rainbow of colors, a multitude of **patterns**[05], and an abundance of styles such as **silky**[03] **underpants**[04] and **lace**[06] **floral**[05] bras. Her skirts can be long or short, her **pants**[04] can be **tight fitting**[07] or **baggy**[07] and her jeans can be button or zipper **fly**[08]. When **dressed down**[02], her tops can be as simple as T-shirt and a **vest**[09] or as a **blouse**[09] with a fancy **collar**[08] and **fringes**[10] on the **seams**[11]. She also **accessorizes**[12] with a scarf from her wardrobe or steals **suspenders**[13] or a necktie from the men's department. In the hands of the **fashionable**[14] woman, even **clothes**[01] that are **out-of-date**[15] like jacket with wide **lapels**[08] can create a **new look**[16].

>>> 해석

남성의 한정된 의상과는 달리 여성들은 여러 형태로 옷을 차려입을 수 있다. 남성의 흰색 면 삼각팬티나 폴리에스터 줄무늬 사각팬티와는 대조적으로 여성들의 속옷은 다양한 색상에 다양한 무늬, 실크속바지와 레이스로 된 꽃무늬 브라 등과 같이 형태도 다양하다. 여성들의 치마는 길 수도 있고 짧을 수도 있고, 바지는 꽉 끼는 것도 있고 품이 큰 것도 있으며 청바지는 단추로 된 것도 있고 지퍼로 된 것도 있다. 웃옷을 간편하게 입을 때는 티셔츠와 조끼만으로 심플하게 입을 수도 있고 장식이 많은 깃과 솔기에 술이 달린 블라우스를 입을 수도 있다. 스카프로 액세서리를 할 수도 있고 남성복 매장에서 멜빵이나 넥타이를 사서 하고 다닐 수도 있다. 유행 감각이 있는 여자의 손에서는 깃이 넓은 재킷같이 유행이 지난 옷조차도 새로운 패션으로 창조될 수 있다.

>>> 어구

a multitude of 다수의  an abundance of 많은, 다량의  fancy 장식의, 장식이 많은  top (투피스의) 윗옷  department (상품별) 매장

>>> 구문

• When dressed down, her tops can be as simple as T-shirt
 (= When her tops are dressed down, her tops can be as simple as T-shirt)
 그녀가 웃옷을 간편하게 입을 때, 웃옷은 티셔츠처럼 심플할 수도 있다

>>> Theme 027  **의류** ▶

01 **wardrobe** [wɔ́:rdroub] 1. 개인이 소유하고 있는 옷
2. 옷장
- clothing/clothes/apparel (집합적) 의류
  attire 복장, 차림새; 차려 입히다
  garment 의복 한 점, 특히 여성복
  garb (직업, 시대, 나라에 특유한) 복장
  costume 복장이나 옷차림, 무대의상
  robe 예복, 관복, 법복, 실내복
  suit (신사복이나 여성복의) 한 벌
  outfit 구색을 갖춘 옷 한 벌
  accouterment/habiliment (pl.) 복장, 장비
  raiment/array 〈문어〉 옷, 의상

02 **dress up** 잘 차려입다, 정장을 입다
- ⓝ dress-up 정장
- ⓥ dress 1. 옷을 입(히)다; 정장, 여성용 옷
  2. 붕대를 감다, 치료하다
  3. (요리에) 드레싱을 치다
- dress down 편한 옷을 입다; 꾸짖다
- dress code 복장 규정
  skirt and blouse 여성 정장
  coat and tie/suit and tie 남성 정장
  try on (옷을) 입어보다
  put on (옷을) 입다 ↔ take off (옷을) 벗다

03 **cotton** [kátn, kɔ́t-] 솜, 면화, 목화; 면직물, 무명
- wool 양모, 양털; 모직물
  cf. fleece (한번 깎은) 양털; 빼앗다
  silk 명주실, 비단 – silky 실크로 된
  polyester 폴리에스테르 섬유
  nylon 나일론
  cf. nylon patients 나일론 환자, 꾀병 환자
  fiber 섬유, 섬유질, 식물 섬유
  • synthetic fiber 합성섬유
  textile/fabric 직물, 옷감
  linen 아마포, 리넨; (하얀) 속옷류

04 **underwear** [ʌ́ndərwɛə̀r] (위, 아래) 속옷 (=underclothes)
- boxer shorts 사각팬티 briefs 삼각팬티 cf. shorts 반바지
  underpants 남성용 팬티 cf. pants 바지
  panties/knickers 여성용 팬티 cf. thong T 팬티
  corset 코르셋(몸을 꽉 조이는 여성용 속옷)
  girdle 거들, 띠
  scanties (작아서) 몸이 많이 드러나는 속옷, 수영복

05 **pattern** [pǽtərn] 1. 무늬, 도안, 무늬 장식
2. 양식, 형; 모범, 본보기
- stripe 줄무늬 – striped 줄무늬의
  streak 줄무늬(를 넣다); 연속, 일련; 경향
  dotted 점이 있는, 점 모양으로 된
  floral 꽃무늬의
  checked 바둑판 무늬의, 체크무늬의
  foliage 잎, 잎(꽃, 가지) 장식

06 **lace** [leis] (옷 등의) 레이스, 끈
- pleat (스커트 등의) 주름
  flare 나팔꽃 모양으로 벌어짐, 나팔바지

07 **baggy** [bǽgi] (바지 등이) 헐렁한
- tight-fitting 옷이 꼭 끼는
  skinny (바지 등이) 꼭 끼는, 스키니

08 **lapel** [ləpél] (접은) 깃
- sleeve 소매 cuff 소맷부리 collar 깃
  button 단추 hook and eye 훅 단추
  fly (바지 앞부분의) 지퍼
  cf. Your fly is open. (남대문 열렸네.)
- turn up (소매를) 걷어올리다

09 **vest** [vest] 1. 조끼; (관직용의) 옷을 입히다
2. (재산·권리·권한 등을) 주다
- blouse 블라우스 shirts 셔츠 trouser 바지
  camisole 소매 없는 여자속옷 jacket 재킷

10 **fringe** [frindʒ] 1. 술 장식
2. 주변, 가장자리; 비주류파
- infringe (권리를) 침해하다

11 **seam** [si:m] 천의 솔기, 이음매
- come[fall] apart at the seams
  솔기가 터지다, 엉망이 되다

12 **accessorize** [əksésəraiz] 액세서리를 달다
- ⓝ accessory 액세서리, 부속물; 종범
- broach/brooch 브로치, 장식핀
  pendant 귀고리, 목걸이 등의 펜던트
  earring 귀걸이 bracelet 팔찌

13 **suspender** [səspéndər] 〈미〉 바지의 멜빵
- braces 〈영〉 바지 멜빵

14 **fashionable** [fǽʃənəbl] 유행의, 최신식인
- ⓝ fashion 유행, 패션; 방법, 방식
- in fashion 유행하는 ↔ out of fashion
- in vogue 유행하는, 인기 있는
  stylish/modish/trendy 유행의, 멋진
  à la mode 유행하는, 현대풍의
  catch on 유행하다, 인기를 얻다

15 **out-of-date** 시대에 뒤떨어진, 구식인
- out of mode 유행이 지난
  ancient, obsolete, outmoded 구식의

16 **new look** 새로운 유행 스타일
- retro style 복고풍

>>> Part 2 Home & Society
>>> Chapter 1 The Necessities of Life & Environment

>>> Theme 027 **Review Test**

01 Having a beautiful wardrobe can help boost confidence.
➡ 아름다운 _____이 자신감을 진작시킬 수 있다.

02 You're dressed up. What's the occasion?
➡ _____. 무슨 일(행사) 있나?

03 If more synthetic fibers are available, less cotton fiber will be needed.
➡ 더 많은 _____가 이용 가능해지면, _____의 수요는 줄어들 것이다.

04 Briefs are a type of short and tight underwear.
➡ _____는 짧고 타이트한 _____의 일종이다.

05 She was wearing the white blouse with red flower patterns.
➡ 그녀는 빨간 _____가 있는 하얀 블라우스를 입고 있었다.

06 I wore my white lace skirt to the ball.
➡ 나는 하얀 _____ 스커트를 입고 댄스파티에 갔다.

07 The baggy pants hid her thin frame.
➡ _____ 바지가 그녀의 마른 체형을 가려주었다.

08 The width of lapels varies according to fashion trends.
➡ _____의 폭은 패션 경향에 따라 변한다.

09 A vest is a sleeveless piece of clothing with buttons which people usually wear over a shirt.
➡ _____는 셔츠 위에 입는 단추가 달리고 소매가 없는 옷이다.

10 Dresses and bags adorned with fringes are displayed in the shopwindows.
➡ _____으로 치장된 드레스와 가방이 쇼윈도에 진열되어 있다.

11 The seam at the seat of his pants ripped wide open as he bent over.
➡ 그가 허리를 구부렸을 때 바지 엉덩이 부분의 _____가 확 뜯어졌다.

12 Many wild animals are being killed only for accessories.
➡ 많은 야생동물들이 오로지 _____로 쓰이기 위해 목숨을 잃고 있다.

¹³ The suspenders are made of elastic so they can stretch over your shoulders.

➡ _____은 고무재질로 만들어져서 어깨너머로 잡아당겨 늘일 수 있다.

¹⁴ It is difficult to remain fashionable as what's in fashion changes from month to month.

➡ _____이 매달 바뀌기 때문에, _____을 유지하기란 어려운 일이다.

¹⁵ This cell phone is already out of date.

➡ 이 휴대폰은 벌써 _____이 되었다.

¹⁶ This new look is catching on with young people.

➡ 이 _____이 젊은 사람들에게 인기를 얻고 있다.

>>> 정답

01. 옷   02. 옷을 쫙 빼 입었네   03. 합성섬유, 무명섬유   04. 삼각팬티, 속옷   05. 꽃무늬
06. 레이스   07. 품이 큰(힐링한)   08. 깃   09. 조끼   10. 술 장식
11. 솔기   12. 액세서리   13. 멜빵   14. 유행   15. 구식
16. 새로운 유행 스타일

>>> Part 2 Home & Society    >>> Chapter 1 The Necessities of Life & Environment

>>> Theme 028 **House & Residence**

A person's **residence**[01] is often a reflection of his economic situation. For example, one's first **apartment**[02] may be during or directly after college. It may be a small **studio**[03] or **efficiency**[03] with a very small kitchen and bathroom. The **tenant**[04] may let the place from a **landlord**[05]. When a person becomes more financially stable in a job with a larger income, one may choose to **move into**[06] a larger apartment. Unlike the studio, it may have one or more individual bedrooms in addition to a separate **living**[07] and/or **dining room**[07]. Instead of being a tenant paying **rent**[08] to a landlord, some may be in the position to afford a **condominium**[02], becoming the owner of the **flat**[02] in which they live. Those who have the need for more **spacious**[09] **accommodations**[10] and can secure a bank loan would opt to buy a house. The **property**[11] may be one **level**[12] or have several **floors**[12] as well as an **attic**[13], a **basement**[13], a study and/or a **porch**[14]. Unlike people who rent, **homeowners**[05] are solely responsible for the **maintenance**[15] of their property. For example, the homeowner must get the central heating **repaired**[16], the **furnace fixed**[17][16], the **ceiling**[13] **mended**[13], and the toilet unstopped. Generally, only the very successful are able to **maintain**[15] a **mansion**[02] or a **villa**[02] as a second residence.

>>> 해석

어떤 이의 주거지는 종종 그 사람의 경제적 상태를 반영한다. 예를 들어 어떤 사람이 처음으로 아파트를 구하는 때는 대학에 다니는 동안이나 혹은 대학을 갓 졸업한 후일 것이다. 그 아파트는 아주 작은 부엌과 욕실이 딸린 스튜디오나 간이아파트일 것이다. 그 사람은 집주인으로부터 그곳을 빌렸을 것이다. 사람이 직업을 가져 수입이 늘어나서 다소 재정적으로 안정이 되면 더 큰 아파트로 이사를 가려고 할 것이다. 스튜디오와는 달리 그 아파트에는 분리된 거실 혹은 식당이 (혹은 둘 다) 있는데다가 1개 이상의 개인 침실이 있을 것이다. 집주인에게 집세를 내는 임차인이 되는 대신 어떤 사람들은 분양아파트를 살 여유가 되어 자신이 살 아파트의 주인이 되는지도 모른다. 더 넓은 공간을 필요로 하고 은행 융자를 받을 수 있는 사람들은 집을 사려고 할 것이다. 그 집은 단층집이거나 혹은 다락, 지하실, 서재, 현관뿐 아니라 몇 층 되기도 하는 대저택일 수도 있다. 세를 사는 사람과는 달리, 집 소유자들은 전적으로 자기 집의 유지 및 보수를 책임져야 한다. 예를 들면 자기 소유의 집에 사는 사람은 중앙난방을 수리하고 난로를 고치고 천장을 손보며 화장실의 물새는 것을 고쳐야만 한다. 일반적으로 아주 성공한 사람들만이 대저택이나 별장을 제2의 주거지로 가지고 있으면서 유지해 나갈 수 있다.

>>> 어구

reflection 반영 economic situation 경제상황 financially 재정적으로 stable 안정된 individual 개인의 and/or 양쪽 모두 혹은 어느 한쪽 secure 확보하다 solely 혼자서 responsible for ~에 책임이 있는 opt to ~을 선택하다 unstop 장애를 제거하다

>>> 구문

• get the central heating repaired, the furnace fixed, ~ [get 목적어+과거분사]
  중앙난방이 고쳐지게 하고, 천장이 수리되게 하다

• only the very successful are able to ~ [the+형용사=복수명사]
  오직 매우 성공한 사람들만이 ~할 수 있다

>>> Part 2 가정과 사회    >>> Chapter 1 의식주와 환경

>>> Theme 028   **주거와 거주** ▶

01 **residence** [rézədəns] 1. 거처, 주소, 주거
                               2. 저택, 관사
- ⓥ reside 거주하다, ~에 살다[in]
- ⓐ resident 거주자; 수련의; 거주하는
- 뷔 sojourn (남의 집이나 딴 장소에 짧게) 체재하다
  lodge 하숙하다, (일시적으로) 체재하다[in]
  live/dwell/inhabit (장기적으로) 살다, 거주하다
  settle down 정착하다
  domicile (법적) 주소지
  home stay (가정집에 같이 생활하는) 홈스테이
- 괄 denizen 주민, 거류자
  inhabitant 주민, 서식동물
  – inhabit ~에 살다 habitation 거주, 거주지
  habitat (동∙식물의) 서식지, 거주지

02 **flat** [flæt] 〈영〉 아파트
- 뷔 apartment 〈미〉 아파트
  condominium 분양 아파트
  mansion 대저택 cf. mansions 〈영〉 아파트
  villa (교외의) 별장

03 **efficiency / studio**
   욕실이 설치된 아파트, 방 하나로 되어 있는 주택

04 **tenant** [ténənt] 세입자, 임차인, 세든 사람
- 동 occupant 점유자, 임차인
  lessee(법률) 임차인 ↔ lessor 임대인(=renter)
- 괄 vacate (집을) 비우다
  evict 퇴거시키다

05 **landlord** [lǽndlɔːrd] (셋집 등의) 주인, 지주; (여관) 주인
- 괄 landlady 여자 집주인
- 밴 homeowner/householder 자기 집 소유자

06 **move into** ~로 옮겨가다, 이사 가다
- move in (남이) ~로 이사 오다, 전입하다
- move out ~에서 이사를 가다, 전출하다
- 괄 migrate 이주하다, 이동하다
  – emigrate (타국으로) 이민 가다[to]
  – immigrate (타국에) 이민 오다[to]
  – immigrant 이민자, 이주자

07 **dining room** (호텔이나 가정의) 식당
- 괄 kitchen 부엌, 주방 cf. sink 싱크대
  living loom/ sitting room/ front room 거실
  utility room 다용도실 laundry room 세탁실
  bathroom 욕실, 화장실

08 **rent** [rent] 1. 임대료(=rental fee), 집세
                   2. 임대하다, 빌려주다; 빌리다
- lower/raise the rent 임대료를 내리다/올리다
- 동 let 세놓다

09 **spacious** [spéiʃəs] (집∙방∙공간이) 널찍한, 넓은
- 동 roomy 넓은, 널찍한
- 혼 specious 그럴듯한

10 **accommodation** [əkɑ̀mədéiʃən] 1. (pl.) 숙박시설
                                     2. 적응, 순응; 타협
- ⓥ accommodate 숙박시키다, 수용하다, 적응시키다
- 괄 commodious 넓은, 널찍한
  ↔ incommodious 불편한, 비좁은

11 **property** [prάpərti] 1. 부동산, 땅
                             2. 자산, 소유(물); 특성
- 뷔 premise (pl.) 건물, 구내; 전제, 근거
  real estate 부동산
  belonging (부동산을 제외한) 소유물

12 **floor** [flɔːr] (건물의 특정한) 층; 마루 (바닥)
- the first floor 〈미〉 1층, 〈영〉 2층
- 뷔 level [lévəl] (건물의) 층
  story/storey (건물이 가지는) 층수
   * a fifty-story building (50층 건물)
  flight (움직임을 수반하는) 층수
   * walk down eight flights of stairs (8개 층을 걸어 내려가다)
- 괄 upstairs 위층의, 위층으로
  ↔ downstairs 아래층의, 아래층으로

13 **attic** [ǽtik] 지붕 밑 층, 다락방
- 동 garret/loft 다락방
- 괄 ceiling 천장, roof 지붕 basement 지하
  garage 차고
  storeroom 창고, 저장실

14 **porch** [pɔːrtʃ] 돌출 현관, 베란다
- 동 corridor/hall/hallway 복도
  veranda 베란다 balcony 발코니 terrace 테라스

15 **maintenance** [méintənəns] 1. (건물 등의) 보수, 관리
                                  2. 지속, 유지; 부양
- ⓥ maintain 유지하다, 관리하다; 주장하다
- 동 sustain (건물을) 떠받치다; 지속하다
  retain 유지하다, 보유하다, (변호사를) 고용하다

16 **repair** [ripɛ́ər] 수리(하다), 수선(하다)
- 동 fix 〈미〉 수리하다; 고정시키다
  mend 〈영〉 고치다, 수선하다, 개선하다

17 **furnace** [fə́ːrnis] 아궁이, 난로; 용광로
- 괄 fireplace/hearth 벽난로
  melting pot 용광로, (다민족의) 도가니
  central heating 중앙난방

Reading V.O.C.A
125

>>> Theme 028 **Review Test**

01 Domicile is distinct from habitual residence where there is much less focus on future intent.
➡ 법적인 _____는 장래의 의도와는 덜 초점이 맞추어진 평소의 _____와는 다르다.

02 The 30-room mansion was filled with guests for the party.
➡ 방이 30개나 있는 그 _____은 파티에 온 손님들로 가득 찼다.

03 The student lived in an efficiency.
➡ 그 학생은 _____에서 살았다.

04 The landlord evicted the rowdy tenants.
➡ 그 집주인은 난폭한 _____를 내보냈다.

05 The landlady kicked the man out of her apartment.
➡ 그 _____은 자기 아파트에서 그 남자를 쫓아냈다.

06 Last month, Mr. Sharon moved into his new house in New York.
➡ 지난달에, 샤론 씨는 뉴욕에 있는 새집으로 _____.

07 The meal was served in the dining room.
➡ _____에서 저녁을 먹었다.

08 The apartment's rent went up once every two years.
➡ 그 아파트의 _____는 2년에 한 번씩 올랐다.

09 The spacious apartment had a view of the river.
➡ _____ 그 아파트는 강의 전경이 좋았다.

10 The main hall can accommodate up to 500 guests.
➡ 중앙홀에는 500명까지 관객을 _____ 할 수 있다.

11 The old woman donated all her property to a charity.
➡ 그 노파는 전 _____을 자선단체에 기증했다.

12 This elevator stops only on the odd floors.
➡ 이 엘리베이터는 홀수 _____에서만 멈춘다.

¹³ The family used the attic for storage.

➡ 그 가족은 _____을 창고로 사용했다.

¹⁴ My father enjoys playing the guitar on the porch.

➡ 아버지께서는 _____에서 기타 치는 것을 즐기신다.

¹⁵ Your maintenance costs will depend on how you drive and how you take care of your vehicle.

➡ _____ 비용은 당신이 어떻게 운전하고, 어떻게 차량을 관리하느냐에 따라 달라질 것이다.

¹⁶ This mansion is shabby and in need of repair.

➡ 이 저택은 낡았고 _____가 필요하다.

¹⁷ The furnace effectively heated the whole house.

➡ 그 _____는 효율적으로 집을 따뜻하게 했다.

---

〉〉〉 정답

01. 주소, 거주지　02. 대저택　03. 간이 아파트　04. 세입자　05. 여주인
06. 이사갔다　07. 식당　08. 집세　09. 널찍한　10. 수용
11. 재산　12. 층　13. 다락방　14. 베란다　15. 유지
16. 수리　17. 난로

>>> Part 2 Home & Society    >>> Chapter 1 The Necessities of Life & Environment

## >>> Theme 029 Furnishing

A trip to a local department store is a good start to find the multitude of things needed for **furnishing**[01] a new house. Often the store has color **coordinated**[02] sets for the bathroom. A shower curtain may come with a **matching**[03] cup and **toothbrush**[04] and **razor**[05] holder. It may also be possible to find a bath mat, toilet seat and towel **rack**[06] in the same color. A mirror and electric razor could be found in the **appliances**[07] section. A short trip to the supermarket in the department store would supply the shampoo, bar of soap, and tube of **toothpaste**[04] to complete the bathroom. A stop in the **housewares**[08] department could turn up a bedroom set consisting of matching **pillow**[09] cases, sheets and **blankets**[10]. Coat-**hangers**[11] may even be on sale for a dozen for a dollar. A trip to the **furniture**[01] department may turn up a **chest of drawers**[12] and a **dresser**[12] as well as a mattress for the bed. While you're there, you may also find end tables for your living room and new **lamp shades**[13] for the lamps that go on top. There may be a new **carpet**[14] to give the old room a new look. A new **rug**[14] to cover the stairs is for the asking. For the study, you'll be able to purchase a new desk and **bookshelf**[06]. A **comfortable**[15] **armchair**[16] may be waiting nearby as well as new **cushions**[09] for your favorite chair as well as shutters for your **fireplace**[17]. The department store offers the **convenience**[18] of one-stop shopping for new homeowners as well as **redecorators**[19].

### >>> 해석

새 집에 가구를 채우는 데 필요한 많은 것들을 찾아보러 시내 백화점으로 가는 것은 좋은 방법이다. 백화점에서는 색깔을 잘 맞춰 둔 욕실용품 세트를 종종 발견할 수 있다. 샤워 커튼도 그것과 어울리는 컵과 칫솔, 면도기 꽂이와 함께 나와 있다. 또한 같은 색의 욕실용 매트, 변기의 앉는 자리, 수건걸이를 찾을 수도 있다. 거울과 전기면도기는 가전 제품매장에서 찾을 수 있다. 백화점 내에 있는 슈퍼마켓에 가면 샴푸, 비누, 치약을 사서 욕실용품을 완전히 구비할 수 있다. 가정용품 코너에 들르면 서로 어울리는 베개, 침대시트, 담요로 구성된 침실 세트가 보인다. 옷걸이는 할인을 하여 1달러에 12개를 팔지도 모른다. 가구 코너에 가 보면 침대 매트리스뿐 아니라 서랍장, 화장대도 있다. 그곳을 둘러보면 거실에 필요한 작은 탁자와 그 위에 두려고 하는 램프의 새 갓 역시 알아볼 수 있다. 거기에는 오래된 방을 새롭게 보이게 할 새 카펫이 있을 수도 있다. 계단에 깔 새 융단은 달라고만 하면 거저이다. 서재를 위한 새 책상과 선반을 구매할 수도 있다. 벽난로에 달 덧문뿐만 아니라 좋아하는 의자에 놓을 새 쿠션도 또 편안한 안락의자도 그 옆에서 주인을 기다리고 있다. 새 집주인이나 새로 집을 단장하려 하는 사람 모두에게 백화점은 한 번에 쇼핑을 마칠 수 있어 편리하다.

### >>> 어구

department store 백화점 a multitude of 다수의 section 구역, 매장 department 매장, 코너 a bar of (비누, 초콜릿 등의) 한 개 turn up 발견하다, 나타나다 stop 잠깐 들르기 dozen 12개, 1다스 for the asking 달라고만 하면 거저 purchase 구매하다 one-stop shopping 한 곳에서 각종 상품의 일괄 구입이 가능한 쇼핑

### >>> 구문

• a new carpet (to give the old room a new look) [give 4형식 수여동사]
  (오래된 방에 새로운 외관을 주는) 새 카펫

>>> Part 2 가정과 사회
>>> Chapter 1 의식주와 환경

>>> Theme 029　**가구** ▶

01 **furnish** [fə́ːrniʃ] (가구 등을) 갖추다; 공급하다
- ⓐ furnished (집에) 가구가 딸린(=built-in)
- ⓝ furnishing 비치가구, 비품, 세간
- 동 furniture (집합적으로 단수 취급) 가구

02 **coordinate** [kouɔ́ːrdənət] 1. 어울리게 하다, 코디하다
　　　　　　　　　　　　　　 2. 조화를 이루다 [with]
　　　　　　　　　　　　　　 3. 동등한 것, 좌표
　　　　　　　　　　　　　　 4. 동등한, 동격의; 좌표의
- ⓝ coordinator 조정자, 코디네이터

03 **matching** [mǽtʃiŋ] 어울리는, 조화되는
- ⓝ match 1. 한 쌍; 경기, 시합; 성냥; 결혼
　　　　　　 2. ~과 조화되다, 조화시키다

04 **toothbrush** [túːθbrʌʃ] 칫솔
- 관 toothpaste 치약
- 참 gargle (입안을) 헹구다, 양치질하다
　　 floss 치실, 치실질하다
　　 toothpick 이쑤시개

05 **razor** [réizər] 면도칼, 전기면도기
- 혼 raze (남김없이) 파괴하다, 부수다
　　 eraser 지우개

06 **rack** [ræk] 1. 선반, 시렁; ~걸이, ~꽂이
　　　　　　　 2. 고문(하다), 고통(을 주다)
- 관 shelf 선반　bookshelf 서가

07 **appliances** [əpláiəns] (가정용) 기구, 전기제품
- household appliances 가정용 전기제품
- 동 utensil 기구, 가정용품, 주방용품
- 비 tool 비교적 단순한 도구, 연장
　　 instrument 복잡하고 정밀한 도구, 기계
　　 equipment/implement 특정한 일을 위한 도구
　　 apparatus (한 벌의) 장치, 기계
　　 device 특정한 일을 위해 고안된 장비
　　 gear 특정 용도를 위한 도구, 장비
　　 gadget/gismo 간단한 기계장치, 작은 도구
　　 contraption 신기한 장치, 새 발명품

08 **housewares** 가정용품 (매장)
- 관 ware 제품, 물건, warehouse 창고, 도매점
　　 hardware 철물, 하드웨어
　　 software 소프트웨어
　　 glass ware 유리제품　golf wares 골프용품

09 **pillow** [pílou] (깃털·솜털 등을 넣은) 베개
- 동 bolster 긴 베개; 지지하다
- 관 cushion 방석, 쿠션　bedding 침구

10 **blanket** [blǽŋkit] 1. 담요, 모포; 덮개
　　　　　　　　　　　　 2. 포괄적인, 일률적인
- 동 mantle 망토, 덮개

11 **hanger** [hǽŋər] 옷걸이
- coat hanger 옷걸이
- 혼 hangar [hǽŋər] 격납고, 헛간
- 관 hat-stand 모자걸이대

12 **dresser** [drésər] 화장대, 경대
- 동 dressing table/vanity 화장대, 경대
- 관 (chest of) drawer 서랍, 장롱
　　 cabinet 수납장　closet 벽장　cupboard 찬장
　　 end table (소파 곁에 붙여 놓는) 작은 탁자

13 **lampshade** [lǽmpʃeid] 전등의 갓
- 관 lamp 등, 램프
　　 * an electric lamp 전등
　　 * a fluorescent lamp 형광등
- 관 torch 횃불, 토치

14 **rug** [rʌg] (카펫보다 작은) 깔개, 융단
- 관 carpet 양탄자
　　 mat 매트, 돗자리

15 **comfortable** [kʌ́mfərtəbl] (의자·침대가) 편안한
- ⓥ comfort 위로하다, 위안하다
- 반 uncomfortable 불편한, 불쾌감을 주는
- 비 cozy/snug (장소 등이) 아늑한, 편안한

16 **armchair** [áːrmtʃɛər] 1. (팔걸이가 있는) 안락의자
　　　　　　　　　　　　　　 2. 탁상공론의
- 비 chair (등받이가 있는 1인용) 의자, 걸상
　　 rocking chair 흔들의자
　　 stool 등받이 없는 둥근 의자
　　 couch/sofa 긴 의자, 소파
　　 seat 자동차·극장 등의 의자
　　 bench (공공장소의) 딱딱한 재질의 긴 의자

17 **fireplace** [fáiərpleis] 벽난로
- 관 hearth [haːrθ] 벽난로 바닥, 화로
　　 mantel [mǽntl] 벽난로의 선반
　　 chimney [tʃímni] 굴뚝

18 **convenience** [kənvíːnjəns] 편의, (pl.) 편의시설
- ⓐ convenient 편리한, 알맞은
- 동 facilities 설비, 시설, 편의
　　 amenities 편의시설

19 **redecorate** [riːdékərèit] 새로 단장하다
- ⓝ redecorator 새로 장식하는 사람[것]
- 관 decorate 장식하다
- 참 renew 새롭게 하다, 갱신하다
　　 remodel 개조하다, 고치다

Reading V.O.C.A
129

## Review Test

> Theme 029

01  The hotel has 150 rooms, furnished with tiled floor and Arabian style furniture.
➡ 이 호텔은 150개의 방이 있는데, 타일이 깔린 바닥과 아라비아 스타일의 가구가 _____.

02  When decorating a room, coordinating colors can be a very difficult task.
➡ 방을 장식할 때는, 색을 _____시키는 일이 무척 어려운 과제가 될 수 있다.

03  She chose a cute brown skirt and matching shoes.
➡ 그녀는 깜찍한 갈색 스커트와 거기에 _____ 신발을 골랐다.

04  The woman put toothpaste on her toothbrush.
➡ 그 여자는 _____에 _____을 묻혔다.

05  There are various types of razors, such as straight razors, disposable razors and electric razors.
➡ _____에는 면도칼, 일회용 _____, 전기 _____ 등 여러 종류가 있다.

06  I automatically put my bag on the rack and completely forgot it.
➡ 나는 무의식적으로 가방을 _____ 위에 올려두고는 그걸 까맣게 잊었다.

07  A washing machine is one of the electrical appliances that take much energy to work.
➡ 세탁기는 작동하는 데 많은 전기를 소모하는 _____ 중 하나이다.

08  In a department store, the housewares section is always crowded with young couples.
➡ 백화점 _____ 코너는 늘 젊은 부부들로 북적인다.

09  The pillow was made of goose down.
➡ 그 _____는 거위 깃털로 만들어졌다.

10  The woman pulled the blanket around her.
➡ 그 여자는 _____를 끌어당겨 몸에 감쌌다.

11  The man placed his jacket on a coat hanger.
➡ 그 남자는 웃옷을 _____에 걸었다.

12  The dresser was made of wood.
➡ _____는 나무로 만들어졌다.

¹³ The man changed the lampshades to match the room's new decor.

➡ 그 남자는 새로이 장식한 그 방과 어울리게 하려고 _____을 바꾸었다.

¹⁴ The rug was bare in some places.

➡ _____가 몇 군데 헤졌다.

¹⁵ The new baby seat is so comfortable that my son instantly falls asleep on it.

➡ 새로 산 유아카시트는 매우 _____해서 아들은 그 위에서 바로 잠이 든다.

¹⁶ The woman read the newspaper in her favorite armchair.

➡ 그 여자는 그녀가 좋아하는 _____에 앉아 신문을 읽었다.

¹⁷ The woman put another log into the fireplace.

➡ 그 여자는 _____에 통나무를 또 하나 집어넣었다.

¹⁸ Please call me at your convenience.

➡ _____ 시간에 연락 주십시오.

¹⁹ The couple is busy redecorating the porch of their house.

➡ 그 부부는 집의 현관을 _____하느라 분주하다.

>>> 정답

| 01. 갖춰져 있다 | 02. 조화 | 03. 어울리는 | 04. 칫솔, 치약 | 05. 면도기 |
| 06. 선반 | 07. 가전제품 | 08. 가정용품 | 09. 베게 | 10. 담요 |
| 11. 옷걸이 | 12. 화장대 | 13. 램프의 갓 | 14. 깔개 | 15. 편안 |
| 16. 안락의자 | 17. 벽난로 | 18. 편한 | 19. 새로 단장 | |

>>> Part 2 Home & Society
>>> Chapter 1 The Necessities of Life & Environment

>>> Theme 030  **Chores & Tools**

Children can learn responsibility by doing simple **chores**[01] around the house. Considering that in many families, both parents work, it is important that children know how to do things to help around the house. Children should be **assigned**[02] **tasks**[03] that teach them skills that they will need as **independent**[04] adults. Both boys and girls should know how to do the cooking. Children should know how to prepare food, whether it's throwing something in the **microwave oven**[05] or **cooker**[05] or **chopping**[06] ingredients or using a **blender**[06] without making a **mess**[07]. They should take part in **cleaning**[08] in every part of the house. They should wash the **bowls**[09], **plates**[09], cups, and other **dishes**[09] or at least load and empty the **dishwasher**[09]. They should be able to thoroughly **scour**[10] **pots**[09] and **pans**[09]. They should know how to **clean up**[08] spills in the **refrigerator**[11] as well as keep the rest of the house clean by emptying **ashtrays**[12]. They should know how to do the **laundry**[13], including how much laundry **detergent**[14] to use as well as how to avoid making clothes **shrink**[15] or turn colors. Children ought to be able to do the **ironing**[16] without burning holes into clothes. They should be **sent on**[17] shopping **errands**, which will help them learn how to handle money wisely. They should be expected to **make up**[18] their own beds as well as **tidy up**[19] after themselves, by using a **mop**[20], **vacuum cleaner**[20] or a **broom**[20] and **dustpan**[20] to **sweep up**[21]. Considering that they are often being chauffeured in their parents' cars, it's not too much to ask that they help **wash the car**[22] too. Not only will knowing how to do such things make them self-sufficient, but it will also save them a lot of money as they will not need to pay someone else to do these things for them when they are adults.

>>> 해석

아이들도 간단한 집안일을 함으로써 책임감을 배울 수 있다. 부모가 모두 직장을 다니는 가정이 많이 있다는 점을 고려할 때 아이들도 집안의 일들을 할 줄 안다는 것은 중요하다. 아이들에게도 임무를 부여함으로써 그들이 성인이 되었을 때 필요한 기술을 가르쳐야만 한다. 여자아이, 남자아이 모두 요리를 할 줄 알아야 한다. 무언가를 전자레인지나 쿠커에 집어넣어 만들든, 재료를 썰어 만들든, 혹은 혼합기를 사용하든, 뒤범벅을 만들지 않고 음식을 준비할 줄 알아야 한다. 아이들도 집의 모든 부분을 청소하는 데 참여해야만 한다. 그들도 그릇, 접시, 컵, 그밖에 다른 것들도 설거지해야 한다. 최소한 식기세척기에 그릇을 집어넣거나 빼내는 일이라도 해야 한다. 그들도 냄비와 프라이팬을 깨끗이 닦을 수 있어야 한다. 재떨이를 비워 집의 다른 부분을 깨끗하게 유지할 줄 알아야 할 뿐 아니라 냉장고에 엎질러진 것을 치울 줄 알아야 한다. 세제를 얼마나 넣어야 하는지 알아야 할 뿐 아니라 옷이 수축되거나 변색되는 것을 막으려면 어떻게 해야 하는 지 등, 아이들도 세탁을 할 줄 알아야 한다. 다리미질을 하다 태워 옷에 구멍을 내지 않도록 아이들도 다리미질을 할 수 있어야 한다. 물건을 사 오게 하는 심부름도 보내야 하는데 그렇게 하면 아이들에게 현명하게 돈을 쓰는 법을 가르치는 데 도움이 될 것이다. 자루걸레, 진공청소기 혹은 쓸어 담을 빗자루와 쓰레받기를 사용해서, 아이들이 자고 나서 스스로 잠자리를 정리하는 것뿐만 아니라 스스로 잠자리를 준비하도록 해야 한다. 아이들이 종종 부모의 차를 타고 가는 것을 생각하면 아이들에게 세차를 도와 달라고 하는 것이 그리 심한 일은 아닐 것이다. 이러한 일들을 할 줄 아는 것은 아이들에게 자급자족할 수 있게 할 뿐 아니라 나중에 어른이 되어서 다른 사람에게 돈을 주고 그 일들을 시킬 필요가 없으므로 돈도 절약하게 만드는 것이다.

>>> 어구

**responsibility** 의무, 책임. **considering** ~을 고려하건대 **adult** 성인, 어른 **ingredient** (음식) 재료. **chauffeur**[ʃóufər] 운전사(노릇을 하다) **self-sufficient** 자립할 수 있는, 자급자족하는

>>> 구문

• should be assigned tasks (that teach them skills)¹ (that they will need)² ~
(그들에게) (그들이 필요로 할)² 기술을 가르치는)¹ 일을 배정받아야 한다

>>> Part 2 가정과 사회
>>> Chapter 1 의식주와 환경

>>> Theme 030  **집안일과 도구** ▶

01 **chore** [tʃɔːr] (집안의) 자질구레한 일
- 혼 choir [kwaiər] 성가대, 합창단
- 관 grind 힘들고 단조로운(지루한) 일  drudgery 싫은(힘든) 일, 고역
  travail 하기 싫은 일, 진통  moil/toil 힘든 일, 노역

02 **assign** [əsáin] (일 등을) 할당하다; 배정하다
- ⓝ assignment 숙제, 할당

03 **task** [tæsk] (해야 할) 일, 직무
- 관 job 일, 일자리

04 **independent** [ìndipéndənt] 독립한, 의지하지 않는
- 반 dependent 의존하는, 의지하고 있는[on]

05 **microwave oven** 전자레인지, 전자오븐
- 관 microwave 마이크로파, 극초단파  oven 솥, 오븐
  stove 스토브, 요리용 레인지, 난로  gas stove 가스레인지
  cooker (솥, 냄비 등) 요리도구

06 **chop** [tʃap, tʃɔp] (음식재료를) 잘게 자르다
- 비 mince/hash (음식재료를) 다지다  slice 얇게 베다
  shred 채를 치다  carve 고기를 베어 나누다
  clip/shear/snip 가위로 자르다
- 관 blender/mixer 요리용 믹서, 혼합기  juicer 과즙기  pestle 절구

07 **mess** [mes] 엉망진창; 범벅이 된 음식
- • mess up 엉망을 만들다, 어질러 놓다
- 동 clutter 어질러진 물건; 잡동사니
  * clutter up 어질러 놓다

08 **cleaning** [klíːniŋ] 청소, 세탁, 클리닝
- • do the cleaning 청소하다
- ⓥ clean 청소하다; 깨끗한; 완전히
- • clean up 청소하다, 마무리하다
- • come clean 고백하다, 털어놓다
- • make a clean breast of 남김없이 털어놓다
- 혼 cleanse [klenz] (피부 등을) 청결하게 하다
  – cleanser (주로) 세안제  rinse 헹구다, 헹굼, 린스

09 **dish** [diʃ] 1. 큰 접시; 식기
  2. 요리, 음식
- • do the dishes 설거지를 하다
- • main dish (식사의) 주요리 ↔ side dish 반찬
- • dishwasher 식기 세척기  cf. cloth 행주
- 비 plate 덜어먹는 작은 접시  saucer 받침접시, 화분 받침
  tray (음식을 나르는) 쟁반  bowl (오목한) 사발, 주발
  basin 대야, 세면기; 움푹한 분지
- 관 pot 깊은 냄비, 항아리  pan 납작한 냄비
  kettle 주전자  decanter 목이 길쭉한 병
  scoop/ladle 국자  spatula 주걱  strainer 체

10 **scour** [skauər] 1. 문질러 닦다; 세척
  2. 찾아다니다; 철저히 조사하다
  3. 급히 뛰어나가다; 훑고 지나가다

11 **refrigerator** [rifrídʒərèitər] 냉장고
- 동 fridge [fridʒ] 냉장고(축약어)
- 관 freezer 냉동고

12 **ashtray** [ǽʃtrei] 재떨이
- ⓝ ash 재, (ashes) 유골
- 관 garbage can/trash can/wastebasket/dustbin 쓰레기통

13 **laundry** [lɔ́ːndri] 세탁, 세탁물, 세탁소
- • do the laundry 세탁하다
- ⓝ Laundromat 빨래방, 동전을 넣는 자동세탁기
- 관 washing machine 세탁기  hamper 빨래 바구니; 방해하다

14 **detergent** [ditə́ːrdʒənt] 합성 세제, 세척제
- 관 bleach 표백제

15 **shrink** [ʃriŋk] 1. (천이) 오그라들다, 줄어들다
  2. 움츠러들다
- 관 crinkle 오그라들다, 주름지다; 주름
  wrinkle 주름 구겨지다
  pleat (일부러 낸) 주름; 주름을 잡다
  crease 접은 자국, (바지의 세운) 줄

16 **ironing** [áiərniŋ] 다리미질
- • ironing board 다림질판
- ⓝ iron 다리미; 철, 철분; 가혹한, 확고한
- 동 press 다리미로 다리다

17 **errand** [érənd] (잔)심부름
- • send somebody on an errand 심부름을 보내다
- • run an errand(s) for ~의 심부름을 하다

18 **make up** 1. (잠자리를) 마련하다
  2. (여러가지로) 구성하다
  3. 날조하다, 지어내다
  4. 조제하다, 섞어 만들다
  5. 화장하다, 분장하다
  6. 보충하다; 화해하다
- 관 make-up 화장; 재시험

19 **tidy up** 1. (방ㆍ식탁 등을) 정돈하다
  2. (옷차림 등을) 단정히 하다
- ⓐ tidy 깔끔한, 말쑥한
- 동 spruce up 말쑥하게 꾸미다

20 **mop** [mɔp] (긴 자루가 달린) 대걸레
- 관 broom 빗자루; 비로 쓸다  dustpan 쓰레받기
  vacuum cleaner 진공청소기

21 **sweep up** 1. 청소하다, 쓸다  2. (먼지를) 쓸어 모으다
- • sweep the floor 마루를 청소하다

22 **wash the car** 세차하다
- cf. mow the lawn 잔디를 깎다

## Part 2 — Home & Society
### Chapter 1 — The Necessities of Life & Environment

## Theme 030 Review Test

01 On average, women spend 6 times more time than men on chores.
➡ 평균적으로, 여성이 남성보다 _____을 하는 시간이 6배 더 많다.

02 Seats will be assigned on a first-come, first served basis.
➡ 좌석은 선착순으로 _____ 됩니다.

03 He seems to have no ability to do the new task.
➡ 그는 새로운 _____을 수행할 능력이 없어 보인다.

04 Haiti was the first independent nation in Latin America.
➡ 아이티는 남미국가 최초의 _____ 국가였다.

05 The woman cooked the meal in the microwave oven.
➡ 그 여자는 _____에다 음식을 조리했다.

06 The chef chopped meat into small pieces skillfully.
➡ 주방장은 능숙하게 고기를 _____.

07 My 4-year-old son always leaves the house in a mess.
➡ 4살배기 아들은 항상 집을 _____으로 만든다.

08 Cleaning the oven is a dreaded chore.
➡ 오븐 _____는 아주 힘든 일이다.

09 The children took turns doing the dishes.
➡ 그 아이들은 교대로 _____를 했다.

10 Scour the spot with an abrasive powder.
➡ 연마용 가루약으로 그 얼룩을 _____.

11 The woman got the soda from the refrigerator.
➡ 그 여자는 _____에서 소다수를 꺼냈다.

12 The man extinguished his cigarette in the ashtray.
➡ 그 남자는 _____에 담배를 껐다.

Reading V.O.C.A
134

¹³ This detergent will help you do your laundry without harming your health.
➡ 이 세제는 건강을 해치지 않고 _____하는 데 도움이 된다.

¹⁴ The man put laundry detergent into the washing machine.
➡ 그 남자는 세탁기에 _____를 넣었다.

¹⁵ According to scientists, the moon is shrinking.
➡ 과학자들에 의하면, 달이 _____ 있다고 한다.

¹⁶ The woman arranged the shirt on the ironing board.
➡ 그 여자는 그 셔츠를 _____에 잘 펴놓았다.

¹⁷ My brother sent me on an errand to pick up the laundry.
➡ 오빠는 내게 세탁물을 찾아오라고 _____.

¹⁸ An extra visitor arrived so she had to make up a bed in the spare room.
➡ 추가 손님이 오셔서 그녀는 예비침실에 _____ 해야 했다.

¹⁹ The man tidied up before his guests arrived.
➡ 그 남자는 손님들이 도착하기 전에 방을 _____.

²⁰ The man cleaned up the spill with the mop.
➡ 그 남자는 _____로 엎질러진 것을 치웠다.

²¹ The woman swept the floor with a broom.
➡ 그 여자는 빗자루로 _____.

²² You'd better wash the car before you visit your hometown.
➡ 고향을 방문하기 전에 _____ 것이 좋겠다.

>>> 정답
01. 집안일   02. 배정   03. 일   04. 독립   05. 전자레인지
06. 잘게 썰었다   07. 엉망   08. 청소   09. 설거지   10. 문질러 닦으세요
11. 냉장고   12. 재떨이   13. 빨래   14. 세제   15. 줄어들고
16. 다림질판   17. 심부름을 보냈다   18. 잠자리를 마련   19. 정돈했다   20. 대걸레
21. 마루를 청소했다   22. 세차하는

>>> Part 2 Home & Society   >>> Chapter 1 The Necessities of Life & Environment

## >>> Theme 031  Buildings

Most **public buildings**[01] have several things in common to assist visitors. For example, upon walking through the **revolving door entrance**[02][03] of a **skyscraper**[04], one often sees a map or **directory**[05] of the building to help the visitor easily find his way through the dizzying **maze**[06] of **corridors**[07]. The **diagram**[08] f the building has each office and room numbered for reference to the directory nearby. The directory specifies which companies and organizations operate in which **suites**[09] on which floors. The **floor plan**[10] also shows the locations of the **escalators**[11], **elevators**[11], and **stairways**[12] needed to make one's way to the desired **destination**[13]. The floor plan also clearly points out the **location**[14] of the **facilities**[15]. A typical miniature couple of a blue man and a red woman indicate the locations of the **restrooms**[16]. The number of restrooms per floor varies according to the size of the building, but there is at least one for each sex on each floor of the building. Finally, the letters "PH" signify that the **penthouse**[17] is on the **uppermost**[18] floor of the building.

>>> 해석

대부분의 공공건물들은 방문객들을 돕고자 공통적으로 몇 가지를 갖추고 있다. 예를 들면, 고층빌딩의 건물입구에 있는 회전문을 통해 들어오자마자 미로처럼 정신없이 복잡한 복도에서 방문객들은 자신들이 갈 곳을 쉽게 찾도록 도와주는 지도나 입주자안내판을 볼 수 있다. 건물의 안내도에는 가까이 있는 안내판을 참고로 각각의 사무실과 방 번호가 매겨져 있다. 안내판에는 어떤 회사와 어떤 단체가 몇 층의 몇 호실에서 일하고 있는지 자세히 나와 있다. 평면도에는 원하는 곳으로 가는 데 필요한 에스컬레이터와 엘리베이터의 위치가 나와 있다. 또한 평면도에는 편의 시설의 위치가 명확하게 나타나 있다. 파란색의 남자와 빨간색의 여자를 축소한 전형적인 그림이 화장실의 위치를 알려 준다. 층별 화장실 수는 건물 규모에 따라 다르지만 건물 각 층마다 적어도 남녀 화장실 한 개씩은 있다. 마지막으로 PH라는 글씨가 있으면 옥상주택이 그 건물의 가장 위층에 있다는 것을 나타낸다.

>>> 어구

in common 공동의, 공통으로  assist 돕다  dizzying 현기증 나는  reference 참조, 언급  specify 구체적으로 말하다, 일일이 열거하다  make one's way to ~로 가다  point out 가리키다, 지적하다  typical 전형적인  vary 다르다, 가지각색이다

>>> 구문

- specifies which companies and organizations operate (in which suites) (on which floors)
  어떤 회사와 단체가 일하는지 (몇 호실에서) (몇 층에서)

- there is at least one (for each sex) (on each floor of the building)
  적어도 한 개는 있다 (남성과 여성용이) (건물의 각 층에)

### Theme 031 건물

**01 public building** 공공건물
- ⓐ public 공공의, 공립의; 공공연한; 대중

**02 revolving door** 회전문
- ⓐ revolving 회전하는, 순환하는
  - 관 folding door 접(이)문  sliding door 미닫이문
    swing(ing) door 자동식 도어
    trapdoor 천장·마루 등의 들어 올리는 문
    front door 앞문  back door 뒷문

**03 entrance** [éntrəns] 1. 입구, 출입구, 현관
  2. 입장(허가), 입장권
  3. 입학, 취임
- 반 exit 출구, 퇴장
- 관 janitor (빌딩) 관리인, 수위

**04 skyscraper** [skáiskrèipər] 초고층 빌딩, 마천루
- 관 towering 높이 솟아있는

**05 directory** [diréktəri] 1. (건물) 입주자 안내판
  2. 주소록; 컴퓨터 파일목록
- directory of the building 건물 입주자 안내판
- a telephone directory 전화번호부

**06 maze** [meiz] 미로, 미궁
- 동 labyrinth 미궁, 미로

**07 corridor** [kɔ́ridɔ̀ː] (벽으로 둘러싸인) 복도; 회랑
- 동 hallway 복도, 통로
- 관 hall 넓은 방, 강당, 홀; 현관
  lobby (호텔·극장 등의) 로비
  lounge 휴게실, 라운지
- 관 mezzanine [mézəni:n] (극장의) 2층 좌석

**08 diagram** [dáiəgræm] 도형, 그림, 약도, 도표

**09 suite** [swi:t] (호텔 등의) 특별실, 스위트룸
- 동 sweet [swi:t] 단, 달콤한; 유쾌한, 사랑스러운

**10 floor plan** (건물의) 평면도(안내도)
- 관 plan 평면도, 설계도
  blueprint 청사진
  layout 구획, 배치, 설계

**11 escalator** [éskəlèitər] 에스컬레이터; 단계적 증감
- ⓥ escalate 단계적으로 확대하다
- ⓝ escalation 단계적 확대, 점증
- 관 elevator [éləvèitər] 〈미〉 승강기  cf. 〈영〉 lift
  – elevate (들어) 올리다, 승진시키다
  – elevation 높임, 향상; 승진; 해발, 고도

**12 stairway/stair** [stɛərwei] 계단
- 관 upstairs 위층으로, 위층의
  downstairs 아래층으로, 아래층의
- 관 fire escape 비상구 계단

**13 destination** [dèstənéiʃən] 목적지, 행선지
- ⓥ destine ~할 운명이다

**14 location** [loukéiʃən] 1. (건물이 있는) 위치, 장소
  2. (영화) 야외촬영(지)
- ⓥ locate (건물이) 위치하다; 위치를 알아내다

**15 facility** [fəsíləti] 1. (pl.) 설비, 편의시설; 화장실
  2. 재능, 유창함
- ⓐ facile 손쉬운; 수월하게 일하는; 능란한
- 파 facilitate 수월하게 하다, 촉진하다
- 동 amenities / conveniences 편의 시설

**16 rest room** [rést ru:m] 〈미〉 화장실, 세면실
- 동 bathroom 〈미〉 화장실, 〈영〉 욕실
  toilet 〈영〉 화장실
  latrine (임시) 변소
  water closet 수세식 변소(W.C)

**17 penthouse** [pénthaus] 고급 옥상 주택

**18 uppermost** 가장 높은, 최고(최상)의
- the uppermost floor 최상층

>>> Theme 031 **Review Test**

01 Smoking in public buildings has a lot of negative effects.
➡ _____에서의 흡연은 많은 부정적인 영향을 미친다.

02 The guest pushed his way through the revolving doors to enter the lobby.
➡ 손님은 로비로 들어가기 위해 _____을 밀고 들어갔다.

03 The entrance to the building was blocked by picketers.
➡ 건물의 _____는 데모대에 의해 가로막혔다

04 The New York skyline is dominated by skyscrapers.
➡ 뉴욕의 스카이라인은 _____으로 이루어졌다.

05 Telephone directories can be published in hard copy or in electronic form.
➡ _____는 인쇄 문서 또는 전자문서 형태로 출간될 수 있다.

06 I got lost in the maze.
➡ 나는 _____ 속에서 길을 잃었다.

07 Corridors require efficient lighting as they often lack windows.
➡ _____는 흔히 창문이 부족하기 때문에 효율적인 조명이 필요하다.

08 The tower offers several hundred informational diagrams.
➡ 그 고층건물은 수 백 개의 _____를 제공한다.

09 The tycoon always stays at a suite at the CBA Hotel whenever he visits the U.S.
➡ 그 거물은 미국을 방문할 때마다 CBA 호텔의 _____에 묵는다.

10 He printed out the floor plan of the apartment house.
➡ 그는 그 아파트의 _____를 출력했다.

11 The riders gripped the escalator's handrail.
➡ _____를 탄 사람들은 손잡이를 꽉 잡았다.

12 In case of fire, use stairways.
➡ 화재시에는 _____을 이용하세요.

¹³ Our next **destination** is Dresden in Germany.
→ 우리의 다음 _____는 독일의 드레스덴입니다.

¹⁴ They are looking for a suitable **location** for a new office.
→ 그들은 새 사무실로 적합한 _____를 찾고 있다.

¹⁵ Kitchen **facilities** are located on each floor of the residence hall.
→ 기숙사 각 층마다 부엌_____이 배치되어 있다.

¹⁶ The **rest rooms** are usually located in the corner of a building.
→ _____은 대개 건물의 구석에 위치하고 있다.

¹⁷ The **penthouse** is on the uppermost floor.
→ _____은 최상층에 있다.

¹⁸ This luxurious suites are located on the **uppermost floor**.
→ 이 고급 객실은 _____에 자리하고 있다.

---

>>> 정답

01. 공공건물   02. 회전문   03. 출입구   04. 초고층 빌딩   05. 전화번호부
06. 미로       07. 복도     08. 정보가 담긴 도표(안내도)   09. 스위트룸   10. 평면도
11. 에스컬레이터   12. 계단   13. 목적지   14. 위치   15. 시설
16. 화장실   17. 고급옥상주택   18. 최고층

>>> Part 2 Home & Society
>>> Chapter 1 The Necessities of Life & Environment

## >>> Theme 032  Town & City

**Housing**[01] can vary according to the **space**[02] available. The most **cramped**[03] and **crowded**[04] places **are occupied by**[05] people who live in **ghettoes**[06]. Ghettoes have high **concentrations**[07] of people with low-incomes who cannot afford larger housing and may need government assistance to be able to live even in the **squalor**[08] of **run-down tenements**[09][10]. In contrast, **condominium**[11] **dwellers**[12] are typically people with high - to medium - income earnings who have bought or leased their apartments. These **apartment complexes**[13] form small **communities**[14] in which there may be a number of shared facilities such as a pool. On the **outskirts**[15] of the **metropolis**[16] are **suburbs**[17] in which families **commute**[18] to the city to work, but choose to live in quieter and slower-paced communities. There's generally more **room**[19] to include a **lawn**[20], **parking space**[21], or **garage**[21]. The further away one goes from **metropolitan**[16] **areas**[22], the more **spread out**[23] everything tends to be. So while city dwellers may be able to take a five-minute walk to the **shopping mall**[24], a person in a **rural**[25] **hamlet**[25] or **village**[26] of the same county may need to drive an hour to get to the nearest mall.

>>> 해석

사용 가능한 공간에 따라 주거는 달라질 수 있다. 가장 비좁고 북적대는 곳은 슬럼가에 사는 사람들이 차지하고 있다. 빈민가에는 더 큰 집에 살 형편이 못 되는 저소득층의 사람들이 많이 몰려 살고 그들에겐 몹시 더럽고 누추한 주택에서나마 살 수 있도록 정부 보조가 필요하다. 이와는 대조적으로 분양아파트에서 사는 사람들은 보통 아파트를 사거나 임대할 형편이 되는 고소득층 내지는 중산층의 사람들이다. 이러한 아파트단지 내에는 풀장과 같은 많은 공용시설이 있어 작은 공동체를 형성한다. 도심지의 변두리에는 도시에 있는 직장으로 출퇴근하면서 더 조용하고 생활의 속도가 더딘 곳에서 살기를 원하는 사람들이 산다. 이곳에는 잔디밭, 주차장 또는 차고를 포함하는 더 많은 공간이 있는 것이 일반적이다. 도심지에서 더 멀어질수록 모든 것이 더 널리 퍼지는 경향이 있다. 그래서 도시 거주자들이 대형 상가까지 걸어서 5분이면 갈 수 있는데 반하여 시골의 작은 마을에 사는 사람들은 가장 가까운 상가까지 차로 한 시간을 가야 한다.

>>> 어구

vary 가지각색이다, 다르다  available 이용할 수 있는  low-income 저소득의  afford ~할 여유가 있다
in contrast 대조적으로  earning 소득, 수입  facilities 설비, (편의) 시설  lease 임대하다  lawn 잔디

>>> 구문

• The further **away** one goes from metropolitan areas, the more **spread out** everything tends to be. [the more~, the more~]
  도심으로부터 멀어지면 질수록, 모든 것들이 더 멀리 퍼지는 경향이 있다.

>>> Part 2 가정과 사회   >>> Chapter 1 의식주와 환경

>>> Theme 032   **읍과 시** ▶

01 **housing** [háuziŋ] 주거; (집합적) 주택; 주택공급
- house 건물로서의 집
  home 가족이 거주하는 공간으로서의 집, 가정

02 **space** [speis] 공간, 장소; 빈틈
- ⓐ spacious (공간이) 넓은
- 동 spatial 공간의, 공간적인   specious 그럴듯한

03 **cramped** [kræmpt] 1. (장소가) 비좁고 갑갑한   2. 쥐가 난
- ⓝ cramp 꺾쇠, 구속; 경련, 쥐
- 동 confined 장소가 좁은; 틀어박힌

04 **crowded** [kráudid] (사람으로) 붐비는[with]
- 동 loaded with ~으로 가득한   teeming with ~으로 가득한

05 **be occupied by** (장소를) 차지(점유)하다
- Is this seat occupied? 자리 있습니까?
- ⓝ occupancy 점유, 사용
- 동 occupation 직업; 재직기간; 점유

06 **ghetto** [gétou] 빈민가, 슬럼가
- 동 slum 슬럼가   shantytown 빈민가, 판자촌
  Harlem (뉴욕 맨해튼의) 흑인거주구역

07 **concentration** [kànsəntréiʃən] 집중, 집결
- a concentration of population 인구의 집중
- have high concentrations of people 인구밀집도가 높다
- ⓥ concentrate 집중시키다, 집중(전념)하다 [on]
- 관 centralize 집중시키다, 중앙집권화하다
  ↔ decentralize 분산시키다
  dense 밀집한, 빽빽한   density 밀도, 농도

08 **squalor** [skwálər] 더러움, 누추함
- ⓐ squalid 지저분한, 누추한
- 동 sordid 더러운, 지저분한

09 **run-down** 1. (장소가) 황폐한, 낡은
   2. (사람이) 피곤한, 지친   3. (사업이) 쇠퇴한
- 동 dilapidated 황폐한, 낡아빠진
  ramshackle 금방이라도 무너질 듯한

10 **tenement** [ténəmənt] (공동) 주택
- 관 tenement house 특히 싸구려 아파트

11 **condominium** [kàndəmíniəm] (고급) 분양아파트
- 관 apartment 〈미〉 아파트   flat 〈영〉 아파트   mansion 대저택

12 **dweller** [dwélər] 거주자, 주민
- 동 inhabitant/habitant/denizen 주민

13 **complex** [kəmpléks] 1. 복합건물; 단지; 콤플렉스, 강박관념
   2. 복합의; 복잡한
- an apartment complex 아파트 단지
- 동 complexion 피부색, 안색

14 **community** [kəmjú:nəti] 지역 공동체(사회)

15 **outskirt(s)** [áutskə:rt] (도시의) 변두리, 교외
- in the outskirts of town 읍의 변두리에
- 관 inner city (빈민가로 변한) 대도시 중심부
  in the heart of ~의 중심부에

16 **metropolis** [mitrápəlis] 중심지, 수도, 대도시
- 동 metropolitan 대도시의, 도심의

17 **suburb(s)** [sʌ́bə:rb] 도시 주변의 주택지, 교외
- 관 urb 〈미구어〉 시가지, 도시   urban 도시의, 도시에 사는

18 **commute** [kəmjú:t] 1. 통근하다   2. 대체하다, 교환하다
- ⓝ commuter (교외) 통근자

19 **room** [ru:m] (특정 목적을 위한) 자리(공간), 여지
- legroom 다리를 뻗는 공간
- ⓐ roomy 넓은, 널찍한

20 **lawn** [lɔ:n] 잔디밭, (정원의) 잔디
- mow the lawn 잔디를 깎다

21 **parking space [area]** 주차할 수 있는 공간
- 관 parking lot/car park 주차장
  garage [gərá:dʒ] 건물 내의 차고 cf. towaway zone 견인지역

22 **area** [ɛ́əriə] 지역, 지구, 지대; 영역, 분야
- area 경계가 불분명하고 애매한 지역
  region 명확한 한계가 없는 광대한 지역
  zone 확실한 특징이 있는 경계가 명확한 구역
  belt/strip 어떤 특징을 지닌 가늘고 긴 지역
  quarter 특정 주민이 거주하거나 특수 용도로 쓰이는 지역
  district (행정구·선거구 등의) 지구, 관할구
  section (특히 도시의) 구역, 지구

23 **spread out** 퍼지다, 펼쳐지다; 펼치다, 뻗다; 넓게 펼쳐진
- 관 sprawl (도시가 불규칙하게 퍼지는) 스프롤현상

24 **(shopping) mall** [mɔ:l] 〈미〉 쇼핑센터

25 **rural** [rúərəl] 시골의, 지방생활의
- 동 rustic 시골의, 소박한   pastoral 전원적인, 시골의
  bucolic 전원적인, 소박한
- 관 urban 도시의, 도시에 사는

26 **hamlet** [hǽmlit] 작은 마을
- 관 village (hamlet보다 크고 town보다 작은) 마을
  town (city보다 작고 village보다 큰) 읍, 시
  county 〈미〉 군(주 내의 가장 큰 행정구역)

## Review Test

**01** The candidate insists that the government provide cheap **housing** for the homeless.
➡ 그 후보자는 정부가 노숙자에게 저렴한 _____을 제공해야 한다고 주장한다.

**02** This technique can create empty **space** temporarily that we call a vacuum.
➡ 이 기술은 우리가 진공상태라고 말하는 빈 _____을 일시적으로 만들어 낼 수 있다.

**03** There is a **cramped** kitchen attached to this small house.
➡ 이 작은 집에는 _____ 부엌이 하나 딸려 있다.

**04** The street **was crowded with** people to see the parade.
➡ 거리는 퍼레이드를 보려는 사람들로 _____.

**05** Norway **was occupied by** Germany from 1940 to 1945.
➡ 노르웨이는 1940년에서 1945년까지 독일에 _____.

**06** The family worked hard to get out of the **ghetto**.
➡ 일가족은 _____를 벗어나기 위해 열심히 일했다.

**07** Having breakfast can improve your memory and **concentration**.
➡ 아침식사를 하면 기억력과 _____이 향상될 수 있다.

**08** These organizations steadily help the poor living in **squalor**.
➡ 이러한 단체들은 _____에 사는 가난한 이들을 꾸준히 돕고 있다.

**09** In October, the company will renovate the **run-down** buildings on the outskirts of the city.
➡ 회사는 10월부터 교외의 _____ 건물들을 새롭게 수리할 예정이다.

**10** Jane was a tenant in a ramshackle **tenement**.
➡ Jane은 쓰러질 듯한 어느 _____의 세입자였다.

**11** The couple sold their home to move to **a condominium**.
➡ 그 부부는 _____로 이사하기 위해 그들의 집을 팔았다.

**12** As **a** city **dweller**, I did not know anything about cattle.
➡ 도시 _____인 나는 소에 대해서 아는 게 없었다.

**13** New office **complexes** will be built in this area.
➡ 새로운 사무_____가 이 지역에 들어설 예정이다.

**14** Many **communities** in Florida and Louisiana depend on fishing and tourism for their livelihoods.
➡ 플로리다와 루이지애나의 많은 _____가 어업과 관광업에 생계를 의존한다.

¹⁵ The residents on the outskirts of town had larger houses and more property.
➡ 도시 _____ 에 사는 주민들은 더 큰 집과 많은 재산을 갖고 있었다.

¹⁶ The city serves as the economic and cultural hub of a metropolitan area.
➡ 그 도시는 _____ 지역의 경제·문화적 중심지 역할을 한다.

¹⁷ Our factory is in the suburb of Munich.
➡ 우리 공장은 뮌헨의 _____ 에 있습니다.

¹⁸ I live in a suburb and commute to Seoul every day.
➡ 나는 교외에 살면서 매일 서울로 _____.

¹⁹ There is no room for compromise.
➡ 타협의 _____ 가 없다.

²⁰ It's important to know how to mow the lawn if you want to keep your garden looking neat and tidy.
➡ 정원을 깔끔하게 유지하고자 한다면 _____ 방법을 아는 것이 중요하다.

²¹ There was only one vacant parking space behind the building.
➡ 건물 뒤편에 딱 한자리 비어 있는 _____ 이 있었다.

²² Most people in this area don't speak their native tongue.
➡ 이 _____ 사람들 대부분이 자신들의 모국어를 쓰지 않는다.

²³ The valley lies spread out before my eyes.
➡ 계곡이 내 눈앞에 _____.

²⁴ She was caught red-handed stealing clothes at the mall.
➡ 그녀는 _____ 에서 옷을 훔치다가 현행범으로 잡혔다.

²⁵ Rural areas are more sparsely populated than urban areas.
➡ _____ 지역이 도시보다 인구가 적다.

²⁶ The sleepy hamlet was far off the main road.
➡ 그 조용한 _____ 은 중심가에서 멀리 떨어져 있었다.

>>> 정답
01. 주택  02. 공간  03. 좁은  04. 북적거렸다  05. 점령당했다
06. 슬럼가  07. 집중력  08. 누추한 곳  09. 낡은  10. 공동주택
11. (고급) 분양아파트  12. 거주자  13. 단지  14. 지역 사회  15. 근교
16. 대도시  17. 외곽  18. 통근한다  19. 여지  20. 잔디 깎는
21. 주차 공간  22. 지역  23. 펼쳐졌다  24. 쇼핑몰  25. 시골
26. 작은 마을

>>> Part 2 Home & Society

**Chapter 2
Gender & Family**

>>> Theme 033  **Gender & Puberty**

During **puberty**[01], girls and boys experience both psychological and physical changes, and this period of several years **culminates**[02] in **sexual**[03] **maturity**[04]. On average, boys enter the puberty stage at age 12 or 13; girls generally **mature**[04] earlier as they hit puberty at age 10 or 11. **Heredity**[05] is primarily responsible for determining when an individual experiences puberty. However, **environmental**[06] **factors**[07] such as exercise and diet are also influential in that they can partially cause early or **delayed**[08] puberty. Various physical changes are the result of a **surge**[09] in **hormone production**[10,11], which signals the beginning of puberty. A child **develops**[12] secondary **sex traits**[13] during this life stage as his or her **hormonal**[10] balance shifts strongly toward **adulthood**[14]. This means, for instance, that a larger **Adam's apple**[15] and a deeper voice will be noticeable in boys. Meanwhile, girls will develop breasts and their hips will become more visible and curved. These changes come about with the pituitary gland's **secretion**[16] of a surge of hormonal agents into the bloodstream. What results is a chain reaction: the **gonads**[17] are activated, **triggering**[18] their rapid **growth**[12] and development. Next, necessary chemicals are produced in large amounts by the gonads. Specifically, **estrogen**[19] is released by the **ovaries**[20], and **testosterone**[19] is released by the **testes**[20]. Until sexual **maturation**[04] is reached, these hormones are continually produced in gradually increased amounts.

>>> 해석

청소년기의 소년과 소녀들은 사춘기를 지나며 심리적, 신체적 변화를 겪게 되는데 이 몇 년의 사춘기는 성적인 성숙을 낳으며 끝이 난다. 평균적으로 남자아이들은 만 12세 혹은 13세 즈음에 사춘기로 접어들며, 여자아이들은 보통 그보다 이른 만 10세나 11세에 사춘기로 들어선다. 주로 유전적인 특징이 개인의 사춘기 경험시기를 결정하는 요소로 작용한다. 그러나 운동과 식이요법 같은 환경적인 요소 또한 부분적으로 영향을 미치는데, 이 같은 요소들은 사춘기를 앞당기거나 늦추기도 한다. 호르몬 생산의 갑작스러운 증가로 다양한 신체적인 변화들이 나타나는데, 이들은 사춘기의 시작을 알리는 신호이다. 아이의 2차 성징은 호르몬 균형이 성인기를 향하는 이 시기에 발달한다. 예를 들면, 남자 아이들은 목젖이 커지고 목소리가 낮아지는 것이 두드러진다. 한편, 여자아이들은 가슴과 엉덩이가 발달하여 더욱 눈에 띄기 시작하고 몸의 굴곡이 생긴다. 이러한 변화들은 뇌하수체에 의해 급증된 호르몬제가 혈류 안으로 분비되는 것 때문에 일어난다. 이것의 결과는 다음과 같은 연쇄반응이다. 먼저 생식선들이 활성화되어 빠르게 성장, 발달한다. 다음, 생식선에서 다량의 필수 화학물질들이 생성되는데, 구체적으로 에스트로겐이 난소에서 분비되고 테스토스테론은 정소에서 분비된다. 성적인 성숙이 완성되기 전까지 이 호르몬들은 점진적으로 증량되어 계속해서 생성된다.

>>> 어구

psychological 심리적인  physical 육체의, 육체적인  change 변화  generally 일반적으로  shift 바꾸다, 이동하다  primarily 주로  responsible for ~의 원인이 되는  noticeable 눈에 띄는  visible 눈에 보이는, 두드러진  come about 일어나다, 발생하다  pituitary gland 뇌하수체  specifically 특히, 구체적으로  release 배출하다

>>> 구문

• are also influential in that they can partially cause ~ [in that ~]
  또한 영향이 있다/ 그것들이 부분적으로 ~를 유발할 수 있다는 점에서

# Chapter 2 성과 가족

>>> Part 2 가정과 사회

>>> Theme 033 　성과 사춘기 ▶

01 **puberty** [pjúːbərti] 사춘기(성징이 나타나는 시기)
- adolescence 청소년기, 청춘기
  : 사춘기(puberty)에서 성인기(adulthood)까지
  – adolescent 청소년; 청년기의

02 **culminate** [kʌ́lmənèit] 1. 정점에 달하다 [in]
　　　　　　　　　　　　 2. ~으로 끝나다 [in]
- ⓝ culmination 최고점, 정점

03 **sexual** [sékʃuəl] 성의, 성적인
- a sexual relationship 성관계
- sexual harassment 성희롱
- sexual equality 남녀평등
- sexual discrimination 성차별
- ⓝ sexuality 성, 성적 특질
  - gender 성별 cf. transgender 트랜스젠더
  - male 남성(의), 수컷(의)
    female 여성(의), 암컷(의)

04 **maturity** [mətʃúərəti] 성숙, 원숙; 만기일
- ⓐ mature 성숙한; 익은; 성숙하다
- ⓝ maturation 성숙, 화농

05 **heredity** [hərédəti] 유전, 유전형질
- ⓝ hereditable/heritable 상속할 수 있는, 유전성인

06 **environmental** [invàiərənméntl] 환경의
- ⓝ environment 환경, 자연환경

07 **factor** [fǽktər] 요인, 요소; 인수
- factor in 계산에 넣다, 요인으로 포함하다

08 **delayed** [diléid] 지연된, 늦어진
- ⓥ delay 지체하다, 연기하다

09 **surge** [səːrdʒ] 1. 큰 파도; 격동, 급등, 급증
　　　　　　　　　 2. 쇄도하다; 급등하다

10 **hormone** [hɔ́ːrmòun] 호르몬
- a female hormone 여성 호르몬
- ⓐ hormonal 호르몬의
  - pheromone 페로몬(다른 개체의 반응유인 분비물)

11 **production** [prədʌ́kʃən] 1. 생산, 산출; 제조
　　　　　　　　　　　　　　 2. 제품, 작품; 프로덕션
- ⓝ product (주로 공업) 제품
- ⓥ produce 1. 만들어내다, 생산(제조)하다
　　　　　　 2. 농산물, 수확물
- ⓐ productive 생산적인, 다산의; 비옥한

12 **develop** [divéləp] 1. 발달(발육)하다(시키다)
　　　　　　　　　　　 2. 전개하다; 현상하다
- ⓝ development 발달, 성장, 발육
  - growth 성장, 발육, 성숙
    evolution 발전, 전개; 진화

13 **trait** [treit, trei] 특징, 특색, (성격상의) 특성
- secondary sex trait 2차 성징
- personality traits 성격적 특성
  - characteristics (어떤 것에 항상 떠오르는) 특징
    * sexual characteristics 성징
    feature (눈에 띄는) 특징
    peculiarity (다른 것과 구별이 되는) 특이성

14 **adulthood** [ədʌ́lthùd] 성인임, 성인
- ⓐ adult 성인의, 성인용의; 어른
  - grown-up 성인이 된, 성숙한

15 **Adam's apple** [ǽdəmz ǽpl] 후골, 목젖
- 아담이 금단의 열매를 급히 삼키려다 조각이
  목에 걸렸다는 이야기에서 유래
- apple of a person's eye (눈에 넣어도 아프지 않을 정도로)
  매우 소중한 것

16 **secretion** [sikríːʃən] 분비, 분비물(액)

17 **gonad** [góunæd] 생식선 [샘]
  - sex gland 생식선

18 **trigger** [trígər] 1. 유발하다, 일으키다
　　　　　　　　　　 2. 방아쇠를 당기다
　　　　　　　　　　 3. 방아쇠; (사건을 유발하는) 자극

19 **estrogen** [éstrədʒən] 에스트로겐(여성 호르몬의 일종)
  - testosterone 테스토스테론(남성 호르몬의 일종)

20 **ovary** [óuvəri] 난소
- ⓝ ovum 난자, 알
- ⓐ oval 달걀모양의
  - testicle/testis 정소, 고환(=ball) (pl.) testes
    – sperm 정액, 정자
  - genital 생식기, 성기
    vagina 여성의 성기, 질
    pelvis 골반
    womb/uterus 자궁

## Review Test

> Theme 033

01 Although its beginning is often equated with the onset of puberty, adolescence is characterized by psychological and social stages as well as by biological changes.

▶ _____의 시작을 _____의 시작과 같다고 여기지만, _____는 생물학적 변화뿐만 아니라, 심리학적 발달 단계와 사회적 발달 단계에 의해 특징지어진다.

02 Their long struggle finally culminated in success.

▶ 그들의 오랜 투쟁은 마침내 성공적으로 _____.

03 Many young women have been abducted into sexual slavery.

▶ 많은 젊은 여성들이 납치되어 _____인 노예가 되어왔다.

04 The main hormone that controls sexual maturity in girls is estrogen.

▶ 여자아이의 _____을 조절하는 주요 호르몬은 에스트로겐이다.

05 The exact cause is not known, but scientists believe heredity plays a role.

▶ 정확한 원인은 알려지지 않았지만, 과학자들은 _____이 중요한 역할을 한다고 믿고 있다.

06 The cause of allergies is partly genetic, partly environmental.

▶ 알레르기의 원인은 어느 정도는 유전적이고 어느 정도는 _____이다.

07 The main factors of divorce are infidelity, money, and incompatibility.

▶ 이혼의 주요 _____은 불륜, 금전, 성격의 불일치이다.

08 The heavy snow caused numerous power outages, traffic delays, and significant tree damage.

▶ 폭설로 인해 수많은 정전과 교통 _____이 발생했고, 나무가 심각한 피해를 입었다.

09 The price of oil has surged in recent years.

▶ 최근 몇 년간 유가가 _____했다.

10 In postmenopausal women, the ovaries are no longer producing female hormones.

▶ 폐경기의 여성은 난소가 더 이상 _____을 생성하지 않는다.

11 Mass production is the creation of many products in a short period of time.

▶ 대량_____은 단기간에 많은 생산품을 만들어내는 것을 말한다.

12 We need to develop a safety system to prevent these accidents.

▶ 이러한 사고를 막기 위해 우리는 안전시스템을 _____해야 한다.

¹³ Color blindness is one of the inherited traits.

➡ 색맹은 유전적 _____ 중 하나이다.

¹⁴ The transition from childhood to adulthood happens for every young man or woman.

➡ _____에서 _____로 가는 과도기는 모든 어린 남녀가 겪는 과정이다.

¹⁵ The Adam's apple can be considered to be one of the secondary sex characteristics, like the beard or mustache.

➡ _____는 턱수염이나 콧수염처럼 2차 성징의 하나로 여겨진다.

¹⁶ Acne is caused by an increased secretion of sebum, an oily substance from the glands of the skin.

➡ 여드름은 피부의 분비선에서 나오는 기름 같은 물질인 피지의 _____가 증가함에 따라 발생한다.

¹⁷ The gonads are the precursors of the testes in males and ovaries in females.

➡ _____은 수컷의 경우 고환, 암컷의 경우 난소의 전구체이다.

¹⁸ Smoking can trigger lung cancer.

➡ 흡연은 폐암을 _____할 수 있다.

¹⁹ Men's lust hormone is called Testosterone; women's, Estrogen.

➡ 남성의 성욕 호르몬은 _____이라 불리고, 여성의 것은 _____이라 불린다.

²⁰ Benign tumors in the ovaries are not rare.

➡ _____ 악성 종양은 드문 병이 아니다.

---

》》》 정답

01. 청소년기, 사춘기, 청소년기　02. 끝났다　03. 성적　04. 성적 성숙　05. 유전
06. 환경적　07. 요인　08. 지연　09. 급등　10. 여성호르몬
11. 생산　12. 개발　13. 특징　14. 아동기, 성인기　15. 후골
16. 분비　17. 생식샘　18. 유발　19. 테스토스테론, 에스트로겐　20. 난소

> Part 2 Home & Society  
> Chapter 2 Gender & Family

## Theme 034 Gender Equality & Feminism

**Feminism**[01] is a collection of **movements**[02] aimed at defining, establishing, and defending **equal**[03] political, economic, and social rights for women. In addition, feminism seeks to establish equal **opportunities**[04] for women in education and **employment**[05]. **Feminist**[01] **campaigns**[06] have changed societies, particularly in the West, by achieving women's **suffrage**[07], **gender neutrality**[08][09] in English, equal pay for women, **reproductive**[10] rights for women (including access to **contraceptives**[11] and **abortion**[12]), and the right to enter into contracts and own property. Feminists have worked to protect women and girls from **domestic**[13] violence, **sexual harassment**[14], and **sexual assault**[15]. They have also **advocated**[16] for workplace rights, including **maternity leave**[17], and against forms of **discrimination**[18] against women (including **glass ceilings**[19]). Feminism is mainly focused on women's issues, but because feminism seeks **gender equality**[03], some feminists argue that men's **liberation**[20] is a necessary part of feminism, and that men are also harmed by **sexism**[21] and **gender roles**[08].

### 해석

페미니즘(여권신장운동)은 여성의 동등한 정치적, 경제적, 사회적 권리들을 정의하고 확립하며 옹호하는 것을 목표로 하는 운동의 집합이다. 게다가 페미니즘은 교육과 고용에 있어 여성의 동등한 기회를 확고히 하는 것을 추구한다. 특히 서구에서 여권을 신장하고자 하는 운동들은 여성의 참정권, 영어에서의 성별 중립, 여성의 동등한 임금, (피임이나 낙태를 할 수 있는 권리를 포함하는) 생식의 권리, 계약을 체결하고 재산을 소유할 수 있는 권리를 획득하며 사회를 변화시켜 왔다. 여권신장 주의자들은 가정폭력과 성희롱, 성폭행 등으로부터 여성이나 소녀를 보호하고자 일해 왔다. 그들은 또한 출산휴가를 포함하는 직장에서의 권리들을 주장해 왔고, (여성의 승진장벽을 포함하는) 여성을 차별하는 관행들에 반대해왔다. 여권신장운동은 주로 여성에 대한 이슈에 초점이 맞추어져 있지만, 그것이 성적 평등을 추구하고 있기 때문에 일부 여권주의자들은 남성의 남녀동등권 운동도 페미니즘의 필수적인 부분이며, 남성들 또한 성차별이나 성 역할에 의해 해를 입는다고 주장한다.

### 어구

define 정의하다 establish 확립하다 defend 방어하다, 옹호하다 contract 계약 property 재산 workplace 직장 form 관행, 행위 argue 주장하다

### 구문

• defining, establishing, and defending/ equal political, economic, and social rights
  정의하고 확립하며 옹호하는/ 동등한 정치적, 경제적, 사회적 권리들을

>>> Part 2 가정과 사회
>>> Chapter 2 성과 가족

>>> Theme 034  **성적 평등과 여권신장** ▶

01 **feminism** [fémənìzm] 페미니즘, 여권신장운동
  ⓝ feminist 페미니스트, 남녀동권론자

02 **movement** [múːvmənt] (정치적·사회적) 운동
  • the feminist movement 여권신장운동

03 **equal** [íːkwəl] 같은, 동일한, 동등한, 평등한
  ⓝ equality 평등, 동등
  [반] inequality 불평등, 불균등, 격차
  [관] separate but equal 흑인과 백인을 학교나 공공시설에서 분리하지만, 공식상 이용권은 평등하게 주어진다고 하는 정책

04 **opportunity** [ὰpərtjúːnəti] (목표를 이룰) 기회
  • equal opportunity in employment 고용에서 기회균등
  [뉘] chance (우연히 생긴) 기회

05 **employment** [implóimənt] 고용, 취업
  • employee 고용인 ↔ employer 고용주
  ⓥ employ 고용하다; 사용하다
  [반] unemployment 실직, 실업(률)

06 **campaign** [kæmpéin] 1. (특별한 목적을 위한) 캠페인, 운동
                          2. 선거 운동; 군사작전
                          3. 운동을 일으키다

07 **suffrage** [sʌ́fridʒ] 선거권, 참정권
  • female[women's] suffrage 여성 참정권
  [관] franchise (참정권 등의) 공민권

08 **gender** [dʒéndər] 성(性), 성별(=sex)
  • gender role 성 역할
  • gender identity 성적 정체성
  • gender equality 양성평등
  • gender discrimination 성차별

09 **neutrality** [njuːtrǽləti] 중립 상태
  ⓐ neutral 중립의, 불명확한
  • gender neutrality (언어가) 남녀 구분이 없는 것
    cf. chairman에 대한 chairperson(의장)

10 **reproductive** [rìːprədʌ́ktiv] 생식의, 번식의
  ⓝ reproduction 재생, 복원; 생식 작용
  • asexual reproduction 무성생식

11 **contraceptive** [kɑ̀ntrəséptiv] 1. 피임의, 피임용의
                                      2. 피임기구
  ⓝ contraception 피임(법)
  ⓥ contracept 피임하다
  [혼] conception 임신, 수태

12 **abortion** [əbɔ́ːrʃən] 1. 낙태, 임신중절
                            2. 실패, 좌절
  ⓥ abort 낙태하다; 실패로 끝나다
  ⓐ abortive 유산의, 실패로 돌아간; 낙태약
  [뉘] miscarriage 자연 유산
  [관] pro-choice 낙태 합법화를 주장하는(임산부의 선택권을 중시)
      pro-life 낙태 합법화에 반대하는(태아의 생명을 중시)

13 **domestic** [dəméstik] 1. 가정의; 가정적인
                           2. 국내의, 국산의
  • domestic violence[abuse] 가정 내 폭력
  ⓥ domesticate (동물을) 길들이다, 가축화하다

14 **sexual harassment** 성희롱, 성추행
  ⓝ harassment 괴롭힘
  ⓥ harass 괴롭히다, 불쾌감을 주다
  [동] (sexual) molestation (부녀자) 성희롱

15 **sexual assault** 성폭행, 강간
  ⓝ assault 맹공격, 강습
  [동] rape 강간(하다) – rapist 강간범

16 **advocate** [ǽdvəkèit] 1. 옹호(변호,지지,주장)하다
             [ǽdvəkət]   2. 지지자, 주창자; 변호사
  [동] defend 방어하다, 옹호하다, 변호하다
      – defendant 피고인 – public defender 국선변호인

17 **maternity leave** 출산휴가, 산휴
  ⓝ maternity 어머니임, 모성; 산부인과
  ⓐ maternal 어머니의, 모계의
  [반] paternity 아버지임, 부성
      • paternity leave 남성의 출산휴가
      – paternal 아버지의, 부계의

18 **discrimination** [diskrìmənéiʃən] 1. 차별(대우)
                                       2. 식별, 구별
  • sexual discrimination 성차별
  • racial discrimination 인종차별
  ⓥ discriminate 차별(대우)하다; 구별하다
  [관] reverse discrimination 역차별
      ※ 소수자 보호 때문에 다수가 차별받게 되는 것
      affirmative action 적극적 차별철폐조치

19 **glass ceiling** (여성의) 승진장벽(상한선), 유리천장
  • break the glass ceiling 승진장벽을 깨고 승진하다

20 **liberation** [lìbəréiʃən] (여성·흑인·동성애자 등의 그룹의) 권리 확장 운동; 남녀동등권 운동; 해방
  ⓥ liberate 해방하다
  ⓐ liberal 자유주의의, 편견이 없는; 후한

21 **sexism** [séksizm] 성차별, 여성 차별적 태도
  • sexism in language 언어상의 성차별
  [관] racism 인종적 차별

## Review Test

01 As a social movement, feminism largely focuses on limiting or eradicating gender inequality and promoting women's rights, interests and issues in society.
➡ 사회운동으로써 _____은 주로 성차별을 제한하거나 없애는 것과 사회 내의 여성의 권리와 권익 그리고 문제를 촉진하는데 초점을 둔다.

02 During the 1970s, a feminist movement took place across the United States.
➡ 1970년대에 미국 전역에 걸쳐 _____이 일어났다.

03 All men are created equal.
➡ 모든 사람은 _____하게 태어났다.

04 Gender equality exists in terms of equal opportunity.
➡ 양성평등은 _____의 균등이라는 측면에서 존재한다.

05 The economics professor asserts that increases in minimum wage actually increase employment.
➡ 그 경제학 교수는 최저임금의 인상이 사실상 _____을 증가시킨다고 주장한다.

06 Feminists have campaigned against legal, cultural and social barriers which have worked against women, preventing them from achieving equality.
➡ 여권신장 주의자들은 여성들에게 부정적으로 작용하고 여성들이 동등하게 성취하는 것을 막는 법적, 문화적 사회적 장벽에 반대하는 _____을 벌였다.

07 That year, a women's suffrage bill was successfully passed, granting women full voting rights.
➡ 그 해에 여성에게 투표권을 전적으로 허용하는 _____ 법안이 성공적으로 통과되었다.

08 There shouldn't be overt gender discrimination in the workplace.
➡ 직장에서 공공연한 _____이 존재해서는 안 된다.

09 The president, as a government official, is required to maintain political neutrality.
➡ 대통령도 공직자로서 정치적 _____을 지켜야 한다.

10 The main function of the female reproductive system is to produce sex cells and hormones.
➡ 여성의 _____기관의 주요기능은 생식 세포와 호르몬을 생산하는 것이다.

11 Use contraceptives to avoid pregnancy if you are not ready for a baby.
➡ 아기를 가질 준비가 안 되어 있다면 임신하지 않도록 _____를 사용하시오.

12 Abortion is clearly murder, as no one can deny.
➡ _____는 명백히 살인행위이며, 그 누구도 이를 부인할 수 없다.

¹³ Most victims of domestic violence are women and children.

➡ _____의 희생자는 대부분 여성과 아이들이다.

¹⁴ It is very wrong to shift the responsibility for the sexual harassment onto the victims.

➡ _____에 대한 책임을 피해자에게 전가하는 것은 매우 잘못된 일이다.

¹⁵ The shop owner was charged with sexual assault.

➡ 그 가게 주인은 _____으로 기소되었다.

¹⁶ They advocated equal rights for women.

➡ 그들은 남녀동등권을 _____.

¹⁷ We have expanded maternity leave and introduced paternity leave.

➡ 우리는 _____를 확대했고 _____를 도입했다.

¹⁸ Some people believed that affirmative action for women was an essential step towards equal opportunity, while others considered it reverse discrimination against men.

➡ 어떤 사람들은 여성을 위한 적극적 차별철폐조치(소수자 보호정책)는 기회균등을 위한 필수적 단계였다고 생각한 반면, 다른 이들은 남성들에 대한 _____이라고 생각했다.

¹⁹ There is still a glass ceiling for women in many companies.

➡ 많은 회사에서 여전히 여성의 _____이 있다.

²⁰ Modern technology and women's liberation have made it possible for women to enter into new roles.

➡ 현대 기술과 _____이 여성들로 하여금 새로운 역할을 시작할 수 있게 해주었다.

²¹ This colonialism is rationalized by racism, sexism, and cultural chauvinism.

➡ 이 식민주의 정책은 인종차별, _____, 문화적 국수주의에 의해 자기 합리화되고 있다.

>>> 정답

| 01. 여권신장운동 | 02. 여권신장운동 | 03. 평등 | 04. 기회 | 05. 고용 |
| 06. 운동 | 07. 여성 참정권 | 08. 성차별 | 09. 중립 | 10. 생식 |
| 11. 피임기구 | 12. 낙태 | 13. 가정 폭력 | 14. 성희롱 | 15. 성폭행 |
| 16. 주장했다 | 17. 여성의 출산휴가, 남성의 출산휴가 | 18. 역차별 | 19. (보이지 않는) 승진장벽 | 20. 여성 해방 |
| 21. 성차별 | | | | |

>>> Part 2  Home & Society
>>> Chapter 2  Gender & Family

## >>> Theme 035  Family & Kinship

Family **reunions**[01] are perfect **occasions**[02] to meet old friends and make new **acquaintances**[03], all of whom are **relatives**[04]. Almost everyone is of course **familiar with**[05] one's **parents**[06] and **siblings**[07]. Undoubtedly most people have a passing **familiarity**[05] with their grandmothers, grandfathers, **aunts**[08] and **uncles**[08]. Most of the time they have a fair understanding of who is an **in-law**[09] by being married to one of several people listed above. Unfortunately, in modern society, especially with the prevalence of divorce, even the "**immediate**" **family**[10] can become a mystery as one gains a whole "extra" set of everything from **step**-grandfather[11] to step-brother. If a woman marries and has children after being the **unwed mother**[12] of another man's child, this **breeds**[13] yet another twist on a whole **line**[14] of immediate family that is somehow unknown and unaccounted for. A child can attend the reunion of people to whom he is only half **related**[04] and discover that so many quirks and **endearing**[15] **personality**[16] **traits**[16] that made him feel like **a black sheep**[17] in his home were actually **signature**[18] traits that **run in**[19] the other half of **the family**. An only child can find a once unknown **second cousin**[20] of her own age and discover the joys of having an **intimate**[21] relative. So it is understandable how the conferencing of one's **tribe**[22] from the outer reaches of the country, if not the world, can be a joyous event, fastening once severed **ties**[23].

---

>>> 해석    가족 친목회는 모두 친척들인 옛 친구를 만나고 새로이 안면을 익힐 수 있는 절호의 기회이다. 물론 거의 대부분의 사람이 부모나 형제들과 친하다. 틀림없이 대부분의 사람들이 그들의 할머니, 할아버지, 숙모, 숙부들과 한 때에는 친밀한 사이였었다. 대부분의 경우, 위에 열거한 사람들 가운데 한 사람과 결혼한 사이이므로 누가 인척이라는 것을 잘 알고 있다. 불행히도 현대 사회에서는, 특히나 이혼이 만연하는 이 시대에는 계부에서 의붓형제에 이르기까지 '추가의' 가족이 있기 때문에 '직계'도 사실 불명확하게 되었다. 만약 어떤 여자가 다른 남자의 아이를 낳은 미혼모가 된 이후에 결혼하여 아이가 생긴다면 이 역시 직계라는 선상에 알려지지도 않고 설명되지도 않은 또 다른 문제점을 잉태하게 되는 것이다. 어떤 아이가 피가 반밖에 섞이지 않은 가족 친목회에 참석한다면, 집안의 말썽꾸러기가 된 듯한 느낌을 갖게 하는 농담 잘하고 사랑스러운 그 아이의 특성이 사실은 그의 나머지 반쪽의 혈통에 내려오는 특성이었음을 발견할 수도 있다. 어떤 외동딸은 전에 알지 못했던 동갑내기의 육촌을 만나 친한 친척을 갖게 된 기쁨을 누릴 수도 있다. 그러니 저 멀리 딴 나라에서까지는 아니더라도 멀리 각 지방으로부터 모인 친족들의 모임이 한 때 끊겼던 유대를 돈독히 하는 즐거운 행사가 될 수 있다는 것은 가히 짐작하고 남음이 있다.

---

>>> 어구    **undoubtedly** 틀림없이, 의심할 여지없이  **passing** 일시적인  **fair** 상당한  **unfortunately** 불행하게도  **prevalence** 성행  **divorce** 이혼(하다)  **attend** 출석하다  **quirk** 기발한 행동; 변덕  **conferencing** 회의 참가  **fasten** 묶다, 단단히 하다

---

>>> 구문    • has children/ after being the unwed mother/ of another man's child
    아이를 가지다/ 미혼모가 된 후에/ 다른 남자의 아이를 가진

>>> Part 2 가정과 사회     >>> Chapter 2 성과 가족

>>> Theme 035   가족과 혈연 ▶

01 **reunion** [rijúːnjən] 재회, 친목회
- a class reunion 동창회
- a family reunion 가족 모임

02 **occasion** [əkéiʒən] 1. (특별한) 행사(축하)
 2. (특정한) 기회, 때
 3. 이유, 원인 [to]
- What's the occasion today? 오늘이 무슨 날이지?

03 **acquaintance** [əkwéintəns] 아는 사람; 면식; 교제
- make new acquaintances 새로 안면을 익히다
- ⓥ acquaint (사람을 ~에게) 소개하다[with]
- acquaint A with B A에게 B를 알리다(숙지시키다)

04 **relative** [rélətiv] 1. 친척, 집안
 2. 비교적의, 상대적인; 적절한
- a remote relative 먼 친척
- ⓥ relate 관련되다(시키다) [to] ; 이야기하다
- relation 관계; 교제; 친척
- 동 kin 친척; 혈족 관계[to]
  kinship 친척(혈연) 관계
  kindred (복수적) 친척; 일가관계[with]
  akin 혈족의[to] ; 유사한[to]

05 **be familiar with** ~을 잘 알고 있다, ~에 정통하다
- ⓝ familiarity 정통, 친밀함
- 반 unfamiliar 생소한, 익숙지 않은

06 **parent** [pɛ́ərənt] 1. (부모 중의 한 분 지칭) 부모
 2. (pl.) 양친, 부모; 조상
- 관 single parent (부모 중 한쪽만 있는) 편부, 편모
  only child 독자 orphan 고아
- 관 grandparent 조부모
  grandfather 할아버지 ↔ grandmother 할머니
  granddaughter 손녀 ↔ grandson 손자
  great grandparent 증조 부모

07 **sibling** [síbliŋ] 형제(자매)
- half-sibling[brother/sister] 이복형제(자매)
- 관 fraternal/brotherly 형제의, 우애의
  - fraternity 형제관계; 형제애; (대학의) 남학생 사교클럽
  sororal/sisterly 자매의 – sorority (대학의) 여학생 클럽

08 **aunt** [ænt, ɑːnt] (부모와 같은 항렬의 여성) 고모, 이모; 아주머니
- 관 uncle 삼촌, 백부, 숙부, 고모부, 이모부; 아저씨
  avuncular 아저씨의(같은); 자애로운
  nephew 남자 조카 niece 질녀, 여자조카

09 **in-law** [ínlɔː] 1. (혼인 등 법적으로 맺어진) 인척
 2. (복합어로) 인척관계의
- 관 father-in-law 장인, 시아버지 ↔ mother-in-law 장모, 시어머니
  son-in-law 사위, 양자 ↔ daughter-in-law 며느리
  brother-in-law 처남, 매부 ↔ sister-in-law 형수, 제수, 시누이

10 **immediate family** 직계가족
- ⓐ immediate 직접의; 아주 가까운; 즉시의
- 관 lineal relatives 직계친족
  - lineal 직계의; 직계존(비)속
  collateral relatives 방계친족
  - collateral 방계(친족); 부수하는, 간접의

11 **step-** 〈합성어〉 (재혼으로 인한) 의붓~, 이복~
- stepparents 양부모
- stepfather 계부 ↔ stepmother 계모
- stepson 의붓아들 ↔ stepdaughter 의붓딸
- stepbrother 이복형제(=half brother)
- 관 foster parent (입양으로 인한) 양부모
  - foster (입양 아이를) 기르다, 양육하다
  adopt 양자로 삼다 adoption 입양

12 **unwed mother/unmarried mother** 미혼모
- 관 born out of wedlock 사생아의
  - a child born out of wedlock 사생아
  an illegitimate child 사생아
- 관 surrogate mother 대리모

13 **breed** [briːd] 1. (새끼를) 낳다; 기르다
 2. ~을 야기하다  3. 품종, 혈통
- ⓝ breeder 품종개량자, 사육업자

14 **line** [lain] 가계, 계통, 혈통
- ⓝ lineage [líniidʒ] 혈통, 핏줄
- 혼 linage 일직선, 행수
- 동 stock 가계, 혈통, 가문 pedigree 가계, 혈통; 족보
  descent 가계, 혈통
- 관 descendant/progeny/offspring 자손
  ↔ ascendant/ancestor/forefather 선조, 조상

15 **endearing** [indíəriŋ] 귀염을 받는, 애정 어린
- endear A to B A가 B의 귀염(사랑)을 받게 하다
- 관 dear (부부, 부모와 자식 간에 부르는 호칭) 사랑스러운 사람

16 **personality** [pə̀ːrsənǽləti] 성격, 인격; 개성; 유명인
- 비 character (남과 다른) 성격, 기질; (도덕적) 인품
  individuality (남들과 구별되는) 개성
  trait [treit, trei] (성격상의) 특성

17 **black sheep** (집안이나 집단의) 말썽꾸러기
- the black sheep of[in] the family 집안의 골칫덩어리
- 관 a bull in a china shop 큰일을 저지를 것 같은 사람, 덤벙대는 사람
  dirty linen 집안의 수치, 남부끄러운 일
  - wash your dirty linen in public 집안의 치부를 드러내다

18 **signature** [sígnətʃər] 특징; 서명

19 **run in the family** 집안 내력이다, 유전이다

20 **cousin** [kʌ́zn] 4촌, 종형제
- 관 first[full, own] cousin 친(외)사촌
  second cousin 6촌, 재종형제 third cousin 8촌

21 **intimate** [íntəmət] 1. 친밀한; 친한 친구; 사적인
 [íntəmèit] 2. 넌지시 알리다
- 혼 intimidate 겁주다, 위협하다

22 **tribe** [traib] 부족, 종족
- 관 clan 씨족, 문중; 동아리

23 **ties** 인연, 연줄
- sever ties 결별하다, 관계를 끊다
- 관 tie the knot 결혼하다

Reading V.O.C.A
153

>>> Part 2 Home & Society
>>> Chapter 2 Gender & Family

>>> Theme 035 **Review Test**

01 At the reunion, I met my first love.
➡ _____에서, 나는 첫사랑을 만났다.

02 I have never had any occasion to contact him again.
➡ 나는 그와 다시 접촉할 _____가 전혀 없었다.

03 I have many acquaintances and very few friends.
➡ 나는 _____은 많지만, 친구는 거의 없다.

04 Relatives too closely akin may not marry.
➡ 너무 가까운 _____끼리의 결혼은 바람직하지 않다.

05 Michael is familiar with computer languages.
➡ 마이클은 컴퓨터 언어에 _____.

06 The orphan lost his parents in an auto accident.
➡ 그 고아는 교통사고로 _____를 잃었다.

07 As a child, he always fought with his siblings.
➡ 어렸을 적에, 그는 항상 _____들과 싸웠다.

08 John lived with his aunt and uncle.
➡ 존은 _____와 _____와 함께 살았었다.

09 The man went fishing with his brother-in-law.
➡ 그는 _____과 같이 낚시를 갔다.

10 Immediate family refers to the family members of a typical household: parents and their kids.
➡ _____이란 전형적인 가족구성원인 부모와 자식을 가리킨다.

11 The child had difficulty getting along with his step-father.
➡ 그 아이는 _____와 잘 지내기가 어려웠다.

12 Unwed mothers rely on support from family and friends.
➡ _____는 가족과 친구들의 도움에 의존한다.

13 History has shown that violence breeds violence.
➡ 폭력은 폭력을 _____다는 것을 역사는 보여준다.

¹⁴ His descendants eventually died out in the male line in 1878.
➡ 1878년에 결국 그의 남자 _____의 후손은 자취를 감췄다.

¹⁵ Her endearing smile left me stunned.
➡ 그녀의 _____ 미소에 나는 반해버렸다.

¹⁶ Personality is the typical pattern of thinking, feeling, and behaviors that make a person unique.
➡ _____은 사람을 유일하게 해주는 특유의 사고, 감정, 행동 양식을 말한다.

¹⁷ There's always a black sheep in every family.
➡ 어느 집이나 _____는 다 있다.

¹⁸ Signature is not required.
➡ _____은 필요 없습니다.

¹⁹ Athletic ability runs in the family.
➡ 운동을 잘하는 것은 _____이다.

²⁰ The man met his second cousin at the family reunion.
➡ 그 남자는 가족 모임에서 그의 _____을 만났다.

²¹ Everyone has more than one intimate friend.
➡ 누구나 한 명쯤은 _____ 친구가 있다.

²² Many savage tribes are accustomed to tattoo the whole body.
➡ 많은 미개 _____들은 온몸에 문신하는 것에 익숙하다.

²³ The famous celebrity couple tied the knot in Manhattan last week.
➡ 그 유명 커플은 맨해튼에서 지난주에 _____.

### 》》》 정답

| | | | | |
|---|---|---|---|---|
| 01. 동창회 | 02. 기회 | 03. 아는 사람 | 04. 친척 | 05. 정통해 있다 |
| 06. 부모 | 07. 형제 | 08. 고모/고모부 | 09. 처남 | 10. 직계가족 |
| 11. 계부 | 12. 미혼모 | 13. 낳는 | 14. 혈통 | 15. 사랑스러운 |
| 16. 개성 | 17. 골칫덩어리 | 18. 서명 | 19. 집안내력 | 20. 육촌 |
| 21. 친한 | 22. 부족 | 23. 결혼했다 | | |

>>> Part 2 Home & Society
>>> Chapter 2 Gender & Family

## >>> Theme 036  Marriage

The start of a **marriage**[01] is an exciting time. Since the day they got **engaged**[02], the man and his **fiancee**[03] have spent a lot of time and money trying to make the day that they **marry**[01] as beautiful as possible. The **bride**[04] and **groom**[04] are surrounded by their friends and families, some of whom participate in the **wedding ceremony**[05] as **bridesmaids**[04] and ushers. Regardless of whether the person was **divorced**[06] because the **former partner sneaked**[07] **around**[08] or if the person is a **widow**[09] starting over again, when one **remarries**[10] the hope and expectations of a life enhanced by a new **spouse**[11] are the same for older people as a young **couple**[12]. All of them sincerely hope that they will not **break up**[13] but stay together until death. The new couple **celebrate**[14] their marriage in the wedded **bliss**[15] of a **honeymoon**[16]. Separated from family and friends, the **newlyweds**[17] try to create **romantic**[18] memories. They may share laughs over the **bridal shower**[04] and jokes about becoming a **hen-pecked husband**[19]. Yet it is at the beginning of their new lives together that they try to forge a **bond**[20] of love that will keep them from sneaking around or **cheating**[21] on each other.

>>> 해석

결혼이란 첫 출발부터 마음을 설레게 하는 때이다. 약혼한 날부터 남자와 약혼녀는 자신들이 결혼하는 날을 가능한 한 아름답게 만들려고 많은 돈과 시간을 소모한다. 신랑과 신부는 가족과 친구들에게 둘러싸이고 그 친구들 중 몇 명은 신부 들러리가 되고 또 어떤 친구는 결혼식장에서 안내를 맡기도 한다. 전에 배우자가 바람을 피워 이혼을 했던 사람이건, 새 출발을 하는 과부이든 간에 다시 결혼할 때는 새로운 배우자로 인해 삶에 대한 희망과 기대가 한껏 높아지는 것은 나이가 든 사람일지라도 이제 막 새로 시작하는 젊은 커플 못지않다. 그들 모두는 죽을 때까지 헤어지지 말고 함께 살기를 진정으로 바란다. 새로 맺어진 한 쌍은 신혼여행의 행복 속에서 그들의 결혼을 축하한다. 가족과 친구와 떨어져서 그 신혼부부들은 낭만적인 추억을 만들려고 노력한다. 그들은 친구들의 선물을 펴 보고 함께 웃음을 터뜨리고 공처가가 되는 것에 대한 농담을 나눌 것이다. 서로를 속이고 몰래 바람피우지 않도록 지켜줄 사랑의 결속 같은 것을 만들려고 노력하는 때도 새 생활을 함께 시작하는 바로 이때이다.

>>> 어구

expectation 기대, 예상  enhance 높이다, 강화하다  forge (친교를) 맺다, 만들어내다

>>> 구문

- Since the day they got engaged ~
  그들이 약혼한 그날 이후로
- have spent a lot of time and money trying [spend 시간/돈 ~ing]
  노력하느라 많은 시간과 돈을 쓴다
- their friends and families, some of whom participate
  (= their friends and families, and some of them participate)
- it is at the beginning of ~ (that) they try to [강조구문]
  그들이 ~고자 노력하는 때는 바로 ~을 시작할 때이다

>>> Part 2 가정과 사회
>>> Chapter 2 성과 가족

>>> Theme 036　결혼 ▶

01 **marriage** [mǽridʒ] 결혼, 결혼식, 결혼생활
- ⓥ marry 결혼하다
- ⓐ married 결혼한, 기혼의 ↔ unmarried 미혼의
- get married to ~와 결혼하다
- 동 wedding (ceremony) 결혼식 matrimony 결혼; 부부생활(관계)

02 **engage** [ingéidʒ] 약혼하다; 종사하다[in] ; 교전하다[with]
- be engaged to ~와 약혼한 상태이다
- be engaged in ~에 종사하다
- ⓐ engaged (~와) 약혼한 상태인[to]; 바쁜, 통화 중인
- get engaged 약혼하다 engaging 매력 있는, 애교 있는
- ⓝ engagement 약혼; 약속, 계약; 고용; 교전

03 **fiancee** [fiɑ̀:nséi] 약혼녀, 피앙세
- 관 fiance [fiɑ̀:nséi] 약혼자, 약혼남

04 **groom/bridegroom** [gru:m] 신랑
- 반 bride 신부
- 관 groomsman 신랑의 들러리 cf. best man 신랑 들러리 대표
  bridesmaid 신부 들러리  bridal shower 결혼 축하선물 파티
  bachelor party 총각파티

05 **ceremony** [sérəmòuni] 식, 의식; 예의
- a wedding ceremony 결혼식
- a funeral ceremony 장례식
- ⓝ ceremonial 의식; 의식의; 공식의
- 동 ritual (종교 등의) 의식 절차; 예절 rite (특히 종교상의) 의식
- 관 anniversary (해마다 오는) 기념일
  • a wedding anniversary 결혼기념일
  commemoration (중요인물 • 사건의) 기념(행사)

06 **divorce** [divɔ́:rs] 1. 이혼(판결) 2. ~와 이혼하다
- get divorced 이혼하다
- file[sue] for divorce 이혼소송을 제기하다
- ⓐ divorced 이혼한  ⓝ divorcee 이혼녀
- 관 alimony 이혼 위자료, 부양비 cf. dowry (신부의) 지참금, 혼수
  custody 양육권
- 혼 separation 별거 separate 별거하다

07 **former partner** 전 애인
- 관 ex-husband 전남편 ex-wife 전처
  ex-girlfriend 전 여자친구

08 **sneak around with** ~와 바람피우다
- 표 flirt with ~와 장난삼아 연애하다
- 관 unfaithful 외도를 하는, 바람을 피우는
  philanderer/womanizer 바람둥이

09 **widow** [widou] 미망인, 과부
- 반 widower 홀아비
- 표 be bereaved of her husband 남편과 사별하다

10 **remarry** [ri:mǽri] 재혼하다
- ⓝ remarriage 재혼
- 동 digamy 재혼 cf. bigamy 중혼(죄), 이중혼
- 관 monogamy 일부일처제 ↔ polygamy 일부다처제

11 **spouse** [spaus, spauz] 배우자
- ⓐ spousal 배우자의; 결혼의
- spousal abuse 배우자 학대
- 관 connubial/conjugal/marital 결혼의, 부부의
  nuptial 결혼(식)의

12 **couple** [kʌpl] (부부, 연인 등의) 한 쌍의 남녀
- a married[wedded] couple 부부

13 **break up** 1. (~와) 헤어지다, 결별하다[with]
　　　　　　2. 해산시키다; 해산하다
　　　　　　3. 박살내다; 박살나다
- break up with his wife 아내와 헤어지다
- 관 split with/split up (불화로) 헤어지다, 갈라서다
  disassociate/dissociate 관계를 끊다

14 **celebrate** [séləbrèit] 1. 축하하다, 기념하다
　　　　　　　　2. 축하행사(식)를 올리다
　　　　　　　　3. (공적을) 칭송하다
- ⓝ celebration 찬양, 축하, 축하행사 celebrity 명사, 유명인
- 혼 cerebrate 머리를 쓰다, 생각하다

15 **bliss** [blis] 더없는 행복, 지복
- ⓐ blissful 행복에 넘친
- 동 felicity 더없는 행복

16 **honeymoon** [hʌ́nimùːn] 신혼여행
- ⓝ honeymooner 신혼여행 중인 부부

17 **newlywed** [njúːliwèd] 신혼부부

18 **romantic** [rouméntik] 낭만적인; 연애의
- ⓝ romance 연애, 로맨스; 연애사건

19 **hen-pecked husband** 공처가
- ⓝ husband 남편(↔wife)
- 관 husbandry 농업, 축산

20 **bond** [band, bɔnd] 1. 묶는 것, 끈; 속박, 유대
　　　　　　　　2. 보증, 보증금, 보증서, 증서
　　　　　　　　3. 공채, 채권
- a bond of affection 애정의 결속

21 **cheat** [tʃiːt] 1. (~ 몰래) 바람을 피우다[on]
　　　　　　2. 속임수를 쓰다; 속이다
　　　　　　3. (시험) 부정행위 (※커닝은 콩글리쉬임)
- cheat on one's wife 아내 몰래 바람피우다
- 표 be unfaithful to one's wife 외도를 하다
  betray one's wife 외도를 하다
  play[fool] around with ~와 놀아나다

Reading V.O.C.A
157

>>> Part 2 Home & Society
>>> Chapter 2 Gender & Family

>>> Theme 036 **Review Test**

01 A wedding is a marriage ceremony which is held in church, wedding hall, or other places.
➡ _____은 교회, 결혼식장, 또는 기타 장소에서 열리는 _____ 의식이다.

02 The woman wanted to get engaged.
➡ 그 여자는 _____을 하고 싶어 했다.

03 The woman introduced the man as her fiance.
➡ 그 여자는 그 남자를 그녀의 _____라고 소개했다.

04 After the ceremony, the bride and groom will go abroad for their honeymoon.
➡ 결혼식 후에, _____는 해외로 신혼여행을 갈 것이다.

05 Many of those present cried during the funeral ceremony.
➡ _____이 진행되는 동안 참석한 사람들 중 많은 이들이 울었다.

06 His first marriage ended in divorce.
➡ 그의 첫 결혼은 결국 _____으로 끝났다.

07 The man was on amicable terms with his ex-wife.
➡ 그 남자는 _____와 우호적인 관계를 유지하고 있다.

08 The woman swore to herself that she would never sneak around with a married man.
➡ 그 여자는 유부남과는 절대로 _____ 않겠다고 스스로 맹세했다.

09 The widow lost her husband ten years ago.
➡ 그 _____은 10년 전에 남편을 잃었다.

10 After being a widow for twenty years, she decided to remarry.
➡ 그녀는 20년 동안이나 과부로 있다가 _____ 하기로 마음먹었다.

11 One needs to constantly consider the feelings of one's spouse.
➡ 사람은 자신의 _____의 기분을 항상 고려해야 한다.

12 The young married couple have difficulties conceiving a baby.
➡ 그 젊은 _____는 아이를 갖는 데 어려움을 겪고 있다.

¹³ Daniel broke up with his girlfriend yesterday.

➡ 다니엘은 어제 여자친구와 _____.

¹⁴ We got together to celebrate his promotion.

➡ 우리는 그의 승진을 _____ 해주려고 모였다.

¹⁵ It's a bliss to be with the people I love.

➡ 내가 사랑하는 사람들과 함께 있는 것은 _____ 이다.

¹⁶ We went to Jeju Island for our honeymoon.

➡ 우리는 제주도로 _____ 을 갔다.

¹⁷ The newlyweds went on a cruise for their honeymoon.

➡ 그 _____ 는 신혼여행으로 크루즈여행을 했다.

¹⁸ He was a romantic man often taking me to places like islands and beaches.

➡ 그는 자주 섬이나 해변 같은 장소로 나를 데려가는 _____ 사람이었다.

¹⁹ The man's friends ribbed him for being a hen-pecked husband.

➡ 그 남자의 친구들은 그가 _____ 가 되었다고 놀렸다.

²⁰ The company will have an athletic meeting to strengthen the bond between employees.

➡ 회사는 직원 간의 _____ 를 강화하기 위해 체육대회를 열 계획이다.

²¹ The man swore that he would never cheat on his wife.

➡ 그 남자는 결코 _____ 않겠다고 맹세했다.

>>> 정답

01. 결혼식, 결혼  02. 약혼  03. 약혼자  04. 신랑신부  05. 장례식
06. 이혼  07. 전처  08. 바람피우지  09. 미망인  10. 재혼
11. 배우자  12. 부부  13. 헤어졌다  14. 축하  15. 더없는 행복
16. 신혼여행  17. 신혼부부  18. 낭만적인  19. 공처가  20. 유대
21. 아내 몰래 바람피우지

>>> Part 2
Home & Society

**Chapter 3
Children & Education**

>>> Theme **037   Pregnancy & Delivery**

Babies **are** usually **born** at the fortieth week of **gestation**. However, **premature** babies, which are babies born before the thirty-eighth week of gestation, often face health challenges. However, over the past three decades or so, doctors have become increasingly skilled in saving the lives of premature babies. Studies indicate that six to eight percent of babies are born before **term**. Among these babies, fifty percent probably **arrive** early as a result of **spontaneous** premature **labor**. Thus, the lives of many babies could be saved if premature labor were to be **prevented**. As well, fewer babies would suffer from mental or physical **disabilities**. In reality, though, scientists have not possessed in-depth knowledge of the biological mechanism that controls when babies are born. Therefore, they have been unsuccessful at preventing premature **births**. Yet, recently, some progress has been made. Scientists have made some gains in understanding birth timing, and as a result, they have begun exploring ways to hold off **delivery** until the **fetus** is able to survive outside the **womb**. This biological mechanism that controls when a baby is born also regulates **parturition**: the **cervical**, **uterine** and other changes that **precede** labor. Parturition, which typically occurs in the final two weeks of **pregnancy**, culminates in delivery.

>>> 해석

아기들은 임신 40주에 주로 태어난다. 그렇지만 임신 38주 전 태어난 미숙아들은 종종 건강상의 문제를 겪는다. 하지만, 지난 30년 정도에 걸쳐 의사들은 점점 더 노련하게 미숙아들의 생명을 살려오고 있다. 연구결과들을 보면 6에서 8퍼센트의 아기들이 산기가 차기 전에 태어난다는 사실을 알 수 있다. 이러한 아기들 중 50퍼센트는 자연적으로 일어나는 조기진통의 결과로 태어난다. 그러므로 조기진통이 예방된다면 많은 아기들의 생명을 구할 수 있고, 이에 더하여 정신적 혹은 신체적 장애를 앓는 아기의 수가 적어질 것이다. 그러나 현실적으로 과학자들은 아기들의 분만 시기를 조절하는 생물학적인 구조에 대해 잘 알지 못했고 그 결과 조기분만의 예방에 실패했었다. 하지만, 최근에 이 문제에 대한 약간의 진척이 있었다. 과학자들은 분만이 이루어지는 순간을 알게 되었고, 결과적으로 그들은 태아가 자궁 밖에서 살아남을 수 있을 때까지 분만을 지연시키는 방법들을 찾기 시작했다. 이 생물학적 구조는 아기의 분만시기와 진통에 앞서 일어나는 자궁과 다른 곳의 변화를 조절한다. 분만은 보통 임신기의 마지막 2주에 일어나는 출산의 절정이다.

>>> 어구

face 직면하다 challenge 문제 decade 10년 or so ~쯤, 정도 increasingly 점점 indicate that ~을 말하다, 나타내다 suffer from ~을 앓다 possess 갖추다 in-depth 철저한, 상세한 control 제어하다, 조절하다 hold off 막다 regulate 규제하다, 조절하다 typically 전형적으로 occur 일어나다 culminate in 마침내 ~ 한 상태가 되다, ~으로 끝나다

# Chapter 3 자녀와 교육

>>> Part 2 가정과 사회

>>> Theme 037　임신과 출산 ▶

01 **be born** 태어나다
　ⓥ bear 낳다, 출산하다; 지니다, 나르다; 견디다
　☞ be born to be 타고난 ~이다

02 **gestation** [dʒestéiʃən] 임신, 수태, 임신 기간
　• gestation period 수태 기간

03 **premature** [prì:mətʃúər] 조산의, 너무 이른
　• a premature baby 조산아
　• a full-term baby 정상적으로 달이 차서 태어난 아이
　☞ mature 성숙한, 원숙한 ↔ immature 미성숙한, 철없는
　　 – maturity 성숙, 원숙; 만기일
　⊜ precocious (나이에 비해) 조숙한

04 **term** [tə:rm] 1. 출산 예정일, 분만
　　　　　　　 2. 용어, 전문어
　　　　　　　 3. 기간, 임기, 학기; 기한, 기일
　　　　　　　 4. (pl.) (계약) 조건, 가격
　　　　　　　 5. (pl.) 사이, 친한 사이
　• be close to term 출산예정일이 임박하다
　• a full-term baby 열 달을 다 채우고 태어난 아기

05 **arrive** [əráiv] 1. (갓난아이가) 태어나다
　　　　　　　 2. (신제품이) 나오다
	　　　　　　 3. 도착하다, 도달하다
　ⓝ arrival 신제품, 신생아; 도착, 출현
　• new arrival 신상품

06 **spontaneous** [spantéiniəs] 1. 자연히 일어나는
　　　　　　　　　　　　　 2. 자발적인
　• a spontaneous abortion 자연 유산
　ⓝ spontaneity 자연 발생, 자발성

07 **labor** [léibər] 1. 산고, 진통; 분만
　　　　　　　 2. 노동, 노고
　• be in labor 분만 중이다
　• labor pains (분만 시의) 진통
　ⓐ laborious 힘이 드는, 근면한

08 **prevent** [privént] ~을 막다, 예방하다
　ⓐ preventive 예방의; 예방약; 피임약

09 **disability** [dìsəbíləti] 무능력; 신체장애
　ⓥ disable 무능력하게 만들다, 불구로 만들다
　⊜ handicap (신체) 장애
　　 incapacitate 무능(력)하게 만들다

10 **birth** [bə:rθ] 출생, 탄생; 출산; 기원
　• a premature birth 조산
　• give birth to 낳다, ~의 원인이 되다
　☞ childbirth 출산, 분만

11 **delivery** [dilívəri] 1. 분만, 출산
　　　　　　　　　 2. 연설, 강연, 발표
　　　　　　　　　 3. 배달, 인도; 구조
　ⓥ deliver 출산하다; 배달하다; 연설하다

12 **fetus** [fí:təs] (임신 3개월 이후의) 태아
　ⓐ fetal 태아의, 태아 상태의
　☞ embryo (보통 임신 8주까지의) 태아
　　 neonate (생후 1개월 이내의) 신생아
　　 prenatal 출생 전의, 태아의
　　 feticide 태아 살해, 낙태

13 **womb** [wu:m] 자궁
　⊜ uterus [jú:tərəs] 〈의학용어〉 자궁
　☞ ovary 난소　ovulation 배란
　　 fallopian tube 나팔관
　　 umbilical cord 탯줄

14 **parturition** [pà:rtjuəríʃən] 출산, 분만
　☞ parturifacient 분만촉진제
　⊜ 출산: birth, delivery, giving birth

15 **cervical** [sə́:rvikəl] 자궁의; 자궁 경부의
　• cervical[uterine] cancer 자궁암
　⊜ uterine [jú:tərin] 자궁의; 아버지가 다른

16 **precede** [prisí:d] 선행하다, ~보다 먼저 일어나다
　⊜ predate ~에 선행하다, 날짜를 앞당기다
　　 antedate ~에 앞서다

17 **pregnancy** [prégnənsi] 임신
　ⓐ pregnant 임신하고 있는
　☞ expecting 임신 중이다

　■ 기타 보충어휘
　　menstruation/menses 생리, 월경
　　 – menstrual 월경의
　　cf. one's period 월경기
　　cramp 생리통, 월경통
　　contraception 피임
　　abortion 낙태
　　miscarriage 유산
　　midwife 조산원
　　baby shower 출산을 앞둔 여성에게 선물을 하는 파티

>>> Part 2 Home & Society
>>> Chapter 3 Children & Education

## >>> Theme 037 Review Test

01 He **was born** to the Kims.
▶ 그는 김씨 가정에서 _____.

02 **Gestation** is the carrying of an embryo or fetus inside a female viviparous animal.
▶ _____는 암컷 태생 동물이 배아나 태아를 몸 안에 배고 있는 것이다.

03 **Premature babies** often need help breathing and maintaining body heat.
▶ _____는 종종 호흡과 체온 유지를 위한 도움을 필요로 한다.

04 **A premature baby** has a lesser chance of survival than a full-term baby.
▶ _____는 _____ 아이보다 생존할 가능성이 적다.

05 Our baby **arrived** just after midnight.
▶ 우리 아기는 자정 직후에 _____.

06 It is estimated that 25% of all pregnancies end in **spontaneous abortion**.
▶ 모든 임신의 25퍼센트는 _____이 되는 것으로 추정된다.

07 My wife started **labor** twenty hours before my first son was born.
▶ 아내는 첫째 아들이 태어나기 스무 시간 전에 _____이 시작되었다.

08 Laughter can even **prevent** heart disease and diabetes.
▶ 웃음은 심지어 심장질환과 당뇨도 _____할 수 있다.

09 His speech gave her great courage to overcome her **disability**.
▶ 그의 연설로 그녀는 _____를 극복할 큰 용기를 얻었다.

10 One of my friends **gave birth to** twins last month.
▶ 친구 중 한 명이 지난달에 쌍둥이를 _____.

11 Her first **delivery** is expected next month.
▶ 그녀의 첫 _____은 다음 달 예정이다.

12 The stress of pregnant woman can be harmful to **fetus**.
▶ 임산부가 받는 스트레스는 _____에게 해로울 수 있다.

¹³ A fetus inside the womb should be considered a human being as we are.

▶ _____ 안에 있는 태아도 우리와 같은 사람으로 여겨야 한다.

¹⁴ A device for detecting the onset of parturition of a pregnant animal has been developed.

▶ 임신한 동물의 _____ 징후를 감지하는 장치가 개발되었다.

¹⁵ According to the report, 80 percent of cervical cancer deaths are in poor countries.

▶ 보고서에 따르면 _____ 암 사망자의 80퍼센트가 빈국에서 발생한다고 한다.

¹⁶ When the science is in conflict with the nature, the latter should precede the former.

▶ 과학이 자연과 충돌하게 될 때는 후자(자연)가 전자(과학)보다 _____ 되어야 한다.

¹⁷ During pregnancy, avoid anything that could harm fetal development.

▶ _____ 기간에는 태아의 발달에 해로울 수 있는 것들은 모두 피하세요.

---

》》》 정답   01. 태어났다   02. 수태   03. 조산아   04. 조산아, 열 달을 다 채운 아기   05. 태어났다
06. 자연유산   07. 진통   08. 예방   09. 장애   10. 출산했다
11. 출산   12. 태아   13. 자궁   14. 분만   15. 자궁
16. 선행   17. 임신

>>> Part 2 Home & Society    >>> Chapter 3 Children & Education

>>> Theme 038  **Education**

**College** forces students to take **responsibility** for their own study **habits**. During **primary**, **middle**, and **high school**, students had parents who would constantly tell them to study, ask about their **homework assignments**, remind them when a report was **due** and **monitor** their progress. Through parental **intervention**, students had an authority figure to make sure that their **papers** and **projects** were done on time and that the **grades** remained at an acceptable **level** so that they did not **fail**. Even when students **attend boarding** school, teachers and **headmasters** assume the watchful role of the parents as **motivating** forces. Teachers inform parents when the students failed exams, papers were **overdue** or students had to be given **detention** for **misbehavior**. In contrast, once students get into college, there are no such regulating forces. **Honor roll** or straight A students in high school may turn into lazy uncommitted students **disinterested** in applying themselves in study. They are free to **skip classes** and **play hookey** without anyone's knowledge or **admonition**. They are totally **responsible for** studying their class notes and **textbooks**, instead of picking up the latest bestseller. Their personal **discipline** will determine whether they are in the library searching for sources among **encyclopedias**, directories and other **reference books** or at a pep rally or game at the gymnasium. It is they who must determine how much time is needed to work on a **take-home test** or how to prepare for **multiple choice**, **essay** and **open-ended questions**. It's only when students' grades are so low that they are **kicked out** that parents may ever find out their child's poor study habits.

>>> 해석

대학은 학생들에게 그들의 공부습관에 대해 책임을 지도록 강요한다. 초등학교, 중·고등학교 시절에는 부모들이 계속해서 학생들에게 공부하라고 다그치고 숙제를 다 했는지 확인하고 언제까지 해야 하는 숙제인지를 일러주며 그들의 학업을 감독한다. 이러한 부모의 간섭을 통해서 학생들은 자신들의 과제물이나 연구과제를 제때에 했는지 확인하고 따라서 적정 수준의 성적을 유지하여 그들이 낙제하지 않게 하는 권위 있는 사람을 가졌던 것이다. 기숙사에 들어가서 생활할 때도 교사나 사감은 부모를 대신하여 감시하고 그들에게 동기를 부여하는 역할을 한다. 학생이 낙제를 했거나, 숙제가 밀렸을 때, 못된 행동으로 학교에서 처벌을 받게 되었을 때 교사는 부모에게 알린다. 그러나 이와는 반대로 일단 대학에 들어오면 더 이상 그러한 규제력은 없다. 고등학교에서 우등생 혹은 전 과목 A를 받았던 학생도 공부에 전념하는 데에는 관심이 없는 게으르고 태만한 학생으로 변할 수 있다. 그들은 아무도 모르게, 누구의 훈계도 듣지 않고 자유롭게 수업을 빼먹고 농땡이를 부릴 수 있다. 최신 베스트셀러를 읽는 대신 교과서와 노트 필기를 공부하고 안 하고 전적으로 그들 자신이 책임질 문제다. 그들 스스로의 자제력만이 도서관에 가서 백과사전이나 인명록 또는 참고 서적들을 펴놓고 자료를 찾아야 할지 혹은 단합대회에 참여하거나 체육관에 가서 운동경기를 관람할지를 결정하게 된다. 집으로 가져가서 푸는 과제를 준비하는데 시간이 얼마나 걸릴지, 객관식, 주관식 논술시험을 어떻게 준비해야 할지를 결정해야 하는 사람은 바로 학생들 자신이다. 부모들이 자기 자식의 나쁜 공부습관에 대해 알게 되는 때는 성적이 나빠 학교에서 퇴학당하고 나서이다.

>>> 어구

force 억지로 시키다  constantly 항상  on time 시간을 어기지 않고  authority figure 권위자  assume (책임 등을) 맡다  detention (벌로서) 방과 후에 남는 것  turn into ~으로 변하다  lazy 게으른  uncommitted 구속받지 않은  pick up 집어 들다; 선택하다  pep rally 집회, 단합대회  work on (연구 등을) 계속하다

>>> 구문

• the grades remained at an acceptable level so that they did not fail/ [so that 결과]
  students' grades are so low that they are kicked out
  허용 수준의 성적을 유지해서 낙제하지 않다/ 학생 성적이 너무 낮아서 퇴학당하다

>>> Part 2 가정과 사회   >>> Chapter 3 자녀와 교육

>>> Theme 038   **교육** ▶

01 **primary [elementary] school** 초등학교
   ⓐ primary 초기의, 초급의; 주요한, 근본적인
   elementary 초보의, 입문의; 초등학교의
   - nursery school 〈미〉 보육원, 유아원(2~5세 아동)
     kindergarten 〈미〉 유치원(5세 아동); 〈영〉 사립유아원
     preschool 유치원, 유아원
     middle school 중학교  high school 고등학교
     college/university 대학
     ※ college는 단과대학, university 종합대학으로 구분하지만, 종종 구분 없이 쓰인다.

02 **responsibility** [rispὰnsəbíləti] 책임, 책무
   ● be responsible for ~에 책임이 있다

03 **habit** [hǽbit] (개인적인) 습관, 버릇
   - custom (사회적) 관습, 관례; (사람의) 습관
     convention (사회적) 관습, 관행, 인습

04 **assignment** [əsáinmənt] 연구 과제, 숙제; 할당(된 임무)
   ● homework assignments 숙제
   - take-home test 집에서 하는 숙제

05 **due** [dju:] 1. 만기가 된, 지불기일이 된
   2. (칭찬이) 마땅히 주어져야 할
   3. 하기로 되어 있는, ~할 예정인[to]
   4. 회비, 요금
   5. (방향의 명사 앞에서) 똑바로, 정(正)
   ● due date 만기일, 지급기일
   - overdue 지불 기일이 지난, 연체된
   - mature 만기의  maturity 만기일

06 **monitor** [mάnətər] 1. 감시(감독, 관찰)하다 2. (학급의) 반장
   ⓝ monitoring 감시, 모니터링

07 **intervention** [ìntərvénʃən] 간섭, 개입, 참견; 중재, 조정
   ⓥ intervene 간섭(개입, 참견)하다[in] ; 조정하다

08 **paper** [péipər] 과제물, 리포트; 시험문제
   ● term paper 학기말 리포트

09 **grade** [greid] 성적, 평점, 학점; 등급; 학년
   - level 수준, 단계
   - 학년 구분:
     elementary school: 1st grade ~ 6th grade
     middle school: 7th grade ~ 9th grade
     high school: 10th grade ~ 12th grade

10 **fail** [feil] 1. 낙제하다, 실패하다
   2. 나빠지다, 파산하다, 고장 나다
   3. [to do] ~하지 못하다
   - flunk [flʌŋk] (시험에) 낙제하다, 실패하다
   - cram for 벼락치기로 공부하다

11 **attend** [əténd] (학교에) 다니다, 출석하다; 시중들다[on]
   ● attend school 학교에 다니다
   ● attend class 출석하다
   - be absent from school 결석하다
   - after school 방과 후(에)

12 **board** [bɔ:rd] 1. 판자; 칠판; 위원회, (관공서) 부
   2. (배, 비행기 등에) 타다
   3. (식사를 제공받고) 하숙하다
   - boarding school 기숙학교  boarding pass 탑승권

13 **headmaster** [hèdmǽstər] 〈영〉 교장, 〈미〉 사립학교 교장
   - teacher (일반적) 교사  instructor 교사; 〈미〉 전임강사
     lecturer (대학의) 강사; 〈영〉 조교수
     professor (대학의) 교수 〈Prof.〉
     tutor (입주) 가정교사; 개인 지도교수
     governess 여자 가정교사; 여성 지사

14 **motivate** [móutəvèit] 동기[자극]를 주다
   ⓝ motive (행위의) 동기, 자극
   - incite 자극하다, 고무하다 – incentive 자극, 동기, 장려금
     promote 장려하다, 조장하다; 승진시키다
     encourage 용기를 북돋우다, 격려하다

15 **detention** [diténʃən] (벌로서) 방과 후 남기기; 구류, 감금

16 **misbehavior** [mìsbihéivjər] 비행, 부정행위
   - misdemeanor 비행, 경범죄   misconduct 비행, 위법행위
     wrongdoing 비행

17 **roll** [roul] 1. 두루마리, 출석부, 명부 2. 구르다, 전진하다
   ● honor roll 우등생 명단  call the roll 출석을 부르다

18 **disinterested** [disíntərèstid] 관심이 없는; 공평한
   - interested 흥미를 가진; 이해관계가 있는

19 **play hook(e)y** 학교를 빼먹다, 꾀부려 쉬다
   ⓝ hooky 학교를 빼먹기
   - play truant 학교를 빼먹다
     – truant [trú:ənt] 꾀부려 학교를 빼먹는 학생
     skip classes 수업을 빼먹다

20 **admonition** [ædmənìʃən] 훈계, 충고
   ⓥ admonish 훈계하다, 경고하다

21 **textbook** [tekstbuk] 교과서, 교본
   - 책의 종류
     encyclopedia 백과사전  reference book 참고도서  atlas 지도책
     directory 주소록, 인명록  anthology 명시선집  dictionary 사전

22 **discipline** [dísəplin] 1. 훈련, 단련(하다)
   2. 훈육, 규율; 징계(하다)
   3. 학과, 과목
   ⓝ disciple [disáipl] 제자, 신봉자

23 **multiple choice question** 선다식(객관식) 문제
   - fill-in-the-blank question 빈칸 채우기 문제
     essay 에세이(작문이나 논술 형식의 시험)
     open-ended question 개방형 질문

24 **kick out** 쫓아내다
   ● be kicked out of 퇴학당하다
   - drop out (학교에서) 중퇴하다; 낙오하다
     be suspended 정학 당하다

>>> Part 2 Home & Society   >>> Chapter 3 Children & Education

## >>> Theme 038 Review Test

01 **Primary school** children probably enjoy recess more than any other part of school.
➡ _____ 학생들은 아마도 휴식시간을 학교에서의 다른 어떤 시간보다도 더 즐거워할 것이다.

02 The bus driver was partly **responsible for** the accident.
➡ 버스운전사는 그 사고에 대해 일부 _____이 있었다.

03 Biting your nails is a bad **habit**.
➡ 손톱을 물어뜯는 것은 나쁜 _____이다.

04 The due dates of each **assignment** was written on the syllabus.
➡ 각 _____의 마감기일은 교수요목에 적혀 있었다.

05 When is the next payment **due**?
➡ 다음 지불 _____이 언제입니까?

06 Many employers use electronic devices to **monitor** their employees on the job.
➡ 많은 고용주들이 근무 중 직원을 _____하기 위해 전자 기기를 사용한다.

07 Military **intervention** worsened the situation.
➡ 군사 _____은 상황을 더욱 악화시켰다.

08 The **paper** was worth 25 percent of the grade.
➡ 그 _____이 성적의 25%를 차지했다.

09 I always got a good **grade** in English when I was in high school.
➡ 나는 고등학교 때, 늘 영어에서 좋은 _____을 받았다.

10 He didn't study for a test so that he **failed** the test.
➡ 그는 시험공부를 하지 않았고 _____.

11 The student dutifully **attended** class.
➡ 그 학생은 성실하게 수업에 _____.

12 Her parents sent her to a private **boarding school** located in New York.
➡ 그녀의 부모님은 그녀를 뉴욕에 있는 사립 _____에 보냈다.

13 The final decision rests with the **headmaster**.
➡ 최종결정권은 _____에게 있다.

¹⁴ Usually, a carrot-and-stick policy is applied to motivate the staff.
➡ 대개 직원들에게 _____를 하기 위해 당근과 채찍이라는 정책을 쓴다.

¹⁵ The student had detention after school.
➡ 그 학생은 방과 후 _____.

¹⁶ Peter was scolded by his parents for his misbehavior.
➡ 피터는 _____을 저질러서 부모님께 혼이 났다.

¹⁷ The honor roll system is an effective way to motivate students.
➡ _____ 제도는 학생들에게 동기를 부여하는 효과적인 방법이다.

¹⁸ She looked completely disinterested in her children.
➡ 그녀는 자식들에게 전혀 _____ 보였다.

¹⁹ The girls played hooky to go to the mall.
➡ 그 여학생들은 _____ 쇼핑센터에 갔다.

²⁰ The young student accepted her admonition.
➡ 그 어린 학생은 그녀의 _____를 받아들였다.

²¹ The textbooks for the class had just arrived in the store.
➡ 수업용 _____가 막 서점에 도착하였다.

²² Our school is well known for its strict discipline.
➡ 우리 학교는 _____이 엄하기로 유명하다.

²³ The test has 20 multiple choice questions and takes 20 minutes to complete.
➡ 시험은 20개의 _____가 출제되며 문제를 다 푸는 데 20분이 걸린다.

²⁴ The student was kicked out of school for stealing a copy of the final exam.
➡ 그 학생은 기말시험문제를 훔친 일로 _____.

>>> 정답

| 01. 초등학교 | 02. 책임 | 03. 습관 | 04. 과제물 | 05. 기한 |
| 06. 감시 | 07. 개입 | 08. 과제물 | 09. 성적 | 10. 낙제했다 |
| 11. 출석했다 | 12. 기숙학교 | 13. 교장 | 14. 동기부여 | 15. 벌로 학교에 남았다 |
| 16. 비행 | 17. 우등생 명단 | 18. 관심이 없어 | 19. 학교를 빼먹고 | 20. 훈계 |
| 21. 교과서 | 22. 규율 | 23. 객관식 문제 | 24. 퇴학당하였다 | |

>>> Part 2 Home & Society
>>> Chapter 3 Children & Education

## >>> Theme 039 Academy

College holds a wide number of **possibilities** for young adults to grow and learn. Although the cost of college is ever increasing, almost anyone can attend if he pursues a loan or receives a **scholarship**. You don't have to be a **valedictorian** or a straight A student who's always been on the honor roll to **qualify**. Many **top-notch** students attend on **full or partial scholarships**. Once in college it's a growing experience finding one's way through the maze of **academic** life. One must **enroll in** a **major** and **register** for **classes**. The choices of classes present an endless mixture of selections. For example, one can enroll in the school of **humanities** and **major in** anything from history to **literature** to **philosophy**. Another choice could be to be an **engineering** student who must decide from the choices of **ceramics**, **chemical**, **industrial**, **civils** and others as the concentration. Yet a third choice could be to be a student in the school of business studying **finance**, **business administration** or **accounting**. The **curriculum** of a school may require that students **take courses** that are **interdisciplinary** or completely out of their **discipline**. Students who desire to continue their **higher education** after completing their **bachelor's degree** may go on to get an **MBA** or a law degree or go to **medical school**. If the person is still interested in **postgraduate** education, one can get a **doctoral degree** and may choose to do postdoctoral research and remain in **academia**, not as a student, but as a **tenured** university **professor**.

>>> 해석

대학은 젊은이들이 성장하고 배움을 터득할 많은 가능성을 지닌 곳이다. 대학의 등록금이 날로 오르기는 해도 학자금 융자를 원하거나 장학금을 받는다면 누구나 학교에 갈 수 있다. 학자금 대출이나 장학금을 받기 위해서 항상 우등생 명부에 오르는 졸업생 대표(최우수학생)나 전 과목 A를 받는 우수생일 필요는 없다. 많은 수의 우수학생이 전액 혹은 부분장학금을 받는다. 대학시절은 학문추구의 미로를 통해서 자신의 길을 발견해가는 성장을 경험하는 때이다. 대학생이면 누구나 전공대학에 등록하여 수강신청을 해야 한다. 수강할 과목의 선택은 무한한 선택 조합으로 제출된다. 예를 들어, 어떤 대학생은 인문대학에 등록하여 역사에서부터 문학, 철학에 이르기까지 어느 학문이든지 전공할 수 있다. 다른 선택으로는 공과대 학생이 되어 요업, 화학, 산업, 토목공학이나 다른 것 중에 전공으로 선택할 수 있을 것이다. 또한, 재무, 기업경영, 혹은 회계과목을 공부하는 경영대 학생이 될 수도 있을 것이다. 각 대학의 교과과정에 따라서 학생들이 반드시 관련이 있는 학문만을 수강하도록 요구하기도 하고 때로는 전혀 관련이 없는 학문 분야의 과목을 수강하도록 요구하기도 할 것이다. 학사를 마친 후 더 깊이 공부하고 싶은 학생은 경영학 석사를 하거나 법대 혹은 의대에 진학하기도 한다. 만일 그가 대학원 공부에 관심이 있으면 박사 학위를 하고 나서 학생이 아닌 박사학위 이수 후의 연구자로 학교에 남아 일정 기간 동안 교수로 재직하는 길을 택할 수도 있다.

>>> 어구

pursue 뒤쫓다 a straight A student 전 과목 A 성적을 받은 학생 honor roll 우등생 명단 maze 미로, 미궁 concentration 집중, 전념, 집중적 연구

>>> 구문

- possibilities (for young adults) to grow [for 의미상 주어 + to R]
  젊은이들이 성장할 가능성
- You don't have to be a valedictorian [don't have to R]
  당신이 졸업생 대표가 될 필요는 없다

>>> Part 2 가정과 사회     >>> Chapter 3 자녀와 교육

>>> Theme 039    대학 ▶

01 **possibility** [pàsəbíləti] 가능성, 장래성, 가망
- ⓐ possible 가능한, 있을 수 있는
- 동 potentiality 가능성, 잠재성
  prospective 가망이 있는, 장래에 ~이 될

02 **scholarship** [skάlərʃip] 1. 장학금; 장학생 신분
   2. 학문, 학식
- a full/partial scholarship 전액/부분 장학금
- ⓝ scholar 학자
- ⓐ scholarly 학술적인, 전문적인; 학자의
- 혼 pedantic 학자티를 내는, 현학적인
  sciolistic 수박 겉핥기식의

03 **valedictorian** [vælədiktɔ́ːriən] (성적이 수석인) 졸업생대표
- ⓝ valediction 작별, 고별사
- 관 summa cum laude (졸업이) 최우등으로
  magna cum laude (졸업이) 우등으로

04 **qualify** [kwάləfài] 1. 자격을 주다[to do]
   2. 자격이 있다, 적합하다[for]
- qualifying exam 자격검정시험
- ⓐ qualified 자격이 있는, 적격의 ↔ disqualified 자격을 잃은
- ⓝ qualification 자질, 능력; 자격; (pl.) 실격 사유

05 **top-notch** [tapnαtʃ] 일류의, 최고의
- top-notch students 최우수학생, 우등생
- 관 notch 새긴 눈금; 계급, 정도

06 **academic** [ækədémik] 1. 대학의, 고등교육의
   2. (순수) 학문의, 학구적인
- ⓝ academia 학계, 학구적 분위기

07 **enroll** [inróul] 1. (학교·군대에) 입학(입대)하다[in]
   2. (명부에) 등록하다
- ⓝ enrol(l)ment 등록, 입학, 입대

08 **register** [rédʒistər] 1. (명부에) 등록하다, 기록하다
   2. 기록부, 등록부, 명부
- ⓝ registry 등록, 등기; 등기부, 대장 registrant 등록자, 등기자

09 **major** [méidʒər] 1. 전공과목(의 학생) cf. minor 부전공
   2. 전공하다 [in] 3. 전공의; 주요한; 일류의; 다수의
   4. 〈계급〉 소령; 성년자
- 관 specialize in (세부 전공으로) 전공하다

10 **class** [klæs] 1. 수업, 강의, 교실; 학급
   2. 종류, 부류; (사회적) 계급; 등급
- 관 classify 분류하다, 유형화하다
  - classification 유형, 범주; 분류; 비밀 구분

11 **humanity** [hjuːmǽnəti] (-ties) 인문 과학; 인류, 인간(애)
- 관 학문의 구분 - 인문학
  literature 문학, 문헌 philosophy 철학 ethics 윤리학

12 **engineering** [èndʒiníəriŋ] 공학, 엔지니어링
- ⓝ engineer 엔지니어, 기술자
- 관 ceramic engineering 세라믹 공학
  chemical engineering 화학공학
  industrial engineering 산업공학
  civil engineering 토목공학
  electrical engineering 전기공학

13 **finance** [fáinæns] 재정학, 금융
- ⓐ financial 재정의, 재무의
- 유 fiscal 국고의, 세입의; 회계의 monetary 화폐의, 금전의

14 **business administration** 경영학
- MBA: Master of Business Administration 경영학 석사
- 혼 public administration 행정학 economics 경제학
  politics 정치학

15 **accounting** [əkáuntiŋ] 회계학; 회계
- ⓝ accountant 회계사
  cf. CPA(certified public accountant)
- 관 bookkeeping 부기

16 **curriculum** [kəríkjuləm] 교과 과정, 커리큘럼
- 관 syllabus (교수의) 강의계획표

17 **course** [kɔːrs] (대학의) 교과, 과목, 강좌
- take a course 강좌를 수강하다
- offer a course 강좌를 개설하다
- audit a course 청강하다
- fail a course 강좌에서 낙제하다
- required[compulsory] course 필수과목
- elective[optional] course 선택과목
  cf. liberal arts 교양과목

18 **interdisciplinary** 여러 학문분야에 걸치는, 통합 학문의
- ⓝ discipline 학문분야, 학과

19 **higher education** 고등교육, 대학교육
- 관 early child education 조기교육
  secondary education 중등 교육

20 **degree** [digríː] 1. (대학에서의) 학위
   2. 단계, 등급; 정도; (각도, 온도) 도
- bachelor's degree 학사학위
- master's degree 석사학위
- doctoral[doctorate] degree/doctorate 박사학위
- an honorary degree 명예학위
- 표 by degrees 단계적으로, 차츰
- 관 diploma [diplóumə] 학위, 졸업장
  MD 의학박사/ Ph.D 철학박사/ MA 문학석사/
  BA 문학사/ MS 이학석사/ BS 이학사

21 **medical school** 의과대학〈4년제 졸업자가 입학하는 대학원〉
- 관 law school 로스쿨, 법과 대학원

22 **postgraduate** [poustgrǽdʒueit] 대학원생(의)
- 관 undergraduate 학부 재학생 graduate 졸업생; 졸업하다
  alumna 여자 졸업생
- 관 freshman 1학년 sophomore 2학년 junior 3학년 senior 4학년

23 **tenure** [ténjər] (교수의) 종신 재직권(을 주다)

24 **professor** [prəfésər] (대학의) 교수 〈Prof.〉
- TA: Teaching Assistant: 조교 • RA: Research Assistant 연구조교
- assistant professor 조교수 • associate professor 부교수
- (full) professor 정교수
- 관 instructor 교사; 〈미〉 전임강사
  lecturer (대학의) 강사; 〈영〉 조교수

>>> Part 2 Home & Society   >>> Chapter 3 Children & Education

## >>> Theme 039 Review Test

01 There is no possibility that you will meet the man again.
➡ 당신이 그 남자를 다시 만날 _____은 없습니다.

02 The girl received a full academic scholarship.
➡ 그 여학생은 전액 대학 _____을 받았다.

03 The valedictorian had the class's highest GPA.
➡ _____는 그 반에서 가장 좋은 평점을 받았다.

04 The qualifying exam would determine the students' placement.
➡ _____으로 학생들의 반 배치를 결정하게 될 것이다.

05 The top-notch students don't study for a test.
➡ _____은 시험만을 위해서 공부하지 않는다.

06 Schools ought to admit children irrespective of parental background or academic achievement.
➡ 학교는 부모의 배경이나 _____적인 업적에 관계없이 아이들을 받아들여야 한다.

07 The student enrolled in the class.
➡ 그 학생은 그 수업에 _____했다.

08 The student waited late to register in the class.
➡ 그 학생은 그 수업에 _____하기 위해 늦게까지 기다렸다.

09 College students are usually given a second chance to change their majors in the beginning of the semester.
➡ 대학생들은 대개 학기초에 _____을 바꿀 수 있는 한 번의 기회가 더 있다.

10 I don't have classes on Monday.
➡ 저는 월요일에 _____이 없어요.

11 The physics major had a tutor for his humanities classes.
➡ 그 물리학도는 _____ 과목을 도와주는 개인교사가 있었다.

12 Thanks to the chemical engineering, we enjoy comforts of life.
➡ 화학_____ 덕에, 우리는 편리한 생활을 즐긴다.

13 Wall Street had appealed to the finance major since his childhood.
➡ _____ 학도에게 Wall가(街)는 어릴 적부터 그의 마음을 끄는 곳이었다.

>>> Part 2 가정과 사회
>>> Chapter 3 자녀와 교육

14 The business administration major looked forward to being an entrepeneur.
➡ _____ 학도는 기업가가 되기를 기대했다.

15 Accounting majors are likely to be good at math.
➡ _____ 학도들은 수학을 잘하는 경향이 있다.

16 The curriculum emphasized practical courses.
➡ 그 _____ 은 실제적인 과목들을 강조한다.

17 It was the first time she took a course for fun.
➡ 그녀가 재미로 _____ 한 것은 그때가 처음이었다.

18 The interdisciplinary program relied upon history, political science and philosophy.
➡ 그 _____ 프로그램은 역사, 정치학, 철학에 기초를 두고 있었다.

19 Higher education does not guarantee success.
➡ _____ 을 받아야 꼭 성공하는 것은 아니다.

20 She was pursuing her doctorate degree.
➡ 그녀는 _____ 을 밟고 있었다.

21 In order to enter medical school, applicants had to take the MCATs.
➡ _____ 에 들어가기 위해서는 지원자들은 반드시 MCAT(의대 입학 자격 고사) 과정을 이수해야만 한다.

22 The man was looking for a grant to fund postgraduate research in America.
➡ 그는 미국에서 _____ 으로 연구할 수 있는 경비를 제공할 장학금을 찾고 있었다.

23 Tenure was given to the woman after five years of working at the university.
➡ 그 대학에서 5년 동안 일한 후에야 그 여성에게 _____ 이 주어졌다.

24 After working her way up from an assistant, the woman became a full professor.
➡ 그녀는 _____ 로부터 일하기 시작하여 _____ 가 되었다.

>>> 정답
01. 가능성　02. 장학금　03. (졸업식에서 고별사를 읽는) 졸업생대표　04. 자격검정시험　05. 우등생
06. 학문　07. 등록　08. 등록　09. 전공과목　10. 수업
11. 인문과학　12. 공학　13. 재정　14. 경영　15. 회계
16. 교과과정　17. 수강　18. 통합학문　19. 고등교육　20. 박사과정
21. 의대　22. 대학원생　23. 종신재직권　24. 조교수, 정교수

>>> Part 2
Home & Society

**Chapter 4
Race & Ethnos**

>>> Theme **040**  **Race & Ethnos**

**Human beings** are **classified into** different **races**, large **populations distinguished** by **genetic phenotypic** traits or **geographic ancestry**. However, other factors, such as **ethnicity**, **culture**, socio-economic **status** and physical **appearance** also influence **racial classification**. In the past, the term of "race" was used to **divide** humans **into** groups based on shared phenotypic traits determined by genetics. This idea of "race" is sometimes used for research purposes in different fields as a substitute for geographic ancestry. For instance, it is applied to **biomedical** research and race-based medicine studies as well as the **analysis** of **skeletal** remains in **forensic anthropology**. Additionally, race can play an important role in police investigations. It is an important descriptive trait in the **identification** of criminal suspects, and it is also used in the reconstruction of **unidentified** remains. Scientists in the **social** sciences also utilize race in their studies of **societies**. Since there is often a correlation between racial **divisions** and social stratification, race aids social scientists in their researches on social inequality. Not all scientists will employ the same racial paradigms. Social and **biological** scientists may use different models, with varying emphasis on **societal** construction as contrasted with biological reduction.

>>> 해석

인간들은 유전적 형질이나 지리적 조상으로 구분되는 인구집단인 인종에 따라 구별된다. 그렇지만, 민족집단, 문화, 사회경제적지위나 외모와 같은 다른 요소들 또한 인종을 분류하는 데에 영향을 미친다. 과거에는 "인종"이라는 단어는 유전학적으로 같은 유전적 형질을 가진 사람들을 구분하는 데 쓰였다. 유전학에 기반한 구분의 "인종"은 때때로 지리적 조상으로 구분하는 것을 대체하여 다른 분야의 연구목적으로 사용됐다. 예를 들어, 법인류학에서 해골 유해를 분석할 때뿐 아니라 생물의학연구와 인종별 의약연구를 하는 데에도 응용된다. 더불어, 인종은 경찰수사에 중요한 역할을 할 수 있다. 인종은 범죄자들을 특정하는데 기술적인 특징이 되기도 하고 미확인 유해를 복원하는 데 쓰이기도 한다. 인종의 구분은 사회계층화와 관련이 있기 때문에 인종은 사회과학자들이 사회 불평등을 연구하는 데에 도움이 된다. 그렇지만 모든 과학자들이 동일한 인종 인식체계를 사용하는 것은 아니다. 사회과학자들과 생물학자들은 생물학적인 감소에 중점을 두는 것이 아니라 사회구조에 다양한 강조점을 두면서 다른 모델을 사용할 수 있다.

>>> 어구

**factor** 요인, 인자 **physical** 육체의, 신체의 **substitute** 대신하는 것 **be applied to** ~에 응용되다 **medicine** 의약 **play an important role in** 중요한 역할을 하다 **investigation** 조사, 수사 **descriptive** 서술적인, 설명적인 **reconstruction** 재건, 복원 **utilize** 이용하다 **social stratification** 사회계층 **social inequality** 사회적 불평등 **varying** 가지각색의, 다양한 **emphasis** 강조점, 중점 **construction** 구조, 건설 **contrasted with** ~와 상반되는 **reduction** 감소, 축소

>>> 구문

- different races, large populations distinguished by genetic phenotypic traits [동격]
  여러 종들, 즉 유전적 형질로 구분되는 인구집단
- Not all scientists will employ ~ [부분부정]
  모든 과학자들이 ~를 사용하는 것은 아니다 (= 과학자들 중 일부는 ~를 사용하지 않는다)

# Chapter 4 인종과 민족

>>> Part 2 가정과 사회

>>> Theme 040  **인종과 민족** ▶

**01 human** [hjú:mən] 사람의, 인간의, 인간다운; 인간
- human nature 인간성
- ⓝ humanity 인간성, 인간애; 인류; (pl.) 인문과학
  humanism 휴머니즘, 인간주의, 인문주의
  humanitarianism 인도주의, 박애
- ⓐ humane [hju:méin] 자비로운, 인도적인
  - 핵 human being (동물에 대비하여) 인간
    subhuman 인간 이하의

**02 classify** [klǽsəfài] 1. (~으로) 분류하다[into]
2. 기밀 취급하다
- classify A into B A를 B로 분류하다
  = sort A into B        = divide A into B
  = categorize A into B  = distinguish A into B
- ⓐ classified 분류된
- ⓝ classification 분류, 유형, 범주

**03 race** [reis] 1. 인종; 혈종, 품종
2. 경주(하다); 경쟁(하다)
- human race 인류
- ⓐ racial 인종의, 민족의
  - 핵 interracial 다른 인종 간의  multiracial 다민족의

**04 population** [pɑ̀pjuléiʃən] 인구, 주민; 개체군
- have a large[small] population 인구가 많다(적다)
- ⓥ populate (수동태로) 살다; 거주시키다
  - 핵 overpopulated 인구과잉의
  - 유 popularity 대중성, 인기, 유행 – popular 대중의; 인기 있는

**05 distinguish** [distíŋgwiʃ] 구별(식별)하다; 눈에 띄다
- distinguish A from B A를 B와 구별하다
  = separate A from B    = tell A from B
  = differentiate A from B = discern A from B
- ⓐ distinguished 뚜렷한, 유명한
- ⓝ distinction 구별; 특징, 차이

**06 genetic** [dʒənétik] 유전(학)의, 유전인자의
- ⓝ gene 유전(인자)
  - 유 gender 성, 성별
  - 핵 genesis 기원, 발생; 창세기  agamogenesis 무성생식
    genocide (민족의) 대량 학살

**07 phenotype** [fí:nətàip] 표현형 (유전자와 환경의 영향에 의해서 형성되는 형질)
- ⓐ phenotypic 표현형의
  - 핵 genotype 유전자형

**08 geographic(al)** [dʒì:əgrǽfik(əl)] 지리(학)상의
- ⓝ geography 지리학, 지형
  - 핵 cultural geography 문화 지리학

**09 ancestry** [ǽnsèstri] 1. (집합적) 조상, 선조
2. 가문, 혈통; 유래, 기원
- 핵 ancestor (개인의) 조상, 선조

**10 ethnicity** [eθnísiti] 민족성
- ⓐ ethnic 민족의, (주로) 소수 민족에 관한
- ⓝ ethnos 민족(=ethnic group), 종족
  - 핵 ethnoarcheology 민족고고학  ethnobiology 민족생물학

**11 culture** [kʌ́ltʃər] 1. (한 나라의) 문화
2. 교양, 세련; 수련
3. 경작, 양식; 배양
- ⓐ cultural 문화의, 교양의
  - 유 civilization (물질적으로 발달한) 문명

**12 status** [stéitəs] 1. (사람의) 지위, 신분
2. (사물의) 상태, 정세
- 유 statue [stǽtʃu:] 조각상   statute [stǽtʃu:t] 법령, 법규
  stature [stǽtʃər] 키, 신장; 명성

**13 appearance** [əpíərəns] 1. 외관, 외모
2. 출현, 출두, 출석
- physical appearance 신체적 외모

**14 bio–** (접두어) 생명의, 생명과 관련된
- 핵 biological [bàiəlɑ́dʒikəl] 생물학의, 생물학적인
  biomedical [bàioumédikəl] 생명의학의
  biochemical 생화학의, 생화학제품
  bioengineering 생물공학, 생체 공학
  biography 전기, 일대기

**15 analysis** [ənǽləsis] 분석, 분해, 검토
- ⓥ analyze 분석하다, 검토하다

**16 skeletal** [skélitl] 골격의, 해골의
- ⓝ skeleton 골격, 뼈대, 해골
  - 핵 skull 두개골; 두뇌  cerebral 대뇌의, 지적인

**17 forensic** [fərénsik] 1. 법의학적인, 범죄과학의
2. 과학수사 (연구소)
- a forensic evidence 법의학적 증거

**18 anthropology** [ænθrəpɑ́lədʒi] 인류학
- ⓝ anthropologist 인류학자
  - 핵 paleoanthropology 고인류학, 화석 인류학
    ergonomics 인간공학(인간에게 적합한 작업환경이나 기계를 연구하는 학문)

**19 identification** [aidèntifəkéiʃən] 1. 동일함의 확인, 동일시
2. 신원확인, 신분증명서
- ⓥ identify (동일한 것임을) 확인하다, 동일시하다
- ⓐ identical 동일한, 똑같은
- identical twins 일란성 쌍둥이 ↔ fraternal twins 이란성 쌍둥이
  - 반 unidentified 신원(국적) 불명의; 확인되지 않은

**20 social** [sóuʃəl] 사회적인, 사회의; 사교적인
- 핵 society (국가나 인간의) 사회(집단)
    – societal 사회의, 사회에 관한
    socialism 사회주의 (운동)  sociable 사교적인, 친목적인
  - 핵 [접두어] socio– 사회의
    sociology 사회학  socioeconomic 사회경제적인
    sociopath 반사회적 이상성격자

**21 division** [divíʒən] 1. 분할, 분리, 구분
2. 부문; (관서) 국; 〈생물〉 문
- ⓥ divide 나누다, 분리하다, 분배하다

Reading V.O.C.A
173

>>> Part 2 Home & Society    >>> Chapter 4 Race & Ethnos

## Theme 040 Review Test

01 **Human beings**, animals, and plants need the sun to survive.
➡ _____, 동물 그리고 식물은 생존하기 위해 태양이 필요하다.

02 Human races can **be classified into** Caucasoid, Mongoloid, Negroid, and Australoid.
➡ 인류는 코카서스 인종(백인종), 몽골인종(황색인종), 흑인종, 아우스트랄로이드 종족으로 _____ 수 있다.

03 Britain is called a melting pot of different **races**, religions and cultures.
➡ 영국은 여러 _____과 종교, 그리고 문화의 도가니로 불린다.

04 China has the largest **population** in the world.
➡ 우리의 이웃 중국은 세계에서 _____가 많은 나라입니다.

05 Day-old infants are known to be able to **distinguish** foreign languages **from** their native tongue.
➡ 태어난 지 며칠 안 된 유아도 모국어와 외국어를 _____할 수 있는 것으로 알려져 있다.

06 **Genetic** characteristics are determined by genes that are present in the cells of all organisms.
➡ _____적 특징은 모든 유기체의 세포 속에 존재하는 유전자에 의해 결정된다.

07 **Genotype** and **phenotype** represent very real differences between genetic composition and expressed form.
➡ _____과 _____은 유전적 구성과 표현된 형태 사이의 실제적 차이점들을 나타낸다.

08 The new application lets us know accurate **geographical** locations.
➡ 새로 나온 이 어플리케이션은 우리에게 정확한 _____ 위치를 알려준다.

09 In a broader sense, however, we have **a common ancestry**.
➡ 하지만, 넓은 의미에서 보면, 우리는 공통의 _____을 가지고 있다.

10 Sports give us a chance to cross global barriers such as language, geography, **ethnicity**, and nationality.
➡ 스포츠를 통해 우리는 언어, 지리, _____, 그리고 국적과 같은 세계적 장벽을 뛰어넘을 수 있는 기회를 얻는다.

11 Left-hand shakes are a sign of disrespect in many **cultures**.
➡ 왼손으로 악수하는 것은 여러 _____에서 결례를 범하는 것이다.

12 She was dedicated to improving women's social **status**.
➡ 그녀는 여성의 사회적 _____를 향상시키는 데 헌신했다.

¹³ Our company puts your experience, skills, and personality above your physical appearance.

➡ 우리 회사는 당신의 _____보다 경력과 실무능력, 그리고 성격을 더 중시합니다.

¹⁴ Using animals for biomedical research is morally right; however, using animals for the testing of cosmetics is morally wrong.

➡ _____ 연구를 위해 동물을 이용하는 것은 도덕적으로 옳지만, 화장품의 실험용으로 이용하는 것은 옳지 못한 일이다.

¹⁵ The analysis showed that most baby powders contained asbestos.

➡ _____ 결과 대부분의 베이비 파우더에서 석면이 검출되었다.

¹⁶ The chicken's skeletal structure has difficulty in supporting their huge meaty breasts.

➡ 닭의 _____구조는 무거운 가슴살을 지탱하기에 어려움이 있다.

¹⁷ Forensic scientists find out the cause of death from the victim's remains.

➡ _____은 피해자의 유해에서 사인을 밝혀낸다.

¹⁸ Anthropology is the study of humans, past and present.

➡ _____은 과거와 현재의 인류를 공부하는 학문이다.

¹⁹ A UFO stands for Unidentified Flying Object.

➡ UFO는 _____ 비행물체의 약어이다.

²⁰ The Union of Soviet Socialist Republics was founded on the ideals of social equality and sharing.

➡ 구소련은 _____ 평등과 분배라는 이념 아래 건국되었다.

²¹ The division of labor on the basis of sex is one of the rational principles of our society.

➡ 성에 근거하는 노동력의 _____은 우리 사회의 합리적인 원칙 중 하나이다.

---

**〉〉〉 정답**

| 01. 인간 | 02. 분류될 | 03. 인종 | 04. 인구 | 05. 구별 |
| 06. 유전 | 07. 유전자형, 표현형 | 08. 지리적 | 09. 조상 | 10. 민족성 |
| 11. 문화 | 12. 지위 | 13. 신체적 외모 | 14. 생물 의학 | 15. 분석 |
| 16. 골격 | 17. 법의학자들 | 18. 인류학 | 19. 미확인 | 20. 사회적 |
| 21. 구분 | | | | |

>>> Part 2 Home & Society
>>> Chapter 4 Race & Ethnos

## >>> Theme 041 Racism

**Racism** in the United States has been a major issue since the **colonial** era and the **slave** era. Legally **sanctioned** racism **imposed** a heavy **burden** on Native Americans, African Americans, Asian Americans, and Latin Americans. On the contrary, European Americans (particularly Anglo Americans) were **privileged** by law in matters of **literacy**, **immigration**, voting rights, **citizenship**, land acquisition, and criminal procedure over periods of time extending from the 17th century to the 1960s. Many non-Protestant European **immigrant** groups, particularly American Jews, Irish Americans, Italian Americans, as well as other immigrants from elsewhere, suffered **xenophobic exclusion** and other forms of **discrimination** in American society. Formal racial **segregation** was largely **banned** in the mid-20th century, and came to be perceived as socially unacceptable or morally repugnant as well, yet racial politics remains a major phenomenon. Historical racism continues to be reflected in socio-economic **inequality**. Racial **stratification** continues to occur in employment, housing, education, and government. Regrettably, many people in the U.S. continue to have some **prejudices** against other races and **ethnic minorities**.

>>> 해석
미국에서의 인종차별은 식민지 시대와 노예제도가 있었던 시대 이후로 주요 이슈가 되어 왔다. 법적으로 인정되었던 인종차별정책은 아메리카 원주민, 아프리카계 미국인, 아시아계 미국인, 그리고 라틴계 미국인에게 무거운 부담을 부과해 왔다. 이에 반해 유럽계 미국인(특히 앵글로 미국인)은 17세기부터 1960년대에 이르기까지 읽고 쓰는 능력, 이민, 투표권, 시민권, 토지 취득, 그리고 형사 절차 등에 있어 법적인 특권을 누렸다. 수많은 비신교도 유럽이민자 집단과 유대인, 아일랜드계 미국인, 이탈리아계 미국인, 그 외의 지역에서 들어온 이민자들도 마찬가지로 미국사회에서 외국인 혐오적인 배척과 다른 형태의 차별을 겪었다. 공식적인 인종 차별은 20세기 중반에 대부분 금지되었고, 사회적으로 허용되지 않거나 도덕적으로 용납되지 않는 것으로 받아들여졌지만, 아직도 인종정책은 여전히 중요한 현상으로 남아 있다. 역사적인 인종차별은 여전히 사회경제적인 불평등으로 투영되어 있다. 인종에 따른 계층은 고용, 주거, 교육, 행정 등에서 여전히 나타나고 있다. 유감스럽게도, 미국의 많은 사람들은 다른 인종이나 소수민족에 대한 편견들을 여전히 가지고 있다.

>>> 어구
legally 법적으로 on the contrary 이에 반해 voting right 투표권 acquisition 취득, 획득 criminal procedure 형사절차 protestant 신교도 Jews 유대인 formal 공식적인 largely 주로, 대부분 unacceptable 용인할 수 없는 morally 도덕적으로 repugnant 싫은, 역겨운 as well 역시, 또한 phenomenon 현상, 사건 reflect 반영하다 occur 나타나다 housing 주거

>>> 구문
• extending from the 17th century to the 1960s [extend from A to B]
  17세기에서 1960년대까지 이르는

• perceived as socially unacceptable [A is perceived as B]
  사회적으로 허용되지 않는 것으로 여겨지다

>>> Part 2 가정과 사회    >>> Chapter 4 인종과 민족

>>> Theme 041   **인종차별** ▶

01 **racism/racialism** [réisizm] 인종차별; 민족지상주의
ⓝ race 인종, 혈통   ⓐ racial 인종의, 민족의
관 인종차별적 민족 용어
- Chink 중국인(Chinese)
- Spic 라틴 아메리카인(Spanish-American)
  cf. hispanic 라틴 아메리카인
- nigger 흑인, 깜둥이(African-American)

02 **colonial** [kəlóuniəl] 식민지의
ⓝ colony 식민지   colonialism 식민주의 정책
관 imperialism 제국주의, 영토확장주의

03 **slave** [sleiv] 노예, 포로
ⓝ slavery 노예제도, 노예의 신분
ⓥ enslave 노예로 만들다
동 enthral 노예로 만들다, 매혹시키다
반 emancipate (노예를) 해방하다 manumission (노예의) 해방
abolition 노예제도 폐지

04 **sanction** [sǽŋkʃən] 1. 허가, 인가, 재가; 제재
2. 인정하다, 용인하다
3. (나라에) 제재를 취하다
• take sanctions against ~에 대해 제재를 가하다

05 **impose** [impóuz] 강요하다, (의무를) 지우다
• impose A on B B에게 A를 부과하다
• impose on (선의를) 이용하다

06 **burden** [bə́:rdn] 1. 짐, 부담 2. 무거운 짐을 지우다, 괴롭히다
ⓐ burdensome 부담이 되는, 귀찮은
반 unburden 짐을 내리다, 부담을 없애다

07 **privilege** [prívəlidʒ] 1. 특권, 특전 2. 특권을 주다
• give[grant] a privilege to ~에게 특권을 주다
동 prerogative 특권, 특전
관 deprive (권리 등을) 빼앗다, 박탈하다

08 **literacy** [lítərəsi] 읽고 쓰는 능력, 교양
• the illiteracy rate 문맹률
ⓐ literate 읽고 쓸 줄 아는; 교육받은
반 illiteracy 문맹, 무식 – illiterate 글자를 모르는
관 literal 글자 그대로의 preliterate 문자사용 이전의

09 **immigration** [ìməgréiʃən] 이주, 이민; 출입국 관리
ⓥ immigrate (새로운 나라로) 이주해오다, 이민 오다
ⓝ immigrant 이민자, 이주자
관 emigrate 1. (타국으로) 이민 가다[to]
2. (어떤 나라에서) 이민을 떠나다[from]
- emigrant (타국으로 간) 이민자

10 **citizenship** [sítizənʃip] 시민권, 공민권
ⓝ citizen 시민, 공민
관 the right of permanent residence 영주권
green card 입국 허가증; 영주권
※ 영주권은 투표권 등이 없는 데서 시민권과 구분된다.
관 naturalize 시민권을 주다, 귀화하다
동 denizen 주민, 귀화를 허가하다

11 **xenophobic** [zénoufòubik] 외국인을 싫어하는
ⓝ xenophobia 외국인 공포증, 외국인 혐오
관 – phobia 공포증
gynephobia 여성공포증 acrophobia 고소공포증
agoraphobia 광장공포증 ↔ claustrophobia 폐소공포증
nyctophobia 어둠공포증 mysophobia 불결공포증

12 **exclusion** [iksklú:ʒən] 제외, 배제; 배척, 추방
ⓥ exclude 못 들어오게 하다; 제외하다
ⓐ exclusive 배타적인, 독점적인; (이용이) 한정된

13 **discrimination** [diskrìmənéiʃən] 1. 차별 (대우)
2. 식별, 구별
• racial[race] discrimination 인종차별
• sexual discrimination 성차별
ⓥ discriminate 차별(대우)하다; 식별(구별)하다
혼 incriminate 죄를 씌우다, 연루시키다
관 reverse discrimination 역차별(소수자에게 특혜를 줌으로써 오히려 대다수에게 차별이 되는것)
affirmative action 소수자 보호를 위한 적극조치

14 **segregation** [sègrigéiʃən] (인종 간의) 분리; 차별
ⓥ segregate 분리(격리)하다; 차별대우를 하다
비 quarantine (검역을 위한) 격리(하다)
seclude/sequester (혼자) 고립시키다

15 **ban** [bæn] 1. (법으로) 금지하다 2. 금지(령), 금제
• put a ban on ~을 금지하다
동 banish 추방하다
비 outlaw (어떤 행위를) 불법화하다

16 **inequality** [ìnikwáləti] 불평등, 불균형
반 equality 평등, 균등

17 **stratification** [strætəfəkéiʃən] (사회적) 계층
• social stratification 사회계층
동 stratum (지질의) 층, (사회) 계층  layer 층, (조직의) 계층

18 **prejudice** [prédʒudis] 1. 편견, 선입관
2. (편견으로 입는) 피해
ⓐ prejudiced (~에 대해) 편견을 가진[against]
동 jaundiced 편견을 가진 biased 치우친, 편견을 가진
predilection 편애

19 **ethnic** [éθnik] 민족의; (소수) 민족에 관한
ⓝ ethnicity 민족성; (pl.) 민족, 인종
관 ethnocentrism 자기민족 중심주의
ethnoarcheology 민족고고학

20 **minority** [minɔ́:rəti] 1. (다수에 대해) 소수, 소수집단(민족)
2. 미성년자
ⓐ minor 작은, 소수의; 중요하지 않은; 부전공과목
반 majority 다수, 다수파; 과반수; 성년자
– major 큰 쪽의, 다수의; 중요한; 전공하다
동 fringe 비주류파

Reading V.O.C.A
177

>>> Part 2 Home & Society
>>> Chapter 4 Race & Ethnos

## >>> Theme 041 Review Test

01 **Racism** has been unavoidable and ubiquitous in societies for centuries.
➡ _____는 수백 년 동안 불가피하게 사회 어디에나 있어 왔다.

02 Gandhi's civil disobedience was instrumental in winning independence from the **colonial** British.
➡ 간디의 시민 불복종은 영국의 _____지배부터 독립을 쟁취하는 데 중요한 역할을 했다.

03 In 1799, New York City began gradually emancipating **slaves**.
➡ 1799년, 뉴욕시는 점진적으로 _____를 해방시키기 시작했다.

04 The United States is considering additional **sanctions** against Iran.
➡ 미국은 이란에 대해 추가적인 _____를 고려하고 있다.

05 The government has **imposed** the excise tax **on** cigarettes.
➡ 정부는 담배에 소비세를 _____하고 있다.

06 Education and medical costs are **a** big **burden** to the middle class.
➡ 교육비와 의료비가 서민들에게 큰 _____이 되고 있다.

07 They seek to redress social inequalities where minority groups have been denied access to the same **privileges** of the majority group.
➡ 그들은 소수자 그룹이 다수민족이 누리는 것과 같은 _____을 누리는 것을 거부당해왔던 사회적 불평등을 시정하려고 노력해왔다.

08 Yemeni women are **illiterate**, one of the highest **illiteracy rates** in the world.
➡ 예멘의 여성은 _____을 모르며 세계에서 가장 _____이 높다.

09 Korea needs to shift its viewpoint on foreign labor and **immigration** policy.
➡ 한국은 외국인 노동자와 _____정책에 대한 시각을 바꿀 필요가 있다.

10 Dual **citizenship** is not possible in all countries.
➡ 이중 _____이 모든 국가에서 가능한 것은 아니다.

11 They were extremely **xenophobic**, considering all other races to be vermin.
➡ 그들은 극도로 _____했고, 모든 다른 민족들을 벌레라고 여겼다.

12 His name **was excluded** from the list.
➡ 그의 이름이 명단에서 _____되었다.

¹³ Reverse discrimination may also be used to highlight the discrimination inherent in affirmative action programs.

➡ _____은 적극적 차별철폐 정책에 내재된 _____을 강조하고자 사용될 수 있다.

¹⁴ The U.S. Supreme Court declared that school segregation was unconstitutional.

➡ 미국 대법원은 학교 _____이 위법이라고 선언했다.

¹⁵ The government put a ban on smoking anywhere in the buildings.

➡ 정부는 건물 내 흡연을 전면 _____.

¹⁶ Gender discrimination can lead to economic inequality between men and women.

➡ 성차별이 남녀 사이에 경제적 _____으로 이어질 수 있다.

¹⁷ Critics argue that rating communities only strengthens social stratification and elitism.

➡ 비평가들은 지역사회 평가는 단지 사회적 _____과 엘리트주의를 더 견고히 할 뿐이라고 주장한다.

¹⁸ Stereotypes are usually not nice, and encourage prejudice and racism.

➡ 고정관념은 대개 불쾌하고, _____과 인종차별을 조장한다.

¹⁹ The U.S. is a melting pot, uniting people from many different countries and ethnicities.

➡ 미국은 다양한 나라로부터 온 사람들과 _____이 한데 어울려 사는 도가니이다.

²⁰ In the United States, racial profiling of minorities by law enforcement officials has been called racial discrimination.

➡ 미국에서, 법을 집행하는 공무원에 의한 _____ 인종 프로파일링(경찰이 특정 인종으로 조사 대상을 좁혀, 그 인종에 속한 시민에 대해 임의로 심문·검사 등을 행하는 것)은 인종 차별로 불렸다.

>>> 정답

| 01. 인종차별주의 | 02. 식민 | 03. 노예 | 04. 제재 | 05. 부과 |
| 06. 부담 | 07. 특권 | 08. 글, 문맹률 | 09. 이민 | 10. 시민권 |
| 11. 외국인을 싫어 | 12. 제외 | 13. 역차별, 차별 | 14. 인종 차별 | 15. 금지했다 |
| 16. 불평등 | 17. 계층 | 18. 편견 | 19. 민족 | 20. 소수 |

## >>> 분야별 용어정리 [2]   가정과 사회

### 1. 음식

■ **Eat** (먹다)
eat (일반적으로) 먹다
swallow 삼키다
suck 빨아 먹다
devour 게걸스럽게 먹다
bolt 급하게 먹다
bite 깨물다
crunch 단단한 음식을 오도독 씹다
chew (음식을) 씹다
munch/champ/chomp 우적우적 씹다
sip 홀짝홀짝 마시다
slurp 후루룩 마시다

■ **Taste** (맛)
sweet 단, 달콤한
spicy/pungent 매운
sour/vinegary 신
salty 짠
bitter 쓴
mild (맛이) 순한 ↔ strong 독한
light 담백한, 깔끔한
greasy (기름기 때문에) 느끼한
bland 밍밍한
crispy/crunchy 바삭바삭한
flat (맥주 등이) 김빠진
go bad/go stale 상하다

■ **Snacks** (간식)
bread/pastry 빵
muffin 머핀(둥글납작한 빵)
bagel 베이글(도넛 모양의 딱딱한 빵)
custard 커스터드(우유·달걀·설탕 등을 섞어서 찌거나 구워 만든 것)
pudding 푸딩
confectionery 과자류
cookie/biscuit 쿠키, 비스킷
candy/drops 사탕, 캔디
lollipop 막대사탕
caramel 캐러멜

■ **Liquor** (술)
liquor (모든 종류의) 술
alcohol 알코올, 술
spirits 증류주, 독주
brewage 양조주
beer 맥주 cf. draft beer 생맥주
brandy 브랜디(과일의 발효액을 증류시켜 만든 독주)
whisky 위스키(곡류를 증류하여 만든 술)
vodka 러시아의 증류주
gin and tonic 진토닉
tequila 테킬라(멕시코 원산의 독한 술)
cognac 꼬냑(프랑스 산 브랜디)
hair of the dog 해장술

### 2. 옷과 신발

■ **Clothes** (옷)
birthday suit 알몸
naked/nude/stripped/undressed 벌거벗은
ragged/tattered/shabby 남루한
gaudy/garish/showy 옷차림이 야한

■ **Folk costume** (민속 의상)
kimono 일본의 기모노
qipao 중국의 치파오
ao dai 베트남의 아오자이
sari 인도의 사리
chador 이슬람 국가의 차도르
hijab 이슬람 여자들의 머리 두건
burka 이슬람 여자의 온몸을 감는 천
kilt 스코틀랜드의 남자 치마

■ **Hat/Cap** (모자)
hat 챙이 전체를 두르고 있는 모자
cap 앞쪽에만 챙이 있는 모자
bonnet 보닛(테 없는 어린이 모자)
beanie 비니(머리에 딱 맞는 모자)
bowler hat 중절모
turban 터번(이슬람교도들이 두르는 수건)
sombrero 챙이 넓은 멕시코 모자

■ **Shoes** (신발)
sneakers 스니커즈 운동화
sandals 발등이 노출된 샌들
slippers 실내화, 슬리퍼
mules (뒤축 없는) 슬리퍼
flip-flops 발가락을 끼워 신는 슬리퍼(쪼리)
boots 목이 긴 신발, 부츠
wellington boots 비 올 때 신는 장화
flats 굽 없는 신발
loafers 끈이 없는 구두
heels 하이힐
wedge heel 통으로 된 굽이 높은 힐
moccasin 부드러운 가죽으로 만든 납작한 신
stiletto heel 굽이 10cm 되는 킬힐
shoestring/shoelace 신발끈
insole 신발의 깔창
sole 밑창

■ **Bag** (가방)
bag 일반적인 가방
sack 거친 천으로 만든 큰 가방, 자루
suitcase 여행 가방
briefcase 서류가방
carrier bag (종이로 된) 쇼핑백
tote bag 쇼핑백 모양의 여성용 대형 핸드백
clutch bag 클러치 백
(손잡이나 끈이 없는 소형 핸드백)
back pack 백 팩(등에 메는 가방)
vanity case 화장품 가방
pouch 쌈지, 파우치
wallet 남성용 지갑
purse 여성용 지갑

### 3. 생활필수품

■ **Appliances** (가전제품)
humidifier 가습기
electric fan 선풍기
iron 다리미
washing machine 세탁기
refrigerator 냉장고
air conditioner 에어컨
heater 히터
vacuum 진공청소기
water purifier 정수기
ventilator 환풍기

■ **Tools** (공구)
toolbox 연장통
hammer 망치
sledge hammer 큰 해머
claw hammer 장도리
nail 못
screw 나사
screwdriver 드라이버
wrench/spanner 렌치, 스패너
nut 너트(암나사) bolt 볼트(수나사)
pliers/pinchers 집게, 펜치
drill 드릴
hatchet 손도끼
ax/axe 도끼
ladder 사다리

shovel/spade 삽
hoe 괭이
mattock 곡괭이
lever 지렛대
saw 톱 cf. chain saw 전기톱
chisel 정

## 4. 결혼과 이혼

■ **Wedding** (결혼식)
shotgun wedding 임신에 의한 강제적 결혼
(marriage) officiant 주례
flower girl 화동
bridal veil 신부의 면사포
bouquet 신부가 드는 꽃다발
unity candle (결혼식의) 화촉

■ **Wedding anniversary** (결혼기념일)
silver wedding 은혼식(결혼 25주년)
gold wedding 금혼식(결혼 50주년)
diamond wedding 금강혼식(결혼 60주년)

## 5. 임신과 출산

■ **Pregnancy** (임신)
obstetrics and gynecology 산부인과
sterility 불임 ↔ fertility 가임
morning sickness 입덧
fetal education 태교
surrogate mother 대리모
sperm bank 정자은행
false[phantom] pregnancy 상상임신
ovulation 배란
implantation 착상
fertilization 수정
in vitro fertilization 체외수정
↔ internal fertilization 체내수정
artificial insemination 인공수정
test-tube baby 시험관 아기
ectopic pregnancy 자궁외임신

■ **Childbirth** (출산)
natural childbirth 자연분만
Lamaze method 라마즈 분만법
water birth 수중분만
induced delivery 유도분만
caesarean (section) 제왕절개

dystocia/difficult delivery 난산
↔ safe delivery 순산
breech delivery 태아가 다리부터 나옴
miscarriage 자연유산
umbilical cord 탯줄
(umbilical) cord blood 제대혈
placenta 태반
amniotic fluid 양수
postnatal care 산후조리
postnatal depression 산후우울증
due date 출산 예정일
maternity leave 출산휴가
birth registration 출생신고

■ **Contraception** (피임)
contraceptive 피임기구
condom 콘돔
diaphragm/pessary 여성용 콘돔
rhythm method (생리 주기를 활용한) 주기 피임법
external ejaculation 체외사정
birth-control pill 먹는 피임약
morning-after pill 사후 피임약
vasectomy 정관절제술
fallopian tube/oviduct 나팔관
pelvis 골반
pelvic 골반의
cervix 자궁 경부
abortion 낙태
menstruation/menses/period 월경
menstrual 월경의
 - menstrual cycle 월경 주기
 - menstrual cramps 생리통
menopause/climacteric 폐경기

## 6. 대학

■ **Graduation** (졸업)
alumni 졸업생
alma mater 모교
cum laude 우등으로
commencement 졸업식
diploma 졸업증서
homecoming/reunion 동창회
dropout 중퇴(자)

■ **Campus** (교정)
intramural 학내의, 교내의

cheating 커닝, 부정행위
honor system 무감독 시험제도
makeup 재시험
oral examination 구두시험
written examination 필기시험
report card 학교 성적표
transcript 성적증명서
transfer 전학

## 7. 민족과 인종

■ **Race** (인종)
Caucasian/white 백인(종)
Mongoloid/yellow race 황인(종)
Negroid/black 흑인(종)

# Part 3

# 일상생활 (Daily Life)

### 1. 여가생활(Leisure)
- [042] Hobbies & Pastimes 취미와 오락
- [043] Holiday 휴일
- [044] Vacation 휴가
- [045] Accommodations 숙박시설
- [046] Shopping & Sale 쇼핑과 판매
- [047] Kinds of Sports 스포츠의 종류
- [048] Actions in Sports 스포츠의 동작

### 2. 교통(Traffic)
- [049] Automobile 자동차
- [050] Traffic & Driving 교통과 운전
- [051] Public Transportation 대중교통
- [052] Rail 철도
- [053] Air 항공
- [054] Ship 선박
- [055] Accidents 사고

### 3. 매스미디어(Mass Media)
- [056] Reading 독서
- [057] Newspapers & Magazine 신문과 잡지
- [058] Broadcast 방송
- [059] Web site 웹 사이트

### 4. 의사표현(Communications)
- [060] Phone 전화
- [061] Postal Service 우편업무
- [062] Request & Favor 요청과 부탁
- [063] Invitation 초대
- [064] Excuse & Apology 변명과 사과
- [065] Complain & Criticize 불평과 비난
- [066] Opinion & Debate 의견과 토론
- [067] Advise & Warn 충고와 경고
- [068] Compliment & Comfort 칭찬과 위로

>>> Part 3 Daily Life

**Chapter 1
Leisure**

>>> Theme **042** **Hobbies⁰¹ & Pastimes⁰²**

Families can **spend time**⁰³ together doing **interesting**⁰⁴ things. Parents can teach their children to **appreciate**⁰⁵ culture by taking them to a children's **play**⁰⁶ or **concert**⁰⁷. They can **play cards**⁰⁶ or while away the hours over a **fun-filled board game**⁰⁸, such as Monopoly. After a shared meal of burgers and fries, they can **catch**¹⁰ a family **film**¹¹ at the **cinema**¹¹. If they stay in, everyone can **pitch-in**¹² to help with the cooking and then enjoy it as they spend the evening **watching**¹³ TV together. The family can **take a picnic**¹⁴ or go fishing and then **capture**¹⁵ the good times with everyone taking turns at practicing **photography**¹⁶. Even if they are not specifically interacting, they can still spend time together. As they sit in the living room, two can be **playing chess** or **go**⁰⁶. Another person can be **knitting**¹⁷, while another one **arranges**¹⁸ his **stamp**¹⁹ **collection**²⁰. Yet they can still share the experience of listening to music even while these other **activities**²¹ take place. And if the music gets particularly good, they might just **join**²² each other in a bit of dancing!

>>> 해석

가족끼리 재미있는 일을 하며 함께 시간을 보낼 수 있다. 부모는 자녀들을 아동극이나 연주회에 데려감으로써 문화감상을 가르칠 수 있다. 카드놀이를 하거나 멀리 갔을 때에는 모노폴리 같은 재미있는 게임을 몇 시간이고 할 수 있다. 햄버거와 감자튀김으로 식사를 한 후에 영화관에 가서 가족용 영화를 볼 수도 있다. 그냥 집에 있다면 가족 모두가 열심히 요리를 하여 저녁을 먹고 함께 TV를 보며 저녁을 보낼 수도 있다. 소풍을 가거나 낚시를 가서 교대로 사진 찍는 연습을 하며 즐거운 시간을 사진에 담는다. 구체적으로 무얼 특별히 같이 하지 않더라도 가족은 함께 시간을 보낼 수 있다. 거실에 앉아서 두 사람은 체스나 바둑을 두고 어떤 사람은 뜨개질을 하며 또 어떤 이는 우표수집 한 것을 정리할 수도 있는 것이다. 이렇게 각자 다른 행동을 하고 있는 가운데에서도 음악을 같이 듣는 경험을 나눌 수 있다. 그리고 만약 음악이 특별히 마음에 들어 누군가가 춤추고 싶어하면 같이 춤을 춰 볼 수도 있는 것이 아니겠는가!

>>> 어구

**while away** (시간을 즐겁고 느긋하게) 보내다 **practice** 연습하다 **specifically** 구체적으로 **interact** 교류하다 **take place** 생기다, 일어나다

>>> 구문

- **while away** the hours over a fun-filled board game
  재미 가득한 게임을 하며 시간을 보내다
- **they spend** the evening watching TV [spend+시간+~ing]
  TV를 보며 저녁을 보내다
- with **everyone** taking **turns** at ~ [with 분사구문]
  모두가 교대로 ~하며

# Chapter 1 여가생활

>>> Part 3 일상생활

>>> Theme 042　취미와 오락 ▶

**01 hobby** [hábi] 취미
- make a hobby of ~을 취미로 삼다
- 동 avocation 취미, 부업

**02 pastime** [pǽstàim] 오락, 소일거리, 여가선용
- What's your favorite pastime? 제일 좋아하는 오락이 무엇입니까?
- 관 diversion 오락, 기분전환
  recreation (오락 등에 의한) 기분전환

**03 spend time** 시간을 보내다
- spend time with my family 가족과 시간을 보내다
- spend time reading books 책을 읽으면서 시간을 보내다

**04 interesting** [íntərəstiŋ] 흥미로운
- ⓝ interest 1. 흥미; 관심; 이자; 이익; 이해관계
  　　　　　 2. 흥미를 끌다; 참가하다
- be interested in ~에 관심을 가지다
- 관 exciting 재미있는, 흥미진진한
  riveting 흥미진진한, 매혹적인

**05 appreciate** [əprí:ʃièit] 1. (예술 등을) 감상하다
　　　　　　　　　　　　 2. (진가를) 인정하다
　　　　　　　　　　　　 3. 감사하다

**06 play** [plei] 1. 연극, 희곡 cf. playwright 극작가
　　　　　　 2. 놀이; 경기; 내기
　　　　　　 3. 역을 맡다; 상연하다, 놀이를 하다
- go to a play 연극을 보러 가다
- play the game 게임을 하다
- play cards 카드놀이를 하다
- play chess 체스를 두다
- play go 바둑을 두다
- 관 drama 희곡, 각본, 드라마
  – dramatic (변화·사건·상황 등이) 극적인
  soap opera 연속극

**07 concert** [kánsə:rt] 1. 음악회, 연주회, 콘서트
　　　　　　　　　　　 2. 일치, 조화
- 관 recital 독주회, 독창회
  symphony 교향곡, 교향악단
  orchestra 오케스트라, 관현악단
  conductor 지휘자 composer 작곡가
  score 악보 tuning 조율

**08 fun-filled** 재미로 가득한
- ⓝ fun 재미, 즐거움; 장난, 농담
- for fun 재미로, 농담으로
- ⓐ funny 우스운, 재미있는

**09 board game** 보드게임(바둑, 체스 등)

**10 catch** [kætʃ] (영화 등을) 보다
- catch a movie 영화를 보다

**11 film** [film] 필름, 영화
- 동 pictures, movies, cinema, celluloid 영화
- 관 theater 극장, 영화관, 극단

**12 pitch in** 협력하다, (돈을) 추렴하다
- ⓥ pitch 1. 던지다; 고정시키다; (천막을) 치다
  　　　　 2. 정도, 최고도, 절정

**13 watch** [watʃ] 주의를 집중해서 계속해서 보다
- watch television 텔레비전을 보다
- 비 look 시선을 돌려 의도적으로 보다
  see 눈에 들어오는 것을 보다

**14 picnic** [píknik] (식사를 지참한) 소풍, 피크닉
- 동 excursion (당일치기) 여행, 소풍
  jaunt 짧은 여행, 소풍
  outing 외출, 소풍

**15 capture** [kǽptʃər] 1. (사진 등을) 담다
　　　　　　　　　　　 2. 붙잡다, 포획하다

**16 photography** [fətágrəfi] 사진촬영(술)
- ⓝ photograph 사진, 사진을 찍다
- take[make] a photograph of ~의 사진을 찍다
- develop a photograph 사진을 현상하다
- 동 picture 사진, 그림, 영화
  shoot/snap 사진을 촬영하다
- 관 flatter (사진이) 실물보다 잘 나오다
  * This picture flatters you. 사진이 실물보다 낫다

**17 knitting** [nítiŋ] 뜨개질(감)
- 관 needle 바늘 thread 실 thimble 골무

**18 arrange** [əréindʒ] 1. 배열하다, 정돈하다
　　　　　　　　　　　 2. 결정하다, 미리 준비하다
　　　　　　　　　　　 3. (다툼을) 조정하다

**19 stamp** [stæmp] 1. 우표, 스탬프
　　　　　　　　　　 2. (도장을) 찍다, 우표를 붙이다
　　　　　　　　　　 3. 땅을 짓밟다; 진압하다
- 관 postage 우편요금

**20 collection** [kəlékʃən] 1. 수집, 수집물, 소장품
　　　　　　　　　　　　　 2. (세금의) 징수, 수금
- ⓥ collect 수집하다; 징수하다
- 관 compilation 편집물, 모음집

**21 activity** [æktívəti] (특정한) 활동, 행위, 활발
- outdoor activities 야외활동

**22 join** [dʒɔin] 1. (활동 등에) 참가[가입]하다
　　　　　　　　　 2. (군대에) 입대하다
- Why don't you join us? 같이 하실래요?

>>> Part 3 Daily Life  >>> Chapter 1 Leisure

## >>> Theme 042 Review Test

01 Singing was my only hobby.
➡ 노래 부르는 게 유일한 내 _____였다.

02 Baseball has been one of our national pastimes.
➡ 야구는 국가적 _____ 중 하나이다.

03 Rachel likes to spend her spare time hanging out with her family.
➡ 레이첼은 가족과 어울려 여가_____를 좋아한다.

04 His story is interesting but unrealistic.
➡ 그의 이야기는 _____는 있지만 비현실적이다.

05 The parents tried to give their children opportunities to appreciate culture.
➡ 그 부모들은 자녀들에게 문화를 _____할 기회를 주려고 노력했다.

06 The two men spent hours playing go.
➡ 그 두 남자는 몇 시간씩 _____을 두었다.

07 His upcoming concert will be held on the Dokdo island.
➡ 다가오는 그의 _____는 독도에서 열릴 예정이다.

08 The festival will provide fun-filled programs, including salmon catching and other cultural events.
➡ 그 축제는 연어잡이, 기타 문화 행사를 포함하는 _____ 프로그램을 제공한다.

09 Baduk is Korea's oldest and most popular board game.
➡ 바둑은 한국에서 가장 오래되고 인기 있는 _____이다.

10 We used to catch a movie every weekend.
➡ 우리는 주말마다 _____ 했다.

11 That film is interesting but full of vulgar expressions.
➡ 그 _____는 재미는 있지만, 비속어가 많이 나온다.

12 Her husband pitches in with house chores after work.
➡ 그녀의 남편은 퇴근 후에 집안일을 _____.

Reading V.O.C.A
186

¹³ The man spent the afternoon watching TV.

➡ 그 남자는 _____ 오후를 보냈다.

¹⁴ The picnic was canceled because of the rain.

➡ _____은 비 때문에 취소되었다.

¹⁵ Paintings capture a moment in time that cannot be recreated.

➡ 그림은 재현될 수 없는 순간을 _____.

¹⁶ The man enjoyed using different photography techniques.

➡ 그 남자는 색다른 _____ 기술을 사용해 보는 것을 즐겼다.

¹⁷ The woman had taken up knitting to relieve stress.

➡ 그 여자는 스트레스를 해소하려고 _____을 집어 들었다.

¹⁸ The child reluctantly began to arrange his books in the living room.

➡ 아이는 마지못해 거실에 있는 자신의 책을 _____ 하기 시작했다.

¹⁹ The billionaire owns the world's oldest stamp.

➡ 그 억만장자는 세계에서 가장 오래된 _____를 소유하고 있다.

²⁰ The man has been collecting stamps since he was a boy.

➡ 그 남자는 어릴 적부터 우표를 _____ 해오고 있다.

²¹ Various outdoor activities can improve your health and the quality of your life.

➡ 다양한 _____을 통해 당신은 건강과 삶의 질을 향상시킬 수 있다.

²² He decided to join the B-boy team, winning the top prize at the international contest next year.

➡ 그는 그 비보이 팀에 _____ 하기로 결정했고 이듬해 그 팀은 국제대회에서 우승했다.

>>> 정답

01. 취미  02. 오락  03. 시간을 보내기  04. 재미(흥미)  05. 감상
06. 바둑  07. 연주회  08. 재미로 가득한  09. 보드게임  10. 영화를 보고
11. 영화  12. 도운다  13. 텔레비전을 보면서  14. 소풍  15. 담아낸다
16. 사진  17. 뜨개질감  18. 정리  19. 우표  20. 수집
21. 야외활동  22. 합류(가입)

> Part 3 Daily Life
> Chapter 1 Leisure

>>> Theme **043**   **Holiday**

There are a number of ways to make the most of a **day off**⁰¹ instead of being **cooped up**⁰² at home. If it's a beautiful day, you could **see the sights**⁰³ on package **tour**⁰⁴ of local **attractions**⁰⁵. You could take a long **leisurely**⁰⁶ drive to enjoy nature, eat a picnic lunch in the countryside, and **relax**⁰⁷ on the green grass in the fresh air and sunshine. Another option is to **take a walk**⁰⁸ around your neighborhood or go shopping. While at a local mall, you could catch a movie. A **trip**⁰⁹ to an **amusement park**¹⁰ filled with **rides**¹¹ and shows is an **exhilarating**¹² way to spend the day. Even if it's raining, the **big top**¹³ of many **circuses**¹³ is actually indoor **pavilions**¹⁴ with **clowns**¹³ pulling **hilarious**¹² gags. One can top the day off by **going out**¹⁵ for dinner to enjoy a fine meal. To follow the meal, one can attend a concert or the ballet for a refined evening of **entertainment**¹⁶. The newspapers would be a source of listings of plays at the local theater. Even if you're not a **gambler,**¹⁷ **casinos**¹⁷ can be **entertaining**¹⁶ since they have live shows. If you'd **prefer**¹⁸ a more active evening, dancing at a disco would be a good option. You could also choose to **invite**¹⁹ your friends over to your place for dinner and dancing to **celebrate**²⁰ having the chance to spend time together.

>>> 해석

집에 꽁꽁 틀어박혀 있는 대신 휴일을 재미있게 보낼 수 있는 방법은 여러 가지가 있다. 날씨가 화창하면 지역명소의 패키지 관광을 나설 수도 있을 것이다. 또는 한가롭게 멀리 차를 몰고 나가 자연을 즐기고 야외에서 도시락을 먹으며 푸른 풀밭 위에서 맑은 공기를 쐬고 햇볕을 쬐며 휴식을 취할 수도 있을 것이다. 동네를 산책하거나 쇼핑을 하러 가는 것도 한 방법일 수 있다. 시내의 큰 쇼핑센터에서 영화를 볼 수도 있다. 탈것과 쇼가 많은 놀이공원에 가는 것도 하루를 보내는 즐거운 방법이다. 비가 온다 하더라도 천막 안에서는 어릿광대가 재미있는 개그를 하고 있는 높은 지붕의 곡마단이 있다. 저녁 먹으러 나가거나 맛있는 음식을 해 먹음으로써 휴일을 마무리 지을 수도 있다. 식사를 마치고 나서 연주회나 발레공연에 감으로써 세련된 저녁 여흥을 즐길 수 있기도 하다. 신문을 보면 시내 극장에서 어떤 연극들이 공연되고 있는지 알 수 있다. 라이브 쇼가 공연되기 때문에 도박꾼이 아니라 할지라도 카지노는 즐거운 장소가 될 수 있다. 좀 더 활동적인 밤을 원한다면 디스코에 가서 춤을 추는 것도 좋은 선택이 될 수 있다. 혹은 친구들을 집으로 초대하여 저녁을 먹고 춤을 추며 같이 시간을 보내게 된 것을 축하할 수도 있다.

>>> 어구

a number of ways to ~하는 몇 가지 방법  make the most of ~을 최대한 활용하다  option 선택  neighborhood 근처  catch a movie 영화를 보다  top off ~을 마무리 짓다  meal 식사  attend ~에 참석하다  refined 세련된

>>> 구문

• A trip to an amusement park (filled with rides and shows) is ~
  (탈것과 쇼가 가득한) 놀이공원으로의 여행은 ~

>>> Part 3 일상생활  >>> Chapter 1 여가생활

>>> Theme 043   **휴일** ▶

01 **day off** 쉬는 날, 비번일
- take a day off 하루 휴가를 얻다
  - 유 holiday (법정) 휴일, 휴가
    vacation (정기) 휴가

02 **be cooped up** (집 등에) 틀어박혀 있다
- Don't stay cooped up indoors. 실내에 틀어박혀 있지 마라.
- ⓝ coop 둥우리, 닭장; 실수하다; 가두다 [up]
  - 동 cage up 가두다
    confine oneself to ~에 틀어박히다

03 **see the sights** 명소를 구경하다, 관광하다
- ⓝ sights 관광지
  - 관 sightseeing 관광, 구경; 관광용의

04 **tour** [tuər] 1. 유람 (여행), 투어
             2. 여기저기 보고 다니다, 유람하다
             3. 순회(공연)하다
- ⓝ tourist 여행자, 관광객

05 **attraction** [ətrǽkʃən] 1. 관광지
                            2. 매력, 견인
- tourist attractions 관광명소
  - 관 tourist destination/tourist spot/tourist site 관광지

06 **leisurely** [líːʒərli] 느긋한; 느긋하게
- ⓝ leisure 여가 시간, 한가로움; 한가한
- leisure facilities 레저시설

07 **relax** [rilǽks] 편히 쉬다, 느슨해지다
- ⓝ relaxation 휴식, 휴양; 긴장 완화

08 **take a walk** 산책하러 나가다
  - 동 go for a walk 산책하러 가다
    take an airing 산책을 하다.
    stroll 한가로이 거닐다, 산책하다
    promenade 산보[산책](하다)

09 **trip** [trip] (목적·기간이 명확한 짧은) 여행, 출장
  - 뉘 travel (특히 장기간의) (외국) 여행
    voyage (특히 먼 나라로의 긴) 항해, 배 여행
    journey 상당 기간에 걸친 보통 육로의 여행
    trek (특히 힘든) 여행
    tour 시찰 또는 관광 여행

10 **amusement** [əmjúːzmənt] 즐거움, 재미; 오락
- amusement park 유원지, 놀이공원
- ⓥ amuse (가벼운 오락이나 얘기로) 즐겁게 하다

11 **ride** [raid] 1. (유원지의) 탈것; 타기
                  2. (탈것에) 타다, 타고 가다
                  3. (역경을) 극복하다 [out]
- hitch[thumb] a ride 히치하이크하다
  - 동 lift 차를 태워주기; 승강기
    - give a person a lift 사람을 태워주다
  - 관 merry-go-round 회전목마
    rollercoaster 롤러코스터; 급격한 변화

12 **exhilarating** [igzíləreitiŋ] 들뜨게 하는, 즐겁게 하는
- ⓥ exhilarate 들뜨게 하다
  - 유 hilarious 유쾌한, 즐거운
  - 표 Enjoy yourself. 즐겁게 지내세요.
    = Have fun!
    = Have a ball!
    = Have a good time!
    You made my day. 당신 덕분에 즐거웠어요.

13 **circus** [sə́ːrkəs] 서커스(단), 곡예(단)
  - 동 big top (서커스의) 큰 천막; 대규모 서커스
  - 관 clown 어릿광대(로 연기하다)
    acrobat 곡예사, 줄타기 광대
    magician 마술사

14 **pavilion** [pəvíljən] 1. (전시장 등의) 특설 건축물
                          2. (건물의) 부속 건물

15 **go out** (식사나 영화를 보러) 외출하다
  - 관 go out with 데이트하러 가다
    eat out 외식하다

16 **entertainment** [èntərtéinmənt] 오락, 연예; 접대
- ⓝ entertainer 연예인
- ⓐ entertaining 재미있는, 즐겁게 하는

17 **casino** [kəsíːnou] 카지노, 도박장
  - 관 slot machine 슬롯머신
    hit the jackpot 대박을 터뜨리다
    gambling 도박 gambler 도박꾼

18 **prefer** [prifə́ːr] ~을 좋아하다, 선호하다
- ⓝ preference 애호, 선호

19 **invite** [inváit] 초청하다, 초대하다; 매혹하다
- ⓐ inviting 매력적인
- ⓝ invitation 초대, 초청(장)
  invitational 초청 선수 경기

20 **celebrate** [séləbrèit] 축하하다, 경축하다
- ⓝ celebration 축하, 찬양
  celebrity 명사, 유명인
- ⓐ celebrated 유명한, 저명한

>>> Part 3 Daily Life     >>> Chapter 1 Leisure

## >>> Theme 043  Review Test

01  I think you need to take the day off and relax.
➡ 제 생각에 당신은 _____를 얻어서 쉴 필요가 있습니다.

02  He is always cooped up in his room all day just playing computer games.
➡ 그는 항상 그의 방안에 _____ 종일 컴퓨터 게임만 한다.

03  The tourists were eager to see the sights.
➡ 관광객들은 열심히 _____했다.

04  The package tour also covered airfare and hotel accommodations.
➡ 패키지_____은 항공료와 호텔숙박을 포함한다.

05  The historical sites were the city's most popular tourist attractions.
➡ 그 유적지들은 그 도시에서 가장 인기 있는 _____였다.

06  Two criminals, who entered a clinic beside the police station, walked away leisurely after robbing a doctor.
➡ 경찰서 옆에 있는 진료소에 들어간 두 명의 범죄자는 의사를 강탈한 뒤 _____ 사라졌다.

07  Breathing deeply helps you feel relaxed and reduces your stress level.
➡ 깊은 심호흡을 하면 _____ 스트레스가 줄어든다.

08  After dinner, she liked to go for a walk.
➡ 그녀는 저녁 식사 후 _____하기를 좋아했다.

09  The club went on a trip to an amusement park.
➡ 그 동호회에서는 놀이공원으로 _____.

10  The amusement park had the world's highest roller coaster.
➡ 그 _____에는 세계 최고의 롤러코스터가 있었다.

11  The park had several rides and attractions.
➡ 그 공원에는 _____과 명물이 몇 개 있었다.

12  Gliding is one of his most exhilarating sports.
➡ 글라이딩은 그가 가장 _____ 스포츠 중 하나이다.

¹³ The acrobats performed under the circus's big top tent.

➡ 곡예사들은 _____의 크고 지붕이 높은 텐트 안에서 공연을 했다.

¹⁴ The pavilion is L-shaped with the main hall in the corner.

➡ 그 _____은 L자 모양이고 모퉁이에 중앙홀이 있다.

¹⁵ The couple went out to dinner for their anniversary.

➡ 그 부부는 결혼기념일을 맞아 저녁을 먹으러 _____.

¹⁶ I think keeping pets for our entertainment or convenience is wrong.

➡ 우리의 _____과 편의를 위해 애완동물을 키우는 것은 잘못되었다고 생각한다.

¹⁷ The gambler lost a lot of money at the casino.

➡ 그 도박꾼은 _____에서 많은 돈을 잃었다.

¹⁸ Which would you prefer, coffee or tea?

➡ 커피나 차 중에 어떤 게 _____?

¹⁹ The woman wanted to invite her neighbors to the dinner party.

➡ 그녀는 그 저녁 식사 파티에 이웃들을 _____하고 싶어 했다.

²⁰ They will have a party to celebrate her promotion.

➡ 그들은 그녀의 승진을 _____하기 위해 파티를 열 예정이다.

〉〉〉 정답

01. 휴가　　02. 틀어박혀서　　03. 명소를 구경　　04. 관광　　05. 관광명소
06. 여유롭게　　07. 기분이 편안해지고　　08. 산책　　09. 소풍을 갔다　　10. 놀이공원
11. 탈것　　12. 즐거워 하는　　13. 서커스단　　14. 부속건물　　15. 외출했다
16. 오락　　17. 카지노　　18. 좋으세요　　19. 초대　　20. 축하

Reading V.O.C.A

>>> Part 3 Daily Life   >>> Chapter 1 Leisure

## >>> Theme 044 Vacation

In order to properly enjoy a **vacation**$^{01}$, the best place to go to **get away from it all**$^{02}$ is to take a **cruise**$^{03}$ to a **tropical paradise**$^{04, 05}$. You **are pampered by**$^{06}$ excellent **cuisine**$^{07}$ and services while being **whisked away**$^{08}$ to an island **resort**$^{09}$ with sandy white palm-covered **beaches**$^{10}$ framing crystal-clear blue waters. The **shores**$^{10}$ are perfect for **sunbathing**$^{10}$. The **sunsets**$^{11}$ are **spectacular**$^{12}$ sights which will probably be **visible**$^{13}$ from your **cabana**$^{14}$. If you're **tired of**$^{15}$ sitting in the sun, you can **explore**$^{16}$ the island and take in **breathtaking**$^{17}$ sights from any of the cliffs that dot the island. Your resort may coordinate a sightseeing group that may allow you to see how the locals live and the sights of importance to them. After a hard day of sight-seeing, you can let all your worries float away at the **spa**$^{09}$ where a **masseuse**$^{18}$ can rub away any of the **tension**$^{19}$ that sneaked into your rested body during the day's **expedition**$^{20}$. The **picturesque**$^{21}$ **scenery**$^{22}$ will be forever etched in your mind making this an unforgettable experience. Once you've left home with your **foreign currency**$^{23}$ and **visa**$^{24}$ tucked inside your **passport,**$^{24}$ you can look forward to a relaxingly stress free vacation.

### >>> 해석

휴가를 잘 보내기 위해서, 모든 것으로부터 벗어나기 위해서 제일 좋은 것은 열대 지방으로 순항하는 것이다. 물은 수정같이 맑고 하얀 모래사장에 야자수가 가득한 섬 휴양지로 가는 도중 내내 당신은 훌륭한 음식을 먹고 싶은 대로 먹으며 최고의 서비스를 받을 수 있다. 그 해변은 일광욕을 하기에는 최고이다. 일몰은 장관을 이루는데 아마도 당신의 카바나(방갈로 식의 집)에서도 그 장관을 볼 수 있을 것이다. 태양 아래 앉아 있는 것에 싫증이 나면 섬을 탐험하여 섬 군데군데에 있는 절벽 어느 곳에서나 숨이 멎을 정도로 멋진 풍경을 경험할 수 있다. 그 휴양지에서는 관광 그룹을 모아 그 지역 주민들이 어떻게 살아가고 있으며 그들에게 중요한 것은 무엇인지 볼 수 있게 해 줄지도 모른다. 하루의 관광을 마치고 당신은 온천욕을 하며 모든 근심 걱정을 날려 보낼 수 있다. 또한, 온천에는 마사지사가 있어 답사하느라 지친 당신의 신체의 긴장을 풀어 줄 것이다. 그 그림같이 아름다운 풍경은 당신의 마음속에 영원히 새겨져서 잊을 수 없는 경험이 될 것이다. 외화와 비자를 여권에 챙겨 넣어 일단 집을 떠나왔으면 스트레스가 없는 편안한 휴가를 기대할 수 있다.

### >>> 어구

**palm-covered** 야자수로 덮인 **frame** 틀에 넣다, 테를 두르다 **crystal-clear** 수정처럼 맑은 **take in** ~을 구경하다 **cliff** 절벽 **dot** 점으로 덮다 **coordinate** 어울리게 하다 **visible** 눈에 보이는 **float away** 떠내려가다 **rub away** 문질러 없애다 **sneak into** 살짝 들어가다 **etch in** (마음에) 새기다 **tuck inside** ~안에 쑤셔 넣다 **look forward to** ~을 기대하다

### >>> 구문

- while being whisked away to an island resort ~
  섬 휴양지로 (비행기·배·차 타고) 가는 동안
- white palm-covered beaches framing crystal-clear blue waters
  야자수로 덮인 하얀 모래사장/ 수정같이 맑은 푸른 바다를 테처럼 두른
- you can let all your worries float away ~ [let 5형식 동사]
  당신은 모든 걱정을 날려 보낼 수 있다
- ~ etched in your mind making this an unforgettable experience. [make A B]
  당신의 마음속에 새겨져서 이를 잊을 수 없는 경험이 되게 한다.

>>> Part 3 일상생활
>>> Chapter 1 여가생활

>>> Theme 044  **휴가** ▶

01 **vacation** [veikéiʃən, və-] 휴가, 방학
  • on vacation 휴가 중인
  ⓥ vacate 비우다, 퇴거하다
  圖 vocation 천직, 직업

02 **get away from it all** 모든 것을 잊고 철저히 쉬다
  圖 getaway 단기 휴가; (단기 휴가용의) 휴양지
  ‒ get away (from) 도망치다, 도피하다

03 **cruise** [kru:z] 크루즈, 순항(하다)
  • take a cruise 크루즈 여행을 하다
  圖 voyage 항해하다; 배 여행

04 **tropical** [trάpikəl] 열대(지방)의
  • a tropical climate 열대성 기후
  ⓝ tropic 열대지방; 회귀선
  圖 frigid zone 한대(寒帶) 지역
    temperate zone 온대 지역

05 **paradise** [pǽrədàis] 천국, 낙원
  圖 heaven 천국
  圖 hell/inferno/Hades 지옥

06 **pamper** [pǽmpər] 응석을 받아주다; 만족시키다
  圖 cater (음식을) 제공하다; 만족시켜주다
    coddle 버릇없이 기르다
    spoil 응석을 받아주다, 아이를 망치다
    indulge 만족시키다; 탐닉하다

07 **cuisine** [kwizí:n] 요리법, 요리
  圖 culinary art 요리법

08 **whisk away** 휙 채가다, 데려가다

09 **resort** [rizɔ́:rt] 1. 행락지, 휴양지
    2. (마지막) 수단, 방책
    3. (~에) 의지하다, 호소하다
  • resort to violence 폭력에 의지하다
  圖 spa 온천
    geyser [gáizər] 간헐 온천; 순간 온수기

10 **shore/seashore** [ʃɔ:r] 바닷가, 호숫가, 강가
  圖 coast/seacoast 연안, 해안, 해변
    beach (모래 등으로 덮인) 해변, 바닷가

11 **sunset** [sʌ́nset] 일몰, 해질녘; 기우는
  • from sunrise to sunset 온종일
  • sunset industry 사양산업
  圖 sunrise 일출, 해돋이
  圖 sunshine 햇빛, 태양광선
    sunbathing 일광욕

12 **spectacular** [spektǽkjulər] 장관의, 구경거리의
  ⓝ spectacle 광경, 장관; (pl.) 안경

13 **visible** [vízəbl] 눈에 보이는; 명백한
  圖 invisible 보이지 않는

14 **cabana** [kəbǽnjə] (해변, 수영장의) 작은 오두막
  圖 lodge 조그만 오두막, (행락지) 여관
    bungalow 단층집
    cottage 시골집, 작은 집
    cabin/hut 통나무 오두막

15 **be tired of** ~에 싫증나다
  • I'm sick and tired of it. 그건 이제 넌더리가 나.
  圖 be weary of ~에 싫증 나다
    boring 지루한, 싫증 난

16 **explore** [iksplɔ́:r] 탐험(답사)하다; 조사하다
  ⓝ explorer 탐험가, 답사자, 조사자

17 **breathtaking** [breθtéikiŋ] 1. 대단한, 굉장한
    2. 깜짝 놀랄 만한, 아슬아슬한
  圖 take a person's breath away 깜짝 놀라게 하다

18 **masseuse** [məsú:s, mæsɔ́:z] 여자 마사지사
  ⓝ ⓥ massage 마사지(하다), 안마(를 하다)

19 **tension** [ténʃən] 긴장, 불안; 긴장관계
  • relieve tension 긴장을 완화하다
  ⓐ tense 팽팽한, 긴장한, 긴박한; 시제

20 **expedition** [èkspədíʃən] 원정, 탐험(대), 조사여행
  ⓥ expedite 신속히 처리하다, 촉진시키다

21 **picturesque** [pìktʃərésk] (그림같이) 아름다운

22 **scenery** [sí:nəri] 풍경, 경치
  ⓐ scenic 경치가 좋은
  • scenic beauty 경치
  圖 scene 경치; 장면; (범죄나 사고의) 현장

23 **foreign currency** 외화
  ⓝ currency 통화, 유통 화폐
  圖 exchange 환전하다; 환전
    traveler's check 여행자 수표

24 **passport** [pǽspɔ:rt] 여권, 통행증
  圖 visa [ví:zə] (여권의) 비자

Reading V.O.C.A
193

>>> Part 3 Daily Life   >>> Chapter 1 Leisure

## >>> Theme 044 Review Test

01 I will be on vacation from August 1st to August 7th.
➡ 저는 8월 1일에서 7일까지 _____를 갈 예정입니다.

02 The woman went to a spa to get away from it all.
➡ 그녀는 _____ 위해 온천에 갔다.

03 She'd like to take a leisure cruise this summer with her parents.
➡ 그녀는 올여름 부모님을 모시고 여유로운 _____을 하고 싶어 한다.

04 Tropical rain forests are located in warm and humid places near the earth's equator.
➡ _____ 우림은 지구의 적도 부근의 따뜻하고 습한 지역에 위치해 있다.

05 England at that time was a paradise for the well-to-do, a purgatory for the able, and a hell for the poor.
➡ 그 시기에 영국은 부자에겐 _____이었고, 유능한 자에겐 연옥이었으며, 가난한 자에겐 지옥이었다.

06 Our expertly trained staff will pamper you with the latest spa therapies.
➡ 전문적으로 교육받은 저희 직원이 최신 온천 요법으로 당신을 _____ 것입니다.

07 Cuisine is part of the culture of a country.
➡ _____는 한 나라의 문화의 일부다.

08 The boy was whisked away by a patrol car.
➡ 소년은 경찰차에 _____.

09 The couple honeymooned at an island resort.
➡ 그 부부는 어떤 섬의 _____로 신혼여행을 갔다.

10 To beat the summer heat, many people head to the beach.
➡ 여름의 더위를 식히고자 많은 사람들이 _____으로 향한다.

11 We enjoyed delicious food with a fantastic view of the sunset.
➡ 우리는 환상적인 _____의 광경과 함께 맛있는 음식을 즐겼다.

12 Each year the town hosted a spectacular event.
➡ 해마다 그 도시에서는 _____ 행사를 개최했다.

13 An asteroid could be visible with binoculars or even the naked eye.
➡ 쌍안경 또는 맨눈으로도 소행성이 _____ 수 있다.

>>> Part 3 일상생활  >>> Chapter 1 여가생활

14 The ship will have 20 private cabanas on her pool deck.
➡ 이 선박은 풀장 갑판 위에 20개의 개인 _____을 비치할 예정이다.

15 I got tired of his pretentious manner.
➡ 나는 그의 잘난 체하는 태도에 _____.

16 The hikers explored the ruins.
➡ 도보여행자들은 그 유적을 _____했다.

17 The scene of the sun setting over the lake was breathtaking.
➡ 호수에 해가 넘어가는 풍경은 정말 _____.

18 Today masseuse is considered to be an old-fashioned word, and most professionally trained men and women prefer to be called massage therapists.
➡ 오늘날에는 _____라는 말은 구식으로 여겨진다. 전문교육을 받은 남녀 대부분이 마사지 치료사로 불리길 선호한다.

19 Taking a spa or hot bath can help to relieve muscle tension.
➡ 온천이나 뜨거운 물에 몸을 담그는 것은 근육의 _____하는 데 도움이 될 수 있다.

20 Before 1953, many expedition teams tried to climb Mount Everest, but failed.
➡ 1953년 이전까지는, 많은 _____ 팀들이 에베레스트 산을 오르려고 시도했지만 실패했다.

21 The house located next to a picturesque meadow.
➡ 그 집은 _____ 목초지 옆에 있었다.

22 The brochure for the resort had pictures of great scenery.
➡ 그 휴양지에 대한 안내지에는 _____가 무척 좋은 사진이 나와 있었다.

23 The woman went to the bank to get foreign currency.
➡ 그 여자는 _____를 바꾸기 위해 은행에 갔다.

24 The man applied for a visa to visit Australia.
➡ 그 남자는 호주를 가기 위해 _____를 신청했다.

>>> 정답

01. 휴가   02. 모든 것을 잊고 철저히 쉬기   03. 크루즈 여행   04. 열대   05. 천국
06. 만족시켜드릴   07. 요리   08. 실려갔다   09. 휴양지   10. 해변
11. 일몰   12. 장대한   13. 보일   14. 오두막   15. 질렸다(싫증이 났다)
16. 답사   17. 장관이었다(굉장했다)   18. 마사지사   19. 긴장을 완화   20. 탐험
21. 그림같이 아름다운   22. 경치   23. 외화   24. 비자

>>> Part 3 Daily Life
>>> Chapter 1 Leisure

## >>> Theme 045 Accommodations

When planning a trip, you must reckon in the **accommodation**. You have plenty of options regarding accommodation for your **stay** while travelling. Look at your **budget**, the **duration** of your stay, and your objectives. Then look at the options that are **available** to you. **Hotels** are the most common accommodation that you will find. They are usually well advertised and **are located in** a famous **tourist destination**. Most of them can be a little more **expensive** than most, but they pay that back with **additional services**. **Hostels** are famous for their **cheapness**. They are **affordable** because they have less services than a hotel, and sometimes a bit further away from important tourist **sites**. There is such a thing as renting a vacation apartment or villa. These are places, like an apartment, house or villa which you can rent for a long time for your vacation or business trip. Usually the **rates** on these apartments can save you money especially when you are staying for a **significant** amount of time. By far the cheapest accommodation you can pay for is a **campsite**. Of course you need your own tent. Once you have it, you can search for listings of campsites that you can use in your target country.

### >>> 해석

여행을 계획할 때에는 숙박을 계산에 넣어야 한다. 여행하는 동안 묵을 숙소에 대해서는 많은 선택권이 있다. 예산이나 체류기간, 여행의 목적을 살펴보아라. 다음엔 당신이 이용할 수 있는 선택을 살펴보아라. 호텔은 당신이 찾을 수 있는 가장 일반적인 숙박설비이다. 호텔들은 대개 잘 광고되어 있고, 유명관광지에 위치해 있다. 대부분의 호텔이 다른 숙박시설보다 조금 더 비쌀 수 있지만, 호텔은 이를 부가 서비스로 돌려준다. 호스텔은 싸기로 유명하다. 호스텔은 호텔보다 서비스를 적게 제공하거나 때때로 중요한 관광지역으로부터 좀 멀리 떨어져 있기 때문에 가격이 적당한 것이다. 휴가용 아파트나 빌라를 빌려주는 곳도 있다. 이는 오랜 기간 동안 휴가나 출장을 위해 빌릴 수 있는 아파트, 주택, 또는 빌라 같은 장소이다. 대개 이런 아파트의 요금은 특히 상당한 기간 동안 체류할 경우에 돈을 아껴줄 수 있을 것이다. 단연 가장 싼 숙박설비는 야영지이다. 물론 텐트를 가지고 있어야 한다. 일단 텐트만 있으면, 가고자 하는 나라에서 이용할 수 있는 야영지의 목록을 찾을 수 있다.

### >>> 어구

reckon in ~을 계산에 넣다 plenty of 많은, 충분한 option 선택, 선택권 regarding ~에 관해서 advertise 광고하다 There is such a thing as ~ 같은 것도 있을 수 있다 business trip 사업차 여행, 출장

### >>> 구문

- Look at your budget ~ [명령형]
  예산을 살펴보아라
- can save you money [save A B]
  ~은 당신이 돈을 적게 쓰게 할 수 있다(당신의 돈을 아껴줄 수 있다)

>>> Part 3 일상생활
>>> Chapter 1 여가생활

>>> Theme 045　**숙박시설** ▶

**01 accommodation** [əkɑ̀mədéiʃən]
　　　　1. (pl.) (식사 등을 제공하는) 숙박시설
　　　　2. 거처, 시설　3. 합의, 협상
- ⓥ accommodate 숙박을 제공하다; 적응시키다
- 괜 commodious (집·방이) 넓고 편리한
　↔ incommodious (집·방이) 좁고 불편한
- 혼 commodity 상품, (pl.) 일용품
- 동 lodge 묵게 하다, 하숙시키다; 여관, 여인숙

**02 stay** [stei] 1. 머무르다, 숙박하다; 그대로 있다
　　　　2. 체재, 체재 기간
- 괜 homestay 홈스테이
- 동 sojourn 머무르다, 체재하다; (일시적) 체재

**03 budget** [bʌ́dʒit] 1. 예산, (지출 예상) 비용
　　　　2. 〈광고에서 사용〉 저가의, 저렴한
- go over budget 예산을 초과하다
- budget cuts 예산삭감
- a budget hotel 저렴한 호텔
- 괜 revenue (세금의) 세입, 총수입
　↔ expenditure 지출, 세출

**04 duration** [djuréiʃən] 지속, 지속기간
- of long[short] duration 장[단]기의
- 괜 durable 내구력이 있는, 오래가는

**05 available** [əvéiləbl] 1. (물건을) 이용할 수 있는
　　　　2. (사람을) 만날 수 있는
- ⓥ avail 쓸모가 있다, 도움이 되다

**06 hotel** [houtél] 호텔
- a two-star/five-star hotel 2성급/5성급 호텔
- a hotel suite 호텔의 스위트룸
- 괜 check in 호텔에 투숙하다
　↔ check out 호텔에서 나오다
　concierge (호텔의) 안내직원
　registration[front] desk 접수계
　single occupancy 1인 1실
　double occupancy 2인 1실
　bellboy/bellhop 벨보이(호텔에서 손님들의 짐을 운반하는 사람)

**07 locate** [lóukeit] 1. ~에 자리 잡다, 위치하다
　　　　2. (위치, 장소를) 알아내다
- be located in ~에 위치하다
- ⓝ location (건물이 있는) 위치, 장소; 야외촬영지
- 괜 local 지역의, 지방의; 국소의; 공간의

**08 destination** [dèstənéiʃən] 행선지, 목적지
- tourist destination 관광지
- 혼 destiny [déstəni] 운명, 팔자

**09 expensive** [ikspénsiv] 비싼, 사치스러운
- ⓝ expense 비용, 지출, 소요경비
- 반 inexpensive (품질에 비하여) 값이 싼
- 괜 pricey (물건의 가격이) 비싼
　costly (지불하고 싶은 것보다) 많은 돈이 드는
　overpriced (제 가치보다) 값이 비싸게 매겨진

**10 cheapness** [tʃíːpnis] 염가, 저렴
- 괜 cheap (품질이 좋지 못해) 싼, 싸구려의
　affordable (가격이) 감당할 수 있는
　reasonable (가격이) 알맞은, 합리적인
　inexpensive (품질에 비하여) 값이 싼
　budget (상품이) 저가의, 알뜰한
　competitive 가격이 경쟁력 있는

**11 affordable** [əfɔ́ːrdəbl] 입수 가능한, 가격이 알맞은
- ⓥ afford ~할 수 있다, ~할 여유가 있다[to]

**12 service** [sə́ːrvis] 1. (호텔·식당의 손님에 대한) 서비스
　　　　2. (공공) 서비스[사업]
　　　　3. (오랜 기간의) 근무, 봉사
　　　　4. 군대, 병역, 복무
- additional service 부가서비스
- service charge 봉사료
- room service 객실서비스
- 표 This is on the house. 서비스로 드리는 겁니다.
　※ 음식점 등에서 무료로 제공할 때 service란 말은 쓰지 않는다.
- 괜 serve 시중을 들다; 봉사하다, 근무하다; 도움이 되다

**13 (youth) hostel** [hástl] 유스 호스텔
　※ 청소년, 배낭여행객 등을 위한 값이 싼 숙박시설

**14 site** [sait] 1. (도시·건물 등의) 위치, 장소
　　　　2. 유적; 인터넷 사이트
- tourist site 여행지, 관광지

**15 rate** [reit] 1. 요금, 운임　2. 비율, 율
- 괜 charge (상품·서비스에 대한) 요금
　fee (전문적인 서비스에 대한) 수수료; (조직 등에 내는) 회비
　rent 집세, 방세, 지대, 임차료
　dues (회원 등으로서 마땅히) 내야 할 돈, 회비
　toll 통행료
　rental 사용료, 임대료

**16 significant** [signífikənt] 상당한; 중대한
- 동 considerable 적지 않은, 상당한

**17 campsite** [kǽmpsàit] 야영지, 캠프장
- ⓝ camp 야영, 야영지, 캠프장
　camping 야영
- 괜 bivouac [bívuæk] (텐트 없이) 야영하다; 야영지
　pitch camp (텐트 없이) 노영하다
　tent 텐트, 천막
　sleeping bag 침낭

Reading V.O.C.A
197

>>> Part 3 Daily Life
>>> Chapter 1 Leisure

>>> Theme 045 **Review Test**

01  There are many types of accommodation.
    ▶ 많은 형태의 _____이 있다.

02  We are planning to stay in a suite at one of Bangkok's boutique hotels.
    ▶ 우리는 방콕의 호화호텔 중 한 곳의 스위트룸에서 ____할 계획이다.

03  This project is expected to cost twice as much as the city's annual budget.
    ▶ 이번 프로젝트는 시의 연간 _____의 두 배만큼 비용이 들 것으로 예상된다.

04  The mayor advised city residents to stay inside for the duration of the storm.
    ▶ 시장은 주민들에게 폭풍이 _____ 되는 동안 실내에 머물러 있을 것을 권고했다.

05  Treatment programs are available for those who become addicted.
    ▶ 중독된 사람들은 치료 프로그램을 _____ 수 있다.

06  Budget hotels are often family run and usually don't have a large number of rooms.
    ▶ _____은 종종 가족이 운영하며 대개 많은 객실을 가지고 있지는 않다.

07  The Rocky Mountains are located in western North America.
    ▶ 로키산맥은 북미 서부에 _____.

08  Today, Jeju is known for its natural surroundings and is a popular tourist destination.
    ▶ 현재 제주는 자연환경으로 유명하며 인기 있는 _____이다.

09  This car is too expensive for me to buy.
    ▶ 이 자동차는 너무 _____ 살 수가 없다.

10  Cheapness is not always good.
    ▶ _____한 것이 항상 좋은 것은 아니다.

11  The sale made the blouse affordable.
    ▶ 세일 때 블라우스 가격이 _____했다.

12  Our company provides a shuttle service.
    ▶ 당사는 셔틀버스 _____를 제공합니다.

¹³ **This youth hostel offers not only breakfast buffets but wonderful mountain views.**

▶ 여기 _____은 아침 뷔페가 제공될 뿐 아니라 산의 멋진 광경도 볼 수 있습니다.

¹⁴ **This mountain is a popular tourist site and has many things for tourists to see.**

▶ 이 산은 유명한 _____이며 관광객들이 볼 것이 많다.

¹⁵ **Room rates are cheap during the off season.**

▶ 비수기에는 숙박 _____이 싸다.

¹⁶ **Regular consumption of significant amounts of water can reduce the risk of dehydration.**

▶ 정기적으로 _____의 물을 섭취하면 탈수의 위험을 줄일 수 있다.

¹⁷ **The campsite is free and can't be booked.**

▶ 그 _____은 무료이고 예약은 할 수 없다.

>>> 정답

| 01. 숙박시설 | 02. 숙박 | 03. 예산 | 04. 지속 | 05. 이용할 |
| 06. 저가형 호텔 | 07. 위치해 있다 | 08. 관광지 | 09. 비싸서 | 10. 저렴 |
| 11. 저렴 | 12. 서비스 | 13. 유스 호스텔 | 14. 관광지 | 15. 요금 |
| 16. 상당량 | 17. 캠프장 | | | |

Reading V.O.C.A

>>> Part 3 Daily Life
>>> Chapter 1 Leisure

## >>> Theme 046 Shopping & Sale

Shopping malls are usually situated in a central location for **shoppers** to **browse** for a variety of **goods**. Department stores offer a wide range of **consumer goods** from kitchenware appliances to clothing **merchandise**. For convenience sake, **purchases** can be made with **cash**, **checks** or **charge**. They may also offer home delivery or **installment free of charge**. Often during the holidays much of the department store merchandise is **on sale**. But in many cases the **sale prices** are comparable to the **prices** available every day at **factory outlets** or **discount stores**. In contrast to department stores are factory outlets where customers can purchase the same or similar **items** at fifty percent **off** the department store prices. This can make an **exorbitantly** priced item **attainable** at a **reasonable** price. The downside is that the service may not be as good. Instead of the nice restaurants found inside the department stores, these discount stores offer vending machines for hungry shoppers. Unlike the more lenient sales policies of the department stores, at the **cash register** customers may find signs announcing that there are no **refunds** or **exchanges** for purchased material. Some people prefer to browse through **yard sales** and **garage sales** for cheap appliances. Shoppers don't need the **coupons** that they use at the exorbitantly priced department stores because the merchandise is at **bargain** prices. None of the appliances offer a **warranty** or **money-back guarantee**. So the buyer must beware of trying to get something **for nothing**. Yet when the buyer discovers that his bargain is defective, he may realize that what felt like **a steal** was actually **a rip-off**. Although the prices are better than reasonable, there are some inconveniences to shopping at yard sales. Unlike department stores which have set **business hours**, yard sales occur infrequently. Buyers also find it next to impossible to **try on** clothes or **try out** electrical items.

### >>> 해석

상가 단지는 쇼핑객들이 다양한 상품을 둘러볼 수 있도록 통상 중심가에 위치해 있다. 백화점은 부엌용품부터 의류에 걸쳐 다양한 소비재를 제공한다. 편의를 위해 현금이나 수표나 신용카드 중 무엇으로든 물건을 구입할 수 있다. 백화점은 또한 집까지 물건을 배달해주거나 무료로 설치해주기도 한다. 종종 주말에 많은 백화점에서는 재고품을 할인해서 팔기도 한다. 그러나 많은 경우에 있어 이 할인가는 공장 직판장이나 할인점의 가격과 비교해 볼 필요가 있다. 백화점과 대조적으로 소비자들이 똑같거나 비슷한 제품을 백화점의 반가로 살 수 있는 곳이 공장 직판장이다. 이곳에서 엄청나게 비싼 물건을 적정가로 살 수 있다. 안 좋은 점은 서비스가 백화점만 못하다는 점이다. 백화점 안에 있는 좋은 레스토랑 대신 이러한 할인점들은 배고픈 쇼핑객들을 위해 자판기를 제공하고 있다. 백화점의 더 관대한 판매책과는 달리 손님들은 금전 등록기 앞에서 구입한 물건에 대해서는 환불 및 교환이 되지 않는다는 안내판을 볼 수 있을 것이다. 어떤 이들은 야드세일이나 거라지 세일개인의 중고품 판매을 돌아다니며 싼 물건을 찾는 것을 좋아한다. 상품이 염가이기 때문에 쇼핑객들은 가격이 엄청나게 비싼 백화점에서 물건을 살 때 사용하는 쿠폰이 없어도 된다. 상품에 대한 보장이나 환불보장은 해주지 않는다. 그래서 구매자들은 공짜 같은 물건을 살 때 주의해야 한다. 구매자는 자신이 싸게 산 물건에 흠이 있다는 것을 알게 되면 싸게 산 것이 실제로 바가지를 쓴 것처럼 생각될 것이다. 가격이 적정가보다 낫긴 해도 야드세일에서 물건을 살 때 불편한 점이 몇 가지 있다. 영업시간이 정해져 있는 백화점과 달리, 야드세일은 불규칙하게 발생한다. 또한 구매자들은 옷을 입어보거나 전기 제품을 시험 삼아 작동해 보는 게 거의 불가능하다는 걸 알게 될 것이다.

### >>> 어구

be located in ~에 위치하다 a variety of 다양한 department store 백화점 a wide range of 다양한 kitchenware 주방용품 for convenience(s) sake 편의상 downside 불리한 면, 부정적인 측면 vending machine 자동판매기 lenient 관대한 sales policy 판매정책 sign 광고판 announce 알리다, 공지하다 on the other hand 다른 한편으로는 defective 결점이 있는 inconvenience 불편

### >>> 구문

• In contrast to department stores are factory outlets ~ [도치]
= Factory outlets are in contrast to department stores ~

>>> Part 3 일상생활    >>> Chapter 1 여가생활

>>> Theme 046  **쇼핑과 판매** ▶

01 **shopper** [ʃápər, ʃɔ́p-] 쇼핑객, 구매자
   ⓝ shopping 쇼핑, 물건 사기
   팬 shop around 물건을 사려고 이리저리 다니다

02 **browse** [brauz] 1. (가게에서) 구경하다; 대강 훑어보다
   2. (소·사슴이) (풀을) 먹다 [on]
   팬 Browser Welcome! 구경 환영

03 **merchandise** [mə́ːrtʃəndàiz] 상품, 제품; 물품을 거래하다
   ⓝ merchant 상인, 물건을 파는 사람
   동 goods 상품; 재화, 재산 item 물품, 품목
   • goods and services 재화와 서비스

04 **consumer goods** 소비재
   팬 durable goods 내구재

05 **purchase** [pə́ːrtʃəs] ~을 사다, 구매하다; 구매(한 물건)

06 **charge** [tʃɑːrdʒ] 1. [~ card] 신용카드(로 사다)
   2. 요금(을 청구하다)
   3. 부담, 책임, 의무(를 지우다)
   4. 비난(하다), 고소(하다), 혐의
   5. 충전(하다) 6. 외상으로 사다
   • Cash, check, or charge (card)?
     현금, 수표, 신용카드 중 무엇으로 계산하겠습니까?
   팬 cash 현금, 현찰 credit card 신용카드
      check 수표(personal check 개인 수표, bank check 은행수표)

07 **installment** [instɔ́ːlmənt] 1. 설치(=installation)
   2. 할부금, (할부의) 1회분
   ⓥ install 설치하다, 설비하다; 임명하다

08 **on sale** 1. 판매 중인  2. 〈미〉할인 중인
   • a clearance sale 재고정리 세일
   • a liquidation sale 점포정리 세일
   팬 for sale 팔려고 내놓은 Not for sale 비매품 on the market 시판되는
      out of stock 품절인

09 **price** [prais] 값, 가격
   • sale price 판매가격 fixed[set] price 정찰가
   • cost price 원가 unit price 단가
   • price cutting 가격 인하 price tag 가격표
   • name a price 값을 부르다
   ⓐ pricey (물건의 가격이) 비싼
   뉴 price (어떤 물품·서비스에 대해 내는) 값, 가격
      cost (어떤 것을 하는데 들어가는) 비용

10 **outlet** [áutlet, -lit] 1. (직영) 판매점, 아울렛 2. 배출구, 콘센트
   • factory outlet 공장 직판장
   팬 discount store 할인점 convenience store 편의점
      vendor 노점상

11 **off** [ɔːf, af] 할인하여
   • 40 percent off 40% 할인하여
   팬 discount 할인하다; 할인, 할인액(률)

12 **exorbitant** [igzɔ́ːrbətənt] 터무니없이 비싼, 과도한
   • an exorbitant price 엄청나게 비싼 가격

13 **attainable** [ətéinəbl] 이룰 수 있는, 달성 가능한
   동 come-at-able 입수하기 쉬운, 사귀기 쉬운

14 **reasonable** [ríːzənəbl] 1. (가격이) 적당한  2. 합리적인
   • reasonable price 적정가격
   반 prohibitive price (구입을 막는) 엄청난 가격

15 **cash register** 금전 등록기
   ⓝ register 기록부, 등록부
   팬 cashier [kæʃíər] 계산원, 현금출납원

16 **refund** [rifʌnd] 환불(하다), 반환(하다)
   • a full refund 전액환불
   ⓐ refundable 환불(반품)할 수 있는
   동 money-back 환불할 수 있는
   * money-back guarantee 환불보장

17 **exchange** [ikstʃéindʒ] 교환(하다), 환전(하다)
   ⓐ exchangeable 교환할 수 있는

18 **yard sale/garage sale** (개인의) 중고품 염가판매
   (주택의 차고나 앞마당에서 중고품을 판매하는 것)
   팬 flea market 벼룩시장 thrift shop 중고품 할인점

19 **coupon** [kúːpɑn, -pɔn] 쿠폰, 할인권; 응모권
   팬 voucher (현금대용의) 상품권

20 **bargain** [báːrgən] 싸게 팖; 특가품; 매매 계약; 흥정하다
   • a bargain price 특가

21 **warranty** [wɔ́ːrənti] (품질 등의) 보증(서); (수색 등의) 영장
   팬 guarantee (제품의) 보증(서); 보증하다

22 **for nothing** 무료로; 이유 없이; 헛되이
   동 free of charge 공짜의, 무료의

23 **steal** [stiːl] (훔친 것 같이) 매우 싸게 산 물건
   표 What a steal! 아주 싸게 샀네요.
     = What a bargain! = That's a good buy!

24 **rip-off** 바가지, 폭리
   • rip 사람 off ~에게 바가지 씌우다  • rip 사물 off ~를 훔치다
   표 That's a rip-off! 가격이 너무 비싸네요.
     = That's a too steep! = That's a too much!
     = The price is too high!
     I got ripped off. 나 바가지 썼어.
   표 pay through the nose 터무니없이 많은 돈을 주다, 바가지를 쓰다
      cost[pay] an arm and a leg 터무니없이 큰돈이 들다

25 **business hours** 영업시간, 근무시간

26 **try on** (옷 등을) 입어보다
   • May I try it on? 입어 봐도 될까요?
   동 try out (성능을 알아보기 위해) 작동해보다
     * Can I try this out? 이거 작동해 봐도 돼요?

## Review Test

>>> Theme 046

01  The department store was crowded with holiday shoppers.
→ 백화점은 휴일 _____로 붐볐다.

02  The man browsed through the newly opened store looking at its offerings.
→ 그 남자는 새로 개업한 가게의 진열 상품을 _____.

03  The store's merchandise offered items of the finest quality.
→ 그 가게는 엄선된 품질의 _____을 팔았다.

04  Christmas season was the peak of sales of consumer goods.
→ 크리스마스 시즌은 _____를 팔 수 있는 성수기이다.

05  The woman purchased the blouse with cash and wore it for her farewell party.
→ 그 여자는 현금으로 블라우스를 _____하고는 그녀의 송별 파티를 위해 그걸 입었다.

06  The cashier asked the customer whether he would be paying by cash, check or charge.
→ 계산대 직원은 손님에게 _____, _____, _____ 중 어느 것으로 지불하겠느냐고 물었다.

07  The customer decided to pay for the piano in monthly installments.
→ 손님은 피아노 값을 매달 _____로 내기로 결정했다.

08  The new album will be in stores on sale this weekend.
→ 그 앨범은 이번 주에 _____에 들어갈 것이다.

09  In comparison to unit price of other brands, the larger box of cereal is actually cheaper than the smaller one.
→ 다른 브랜드의 _____와 비교했을 때, 보다 큰 상자의 시리얼이 작은 것보다 실제로 더 싸다.

10  By going to a factory outlet, the consumer saves money by buying directly from the manufacturer.
→ _____으로 가면 소비자는 제조업자로부터 직접 물건을 구입하기 때문에 돈을 절약할 수 있다.

11  The discount on this item is 30 percent off the retail price.
→ 이 상품의 할인액은 소매가에서 30% _____ 입니다.

12  The price was exorbitant for a jacket of such poor quality.
→ 그 재킷은 그런 나쁜 품질치고는 값이 _____.

13  Make sure whether your goal is attainable before making your goal specific.
→ 목표를 구체화하기 전에, 목표가 _____ 것인지 확인해보라.

14  The blouse now was given a reasonable price since the slow sales demonstrated that customers found the first to have been a prohibitive price.
→ 고객들이 블라우스에 처음 책정된 가격이 _____ 생각해서 판매가 부진했기 때문에 지금은 _____로 매겨졌다.

¹⁵ The cashier rang up the purchases on the cash register then placed the payment inside.
➡ 계산대 직원은 _____의 키를 눌러 물건값이 얼마인지 나오게 하고 나서 돈 받은 것을 안에다 넣었다.

¹⁶ Purchase must be returned within seven days for a full refund.
➡ _____을 받으시려면 7일 내에 구입품을 가져오셔야 합니다.

¹⁷ Once you buy the goods at a reduced price, they will be neither exchangeable nor refundable according to the policy of our store.
➡ 일단 당신이 할인된 가격으로 물건을 구매하시면, 저희 가게의 정책에 따라서 그것들은 _____ 할 수도 _____ 받을 수도 없을 것입니다.

¹⁸ The family held a garage sale to get rid of unwanted items.
➡ 그 집은 쓰지 않는 물건을 치워버리려고 _____을 열었다.

¹⁹ The coupon offered a dollar off when presented upon purchase of the cereal.
➡ 곡물을 살 때 _____을 내면 1달러를 할인해 준다.

²⁰ Flea markets are a treasure trove for bargain shoppers who don't mind buying items secondhand.
➡ 벼룩시장은 중고품을 사는 걸 개의치 않는 _____ 구매자들에게는 귀중한 장소이다.

²¹ The toaster came with a limited warranty that covered service for the first year.
➡ 토스터에는 처음 1년간은 수리를 보장해 준다는 한정 _____가 있었다.

²² The furniture store offered home delivery free of charge for any purchase.
➡ 가구점은 무엇을 사든지 _____ 집까지 배달해준다.

²³ Selling for a quarter of its original price, the dining set was a steal.
➡ 원래 가격의 4분의 1 값에 팔기 때문에 식기세트는 _____ 물건이다.

²⁴ World Cup tickets are a rip-off.
➡ 월드컵 경기 입장권은 완전 _____다.

²⁵ Business hours in America generally run from 9 a.m. to 5 p.m.
➡ 미국에서 _____은 보통 오전 9시에서 오후 5시까지이다.

²⁶ The man tried on the jeans in the dressing room to see how they fit.
➡ 그 남자는 청바지가 맞나 보려고 탈의실에서 _____.

>>> 정답

01. 쇼핑객들  02. 구경했다  03. 제품  04. 소비재  05. 구매
06. 현금, 수표, 신용카드  07. 할부  08. 판매  09. 단가  10. 공장직판장
11. 할인  12. 터무니없이 비쌌다  13. 달성 가능한  14. 엄청나게 비싸다고, 적정가  15. 금전 등록기
16. 전액 환불  17. 교환, 환불  18. 창고 세일(중고 염가 판매)  19. 쿠폰  20. 특가품
21. 보증서  22. 무료로  23. 매우 싼  24. 바가지  25. 영업시간
26. 입어 보았다

>>> Part 3 Daily Life
>>> Chapter 1 Leisure

## >>> Theme 047 Kinds of Sports

Rain or shine there's a way to stay physically **active**[01] and **fit**[02]. The summer time is known for **track**[03] and **field events**[04][05] as well as the baseball season. Cycling and **rowing**[06] are good ways to get fresh air and **work off**[07] calories. Great weather bids **fair winds**[06] for **sailing**[06]. **Horseback riding**[08] is a great way to take advantage of spectacular weather. Cricket is often played under beautiful skies. Volleyball on a sandy beach or grassy park is a good way to work off the contents of a summer picnic. Even when it's too cold for some, the mountain skiing is a great way to **exercise**[09] if a lake or pond isn't nearby to go ice skating. Regardless of the weather some **die-hard**[10] football, soccer, and rugby games continue on. Yet when the weather is **inclement**[11], the fun doesn't need to stop. As long as there's an **indoor court**[12][13], there's no need for a basketball game to be **canceled**[14] due to foul weather. The handball and squash courts provide fast **paced**[15] fun. It may be cold outside but at a **gym**[16] filled with people weightlifting or doing aerobics can be as **sultry**[17] as a room in July. If it's too hot, billiards or table tennis is a good activity to pass the time. It's never too cold to go swimming in an indoor pool. Regardless of the temperature, you can do figure eights in an indoor skating rink. Some **competitions**[18] you can always count on happening regardless of the forecast, such as badminton, boxing, **gymnastics**[19], wrestling and judo. Any time of the year, it's possible to sport, regardless of the weather.

### >>> 해석

비가 오든 날씨가 화창하든 신체적으로 활동적이고 건강한 상태를 유지할 방법이 있다. 여름은 야구 시즌일 뿐 아니라 육상경기 시즌으로 알려져 있다. 사이클과 조정은 맑은 공기를 쐬며 열량을 소모시킬 수 있는 좋은 방법이다. 날씨가 좋으면 요트 경기하기 좋도록 바람이 불 가능성이 크다. 승마는 좋은 날씨를 즐기기에는 기막힌 방법이다. 크리켓 역시 날씨가 좋은 날 종종 경기가 벌어진다. 모래사장에서나 잔디가 덮여 있는 공원에서나 배구는 여름날의 피크닉을 즐겁게 하는 좋은 방법이다. 날씨가 몹시 추울 때, 스케이트를 타러 갈 연못이나 호수가 근처에 없다면 산에 가서 스키를 타는 것도 좋은 운동 방법이다. 날씨에 상관없이 미식축구, 축구, 럭비는 끝까지 계속된다. 날씨가 험하다고 해서 경기의 재미까지 중단되는 것은 아니다. 실내 경기장이 있는 한 날씨가 나쁘다고 해서 농구경기가 취소될 필요는 없다. 핸드볼 경기장과 스쿼시 경기장에서는 빠른 템포의 재미를 맛볼 수 있다. 바깥은 추울지 모르나 역도나 에어로빅을 하는 사람들로 가득 찬 체육관의 실내는 7월의 방안처럼 무더울 것이다. 날씨가 너무 더우면 당구나 탁구가 시간을 보내기 좋은 운동이다. 실내 수영장에서는 추워서 수영을 못하지는 않는다. 기온에 상관없이 실내 스케이트장에서는 8자 활주를 할 수 있다. 배드민턴, 권투, 체조, 레슬링, 유도 같은 종목은 일기예보에 관계없이 언제나 경기가 벌어진다고 생각해도 좋다. 날씨에 관계없이 연중 어느 때라도 운동을 하는 것은 가능하다.

### >>> 어구

**physically** 신체적으로 **be known for** ~으로 잘 알려져 있다 **calorie** 칼로리, 열량 **bid A for B** A에 B를 매기다 **take advantage of** ~를 이용하다 **spectacular** 극적인, 뛰어난 **lake** 호수 **pond** 연못 **foul weather** 악천후 **pass the time** 빈 시간을 (아무 생각 없이) 보내다 **temperature** 온도, 기온 **count on** ~을 믿다, 기대하다

### >>> 구문

- It's never too cold to go swimming in an indoor pool.
  너무 추워서 실내 수영장에서 수영하지 못하는 법은 없다.

- Some competitions you can always count on happening [목적어 도치]
  (= You can always count on some competitions happening)
  당신은 몇몇 경기들이 벌어진다고 항상 기대할 수 있다.

>>> Part 3 일상생활
>>> Chapter 1 여가생활

>>> Theme 047　스포츠의 종류 ▶

01 **active** [金ktiv] 활동적인, 활동 중인, 적극적인
　ⓝ activity 활동; 행위
　반 inactive 활동하지 않는, 수동적인

02 **fit** [fit] 1. 건강한, 튼튼한
　　　　　 2. 알맞은, 적당한
　　　　　 3. 꼭 맞다, 어울리다; 적합하게 하다
　　　　　 4. 발작, 경련; (일시적) 흥분
　ⓝ fitness 건강(상태); 적합함
　관 feel (as) fit as a fiddle 몸 상태가 아주 좋다

03 **track** [træk] 1. 육상 경기; 경기용 트랙
　　　　　　 2. (지나간) 자국; 궤도
　동 athletics 운동경기, 육상경기

04 **field** [fiːld] 1. 경기장, 구장; 필드경기
　　　　　　 2. 들판, 벌판; 싸움터; 현장
　　　　　　 3. (지식의) 분야, 영역
　관 track and field 육상경기
　　 – sprint 단거리 달리기 hurdles 허들 racewalking 경보
　관 필드경기 (field events)
　　 high jump 높이뛰기 long jump 멀리뛰기
　　 triple jump 삼단뛰기 pole vault 장대높이뛰기
　　 the discus 원반던지기 the javelin 투창던지기
　　 shot put 투포환 the hammer 해머던지기

05 **event** [ivént] 1. 한 시합, 스포츠경기, 종목
　　　　　　 2. 사건, 행사, 이벤트

06 **row** [rou] 1. (노로) 배를 젓다
　　　　　　 2. (가로로 늘어선) 열, 줄
　　　　　　 cf. line, queue는 세로줄
　ⓝ rowing 조정, 노 젓기
　관 canoeing 카누경기 kayaking 카약경기
　　 sailing 항해, 요트경기 yacht 요트 boating 뱃놀이
　　 fair wind 순풍 ↔ adverse wind 역풍

07 **work off** (운동을 하여) ~을 없애다, 제거하다
　• work off calorie 칼로리를 소비하다
　• work off the stress 스트레스를 해소하다
　혼 work out 1. (건강·몸매관리를 위해) 운동하다
　　　　　　　 2. (일이) 잘 풀리다
　　　　　　　 3. 계산하다, 해결하다
　　 work on (해결하기 위해) ~에 애쓰다

08 **horseback riding/riding** 승마
　• go for a ride 승마하러 가다
　관 horse racing 경마
　　 dressage 마장마술(말 훈련도 체크하는 경기)
　　 jockey 기수 bridle 고삐 spur 박차
　　 saddle 안장 bit 재갈

09 **exercise** [éksərsàiz] 운동, 훈련; 연습
　뉘 exercise 신체적·지적인 훈련·연습
　　 drill 엄격히 반복되는 (단체로 실시하는) 훈련
　　 practice 기능을 익히기 위한 계통적·반복적 연습

10 **die-hard** [dáihɑ̀ːrd] 끝까지 버티는, 끈질긴; 완고한

11 **inclement** [inklémənt] 날씨가 궂은, 혹독한
　• due to the inclement weather 궂은 날씨 때문에
　관 rain or shine 날씨에 상관없이
　　 rain check 우천으로 취소 시 다음 경기 입장권

12 **indoor** [índɔ̀ːr] 실내의, 실내에서 하는
　• indoor sports 실내 스포츠
　반 outdoor sports 야외 스포츠

13 **court** [kɔːrt] 1. (테니스·배구 등의) 코트
　　　　　　 2. 안마당, 궁정, 법정
　　　　　　 3. 비위를 맞추다, 구애하다

14 **cancel** [kǽnsəl] 취소하다
　동 call off 취소하다

15 **pace** [peis] 보조, 속도, 페이스
　• fast-paced 빨리 진행되는, 빠른 템포의
　• live a fast-paced lifestyle 바쁘게 생활하다
　동 tempo 속도, 리듬, 템포

16 **gym** [dʒim] 체육관(=gymnasium)

17 **sultry** [sʌ́ltri] 무더운, 찌는 듯이 더운

18 **competition** [kɑ̀mpətíʃən] 경쟁, 경기, 시합
　뉘 contest 경쟁, 경연(스포츠에 국한되지 않음)
　　 game 상대방이 있는 구기 등의 경기
　　 bout 권투 등의 겨루기 시합
　　 match 테니스 등의 일대일 시합
　　 race 주로 스피드를 겨루는 경기
　　 derby (특정 조건 충족 시 참가할 수 있는) 경기

19 **gymnastics** [dʒimnǽstiks] 체조
　관 vault 도마 pommel horse 안마

■ 스포츠 종목 명칭
baseball 야구 volleyball 배구 football 풋볼 rugby 럭비
soccer 축구 basketball 농구 handball 핸드볼 squash
스쿼시 cricket 크리켓 billiards 당구 table tennis 탁구
badminton 배드민턴 archery 양궁 boxing 권투, 복싱
cycling/biking 사이클링 downhill skiing 활강 스키 ice
skating 아이스 스케이팅 figure skating 피겨 스케이팅
water skiing 수상스키 bobsledding 봅슬레이 hockey 하키
ice hockey 아이스하키 sledding 썰매타기 surfing 서핑
taekwondo 태권도 judo[dʒúːdou] 유도 fencing 펜싱 martial
arts 무술 weightlifting 역도 wrestling 레슬링 swimming
수영 diving 다이빙 aerobics 에어로빅 marathon 마라톤

**>>> Part 3** Daily Life  **>>> Chapter 1** Leisure

## >>> Theme 047 Review Test

01 He is known as an *active* man who enjoys hiking and cycling.
➡ 그는 하이킹과 사이클링을 즐기는 _____ 사람으로 알려져 있다.

02 Staying *active* helps your body stay *fit*.
➡ _____으로 살면 몸을 _____하게 유지하는 데 도움이 된다.

03 Michael Johnson circled the *track* to win his second gold medal at 400 meters.
➡ 마이클 존슨은 _____을 돌고 400미터에서 자신의 두 번째 금메달을 땄다.

04 Countless athletes from across the globe dazzled *track and field* fans at this competition.
➡ 세계의 수많은 선수들이 이번 대회에서 _____ 팬들을 놀라게 했다.

05 International sports *events* improve cooperation among nations.
➡ 국제 스포츠 _____는 국가 간 협력을 증진시킨다.

06 The woman went *rowing* on the river.
➡ 그 여자는 강에서 계속 _____ 갔다.

07 What sort of exercise is the best way to *work off* stress?
➡ 어떤 종류의 운동이 스트레스를 _____하기에 가장 좋은 방법인가?

08 The man had saddle sores from *horseback riding* for hours.
➡ 그 남자는 몇 시간 동안 _____를 하면서 안장에 가랑이가 쓸려 아팠다.

09 He takes *exercise* every evening at the fitness center to build up his body.
➡ 그는 매일 저녁 몸을 만들기 위해 헬스클럽에서 _____을 한다.

10 The female singer has *die-hard* fans that still wait for her return.
➡ 그 여가수에게는 여전히 그녀가 돌아오기를 기다리는 _____ 팬들이 있다.

11 Our campus does not close *due to inclement weather* except under the most extraordinary conditions.
➡ 우리 캠퍼스는 정말 뜻밖의 상황을 제외하고 _____ 문을 닫지는 않는다.

12 The camp was held to help the students improve their English skills through a variety of *indoor* and *outdoor* activities.
➡ 다양한 _____와 _____ 활동을 통해 학생들의 영어실력 향상을 돕기 위한 캠프가 열렸다.

Reading V.O.C.A

¹³ The man would viciously pound the ball on the squash court.
▶ 그 남자는 스쿼시 _____ 에서 공을 맹렬히 탕탕 치곤 했다.

¹⁴ If you cancel your reservation now, you have to pay a penalty.
▶ 지금 예약을 _____ 하시면 당신은 위약금을 물어야 합니다.

¹⁵ The country's national anthem is fast-paced and full of energy.
▶ 그 나라의 애국가는 _____ 에 힘이 넘친다.

¹⁶ John goes to the gym to play basketball with his friends every day.
▶ 존은 매일 친구들이랑 농구하러 _____ 에 간다.

¹⁷ Despite the sultry weather, many audiences came to watch the shows.
▶ _____ 날씨에도 불구하고 많은 관객들이 쇼를 관람하러 왔다.

¹⁸ Olympic competitions include speed and figure skating.
▶ 올림픽 _____ 에는 스피드 스케이팅과 피겨 스케이팅이 포함된다.

¹⁹ Strength and flexibility are required to excel in gymnastics.
▶ _____ 에 출중하려면 힘과 유연성이 요구된다.

>>> 정답

01. 활동적인  02. 활동적, 건강  03. 트랙  04. 육상경기  05. 경기
06. 노로 배를 저어  07. 해소  08. 승마  09. 운동  10. 끈질긴
11. 궂은 날씨 때문에  12. 실내, 실외  13. 코트  14. 취소  15. 빠른 템포
16. 체육관  17. 찌는 듯이 더운  18. 경기  19. 체조

>>> Part 3 Daily Life      >>> Chapter 1 Leisure

## >>> Theme 048  Actions in Sports

Some forms of competition require specific **skills**[01] in order to **score**[02] and win. Any trip to a **stadium**[03] for a baseball game will illustrate that baseball has several **functions**[04] which need to be **mastered**[05]. Players must be able to **bat**[06] so that they hit the ball. If they **swing**[07] and **miss**[08], the **umpire**[09] will call a **strike**[06]. If they **hit**[06] it to the wrong area, the **ump**[09] may call a **foul**[10]. The outfielders need to be able to catch the rapidly moving balls and throw them to the infielders in order to get a runner out. Another example of a sport which requires the **mastery**[05] of techniques is basketball. In a basketball game, players need to be able to pass and shoot **with precision**[11]. The better players are accepted to be able to jump to score or regain control of the ball if it does not go into the net of the **opposing team**[12]. If they are not able to **bounce**[13] the ball and run at the same time, the **referee**[09] will **interrupt**[14] play. Rugby and football are also two sports which depend on the **defense**[15] ability to **tackle**[16] and the **offensive**[17] skill of passing. Like basketball players, athletes who play soccer must be able to **dribble**[13]. In soccer, it's done by kicking the ball **forward**[18] in a controlled manner.

>>> 해석

어떤 형태의 운동경기들은 득점을 하고 승리하는데 특별한 기량이 요구된다. 야구 경기를 보러 운동장에 가 보면 야구경기에는 숙달해야 할 역할들이 있다는 것을 알게 된다. 야구 선수들은 방망이를 휘둘러 공을 칠 수 있어야만 한다. 헛스윙을 하게 되면 심판은 스트라이크를 선언한다. 엉뚱한 지역으로 공을 보내면 심판은 파울을 선언할 것이다. 외야수들은 그렇게 빨리 날아가는 공을 잡아서 내야수에게 던져 주자를 아웃시켜야 한다. 운동경기에서 특별한 테크닉을 습득해야만 하는 또 다른 예는 농구이다. 농구경기에서 선수들은 정확히 패스하고 슛을 해야 한다. 훌륭한 선수들은 점프해서 득점을 할 수 있거나 공이 상대편 진영에 가지 않았다면 다시 그 공을 잡아 다룰 수 있어야 하는 것이다. 만일 선수들이 공을 튀기면서 뛰어 가지 않고 가만히 있다면 심판은 경기를 중단시킬 것이다. 럭비와 축구 또한 태클에 대한 방어력과 공격패스의 기술에 승패가 달려 있는 운동경기이다. 농구선수들처럼 축구선수들도 드리블을 잘해야만 한다. 축구에서 드리블은 적절한 방법으로 공을 차면서 앞으로 나아가는 것을 말한다.

>>> 어구

competition 경기  specific 특정한  illustrate 설명하다, 명확히 하다  outfielder 외야수  infielder 내야수  regain 되찾다

>>> 구문

• must be able to bat so that they (can/may) hit the ball. [so that 목적]
  방망이를 휘두를 수 있어야만 한다/ 공을 치기 위해

>>> Part 3 일상생활
>>> Chapter 1 여가생활

>>> Theme 048  스포츠의 동작 ▶

01 **skill** [skil] 솜씨, 기량, 재주, 기술
    ⓐ skilled/skillful 숙련된, 능숙한

02 **score** [skɔːr] 1. 〈경기〉 득점(하다), 스코어(를) 매기다
    2. 〈교육〉 점수, 성적; 채점하다
    3. 계산, 빚
    4. (현재의) 상황, 진상
        • know the score 진상을 알다
    5. 악보, 배경음악
        • a film score 영화 음악
    6. 승리를 거두다, 이기다

03 **stadium** [stéidiəm] (주로 축구나 야구) 경기장
    囧 arena (격투기를 하는) 원형 경기장
    bowl 〈미〉 (미식축구) 경기장
    cf. Super Bowl 프로 미식축구 챔피언 결정전

04 **function** [fʌ́ŋkʃən] 1. 기능(하다), 역할; 작용(하다)
    2. 의식, 행사; 〈수학〉 함수
    囧 malfunction 기능불량, 기능장애

05 **master** [mǽstər] 1. (기술을) 숙달하다
    2. (감정을) 억제하다, 정복하다
    3. 숙달한 사람; 거장, 명인; 선생, 교사
    4. 주인, 지배자, 가장
    ⓝ mastery 숙달, 통달; 정복, 지배

06 **hit** [hit] 1. 치다, 때리다; 타격을 가하다; 부딪치다
    2. 명중하다(시키다)
    3. 타격, 충돌; 명중; 살해
    4. 대성공; 〈야구〉 안타
    囧 strike 치다, 때리다; 충돌하다; 생각나다;
        〈야구〉 스트라이크; 동맹파업
    beat (계속해서) 치다, 두드리다; 이기다
    ※ hit는 힘을 모아서 한 번에 조준해서 때리는 경우이고,
        beat는 반복해서 수차례 때리는 경우에 사용
    bat (배트로) 치다(휘두르다); 곤봉; 〈야구〉 배트

07 **swing** [swiŋ] 1. (가진 물건을) 휘두르다; 〈야구〉 스윙
    2. 흔들다; 흔들리다
    3. 방향을 바꾸다

08 **miss** [mis] 1. (목표한 것을) 놓치다, 빗맞히다
    2. 못 보고 빠뜨리다, 기회를 놓치다
        • You can't miss it. (위치나 길을) 금방 찾을 거야.
    3. 그리워하다
    4. 실수, 실패

09 **umpire/ump** [ʌ́mpaiər] (야구, 배구, 테니스, 배드민턴,
    탁구, 크리켓 등의) 심판
    囧 referee [rèfəríː] (농구, 축구, 하키, 럭비, 권투, 레슬링, 당구 등의) 심판

10 **foul** [faul] 1. 반칙(을 하다), 〈야구〉 파울볼
    2. 악취가 나는, 더러운, 상스러운
    • commit a foul 반칙을 하다
    • call a foul 반칙을 불다
    囧 penalty (반칙에 대한) 벌; 형벌, 벌금

11 **precision** [prisíʒən] 정확, 정밀
    • with precision 정확하게
    ⓐ precise 정확한, 정밀한
    ⓐⓓ precisely 정확하게, 정밀하게

12 **opposing** [əpóuziŋ] 대립하는, 반대하는
    • the opposing team 상대 팀
    囧 opponent 적수, 상대, 반대자

13 **bounce** [bauns] 1. (물건을) 튀어 오르게 하다
    2. 튀다, 되 튀다, 날뛰다
    3. (수표를) 부도처리하다
    4. 바운드, 탄력
    ⓥ bound 되 튀다. 튀다. 뛰어오르다
    囧 dribble 드리블(하다); (물이) 똑똑 떨어지다

14 **interrupt** [ìntərʌ́pt] 1. 가로막다, 방해하다
    2. (일을) 중단시키다
    囧 intercept 도중에서 빼앗다(가로채다)

15 **defense** [diféns] 수비, 방어; 변호
    ⓐ defensive 수비(측)의, 방어의
    囧 offense 공격

16 **tackle** [tǽkl] 1. 태클(하다); 낚시도구
    2. (일에) 착수하다
    囧 hustle 난폭하게 밀다, 척척 해내다

17 **offensive** [əfénsiv] 1. 공격의, 공격적인
    2. 모욕적인, 불쾌감을 주는
    ⓝ offense 공격; 모욕; (법) 위반, 범죄, 반칙

18 **forward** [fɔ́ːrwərd] 1. 앞으로, 앞쪽으로
    2. (주소로) 발송하다

■ 스포츠의 동작
throw 던지다 fling (세차게, 후딱) 던지다 toss (가볍게) 던지다
(공을) 토스하다 hurl 세게 내던지다 catch 받다 pitch 던지다
pass 패스하다 shoot 쏘다 kick 차다 serve 서브하다

>>> Part 3 Daily Life    >>> Chapter 1 Leisure

>>> Theme 048 **Review Test**

01 Our players' skills will be improved by gradation.
➡ 우리 선수들의 _____은 서서히 향상될 것이다.

02 The home team scored three runs.
➡ 홈 팀은 3_____을 했다.

03 The stadium was packed to capacity.
➡ 그 _____은 꽉 찼다.

04 Education has several functions in society such as the transmission of knowledge and skills.
➡ 교육은 지식과 기술의 전파를 비롯해 사회에서 다양한 _____을 한다.

05 You can master English easily if you are interested and willing to devote your time and effort in learning English.
➡ 만약 영어에 흥미가 있고 기꺼이 당신의 시간과 노력을 쏟아붓는다면 당신은 영어를 쉽게 _____할 수 있다.

06 She accidentally hit her boyfriend in the face.
➡ 그녀는 실수로 남자친구의 얼굴을 _____.

07 The boy begun to swing his right arm behind his teacher.
➡ 소년은 선생님 뒤에서 오른팔을 _____ 시작했다.

08 This chance is too good to miss.
➡ 이번 기회는 _____에 너무 아깝다.

09 The umpire called a strike.
➡ _____은 스트라이크를 선언했다.

10 The referee called a foul.
➡ 심판은 _____.

11 A baseball player is required to have the ability to hit with precision.
➡ 야구선수는 공을 _____ 칠 수 있는 능력이 요구된다.

12 The referee called a foul on a player on the opposing team.
➡ _____은 _____ 선수에게 _____을 선언했다.

¹³ The child was bouncing a ball against the wall.

➡ 아이는 _____ 놀고 있었다.

¹⁴ I didn't mean to interrupt your breakfast.

➡ 아침 식사를 _____ 할 생각은 없었습니다.

¹⁵ For nearly three decades North Korea has been concentrating on defense from external threats.

➡ 30년 가까이 북한은 외부 위협으로부터 _____ 에 집중해왔다.

¹⁶ The wide receiver was tackled before he could even move.

➡ 그 와이드리시버(쿼터백의 패스를 받는 게 주 임무인 포지션)는 미처 움직이기도 전에 _____ 을 당했다.

¹⁷ Our team played an aggressively offensive game in the first half.

➡ 우리 팀은 전반전에 적극적으로 _____ 게임을 펼쳤다.

¹⁸ The unit moved forward gingerly in the complete darkness.

➡ 그 부대는 칠흑 같은 어둠 속에서 조심스럽게 _____ 나아갔다.

>>> 정답
01. 기량   02. 득점   03. 경기장   04. 기능(역할)   05. 숙달
06. 쳤다   07. 흔들어대기   08. 놓치기   09. 심판   10. 반칙을 선언했다
11. 정확하게   12. 심판, 상대 팀, 반칙   13. 벽에 공을 튕기ою   14. 방해   15. 방어
16. 태클   17. 공격적인   18. 앞으로

>>> Part 3 Daily Life

**Chapter 2
Traffic**

>>> Theme **049** **Automobile**[01]

Whether at home or at a service center, proper **maintenance**[02] will help you get the most from your **vehicle**[01]. There are some things that can be done under the **hood**[03] at home, including checking that the car has enough **oil**[04] and **coolant**[05] and that the **radiator**[06] has enough water. For more professional care, cars should be taken to a **station**[07] for service by a trained **mechanic**[08]. With proper care, **fuel**[04] consumption can decrease, increasing the car's **gas**[04] **mileage**[09]. Tires should be replaced on time to lessen your possibility of **skidding**[10] and provide better **traction**[11] in case of **emergency**[12] **swerving**[13]. Considering **safety**[14] before going on the road can lengthen the car's life. In order to avoid accidents, tail lights, head lights, and **speedometers**[15] should always be in working condition. In case of an emergency, you're less likely to be **stranded**[16] if there's emergency **equipment**[17] in the **trunk**[18], such as **jump cables**[03] in case the car battery dies, a **spare tire**[19] and **jack**[20] in case of a **flat**[21], etc. So whether it's a jeep, bus, RV, van, scooter or luxury car, if you **take the proper measures,**[22] it will have a long life. Finally, you will be able to enjoy your car longer if you drive safely, **buckle up**[23] and never **drive drunk**[24].

>>> 해석

집에서든 서비스 센터에서든 차량에 대한 적절한 점검 및 유지를 해 주면 차를 최대한 활용하는 데 도움이 될 수 있다. 집에서 후드 뚜껑을 열고 할 수 있는 일은 차에 기름과 부동액이 충분히 있는지, 냉각기에 물이 충분히 있는지를 체크해보는 일 등을 포함해서 몇 가지가 있다. 더 전문적으로 손을 볼 필요가 있을 때는 전문적인 정비공이 점검하도록 서비스 센터로 차를 가져가야 한다. 적절한 관리로 차의 단위 연료당 주행거리는 증가시키면서 연료 소모는 감소시킬 수 있다. 미끄러질 가능성을 줄이고, 급히 방향을 트는 경우에 보다 나은 마찰력을 제공할 수 있도록 타이어를 제때에 갈아야 한다. 길을 떠나기 전 안전을 고려하면 차의 수명을 연장시킬 수 있다. 사고를 방지하기 위해서 미등, 헤드라이트, 속도계가 항상 작동할 수 있는 상태라야 한다. 비상시 즉, 트렁크 안에 차 배터리가 방전되었을 경우를 대비한 부스터 케이블 또는 타이어가 펑크가 났을 경우를 위한 여분의 타이어나 잭과 같은 비상장비가 있다면 길에서 오도 가도 못하는 신세가 되지는 않을 것이다. 지프, 버스, RV (여가 차량: Recreational Vehicle의 줄임 말), 밴, 스쿠터, 고급 차종 등 차종이 무엇이든 간에 당신이 적절한 조치를 취하면 오래갈 것이다. 결국, 차를 안전하게 몰고 안전벨트를 매고 절대 음주운전을 하지 않는다면 당신은 더 오래 차를 즐길 수 있을 것이다.

>>> 어구

get the most from[out of] ~을 최대한으로 활용하다 **professional** 전무적인, 직업적인 **consumption** 소비 **decrease** 줄이다, 줄다 **increase** 늘리다, 늘다 **replace** 대체하다, 교체하다 **on time** 제 때에 **lessen** 줄이다, 줄다 **considering** ~을 고려하면 **be in working condition** 작동할 수 있는 상태에 있다 **emergency** 비상사태, 응급

>>> 구문

- will help you (to) get the most from ~
  당신이 ~을 최대한 활용하는 데 도움이 될 수 있다

- to lessen your possibility of skidding and provide
  미끄러지는 가능성을 줄이고 ~을 제공하기 위해

- Considering safety (before going on the road) can lengthen the car's life.
  (길을 떠나기 전에) 안전을 고려하는 것은 차의 수명을 늘릴 수 있다

# Chapter 2 교통

>>> Part 3 일상생활

>>> Theme 049  자동차 ▶

01 **automobile** [ɔ́:təməbi:l] 〈미〉 자동차
- 동 motor car 〈영〉 자동차
- 비 vehicle [ví:ikl, ví:hi-] 탈것, 차량, 운송수단
- 관 motorist 자가용 운전자  cf. chauffeur (고용된) 운전기사

02 **maintenance** [méintənəns] 유지, 보수, 관리; 부양

03 **hood** [hud] 1. 〈미〉 (자동차) 보닛, 〈영〉 bonnet
2. 두건, 후드, 덮개
- 동 bonnet 1. 〈영〉 (자동차의) 엔진 덮개  2. 덮개, 커버

■ 자동차 부분 명칭
air bag 에어백 headlight 헤드라이트, 전조등 break light 브레이크등
turn signal 방향 지시등 taillight 미등 break 브레이크 emergency
brake 비상 브레이크 brake pedal 브레이크 페달 bumper 범퍼
rearview mirror 백미러 side mirror 사이드미러 battery 배터리
tailpipe 배기구 horn 경적 clutch 클러치 steering wheel 핸들
transmission 변속장치 power train 동력전달장치 gear 기어
gearshift 변속기어 shift gears 변속하다 license plate 차번호판
ignition 점화장치 accelerator 액셀 windshield 앞유리창 dashboard
계기판 jump cables 방전시 시동을 켜기 위한 케이블

04 **gas** [gæs]/**gasoline** 휘발유, 가솔린
- be out of gas 기름이 떨어지다
- LNG(liquefied natural gas) 액화 천연가스
- gas gauge/fuel indicator 연료계기
- 동 petrol 〈영〉 휘발유, 가솔린  oil (각종) 기름, 석유
- 관 light oil 경유 kerosene 등유
  lubricating oil/ lubricant 윤활유
- 비 fuel 연료; ~을 불붙게 하다

05 **coolant** [kú:lənt] (엔진 등의) 냉각수[제]
- 동 antifreeze 부동액 overheated 과열된
  air conditioner 에어컨 cooler 냉각기

06 **radiator** [réidièitər] 1. (자동차 등의) 방열기
2. (난방용) 라디에이터
- ⓥ radiate (빛·열 등을) 발하다

07 **station** [stéiʃən] 사업소; 서(署), 국(局); 역
- gas[filling/service] station 주유소
- fire station 소방서/police station 경찰서
- 관 stationary 움직이지 않는, 주둔의

08 **mechanic** [məkǽnik] 수리공, 기계공, 정비사
- ⓐ mechanical 기계의, 기계적인

09 **mileage** [máilidʒ] (연료당) 주행거리, 연비
- 관 fuel-efficient 연비가 좋은

10 **skid** [skid] (차가) 옆으로 미끄러지다; 미끄러지기
- skid marks 타이어가 미끄러진 자국
- ⓝ skidding (자동차가) 옆으로 미끄러짐
- 비 사람이나 물건이 미끄러지는 경우에는 slip

11 **traction** [trǽkʃən] (타이어와 길바닥의) 마찰; 견인(력)
- ⓝ tractor 트랙터, 견인차
- 관 tow car 견인차, 레커차 wrecker 레커차

12 **emergency** [imə́:rdʒənsi] 긴급사태, 비상사태
- emergency measures 긴급조치
- an emergency room 응급실
- ⓐ emergent 긴급한; 신생의, 나타나는

13 **swerve** [swə:rv] 1. (자동차가) 갑자기 방향을 틀다
2. 이탈하다, 벗어나다[from]

■ 자동차 사고
collision/crash 충돌 pileup 연쇄충돌 bump 가벼운 충돌
collide with ~와 충돌하다
fender bender (조금 긁힌 정도의) 가벼운 접촉사고
rollover (자동차의) 전복 cf. overturn/capsize (배 등이) 전복되다
break down (차가) 고장나다  • break-down 고장

14 **safety** [séifti] 안전, 안전성
- in safety 무사히, 안전하게  • a safety device 안전장치

15 **speedometer** [spidɑ́mitər] 속도계
- 관 odometer 주행 기록계 fuel gauge 연료계기판
- 관 speed limit 제한 속도 speeding ticket 속도위반 딱지

16 **strand** [strænd] 1. 좌초시키다,  2. 오도 가도 못하게 하다
- be stranded 오도 가도 못하다

17 **equipment** [ikwípmənt] 장치, 장비; 용품
- equipped with ~ 장비를 갖춘, ~가 장착된

18 **trunk** [trʌŋk] 1. (자동차) 트렁크, 〈영〉 boot
2. 대형여행가방(suitcase보다 큼)
3. (사람의) 몸통; (나무의) 줄기; (도로의) 본선

19 **spare** [spɛər] 1. 예비의; 예비부품
2. 아끼다, 절약하다(=save)
3. (시간을) 할애하다, 나누어주다
- spare tire 스페어타이어

20 **jack** [dʒæk] (차를 들어올리기 위한) 잭
- jack up (차를) 들어 올리다; 인상하다

21 **flat** [flæt] (타이어가) 바람이 빠진; 펑크
- flat tire 타이어 펑크
- Our car had a flat tire.
  = We have a puncture.
- 동 puncture (타이어의) 펑크

22 **measure** [méʒər] 1. (pl.) (~에 대한) 조치, 수단
2. 치수, 양; 측정, 도량의 단위
- take the proper measures 적절한 조치를 취하다

23 **buckle up** 안전벨트를 매다
- Buckle up. 안전벨트를 매세요.
  = Buckle your seat belt.
  = Fasten[wear] your seat belt.

24 **drive drunk** 음주 운전을 하다
- drunk driving 음주운전

Reading V.O.C.A
213

>>> Part 3 Daily Life  >>> Chapter 2 Traffic

## >>> Theme 049  Review Test

01 The most important part of an automobile must be the engine which harnesses fossil fuels and generates rotating power.
➡ _____의 가장 중요한 부분은 화석연료를 동력화하는 엔진일 것이다.

02 Cars should undergo routine maintenance to keep them in top condition.
➡ 차를 최상의 상태로 유지하기 위해서는 항상 _____를 해주어야 한다.

03 Do not open the hood when the engine is overheated.
➡ 엔진이 과열된 상태에서 _____을 열지 마세요.

04 The fuel gauge indicated that they were almost out of gas.
➡ _____이 거의 _____ 연료 게이지에 표시되었다.

05 The coolant prevents the engine from becoming overheated.
➡ _____는 엔진이 과열되는 것을 방지해준다.

06 A radiator keeps a car's engine cool, preventing it from overheating.
➡ _____는 차량 엔진을 식혀주어 과열을 방지한다.

07 The driver stopped at the filling station to get gas and directions.
➡ 운전자는 기름도 넣고 길도 물어보려고 _____에 들렀다.

08 The mechanic checked the accuracy of the gauges.
➡ _____는 게이지가 정확한지 검사했다.

09 The mileage of cars has steadily improved over time.
➡ _____는 세월이 가면서 꾸준히 개선되었다.

10 Anti-lock breaks help drivers to maneuver through a skid.
➡ ABS(Anti-lock Break System)는 운전자들이 _____ 않고 운전하도록 도와준다.

11 The surface of the tires and road plays an important role in determining traction.
➡ 타이어와 도로의 표면은 _____을 결정짓는 데 중요한 역할을 한다.

12 In the event of an emergency, your seat cushion may be used as a flotation device.
➡ _____시에, 좌석 쿠션은 부양 장치로 사용할 수 있습니다.

13 The driver swerved to avoid hitting the deer.
➡ 운전자는 사슴을 치지 않으려고 _____.

>>> Part 3 일상생활    >>> Chapter 2 교통

14 Don't forget to wear a helmet for your own safety.
➡ 여러분 자신의 _____을 위해 헬멧 착용하는 것을 잊지 마세요.

15 The driver checked the speedometer to make sure that he was doing the speed limit.
➡ 운전자는 자신이 제한 속도를 지키고 있는지 확인하려고 _____를 보았다.

16 Most of the tourists who were stranded on the island are now rescued.
➡ 섬에서 _____ 된 관광객들 대부분이 현재 구조되고 있습니다.

17 Make sure you wear protective equipment when participating in vigorous sports.
➡ 과격한 스포츠에 참여할 때는 반드시 보호_____를 착용하세요.

18 The trunk or boot of an automobile or car is the vehicle's main storage compartment.
➡ 자동차 _____는 차량의 주요 짐칸이다.

19 My wife lost her keys and she didn't have a spare key.
➡ 아내는 열쇠를 잃어버렸고 _____ 열쇠를 가지고 있지 않았다.

20 We have a puncture. We'll have to jack up the car.
➡ 타이어가 펑크 났어. 차를 _____ 해.

21 Flat tires may happen to all drivers eventually.
➡ _____는 결국에는 모든 운전자에게 일어날 수 있는 일이다.

22 The government will have to take proper measures immediately for the current situation.
➡ 정부는 이번 사태에 대해 시급히 _____만 할 것이다.

23 The passenger buckled up when she got into the seat.
➡ 그녀가 자리에 앉았을 때 승객은 _____.

24 The man was arrested for drunk driving.
➡ 그 남자는 _____으로 체포되었다.

---

>>> 정답

01. 자동차  02. 관리  03. 보닛  04. 기름, 떨어졌다고  05. 냉각수
06. 방열기  07. 주유소  08. 정비사  09. 연료당 주행거리  10. 미끄러지지
11. 마찰  12. 비상  13. 갑자기 차의 방향을 틀었다  14. 안전  15. 속도계
16. 오도 가도 못하게  17. 장비  18. 트렁크  19. 예비  20. 잭으로 들어올려야
21. 타이어 펑크  22. 적절한 조치를 취해야  23. 안전벨트를 맸다  24. 음주운전

Part 3 Daily Life
Chapter 2 Traffic

## Theme 050 Traffic & Driving

Good **drivers**⁰¹ need to be skillful and follow the rules of the roads. **Negotiating**⁰² city and **expressway**⁰³ **traffic**⁰⁴ can be a harrowing adventure for new drivers. By knowing the way to a destination, a good driver can avoid simple mistakes such as **going down**⁰⁵ a **one way street**⁰⁶ the wrong way. Good drivers should also be familiar with **alternate**⁰⁷ **routes**⁰⁸ to their destination, so that in case of poor traffic conditions, they can make a **detour**⁰⁹ and take an **off-ramp**¹⁰ or **overpass**¹¹. The experienced driver can also **maneuver**¹² through narrow **alleyways**¹³, negotiate **cul-de-sacs**¹⁴ and avoid **jaywalking**¹⁵ **pedestrians**¹⁶ and children who run onto the **crosswalk**¹⁷ without looking. As well as **alert**¹⁸, drivers also need to be cautious. Safe drivers consciously try to obey the traffic rules which include paying attention to the **speed limit**¹⁹ to avoid **speeding**¹⁹. Although fed up with traffic's **congestion**²⁰, drivers should not **break the law**²¹ by taking the bus **lane**²², driving on the **shoulder**²³ of the expressway or the **curb**²⁴ of the **sidewalk**¹⁷.

### 해석

좋은 운전자는 운전이 능숙해야 하고 도로 규칙을 잘 지켜야 한다. 시내와 고속도로 통행에서 잘 빠져나가는 것은 초보운전자들에겐 괴로운 모험이 될 수 있다. 목적지까지의 길을 알면 일방통행로로 길을 잘못 들어서는 것과 같은 단순한 실수는 피할 수 있다. 또 운전을 잘하는 사람은 자신이 갈 목적지로 갈 수 있는 다른 길을 잘 알아서 교통상황이 안 좋을 경우 우회하거나 도로를 연결하는 진출입로 또는 고가도로로 빠질 수도 있다. 또한 노련한 운전자들은 좁은 골목길을 요리조리 빠져나갈 수도 있고 막다른 길목에서도 잘 빠져나온다. 또한 살펴보지도 않고 횡단보도로 뛰어드는 무단횡단자들이나 아이들도 잘 피한다. 운전자들은 주의를 게을리하지 말아야 할 뿐만 아니라 조심성이 있어야 한다. 안전하게 운전하는 사람들은 과속하지 않으려고 제한 속도에 주의를 기울이는 등 교통 규칙을 지키려고 의식적으로 노력한다. 아무리 교통체증 때문에 짜증이 나더라도 버스 차선으로 끼어들거나, 고속도로 갓길이나 보도의 도로변으로 운전하는 행위로 교통법규를 위반해서는 안 된다.

### 어구

skillful 능숙한 harrowing 괴로운 avoid 피하다 cautious 조심성 있는 consciously 의식적으로 pay attention to 주의를 기울이다 be fed up with ~에 물리다

### 구문

• Although (drivers are) fed up with traffic's congestion, drivers should ~
(운전자가) 교통체증에 신물이 날지라도, 운전자는 ~해야 한다

>>> Part 3 일상생활
>>> Chapter 2 교통

>>> Theme 050    교통과 운전 ▶

01 **driver** [dráivər] 운전자
- He is a good driver. 그는 운전을 잘한다.
  - 괜 motorist 자가용 운전자
    cf. chauffeur (고용된) 운전기사

02 **negotiate** [nigóuʃièit] 1. (장애 등을) 빠져나가다, 극복하다
2. 협상하다, 교섭하다
  - ⓝ negotiation 교섭, 협상; 극복

03 **expressway** [ikspréswèi] 고속도로
  - 비 highway 주요 간선도로
    freeway/motorway 무료 간선도로
    turnpike 유료 고속도로
    parkway (중앙분리대가 있는) 넓은 도로
  - 괜 toll booth 통행료 징수소

04 **traffic** [trǽfik] 교통(량), 통행, 수송(량)
- traffic density 교통량
- traffic jam 교통 정체 heavy traffic 교통혼잡
- traffic sign 교통표지판 traffic light 교통신호등
  - 비 transportation 수송(운송) 수단

05 **go down** 1. (길을 따라) 여행하다
2. 내려가다; 떨어지다; (열이) 내리다

06 **one-way** 일방통행의, 일방적인
- one-way street 일방통행로
- one-way traffic 일방통행
- a one-way ticket 편도표

07 **alternate** [ɔ́ːltərnèit] 1. 대신의; 번갈아 하는
2. 교대로 일어나다; 번갈아 하다
  - ⓝ alternative 대안, 대체수단; 양자택일

08 **route** [ruːt, raut] 노선, 경로, (~번) 도로
  - 괜 en route (~으로 가는) 도중에
  - 비 route 어떤 목적지를 향한 정해진 경로 way (일반적 의미의) 길, 수단

09 **detour** [díːtuər] 1. 우회하다, (비켜서) 돌아가다
2. 우회, 우회도로
  - 동 bypass 우회로; 우회하다
    roundabout way 돌아가는 길

10 **ramp** [ræmp] 1. 경사로, (고속도로를 잇는) 경사진 진출입로
2. 화가 나서 덤비다
  - 괜 off-ramp (고속도로) 출구차선, 출구로 ↔ on-ramp (고속도로) 진입로
    interchange (고속도로) 인터체인지
    intersection 교차점 junction 교차점, 교차로

11 **overpass** [òuvərpǽs] 1. 고가 교차로; 육교
2. 건너다, 횡단하다; 극복하다
  - 반 underpass 지하도

12 **maneuver** [mənúːvər] 1. 조종하다, 교묘히 움직이다
2. (군대 등을) 움직이다
3. 계략으로 교묘히 ~시키다[into]
4. 〈군사〉 작전행동, (pl.) 기동연습

13 **alleyway** [ǽliwei] 뒷골목, 골목길
  - 괜 alley (좁은) 골목, 오솔길
  - 비 track/trace/trail 밟아서 생긴 작은 길
    road 주로 도시와 도시를 연결하는 길
    street 거리 양쪽에 건물이 줄지은 도로
    boulevard 넓은 가로수길, 대로 avenue 도시의 큰 가로, 길
    passage 통로 aisle 복도, 통로 footpath 시골 오솔길, 보도

14 **cul-de-sac** [kʌ́ldəsæ̀k] 막다른 골목, 궁지
  - 동 dead end/blind alley 막다른 골목
    impasse 막다른 골목, 막다른 상태
    deadlock 교착상태, 막다름

15 **jaywalk** [dʒéiwɔ̀ːk] 무단횡단하다
  - ⓝ jaywalking 무단횡단  jaywalker 무단횡단자

16 **pedestrian** [pədéstriən] 1. 보행자 2. 평범한, 단조로운

17 **crosswalk** [krɔ́swɔːk] 〈미〉 횡단보도
  - 동 zebra crossing 〈영〉 횡단보도
  - 괜 crossroad 교차로 sidewalk 보도 walkway 보도, 통행로
    pavement 〈영〉 인도, 〈미〉 포장도로
  - 괜 crossing 횡단

18 **alert** [ələ́ːrt] 1. 방심하지 않는; 민첩한 2. (공습에 대한) 경계태세
- on the alert 방심 않고 경계하여
- yellow alert 황색경보 → blue alert 청색경보 → red alert 적색경보

19 **speeding** [spíːdiŋ] 속도위반
- speeding ticket 속도위반 딱지
  - 괜 speed limit 제한 속도
  - 괜 pull over (차를) 길가에 세우다

20 **congestion** [kəndʒéstʃən] 혼잡, 정체
- traffic congestion 교통정체
  - 괜 rush hour (출퇴근의) 혼잡한 시간  tie-up 교통 혼잡
    bumper to bumper 차가 막히다

21 **break the law** 법을 위반하다

22 **lane** [lein] 차선
- shift lanes 차선을 변경하다

23 **shoulder** [ʃóuldər] (도로의) 갓길

24 **curb** [kəːrb] 1. (보도의) 연석
2. 재갈; 제한(하다), 구속(하다)

>>> Part 3 Daily Life  >>> Chapter 2 Traffic

## >>> Theme 050  Review Test

01 **Drivers** should be familiar with and obey all traffic signs.
➡ _____은 모든 교통 표지를 숙지하고 준수해야 한다.

02 It requires care and skill to **negotiate** safely a dangerous road.
➡ 위험한 도로를 안전하게 _____ 위해서는 주의와 기술이 필요하다.

03 Traffic on the **expressway** was choked by a collision.
➡ 충돌사고로 _____ 교통이 정체되었다.

04 A three-car pileup caused a serious **traffic jam**.
➡ 삼중충돌로 인해 심각한 _____가 발생했다.

05 I have seen the car **going down** the hill at a terrific speed.
➡ 나는 차가 엄청난 속도로 언덕을 _____ 것을 목격했다.

06 The driver went down the **one-way street** the wrong way.
➡ 운전자는 길을 잘못 들어서 _____로 진입했다.

07 We had to find an **alternate route** to reach our destination.
➡ 우리는 목적지에 도달하기 위해 _____을 찾아야만 했다.

08 The bus took Interstate **Route** 95 to Florida.
➡ 그 버스는 플로리다로 가는 95번 주간_____를 탔다.

09 The traffic had to make **a detour** due to construction.
➡ 차량들은 공사 때문에 _____해야 했다.

10 The driver carefully drove around the steep curving **ramp**.
➡ 그 운전자는 가파른 곡선 _____를 돌 때에 조심스럽게 운전했다.

11 According to the sign, the driver should have taken the **overpass**.
➡ 표지판에 따라 그 운전자는 _____를 탔어야 했다.

12 This drop in temperature blocked the fuel pipes, making the spacecraft impossible to **maneuver**.
➡ 이번 기온 하강으로 연료관이 막히는 바람에 우주선은 _____이 불가능했다.

13 The car's driver took **a side alley** to avoid the heavy traffic.
➡ 그 운전자는 극심한 교통체증을 피하기 위해 옆 _____으로 들어섰다.

¹⁴ The street terminated in a cul-de-sac.
➡ _____ 에서 길이 끝났다.

¹⁵ The car almost hit the jaywalker.
➡ 그 차는 하마터면 _____ 를 칠 뻔했다.

¹⁶ When crossing the street, pedestrians have the right of way.
➡ 길을 건널 때 _____ 에게 우선 통행권이 있다.

¹⁷ The pedestrian crossed the street in the black and white crosswalk.
➡ 보행자는 흰색과 검은색으로 되어 있는 _____ 로 길을 건넜다.

¹⁸ A proper amount of stress can help you stay alert.
➡ 적당량의 스트레스는 _____ 하지 않게 해준다.

¹⁹ The police officer pulled the car over for speeding.
➡ 경찰은 _____ 한 그 차량을 길가에 대게 했다.

²⁰ As traffic congestion increases, so too do fuel consumption and CO2 emissions.
➡ _____ 이 증가함에 따라 연료 소모와 이산화탄소 배출량도 증가한다.

²¹ Those who break the law put themselves beyond the protection of the law.
➡ _____ 사람들은 법의 보호 밖에 자신을 두는 것이다.

²² The bus lane was relatively free of traffic.
➡ 버스 _____ 에는 교통량이 비교적 한산했다.

²³ In case of an emergency, drivers should pull their cars to the shoulder of the road.
➡ 비상시에 운전자들은 차를 _____ 에 세워야 한다.

²⁴ The truck jumped a curb and slammed into the front corner of a convenience store.
➡ 트럭이 _____ 위로 올라타 편의점의 앞쪽 모퉁이를 들이받았다.

---

**〉〉〉 정답**

01. 운전자들  02. 빠져나가기  03. 고속도로  04. 교통정체  05. 내려가는
06. 일방통행로  07. 다른 길  08. 도로  09. 우회  10. 경사로
11. 고가도로  12. 조종  13. 골목  14. 막다른 골목  15. 무단횡단자
16. 보행자들  17. 횡단보도  18. 방심  19. 과속  20. 교통체증
21. 법을 어기는  22. 차선  23. 갓길  24. 연석

>>> Part 3 Daily Life
>>> Chapter 2 Traffic

>>> Theme 051 **Public Transportation**

The choice for one's mode of **transportation**[01] can often be decided by the length of the trip. For **short distances**[02], it's preferable to catch a **cab**[03] as one can be **hailed**[04] easily at any **taxi stand**[05] and for a few minutes the **passenger**[06] can enjoy the services of his own **chauffeur**[07]. For longer distances, an inexpensive alternative is **taking a bus**[08] or a **subway**[09] in a metropolis like Seoul. A traveler can go to a much more distant place by **express**[10] bus for a reasonable **fare**[11]. Because two one-way tickets are more expensive than a **round trip**[12] ticket, it is best if the traveler knows the date of the return prior to arriving at the ticket desk. Someone traveling with **luggage**[13] ought to **arrive**[14] at least an hour before the bus's **departure**[15] to store the **baggage**[13]. Someone who has already purchased a ticket and is making a trip without luggage may choose to arrive at the station as late as thirty minutes prior to departure in order to get a good **seat**[16]. For convenience an **aisle**[17] seat is **desirable**[18], while a window seat provides the more comfortable view of the **passing**[19] landscape. Finally, trains offer the best long distance transport since they provide a most safe form of travel as well as food **on board**[20] during the trip.

>>> 해석

사람들은 교통수단을 선택할 때 종종 여행의 거리로 결정한다. 짧은 거리일 때는 택시 승강장에서 쉽게 택시를 잡아타고 몇 분 동안 승객은 자가용 운전기사의 서비스를 누릴 수 있기 때문에 택시를 타는 게 낫다. 서울 같은 대도시에서 장거리의 경우에 값싼 대안은 버스나 지하철을 타는 것이다. 여행객은 적정한 운임을 내고 고속버스로 훨씬 더 먼 장소에 갈 수 있다. 편도티켓 2개를 사는 게 왕복 티켓 하나를 사는 것보다 더 비싸기 때문에 여행객이 매표하기 전에 돌아오는 날짜를 알면 좋다. 짐이 있는 여행객들은 짐을 싣기 위해서 버스가 출발하기 적어도 1시간 전에 도착해야 한다. 표를 미리 끊어 놓았거나 짐이 없는 사람들은 좋은 자리를 얻기 위해서 늦어도 출발 30분 전에 터미널에 도착하는 것이 좋다. 편의를 위해선 통로 쪽 좌석이 좋지만, 창가 쪽 자리에 앉으면 지나가는 풍경을 더 잘 볼 수 있다. 마지막으로 기차는 여행 동안 차내 음식뿐만 아니라 매우 안전한 형태의 여행을 제공하기 때문에 장거리 여행을 위한 교통수단으로 가장 좋다.

>>> 어구

mode 방법, 방식  preferable 오히려 나은  inexpensive 값이 싼  alternative 대안  metropolis 대도시  reasonable 가격이 적당한  prior to ~이전에  at least 적어도  purchase 구매하다  convenience 편의  landscape 풍경

>>> 구문

- Someone (who has already purchased a ticket and is making a trip without luggage) may choose
  (표를 이미 구매했고 짐이 없이 여행하는) 사람은 ~을 선택할 수도 있다

- since they provide a most safe form ~
  그것들(기차)이 매우 안전한 형태를 제공하기 때문에

>>> Part 3 일상생활  >>> Chapter 2 교통

>>> Theme 051 　대중교통 ▶

01 **transportation** [trænspərtéiʃən] 운송(수단), 수송(수단)
- public transportation 대중교통
- ⓥ transport 수송하다; 운송, 수송
- transporter 수송자, 운반기기

02 **distance** [dístəns] 거리, 간격
- long-distance 장거리의, 장거리 전화의
- ↔ short-distance 단거리의, 근거리의
- ⓐ distant 멀리 있는, 먼

03 **cab/taxicab/yellow cab** 택시
- go by cab 택시로 가다
- catch a cab 택시를 잡다

04 **hail** [heil] 1. (택시를) 부르다, 소리쳐 부르다
* hail a taxi 택시를 부르다
2. 환호하며 맞이하다, 환영하다

05 **taxi stand/cabstand/taxi rank** 택시 승차장
- 관 bus stop 버스 정류장

06 **passenger** [pǽsəndʒər] 승객, 여객
- pick up[take on] passengers 승객을 태우다
- let off passengers 승객을 내리다
- 관 crew (배·비행기·열차 등의) 승무원

07 **chauffeur** [ʃóufər] 고용 운전사, 기사(로 일하다)
- 관 motorist 자가용 운전자
- ※ 오너드라이버의 바른 표현

08 **take a bus** 버스를 잡아타다
- 관 get on a bus 버스에 오르다
- ↔ get off a bus 버스에서 내리다
- get in[into] a taxi 택시에 오르다
- ↔ get out of a taxi 택시에서 내리다

09 **subway** [sʌ́bwèi] 〈미〉 지하철
- 동 underground 〈영〉 지하철
- tube 〈영 구어〉 지하철
- metro (파리의) 지하철
- 관 transfer 환승하다
- commute 통근하다

10 **express** [iksprés] 1. (기차·버스의) 급행; 속달
2. 표현하다, 나타내다
- express bus[train] 고속버스(급행열차)
- 관 direct bus 직행버스

11 **fare** [fɛər] 1. 승차요금, 운임
2. (특히 택시의) 유료승객
3. (레스토랑 등의) 요리
4. 해나가다, 살아나가다
- 비 toll (국가 등이 징수하는) 사용료, 통행료

12 **round trip** 왕복여행(표)
- a round-trip ticket 왕복여행표
- ↔ a one-way trip ticket 편도여행표

13 **luggage** [lʌ́gidʒ] 〈영〉 (여행자의) 수하물
- 동 baggage 〈미〉 여행용 수하물
- baggage claim (공항 등의) 수하물 찾는 곳
- 관 trunk 여행용 큰 가방
- suitcase 여행가방, 슈트케이스
- briefcase 서류가방
- attache case 소형서류가방

14 **arrive** [əráiv] ~에 도착하다[at/in]
- ⓝ arrival 도착

15 **departure** [dipá:rtʃər] (~로) 출발[for], 떠남
- ⓥ depart 출발하다, 떠나다

16 **seat** [si:t] 1. (극장·열차 등의 고정된) 좌석; 자리
2. 착석시키다, 앉히다
- Be seated, please. 착석해 주세요.

17 **aisle seat** 통로 쪽 좌석
- ⓝ aisle (버스·열차 등의) 좌석 사이의 통로
- 반 window seat 창 측 좌석
- 관 priority seat 노약자 우대석

18 **desirable** [dizáiərəbl] 바람직한, 호감이 가는; 매력적인
- ⓥ desire 몹시 바라다, 원하다

19 **passing** [pǽsiŋ] 1. 지나가는; 일시적인
2. 통행, 통과
- ⓝ passage 통행, 통과; 통로; (문장의) 절
- ⓥ pass 지나가다, 앞지르다, 추월하다

20 **on board** 기내의, 차내의
- ⓥ board (배·비행기·열차·버스에) 타다
- 관 boarding pass 탑승권

>>> Part 3 Daily Life
>>> Chapter 2 Traffic

## >>> Theme 051 Review Test

01 The subway is a convenient method of transportation which is almost always on time.
➡ 지하철은 거의 항상 제시간에 오는 편리한 _____ 입니다.

02 The company's moving made many of its employees become long-distance commuters.
➡ 회사 이전으로 많은 직원들이 _____ 통근자가 되었다.

03 Traveling by cab can be very expensive.
➡ _____ 여행하는 것은 비용이 매우 많이 들 수 있다.

04 He fell down on the road and tried to hail a cab, but none stopped.
➡ 그는 도로에 쓰러졌고 _____ 애썼지만 아무도 멈추지 않았다.

05 The people waited in line at the taxi stand.
➡ 사람들은 _____ 에서 줄 서서 기다렸다.

06 The train crew worked hard to insure that the passengers had a pleasant trip.
➡ 열차 승무원은 _____ 이 편안한 여행을 할 수 있도록 열심히 일했다.

07 After the meeting, the chauffeur drove the woman home.
➡ 모임이 끝난 후, _____ 는 그 여성을 집으로 운전해 모셨다.

08 It would be better to take a bus from this station to the zoo.
➡ 이 정거장에서 동물원까지는 _____ 게 더 좋을 것입니다.

09 With the transportation card, you may transfer free from local bus to subway.
➡ 교통카드로 지역 버스와 _____ 간에 무료로 환승하실 수 있습니다.

10 The express train made fewer stops than the local one.
➡ _____ 는 완행열차보다 정차를 덜 한다.

11 The rise in bus fares mostly reflects the increased costs of labour, fuel and insurance to bus operators.
➡ 버스 _____ 의 인상은 주로 인건비, 연료비, 그리고 버스 기사의 보험료 인상을 반영한다.

12 The return portion of the round trip ticket was booked for two weeks later.
➡ _____ 티켓 중 돌아오는 표는 2주 후를 위해 예약된 것이다.

Reading V.O.C.A
222

¹³ He is standing at the airport luggage carousel looking for his suitcase.
➡ 그는 _____을 찾기 위해 공항 _____ 컨베이어에 서 있다.

¹⁴ The arrival time of the bus was 5:40 p.m.
➡ 그 버스의 _____ 시간은 오후 5시 40분이었다.

¹⁵ The train for Philadelphia will be departing from platform two in fifteen minutes.
➡ 필라델피아 행 열차는 15분 뒤에 2번 플랫폼에서 _____ 할 예정입니다.

¹⁶ I was surprised that few young people gave up their seats for the elderly in buses or subways.
➡ 버스나 지하철에서 노인에게 _____ 를 양보하는 젊은이가 거의 없다는 사실에 나는 놀랐다.

¹⁷ Would you prefer a window seat or an aisle seat?
➡ 창가 쪽 좌석으로 드릴까요? _____ 으로 드릴까요?

¹⁸ It is not desirable to cultivate a respect for the law, so much as for the right.
➡ 법을 정의만큼 존중하게 되는 것은 _____ 못하다.

¹⁹ Drivers got a scare when a man pointed a gun at passing cars on the road.
➡ 운전자들은 어떤 남자가 도로 위에서 _____ 차들에 총을 겨누는 것을 보고 기겁했다.

²⁰ There were no reduced fares for children and no toilets on board.
➡ 어린이들에 대한 요금할인도 없었고, _____ 화장실도 없었다.

### 〉〉〉 정답

| | | | | |
|---|---|---|---|---|
| 01. 운송수단 | 02. 장거리 | 03. 택시로 | 04. 택시를 잡으려 | 05. 택시 승차장 |
| 06. 승객들 | 07. 기사 | 08. 버스를 타는 | 09. 지하철 | 10. 급행열차 |
| 11. 요금 | 12. 왕복 여행 | 13. 여행가방/수화물 | 14. 도착 | 15. 출발 |
| 16. 자리 | 17. 통로 쪽 좌석 | 18. 바람직하지 | 19. 지나가는 | 20. 차내 |

>>> Part 3 Daily Life     >>> Chapter 2 Traffic

## >>> Theme 052   Rail

Compared to the stark bareness of **freight**[01] cars, a train's passenger cars offer a number of **amenities**[02]. To satisfy the human customers, **rail**[03] companies provide **extra services**[04] that are quite unnecessary when transporting coal and cattle. One difference is that **sleeping cars**[05] are made available for long **journeys**[06]. As express trains roar into the night, passengers are **snugly**[07] tucked into their **berths**[08] in their **compartments**[09] in the sleeping cars or comfortably **reclined**[10] in the chairs in the **coach**[11] section. Another benefit is that there are almost always **snacks**[12] a few cars away. For those who get hungry in the middle of the night, thanks to modern **conveniences**,[02] the **dining car**[05] can provide almost anything. In contrast to the longer journeys, the shorter **commuter**[13] trains cannot boast so many conveniences. Even though **local trains**[14] may not offer sleeping or dining **facilities**,[02] they still can provide a sense of comfort, as daily commuters **are greeted by**[15] the familiar faces of the route's **ticket collector**[16] and **conductor**[17].

>>> 해석

화물차가 가장 기본적인 것만 갖춘 것에 비해, 여객 열차는 많은 편의시설을 갖추고 있다. 승객들을 만족시키기 위해, 철도 회사에서는 석탄이나 가축을 수송할 때는 전혀 필요치 않은 특별 서비스를 제공한다. 한 가지 차이점은 장거리 여행 때 필요한 침대차가 있다는 것이다. 급행열차가 밤에 요란한 소리를 내며 달릴 때, 승객들은 침대차의 자신의 칸에 있는 침대로 아늑하게 파고들거나 일반석에 있는 의자에 편안하게 기댄다. 또 다른 이점은 몇 칸의 차량이 떨어진 곳에서 항상 간단한 식사를 할 수 있다는 것이다. 현대의 편리함 덕택에 한밤중에 배가 고픈 사람들은 식당차에서 거의 모든 것을 제공받을 수 있다. 긴 여행과는 대조적으로 비교적 짧은 거리의 통근용 기차는 그러한 많은 편리한 설비가 있지는 않다. 이런 열차가 비록 침대차나 식당차와 같은 시설은 제공해주지 못하지만 매일 통근하는 사람들이 낯익은 개표원과 차장에게 인사받는 것과 같은 편안함을 제공해 줄 수는 있다.

>>> 어구

**compared to** ~와 비교하여 **stark** 황량한, 완전히 **bareness** 가장 기본적인 것만 갖춘 상태 **coal** 석탄 **cattle** 소, 가축 **roar** (탈것·기계 등이) 큰 소리를 내며 돌진하다 **tuck into** (침구 등에) 몸을 감싸다 **benefit** 이익, 이점 **boast** ~을 가지고 있다는 것을 자랑으로 여기다 **familiar** 친숙한

>>> 구문

• passengers are snugly tucked into their berths (in their compartments (in the sleeping cars)) or comfortably reclined in the chairs (in the coach section)
승객들은 ((침대차 안) 자신의 칸에 있는) 침대에 아늑히 파고들거나 편안하게 (일반석에 있는) 의자에 기댄다

>>> Part 3 일상생활
>>> Chapter 2 교통

>>> Theme 052　　철도 ▶

01 **freight** [freit] 1. 운송화물, 화물 열차
　　　　　　　　2. 보통 화물편
　• freight train 화물열차
　• passenger train 여객열차
　• by freight 보통 화물 운송으로

02 **amenities** [əménətiz] 편의시설, 설비
　동 convenience 편의, 편리한 것
　　 facilities 설비, 시설; 화장실

03 **rail** [reil] 철도, (철도의) 레일
　• travel by rail 철도로 여행하다
　ⓝ railway 철도
　동 track 철도 선로, 궤도; 자국, 통로
　관 derail 탈선하다(시키다)

04 **extra** [ékstrə] 특별한, 별도의; 할증 요금
　• extra services 특별서비스, 부가서비스

05 **sleeping car** (열차의) 침대차
　관 dining car/buffet car (열차의) 식당차
　　 passenger car 객차

06 **journey** [dʒə́ːrni] (육로의 긴) 여행, 여정

07 **snugly** [snʌ́gli] 아늑하게, 편안하게
　ⓐ snug 아늑한, 편안한
　관 cozy (장소 등이) 아늑한, 편안한

08 **berth** [bəːrθ] 1. (배·열차 등의 1인용) 침상
　　　　　　　2. (항구의) 정박지

09 **compartment** [kəmpɑ́ːrtmənt] 1. (열차의 칸막이 된) 객실
　　　　　　　　　　　　　　　2. (가구 등의 물건 보관용) 칸
　• overhead compartment 머리 위의 짐칸

10 **recline** [rikláin] 기대다, (~에 몸을) 눕히다
　• reclining chair 안락의자
　동 repose 눕다, 쉬다

11 **coach** [koutʃ] 1. 객차, (여객기·열차의) 일반석
　　　　　　　　2. 합승버스, 대형 사륜마차

12 **snack** [snæk] 1. 가벼운 식사
　　　　　　　　2. 아주 쉬운 일

13 **commuter** [kəmjúːtər] 통근자
　ⓥ commute 통근하다

14 **local train** 구간열차, 완행열차
　반 express train 급행열차

15 **greet** [griːt] 환영하다, 인사하다, 응대하다
　• be greeted by ~의 환영을 받다

16 **ticket collector** 검표원, 개표원
　관 turnstile [tə́ːrnstàil] 회전식 개찰구

17 **conductor** [kəndʌ́ktər] 1. (열차의) 차장, 안내원
　　　　　　　　　　　　　2. 지휘자; 안내자
　ⓥ conduct 행동하다, 안내하다, 지휘하다

　■ 열차 관련 용어
　　locomotive 기관차　steam locomotive 증기기관차
　　street car 시내전차
　　trolley car 〈미〉 시가전차　tram 〈영〉 시가전차
　　monorail 단궤 열차　platform (역의) 승강장

Reading V.O.C.A
225

>>> Part 3 Daily Life   >>> Chapter 2 Traffic

## >>> Theme 052  Review Test

01 The freight train transported boxes of heavy equipment.
➡ _____는 무거운 장비 상자들을 운송했다.

02 This hotel has amenities such as a heated swimming pool, full-service restaurants, and a fitness center.
➡ 이 호텔은 온수 수영장, 풀서비스 식당, 피트니스 센터와 같은 _____을 갖추고 있다.

03 My family decided to travel by rail this summer vacation.
➡ 우리 가족은 이번 여름휴가 때 _____을 하기로 결정했다.

04 Many traditional markets are providing various extra services in order to survive.
➡ 많은 재래시장이 생존하기 위해 다양한 _____를 제공하고 있다.

05 The train offers deluxe sleeping cars with four beds per room.
➡ 이 기차는 방마다 4개의 침대를 갖춘 고급 _____를 제공한다.

06 During his journey, Telemachos endures many experiences that test his character and help him to develop.
➡ _____을 하는 동안, 텔레마코스는 그의 인격을 시험하고 성장하도록 도움을 준 많은 경험을 견뎌낸다.

07 The mother tucked the children snugly in bed and left the room.
➡ 그 엄마는 침대에서 아이들에게 _____ 이불을 덮어주고는 방을 나갔다.

08 The sleeping car had two berths on each side of the aisle.
➡ 침대차에는 통로 양쪽으로 _____이 두 개 있었다.

09 The compartment seated four passengers.
➡ _____ 한 칸에 4명의 승객이 앉았다.

10 The passenger train had reclining chairs.
➡ 여객 열차에는 _____가 있다.

11 Coach is the most economical way to travel.
➡ _____는 가장 경제적인 여행 수단이다.

12 If you want, you can also enjoy snacks and beverages during your stay at the hotel.
➡ 원하신다면 호텔에 머무르는 동안 _____와 음료를 즐길 수도 있습니다.

¹³ A recent research shows that the number of commuters spending an hour or more travelling to work has risen.

➡ 최근 조사에 따르면 통근하는데 한 시간 또는 그 이상 시간을 보내는 _____의 수가 증가했다.

¹⁴ The local train pulls into every station.

➡ _____는 역마다 선다.

¹⁵ The victorious team was greeted by thousands of its fans.

➡ 승리한 팀은 수천 명의 팬들에게서 _____.

¹⁶ The ticket collector punched the passenger tickets.

➡ _____은 승차권에 구멍을 뚫었다.

¹⁷ The conductor called for the people to board the train.

➡ _____은 사람들에게 열차에 탑승해 줄 것을 요청했다.

---

>>> 정답

| 01. 화물열차 | 02. 편의시설 | 03. 철도여행 | 04. 특별서비스 | 05. 침대차 |
| 06. 긴 여행 | 07. 아늑하게 | 08. 침상 | 09. 객실 | 10. 안락의자 |
| 11. 버스 | 12. 가벼운 식사 | 13. 통근자 | 14. 완행열차 | 15. 환영을 받았다 |
| 16. 개표원 | 17. 차장 | | | |

>>> Part 3 Daily Life
>>> Chapter 2 Traffic

>>> Theme **053** Air

Whether it's an **international flight**[01] or just a **shuttle**[02], there are several things that can be done prior to the flight to make life relatively **hassle**[03] free. The experienced traveler has the needed pre-flight materials close at hand for ease and convenience. Enough money should be in an easy to reach place to tip the **porter**[04] who handles the **baggage**[05]. By making **arrangements**[06] over the phone, the ticket can be **picked up**[07] at the **airline**[08]'s ticket counter. For international flights, the traveler should have the passport on hand to present when checking in luggage. When the person at the **check-in**[09] counter asks about seat **preference**[10], non-smokers should request to be placed at the front of the **plane**[11] far away from the smokers' sections. Those who are new to the route may want to sit in the window seat as opposed to an aisle which is more **convenient for**[12] trips to the **lavatory**[13]. Look at the **departure board**[14] to reconfirm the **gate**[15] and time of departure recorded on the **boarding ticket**[16]. After boarding and finding a seat, it's now the job of the **flight attendants**[17] and **cabin crew**[19] to insure that the rest of the trip goes smoothly.

>>> 해석

국제 항공 여행이 되었든 근거리 항공 여행이 되었든 간에, 상대적으로 성가심이 적게 하려면 비행에 앞서 해야 할 일이 몇 가지 있다. 여행의 경험이 있는 사람은 편리함을 위해서 비행 전 필요한 물품들을 쉽게 손이 닿는 곳에 둔다. 짐을 날라 주는 짐꾼에게 팁을 주기 위해 꺼내기 쉬운 곳에 돈을 충분히 두어야 한다. 전화로 사전 예약을 함으로써 항공사의 매표구에서 티켓을 찾을 수 있다. 국제 여행의 경우 여행객은 짐 검사를 할 때 제시하기 위해 여권을 손에 들고 있어야 한다. 체크인 카운터에 있는 사람이 어떤 자리를 원하는지 물어볼 때, 비흡연자는 흡연구역에서 멀리 떨어진 비행기 앞쪽에 앉겠다고 요청해야 한다. 그 여행이 초행길인 사람은 여행 중 화장실 가기에 더 편한 통로 쪽 좌석보다는 창가 쪽 자리에 앉고 싶어 할 것이다. 탑승권에 적혀 있는 출발 시간과 탑승구를 재확인하기 위해 출발 시각 표시판을 보아라. 탑승을 하고 좌석 찾는 일이 끝나면, 남은 여행이 순조롭게 진행되도록 하기 위해 객실 승무원들의 일이 시작된다.

>>> 어구

close at hand 쉽게 손닿는 곳에, 가까운 곳에   prior to ~ 이전의   reconfirm 재확인하다   insure 보증하다

>>> Part 3 일상생활
>>> Chapter 2 교통

>>> Theme 053   항공 ▶

01 **flight** [flait] 1. 비행, 비행기 여행; 정기 항공편
              2. 도망, 도주, 도피
- international flight 국제선
- domestic flight 국내선
- red-eye flight 심야 비행편
- nonstop flight 직항편
  ↔ connecting flight 환승편
- in-flight meal 기내식

[동] plight 곤경, 궁지
[관] airport 공항

02 **shuttle** [ʃʌtl] 1. 정기 왕복 항공기(버스, 기차)
              2. 우주 왕복선
              3. 근거리 왕복의

03 **hassle** [hǽsl] 말다툼, 소동; 괴롭히다
- hassle free 성가심이 없는, 매끄러운

04 **porter** [pɔ́:rtər] 1. 짐꾼, 수화물 운반인
              2. 〈영〉 문지기, 수위
[동] skycap 공항의 수화물 운반인

05 **baggage** [bǽgidʒ] 〈미〉 수하물, 여행용 짐
- baggage claim (공항의) 수화물 찾는 곳
[동] luggage 〈영〉 수화물

06 **arrangement** [əréindʒmənt] 1. 준비, 예정, 계획
              2. 협정, 타협; 배열
- make arrangements 준비하다, 예약하다
ⓥ arrange 1. 미리 준비하다. (약속을) 정하다
          2. 조정하다; 정돈하다; 편곡(각색)하다

07 **pick up** 1. (어디에서) ~을 찾아오다
              2. (어떤 정보를) 알게 되다, 익히다
              3. 치우다, 정돈하다
              4. (사람을) 태우다

08 **air line** 정기항공, 항공회사
ⓝ airliner 정기 여객기
[동] liner 정기항공노선, 정기선

09 **check-in** 1. (항공기의) 탑승 수속
- check-in counter 탑승 수속대
              2. (호텔의) 투숙절차, 체크인
[동] check in 탑승수속을 밟다, (호텔에) 체크인하다

10 **preference** [préfərəns] 애호, 선호[for]
ⓥ prefer (~보다) ~을 좋아하다, 선호하다
ⓐ preferable 차라리 나은

11 **plane** [plein] 1. 비행기 2. 평면 3. 평평한
[관] airplane 비행기
    monoplane 단엽기 biplane 복엽기
[동] plain 평이한, 명백한; 평범한; 솔직한; 수수한

12 **convenient** [kənví:njənt] (물건을 주어로) 편리한[for]
ⓝ convenience 편리, 편의

13 **lavatory** [lǽvətɔ̀:ri] (세면대가 있는) 화장실
- a public lavatory 공중화장실

14 **departure board** (공항의) 출발 시각 표시판
[동] arrival board (공항의) 도착 시각 표시판

15 **gate** [geit] (공항의) 탑승구, 문
- boarding gate (공항의) 탑승구
[동] gateway 관문, 현관, 입구

16 **boarding ticket [pass]** 탑승권

17 **flight attendant** (여객기의) 객실 승무원
※ 남녀 중립적 명칭임
[동] steward 승무원 stewardess 여성 승무원

18 **cabin** [kǽbin] 1. 객실, 기내 2. 오두막집
[동] cockpit (비행기의) 조종석

19 **crew** [kru:] 1. (배·비행기·열차 등의) 승무원, 선원
              2. (공동으로 공연 등을 하는) 그룹
- crew chief/ plane captain (항공기) 기장
[동] pilot 조종사

■ 비행기 관련 용어
economy class 일반석 first-class 일등석 tray table 기내 간이 테이블 runaway 활주로 take-off 이륙 land 착륙하다 landing gear 비행기 바퀴 같은 착륙장치 crash landing 불시착 soft landing 연착륙 turbulence 난기류 fuselage 동체 oxygen mask 산소마스크 jet lag 시차 차이로 인한 피로 hijacking (비행기의) 공중 납치(하다) stopover 기착 fly back 회항하다 security check 검색대 landing card/ disembarkation card 입국신고카드 hangar 격납고 control tower 관제탑 luggage carousel 수화물 컨베이어

>>> Part 3 Daily Life    >>> Chapter 2 Traffic

>>> Theme 053 **Review Test**

01 Smoking is not permitted on domestic flights.
➡ _____에서는 기내에서 금연이다.

02 The airline ran a shuttle between Philadelphia and Boston several times a day.
➡ 그 항공사에서는 하루에 수차례 필라델피아·보스턴 간 _____을 운행했다.

03 The best hassle free way to get to Coney Island is by subway train.
➡ 코니 아일랜드에 가는 가장 _____ 길은 지하철을 타는 것이다.

04 The man tipped the porter for carrying his baggage.
➡ 그 남자는 _____이 자신의 짐을 날라주어 팁을 주었다.

05 The passenger got his luggage from the baggage claim.
➡ 그 승객은 _____에서 그의 짐을 찾았다.

06 We have made arrangements for a visit to Dokdo.
➡ 우리는 독도를 방문할 _____를 끝냈다.

07 The traveler went to pick up his ticket from the ticket agent.
➡ 그 여행객은 매표원에게서 자신의 표를 _____ 갔다.

08 The white fuselage of the plane had the airline's name written across it.
➡ 하얀 비행기 본체에 _____의 이름이 가로로 쓰여 있었다.

09 The airport terminal has 60,200 square metres of space with 45 check-in counters and 11 security check positions.
➡ 이 공항 터미널은 6만 2백 제곱미터의 공간에 45곳의 _____와 11곳의 보안 검사 자리가 있다.

10 Frequently, airlines will allow you to select your seat preference for your flight.
➡ 흔히 항공사는 탑승 시 _____하는 자리를 선택할 수 있게 해준다.

11 The plane had a smooth landing.
➡ _____가 무사히 착륙했다.

12 Thanks to modern technology, the world is getting smarter and more convenient.
➡ 현대 기술 덕분에, 세상은 점점 더 똑똑해지고 _____해지고 있다.

¹³ The lavatory was occupied.

➡ (기내) _____ 에 사람이 있었다.

¹⁴ The man checked the arrival board for the status of his parents' plane.

➡ 그 남자는 부모님이 타고 오시는 비행기에 대한 상황을 알기 위해 _____ 을 확인했다.

¹⁵ Your boarding gate is 15 and the boarding time is 4:00.

➡ 15번 _____ 에서 탑승하시고 탑승시각은 4시입니다.

¹⁶ The stewardess looked at the boarding pass and directed the woman to her seat.

➡ 스튜어디스는 _____ 을 확인하고 그 여자를 자리로 안내했다.

¹⁷ The flight attendants demonstrated the safety procedures.

➡ _____ 이 안전 수칙에 대한 시범을 보였다.

¹⁸ The air in the cabin is pressurized.

➡ _____ 내의 기압은 압력을 받아 일정하게 유지된다.

¹⁹ The pilot told the passengers and crew to prepare for a landing.

➡ 기장은 승객들과 _____ 들에게 착륙준비를 하라고 말했다.

---

**》》 정답**

| | | | | |
|---|---|---|---|---|
| 01. 국내선 | 02. 정기왕복항공편 | 03. 편한(번거로움이 없는) | 04. 짐꾼 | 05. 수하물 찾는 곳 |
| 06. 준비 | 07. 찾으러 | 08. 항공 회사 | 09. 탑승 수속대 | 10. 선호 |
| 11. 비행기 | 12. 편리 | 13. 화장실 | 14. 도착시간 게시판 | 15. 탑승구 |
| 16. 탑승권 | 17. 객실 승무원 | 18. 객실 | 19. 승무원 | |

>>> Part 3 Daily Life  >>> Chapter 2 Traffic

## >>> Theme 054 Ship

Regardless of whether it is a **canoe**[01], **barge**[02], **motor boat**[01], or **yacht**[01], any **captain**[03] looks upon his **vessel**[04] with a deep sense of pride and responsibility. From the **bow**[05] to the **stern**[06], the captain is intimately aware of the function and condition of every part of the ship. During the **voyage**[07] the crew works as one under the orders of the captain in order to insure a safe and efficient journey. For example, the **chief mate**[08] **navigates**[09] the ship with safety, avoiding **reefs**[10] or **icebergs**[11], and responds to any emergencies that may arise. The **boatswain**[08] or **bosun**[08] supervises the other **seamen**[12] of the ship's **deck**[13] department. So whether it is a luxury **liner**[14] or simply a **car ferry**[15], the captain tries to do his best to guide his vessel and crew to the next **dock**[16]. Unfortunately, if his ship **runs aground**[17] in a storm during the voyage, the captain can give the order to **abandon the ship**[18] and escape from the rapidly **sinking**[19] or **capsizing**[20] vessel. When the damage of body of a ship is only slight, he will send out a **distress signal**[21] and wait **salvage**[22] ship.

>>> 해석

카누, 유람선, 모터보트, 요트 중 어느 것이 되었든지 간에, 선장은 자신이 모는 배를 대단한 자부심과 책임감을 가지고 바라보아야 한다. 뱃머리에서 선미(船尾)까지 선장은 배의 곳곳에 대해 각각의 기능과 상태를 자세히 알고 있어야 한다. 항해하는 동안 안전하고 능률적인 여행을 보증하기 위해서 선장의 명령 하에 선원은 하나가 되어 일한다. 예를 들어, 일등 항해사는 암초나 빙산을 피해 안전하게 배를 항해하고, 발생할 수 있는 어떠한 긴급사태에도 대응한다. 갑판장은 갑판부의 다른 선원들을 감독한다. 그래서 고급스런 정기여객선이 되었건, 단지 카페리가 되었건 간에 선장은 자신의 배와 선원을 다음 부두로 이끌기 위해 최선을 다하려고 한다. 불운하게도 만약 항해 도중에 폭풍우를 만나 배가 좌초된다면, 선장은 배를 버리고 빠르게 가라앉거나 뒤집히는 선박에서 탈출하라고 명령을 내릴 수 있다. 선체의 손상이 경미할 때에는, 선장은 조난신호를 보내고 구조선을 기다릴 것이다.

>>> 어구

regardless of ~에 관계없이   intimately 친밀하게, 상세히   responsibility 책임감   be aware of ~을 알다   function 기능   condition 상태   insure 보증하다   efficient 능률적인   journey 여행, 여정

>>> 구문

- whether it is a canoe, barge, motor boat, or yacht [whether ~ or …]
  카누, 유람선, 모터보트, 요트 중 어느 것이든 간에
  whether it is a luxury liner or simply a car ferry
  고급 정기여객선이건 또는 단지 카페리이건 간에
- From the bow to the stern [from A to B]
  뱃머리에서부터 선미에 이르기까지

>>> Part 3 일상생활   >>> Chapter 2 교통

>>> Theme 054   선박 ▶

01 **ship** [ʃip] 1. (큰) 배, 선박, 함선
　　　　　　 2. 선적하다; 운송하다
　ⓝ shipment 선적
　관 warship/battleship 군함
　　 flagship 기함; 주력제품
　■ 배의 종류
　　 boat (ship보다) 작은 배 canoe 카누 rowboat 노 젓는 보트
　　 motor boat 모터보트 steamboat 증기선 tug boat 예인선
　　 lifeboat 구명정 ferryboat 연락선 fishing boat 낚싯배, 어선 yacht 요트, 유람용 호화선 submarine 잠수함 raft 뗏목
　　 icebreaker 쇄빙선 aircraft carrier 항공모함 freighter 화물선

02 **barge** [baːrdʒ] 1. 짐배, 바지선
　　　　　　　 2. 우연히 만나다[into]

03 **captain** [kǽptən] 선장, 함장
　관 crew 승무원, 선원

04 **vessel** [vésəl] 1. (대형) 배
　　　　　　　 2. 용기, 그릇, 혈관
　관 craft (집합적) 배, 선박

05 **bow** 1. [bau] 뱃머리, 이물
　　　　 2. [bou] 활
　　　　 3. 고개를 숙이다, 절하다

06 **stern** [stəːrn] 1. 배의 후미, 선미
　　　　　　　 2. 엄격한, 가혹한

07 **voyage** [vɔ́iidʒ] 1. 항해, 배 여행
　　　　　　　 2. 항해하다
　● maiden voyage 처녀항해
　관 cruise 유람선, 유람선 여행; 순항하다
　관 sail 항해하다, 출항하다
　　　 embark 승선하다, 출항하다, 착수하다

08 **chief mate/first mate** 1등 항해사
　cf. the second mate 2등 항해사
　관 boatswain/bosun 갑판장, 갑판장교

09 **navigate** [nǽvəgèit] 항해하다, 길을 찾다
　ⓝ navigation 항해, 내비게이션
　관 navy 해군 naval 해군의
　　 marine 해병대; 해양의

10 **reef** [riːf] 암초
　관 coral reef 산호초

11 **iceberg** [áisbəːrg] 빙산
　표 the tip of the iceberg 빙산의 일각

12 **seaman** [síːmən] 선원, 뱃사람; 수병
　동 sailor 뱃사람, 선원

13 **deck** [dek] 1. (배의) 갑판
　　　　　　 2. 꾸미다, 장식하다
　■ 배의 구성부분
　　 bow 뱃머리 stern 배의 후미 sail 돛 mast 돛대 oar 노
　　 anchor 닻, 고정장치 rudder 방향타 cabin 선실 helm 조타장치
　　 hatch (배·항공기의) 화물 출입구

14 **liner** [láinər] 정기선, 대형 여객선
　관 airliner 정기 여객기

15 **ferry** [féri] 나룻배, 연락선
　● car ferry 자동차를 운반하는 연락선
　● ferryboat (사람·차량을 나르는) 연락선

16 **dock** [dak] 1. 선창, 부두
　　　　　　 2. (배를) 정박시키다
　　　　　　 3. (우주선이) 도킹하다
　동 pier[piər]/wharf [hwɔːrf] 부두, 선창
　관 port/harbor 항구
　　 breakwater/jetty/sea wall 방파제

17 **run[go] aground** (배가) 좌초하다
　관 wreck 난파선; 난파시키다
　　 strand 배가 육지로 밀려와 꼼짝 못하다
　　 float 뜨다, 표류하다 drift 떠다니다, 표류하다

18 **abandon the ship** 배를 버리다, 배에서 탈출하다
　관 jettison (위급 시) 배의 짐을 버리다

19 **sink** [siŋk] 1. 침몰하다, 가라앉다
　　　　　　 2. 싱크대

20 **capsize** [kǽpsaiz] (배를) 뒤집다[뒤집히다]
　관 rollover (차량의) 전복

21 **distress** [distrés] 1. 조난
　　　　　　　　 2. 고통, 고난, 곤란
　● distress signal 조난 신호
　관 Mayday 선박·항공기의 국제 조난무선신호
　　 SOS 조난신호(save our souls), 긴급지원 요청

22 **salvage** [sǽlvidʒ] 1. (난파선을) 구조, 인양
　　　　　　　　 2. 구조하다, 인양하다

>>> Part 3 Daily Life   >>> Chapter 2 Traffic

## >>> Theme 054 Review Test

01 A ship is a large boat which carries passengers or cargo.
➡ _____은 승객이나 화물을 나르는 큰 _____이다.

02 The collision between an oil supertanker and a barge caused the worst oil spill in South Korea's history.
➡ 초대형 유조선과 _____의 충돌로 남한 사상 최악의 석유 유출 사건이 발생했다.

03 The captain gave the order for the ship to change its heading.
➡ _____은 뱃머리를 돌리라고 명령했다.

04 The rescue efforts continued in the hopes of finding lost crew members of the vessel.
➡ _____의 실종된 선원들을 찾기 위해 구조 작업이 계속되었다.

05 The passenger walked to the front of the ship to look over the ship's bow.
➡ 승객은 _____를 훑어보기 위해 배의 앞쪽으로 걸어갔다.

06 The boy looked over the stern to see the back of the boat.
➡ 그 소년은 배의 뒤쪽을 보기 위해서 _____를 훑어보았다

07 After a two-month voyage, the boat arrived at the dock at St. Thomas.
➡ 두 달간의 _____ 후, 그 배는 St. Thomas에 있는 부두에 닿았다.

08 Six crew, including the captain and chief mate, have been charged with negligence.
➡ 선장과 _____를 비롯한 6명의 승무원이 과실 혐의로 기소되었다.

09 The captain used the nautical charts to help him navigate.
➡ 선장은 _____ 것을 돕기 위한 해도를 사용했다.

10 The huge steamboat was wrecked on a reef.
➡ 그 배는 _____에 걸려 난파되었다.

11 The Titanic sank after hitting an iceberg.
➡ _____과 충돌 후에 타이타닉호는 침몰했다.

12 The seamen were imprisoned under charges of mutiny.
➡ _____은 폭동혐의로 투옥되었다.

¹³ A sailor opened a hatch and climbed onto the deck.

▶ 선원은 해치를 열고 _____ 으로 올라갔다.

¹⁴ In 1912, the ocean liner Titanic sank on its maiden voyage.

▶ 1912년, 원양 _____ 타이타닉호는 처녀항해에서 침몰했다.

¹⁵ The car ferry transported the vehicle and driver to the other side.

▶ _____ 는 차량과 운전자를 건너편으로 수송했다.

¹⁶ The boat was docked at pier one.

▶ 그 배는 제1 부두에 _____.

¹⁷ The ship ran aground on the west coast of Canada.

▶ 그 배는 캐나다 서쪽 해안에서 _____.

¹⁸ The captain abandoned the ship before making sure all the passengers had left the vessel safely.

▶ 선장은 모든 승객들이 안전하게 배에서 대피한 것을 확인하기 전에 _____.

¹⁹ The lifeboat rescued all passengers from the sinking ship.

▶ 구명정 덕분에 모든 승객들이 _____ 배에서 안전하게 구조되었다.

²⁰ The boat was capsized by a huge tidal wave.

▶ 그 배는 엄청나게 큰 해일에 _____.

²¹ The captain in the wrecked ship sent out the distress signals.

▶ 난파선의 선장은 _____ 를 보냈다.

²² The wreck was salvaged by the rescue team.

▶ 난파선은 구조대에 의해 _____.

>>> 정답

01. 선박, 배   02. 바지선   03. 선장   04. 선박   05. 뱃머리
06. 선미(船尾)   07. 항해   08. 1등 항해사   09. 항해하는   10. 암초
11. 빙산   12. 선원   13. 갑판   14. 여객선   15. 카페리
16. 정박했다   17. 좌초되었다   18. 배를 버리고 떠났다   19. 가라앉는   20. 전복되었다
21. 조난신호   22. 구조되었다

Reading V.O.C.A
235

>>> Part 3 Daily Life  
>>> Chapter 2 Traffic

## >>> Theme 055 Accidents

Many **accidents**[01] are the result of **carelessness**[02]. Through a **lack**[03] of **thoroughness**[04], many structural **damages**[05] can **occur**[06]. For example, mine cave-ins have **claimed**[07] thousands of lives because the investors were too eager to reap the rewards and did not insure that the mine had the proper support and **framework**[08]. Lives have been lost because buildings and bridges have **collapsed**[09] due to greedy contractors and public officials. They **turned their blind eye to**[10] the construction site when **substandard**[11] materials, such as using poor cement and steel **girders**[08] and **beams**[08], were used. When boats have **capsized**[12], **casualties**[13] have been unnecessarily high because the ships were not fitted with enough lifeboats and rafts. There may have been more passengers than legally allowed or the owner purposefully did not invest in enough emergency crafts. Plane **crashes**[14] have left many people homeless and/or **injured**[15] and killed passengers due to a poorly trained flight crew or the **neglect**[16] of the plane's **maintenance**[17] or **illegal**[18] cargo that may have **triggered**[19] an **explosion**[20]. If many drivers had refrained from speeding and kept the minimal safe distance between vehicles, they could have avoided the **collision**[21].

>>> 해석  
많은 사고는 부주의 때문에 일어난다. 철저함의 부족으로 인해 많은 구조적 피해가 발생한다. 예를 들어 투자가들이 투자에 대한 회수에만 신경을 쓰고 광산이 적당한 버팀목과 뼈대를 가지고 있는지에 대한 안전 점검을 하지 않기 때문에 광산 낙반사고로 수천 명이 목숨을 잃었다. 욕심 많은 청부업자들과 공무원들 때문에 건물과 다리가 무너져 내려 수많은 목숨을 앗아갔다. 부실한 시멘트와 부실한 강철 대들보와 같은 표준 이하의 자재를 사용할 때 그들은 건축현장을 못 본척했다. 배가 전복되었을 때 필요 이상으로 사상자가 많이 생기는 것은 배에 구명보트나 구명 뗏목을 충분히 갖추어놓지 않았기 때문이다. 법적 허용 인원 이상으로 승객을 태웠을지도 모르고 또는 선주(船主)가 비상선박을 충분하게 갖추어 놓는 것에 대해 일부러 투자를 안 했을지도 모른다. 제대로 훈련받지 않은 승무원들, 비행기에 대한 정비 소홀, 폭발을 일으킬 수 있는 물건에 대한 불법 적하(積荷) 때문에 일어난 비행기 추락 사고는 많은 사람에게서 살 집을 앗아갈 수도 있고 승객들을 다치게 하거나 죽게 할 수도 있다. 많은 운전자들이 과속하지 않고 안전거리를 충분히 두었다면 충돌사고를 피할 수 있었을 것이다.

>>> 어구  
structural 구조의, 구조물의 mine 광산 cave-in 광산의 함몰, 낙반 investor 투자자 greedy 탐욕스러운 contractor 계약자, 청부업자 public official 공무원 eager to 몹시 ~하고 싶어하는 reap 수확하다, 획득하다 reward 보상 construction site 건축부지, 공사현장 fitted with ~의 장비가 갖추어진 passenger 승객 craft (집합적) 배 cargo 짐, 화물 refrain from 삼가다 keep a safe distance 안전거리를 두다 avoid 피하다

>>> 구문  
• Through a lack of thoroughness, many structural damages can occur [through=by reason of]  
철저함이 부족하기 때문에, 많은 구조적 피해가 발생한다.

• If many drivers had refrained from speeding~, they could have avoided~ [if 가정법 과거]  
많은 운전자들이 과속하지 않았다면 ~는 피할 수 있었을 것이다.

>>> Theme 055   사고

01 **accident** [ǽksidənt] 사고, 재난
- car accidents 자동차 사고
- major accident 대형사고
- ⓐ accidental 우연의, 돌발적인

02 **carelessness** [kέərlisnis] 부주의, 경솔
- ⓐ careless 부주의한, 경솔한
- 동 negligence 태만, 부주의, 과실
  neglect 태만, 부주의

03 **lack** [læk] 결핍, 부족
- lack of ~의 결핍

04 **thoroughness** [θə́:rounis] 철저함, 완전함
- ⓐ thorough 철저한, 완전한
- ⓐd thoroughly 철저하게, 완벽하게

05 **damage** [dǽmidʒ] 1. (가해진) 손상, 피해, 손해
  2. 손해를 입히다
- flood damage 수해
- 비 damage (가해진) 손상 ※주로 사물
  loss (입은) 손해, 손실
  harm 해, 손해 ※주로 사람이나 생물
  injury 상해, 부상

06 **occur** [əkə́:r] (사건이) 발생하다, 일어나다
- ⓝ occurrence 발생, 출현; 사건

07 **claim** [kleim] 1. (사고가) 인명을 앗아가다
  2. 요구하다, (권리를) 주장하다
  3. 요구, 청구; 권리

08 **framework** [freimwə:rk] 뼈대, 구조, 조직
- a concrete framework 탄탄한 뼈대
- 관 girder 대들보  beam 석재, 금속재

09 **collapse** [kəlǽps] 1. 무너지다, 붕괴하다
  2. 붕괴, 좌절, 급락

10 **turn a blind eye to** 눈감아 주다
- 동 overlook 눈감아 주다, 간과하다

11 **substandard** [sʌbstǽndərd] 표준 이하의, 불충분한
- substandard materials 불량자재
- 관 standard 표준, 기준

12 **capsize** [kǽpsaiz] (배가) 뒤집(히)다

13 **casualty** [kǽʒuəlti] 사상자, (pl.) 사상자 수
- 관 casualties 사상자 (수)
  = fatalities (사망자) + injuries (부상자)
  death toll 사망자 수

14 **crash** [kræʃ] 1. 불시착, 추락; 충돌; 붕괴
  2. 굉음을 내다, 추락하다
- 관 clash [klæʃ] 충돌하다, 충돌

15 **injured** [indʒərd] 부상을 입은
- the injured 부상자
- ⓝ injury 상해, 부상
- 비 injury 사고나 싸움에 의한 부상
  wound 특히 전쟁에서 입은 출혈성 부상

16 **neglect** [niglékt] 1. 태만, 부주의
  2. 소홀히 하다, 무시하다
- ⓐ neglectful 태만한, 부주의한
- 관 negligence 태만, 부주의
  negligible 무시해도 좋은, 시시한

17 **maintenance** [méintənəns] 유지, 보수, 관리
- building maintenance 건물 관리
- ⓥ maintain 유지하다; 부양하다; 주장하다

18 **illegal** [ilí:gəl] 불법의, 법으로 금지된
- 동 illegitimate/unlawful 불법의
- 반 legal 합법적인, 법적인, 법률의
  legitimate 합법의

19 **trigger** [trígər] (사건을) 유발하다; 방아쇠

20 **explosion** [iksplóuʒən] 폭발, 파열
- ⓝ explosive 폭발물, 폭약; 폭발성의
- ⓥ explode 폭발하다, (감정을) 터뜨리다
- 동 detonate 폭발하다, 폭발시키다

21 **collision** [kəlíʒən] 충돌; 불일치
- head-on collision 정면충돌
- ⓥ collide (~와) 충돌하다[with]
- 관 pileup 다중충돌, 연쇄 충돌
  fender bender 가벼운 추돌사고
  hit-and-run 뺑소니

>>> Part 3 Daily Life  >>> Chapter 2 Traffic

## >>> Theme 055 Review Test

01  The steep hill was the site of a major accident.
➡ 그 가파른 언덕이 _____가 일어난 장소이다.

02  Many accidents in the home are caused by carelessness.
➡ 집에서 일어나는 사고 중 많은 것들이 _____로 인한 사고이다.

03  Lack of sleep can lead to more rapid aging of the brain.
➡ 수면 _____은 뇌의 더욱 급속한 노화를 유발할 수 있다.

04  He was an excellent trial lawyer who was well known for his thoroughness in preparing cases.
➡ 그는 소송을 준비함에 있어 _____하기로 유명한 훌륭한 법정변호사였다.

05  The government runs emergency system to recover from the typhoon damage.
➡ 정부는 이번 태풍 _____를 복구하기 위해 비상 시스템을 가동하고 있다.

06  Aftershocks may occur without warning, minutes or even months after the major earthquake.
➡ 여진은 대규모 지진이 일어난 수 분 또는 몇 달이 지난 후에도 아무런 예보 없이 _____할 수 있다.

07  The train accident claimed a dozen lives.
➡ 그 열차사고는 12명의 _____.

08  The G20 Summit was held in Seoul where world leaders forged the framework for the global economy.
➡ G20 정상회의가 서울에서 개최되었고 그 자리에서 세계 정상들은 세계 경제의 _____을 구축했다.

09  The building collapsed seconds after the explosion.
➡ 그 건물은 폭발 직후에 _____.

10  The referee continued to turn a blind eye to their fouls throughout the entire game.
➡ 그 심판은 경기 내내 그들의 반칙을 보고도 계속해서 _____.

11  Indiscriminate imports of the substandard and unsafe consumer goods can endanger the lives of citizens.
➡ 무분별한 _____의 불안전한 소비재의 수입은 시민들의 삶을 위태롭게 할 수 있다.

12  The small boat was capsized by a strong storm.
➡ 거센 폭풍우로 작은 배가 _____.

Reading V.O.C.A

¹³ The casualties of the war increased daily.

▶ 전쟁으로 인한 _____가 매일 늘어났다.

¹⁴ The rescuers were searching for survivors of the plane crash.

▶ 구조대원들은 비행기 _____ 사고에서 살아남은 사람들을 찾고 있었다.

¹⁵ The man sustained injuries to his back and neck.

▶ 그 남자는 등과 목에 _____를 입었다.

¹⁶ If the citizens neglect their duty, the government will soon be corrupted.

▶ 만약 시민들이 그들의 의무를 _____ 한다면, 정부는 곧 타락하고 만다.

¹⁷ The fire was caused by improper maintenance of the oil filter for the generator engine.

▶ 발전기 엔진 오일 필터의 _____ 소홀로 인해 화재가 발생했다.

¹⁸ The black market is the buying and selling of illegal goods.

▶ 암시장은 _____ 물품을 사고파는 곳이다.

¹⁹ The oversupply can trigger a significant plunge in the domestic rice price.

▶ 과잉공급이 국내 쌀 가격의 폭락을 _____ 할 수 있다.

²⁰ Police dogs found the explosive before it could be detonated.

▶ 경찰견은 _____이 폭발하기 전에 그것을 찾아냈다.

²¹ The survivor of the head-on collision is in critical condition.

▶ _____ 사고에서 목숨을 건진 그 사람은 위독한 상태이다.

### 》》》 정답

| 01. 대형사고 | 02. 부주의 | 03. 결핍 | 04. 철저 | 05. 피해 |
| 06. 발생 | 07. 목숨을 앗아갔다 | 08. 틀(뼈대) | 09. 무너졌다 | 10. 눈감아 주었다 |
| 11. 표준 이하 | 12. 뒤집혔다 | 13. 사상자 | 14. 추락 | 15. 상처 |
| 16. 소홀히 | 17. 관리 | 18. 불법적인 | 19. 유발 | 20. 폭발물 |
| 21. 정면충돌 | | | | |

>>> Part 3 Daily Life

**Chapter 3 Mass Media**

>>> Theme 056 **Reading**

**Reading** is a fun and mentally **stimulating** way to **pass the time**. **Magazine articles** can be **informative** and entertaining, **keeping** you **abreast with** the latest **thoughts**, trends and occurrences. **Newspapers** are a wealth of activities. Besides **concentrating on** the recent developments of the current events that are **announced** in the **headlines** of the front pages, inside the papers are humorous cartoons that make the readers appreciate the lighter side of life. Reading through a newspaper, you may get caught up in a crossword puzzle, featuring **vague** or overly **specific clues** that tests your general **knowledge**. An encyclopedia is a storehouse available for anyone who wants to deepen his knowledge about virtually any idea, person, place or thing. If you are **looking for** something with more information, you can **pick up** a **nonfiction** book which **is devoted to** the **topic** that **piques** your interest. For instance, the **biography** of a famous person could explain what put her on the path to greatness and what were the circumstances of her youth. A **fiction novel** can whisk you away to faraway lands, ancient times and mystical places. You can learn more about those exotic locales by **browsing through** an **atlas**. If you are in the mood for work of a more artistic **flair**, a book of **poems** might suit the occasion.

>>> 해석

독서는 재미있으면서도 정신적인 자극이 되는 여가 방법이다. 잡지의 기사는 재미있고 새로운 정보를 제공하기도 하여 당신은 최근의 사상, 경향, 사건들을 놓치지 않고 알 수 있다. 신문에는 여러 가지 활동상이 많이 나타나 있다. 일면 머리기사로 나와 있는 시사문제의 최근 동향 외에도 신문의 안쪽을 보면 독자로 하여금 일상생활의 다소 덜 심각한 문제를 인식하게 하는 재미있는 만화도 있다. 신문을 읽으면서 낱말맞추기 퍼즐에 열중할 수도 있는데 그 낱말맞추기 퍼즐에는 당신의 일반상식을 시험하는 모호하기도 때로는 지나치게 구체적이기도 한 실마리가 나와 있다. 백과사전은 사상, 인물, 장소 등 사실상 어떠한 것에 대해서든지 지식을 넓히고 싶을 때 누구나 사용할 수 있는 지식의 보고이다. 만일 당신이 어떤 것에 대해 보다 많은 정보를 찾으면 당신의 호기심을 자극할 주제에 충실한 논픽션 한 권을 집어들 수 있다. 예를 들어 유명한 인물의 전기는 그녀의 젊은 시절의 상황이 어떠했는지 어떻게 해서 성공의 길에 오르게 되었는지를 말해 줄 수 있을 것이다. 소설은 당신을 머나먼 이국땅, 고대, 신비의 세계 등으로 데려갈 수 있다. 지도책을 훑어봄으로써 그러한 이국의 지역들에 대해서 좀 더 알게 될 수 있다. 만일 당신이 좀 더 예술적인 안목을 지닌 작품을 대하고 싶다면 그런 경우에는 시집이 적절할 것이다.

>>> 어구

**mentally** 정신적으로 **trend** 경향, 동향 **occurrence** 사건 **recent** 최근의 **current** 지금의, 현행의, 통용되는 **appreciate** 감상하다 **feature** 특징을 이루다 **encyclopedia** 백과사전 **overly** 지나치게 **storehouse** 보고, 창고 **available** 이용할 수 있는 **deepen** 깊게 하다 **virtually** 사실상 **circumstance** 환경, 상황, 사정 **whisk away** 잽싸게 옮겨놓다 **faraway** 먼, 아득한 **mystical** 신비의 **exotic** 이국적인 **locale** 장소, 현장 **be in the mood for** ~할 기분이 나다 **occasion** 경우

>>> 구문

- explain what put her on the path to greatness and what were the circumstances of her youth.
  무엇이 그녀를 성공의 길로 오르게 했는지와 젊은 시절의 상황이 어떠했는지를 설명하다

## Chapter 3 매스미디어

>>> Part 3 일상생활

>>> Theme 056  독서 ▶

01 **reading** [ríːdiŋ] 독서, 낭독, 읽을거리
- reading material 읽을거리
- 관 librarian 도서관원, 사서
  literature 문학

02 **stimulating** [stímjulèitiŋ] 자극적인
- mentally stimulating 정신적 자극이 되는
- ⓥ stimulate 자극하다, 격려하다

03 **pass the time** 시간을 보내다, 소일하다
- 관 pastime 기분전환, 오락놀이

04 **magazine** [mǽgəzìːn] 잡지
- a weekly[monthly] magazine 주간[월간]잡지
- subscribe to a magazine 잡지를 구독하다
- 관 journal (학회·전문 기관 등의) 정기간행물
  periodical 정기 간행물
  newspaper 신문 newsstand 신문가판대

05 **article** [áːrtikl] (신문·잡지의) 기사, 논설
- a leading article 머리기사, 사설
- 관 headline 큰 표제, 헤드라인
  editor 편집자, 논설위원

06 **informative** [infɔ́ːrmətiv] 정보를 제공하는, 유익한
- ⓝ information 정보, 통지, 안내
- ⓥ inform 알리다, 통지하다

07 **keep abreast with[of]** ~을 따라잡다
- keep abreast with the times 시대에 뒤지지 않도록 하다
- 관 catch up with 따라잡다

08 **thought** [θɔːt] 사상, 생각, 고려
- on second thought 다시 생각해 보니

09 **concentrate on** 집중하다(시키다), 전념하다
- concentrate on my studies 공부에 집중하다
- 통 focus on 집중하다
  zero in on 초점을 맞추다

10 **announce** [ənáuns] 발표(공고)하다, 알리다
- ⓝ announcer 아나운서, 발표자

11 **vague** [veig] 막연한, 모호한
- 혼 vogue 유행

12 **specific** [spisífik] 구체적인, 상세한
- ⓐ specifically 구체적으로
- ⓝ specification 세목, 명세서, 내역

13 **clue** [kluː] 실마리, 단서
- 관 crossword puzzle 가로세로 낱말퀴즈

14 **knowledge** [nálidʒ] 지식, 학식
- general knowledge 일반교양, 일반상식
- 통 common sense 상식

15 **look for** ~을 찾다
- 관 look up (사전 등으로) 찾다

16 **pick up** 1. 집어 들다, 태워주다
  2. (정보 등을) 들어서 익히다

17 **nonfiction** [nɑnfíkʃən] 논픽션(소설·이야기 외의 산문 작품)
- 반 fiction 소설, 허구
- 관 novel 소설  essay 수필, 에세이
  biography 전기  cf. autobiography 자서전
  poem 시  cf. epic 서사시

18 **be devoted to** ~에 헌신하다
- ⓥ devote 전념하다, 헌신하다
- ⓝ devotion 전념, 헌신

19 **topic** [tápik] 주제, 테마, 화제
- 비 topic 비교적 작은 주제
  subject 적용 범위가 넓은 주제
  theme 바닥에 깔려있는 기본적인 주제

20 **pique** [piːk] 자극하다, 부추기다; 약 올리다
- 통 incite 자극하다, 일으키게 하다
  provoke 자극하다, 일으키다

21 **browse through** 대강 훑어보다
- 통 skim through 대충 읽다
  thumb through 대충 훑어보다

22 **atlas** [ǽtləs] 지도책 (= book of maps)
- 관 map (한 장 한 장의) 지도
  cartographer 지도제작자

23 **flair** [flɛər] 안목, 재능
- 혼 flare[flɛər] 확 타오르다, 불꽃

## Part 3 Daily Life — Chapter 3 Mass Media

### Theme 056 Review Test

01 If you want to succeed in your life, keep reading and learn.
➡ 인생에서 성공하고 싶다면, 계속 _____ 익혀라.

02 Warm colors, like red, orange and yellow, are considered stimulating colors.
➡ 빨강, 오렌지, 노랑과 같은 난색은 _____ 색깔로 여겨진다.

03 We often watched videos together to pass the time.
➡ 우리는 _____ 위해 종종 함께 모여 비디오를 보곤 했다.

04 On sundays, the newspaper published a features-oriented weekly magazine.
➡ 일요일에 그 신문사는 특종을 실은 _____ 를 발간했다.

05 An article on childcare appeared on the front page.
➡ 육아관련 _____ 가 1면에 실렸다.

06 His class was always fun and informative.
➡ 그의 수업은 언제나 재미있고 _____ 했다.

07 Your web site won't be run successfully unless you keep abreast of the latest on-line business trends.
➡ 최신 온라인 사업의 트렌드를 _____ 못하면 당신의 웹 사이트는 성공적으로 운영될 수 없다.

08 Language is the dress of thought.
➡ 언어는 _____ 의 옷이다.

09 It wasn't until he was 43 that Mr. Kim decided to concentrate on teaching English.
➡ 김씨는 43세가 되어서야 영어를 가르치는 일에 _____ 하기로 마음먹었다.

10 The headline boldly announced the winner of the election.
➡ 신문의 표제에 굵은 글씨로 선거 당선자가 _____ 되었다.

11 Unfortunately, the history of Taekwondo is vague.
➡ 안타깝게도, 태권도의 역사는 _____ 하지 않다.

12 Simply sitting down to study without specific goals is not effective.
➡ _____ 목표 없이 단순히 공부하기 위해 앉아 있는 것은 비효율적이다.

>>> Part 3 일상생활  >>> Chapter 3 매스미디어

¹³ The police searched the house to find any clues to the murder.
▶ 경찰은 살인사건의 어떠한 _____라도 찾기 위해 그 집을 수색했다.

¹⁴ Traveling around the world may enrich your general knowledge.
▶ 세계를 여행하는 것은 당신의 _____을 풍부하게 해줄 것이다.

¹⁵ Celine is looking for a new job.
▶ 셀린은 새로운 직업을 _____.

¹⁶ You don't have to pick up your pencil any more if you want to write a note.
▶ 메모를 하고자 할 때 당신은 더 이상 연필을 _____ 필요가 없다.

¹⁷ Nonfiction is a type of genre that presents information about real facts or events.
▶ _____은 사실이나 실제 사건에 대한 정보를 제공하는 장르의 한 형태이다.

¹⁸ Linda was devoted to her husband and acted as his secretary.
▶ 린다는 그녀의 남편에게 _____했고 그의 비서처럼 행동했다.

¹⁹ The syllabus detailed the schedule of the topics to be covered.
▶ 교수 요목에는 다루게 될 _____들의 일정이 자세히 나와 있다.

²⁰ The advertisement piqued my curiosity about the product.
▶ 그 광고는 상품에 대한 내 호기심을 _____.

²¹ She was browsing through the photos on his blog.
▶ 그녀는 그의 블로그에 있는 사진들을 _____.

²² The student referred to the atlas for a map of Venezuela.
▶ 그 학생은 베네수엘라 지도를 보려고 _____을 참고하였다.

²³ His youngest son has a flair for drawing.
▶ 그의 막내아들은 그림에 _____이 있다.

### 》》》 정답

| | | | | |
|---|---|---|---|---|
| 01. 읽고 | 02. 자극적인 | 03. 시간을 보내기 | 04. 주간지 | 05. 기사 |
| 06. 유익 | 07. 따라가지 | 08. 사상 | 09. 전념 | 10. 발표 |
| 11. 명확 | 12. 구체적인 | 13. 단서 | 14. 일반상식 | 15. 찾고 있다 |
| 16. 집어들 | 17. 논픽션 | 18. 헌신 | 19. 주제 | 20. 자극했다 |
| 21. 훑어보고 있었다 | 22. 지도책 | 23. 재능 | | |

>>> Part 3 Daily Life
>>> Chapter 3 Mass Media

## >>> Theme 057 Newspapers & Magazine

Whether it is a **weekly**⁰¹ magazine or a **daily**⁰¹ newspaper, the print **media**⁰² share some similarities. Both newspapers and magazines attend **press conferences**⁰³ to **gather**⁰⁵ the latest news. Both have articles written by staff or **freelance**⁰⁶ writers. The articles are likely to include headlines as well as an occasional **captioned**⁰⁷ picture. The information is also divided into **sections,**⁰⁸ such as business and politics or health and beauty. On the lighter side, in addition to news, there may also be crossword puzzles, **horoscopes**⁰⁹, **cartoons**¹⁰ and humorous **caricatures**¹⁰. The **editorial**¹¹ staff for both media makes decisions regarding the **content**¹² of the **publication**¹³ with the final decision left to the **editor-in-chief**¹¹. The two types of media include their opinions of vital **issues**¹⁴ in the editorial section as well as those of their readers in **public opinion polls**¹⁵ ¹⁶ and the letters section. The two media may also have featured **columnists**¹⁷ who are expected to create a loyal following. Readers can **subscribe to**¹⁸ the publications, which give the two media a guaranteed **circulation**¹⁹ to offer to their **advertisers**²⁰. The space in the newspapers is made possible by the money that advertisers pay to **publicize**²¹ their products or services. Common to both are also smaller **classified ads**²² in which private citizens or smaller business owners offer and request services or goods.

>>> 해석
주간지가 되었든 일간신문이 되었든 인쇄 매체는 몇 가지 공통점이 있다. 신문사와 잡지사는 모두 최근 소식에 대한 정보를 얻기 위해서 기자회견에 참가한다. 또한 둘 다 신문사 직원이나 혹은 자유기고가가 기사를 쓴다. 기사는 때때로 설명하는 글귀가 붙은 사진에 대한 것뿐만 아니라 표제를 포함하기도 한다. 정보는 경제면, 정치면, 건강·미용면과 같은 섹션으로 나뉜다. 뉴스 외에도 가볍게 즐길 수 있는 것으로 십자말풀이, 별점, 만화, 익살스런 풍자만화 등이 있다. 두 매체 모두 편집부에서 출판할 내용에 대한 결정을 하고 최종 결정은 편집장이 한다. 이런 두 종류의 매체는 여론조사나 독자란을 통해 독자들의 의견을 싣기도 하고 사설란에 매우 중요한 문제에 대한 자사의 견해를 싣기도 한다. 두 매체는 또한 견실한 독자들을 끌어모을 것으로 예상되는 특별기고가의 기사를 싣는다. 독자들이 정기구독을 하게 되면 이 두 매체는 보장된 발행부수를 알 수 있게 되고 이것을 광고주들에게 제공한다. 광고주들은 돈을 지불하고 신문의 지면에 자사의 상품과 서비스를 광고할 수 있다. 이 두 매체의 또 하나의 공통점은 개인이나 작은 기업이 서비스와 물건을 사고팔 수 있는 업종별 소(小)광고란이 있다는 점이다.

>>> 어구
similarity 비슷함, 유사점 include 포함하다 occasional 때때로의 politics 정치 staff 직원, 부원 make decision 결정하다 vital 필수적인, 중대한 guarantee 보증(하다) classified 분류된 citizen 국민, 시민

>>> 구문
• with the final decision left to the editor-in-chief [with 분사구문]
  마지막 결정은 편집장에게 맡겨두고서

• their opinions of vital issues in the editorial section/ as well as those of their readers
  [those=opinions] 사설란에 중대사안에 대한 그들의 의견들/ 독자들의 의견뿐 아니라

## Theme 057 신문과 잡지

01 **daily** [déili] 매일의; 일간 신문
- the daily newspaper 일간 신문
- 관 weekly 매주의; 주간지
  monthly 매월의; 월간지
  quarterly 1년 4회의; 계간지
  annual 해마다의; 연간 간행물

02 **media** [míːdiə] 매스 미디어
- mass media 대중 매체, 매스 미디어

03 **press** [pres] (the) 출판물, 신문, 보도 기관
- freedom of the press 출판의 자유(=free press)
- 관 censorship 검열
  expurgate/bowdlerize 불온한 부분을 삭제하다
  uncut 삭제되지 않은, 무삭제의

04 **conference** [kάnfərəns] 회의, 회견
- a press[a news] conference 기자 회견

05 **gather** [gǽðər] (정보를) 수집하다

06 **freelance** [fríːlæns] 자유계약의, 프리랜서로 일하는
- a freelance writer 프리랜스 작가
- ⓝ freelancer 프리랜서, 자유 계약자

07 **caption** [kǽpʃən] 1. 제목, 캡션(사진·삽화 등에 붙인 설명)
  2. 제목을 달다, 설명을 붙이다

08 **section** [sékʃən] 1. (신문의) 난, 섹션
  2. 구역, 구획; (백화점의) 매장
- the sports section 스포츠 섹션
- the business section 경제면

09 **horoscope** [hɔ́ːrəskòup] 12궁도, 별점
- 관 palm readings 손금보기
  tarot card reading 타로카드 점

10 **caricature** [kǽrikətʃər] 풍자만화, 캐리커처
- 동 cartoon 시사만화, 풍자만화

11 **editorial** [èdətɔ́ːriəl] (신문·잡지의) 사설, 논설
- ⓥ edit 편집하다, 교정하다
- ⓝ edition (간행물의) 판(版)
- 관 editor-in-chief 편집장, 주간
- 참 impression 쇄(1회의 인쇄부수)
- 관 supplement 증보판

12 **content** [kάntent] (책 등의) 내용
- 동 contention 논쟁, 말다툼

13 **publication** [pʌ̀bləkéiʃən] 출판, 발행; 출판물
- ⓥ publish 출판하다, 공표하다
- ⓝ publisher 발행자, 출판사
  publishing 출판업
- 동 publicize 광고(선전)하다

14 **issue** [íʃuː] 1. 논쟁, 쟁점, 사안
  2. (출판물의) 호, 발행; 발행부수
  3. 발행하다, 교부하다, 출판하다
- a vital issue 중대한 사안
- the latest issue of Time 타임지 최신호

15 **public opinion** 여론
- 동 popular opinion 여론

16 **poll** [poul] 투표, 여론조사
- conduct the poll 여론조사를 하다

17 **columnist** [kάləmnist] 칼럼니스트, 특설란 집필자
- 관 contributor 기고가

18 **subscribe** [səbskráib] 1. (잡지를) (예약) 구독하다[to]
  2. 기부하다
- ⓝ subscription 구독, 기부
  subscriber 기부자, 구독자

19 **circulation** [sə̀ːrkjuléiʃən] 발행부수; 순환
- control circulation 무료 배포 부수

20 **advertiser** [ǽdvərtàizər] 광고주
- ⓥ advertise 광고하다
- ⓝ advertising 광고, 광고업

21 **publicize** [pʌ́bləsàiz] 광고(선전)하다
- 비 publicity 널리 알리기 위한 홍보
  advertising 제품 판매 목적의 광고
  commercial (TV의) 상업광고방송

22 **classified ad** 항목별 광고란
- 관 obituary 부고(사망광고)

>>> Part 3 Daily Life     >>> Chapter 3 Mass Media

## >>> Theme 057 Review Test

01 The frequency of a newspaper can vary from daily to quarterly.
➡ 신문은 _____에서 계간지에 이르기까지 다양하다.

02 Newspapers, magazines, radio and TV are the major facets of the mass media.
➡ 신문, 잡지, 라디오, TV는 _____의 주요 형태이다.

03 Censorship infringes upon the right to a free press.
➡ 검열제도는 _____를 침해한다.

04 The mayor took questions from the media at the news conference.
➡ 시장은 _____에서 기자들로부터 많은 질문을 받았다.

05 The cops have gathered information out of wiretaps.
➡ 경찰은 도청장치로 정보를 _____.

06 She just got started as a freelance reporter.
➡ 그녀는 _____ 기자로 막 시작했다.

07 A caption describes the picture above it.
➡ _____은 그 위에 있는 사진을 설명해주는 글귀다.

08 The Sunday edition has the most sections.
➡ 일요판에 _____이 가장 많다.

09 Newspapers daily run the horoscopes for the twelve signs.
➡ 신문에는 매일 12개의 별자리에 관한 _____이 게재된다.

10 The president was lambasted in an unflattering caricature.
➡ 노골적인 _____로 대통령을 비난했다.

11 The editorial attacked wasteful government spending.
➡ _____에서 정부의 과다 지출에 대해 비난했다.

12 I resent paying my license fee to read such poor content.
➡ 나는 그런 부실한 _____을 보려고 수신료를 지불한 것에 분개한다.

Reading V.O.C.A
246

13 Lifestyle magazines are often comprised mainly of photographs, but most economic or political publications involve thorough research.

▶ 생활 잡지는 종종 사진으로 구성되지만, 대부분의 경제나 정치에 대한 _____은 철저한 연구를 포함한다.

14 A debate can help young students better understand the important issues in our society.

▶ 토론을 통해 어린 학생들은 우리 사회의 중요한 _____들을 더 잘 이해할 수 있다.

15 According to public opinion, the council should pass the resolution.

▶ _____에 따라 의회에서는 그 결의안을 통과시켜야 한다.

16 The incumbent was leading in the latest polls.

▶ 그 현역의원이 최근 _____에서 선두를 달리고 있다.

17 The columnist was known for her observant wit.

▶ 그 _____는 예리한 관찰력의 기지로 사람들에게 알려져 있다.

18 She has subscribed to the magazine for the past twelve years.

▶ 그녀는 지난 12년간 그 잡지를 _____해왔다.

19 Circulation increases for the Sunday edition.

▶ 일요판은 _____가 증가하고 있다.

20 Advertisers pay more money to advertise on TV than in newspapers.

▶ 신문에 광고를 내는 것보다 TV에 광고를 내는 게 _____에게 돈이 더 든다.

21 The woman tried to sell her bike in the classified ads.

▶ 그 여자는 _____을 통해 자전거를 팔려고 했다.

**》》》 정답**

01. 일간지　02. 대중 매체　03. 출판의 자유　04. 기자회견　05. 수집했다
06. 프리랜서　07. 캡션　08. 섹션　09. 별점(오늘의 운세)　10. 풍자만화
11. 사설　12. 내용　13. 출판물　14. 이슈(사안)　15. 여론
16. 여론조사　17. 칼럼니스트　18. 구독　19. 발행부수　20. 광고주
21. (항목별) 광고란

Reading V.O.C.A
247

>>> Part 3 Daily Life
>>> Chapter 3 Mass Media

>>> Theme 058 **Broadcast**

The TV offers **a wide** variety of programming at the touch of a **remote control**. In addition to shows that are **broadcast** to the general public, there are also **networks** which are available through the purchase of **cable** or a **satellite dish**, thus providing literally hundreds of viewing options. The choices available **range from** the news **to comedy** programs. **Anchorpersons** and **correspondents report stories** of the up-to-the-minute developments from **far-flung** places around the globe. **Variety** shows may be **hosted** by an **ensemble cast featuring** a special **guest** star. Another program may be a **sitcom**, following the life and trials of a family or group of friends. On the flip side, the community of a town may be the focus of a **riveting** melodramatic **soap opera**. Once there was a time when **stations** went off **the air**, but now with cable networks there is an endless array of programs to keep a person **glued to** the **TV set** 24 hours a day.

>>> 해석

리모컨을 누르기만 하면 TV는 다양한 프로그램을 제공한다. 일반 대중에게 방송되는 쇼 외에도 케이블이나 인공위성방송 수신기를 구입함으로써 이용할 수 있는 방송망이 있는데 이는 말 그대로 수백 가지의 볼거리를 선택하게 만든다. 뉴스에서 코미디 프로그램에 이르기까지 선택할 수 있는 범위가 다양하다. 앵커들과 특파원들은 전 세계 멀리 떨어진 곳으로부터 최신 기사를 보도한다. 버라이어티 쇼는 특별 초대 스타와 함께 여러 사람들이 진행하기도 한다. 또 다른 프로그램으로 가족이나 친구들의 삶과 고난을 다루는 시트콤이 있다. 반면, 한 마을 공동체가 멜로드라마적인 연속극의 중심이 될 수도 있다. 한 때 방송국에서 방송을 중단하던 시절도 있었지만, 지금은 유선 방송망 덕택으로 하루 24시간 동안 TV 앞에 매달리게 할 정도로 아주 많은 프로그램들이 있다.

>>> 어구

literally 글자 그대로 up-to-the-minute 최신의 around the globe 전 세계적으로 trial 고난, 시련 on the flip side 반면에, 그 이면에 array of 줄지어 있는 것들

>>> 구문

- by an ensemble cast featuring a special guest star.
  출연진에 의해/ 특별 초대 스타가 출연한
- a sitcom following the life and trials of a family
  시트콤/ 가족의 삶과 고난을 다루는
- programs to keep a person glued to the TV set [keep 목적어 p.p]
  사람을 TV에 달라붙어 있게 하는 프로그램들

>>> Part 3 일상생활
>>> Chapter 3 매스미디어

>>> Theme 058 　방송 ▶

01 **variety** [vəráiəti] 다양(성), 여러 가지
- a variety show 버라이어티 쇼(노래·춤·촌극 등 여러 가지를 한꺼번에 보여 주는 쇼)
- a variety of 여러 가지의
- ⓥ vary 가지각색이다, 다르다, 변화하다
- ⓐ various 가지각색의, 다양한

02 **programming** [próuɡræmiŋ] 프로그램의 편성
- ⓝ program 프로그램, 진행표, 계획

03 **remote control** 리모컨, 원격조작
- ⓐ remote 먼, 멀리 떨어진, 원격의

04 **broadcast** [brɔ́ːdkæst] 방송; 방송하다
- be broadcast on television TV로 방송되다

05 **network** [nétwə̀ːrk] 방송망, 네트워크
- television network 텔레비전 방송국

06 **cable** [kéibl] 전선, 케이블, 전보
- cable network 유선 텔레비전 방송망

07 **satellite** [sǽtəlàit] 위성, 인공위성
- satellite dish (접시형) 위성 안테나
- satellite broadcasting 위성방송
- a satellite city 위성도시

08 **range from A to B** (범위가) A에서 B까지 이르다
- ⓝ range 범위, 한계

09 **comedy** [kɑ́mədi] 희극
- 관 sitcom 상황희극(=situation comedy)

10 **anchor** [ǽŋkər] 1. 보도담당 아나운서, 앵커
2. 닻, 고정장치; 정박시키다
- 관 anchorperson (성 중립적 명사) 앵커
  anchorwoman 여성 앵커

11 **correspondent** [kɔ̀ːrəspɑ́ndənt] 특파원

12 **report** [ripɔ́ːrt] 1. 보도하다, 전하다
2. 보고(서)
- ⓝ reporting 보도
- 동 cover 취재하다, (상세히) 보도하다

13 **story** [stɔ́ːri] 신문 기사, 이야기
- a cover story 표지 기사
- write a story 기사를 쓰다
- file a story 기사를 송고하다
- run[carry, publish] a story 기사를 싣다
- 관 exclusive 독점기사, 특종
  scoop (신문, 잡지의) 특종
  breaking news 뉴스속보

14 **far-flung** 광범위한, 멀리 뻗친
- 동 widespread 광범위하게 퍼진
- 관 far reaching 영향이 광범위한

15 **host** [houst] 1. (TV 프로그램의) 사회자(를 맡다)
2. (손님을 접대하는) 주인(역할을 하다, 주최하다)
- 반 guest 손님, (프로그램) 특별출연자
- 관 emcee/ M.C (미) 사회자, 진행자 (master of ceremonies)

16 **ensemble cast** 출연진
- 관 ensemble (주연 이외의) 공연자들; 합주

17 **feature** [fíːtʃər] 1. 출연하다,
2. 특집기사(로 다루다)
3. 특징(을 이루다); 이목구비
- 관 cast 배역을 정하다, 캐스팅을 하다

18 **riveting** [rívitiŋ] 매혹적인, 흥미진진한
- 동 enthralling/fascinating/captivating/
  enchanting/captivating 매혹적인

19 **soap opera** 멜로 드라마, 연속극
※ 연속극의 스폰서가 비누회사였던 것에서 유래
- 관 melodrama 통속극, 멜로드라마
  tearjerker 눈물을 짜내는 영화
  courtesy of ~의 제공으로, ~덕분에

20 **station** [stéiʃən] (라디오·TV) 방송국
- 관 tune into (채널을) ~에 맞추다
  stay tuned 채널을 고정하다

21 **the air** 방송
- go off the air 방송을 중단하다
- be off the air 방송이 중단되다
- be on the air 방송 중이다
- on air 방송중
- 관 sign off 방송을 끝내다

22 **be glued to** ~에 달라 붙어 있다
- be glued to the television screen TV 앞에 붙어 있다
- 관 couch potato 하루 종일 TV만 보는 사람

23 **TV set/television** 텔레비전 (수상기)
- 관 high-definition 고화질의(약. HD)
  resolution 해상도

>>> Part 3 Daily Life
>>> Chapter 3 Mass Media

>>> Theme 058 **Review Test**

01 **Variety shows** have decreased in popularity in favor of sitcoms.
➡ 시트콤 선호로 인해 _____의 인기가 떨어지고 있다.

02 The new channel TV will focus on educational **programming**, particularly documentaries about science and nature.
➡ 새로운 채널은 교육 _____, 특히 과학과 자연에 관한 다큐멘터리에 초점을 맞출 것이다.

03 The child spent the afternoon flipping channels with the **remote control**.
➡ 그 아이는 _____으로 채널을 여기저기 돌리며 오후를 보냈다.

04 The news **is broadcast** at 9:00 p.m. nightly.
➡ 뉴스는 매일 밤 9시에 _____.

05 Most **television networks** work with music companies to produce original soundtracks.
➡ 대부분의 _____들은 음반회사와 협업하여 오리지널 사운드트랙을 생산한다.

06 Shows on **cable networks** are much more risque than on the air.
➡ _____으로 상영되는 쇼는 공중파 방송보다 훨씬 더 외설적이다.

07 A **satellite dish** was needed to get the channel.
➡ 채널을 잡히게 하려면 _____가 필요하다.

08 Camels **range from** North Africa **to** Central Asia.
➡ 낙타는 북아프리카 _____ 중앙아시아 _____ 분포한다.

09 It is not easy to distinguish satire from **comedies**.
➡ 풍자와 _____을 구별하기는 쉽지 않다.

10 The **anchorperson** reported the top story of the day.
➡ _____는 그날의 가장 중요한 기사를 보도했다.

11 The news **correspondent** reported the story from Russia.
➡ 뉴스 _____은 러시아에서 기사를 전했다.

12 The woman was live on the scene with the **reporting**.
➡ 그 여자는 현장에서 생방송으로 _____하였다.

Reading V.O.C.A
250

| | |
|---|---|
| 13 The reporter covered the story as it happened. | ▶ 기자는 그 일이 발생했을 때 _____로 다뤘다. |
| 14 I realize that I have just outlined a very far-flung tour. | ▶ 나는 내가 매우 _____ 여행을 계획했음을 알고 있다. |
| 15 The former singer became the host of her own talk show. | ▶ 전에 가수였던 그녀는 토크쇼의 _____가 되었다. |
| 16 The movie features an ensemble cast including a lot of Hollywood stars, and is highly dependent upon special effects. | ▶ 이 영화는 많은 할리우드 스타를 포함한 _____이 등장하고 특수효과에 크게 의존한다. |
| 17 The show featured up-and-coming stars. | ▶ 그 쇼에는 새로이 떠오르는 스타들이 _____. |
| 18 Nick Morant tells the riveting story of how he survived a 1930's attack by a mother grizzly bear. | ▶ 닉 모란트는 1930년대에 있었던 엄마 회색곰의 공격에서 어떻게 살아남았는지 _____ 이야기를 들려준다. |
| 19 The soap operas generally follow the melodramatic lives in a small community. | ▶ 그 _____은 주로 작은 지역에서의 멜로드라마적인 삶을 소재로 한다. |
| 20 The transmitter went out, taking the station off the air. | ▶ 송신장치가 고장이 나서 _____은 방송을 중단했다. |
| 21 After fifteen years, the show went off the air. | ▶ 15년 후에 그 쇼는 _____. |
| 22 Today there are many people who are glued to the computer without a specific reason. | ▶ 오늘날에는 특정한 이유도 없이 컴퓨터 앞에 _____ 있는 사람들이 많다. |
| 23 The TV set had a high-definition screen with surround sound. | ▶ 그 _____은 서라운드 사운드에 고선명 화면을 갖추었다. |

>>> 정답

| | | | | |
|---|---|---|---|---|
| 01. 버라이어티 쇼 | 02. 프로그램 | 03. 리모컨 | 04. 방송된다 | 05. 텔레비전 방송국 |
| 06. 유선 텔레비전 방송망 | 07. 위성 안테나 | 08. 에서, 까지 | 09. 희극 | 10. 앵커 |
| 11. 특파원 | 12. 보도 | 13. 기사 | 14. 광범위한 | 15. 사회자 |
| 16. 출연진 | 17. 출연했다 | 18. 흥미진진한 | 19. 연속극 | 20. 방송국 |
| 21. 방송을 중단했다 | 22. 달라붙어 | 23. 텔레비전 | | |

>>> Part 3 Daily Life
>>> Chapter 3 Mass Media

## Theme 059  Web site

We have often heard the term **portal**[01] and **website**[02]. Both of them are sometimes used interchangeably. However, there is a difference between the two. Let's find out all about portals and websites.

A website is a set of related **web pages**[02] containing content, such as **text**[03], images, video, audio, etc. A website is **hosted**[04] on at least one web **server**[05], **accessible via**[06][07] a network such as the **Internet**[08] or a private **local area network**[09] through an **Internet address**[08] known as a Uniform Resource Locator(URL). All publicly accessible websites **collectively**[10] **constitute**[11] the **World Wide Web**[02]. A webpage is a document, typically written in plain text **interspersed**[12] with formatting instructions of Hypertext Markup Language(HTML). Webpages are **accessed**[06] and **transported**[13] with the Hypertext **Transfer Protocol**[14][15](HTTP), which may optionally **employ**[16] **encryption**[17](HTTP Secure, HTTPS) to provide **security**[18] and **privacy**[18] for the user of the webpage content. The user's **application**[19], often a web **browser**[20], **renders**[21] the page content according to its HTML markup instructions onto a **display**[22] **terminal**[23].

A web portal is a web site that brings information from diverse sources in a unified way. Usually, each information source gets its dedicated area on the page for displaying information; often, the user can **configure**[24] which ones to display. A portal finds the information for the user whereas on a website the user has to search for it. A portal displays all the content in one place while information is usually **dispersed**[12] across a website.

---

>>> 해석

우리는 자주 포털과 웹사이트라는 용어를 들어왔다. 두 용어는 때때로 상호 교환적으로 쓰인다. 그러나 두 용어에 차이점이 존재한다. 그럼 포털과 웹사이트의 모든 것에 대해 알아보자.
웹사이트는 텍스트, 이미지, 영상, 음성 등과 같은 콘텐츠를 포함하고 있는 연관된 웹 페이지의 한 세트이다. 웹사이트는 자원 위치 표시자(URL)로 알려진 인터넷주소를 통해 인터넷이나 개인용 근거리통신망 같은 네트워크를 경유하여 접근할 수 있는 최소한 하나의 웹 서버에서 관리되고 있다. 공공연히 접근할 수 있는 웹사이트들 전체는 월드 와이드 웹을 구성하고 있다. 웹페이지는 하이퍼텍스트 마크업 언어(HTML)로 형성된 명령어들로 배치된 대체적으로 평이한 문자로 쓰인 문서이다. 웹페이지는 하이퍼텍스트 전송 규약(HTTP)으로 접근과 전송이 이루어지며, 그것은 임의로 웹페이지 콘텐츠의 이용자들을 위한 보안과 프라이버시를 제공하기 위해 선택적으로 암호화할 수 있다. 종종 웹브라우저 같은 이용자의 응용프로그램은 웹페이지의 HTML 문서표시명령에 따라 페이지의 내용을 시각표시출력장치로 보낸다.
웹 포털 사이트는 통일된 방식으로 다양한 출처로부터 정보를 가져온 하나의 웹사이트이다. 대개 각기의 정보는 정보의 진열을 위해 페이지 상에 전용 영역을 가지고, 종종 이용자들은 보여지는 것들을 설정할 수 있다. 포털은 이용자에게 정보를 찾아주는 반면에 웹사이트에서는 이용자가 직접 정보를 찾아야 한다. 웹사이트에서는 정보가 여기저기에 흩어져 있는 반면, 포털은 한 곳에서 모든 콘텐츠를 보여준다.

>>> 어구

**interchangeably** 상호교환적으로  **at least** 적어도  **Uniform Resource Locator(URL)** 인터넷 웹주소  **instruction** 지시, 명령  **Hypertext Markup Language(HTML)** 인터넷망에서 정보검색 등에 사용되는 컴퓨터 언어  **typically** 대체적으로  **optionally** 임의로, 선택적으로  **find B for A** A에게 B를 찾아주다  **dedicated area** 전용 영역

>>> Part 3 일상생활   >>> Chapter 3 매스미디어

>>> Theme 059   **웹 사이트** ▶

01 **portal** [pɔ́:rtl] 1. 포털 (사이트)
2. (건물의 웅장한) 정문[입구]
• portal site 포털 사이트

02 **Web site/website/site** 웹사이트
관 web page 인터넷에 공개된 웹 페이지
World Wide Web 월드 와이드 웹[WWW]

03 **text** [tekst] 1. 본문, 글, 문서
2. (휴대전화로) 문자를 보내다
• text message 문자 메시지

04 **host** [houst] 1. (웹사이트를) 관리하다
2. (네트워크의) 중앙컴퓨터

05 **server** [sə́:rvər] 서버, 데이터를 제공하는 컴퓨터
관 client 서버로부터 정보를 받는 컴퓨터

06 **accessible** [æksésəbl] 접근(이용)하기 쉬운
ⓥ access 통로, 접근하는 길
동 approachable 접근할 수 있는

07 **via** [váiə, ví:ə] ~ 경유하여, ~을 통하여

08 **Internet** [íntə:rnet] 인터넷(전 세계의 컴퓨터를 연결하는 거대한 컴퓨터 통신망)
• Internet address 인터넷주소
관 domain 인터넷 주소, 도메인
DNS 도메인 이름 서비스(domain name service)

09 **local area network** 근거리 통신망 [LAN]
• wireless LAN 무선 근거리통신망[WLAN]
• bluetooth 블루투스(휴대전화나 PC 등의 기기 간 무선 데이터 통신 기능)

10 **collectively** [kəléktivli] 전체적으로, 총괄하여
ⓐ collective 집합적인, 집단의

11 **constitute** [kɑ́nstitjù:t] ~을 구성하다, 이 되다
ⓝ constitution 구성; 체질; 헌법

12 **intersperse** [ìntərspə́:rs] ~사이에 배치하다
관 disperse 흩어지게 하다, 퍼뜨리다

13 **transport** [trænspɔ́:rt] 수송(하다), 옮기다
ⓝ transportation 교통(수송) 수단

14 **transfer** [trænsfə́:r] 1. (파일의) 전송; 이전
2. 옮기다, 이동(전송)하다
3. 갈아타다, 양도하다, 전학하다

15 **protocol** [próutəkɔ̀:l] 1. 통신규약, 프로토콜
2. 외교 의례; (조약) 초안
• Hypertext Transfer Protocol 하이퍼텍스트 전송 규약 [HTTP]

16 **employ** [implɔ́i] 1. (기술·방법·시간을) 쓰다, 이용하다
2. 고용하다

17 **encryption** [inkrípʃən] (컴퓨터) 암호화
ⓥ encrypt ~을 암호화하다
동 encode 부호화하다, 암호화하다
↔ decode (암호를) 해독하다

18 **security** [sikjúərəti] 보안, 경비; 담보, 보장
ⓐ secure 안전한, 안심하는
관 privacy 사생활, 프라이버시

19 **application** [æ̀pləkéiʃən] 1. 응용 프로그램
(약어: app, 앱, 어플)
2. 지원(서); 적용, 응용
• smartphone application 스마트폰 어플

20 **browser** [bráuzər] (인터넷) 브라우저
※ 인터넷 검색·열람을 위한 프로그램
ⓥ browse 대강 훑어보다; (쇼핑몰에서) 구경하다

21 **render** [réndər] 1. 주다, 제공하다, 제출하다
2. 연주(연기, 번역)하다
3. (어떤 상태가 되게) 만들다
ⓝ rendering 연출, 연주, 번역

22 **display** [displéi] 1. (정보를) 보여주다
2. 전시(진열)하다
• liquid crystal display[LCD] 액정 표시장치
• light-emitting diode[LED] 발광다이오드

23 **terminal** [tə́:rmənl] 1. 컴퓨터 단말기, 단자
2. (버스) 터미널, 종점
• video display terminal 영상 표시 장치

24 **configure** [kənfígjər] (컴퓨터의) 환경을 설정하다
ⓝ configuration (컴퓨터) 환경 설정; 배열

Reading V.O.C.A
253

>>> Part 3 Daily Life
>>> Chapter 3 Mass Media

## >>> Theme 059 Review Test

01 The scene shocked viewers, who flooded the station's Web site and Internet portals with complaints.
➡ 그 장면에 시청자들은 충격을 받았고, 방송사 홈페이지와 인터넷 _____ 에 불만 글이 쇄도했다.

02 The materials related to the textbook and services are available on our Web site.
➡ 이 교재와 관련된 자료와 서비스는 저희 _____ 에서 이용하실 수 있습니다.

03 There are few errors in the text.
➡ _____ 에 오자는 거의 없다.

04 The Web site was hosted by Scotland On-Line and is now closed.
➡ 그 웹 사이트는 스코틀랜드 온라인에서 _____ 했지만, 지금은 폐쇄되었다.

05 By accessing the server, clients are then able to reach shared files and information saved on the serving computer.
➡ _____ 에 접속함으로써, 클라이언트 컴퓨터는 파일을 공유하고 정보를 서버 컴퓨터에 저장할 수 있다.

06 The Internet is the largest and most accessible form of mass media available today.
➡ 인터넷은 오늘날 가장 광범위하고 _____ 대중매체이다.

07 Some information is available via the Internet.
➡ 어떤 정보는 인터넷을 _____ 얻을 수 있다.

08 If you use the Internet wisely, it can be helpful in many ways.
➡ _____ 을 현명하게 사용한다면, 여러 면에서 유용할 수 있다.

09 Since installing the Local Area Network, we have seen increases in both communication and productivity.
➡ _____ 을 설치한 이후로 의사소통과 생산성이 모두 증가했다.

10 Rights exist only if we collectively agree to grant such rights.
➡ 권리는 오직 우리가 그러한 권리를 주는 것에 _____ 동의를 할 때에만 존재한다.

11 If a group of people have nothing in common, they cannot constitute a nation.
➡ 한 무리의 사람들이 공통점이 전혀 없다면, 그들은 국가를 _____ 할 수 없다.

12 These blocks are interspersed with beautiful gardens containing rare species of flowers.
➡ 희귀종 꽃을 갖춘 아름다운 정원들 _____ 에 이러한 블록들이 있다.

13 Iron helps red blood cells transport oxygen throughout the body.
➡ 철은 적혈구가 온몸에 산소를 _____ 하도록 돕는다.

¹⁴ This manual describes how you can easily transfer phone numbers from the old cell phone to your new one.

▶ 이 설명서에는 예전 폰에서 새로 산 폰으로 쉽게 전화번호를 _____ 방법을 자세히 설명해준다.

¹⁵ IP stands for Internet Protocol, which is a system used to send data over computer networks and the Internet.

▶ IP는 인터넷 _____의 약어로, 컴퓨터 네트워크와 인터넷에서 데이터를 전송하는 시스템이다.

¹⁶ Archaeologists employ new technique for discovering ancient human settlements.

▶ 고고학자들은 고대 인간의 정착지를 발굴하기 위해 새로운 기술을 _____.

¹⁷ Encryption is a means of encoding data so that only someone with the proper key can decode it.

▶ _____는 알맞은 암호의 열쇠를 가진 사람만이 그것을 _____할 수 있도록 데이터를 부호화하는 수단이다.

¹⁸ The best way to improve online security is to upgrade your software frequently.

▶ 온라인상의 _____을 향상시키는 가장 좋은 방법은 수시로 소프트웨어를 업그레이드하는 것이다.

¹⁹ You have requested an operation that is not supported by this application.

▶ 이 _____에서 지원되지 않는 작업을 요청했습니다.

²⁰ Internet Explorer currently accounts for around 65 percent of web browsers in use.

▶ 인터넷 익스플로러는 현재 웹 _____ 이용에 있어 약 65%를 차지한다.

²¹ The scientist rendered a report on the climate change.

▶ 그 과학자는 기후변화에 대한 보고서를 _____.

²² There are a lot of computer screens displaying information from around the world.

▶ 세계 곳곳의 정보를 _____ 많은 컴퓨터 스크린이 있다.

²³ A computer has a few USB slots to connect various terminals.

▶ 컴퓨터에는 다양한 _____를 연결하기 위한 몇 개의 USB 슬롯이 있다.

²⁴ You will need to restart this application to properly configure your computer.

▶ 컴퓨터를 제대로 _____하려면 이 응용프로그램을 다시 시작해야 합니다.

### 〉〉〉 정답

| | | | | |
|---|---|---|---|---|
| 01. 포털사이트 | 02. 웹사이트 | 03. 본문 | 04. 관리 | 05. 서버 |
| 06. 접근(이용)하기 쉬운 | 07. 통해서 | 08. 인터넷 | 09. 근거리 통신망(LAN) | 10. 전체적으로 |
| 11. 구성 | 12. 사이사이 | 13. 운반 | 14. 옮기는 | 15. 프로토콜(통신규약) |
| 16. 이용한다 | 17. 암호화, 해독 | 18. 보안 | 19. 응용 프로그램 | 20. 브라우저 |
| 21. 제출했다 | 22. 보여주는 | 23. 단말기 | 24. 설정 | |

>>> Part 3 Daily Life

**Chapter 4 Communications**

## >>> Theme 060 Phone

The **telephone**[01] system is perhaps one of the most useful pieces of communications **device**[02] since its inception in 1877 until now. Telephone can bridge the **gap**[03]. Even if people are apart by distance, they can still be in close **contact**[04] through communications. Although the telephone was invented aeons ago, it is still very **useful**[05] and **commonly**[06] used until now, and mind you, it evolved into a more powerful and **versatile**[07] piece of communications **instrument**[02]. The telephones now morphed to **smart phony**[08], **mobile**[09], **portable**[10] and most of all versatile. The smart phones, which their names imply, are now packed with awesome features which can bring **comfort**[11], **convenience**[12] and joy to the users, aside from of course talking with the other people or sending and receiving **text**[13] messages. The smart phones allow you to access the popular **social networking sites**[14] such as the Twitter and Facebook. This new vogue in the communications systems can pick up **signals**[15] from radio stations, play MP3 music and video clips, and enables you to have fun with **down-loadable**[16] games. The functions of the smart phones are enormous and they are growing as times goes by.

### >>> 해석

전화 시스템은 1877년 시작된 이래부터 현재까지 아마도 가장 유용한 통신수단 중 하나일 것이다. 전화는 간격을 메울 수 있다. 심지어 사람들이 멀리 떨어져 있을 때에도 통신을 통해 긴밀한 연락을 유지할 수 있다. 전화가 발명된 지 수많은 시간이 흘렀음에도 불구하고 현재까지 여전히 매우 유용하며 널리 사용되고 있다. 그것은 보다 강력하고 다재다능한 통신 수단으로 진화하고 있다. 전화기는 이제 이동하기 쉽고 휴대할 수 있는, 무엇보다도 다재다능한 스마트폰으로 바뀌었다. 이름이 암시하듯 다른 사람들과 얘기하고 문자 메시지를 주고받는 것을 제외하고서도 스마트폰은 이제 이용자들에게 편안함과 편리성, 그리고 즐거움을 가져다주는 경탄할 만한 특징들로 채워져 있다. 스마트폰들은 트위터나 페이스북 같은 인기있는 소셜네트워킹사이트로 접근하는 수단을 가지고 있다. 이 통신시스템에서의 새 유행품은 라디오를 들을 수 있고, MP3 음악이나 동영상을 재생할 수 있으며, 내려받을 수 있는 게임으로 즐거운 시간을 보낼 수 있게 해준다. 스마트폰의 기능들은 어마어마하며 시간이 지날수록 그 기능이 많아지고 있다.

### >>> 어구

**inception** 시작, 개시  **bridge** (공백을) 메우다  **aeon** 무한히 긴 시기  **evolve** 진화하다, 발전하다  **morph** 변하다, 바뀌다  **imply** 암시하다  **awesome** 엄청난, 훌륭한  **Twitter** 트위터(미국의 유명 소셜 네트워크 서비스)  **Facebook** 페이스북(미국의 유명 소셜 네트워크 서비스)  **vogue** 유행, 유행품  **pick up** 입수하다  **enormous** 어마어마한, 거대한  **as times goes by** 시간이 갈수록

### >>> 구문

- **aside from (of course) talking with the other people** ~ [삽입]
  (물론) 다른 사람들과 얘기하는 것은 제외하고서도

- **allow you to access the popular social networking / enables you to have fun**
  당신이 유명한 소셜 네트워킹에 접속하도록 해주다 / 당신이 즐길 수 있게 해주다

>>> Part 3 일상생활

# Chapter 4 의사표현

>>> Theme 060　전화 ▶

01 **telephone** [téləfòun] 전화(를 걸다), 전화기
- pick up the telephone 수화기를 들다
- hang up the telephone 수화기를 내려놓다
- tap a telephone 전화기를 도청하다
- ⓝ telephony 전화 통신 (기술)

  동 phone 〈구어〉 전화, 수화기
  관 phone call 통화, 전화를 걺
  　　public phone/pay phone 공중전화
  　　phone booth 공중전화부스
  　　phone book 전화번호부
  　　be on the phone 전화를 받고 있다
  　　pick up the phone 전화를 받다
  　　hang up the phone 전화를 끊다

02 **device** [diváis] 기계적 장치, 기기
  동 instrument 기구, 기계, 악기; 수단

03 **gap** [gæp] 틈, 간극, 간격; 격차
- bridge the gap 간격을 메우다
- close[narrow] a gap 간격·격차를 줄이다
- generation gap 세대 차이

04 **contact** [kántækt] 접촉, 교신; 연락하다
- get in contact with ~와 연락하다
- lose contact with ~와 연락이 끊기다

05 **useful** [júːsfəl] 유용한, 쓸모있는

06 **commonly** [kámənli] 보통, 일반적으로
- be commonly used 흔히 쓰이다

07 **versatile** [vɔ́ːrsətl] 다용도의; 다재다능한
- a versatile instrument 만능도구

08 **smart phone** 스마트폰

  관 feature phone 스마트폰 전 단계의 휴대폰
  　　pay phone 공중전화
  　　entry phone 현관 인터폰
  　　PDA (personal digital assistant) 개인 휴대용 정보 단말기

09 **mobile** [móubəl, -bail] 이동하기 쉬운
- mobile phone 휴대전화
  = cellphone / cellular phone

10 **portable** [pɔ́ːrtəbl] 휴대용의
- a portable computer 휴대용 컴퓨터

11 **comfort** [kʌ́mfərt] 위안, 위로, 편안함
- ⓐ comfortable 쾌적한, 편안한, 기분 좋은
  ↔ uncomfortable 불편한

12 **convenience** [kənvíːnjəns] 편의, 편리한 물건
- ⓐ convenient 편리한, 형편이 좋은

13 **text** [tekst] 1. (휴대전화로) 문자를 보내다
　　　　　　　 2. 문장, 문서, 본문
- text message 휴대폰 문자
- send a text message 문자를 보내다
- receive a text message 문자를 받다

14 **Social Network Service** [SNS]
인터넷으로 인적 네트워크를 형성할 수 있도록 해주는 서비스
- social networking site 소셜네트워킹사이트

15 **signal** [sígnəl] 1. 신호, 전파
　　　　　　　 2. 신호를 보내다
- television signals 텔레비전 전파
- send out[transmit] a signal 신호를 보내다
- pick up[receive] a signal 신호를 받다

16 **download** [dáunlòud] 다운로드, (파일을) 내려받기(하다)
- downloadable 다운로드할 수 있는

  관 upload (파일을 웹상에) 올리다

■ 전화관련 용어
answering machine 자동응답기
give somebody a call[ring, buzz] ~에게 전화하다
get through to ~에게 전화가 연결되다
collect call 수신자 요금 부담 전화
toll-free phone number (기업의) 무료전화
country code 국가 번호
local call 시내 전화
long distance call 장거리 전화
overseas call 국제 전화
extension number (회사 내) 내선번호
operator 교환원
phone bill 전화 요금 고지서
white pages 개인별 전화번호부
yellow pages 업종별 전화번호부

Reading V.O.C.A
257

>>> Part 3 Daily Life
>>> Chapter 4 Communications

>>> Theme 060 **Review Test**

01 Each month the phone bill detailed the time, date and length of each phone call.
➡ 매달 전화 요금 고지서에는 각각의 _____ 의 시각, 날짜, 사용 시간이 적혀 있다.

02 Some airlines limit the use of portable electronic devices on airplanes.
➡ 일부 항공사는 기내에서 휴대 전자 _____ 의 사용을 제한한다.

03 The new device is expected to help close the gap between the deaf and hearing worlds.
➡ 이 새로운 기기가 청각장애인과 정상인 간의 _____ 데 도움을 줄 것으로 예상된다.

04 If you have any further questions, please contact me.
➡ 다른 문의 사항이 있으시면 저에게 _____.

05 Einstein invented many tools that were very useful for everyone.
➡ 아인슈타인은 모든 사람에게 매우 _____ 많은 도구를 발명했다.

06 GPS(Global Positioning System) is commonly used by automobiles, boats, and other vehicles.
➡ GPS(위성 위치 확인 시스템)는 자동차, 보트, 그리고 다른 운송 수단에서 _____.

07 Cell phones are rapidly becoming more versatile and less expensive.
➡ 휴대 전화는 급속도로 용도가 더 _____ 하고 저렴해지고 있다.

08 A smartphone is a mobile phone built on a mobile operating system, with more advanced computing capability and connectivity than a feature phone.
➡ _____ 은 모바일 운영체제를 장착한 휴대용 전화로서 피처폰보다는 진보된 연산능력과 접속성을 가지고 있다.

09 Please feel free to call me on my mobile phone.
➡ 부담가지지 마시고 제 _____ 로 전화주세요.

10 A tablet PC is a portable personal computer with a touch screen.
➡ 태블릿 PC는 터치스크린을 사용하는 _____ 개인 컴퓨터이다.

11 The keyboard and mouse are designed primarily for comfort.
➡ 키보드와 마우스는 _____ 을 우선으로 고안된다.

12 Just drop by at your convenience.
➡ _____ 시간에 들르세요.

Reading V.O.C.A
258

¹³ I received a text message from a friend.

▶ 나는 친구로부터 _____를 받았다.

¹⁴ Twitter, a social networking service, allows users to post their latest updates called 'tweets'.

▶ _____ 중 하나인 트위터는 이용자가 'tweets'라 불리는 최신 업데이트를 게재하도록 해준다.

¹⁵ A swimmer starting before the starting signal shall be disqualified.

▶ 출발 _____ 전에 출발하는 수영선수는 실격처리된다.

¹⁶ With a little bit of effort, you can easily download free mobile phone games and apps to your device.

▶ 조금만 노력하면, 무료 모바일폰용 게임과 앱을 쉽게 기기에 _____ 수 있다.

>>> 정답

01. 통화　02. 기기　03. 격차를 줄이는　04. 연락하세요　05. 유용한
06. 흔히 쓰인다　07. 다양　08. 스마트폰　09. 휴대전화　10. 휴대용
11. 편안함　12. 편리한　13. 문자 메시지　14. 소셜 네트워킹 서비스(SNS)　15. 신호
16. 내려받을

Reading V.O.C.A
259

>>> Part 3 Daily Life        >>> Chapter 4 Communications

## >>> Theme 061 Postal Service

When sending a **correspondence** through the **mail**, it is important that the sender take several precautions. First, it is necessary that the **envelope** be carefully **addressed**. The **addressee** should be properly referred to by title, for example, Dr. Jane O'Neil. If the correspondence is being sent to someone via another person, the **recipient's** name should be written on the first line. The second line should have the name of the person who is handling the mail, e.g. **c/o** Michael Arrington. Another option is writing to a large organization and writing **Attn.** or **Attention** followed by the name of the contact to whom the information should go. Often streets have the same name, so it is necessary to specify whether the addressee is on an **avenue**, **street drive**, or **boulevard**. Anytime the address is substituted for a **post office box (P.O. Box)**, the sender should be certain to write the correct number. Second, in case the **package** gets lost or the person no longer lives at the address, the **return address** should be written in the top left corner. Third, to make sure that **fragile** materials arrive at their **destination** in one piece, it is wise to write "**handle with care**" in bold letters. Lastly, if the package needs to be **delivered** before a deadline, **courier** services, such as DHL or Federal **Express**, are quick and efficient options.

>>> 해석

우편으로 편지 왕래를 할 때 보내는 사람은 몇 가지를 조심하는 게 좋다. 먼저 봉투에 주소를 신중히 쓸 필요가 있다. 수신인 이름은 Dr. Jane O'Neil과 같이 직함으로 정확하게 써야한다. 편지가 다른 사람을 거쳐 전해진다면 수취인의 이름이 첫 줄에 쓰여야 한다. 둘째 줄에는 'Michael Arrington씨 댁'과 같이 우편물을 다루는 사람의 이름이 쓰여야 한다. 또 하나는 큰 단체에 편지를 쓰는 경우인데 연락을 주고받고자 하는 사람의 이름 앞에 Attn.이나 Attention을 써야 한다. 종종 같은 이름을 가진 거리명이 있기 때문에 수신인의 주소가 avenue, street, drive, boulevard 중 어디인지 정확히 명시할 필요가 있다. 주소가 사서함으로 대체되면 항상 보내는 사람은 정확한 숫자를 썼는지 확인해야 한다. 둘째로, 소포가 분실되는 경우나 사람이 더 이상 그 주소에 살고 있지 않은 경우에 대비하여 왼쪽 상단 구석에 발신인 주소를 써야 한다. 셋째, 깨지기 쉬운 물건이 깨지지 않고 보내고자 하는 곳에 도착하도록 확실히 하기 위해서는 굵은 글씨로 '취급 주의'라고 쓰는 것이 현명하다. 마지막으로 소포가 마감 시간 전에 배달되어야 한다면 DHL이나 Federal Express와 같은 속달 서비스를 선택하면 빠르고 능률적일 것이다.

>>> 어구

take precautions 예방조치를 취하다, 조심하다  via ~을 거쳐  specify 구체적으로 명시하다  be substituted for ~으로 대체되다  efficient 능률적인

>>> 구문

- it is important that the sender take several precautions. [가주어 it]
  보내는 사람이 몇 가지 주의를 하는 것이 중요하다.
- so it is necessary to specify whether the addressee is on ~
  따라서 수취인이 ~인지 명시하는 것이 필수적이다
- to make sure that ~
  ~을 확실히 하기 위해서

>>> Part 3 일상생활  >>> Chapter 4 의사표현

>>> Theme 061 **우편 업무** ▶

01 **Postal Service** 우편 업무
- postal code/ zip code 우편번호
- ⓝ post 우편, 우편물
- post office 우체국
- parcel post 소포 우편
- postcard 엽서
- postage 우편요금

  [관] postman〈영〉/mailman〈미〉 우체부
  mail carrier/letter carrier 우체부

02 **correspondence** [kɔ̀ːrəspándəns] 1. 편지 왕래
2. 통신문; 일치, 상당
- ⓝ correspondent 통신자, 특파원
- ⓥ correspond 서신 왕래하다

03 **mail** [meil] 우편, 우편물
- by mail 우편으로
- certified mail 배달증명 우편
- registered mail 등기우편
- priority mail 속달 우편
- forward mail 우편물을 보내다
- reply by return mail 답장하다
- incoming mail 받는 우편물
- outgoing mail 보내는 우편물

  [통] e-mail 이메일
  mailbox 우편함
  junk mail 광고 우편물

04 **envelope** [énvəlòup] 봉투
- seal (up) the envelope 봉투를 봉하다

  [혼] envelop 감싸다, 뒤덮다
  [관] stamp 우표
  postmark 소인
  letterhead 회사 로고가 찍힌 편지지
  Personal/Confidential 친전
  = To be opened by addressee only
  enc. 동봉물(enclosed material)
  postscript 추신 (약: P.S.)

05 **address** [ədrés] 1. (우편물 등의) 주소
2. 주소를 쓰다
3. 연설하다, 말을 걸다
- return address 발신인 주소, 반송 주소
- forwarding address 전송 주소
- ⓝ addressee 수취인

06 **recipient** [risípiənt] 수령인, 수취인
- ⓝ receipt 영수증(을 발행하다)
  reception 수령; 접수; 환영회

07 **c/o** (편지 겉봉에 ...를 거쳐서) ...씨댁 (in care of의 줄임말)

08 **Attention/Attn.** (회사·관청 등에) ~ 앞으로
- Attention Mr. Kim 김선생님 앞

09 **Avenue/Ave.** [ǽvənjùː] (가로명) ...가(街)
- 미국 도시에서 가로세로로 교차하는 도로의 한쪽은 Avenue, 다른 쪽은 Street(약: St.)

  [통] drive (가로명) ...거리(약: Dr.)
  Boulevard (가로명) 대로(약: Blvd.)
  Building 건물 (약: Bldg.)

10 **post office box (P.O. Box)** 사서함(약자: POB, P.O.B.)
  ※ 우체국에 설치된 가입자 전용의 우편물함

11 **package** [pǽkidʒ] 소포
  [통] parcel/bundle 꾸러미, 소포

12 **fragile** [frǽdʒəl] 깨지기 쉬운
- Fragile. Handle with care. 깨지기 쉬움, 취급주의
  [통] breakable/vulnerable 깨지기 쉬운
  [관] perishable 부패하기 쉬운

13 **destination** [dèstənéiʃən] 보낼 곳, 도착지
  [관] destiny 운명, 숙명

14 **deliver** [dilívər] 1. 배달하다, 송달하다
2. 연설하다, 말하다; 분만하다
- ⓝ delivery 배달, 송달; 연설, 출산
- delivery charge 운송요금

15 **courier** [kə́ːriər] 배달인, 택배 회사
- courier service 속달 서비스, 택배 회사

16 **express** [iksprés] 속달편, 급행; 운송회사
- express delivery 특급운송
  [통] dispatch 급송
  [관] air freight 항공운송
  land carriage 육상운송
  freight/cargo 화물
  invoice 송장

>>> Part 3 Daily Life    >>> Chapter 4 Communications

## >>> Theme 061 Review Test

01 The Postal Services of the city were temporarily paralyzed because of a labor shortage.
➡ 그 도시의 _____가 인력부족으로 인해 일시적으로 마비되었다.

02 The format for a business correspondence differs from that of a personal letter.
➡ 업무상의 _____ 형식은 개인의 서신 형식과는 다르다.

03 The customer received the documents via certified mail.
➡ 그 고객은 _____으로 서류를 받았다.

04 The writer sealed the envelope carefully.
➡ 편지를 쓴 사람은 _____를 조심스럽게 봉했다.

05 The zip code helps to specify the location of the address.
➡ 우편번호는 _____의 위치를 명확히 해 준다.

06 Recipients are able to use the text messaging services from the delivery company.
➡ _____은 택배회사에서 제공하는 문자메시지 서비스를 이용할 수 있다.

07 The letter was sent c/o Nicole Gardner.
➡ 그 편지는 Nicole Gardner_____으로 보내졌다.

08 The box was marked "Attention: Mr. Kim."
➡ 그 상자에는 "김 선생님 _____" 이라고 쓰여 있었다.

09 The house was on Olney Ave.
➡ 그 집은 Olney_____에 있었다.

10 P. O. Boxes maintain the anonymity of the holders.
➡ _____은 소유자의 익명성을 유지한다.

11 The postal clerk weighed the package to be mailed.
➡ 우체국 직원은 부칠 _____의 무게를 달았다.

12 The vase was carefully wrapped inside of a box marked "Fragile. Handle with Care!"
➡ '_____, _____'라고 쓰여 있는 상자 안에 꽃병이 조심스럽게 싸여 있었다.

¹³ When he arrived at his destination, he found that his camera had vanished.
▶ 그는 _____에 도착했을 때, 카메라가 사라졌다는 것을 깨달았다.

¹⁴ We will make every effort to deliver your goods within the time stated on our website, but we will not be liable for any loss caused to you by late delivery.
▶ 저희는 웹사이트에 명시된 시간 내에 주문하신 물품을 _____ 해드리기 위해 최선을 다하고 있습니다. 하지만, 배송지연으로 인해 귀하에게 발생하는 손실에 대해서는 어떠한 책임도 지지 않습니다.

¹⁵ In order to get the papers there in time, they were sent via a courier service.
▶ 서류가 제때에 거기에 도착하도록 하기 위해서 _____를 통해 서류를 보냈다.

¹⁶ To insure that the package would arrive by the next day, it was sent by express mail.
▶ 소포가 그 다음 날까지 확실히 도착하도록 하기 위해 _____ 우편으로 보내졌다.

>>> 정답

01. 우편 업무    02. 통신문    03. 배달 증명 우편    04. 봉투    05. 주소
06. 수취인    07. 씨댁    08. 앞    09. 가(街)    10. 사서함
11. 소포    12. 깨지기 쉬움, 취급 주의    13. 목적지    14. 배달    15. 속달 서비스
16. 속달

>>> Part 3 Daily Life  >>> Chapter 4 Communications

## >>> Theme 062  Request & Favor

There are common **courtesies**[01] that must be done when **getting in touch with**[02] someone to ask **favor**[03]. Instead of jumping onto the subject, the first step is to **chat about**[04] small non-related items. Talking about the weather is a time honored safe subject. Excellent starter topics also include asking about the person's health, family, work or hobbies. After **bringing up**[05] an appropriately transitional issue, the issue can be **addressed**[06] by showing the relationship between an apparently unrelated topic. To **broach**[07] the topic, one can say "**By the way**[08]" or "**Speaking of**[08]" and then **launch into**[09] the subject. When **detailing**[10] the situation for which advice is desired, give all the facts without **exaggerating**[11] or **making a mountain out of a molehill**[11]. After finishing the **monologue**[12] of facts and **concerns**[13], try to **encourage**[14] a **dialogue**[12] by encouraging the person to speak and ask questions about the **situation**[15]. If the person needs more time to consider the **circumstances**[15] before offering advice, ask the person when would be a good time to **touch base with**[16] him on the issue. Next, you should tell the person to **have a good day**[17] and **say goodbye**[18].

>>> 해석

부탁을 하러 누군가에게 연락을 취할 때는 지켜야 할 일반적인 예의범절이 있다. 바로 본론에 들어가기보다는 그 문제와는 관련이 없는 사소한 일들에 대해 이런저런 이야기를 나누는 것이 그 첫 단계이다. 날씨에 관한 이야기는 어느 때를 막론하고 안전한 대화 주제이다. 상대방의 건강, 가족, 일, 취미에 관한 것 역시 대화를 시작하는 데 훌륭한 이야깃거리이다. (대화를 시작할 때에 필요한) 거쳐 가는 얘기를 적절하게 먼저 한 후에 분명히 관련이 없어 보이는 쟁점들 간의 관련을 들어냄으로써 본론을 이야기할 수 있다. 그 문제를 꺼집어내기 위해서, 말하는 사람은 "그런데 말이야~" 혹은 "~에 관해서 말인데" 등으로 시작하여 본론에 들어갈 수 있다. 상황을 자세히 설명하여 충고를 얻고자 할 때는 모든 사실을 과장이나 허풍 없이 말해야 한다. 정황과 우려되는 점에 대해서 먼저 혼자 말한 후에 상대방이 말을 하도록 유도하고 그 상황을 어떻게 생각하는지에 대한 질문을 함으로써 대화를 이끌어가도록 노력해야 한다. 상대방이 만약 충고하기 전에 생각해 볼 시간이 필요하다고 하면 그 문제에 대해 언제 다시 연락하면 좋겠냐고 물어보라. 그런 다음 좋은 하루를 보내라고 하면서 작별 인사를 해야 한다.

>>> 어구

time honored 예로부터, 전통 있는  appropriately 적절하게  transitional 과도적인  apparently 보기에, 분명히  unrelated 관련이 없는

>>> 구문

- give all the facts without exaggerating ~ [명령형]
  과장없이 모든 사실을 말하라
- try to encourage a dialogue ~
  대화를 부추기려 하여라
- ask the person when would be ~
  언제가 ~일지 물어보라

>>> Theme 062   요청과 부탁 ▶

01 **courtesy** [kə́ːrtsi] 1. 예의, 정중함
                       2. 예의상의, 서비스의
  - It is common courtesy to ~하는 것은 당연한 예의이다.
  - 표 (by) courtesy of ~의 호의로, 제공으로

02 **get in touch with** 연락을 취하다
  - 반 lose touch with 연락이 끊기다

03 **favor** [féivər] 1. 부탁, 호의
                    2. 찬성하다, 호의를 베풀다
  - ask a favor of a person 남에게 부탁하다
  - by favor of ~의 호의로
  - in favor of ~에 찬성하여, ~에 편들어

04 **chat about** ~에 대해 잡담하다
  - ⓝ chat 잡담(하다)
  - have a chat with ~와 얘기를 나누다
  - 혼 chatter 재잘재잘 지껄이다
  - 괜 converse 대화하다, 의견을 나누다
    – conversation 회화, 대담

05 **bring up** 1. (화제 등을) 꺼내다
              2. ~을 기르다

06 **address** [ədrés, ǽdres] 1. (~에게) 말을 걸다
                              2. (호칭을) ~으로 부르다
                              3. (문제를) 해결하다

07 **broach** [brouʧ] (화제를) 입 밖에 내다

08 **By the way** (화제를 전환하면서) 그런데 말이야, 그건 그렇고
  - 괜 Speaking of ... ~ 얘기가 나와서 말인데

09 **launch into** ~을 시작하다
  - ⓥ launch (배를) 진수시키다, (신제품을) 내놓다, (사업을) 시작하다

10 **detail** [ditéi] 1. 자세히 말하다
                    2. 세부 사항, 자세함
  - give the details of 자초지종을 말하다

11 **exaggerate** [igzǽdʒərèit] 과장해서 말하다
  - 표 make a mountain out of a molehill
    사소한 사건을 크게 떠들어대다

12 **monologue** [mάnəlɔ̀ːg] 1. 독백
                           2. (혼자서 하는) 긴 이야기
  - 반 dialogue 대화, 대담
  - 괜 prologue 서두 epilogue 끝맺음말

13 **concern** [kənsə́ːrn] 1. 관심사, 걱정; 관계
                         2. 관여하다, 걱정하다
  - main concern 주된 관심사
  - To whom it may concern 〈편지에 쓰는 말로〉 관계자 앞
  - It's none of your concern. 네가 관여할 일이 아니다.
    = It is no concern of yours.
  - 괜 concerning ~에 관하여, ~에 대하여

14 **encourage** [inkə́ːridʒ] 장려(고무)하다, 부추기다
  - ⓐ encouraging 용기를 북돋아 주는, 격려가 되는

15 **circumstance** [sə́ːrkəmstæns] 상황, 일의 사정, 환경, 처지
  - 괜 situation 상태, 입장, 처지

16 **touch base with** (남과) 협의하다, 연락하다
  - 통 get hold of (전화로) 연락하다

17 **Have a good day!** 좋은 하루 되십시오.

18 **say goodbye** 작별하다, 작별인사를 하다
  - 괜 say hello 인사말을 건네다
  - Say hello to ~에게 안부 전해주세요.
    = Give one's regards to
  - 표 작별인사로 쓰는 표현
    I'll see you later. 다음에 또 봅시다.
    = We'll catch you later.
    = See you. = So long.

>>> Part 3 Daily Life  >>> Chapter 4 Communications

## >>> Theme 062 Review Test

01 Staff is reminded to treat new employees with courtesy.
➡ 직원들은 신입 사원에게 _____ 대우해줄 것을 지시받았다.

02 I'll get in touch with Mario tonight.
➡ 오늘 밤 마리오와 _____을 할 것이다.

03 May I ask you a favor?(=May I ask a favor of you?)
➡ _____ 하나 드려도 될까요?

04 She had a chat with a co-worker over lunch.
➡ 그녀는 점심을 먹으며 동료와 _____.

05 John began a conversation with her bringing up something she was interested in.
➡ 존은 그녀의 관심사를 _____면서 그녀와 대화를 시작했다.

06 How shall I address you?
➡ 어떻게 _____ 드릴까요?

07 The man decided it was time to broach the subject of their physical relationship.
➡ 남자는 그들의 육체적인 관계에 대한 이야기를 _____ 할 시기가 되었다고 결정을 내렸다.

08 By the way, what brought you here?
➡ _____, 여긴 어쩐 일이십니까?

09 He launched into a sharp criticism on the current state of public policy.
➡ 그는 공공 정책의 현 상황에 대해 신랄한 비평을 _____.

10 First, you need to examine the papers detailing the terms and conditions of the contract.
➡ 먼저, 당신은 계약 조건을 _____ 담고 있는 서류를 면밀히 살펴보아야 한다.

11 He was accused of making a mountain out of a molehill.
➡ 그는 _____것에 대해 비난받았다.

12 They had a fruitful dialogue about how to address the problem.
➡ 그들은 그 문제를 어떻게 해결할 것인지에 관해서 유익한 _____를 나누었다.

¹³ Her main concern is with the sexual revolution.

➡ 그녀의 주요 _____는 성(性) 혁명이다.

¹⁴ The entertainer is also encouraging rich people to join the charity campaign.

➡ 그 연예인은 또한 부유한 사람들이 자선 행사에 참여하도록 _____하고 있다.

¹⁵ The advent of agriculture and animal husbandry brought new circumstances to human life in the area.

➡ 농업과 축산업이 도래하면서 이 지역 인간의 생활에 새로운 _____을 가져왔다.

¹⁶ I just wanted to touch base with you.

➡ 단지 너에게 _____하고 싶었다.

¹⁷ Thank you so much. Have a good day!

➡ 감사합니다. 그럼 _____!

¹⁸ It's hard to say goodbye to dear friends.

➡ 친한 친구에게 _____를 하기란 어렵다.

》》》 정답

| 01. 예의 바르게 | 02. 연락 | 03. 부탁 | 04. 얘기를 나누었다 | 05. 꺼내 |
| 06. 불러 | 07. 꺼내야 | 08. 그건 그렇고 | 09. 시작했다 | 10. 자세히 |
| 11. 사소한 사건을 크게 떠들어댄 | 12. 대화 | 13. 관심사 | 14. 장려 | 15. 환경 |
| 16. 연락 | 17. 좋은 하루 되십시오 | 18. 작별인사 | | |

> Part 3
> Daily Life

> Chapter 4
> Communications

## >>> Theme 063 Invitation

An **invitation letter**[01] serves the purpose of **inviting**[02] a **guest**[03] to a **party**[04], **event**[05] or **celebration**[06]. It serves two purposes; one, to invite the individual to the event and two, to ensure that the person receiving the letter is going to **attend**[07]. There are two tenses used within the invitation letter, the present and the future. The present tense **conveys**[08] information about the event and the future tense ensures the guest is going to attend.

There are mainly two types of invitation letter: a business invitation letter and a **friendly**[09] invitation letter. A business invitation letter is a formal way to invite **peers**[10] and **clients**[11] to events which are being hosted by the company and is one of the most popular ways of inviting guests to **functions**[12]. The professional invitation should be written in a formal tone. A friendly invitation letter contains less formal speech and can make nuances with memories that may be shared with the guests who are being invited to the **occasion**[13]. Friendly invitation letters are used for a variety of reasons from **engagement parties**[04], **baby showers**[14] and **housewarming parties**[04] to **wedding invitations**[01].

### >>> 해석

초청장은 파티나, 이벤트, 또는 축하행사에 손님을 초대하기 위한 목적으로 유용하게 쓰인다. 초청장의 목적은 두 가지이다. 그 하나는 개개인을 행사에 초대하기 위한 것이고, 두 번째는 초청장을 받은 사람이 참석할지를 확실히 하는 것이다. 초청장에는 현재시제와 미래시제가 사용된다. 현재시제는 행사에 대한 정보를 전달하고, 미래시제는 손님이 참석할 예정인지를 확실하게 하는 것이다.

초청장에는 크게 사업상의 초청장과 친목 상의 초청장의 두 가지 종류가 있다. 사업상의 초청장은 회사가 주최하는 행사에 동료나 고객들을 초대하기 위한 격식을 갖춘 방법이며, 행사에 손님을 초대하는 가장 대중적인 방법 중 하나이다. 사업상의 초청장은 정중한 어투로 써야 한다. 친목 상의 초청장은 덜 딱딱한 말투를 포함하고 행사에 초대되는 손님들과 나누게 될 추억들에 대한 뉘앙스를 풍길 수 있다. 친목 상의 초청장은 약혼파티, 임신축하파티, 집들이 파티에서부터 청첩장까지 다양하게 사용된다.

### >>> 어구

**serve** 쓸모 있다. 도움이 되다. ~으로 이용할 수 있다 **the individual** 개개인 **ensure** 반드시 ~하게 하다 **tense** 시제 **formal tone** 정중한 어투

### >>> 구문

- memories that may be shared with the guests who are being invited to the occasion
  기억들/ 손님들과 나누게 될/ 행사에 초대되는 → 행사에 초대되는 손님들과 나누게 될 기억들

- from engagement parties, baby showers and housewarming parties to wedding invitations [from A to B]
  약혼파티, 임신축하파티, 그리고 집들이 파티에서부터 청첩장에 이르기까지

>>> Part 3 일상생활    >>> Chapter 4 의사표현

>>> Theme 063  **초대** ▶

01 **invitation** [ìnvitéiʃən] 초대(장), 초청(장)
- wedding invitation 청첩장
- ⓝ invitational 초청선수 경기

    표 invitation letter 초대장
    * a business invitation letter 사업적 목적의 초대장

02 **invite** [inváit] 1. (파티 등에) 초대(초청)하다
              2. 매료하다, 유혹하다
- ⓐ inviting 매력적인, 솔깃한
- invite somebody over to ~로 오라고 초대하다

03 **guest** [gest] (초대받은) 손님, (숙박) 손님
    표 Be my guest. 좋으실 대로 하세요.
    반 host 주인, 사회자; 주최하다

04 **party** [páːrti] 1. 사교적 모임, 파티
              2. 단체, 그룹, 정당
- arrange a party 파티를 준비하다
- throw a party 파티를 열다
- host a party 파티를 주최하다
- attend a party 파티에 참석하다

    괜 an engagement party 약혼축하연
    a wedding party 결혼 축하연
    a housewarming party 집들이
    a slumber party 파자마파티(10대 소녀들이 모여 파자마 바람으로 밤생을 하는 파티)

05 **event** [ivént] 1. 행사, (중요한) 사건
              2. (스포츠) 경기; 추이, 결과

06 **celebration** [sèləbréiʃən] 축하 (행사)
- ⓥ celebrate (특정한 날을) 축하하다, 찬양하다

    괜 congratulate (사람에게) 축하하다
    ceremony (엄숙한) 의식
    * a wedding ceremony 결혼식

07 **attend** [əténd] 1. (모임에) 참석하다
              2. 시중들다; 주의하다
- ⓝ attendance 출석자
    표 show up (사람이 모습을) 나타내다

08 **convey** [kənvéi] 1. (생각·감정 등을) 전하다
              2. 실어 나르다, 운송하다
- convey his thoughts 그의 생각을 전달하다

09 **friendly** [fréndli] 친한, 친화적인, 친목을 목적으로 한

10 **peer** [piər] 1. 동료
              2. 응시하다[at]
    동 associate 동료; 제휴하다
       fellow 동료
       companion 동료, 친구

11 **client** [kláiənt] (상점) 고객, (변호사) 의뢰인
    동 customer (단골) 손님, 고객

12 **function** [fʌ́ŋkʃən] 1. (사회·종교적) 의식, 행사
              2. 작용, 기능, 직무

13 **occasion** [əkéiʒən] 1. 특별한 날, 중요한 행사
              2. (특정한) 때, 경우
- What's the occasion today? 오늘이 무슨 날이지?
- on occasion 때때로
    괜 anniversary (해마다 돌아오는) 기념일

14 **baby shower** 임신축하파티
    ※ 출산을 앞둔 여성을 위한 아기용품 선물파티

## Theme 063 Review Test

01 To invite people to the party, the hosts will send invitation letters.
➡ 행사를 주최하는 사람은 중요한 행사에 손님을 초대하기 위해 _____ 을 보낸다.

02 I'd like to invite you over to my house for dinner.
➡ 저희 집에 저녁 식사 _____ 를 하고 싶습니다.

03 The host received the guests at the door.
➡ 주인은 현관에서 _____ 을 맞이했다.

04 I'm throwing a party this Friday.
➡ 난 이번 주 금요일에 _____ 것이다.

05 A few hundred people were invited to the event.
➡ 수백 명의 사람들이 그 _____ 에 초대받았다.

06 A 90th birthday celebration will be held in honor of Dr. Smith.
➡ 스미스 박사의 구순 생일 _____ 가 열릴 예정이다.

07 He requested that she attend.
➡ 그는 그녀가 _____ 해줄 것을 요청했다.

08 The writer uses metaphors to convey his thoughts.
➡ 그 작가는 자신의 생각을 _____ 하는데 은유를 사용한다.

09 Korea and Japan will have a friendly soccer match next month.
➡ 한국과 일본은 다음 달 축구 _____ 경기를 가질 예정이다.

10 He is more diligent than any of his peers.
➡ 그는 자신의 _____ 들 중에 가장 성실하다.

¹¹ How you dress leaves a lasting impression on your clients.
➡ 당신이 복장을 어떻게 하는지가 _____ 들에게 오랜 인상을 남긴다.

¹² He didn't show up to the function.
➡ 그는 그 _____ 에 나타나지 않았다.

¹³ He is all dressed up for the occasion.
➡ 그는 그 _____ 를 위해 정장을 짝 빼입었다.

¹⁴ A baby shower is just one of many women-only occasions.
➡ _____ 는 오직 여성만을 위한 여러 행사 중 하나이다.

>>> 정답
01. 초대장   02. 초대   03. 손님들   04. 파티를 열   05. 행사
06. 축하 행사   07. 참석   08. 전달   09. 친선   10. 동료
11. 고객   12. 행사   13. 행사   14. 임신축하 파티

>>> Part 3 Daily Life
>>> Chapter 4 Communications

## >>> Theme 064  Excuse & Apology

When one knows that one is in the wrong, it is best to simply **apologize** as soon as possible. First of all, it saves time. **Acknowledging wrongdoing** cuts through hours, if not days, of heated **disagreement** and icy silence. For example, instead of holding a **grudge** for days or avoiding the other person for weeks, **admitting** that it was wrong to do such a thing makes it possible to move to the next step of easing hard feelings. Secondly, it opens the lines of communications. **Conceding** that one was wrong and offering an **apology** makes it easier to discuss **motivations**. Without trying to **couch** one's opinions in who was right and who was wrong, one is able to speak **openly** and **honestly** about what was the **impetus** for such behavior. It also **allows** the other person to drop the **defensive** shield and speak **frankly** about her position. Lastly, it returns things back to normal. After receiving **forgiveness** from the other person for something that was said or done, the matter should be put to rest allowing both persons to interact without **antagonism**. Regardless of the relationship between the people, whether two friends, siblings, co-workers or lovers, this allows the relationship to move ahead instead of becoming stalled by negative emotions and **ill will**.

>>> 해석

사람이 자기가 잘못했다는 것을 알았을 때는 가능한 한 빨리 사과하는 것이 상책이다. 우선 그렇게 하는 것이 시간을 절약하는 길이다. 잘못된 행동을 인정하면 며칠간은 아니라 할지라도 몇 시간 동안 고조되었던 불화와 냉랭한 침묵을 깨뜨려 버린다. 예를 들어, 며칠씩 상대방에게 원한을 품거나 몇 주씩 상대방을 피하는 대신 그러한 짓을 한 것이 잘못이었다고 인정하게 되면 굳어진 감정을 풀어내는 다음 단계로 나아갈 수 있게 된다. 둘째로, 잘못을 인정하면 대화의 문이 열린다. 내가 틀렸다고 인정하고 사과함으로써 원인을 토론하는 일이 훨씬 쉬워진다. 누가 옳았고 누가 틀렸는지 자기의 의견을 굳이 말하려 애쓰지 않아도 그러한 행동을 하게 된 원인이 무엇이었는지 터놓고 솔직하게 말할 수 있다. 잘못을 인정하는 것은 또한 상대방으로 하여금 방패를 내리고 그 사람의 입장을 솔직하게 말하게 만든다. 마지막으로, 잘못을 인정하면 모든 일이 정상으로 되돌아온다. 잘못된 말이나 행동에 대해 상대방으로부터 용서를 받은 후에는 문제가 해결되어 두 사람은 반감 없이 서로 교류할 수 있게 될 것이다. 친구나 형제, 동료 혹은 연인 등 어떤 인간관계든 상관없이 이렇게 하면 부정적인 감정이나 악의로 인해 인간관계가 중단되는 일 없이 관계를 지속시킬 수 있다.

>>> 어구

sibling 형제자매  co-worker 동료  put ~ to rest (소문 등을) 잠재우다, 종식시키다

>>> 구문

- admitting (that it was wrong to do such a thing) makes it possible to move ~
  (그러한 짓을 한 것이 잘못이었다고) 인정하는 것은 ~로 나아가는 것을 가능하게 한다.
- allows the other person to drop the defensive shield [allow 목적어 + to R]
  상대방이 방패를 내리도록 해주다
- allowing both persons to interact without antagonism
  양자가 반감 없이 교류하도록 해주다
- this allows the relationship to move ahead ~
  이것은 관계를 순조롭게 유지하도록 해준다

>>> Part 3 일상생활
>>> Chapter 4 의사표현

>>> Theme 064　변명과 사과 ▶

01 **apologize** [əpálədʒàiz] 사과[사죄] 하다 [for]
- ⓝ apology 사과, 사죄
- 관 excuse 변명, 핑계; 변명하다, 용서하다

02 **acknowledge** [æknálidʒ] ~을 인정(시인)하다
- ⓐ acknowledged 일반적으로 인정되어 있는
- ⓝ acknowledgement 인정, 시인

03 **wrongdoing** [rɔ́:ŋdú:iŋ] 비행, 나쁜 짓
- commit wrongdoing 비행을 저지르다
- apologize for their past wrongdoings 그들의 과거의 잘못에 대해 사과하다
- 동 misconduct 비행, 위법행위
  misbehavio(u)r 나쁜 행실, 비행
  misdeed 나쁜 짓, 비행

04 **disagreement** [dìsəgrí:mənt] 불일치, 말다툼, 불화
- settle disagreements 다툼을 해결하다
- 동 conflict 충돌, 분쟁, 말다툼, 대립
  dispute 논쟁, 말다툼, 분쟁
- 표 at odds with ~와 불화하여
- 관 compromise 타협하다, 양보하다

05 **grudge** [grʌdʒ] 1. 원한, 악의
2. 주기 싫어하다, 아까워하다
- hold[have] a grudge against a person 남에게 원한을 품다
- 비 grudge 부당한 일에 대한 일시적 원한
  spite 상대방이 잘못되기를 바라는 악의
  malice 상대방에 대한 뿌리 깊은 앙심

06 **admit** [ædmít, əd-] 1. (~을) 인정하다
2. (입학 등을) 허가하다
- admit one's mistake 잘못을 인정하다
- ⓐⓓ admittedly 인정하건대, 명백히
- ⓝ admittance 입장허가
- 비 admit 압력에 어쩔 수 없이 인정하다
  acknowledge 부인하다 마지못해 인정하다
  confess 잘못이나 비밀을 고백하다

07 **concede** [kənsí:d] 1. (잘못이나 패배를) 인정하다
2. (특권 등을) 주다; 양보하다
- ⓝ concession 양보, 이권

08 **motivation** [mòutəvéiʃən] 자극, 동기부여
- ⓥ motivate 자극하다, 동기를 주다

09 **couch** [kautʃ] 1. (의견 등을) 말로 나타내다
2. 긴 의자, 소파
- couch one's opinions 자신의 의견을 말하다

10 **openly** [óupənli] 솔직히, 공개적으로
- 동 honestly 정직하게
  frankly 솔직히, 터놓고

11 **impetus** [ímpətəs] 자극, 원동력
- give an impetus to ~에게 자극을 주다

12 **allow** [əláu] 1. ~을 인정하다
2. (~하는 것을) 허락하다
- ⓐⓓ allowedly 당연히, 분명히
- 동 permit 허락하다, 용인하다

13 **defensive** [diffénsiv] 방어의, 수비적인
- ⓝ defense 방어, 수비, 변호
- 반 offensive 공격적인, 모욕적인
  – offense 공격; 범죄, 위반

14 **forgiveness** [fərgívnis] 용서, 관용
- ⓥ forgive 용서하다
- 동 excuse 용서하다; 변명(하다)
  pardon 용서, 사면
  amnesty (정치범의) 사면

15 **antagonism** [æntǽgənìzm] 적대, 적개심
- ⓐ antagonistic 적대적인, 대립하는
- 동 hostility 적개심, 적대 행위
  enmity 증오, 미움, 원한

16 **ill will** [il wəl] 악의, 반감
- bear ill will 악의를 품다
- 반 good will 호의, 선의

Reading V.O.C.A
273

>>> Part 3 Daily Life    >>> Chapter 4 Communications

## >>> Theme 064 Review Test

01 She apologized for any inconvenience.
➡ 그녀는 모든 불편함에 대해 _____.

02 He acknowledged the correspondence.
➡ 그는 기사를 _____.

03 In front of Buddha, he repented all his wrongdoings.
➡ 불상 앞에서 그는 모든 _____을 뉘우쳤다.

04 They said that there are many conflicts and disagreements in society right now.
➡ 그들은 지금 이 사회에는 많은 갈등과 _____가 만연해있다고 말했다.

05 I have no grudge against anyone.
➡ 나는 누구에게도 _____을 품고 있지 않다.

06 She admitted that she was at fault.
➡ 그녀는 자신이 잘못했음을 _____.

07 He conceded that she had been right.
➡ 그는 그녀가 옳았다고 _____.

08 The painful loss was a source of great motivation for her to train harder.
➡ 고통스러운 패배는 그녀가 더 열심히 훈련하는데 커다란 _____의 원천이 되었다.

09 Cruelties are often couched in loyal terms.
➡ 잔혹 행위는 종종 충성스런 말로 _____.

10 The celebrity openly supported a particular candidate.
➡ 그 유명인사는 _____ 특정 후보를 지지했다.

11 Children have an inbuilt impetus to experience things that are beyond their mental ages.
➡ 어린이는 자신의 정신연령에 맞지 않는 것들을 경험하고자 하는 천부적인 _____이 있다.

12 Time did not allow me to have enough breakfast.
➡ 시간은 내가 아침을 충분히 먹도록 _____ 하지 않았다.(시간이 없어서 아침을 충분히 먹지 못했다)

¹³ Jane tends to get defensive when she talks with her friends.
▶ 제인은 친구와 말할 때 _____ 태도를 보이는 경향이 있다.

¹⁴ The man pleaded for the woman's forgiveness.
▶ 남자는 여자에게 _____ 해 달라고 빌었다.

¹⁵ The antagonism between two countries eventually led to an outbreak of war.
▶ 두 나라 사이의 _____ 이 결국 전쟁의 발발로 이어졌다.

¹⁶ I don't know why he has ill-will against me.
▶ 그 사람이 왜 내게 _____ 를 품고 있는지 모르겠다.

>>> 정답

01. 사과했다　02. 인정했다　03. 잘못　04. 불화　05. 원한
06. 인정했다　07. 인정했다　08. 자극　09. 표현된다　10. 공개적으로
11. 원동력　12. 허락　13. 방어적인　14. 용서　15. 적대감
16. 악의

Reading V.O.C.A
275

>>> Part 3 Daily Life
>>> Chapter 4 Communications

## >>> Theme 065 Complain & Criticize

Despite society's mandate to "**grin and bear it**," one should **complain about unfair treatment** instead of being a **doormat**. Normally, it's considered negative to complain. **Voicing** one's **dissent** or disagreement with what is being done is often viewed as **grumbling** or complaining. Actually it's quite healthy to express one's concern about improper behavior or inappropriate situations. One thing is that it relieves stress. Increased eating, drinking or depression can be the result of too much stress. It is necessary to seek stress relief in healthy positive ways, for example, exercising. But the most effective way to deal with stress would be to address the situation that is causing the stress. One does not have to **blame** other people for the situation, but should **denounce** methods and practices that contribute to a negative environment, whether among co-workers, classmates, friends or siblings. It's important to let someone know that one **has a bone to pick**. Sometimes hard feelings arise from **misunderstandings** and one of the parties winds up **taking it all back**. By dealing with the uncomfortable situation, one averts the colds, headaches, migraines, and ulcers that are commonly associated from a body under the siege of stress. By presenting a well-supported and effective **argument** against the old method and a well-planned **alternative,** one is actually saving time and money in addition to **alleviating** stress. A company can increase productivity and profits if an employee simply offers reasons why the organization should **reject** the old methods in favor of doing it a better way. If the idea is really good, it's unnecessary to **accuse** someone of incompetence or **charge** someone with mismanagement. It is enough to offer a well-thought **solution** that can stand on its own merits. The most important thing to remember is that one does not have to scream, yell or be **abusive** to make one's point, but it is necessary to be **assertive** and articulate about what the problem is and what would be the best way to **resolve** it.

### >>> 해석

'억지로 웃으며 참으라'고 사회가 강압적으로 요구한다 해도, 바보처럼 잠자코 있지 말고 부당한 대우에 대해서는 불평을 해야 한다. 일반적으로 불평하는 것을 부정적으로 생각한다. 진행 중인 일에 대해 이의나 반대를 토로하면 종종 불평하고 투덜대는 것으로 생각된다. 그러나 실제로는 온당치 못한 행동이나 부적절한 상황에 대한 염려라면 표현하는 것이 건강에 좋다. 중요한 것은 그렇게 하면 스트레스를 줄일 수 있다는 것이다. 많이 먹거나 마시는 것 혹은 우울증이 심화되는 것은 과도한 스트레스의 결과라고 할 수 있다. 예를 들어, 운동과 같이 건전하고 긍정적인 방법으로 스트레스를 해소하는 방법을 찾아야 한다. 그러나 스트레스를 해소하는 가장 효과적인 방법은 스트레스의 원인이 되는 상황을 이야기하는 것이다. 그 상황을 다른 사람의 탓으로 돌릴 필요는 없다. 그러나 동료, 급우, 친구, 형제간에 껄끄러운 분위기를 조성하는 원인이 되고 있는 방법이나 관례들은 공개적으로 비난해야 한다. 자기가 불만을 가지고 있다는 것을 누군가에게 알리는 것은 중요하다. 가끔은 좋지 않은 감정이 오해로부터 유발되는데 어느 한 쪽이 모든 것을 철회함으로써 끝이 난다. 불편한 상황을 해결함으로써 보통 스트레스가 심한 사람들이 걸리는 감기, 두통, 편두통, 궤양을 피할 수 있다. 구태의연한 방식에 대항하여 논리 정연하고 효과적인 주장과 잘 계획된 대안을 제시함으로써 스트레스를 경감시킬 수 있을 뿐 아니라 실제로 시간과 경비도 절약할 수 있다. 만약 어떤 종업원이 왜 그 조직이 구태의연한 방식을 철폐하고 더 나은 방법으로 일을 해야 하는가 하는 합당한 이유만 댈 수 있다면 그 회사는 생산성과 수익을 증대시킬 수 있다. 만일 정말로 좋은 생각이라면 누가 능력이 부족하고 누가 경영을 잘못했다고 비난할 필요는 없다. 그저 장점을 살릴 수 있는 신중한 해결책을 제시하는 것으로 충분하다. 기억해야 할 가장 중요한 사항은 자신의 의견을 말하면서 소리치고 남을 매도할 필요는 없다는 것이다. 그러나 무엇이 문제이며 그 문제를 해결하기 위해 최선책이 무엇인지에 대해서는 분명하게 주장할 필요는 있다.

### >>> 어구

mandate (~하도록) 명령(하다)  be often viewed as ~으로 종종 여겨지다  improper 그릇된, 부도덕한  inappropriate 부적당한  sibling 형제자매  arise from ~에 기인하다  contribute to ~에 기여하다  avert 막다  cold 감기  headache 두통  migraine 편두통  ulcer 궤양  productivity 생산성  incompetence 무능  stand on ~에 기초하다, 의지하다  merit 장점  yell 고함치다  articulate (생각을) 분명히 표현하다; 분명히 표현하는

>>> Part 3 일상생활    >>> Chapter 4 의사표현

>>> Theme 065  **불평과 비난** ▶

01 **grin and bear it** (고통·실망을) 쓴웃음을 지으며 참다
   ⓥ grin 이를 드러내며 웃다
   ⓥ bear 참다, 견디다

02 **complain** [kəmpléin] (~에 대해) 불평하다[about, of]
   • complain about something 무언가에 대해 불평하다
   ⓝ complaint 불평, 불만, 푸념
   뜻 gripe about ~에 대해 불평하다

03 **treatment** [trí:tmənt] 대우, 처리
   • unfair treatment 불공정한 대우
   뜻 get a raw deal 부당한 대우를 받다
   → get a square deal 공정한 대우를 받다

04 **doormat** [dɔ́:rmæt] 현관 깔개; 동네북(다른 사람들에게 당하고도 가만히 있는 사람)
   • treat a person like a doormat 남을 괴롭히다

05 **voice** [vɔis] 1. (감정을) 말로 나타내다
                 2. 목소리; 표명, 발언권
   • voice complaints 불만을 표시하다
   • voice one's dissent 반대의사를 표시하다

06 **dissent** [disént] 1. 이의, 반대의견
                       2. 의견이 다르다, 따르지 않다
   ⓝ dissension 의견 충돌, 불화

07 **grumbling** [grʌ́mbliŋ] 불평하는, 투덜거리는
   ⓥ grumble 불평하다, 투덜거리다; 불만

08 **blame** [bleim] 비난하다; (책임을) 돌리다
   • blame A for B B에 대해 A를 탓하다
   = blame B on A
   뜻 scold (주로 부모가 자식을) 꾸짖다
   reproach/reprimand 질책(비난)하다[for]
   rebuke 몹시 비난하다[for], 훈계하다
   condemn 비난하다[for]; 유죄를 선고하다
   표 call someone on the carpet ~를 야단치다
   dress down 꾸짖다, 책망하다
   take someone to task ~를 몹시 꾸짖다

09 **denounce** [dináuns] 1. 공공연히 비난하다
                          2. 고발(고소)하다
   ⓝ denunciation 비난, 탄핵
   뜻 criticize 비난하다, 트집 잡다

10 **have a bone to pick with** ~에게 따질 일이 있다

11 **misunderstanding** [misʌndərstǽndiŋ] 오해, 불화
   ⓥ misunderstand 오해하다
   ⓐ misunderstood 오해하는

12 **take back** (자기가 한 말을) 취소[철회]하다
   • I take it all back! 내 말 모두 취소할게.
   표 eat[swallow] one's words 앞에 했던 말을 취소하다

13 **argument** [ɑ́:rgjumənt] 주장; 논쟁
   • a well-supported argument 논리 정연한 주장

14 **alternative** [ɔ:ltɔ́:rnətiv] 대안, 양자택일
   • a well-planned alternative 잘 계획된 대안

15 **alleviate** [əlí:vièit] 경감[완화]하다
   뜻 relieve/palliate/assuage/mitigate 완화하다

16 **reject** [ridʒékt] (제안을) 거절하다, 물리치다
   • reject an offer 제의를 거절하다
   ⓝ rejection 거절, 각하

17 **accuse** [əkjú:z] 비난하다, 고소[고발]하다[of]
   • accuse A of B A를 B를 이유로 비난(고소)하다
   ⓝ the accused 피고인, 피의자

18 **charge** [tʃɑ:rdʒ] 1. 비난[고발]하다[with]
                       2. (일을) 담당시키다
                       3. 청구하다, 부담으로 하다
                       4. 충전하다, 장전하다
   • charge A with B A를 B를 이유로 비난[고소]하다

19 **solution** [səlú:ʃən] 해결(책), 해법
   • offer a well-thought solution 신중한 해결책을 제시하다

20 **abusive** [əkéiʒən] 욕설을 퍼붓는, 학대하는
   ⓥ abuse 욕하다, 학대하다

21 **assertive** [əsə́:rtiv] 적극적인, 확신에 찬
   ⓥ assert (강하게) 주장하다, 확고히 하다

22 **resolve** [rizálv] 1. (문제를) 해결하다
                       2. (굳게) 다짐하다, 결심하다
   ⓝ resolution 해결; 결심, 결단

## Part 3 Daily Life — Chapter 4 Communications

### >>> Theme 065  Review Test

01  We were 3 miles from our car and had no choice but to grin and bear it.
➡ 우리는 차에서 3마일이나 떨어져 있었고 그 상황을 _____ 수 밖에 없었다.

02  He complains about everything all the time.
➡ 그는 항상 뭐든지 _____.

03  All union members have certain rights at work that help protect them from unfair treatment.
➡ 모든 노조원들은 직장에서 부당한 _____ 를 받지 않도록 그들을 지켜주는 특정 권리를 가진다.

04  He treated me very badly and I was a doormat.
➡ 그는 나를 매우 부당하게 대우했고, 나는 _____ 이었다.

05  Voicing complaints is a way of iterating the need for help.
➡ _____ 하는 것은 도움이 필요하다는 것을 재차 말하는 한 방법이다.

06  His proposal was received without any dissent.
➡ 그의 제안은 아무런 _____ 없이 받아들여졌다.

07  Everyone is fed up with his grumbling.
➡ 모두가 그의 _____ 에 질려 있다.

08  The siblings blamed each other for getting lost.
➡ 형제는 길을 잃은 것에 대해 서로를 _____.

09  The man denounced the actions of his opponent.
➡ 남자는 상대의 행동을 _____.

10  I have a bone to pick with you.
➡ 너에게 _____ 있어.

11  Generation gap is often caused by the misunderstanding between parents and their children.
➡ 세대차이는 종종 부모와 그 아이들 사이의 _____ 에서 비롯된다.

12  I apologize. I take it all back.
➡ 내가 사과할게. 내가 한 말 모두 _____ 할게.

Reading V.O.C.A

¹³ He has some evidence to buttress his argument.
➡ 그에게는 자신의 _____을 뒷받침할 몇몇 증거가 있다.

¹⁴ An alternative to eyeglasses is contact lenses.
➡ 안경에 대한 한가지 _____은 콘택트렌즈이다.

¹⁵ Drugs can alleviate the symptoms, such as sleep difficulties and epilepsy.
➡ 수면 장애나 간질 같은 증상은 약을 통해 _____ 시킬 수 있다.

¹⁶ The insurance agency rejected the claim.
➡ 보험대리점은 손해배상 청구를 _____.

¹⁷ The church accused him of impiety and had all his writings burned.
➡ 교회는 그의 불신앙을 _____하고 그의 작품을 모두 불태웠다.

¹⁸ The prosecutor decided to charge him with attempted murder.
➡ 검사는 그를 살인미수죄로 _____하기로 결정했다.

¹⁹ Sleep aids are only a temporary solution for insomnia.
➡ 수면제는 불면증에 대한 일시적인 _____일 뿐이다.

²⁰ Any adult puffing poisonous smoke at children is clearly being abusive.
➡ 아이들에게 해로운 담배 연기를 뿜어대는 어른은 명백히 (아이들에게) _____하고 있는 것이다.

²¹ Despite his disability, he is always assertive in everything he does.
➡ 그는 장애가 있음에도 불구하고, 자신이 하는 모든 일에 항상 _____이다.

²² To understand a problem is the first step to resolve it.
➡ 문제를 이해하는 것이 그것을 _____하기 위한 첫걸음이다.

**〉〉〉 정답**

| 01. 쓴웃음을 지으며 참음 | 02. 불평한다 | 03. 대우 | 04. 동네북 | 05. 불만을 표시 |
| 06. 이의 | 07. 투덜거림 | 08. 탓했다(비난했다) | 09. 비난했다 | 10. 따질 일이 |
| 11. 오해 | 12. 취소 | 13. 주장 | 14. 대안 | 15. 경감 |
| 16. 거절했다 | 17. 비난 | 18. 기소 | 19. 해결책 | 20. 학대 |
| 21. 적극적 | 22. 해결 | | | |

>>> Part 3 Daily Life    >>> Chapter 4 Communications

## >>> Theme 066  Opinion & Debate

A good **debater**[01] is skillful at making his point, not only by expressing his ideas but also by zeroing in on the openings and weaknesses of his **opponent**[02]'s defensive argument and by answering the charges **thrust**[03] for thrust. First of all, the debater states his position thoughtfully and in detail. The **comments**[04] should be **decisive**[05], **firm**[06] and **to the point**[07]. The facts should be declared in a **convincing**[08] and **compelling**[09] manner. The information should be recent, accurate and should be referred to in a way that makes their relevance **irrefutable**[10] support for the position that is being **endorsed**[11]. Secondly, the debater must deftly deflect the negative assertions of the opponent's views on the topic. If the opponent correctly **contradicts**[12] any **statement**[04] or **remark**[04], instead of denying that the information is **invalid**[13] or **insisting**[14] that it is true, one should **acquiesce**[15]. Above all, one should receive the **contradiction**[12] in a calm and self-controlled manner and then **respond**[16] by **pointing out**[17] the weaknesses inherent in any approach that the opponent has to offer. So instead of completely **disavowing**[18] any of the **downsides**[19] of a plan, a positive way to argue a point would be to admit the weaknesses of an argument and then **illustrate**[20] that the opponent has no answer for this issue or that the proposal is also deficient and would leave to even greater troubles. Third of all, the debater must attack and make **evident**[21] the weaknesses of his opponent's position. The debater must **elaborate**[22] upon any negative **implications**[23] of what the opponent is **espousing**[24]. Not only should one **insinuate**[25], but should express downright **skepticism**[26] about the opponent's tactics and proposals, leaving the argument riddled with thrusts and jabs that disarm the **contender**[27].

>>> 해석

훌륭한 토론자는 자신의 생각을 표현하는 것 뿐 아니라 상대방의 방어적인 논쟁의 틈과 약점에 초점을 맞추고 공격적으로 상대방 주장을 반박함으로써 자신의 주장을 밝히는데 능숙하다. 첫째, 훌륭한 토론자는 자신의 입장을 사려 깊고 세밀하게 진술한다. 설명은 단호하고 견실하며 적절해야 한다. 사실을 말할 경우 설득력 있고 강력하게 말해야 한다. 정보는 최근의 것으로 정확해야 하고 자신의 입장을 지지하는 차원에서 정보 간 관련성을 반박할 수 없도록 언급되어야만 한다. 둘째, 훌륭한 토론자는 주제에 관한 상대의 견해 중 부정적인 주장은 능란하게 비켜가야 한다. 만일 상대가 어떤 진술이 옳다고 주장하거나 거부하는 대신 그것에 대해 바르게 반론을 편다면 토론자는 인정해야만 한다. 무엇보다도 침착하게, 또 자제력 있게 상대의 반박을 받아들여야 한다. 그런 다음 상대가 접근한 방식에 내재된 약점을 지적함으로써 이에 응수해야 한다. 따라서 어떤 점을 주장하는 실제적인 방법은 어떤 계획의 다소 덜 긍정적인 면을 완전히 거부하기보다는 논지의 약점을 인정한 다음 상대는 이 문제에 대한 답이 없다거나 혹은 그 제안 역시 결점이 있어 더 큰 문제만 남기게 될 것이라고 설명하는 것이다. 셋째, 훌륭한 토론자는 상대방의 약점을 분명히 드러내고 공격해야만 한다. 토론자는 상대가 지지하고 있는 주장이 갖고 있는 어떠한 부정적인 암시에 대해서도 자세히 설명해야만 한다. 상대방을 무력화시키는 온갖 질문 공세로 반론을 펴지 못하게 하여 상대의 방법과 제안이 회의적임을 넌지시 말할 뿐 아니라 대놓고 표현하기도 해야 한다.

>>> 어구

**make one's point** 주장을 밝히다  **zero in on** ~에 초점을 맞추다  **defensive** 방어적인  **thrust for thrust** 공격에 대해 공격하면서; 공격을 맞받아치면서  **accurate** 정확한  **opening** 틈  **weakness** 약점  **refer to** 언급하다  **deflect** (비판 등을) 피하다  **assertion** 주장  **inherent** 내재된, 타고난  **approach** 접근법  **deficient** 결함 있는, 불완전한  **downright** 완전한, 솔직한  **proposal** 제안, 계획  **tactics** 전략  **riddled with** ~으로 가득한  **jab** 날카롭게 찌르기  **disarm** 무장을 해제하다

>>> 구문

• and make evident the weaknesses of his opponent's position. [make 목적보어+긴목적어]
그리고 상대방 입장의 약점을 분명하게 하다.

>>> Part 3 일상생활
>>> Chapter 4 의사표현

>>> Theme 066  의견과 토론 ▶

01 **debater** [dibéitər] 토론자, 토객
- ⓥ debate 논쟁(하다), 토론(하다)
- 통 arguer 논쟁자, 주장자
  - argue 논쟁하다, 주장하다
  controversy 논쟁, 논의
  - controversial 논쟁을 좋아하는, 논란이 되는

02 **opponent** [əpóunənt] (논쟁의) 상대, 반대자
- 통 adversary (논쟁의) 상대방, 적수

03 **thrust** [θrʌst] 1. (주장·정책 등의) 요지 2. 공격, 혹평 3. 거칠게 밀다, 찌르다
- the thrust and parry of debate 토론에서의 격렬한 공방전

04 **comment** [kάment, kɔ́m-] 1. 논평, 언급 2. 논평하다, 견해를 밝히다
- 통 statement 성명, 발표, 진술
  remark 발언(하다), 논평(하다), 언급(하다)
  mention 언급하다, 말하다

05 **decisive** [disáisiv] 결정적인, 단호한
- ⓥ decide 결정하다
- 반 indecisive 우유부단한

06 **firm** [fəːrm] 1. 확고한, 단호한; 견고한 2. 회사
- 관 affirm (옳다고) 단언하다
  confirm 사실임을 확인해 주다, 확정하다

07 **to the point** 간단명료한, 간결한
- 관 more to the point 더 중요한 것은
  come[get] to the point 요점으로 들어가다

08 **convincing** [kənvínsiŋ] 설득력 있는
- ⓥ convince 확신시키다, 납득시키다

09 **compelling** [kəmpéliŋ] 설득력 있는, 주목하지 않을 수 없는
- ⓥ compel ~하지 않을 수 없게 하다

10 **irrefutable** [irifjúːtəbl] 반박할 수 없는
- ⓥ refute 반박하다
- ⓐ refutable 반박할 수 있는
- 반 controvertible/disputable/contestable
- 통 incontrovertible/indisputable/incontestable

11 **endorse** [indɔ́ːrs] 지지하다; 배서하다

12 **contradict** [kὰntrədíkt, kɔ̀n-] 반박(부인)하다, 모순되다
- ⓝ contradiction 반박, 반대, 부정, 모순
- 반 consent 동의(하다), 승낙(하다)
  concur with 동의하다, 의견 일치를 보다
  agree with 동의하다, 의견이 일치하다
  approve 찬성하다, 허가하다
- 통 oppose 반대하다, 대치하다
  deny 부인하다, 찬성하지 않다

13 **invalid** [invǽlid] 1. 근거 없는, 무효의
[ínvəlid] 2. 병자, 환자

14 **insist** [insíst] 강력히 주장하다, 고집하다[on]
- insist on these claims 이러한 주장을 고집하다

15 **acquiesce** [ækwiés] 묵인하다, (마지못해) 따르다

16 **respond** [rispάnd] 대답(응답)하다, 반응하다
- ⓝ response 대답, 응답, 회신; 반응
- 통 answer 대답(하다), 응답(하다), 해답
  talk back 말대답하다

17 **point out** 가리키다, 지적하다

18 **disavow** [dìsəváu] (소문, 관계를) 부인하다
- 반 avow (솔직히) 인정하다

19 **downside** [daunsaid] 불리한(부정적인) 면, 하락세
- 반 upside 긍정적인 면

20 **illustrate** [íləstrèit] 1. (예를 들어) 설명하다, 분명히 보여주다 2. 삽화를 넣다

21 **evident** [évədənt] 분명한, 명백한
- ⓝ evidence 증거

22 **elaborate** [ilǽbərèit] 1. 자세히 말[설명]하다
[ilǽbərət] 2. 정교한, 공들인

23 **implication** [ìmplikéiʃən] 1. 함축, 암시 2. (초래할 수 있는) 영향; 연루
- ⓥ imply 함축하다, 암시하다
  implicate 관련시키다, 함축하다

24 **espouse** [ispáuz] 옹호[지지]하다
- espouse his theory 그의 이론을 지지하다

25 **insinuate** [insínjuèit] (불쾌한 일을) 암시하다

26 **skepticism** [sképtəsìzm] 회의적인 태도
- ⓐ skeptical 의심 많은, 회의적인

27 **contender** [kənténdər] 도전자, 경쟁자
- ⓥ contend (언쟁 중에) 주장하다; 겨루다
- 관 contention 논쟁, 말다툼

>>> Part 3 Daily Life    >>> Chapter 4 Communications

>>> Theme 066 **Review Test**

01 A debater must be careful in using evidence in a debate round, making sure to check its sources first.
➡ _____는 논쟁에서 증거를 사용할 때 신중해야만 하고, 먼저 증거의 출처를 반드시 확인해보아야 한다.

02 The candidate maligned his opponent as dishonest.
➡ 그 후보는 _____이 부정직하다고 비방했다.

03 The main thrust of his argument was about healthcare reform.
➡ 그가 주장하는 바의 _____는 의료 개혁에 관한 것이었다.

04 The man refused to comment.
➡ 그는 _____을 거부했다.

05 University rankings are not a decisive factor for parents in college choice.
➡ 대학 서열이 부모가 대학을 선택하는 _____ 요소는 아니다.

06 Hope comes from a firm sense of self.
➡ 희망은 _____ 자아의식에서 나온다.

07 Questions should be short and to the point.
➡ 질문은 _____ 해주세요.

08 His argument was so convincing that no one could argue with it.
➡ 그의 주장은 매우 _____서 아무도 반박할 수 없었다.

09 Electronics companies have shown some compelling 3D technologies in the recent exhibition.
➡ 전자 회사들은 이번 박람회에서 몇몇 _____ 3D 기술을 선보였다.

10 There is irrefutable evidence that the hypothesis is wrong.
➡ 그 가설이 잘못되었다는 _____ 증거가 있다.

11 The newspaper endorsed a candidate.
➡ 신문에서는 한 후보를 _____.

12 The findings contradicted previous reports.
➡ 연구결과는 이전 보고와 _____.

13 He has asked that the result be declared invalid and has demanded an immediate recount.
➡ 그는 결과의 _____ 선언을 요청하고 즉각적인 재검을 요구했다.

14 The man insisted upon his innocence.
➡ 남자는 자신의 결백을 _____.

15 The woman acquiesced her position.
➡ 여자는 자신의 입장을 _____.

16 Twenty percent of the people surveyed responded that they had never tried to quit smoking.
➡ 설문 대상자의 20%가 금연을 시도한 적이 전혀 없다고 _____.

17 I had been so thoughtless as to point out his mistake in front of his wife and son.
➡ 나는 무심하게도 그의 아내와 아들 앞에서 그의 잘못에 대해 _____.

18 The candidate has disavowed the rumor.
➡ 그 후보는 소문을 _____.

19 We can broaden our interest and knowledge through TV, but there is also a downside.
➡ 우리는 TV를 통해 흥미와 지식을 넓힐 수도 있지만, _____ 또한 있다.

20 The recent downturn in the stock market illustrates the importance of knowing when to sell.
➡ 최근 주식 시장의 침체는 매도 시점을 아는 것이 얼마나 중요한지를 _____.

21 It is evident that K-pop is receiving a lot of attention from people all over the world.
➡ 케이팝이 전 세계 사람들로부터 많은 관심을 받고 있다는 것은 _____하다.

22 A spokesman declined to elaborate on the company's position.
➡ 대변인은 회사 입장에 대해 _____하기를 거절했다.

23 The evidence implied that he was somehow involved.
➡ 증거로 볼 때 그가 어떤 식으로든 관련되어 있음이 _____되었다.

24 Not everyone espouses democracy and respects the rule of law.
➡ 모든 사람이 민주주의를 _____하고 법치를 존중하는 것은 아니다.

25 My wife often insinuates to me that I am a liar.
➡ 아내는 종종 내가 거짓말쟁이라고 _____.

26 The skepticism over government policies brings about the political unconcern.
➡ 정부 정책들에 대한 _____가 정치적 무관심을 야기한다.

27 He won the election by a clear majority despite persistent negative campaigning by other contenders.
➡ 다른 _____들의 끊임없는 네거티브 선거운동에도 불구하고, 그는 확실한 표 차이로 낙승했다.

>>> 정답
01. 논쟁자(토론자)  02. 상대편  03. 요지  04. 논평  05. 결정적인
06. 확고한  07. 간단명료하게  08. 설득력이 있어  09. 주목하지 않을 수 없는  10. 반박할 수 없는
11. 지지했다  12. 모순되었다  13. 무효  14. 주장했다  15. 잠자코 받아들였다
16. 응답했다  17. 지적했다  18. 부인했다  19. 부정적인 면  20. 분명히 보여준다
21. 명백  22. 자세히 설명  23. 암시  24. 옹호  25. 암시한대(넌지시 말한다)
26. 회의(적인 태도)  27. 경쟁자

>>> Part 3 Daily Life
>>> Chapter 4 Communications

>>> Theme 067  **Advise & Warn**

Parents **strictly**[01] **discipline**[02] their children for their own good. First of all, parents **admonish**[03] their children because they want them to have good characters. Parents try to warn children of the **impropriety**[04] of being **ill-natured**[05], mean-spirited and **selfish**[06]. They try to **recommend**[07] better ways to **behave**[08] and give examples of how the children should behave the next time. When children do not follow these proposals for proper behavior it is then that parents feel compelled to take **disciplinary**[02] actions to **wean**[09] their children **off** such bad behavior. Secondly, for the safety of their children, parents **forbid**[10] unsafe activities. To underline the seriousness of the danger of engaging in **prohibited**[10] activities, parents may **threaten**[11] **punishment**[12]. Sometimes to their **detriment**[13], children learn too late that they shouldn't have **turned a deaf ear to**[14] their parents' **recommendations**[07] and **objections**[15]. Lastly, they insist that children do certain things to prepare them for the future. Parents **advise**[16] their children to take certain classes, attend certain schools, and participate in certain clubs because they believe that these will give their children the best preparation for the future. **Turning a blind eye to**[14] one's children and allowing them to do as they please is not **permissiveness**[17] but carelessness. Parents need to actively invest themselves in the lives of their children, **persuading**[18] their children to **do their best**[19], **stay out of**[20] trouble and prepare for the future.

>>> 해석

부모는 자식들을 위해서 그들을 엄격히 교육시킨다. 첫째, 자식들이 좋은 성격을 갖기를 원하므로 부모는 자녀를 훈계한다. 부모는 심술궂고, 야비하며 이기적인 것과 같은 잘못된 행실을 자녀에게 경고하려 애쓴다. 부모는 더 올바른 행동을 하라고 하고 아이들이 다음엔 어떻게 해야 할 것인지 바른 예를 들어준다. 아이들이 올바른 행동을 하라는 부모의 권유에 따르지 않을 때, 그때 부모는 나쁜 행동을 하지 말라고 훈계해야겠다고 느끼게 된다. 둘째, 자녀들의 안전을 위해서 부모들은 위험한 행동을 못하게 한다. 하지 말라는 행동을 하면 몹시 위험하다는 것을 강조하기 위해 벌을 주겠다고 위협할 수도 있다. 때로 아이들은 다치고 난 뒤에야 뒤늦게 부모가 권한 일과 하지 말라는 일에 귀를 기울였어야 했음을 깨닫는다. 마지막으로 부모는 자녀들에게 어떤 특정한 일을 하여 장래를 준비하라고 주장한다. 부모는 자녀들에게 어떤 과목들을 수강해야 할지, 어느 학교에 들어가야 할지, 어떤 동호회에 참여하는 것이 좋은 지들을 충고하는데 이런 활동들이 자녀의 미래를 위한 최선의 준비라고 믿기 때문이다. 자식의 잘못을 보고도 못 본체 하거나 자녀들이 원하는 대로 내버려두는 것은 관대함이 아니라 소홀한 것이다. 부모는 자녀들이 모든 일에 최선을 다하고 말썽은 피하며 미래를 준비하도록 자녀들을 설득하면서 자녀들의 삶에 시간과 노력을 활발히 투자할 필요가 있다.

>>> 어구

for one's own good ~자신을 위해서  character 성격  be compelled to ~할 수밖에 없다  engage in ~에 종사(참여)하다  preparation 준비

>>> 구문

• they shouldn't have turned a deaf ear to their parents' recommendations
그들이 부모님의 권유를 무시하지 말았어야 했다
↔ they should have turned ~ ~를 무시했어야 했다 [should have pp]

>>> Part 3 일상생활
>>> Chapter 4 의사표현

>>> Theme 067  충고와 경고 ▶

01 **strictly** [stríktli] 엄하게, 엄밀히
 ⓐ strict 엄한, 엄밀한, 완전한
 图 sternly 엄격하게
   – stern 엄격한, 통렬한, 험악한
   severely 엄하게, 격렬하게
   – severe 엄한, 엄격한; 가혹한

02 **discipline** [dísəplin] 1. 훈육하다, 징계하다
                              2. 규율, 징계; 단련
                              3. (지식의) 분야, 학과목
 ⓐ disciplinary 규율상의, 징계적인, 훈련의

03 **admonish** [ædmániʃ, ədmón-] 훈계하다, 타이르다; 충고하다
 ⓝ admonishment 훈계, 경고
 图 warn 경고하다, 조심시키다
   precaution 미리 경고하다; 예방조치

04 **impropriety** [imprəpráiəti] 부적절한[부도덕한] 행동, 오용
 ⑪ propriety 예의범절, (도덕적) 적절성

05 **ill-natured** 심술궂은, 심보가 비뚤어진
 ⑪ good-natured 사람이 좋은
 圀 ill-tempered 성질이 나쁜
   good-tempered 성격이 좋은

06 **selfish** [sélfiʃ] 이기적인, 자기밖에 모르는
 ⓝ selfishness 이기심, 이기주의
 圀 egoism 자기중심주의, 이기주의
   altruism 이타주의

07 **recommend** [rèkəménd] 추천하다, 권하다
 ⓝ recommendation 추천, 권고

08 **behave** [bihéiv] 행동하다, 처신하다
 ⓝ behavior 행실, 행동, 품행
 图 conduct 행위, 처신, 태도
   demeanor 행실, 처신, 품행
 ⑪ misbehavior/misconduct/misdemeanor
   비행, 행실이 나쁨

09 **wean** [wi:n] 젖을 떼다, ~ 끊게 하다
 • wean somebody off[from] something
   ~가 ~을 끊게(그만두게) 하다

10 **forbid** [fərbíd] 금하다, 허락하지 않다
 ⓐ forbidden 금지된
 图 prohibit 금하다
   ban 금하다; 금지
 ⑪ allow/permit 허용하다

11 **threaten** [θrétn] 위협하다, 위협하여 ~시키다
 ⓝ threat 위협, 협박, 공갈
 图 menace 위협, 위협하다
   blackmail 공갈, 협박(하다)

12 **punishment** [pʌ́niʃmənt] 벌, 처벌
 ⓥ punish 혼내주다, 처벌하다
 图 chastise (체벌로) 혼내주다
   chasten (잘 되라고) 혼내주다

13 **detriment** [détrəmənt] 손상, 손실, 손해
 ⓐ detrimental 해로운, 이롭지 못한

14 **turn a deaf ear to** ~에 귀를 기울이지 않다
 囹 turn a blind eye to ~을 못 본 체하다

15 **objection** [əbdʒékʃən] 이의, 반대
 ⓥ object 반대하다
 • raise an objection against ~에 이의를 제기하다
 图 protest 항의(하다), 이의(를 제기하다)

16 **advise** [ædváiz, əd-] 1. 충고(권고, 조언)하다
                              2. 통지하다, 알리다
 ⓝ advice [ædváis] 충고, 조언; 통지
 囹 consult 의논하다, 상담하다

17 **permissiveness** [pərmísivnis] 허용, 묵인, 관용
 ⓐ permissive 허용된, 묵인된
 ⓥ permit 허락하다, 용인하다

18 **persuade** [pərswéid] 설득하여 ~ 시키다[into]
 ⓝ persuasion 설득, 확신
 ⑪ dissuade 설득하여 ~을 단념시키다[from]
   – dissuasion 만류, 단념시키기

19 **do one's best** 최선을 다하다

20 **stay out of** 1. ~을 피하다,
                    2. (자기와 상관없는 일인) ~에 관여하지 않다
 • stay out of trouble 말썽을 피하다

>>> Part 3 Daily Life   >>> Chapter 4 Communications

## Theme 067 Review Test

01 Strictly speaking, tobacco is a kind of drug.

▶ _____ 말하면, 담배도 일종의 마약이다.

02 On occasion, it is necessary for children to be disciplined when they misbehave.

▶ 때때로 아이들은 잘못된 행동을 했을 때 _____ 이 필요하다.

03 The children were admonished not to play in the street.

▶ 아이들에게 거리에서 놀지 말라고 _____.

04 The prosecution found no evidence whatever of any financial impropriety.

▶ 검찰은 재정 _____ 에 대한 어떠한 증거도 찾지 못했다.

05 Like his mother in her youth, he was ill-natured and violent.

▶ 그는 젊었을 때 엄마의 모습처럼 _____ 폭력적이었다.

06 Man is selfish by nature.

▶ 인간은 본성이 _____ 이다.

07 The waiter recommended the restaurant's specials.

▶ 웨이터는 식당의 특별요리를 _____.

08 Mary always behaves in a responsible manner.

▶ 메리는 항상 책임감 있게 _____.

09 On the advice of her doctor, she is trying to wean herself off caffeine.

▶ 의사의 권유로 그녀는 카페인을 _____ 노력 중이다.

10 The parents forbid the child against going to the concert.

▶ 그 부모는 아이가 공연장에 가는 것을 _____.

11 The country threatened to declare war.

▶ 그 나라는 전쟁을 선포하겠다고 _____.

12 Punishment is needed to protect our society by deterring crime through example.

▶ _____ 은 예를 통해 범죄를 예방함으로써 우리 사회를 지키는 데 필요하다.

¹³ Both a kidney and a piece of liver can be removed without significant detriment.

▶ 신장과 간 조각은 심각한 _____ 없이도 제거될 수 있다.

¹⁴ He turned a deaf ear to her complaints.

▶ 그는 그녀의 불평을 _____.

¹⁵ The lawyer objected the motion.

▶ 변호사는 명령신청을 _____ 했다.

¹⁶ The man solicited his mother for advice.

▶ 남자는 어머니에게 _____를 구했다.

¹⁷ Homosexuality and all other forms of sexual permissiveness are banned in this country.

▶ 이 나라에서는 동성애와 다른 형태의 성적 _____들이 금지되어 있다.

¹⁸ Police persuaded her to tell the truth, but she did not open her lips.

▶ 경찰은 그녀가 진실을 말하도록 _____ 했지만, 그녀는 입을 열지 않았다.

¹⁹ He did his best to save his company from bankruptcy only to fail.

▶ 그는 회사의 부도를 막기 위해 _____을 다했지만 실패하고 말았다.

²⁰ My sister advised me to stay out of her life.

▶ 여동생은 자신의 인생에 _____며 내게 충고했다.

>>> 정답

01. 엄격히   02. 훈육   03. 타일렀다   04. 오용   05. 심술궂고
06. 이기적   07. 추천했다   08. 행동한다   09. 끊으려고   10. 허락하지 않는다
11. 위협했다   12. 처벌   13. 손상   14. 못 들은 척했다   15. 반대
16. 충고   17. 관용   18. 설득   19. 최선   20. 관여하지 말라

>>> Part 3 Daily Life
>>> Chapter 4 Communications

## >>> Theme 068 Compliment & Comfort

**Unfortunately,** many people do not **praise** their friends and loved ones until they offer the **eulogy**. For one thing, it is important **for your sake**. Praise shouldn't be used to **pacify**, but to **edify**, not only the person but you too. Sometimes praise is given to **appease** an angry friend, relative or spouse, but it can also be given because of a desire to celebrate the unique and special joy that the person brings into your life. It feels good to know that you are special and important to someone. Being there for a friend when she needs **comfort** gives **relief** to both people, because when one is hurting the other feels the pain. By sharing and releasing this pain, a bond is **forged**. Not only is it essential for you, but it is essential **for the sake of** the friend. People are sometimes suspicious of **flattery** since it is often perceived as a way to **butter** people **up,** which may be a prelude to asking for a favor or some other undesirable request. In contrast, between loved ones **compliments** should be **profuse** and should reflect the depth of **affection** from which it came. Aside from compliments, there are other **considerations** that can make a person feel appreciated and loved, which can make a substantial difference in a person's life. If a friend has a special event or ceremony **commemorating** an achievement, show up and be a one-person **cheering** section, **clapping your hands** and **giving a standing ovation**. This is especially unforgettable when no one else is standing!

>>> 해석

불행하게도 대다수의 사람들은 친구들과 사랑하는 사람들로부터 칭찬을 듣고 나서야 비로소 자신을 칭찬한 사람들을 칭찬한다. 무엇보다도, 그것은 당신을 위해서 중요하다. 상대방뿐 아니라 당신을 달래기 위해 칭찬을 해서는 안 되며 품성을 함양하기 위해 칭찬해야 한다. 때로 성난 친구나 친척, 배우자를 진정시키기 위해 칭찬을 하기도 하지만 그들이 당신 인생에 가져다주는 독특하고 특별한 기쁨을 축하하려는 마음에서 칭찬을 할 수도 있다. 당신이 누군가에게 특별한 사람이고 중요한 사람이라는 것을 안다는 것은 기분 좋은 일이다. 그녀가 어떤 위안을 필요로 할 때 친구가 되어 거기에 함께 있다는 것은 두 사람 모두에게 있어 위안이 된다. 왜냐하면, 한 사람이 아파하고 있을 때 다른 한 사람 역시 그 고통을 느끼기 때문이다. 고통을 함께 나누고 해소시킴으로써 유대관계는 더욱 돈독해진다. 그것은 당신뿐 아니라 그 친구에게 있어서도 꼭 필요하다. 때때로 사람들은 칭찬이 지나치면 의심스러워 하는데 이는 청탁이나 어떤 탐탁지 않은 부탁을 하려고 아첨을 서두로 꺼내는 것을 종종 생각하기 때문이다. 이와는 반대로 사랑하는 사람들 사이에서는 찬사를 아끼지 말아야 하며 그 찬사에는 마음 깊은 곳으로부터 애정이 담겨 있어야 한다. 칭찬과는 별개로 사람이 호의를 느끼고 사랑받고 있다고 느끼도록 하는 배려가 있는데 이러한 배려는 사람의 삶을 실제로 변화시킬 수 있다. 친구가 그의 성취를 축하하는 특별행사나 의식을 갖는다면 그 자리에 참석해서 손뼉을 치고 기립박수를 보내는 응원석의 일원이 되어야 한다. 당신 말고 아무도 기립박수를 보내지 않을 때 당신의 그런 행동은 더욱더 잊히지 않을 것이다.

>>> 어구

**loved one** 사랑하는 사람 **spouse** 배우자 **prelude** 서곡, 서두 **undesirable** 바람직하지 않은, 달갑지 않은 **aside from** ~이 외에, ~와는 별개로 **make a difference** 변화를 가져오다, 차이가 생기다 **substantial** 실제의, 상당한 **show up** 나타나다 **unforgettable** 잊지 못할

>>> 구문

• Not only is it essential for you, but it is ~ [도치]
 (=It is not only essential for you, but it is ~) 그것은 당신에게 필수적일 뿐만 아니라, ~

>>> Part 3 일상생활
>>> Chapter 4 의사표현

>>> Theme 068 　칭찬과 위로 ▶

01 **unfortunately** [ʌnfɔ́ːrtʃənətli] 불행하게도
　ⓐ unfortunate 불운한, 불행한
　🔄 fortunately 다행히도

02 **praise** [preiz] 칭찬(하다), 찬양(하다)
　ⓐ praiseworthy 칭찬할만한
　🔁 extol 칭찬(찬양)하다
　　laud 칭찬(찬양)하다; 칭찬
　　exalt 칭찬하다, (지위를) 높이다

03 **eulogy** [júːlədʒi] 찬사, 칭찬의 말
　ⓥ eulogize 칭송하다, 찬양하다
　🔁 encomium 찬사

04 **for one's (own) sake** ~를 위해서
　🔗 for your sake 너의 체면을 봐서
　　for the sake of ~ 때문에, ~를 위해서

05 **pacify** [pǽsəfài] (화난 사람을) 달래다
　ⓐ pacific 평화로운

06 **edify** [édəfài] (의식을) 고양[교화] 시키다
　ⓝ edification 교화

07 **appease** [əpíːz] 달래다, 진정시키다
　ⓝ appeasement 진정, 완화, 유화정책
　🔁 placate 달래다, 위로하다
　　soothe 달래다, 진정시키다

08 **comfort** [kʌ́mfərt] 1. 위로하다, 달래다
　　　　　　　　　　　　2. 위로; 편안함; 편의설비
　🔁 console 위로(위안)하다

09 **relief** [rilíːf] 1. (고통의) 완화; 안심
　　　　　　　　　　2. 위로가 되는 것
　　　　　　　　　　3. (빈민의) 구제, 구호
　　　　　　　　　　4. 양각, 두드러짐
　● What a relief! 그것참 다행이다.
　ⓥ relieve 완화시키다, 안심시키다

10 **forge** [fɔːrdʒ] 1. (관계를) 구축하다
　　　　　　　　　　 2. 위조하다; (금속을) 단조하다
　ⓝ forgery 위조, 모조

11 **flattery** [flǽtəri] 아첨, 아부
　ⓥ flatter 1. 아첨하다, 치켜세우다
　　　　　　　2. (사진이 실물보다) 잘 나오다
　● I'm flattered./That's flattering. 과찬이십니다.
　🔁 fawn 비위를 맞추다, 알랑거리다
　　blandish 아첨하다, 감언으로 설득하다
　　blarney 감언으로 꾀다

12 **butter up** 아부를 하다

13 **compliment** [kámpləmənt] 찬사(를 보내다), 칭찬(하다)
　ⓐ complimentary 칭찬하는; 무료의
　🔄 complement 보충물, 보완물, 보어

14 **profuse** [prəfjúːs] (칭찬 등이) 아낌없는; 다량의
　● profuse praise 아낌없는 칭찬

15 **affection** [əfékʃən] 1. 애정, 애착
　　　　　　　　　　　　　2. 병, 질환
　ⓐ affectionate 애정이 깊은

16 **consideration** [kənsìdəréiʃən] 1. 고려사항, 배려
　　　　　　　　　　　　　　　　　　2. 사려, 숙고
　ⓐ considerate 사려 깊은
　🔄 considerable 상당한, 많은

17 **commemorate** [kəmémərèit] 기념하다, (행사를 열어) 축하하다
　ⓝ commemoration 기념, 기념물

18 **cheer** [tʃiər] 환호(하다), 응원(하다)
　● cheer up 격려하다; 힘내!
　🔄 pep up 생기(활기)를 불어넣다

19 **clap (one's) hands** 박수를 치다
　🔁 give a big hand 큰 박수를 보내다
　　applaud 박수를 치다, 갈채를 보내다
　　- applause 박수갈채

20 **give a standing ovation** 기립박수를 치다
　🔗 get a standing ovation 기립박수를 받다

>>> Part 3 Daily Life    >>> Chapter 4 Communications

## >>> Theme 068  Review Test

01 **Unfortunately**, I left my wallet on the subway this morning.
➡ _____. 나는 오늘 아침에 지갑을 지하철에 두고 내렸다.

02 The dinner guests **praised** the cook.
➡ 저녁 식사에 초대된 손님들은 요리사를 _____.

03 The minister **eulogized** the deceased.
➡ 목사는 고인을 _____.

04 The man will do anything he can **for your sake**.
➡ 그 남자는 _____라면 할 수 있는 어떤 일도 할 것이다.

05 He tried to **pacify** her.
➡ 그는 그녀를 _____고 했다.

06 His purpose was not to entertain but to **edify** the children.
➡ 그의 목적은 아이들을 즐겁게 해주려는 것이 아니라 _____ 것이었다.

07 She tried to **appease** his anger.
➡ 그녀는 그의 분노를 _____ 애썼다.

08 The nurse **comforted** the patient.
➡ 간호사는 환자를 _____.

09 I'm **relieved** to hear that.
➡ 그 말을 들으니 _____이 되는군요.

10 This agreement will **forge** a closer partnership between the two companies.
➡ 이번 협정으로 두 회사 간에 더욱 긴밀한 협력관계가 _____ 될 것이다.

11 I tried to ignore his **flattery** and get him to stop.
➡ 나는 그의 _____를 무시하고 그만하게 하려고 애를 썼다.

12 The employee tried to **butter up** the supervisor.
➡ 종업원은 관리자에게 _____ 했다.

Reading V.O.C.A
290

>>> Part 3 일상생활   >>> Chapter 4 의사표현

¹³ The man complimented the woman's appearance.
➡ 남자는 여자의 외모에 _____를 보냈다.

¹⁴ The Bible is replete with profuse praise for Persia and its kings.
➡ 성서에는 페르시아와 그 왕들에 대한 _____이 가득하다.

¹⁵ For centuries, there has been a tendency for us to show affection only to dogs and cats.
➡ 수세기에 걸쳐 우리는 개와 고양이에게만 _____을 보이는 경향이 있다.

¹⁶ I appreciate your consideration.
➡ _____해 주셔서 감사합니다.

¹⁷ Christmas is one of the major Christian festivals which commemorates the birth of Jesus.
➡ 크리스마스는 예수의 탄생을 _____하는 기독교의 주요 축제 중 하나이다.

¹⁸ The fans cheered their team.
➡ 팬들은 자기 팀을 _____.

¹⁹ Clapping your hands is actually good for your health and makes you feel more energetic.
➡ _____은 실제로 당신 건강에 도움이 되며 더욱 활기차게 해준다.

²⁰ The crowd gave the orchestra a standing ovation.
➡ 관중은 오케스트라에 _____를 보냈다.

>>> 정답
01. 불행히도   02. 칭찬했다   03. 칭송했다   04. 너를 위해서   05. 달래려
06. 교화시키는   07. 진정시키려   08. 위로했다   09. 안심   10. 구축
11. 아부하려   12. 아부   13. 찬사   14. 아낌없는 칭찬   15. 애정
16. 배려   17. 기념   18. 응원했다   19. 박수를 치는 것   20. 기립박수

## >>> 분야별 용어정리 [3]  일상생활

### 1. 취미와 오락

■ **Movie** (영화)
premiere 영화의 개봉
new release 개봉작
first-run theater 개봉관
drive-in theater 자동차극장
multiplex (cinema) 복합상영관
box office 매표소
box-office hit[success] 대흥행
blockbuster 막대한 돈을 들인 대작
soundtrack 영화음악
sequel 속편
prequel 프리퀄(전편의 이전 내용을 다루는 속편)
director 감독
screenplay 각본, 시나리오
producer 영화제작자(제작, 예산, 광고 등 영화 전반에 걸쳐 책임짐)
credit 영화 마지막에 제작에 참여한 사람들의 이름을 보여주는 것
casting 배역 선정
moviegoer/filmgoer 영화 팬

■ **Movie genre** (영화장르)
family movie 가족영화
musical movie 뮤지컬영화
buddy movie 두 명의 남자주인공이 나오는 영화
road movie 장소의 이동을 따라가며 이야기가 진행되는 영화
thriller 스릴러(범죄나 스파이를 다룸)
horror movie 공포영화
slasher movie 살인마가 등장하는 잔인한 영화
science fiction movie 공상과학영화
fantasy movie 판타지영화
martial arts movie 무협영화
western movie 서부영화
adventure movie 어드벤처
cult movie 젊은이들에게 종교적인 숭배에 가까운 열광적인 지지를 받는 영화
tearjerker 눈물이 나게 만드는 영화
pornography 음란 영화
X-rated film 성인영화
independent film/indie movie 독립영화 (상업자본에 의하지 않은 영화)
low-budget movie 저예산 영화
3-D movie 입체영화

■ **Film rating** (관객연령제한)
G(General Audiences) 전체관람가
PG(Parental Guidance) 17세 미만 부모의 지도가 필요한 영화
PG-13(Parental Guidance) 13세 미만은 보호자 동반
R(Restricted) 17세 미만 보호자 동반
NC-17(No Children Under 17) 17세 미만 입장 금지

■ **Performance** (공연)
opera 오페라, 가극
 - prima-donna 프리마돈나(여주인공)
 - opera house 오페라극장
ballet 발레
 - ballerina 발레리나(여성 무용수)
 - prima ballerinas 주역 무용수
 - ballerino 발레리노(남성 무용수)
 - soloist 독무를 추는 무용수
musical 뮤지컬
play/drama 연극
theater/theatre 극장, 공연장

■ **Exhibition/Show** (전시회)
exposition/fair 박람회
book fair 도서전시회
retrospective 회고 전시회
motor show/auto show 모터쇼
air show 에어쇼
fashion show 패션쇼
 - runway/catwalk 패션쇼 무대

■ **Sports event** (스포츠 행사)
Olympic Games 국제 올림픽대회
the Winter Olympics 동계 올림픽
Paralympic Games/ Special Olympics 장애인 올림픽
World Cup 월드컵
FIFA 피파, 국제 축구 연맹
(Federation of International Football Association)
WBC 국가 대항 야구 경기
(World Baseball Classic)
World Championship 세계선수권대회
Major League 미국 프로야구
NBA 미국 프로농구
(National Basketball Association)
NFL 프로 미식축구 연맹
(National Football League)
PGA 골프협회
(Professional Golfers' Association)
LPGA 여자 프로 골프 협회
(Ladies Professional Golf Association)
Paris Dakar Rally 다카르 랠리(파리에서 세네갈의 다카르에 이르는 장거리 자동차 경주)
F1 포뮬라 원, 그랑프리 레이싱
(FIA Formula One World Championship)

### 2. 교통

■ **Automobile** (자동차)
limousine/limo 리무진
convertible 컨버터블(지붕을 닫았다 열었다 할 수 있는 차)
sedan〈미〉/saloon〈영〉 4개의 도어가 있는 승용차
coupe 2도어 2인승의 비교적 높이가 낮은 승용차
wagon 세단의 뒷부분을 늘린 차
van 화물운반용의 박스모양의 승합차
minivan 승합차
jeep 험로를 달릴 수 있는 4륜구동차
hatchback 차체 뒤쪽에 위로 들어 올릴 수 있는 문이 있는 자동차
truck〈미〉/lorry〈영〉 대형 화물차
dump truck (적재 칸을 기울여 화물을 쏟을 수 있는) 덤프트럭
pickup truck 소형 오픈 트럭
tow truck/wrecker 견인차
patrol car/squad car 경찰차
water wagon 급수차
truck mixer 레미콘
ladder truck 사다리차
garbage truck 청소차
hearse 영구차
tanker 유조차
snowplow 제설차
forklift 지게차
motor home/camper (van) 캠핑카
caravan (승용차에 매달고 다니는) 이동식 주택

■ **Engine** (엔진)
engine 엔진
combustion engine 연소기관
gasoline engine 가솔린 엔진
diesel engine 디젤 엔진

displacement 배기량
horsepower 마력
torque 토크(엔진이 한 바퀴 회전할 때 나오는 힘)
gas mileage/fuel efficiency 연비

■ Bike (자전거, 오토바이)
bicycle/bike/cycle 자전거
MTB/mountain bike 산악자전거
BMX 묘기용 자전거
motorcycle/motorbike 오토바이
scooter 스쿠터(소형 오토바이)
saddle 안장
spokes 자전거의 바퀴살
pedal 페달

## 3. 매스미디어

■ Newspaper (신문)
AP(Associated Press) 미국 뉴욕에 본부를 둔 세계 4대 통신사 중 하나
Reuters 영국 런던의 세계적 통신사
AFP(Agence France Presse) 프랑스 최대 통신사이자 세계에서 가장 오래된 언론사
UPI(United Press International) 미국 워싱턴 D.C에 본사를 둔 통신사
masthead (신문의) 발행인란
head/headline 신문의 표제
front-page news 1면 기사
background story 배경기사
article 기사
editorial 사설, 논설
leader/leading article 〈영〉 논설
editorial writer 논설위원
editorial-in-chief 편집장
review 논평
byline 기사 말미에 필자명을 적는 줄
evening newspaper 석간
tabloid 타블로이드판(보통 신문의 절반 크기)
coverage 보도, 방송
correspondent 특파원
caption 사진 설명문
flash/newsflash (TV의) 뉴스 속보
exclusive 독점기사
scoop 특종
extra 호외
in-depth story 심층기사
feature 특집 기사

quotation 인용
embargo 보도제한(어떤 뉴스기사를 일정 시간까지 그 보도를 유보하는 것)
informed source 소식통
morgue 신문사의 자료실, 시체공시소
newsman/newswoman/reporter/newshawk/newshound/pressman 기자
journalist 신문기자
press box 기자석
press conference 기자회견
press corps 기자단
press kit (기자단에 배부되는) 기자 회견자료집
press time (신문의) 인쇄 시작 시간
yellow journalism 선정주의(독자를 끌어들이기 위해 선정적인 기사들을 과도하게 취재, 보도하는 경향)
circulation 발행 부수

■ Computer (컴퓨터)
PC 개인용 컴퓨터 (personal computer)
storage 저장장치
ODD 광학디스크드라이브 (optical disk drive)
HDD 하드디스크 (hard disk drive)
scanner 스캐너
shareware 셰어웨어(일정 기간만 무료로 사용할 수 있는 소프트웨어)
freeware 프리웨어(무료 소프트웨어)
overwrite 덮어쓰다
restoration 복원하다
DDoS(distributed denial of service attack) 디도스 공격(분산 서비스 공격)
RSS(really simple syndication) 뉴스나 블로그 등 콘텐츠 업데이트가 잦은 웹사이트에서 업데이트된 정보를 해당사이트에 접속하지 않고도 자신의 PC에서 쉽게 확인하고 이용할 수 있는 데이터형식
UCC 사용자 제작 콘텐츠 (user-created content)
phishing 피싱 사기

# Part 4

# 인문과학
# (Cultural Science)

1. 언어와 문학(Language & Literature)
   [069] Language 언어
   [070] Speaking 말하기
   [071] Writing 쓰기
   [072] Literature 문학

2. 예술(Art)
   [073] Art 예술
   [074] Beauty & Appearance 아름다움과 외모

3. 종교와 역사(Religion & History)
   [075] Belief & Superstition 믿음과 미신
   [076] Faith & Religion 신앙과 종교
   [077] History & Prehistory 역사와 선사시대
   [078] Archaeology 고고학

> Part 4
> Cultural Science

## Chapter 1
## Language & Literature

>>> Theme 069  **Language**

**Language**[01] may **refer**[02] either **to**[03] the specifically human **capacity**[03] for **acquiring**[04] and using complex systems of **communication**[05], or to a specific instance of such a system of complex communication. The scientific study of language in any of its senses is called **linguistics**[06].

The approximately 3000–6000 languages that are spoken by humans today are the most salient examples, but **natural languages**[07] can also be based on **visual**[08] rather than **auditory**[09] stimuli, for example, in **sign languages**[10] and **written languages**[11]. **Codes**[12] and other kinds of **artificially**[13] constructed communication systems, such as those used for computer programming, can also be called languages. A language in this sense is a system of **signs**[14] for **encoding**[15] and **decoding**[15] information.

Spoken and signed languages contain a **phonological**[16] system that governs how sounds or visual **symbols**[17] are used to form sequences known as words or **morphemes**[18], and a **syntactic**[19] system that governs how words and morphemes are used to form **phrases**[20] and **utterances**[21]. Written languages use visual symbols to **represent**[22] the sounds of the **spoken languages**[11], but they still require syntactic rules that govern the production of **meaning**[23] from sequences of words.

>>> 해석

언어는 구체적으로 복잡한 의사소통 체계를 습득하고 이용하는 인간의 능력일 수도 있고, 복잡한 의사소통 체계의 구체적인 예를 가리킬 수도 있다. 언어에 대한 모든 면을 연구하는 과학적인 학문을 언어학이라고 부른다.

현재 인간이 사용하는 대략 3천개에서 6천개 가량의 언어는 가장 두드러진 예이지만, 예를 들어 수화나 문어 같은 자연 언어 또한 청각보다는 시각적인 자극에 바탕을 두고 있다 하겠다. 부호나 컴퓨터 프로그램에 쓰이는 언어들처럼 인위적으로 만들어진 의사소통 체계인 다른 종류의 것들 또한 언어로 불릴 수 있다. 언어는 이런 의미에서 정보를 부호화하고 해독하기 위한 기호의 체계인 것이다.

구어나 기호화된 언어들은 음성학적 체계를 담고 있는데 그것은 소리나 시각적 기호들이 단어나 형태소로 알려진 어순을 형성하는데 어떻게 사용되는지를 결정한다. 그리고 구문론적 체계는 구나 발성이 어떻게 단어나 형태소를 형성하는지를 결정한다. 문어는 구어의 소리를 나타내기 위해 시각적 기호들을 사용하지만, 여전히 일련의 단어배열로부터 의미를 만들어내는 것을 결정하는 통사론적 규칙들을 필요로 한다.

>>> 어구

specifically 구체적으로 instance 예 complex 복잡한, 복합의 scientific 과학적인 sense 의미, 면 approximately 대략, 약 salient 두드러진, 현저한 stimuli 자극 sequence 연속, 순서

>>> 구문

- communication systems, such as those (that are) used for computer programming. ~
  [주격 관계대명사+be 동사 생략]
  의사소통 체계, 가령 컴퓨터 프로그래밍에 쓰이는 것들과 같은.

- sequences/ (that are) known as words or morphemes ~
  어순/ 단어나 형태소로 알려진

# Chapter 1
# 언어와 문학

>>> Part 4 인문과학

>>> Theme 069　**언어** ▶

**01 language** [læŋgwidʒ] 언어
- a foreign language 외국어
- 관 letter/character 글자, 문자
  hieroglyphics 상형문자
  ideograph 표의문자
- 표 have a good command of + 언어 (언어를) 잘 구사하다

**02 refer** [rifə́ːr] 언급하다, ~라고 부르다, 참조하다
- be referred to as ~라고 불리다
- ⓝ reference 참조, 참고, 문의, 조회, 추천서

**03 capacity** [kəpǽsəti] 1. 지적능력, 재능
　　　　　　　　　　 2. 수용력, 정원, 용적

**04 acquire** [əkwáiər] 취득하다, 습득하다
- ⓐ acquired 후천적으로 획득한, 습득한
- ⓝ acquisition 획득, 습득물

**05 communication** [kəmjùːnəkéiʃən] 의사소통
- ⓥ communicate 의사소통하다, 전달하다
- 혼 communicable 전염성인
- 관 conversation 회화, 대담

**06 linguistics** [liŋgwístiks] 언어학
- 동 philology 문헌학, 언어학
- 관 lingua 혀, 언어
  bilingual 두 언어를 구사하는
  multilingual 여러 언어를 말하는

**07 natural language** 자연 언어
　※ 프로그래밍언어에 대응되는 개념
- 반 artificial language 인공 언어

**08 visual** [víʒuəl] 시각의, 눈에 보이는
- 관 ocular 눈과 관련된
  optic 눈의, 시력의  optical 광학의

**09 auditory** [ɔ́ːditɔ̀ːri] 청력의, 청각의
- 관 auditorium 강당
  audition 오디션, 심사

**10 sign language** 수화
- 동 talking with the hands 수화
- 관 body language 몸짓 언어

**11 spoken language** 구어(평소에 쓰는 말)
- 동 colloquial 구어체의, 일상회화의
- 반 written language 문어, 문자 언어

**12 code** [koud] 1. 암호, 기호, 문자
　　　　　　　 2. 법전, 규칙
- binary code 2진 부호

**13 artificial** [ɑ̀ːrtəfíʃəl] 인공의, 부자연스러운
- ⓐ artificially 인위적으로, 부자연스럽게
- 반 natural 자연 그대로의, 타고난

**14 sign** [sain] 1. 부호, 기호; 신호, 징후; 간판
　　　　　　　 2. 서명을 하다
- minus sign 마이너스 기호 (↔plus sign)
- sign language 수화, 손짓 언어
- a call sign 호출신호
- signboard 간판, 게시판

**15 decode** [diːkóud] (암호를) 해독하다
- decoding (컴퓨터) 디코딩
- 반 encode 암호로 바꾸다, 부호화하다

**16 phonology** [founálədʒi] 음성학, 음운론
- ⓐ phonological 음운론의, 음운 체계의
- 동 phonemics 음소론

**17 symbol** [símbəl] 상징, 부호, 기호
- ⓥ symbolize 상징하다, 부호로 나타내다
- ⓐ symbolic 상징하는, 상징의

**18 morpheme** [mɔ́ːrfiːm] 형태소 ※ 뜻을 가진 최소의 언어단위

**19 syntactic** [sintǽktik] 구문론[통사론]의
- ⓝ syntactics 구문론, 문장론

**20 phrase** [freiz] 구, 어구, 관용구
- phrasal verb 구동사

**21 utterance** [ʌ́tərəns] 발성, 발음, 말하기
- ⓥ utter 말하다, 소리를 내다
- 관 voice 목소리, (의견을) 말로 나타내다
  verbalize 말로 나타내다
  pronunciation 발음, 발음법

**22 represent** [rèprizént] 1. ~을 나타내다, 상징하다
　　　　　　　　　　　 2. 대리하다, 대표하다
- ⓝ representation 표시, 표현, 설명; 대표
  representative 대표자, 대의원
- 동 symbolize 상징하다
- 표 stand for ~을 나타내다, 상징하다

**23 meaning** [míːniŋ] 의미, 취지; 의도
- a figurative meaning 비유적 의미
- a literal meaning 문자 그대로의 의미
- 동 sense 의미, 뜻

>>> Part 4 Cultural Science
>>> Chapter 1 Language & Literature

## >>> Theme 069 Review Test

01 Each language has a different way of counting objects.
➡ 각 _____는 물건을 세는 방법이 다르다.

02 The fight between the television ads is often referred to as Spot Wars.
➡ 텔레비전 광고들 사이에 싸움은 흔히 '자리 싸움'이라 _____.

03 According to research, left-handers have a greater capacity for language acquisition than right-handers.
➡ 연구에 따르면, 왼손잡이가 오른손잡이보다 언어습득 _____이 더 뛰어나다고 한다

04 Geniuses usually have the ability to acquire, store, and retrieve any knowledge and use it.
➡ 천재들은 대개 어떤 지식이든 _____하고 저장하며, 다시 꺼내어 사용할 수 있는 능력이 있다.

05 A variety of non-verbal means of communication exist such as body language, eye contact, and sign language.
➡ 몸짓언어, 눈 맞춤, 수화와 같은 다양한 비언어적 _____ 방법들이 있다.

06 He was a professor of linguistics, who mainly worked on the Lithuanian language.
➡ 그는 _____ 교수였으며 주로 라투아니아어를 연구했다.

07 As contrasted with artificial language, natural language is a language that has evolved naturally as a means of communication among people.
➡ _____와는 대조적으로, _____는 사람들 사이에 의사소통의 한 수단으로 자연적으로 발전된 언어이다.

08 He was born with a visual impairment.
➡ 그는 _____ 장애를 가지고 태어났다.

09 Dogs have outstanding auditory responses.
➡ 개는 뛰어난 _____ 반응을 가지고 있다.

10 Hearing impairment and speech impediments necessitate using sign language.
➡ 청각장애나 언어장애가 있으면 _____를 쓴다.

11 Spoken language, sometimes called oral language, is language produced in its spontaneous form, as opposed to written language.
➡ 구두어라고도 불리는 _____는 _____와는 반대로 즉흥적으로 생성되는 언어이다.

12 The instructions are translated into binary code, a form that computers can easily handle.
➡ 명령은 컴퓨터가 쉽게 처리할 수 있는 형식인 _____로 변환된다.

13 Esperanto, an artificial language, was invented in 1887.
➡ _____인 에스페란토는 1887년에 창안되었다.

| | |
|---|---|
| ¹⁴ Words are the sign of ideas. | ▶ 언어는 사상의 _____ 이다 |
| ¹⁵ The decoding of the human genome has allowed researchers to realize there are far less genes in the sequence than originally thought. | ▶ 인간 게놈의 _____ 으로 연구원들은 애초에 생각했던 것보다 연속된 유전자가 훨씬 적다는 것을 깨달았다. |
| ¹⁶ He made important contributions to the modern study of Chinese phonology and grammar. | ▶ 그는 현대 중국어 _____ 과 문법 연구에 중요한 공헌을 했다. |
| ¹⁷ According to experts, da Vinci often used symbols and codes to get messages across. | ▶ 전문가에 따르면, 다빈치는 메시지를 전달하기 위해 종종 _____ 와 암호를 사용했다. |
| ¹⁸ The word 'player' contains two morphemes: 'play' and '-er.' | ▶ 'player'라는 단어에는 'play'와 'er'라는 두 개의 _____ 가 있다. |
| ¹⁹ According to the theory, the most basic form of language is a set of syntactic rules that are universal for all humans. | ▶ 이론에 따르면, 언어의 가장 기본적 형태는 모든 인간에게 보편적인 일련의 _____ 규칙이다. |
| ²⁰ Gestures are non-verbal behaviors that translate words or phrases rather directly. | ▶ 제스처는 단어나 _____ 를 다소 직접적으로 표현하는 비언어적 행동이다. |
| ²¹ We didn't utter a word to each other. | ▶ 우리는 서로에게 한마디도 _____ 않았다. |
| ²² In diagrams, diamonds are typically used to represent relationships. | ▶ 도표에서, 다이아몬드는 전형적으로 관계를 _____ 때 사용된다. |
| ²³ The meaning of democracy can be interpreted in many ways. | ▶ 민주주의의 _____ 는 다양하게 해석될 수 있다. |

>>> 정답

| 01. 언어 | 02. 불리다 | 03. 능력 | 04. 습득 | 05. 의사소통 |
| 06. 언어학 | 07. 인공 언어, 자연 언어 | 08. 시각 | 09. 청각 | 10. 수화 |
| 11. 구어, 문어 | 12. 2진 부호 | 13. 인공 언어 | 14. 기호 | 15. 해독 |
| 16. 음운학 | 17. 기호 | 18. 형태소 | 19. 구문 | 20. 구 |
| 21. 말하지 | 22. 나타낼 | 23. 의미 | | |

>>> Part 4 Cultural Science
>>> Chapter 1 Language & Literature

## >>> Theme 070 Speaking

An effective public **speaker** knows to avoid several bad habits. First, a good **orator** never **mumbles**. The negative result of this is that the **audience** may begin to **murmur** trying to figure out what was said. The speaker must be careful to slowly **enunciate** each **syllable** and every word. Second, good speakers avoid the **stuttering** and **stammering** of nervousness by using the well-known technique of imagining the audience in their underwear. This age-old method empowers the person **delivering** the **speech**, thus putting the person at ease. Third, in order to avoid **shrieking** or **screaming** a point for **emphasis**, the speaker has practiced delivering the speech in order to give proper **stress** to the different ideas. Speaking in a **tone** that falls somewhere above a **whisper** and below a **shout**, a **lecturer declares** the thrust of the speech. If a speaker makes a mistake, she does not lamely **mutter** the apology under her breath in a **flustered** and **flushed** manner, nor does she angrily blame someone else for the problem and point out the other person's faults to those in attendance. She calmly makes a quick **wisecrack** about technical problems, the note cards, or the gravitational pull of the moon, but she never loses her poise or her control of the situation. **Summarily**, an exceptional orator **articulates** ideas in a **voice** that is clear, loud, and **convincing**.

>>> 해석

유능한 대중 연설자는 몇 가지 나쁜 버릇을 피해야 함을 안다. 첫째, 훌륭한 연설자는 절대 우물대지 않는다. 연설자가 우물대면 청중들은 연설자가 무슨 말을 했는지 알아들으려고 서로 웅성거리는 것과 같은 부정적인 결과가 나타난다. 연설자는 모든 음절과 단어를 똑똑하게 발음하도록 신경을 써야만 한다. 둘째, 훌륭한 연설자는 청중들이 속옷을 입고 있는 모습을 상상하면서 연설을 하는 익히 알려진 기법을 사용하여 떨면서 말을 더듬어서는 안 된다. 예전부터 내려오는 이 방법은 연설자의 마음을 편하게 하면서 연설자로 하여금 연설을 잘하도록 해 준다. 셋째, 강조 대목에 이르러 소리치는 것을 피하기 위해 연설자는 각기 다른 사상을 적당히 강조하며 연설하는 연습을 한다. 강연자는 속삭임보다는 높고, 고함치는 것보다는 낮은 어조로 말하여 연설의 핵심을 분명히 한다. 만일 강연자가 실수를 할 경우, 지나치게 당황하여 얼굴이 붉어져 속삭이듯 조그만 소리로 더듬거리지 않을 것이며 그 일로 화가 나서 청중들 앞에서 다른 누군가를 탓하고 다른 사람의 잘못을 지적하지도 않는다. 침착하게 기술적인 문제나 메모 카드, 달의 중력 따위에 관한 재치 있는 말로 재빨리 화제를 돌려 자세가 흐트러지거나 그 상황에 대한 자제력을 잃지 않을 것이다. 요약하면, 뛰어난 강연자는 크고 분명하며 확신에 찬 목소리로 자신의 생각을 똑똑하게 말한다.

>>> 어구

avoid 피하다 negative result 부정적인 결과 nervousness 조바심, 긴장 age-old 오래된, 예로부터 전해 오는 attendance 참석자 gravitational 중력의 poise 평형, 침착 exceptional 아주 뛰어난

>>> 구문

• Speaking in a tone that ~, a lecturer declares the thrust of the speech.
강연자는 ~한 어조로 말하여 연설의 핵심을 분명히 한다

>>> Part 4 인문과학    >>> Chapter 1 언어와 문학

>>> Theme 070   **말하기** ▶

01 **orator** [ɔ́ːrətər] 연설자
   ⓥ orate 연설하다
   ⓐ oral 구두의, 구술의
   동 speaker 이야기하는 사람, 화자 연설가
   관 eloquent 유창한, 달변인
      smooth talker 말주변이 좋은 사람

02 **mumble** [mʌmbl] 중얼거리다, 우물우물하다
   동 murmur 중얼거리다, 투덜거리다
      mutter 중얼거리다, 투덜거리다

03 **audience** [ɔ́ːdiəns] 청중, 관객
   관 auditorium 강당, 방청석
      audible 알아들을 수 있는

04 **enunciate** [inʌ́nsièit] 분명하게 발음하다
   동 articulate 똑똑히 발음하다

05 **syllable** [síləbl] 음절, 음절을 발음하다
   • without a syllable of comment 한 마디의 논평도 없이

06 **stutter** [stʌ́tər] 말을 더듬다, 더듬으며 말하다
   ⓝ stuttering 말더듬기
   관 stammer 말을 더듬다, 말더듬기
      - stammering 말을 더듬는
      lisping 혀 짧은 발음

07 **deliver** [dilívər] 1. 말하다
                        2. 배달하다, 출산하다
   • deliver a speech 연설하다

08 **speech** [spiːtʃ] 말하기, 연설
   비 speech 연설의 가장 일반적인 말
      address 요직에 있는 사람의 격식을 갖춘 연설
      talk 격식이 없는 연설(대화), 회담

09 **shriek** [friːk] 비명(을 지르다)
   동 scream 비명(을 지르다)
      shrill 높고 날카로운

10 **emphasis** [émfəsis] 강조, 연설
   • lay emphasis on ~을 강조하다
   ⓥ emphasize 강조하다, 강세를 두다

11 **stress** [stres] 1. 강조(하다), 강세를 두다
                      2. 스트레스(를 받다〈주다〉)
   • lay[place, put] stress on ~을 강조하다
   관 accent 강세, 말투, 어조

12 **tone** [toun] 어조; 음색; 색조

13 **whisper** [hwíspər] 속삭이다; 속삭임

14 **shout** [ʃaut] 외치다, 고함치다; 외침
    동 yell 고함치다, 외침, 비명

15 **lecturer** [léktʃərər] 강연자, 강사
    ⓝ lecture 강의, 강연, 설교

16 **declare** [diklέər] 1. 선언하다, 단언하다
                          2. (세관에서) 신고하다

17 **flustered** [flʌ́stərd] 당황한, 안절부절 못하는
    ⓥ fluster 당황하게 하다
    관 flushed 홍조를 띤, 흥분한
       nervous 초조해 하는, 두려워하는

18 **wisecrack** [wáizkræk] 재치있는 농담
    관 crack a joke 농담하다
    동 wordplay 재치있는 말장난

19 **summarily** [səmέrəli, sʌm-] 요약하면, 즉결로
    • in summary 요약하면

20 **articulate** [ɑːrtíkjulèit] 똑똑히 발음하다; 분명히 말하다
    동 enunciate 분명하게 발음하다
    반 slur 불분명하게 발음[말]하다; 비방(하다)
       equivocate 얼버무리다, 모호하게 말하다

21 **voice** [vɔis] 목소리; 발언권; 입 밖에 내다
    • give voice to (감정을) 표현하다

22 **convincing** [kənvínsiŋ] 설득력 있는
    • a convincing proof[evidence] 유력한 증거
    관 make oneself clear (상대방에게) 자기의 말을 이해시키다

>>> Part 4 Cultural Science   >>> Chapter 1 Language & Literature

## >>> Theme 070  Review Test

01  He is not only a fine orator but also a prolific writer.

➡ 그는 훌륭한 _____일 뿐만 아니라 다작 작가이기도 하다.

02  The man murmured his dissent.

➡ 남자는 _____ 반대 의견을 말했다.

03  The audience were deeply impressed by his eloquence.

➡ _____은 그의 웅변에 깊이 감명받았다.

04  The speaker enunciated each word slowly.

➡ 연설가는 말 한 마디 한 마디를 천천히 _____.

05  In the word 'contour,' the accent falls on the first syllable.

➡ 'contour' 라는 단어에서 강세는 첫 번째 _____에 온다.

06  The woman stuttered during her presentation.

➡ 여자는 발표 도중에 말을 _____.

07  The candidate was elected unanimously and delivered a speech on July 20th.

➡ 그 후보자는 만장일치로 선출되었고 7월 20일에 _____.

08  The president touched on foreign affairs during his speech.

➡ 대통령은 _____에서 외교 문제를 거론했다.

09  He shrieked at them for being completely amoral, and fled the scene.

➡ 그는 그들의 철저히 부도덕함에 _____는 그 자리를 떠났다.

10  The Japanese lay a heavy emphasis on their food culture, and they are proud that sushi originated from them.

➡ 일본인들은 그들의 음식 문화를 매우 _____하며, 초밥이 그들에게서 기원했다는 것을 자랑스러워한다.

11  My mother always stresses that honesty is the most important thing in life.

➡ 어머니께서는 항상 정직이 인생에서 가장 중요한 것이라고 _____.

12  The tone of the poem is the "voice" you imagine when the poem is read.

➡ 시의 _____는 시를 읽을 때 당신이 상상하는 '목소리'이다.

Reading V.O.C.A
302

¹³ The two girls were whispering about something.  ➡ 두 소녀는 뭔가를 _____.

¹⁴ The boys shouted across the playing field.  ➡ 남자아이들은 운동장을 가로지르며 _____.

¹⁵ Smith was a lecturer in English at the university.  ➡ 스미스는 대학 영어 _____였다.

¹⁶ Recently, Guinness World Records declared the bridge as the world's highest.  ➡ 최근, 기네스북은 그 다리를 세계에서 가장 높은 다리로 _____.

¹⁷ I was so flustered that I stammered.  ➡ 나는 너무 _____한 나머지 말을 더듬었다.

¹⁸ He is also fond of wisecracks and wordplay.  ➡ 그는 또한 _____과 말장난을 좋아한다.

¹⁹ In summary, the forests need to be protected.  ➡ _____, 숲은 보호되어야 한다.

²⁰ The woman articulated her concerns.  ➡ 여자는 자기 관심사를 _____.

²¹ Wilson said in a quiet voice, filled with conviction.  ➡ 윌슨은 확신에 찬 조용한 _____로 말했다.

²² There is convincing evidence that smoking causes heart disease.  ➡ 흡연이 심장병을 일으킨다는 _____가 있다.

>>> 정답

| | | | | |
|---|---|---|---|---|
| 01. 연설가 | 02. 중얼거리며 | 03. 청중 | 04. 분명하게 발음했다 | 05. 음절 |
| 06. 더듬었다 | 07. 연설했다 | 08. 연설 | 09. 비명을 지르고 | 10. 강조 |
| 11. 강조하신다 | 12. 어조 | 13. 속삭이고 있었다 | 14. 고함을 질렀다 | 15. 강사 |
| 16. 선언했다 | 17. 당황 | 18. 재치있는 농담 | 19. 요약하면 | 20. 분명히 말했다 |
| 21. 목소리 | 22. 유력한 증거 | | | |

Reading V.O.C.A
303

>>> Part 4 Cultural Science
>>> Chapter 1 Language & Literature

## Theme 071 Writing

There are several elements of **writing** a good **paper** that must be adhered to. First and foremost one must **get to the point** immediately. **Don't beat around the bush** and keep the reader guessing at what is the paper's **theme**. **Spit it out!** The paper should include transitional phrases to help the reader **make sense of** the writer's logic and ideas. A good paper **makes clear** its point by employing words that signal the order, such as "first," "next" and "finally." If one desires to **make a point**, a good method of drawing the reader's attention would be to **underline** your reasoning by using indicators like "**for example**" or "**for instance**." It may be good to close the **paragraph** by putting the main point another way. Such a **restatement** can be **prefaced** with the phrases "**in other words**," or "in summary." Your point will be well taken if the argument is **highlighted** by using phrases like "**in conclusion**" or "to conclude." Another point to keep in mind is that written English differs from spoken English in that it is more **formal**. Phrases that are acceptable or at least go unreprimanded are reprehensible in a well-written paper. Unlike oral communications, written communications should not **meander**, hence one shouldn't include phrases that indicate that the main topic has been **veered away from**. "**Where was I?**" "by the way", "talking about" and "that reminds me" should be avoided. Instead of including such phrases, edit the paper of **divergent** ideas. Using the phrases, such as "**as I was saying**," "as I say" and "let me tell you something", is acceptable in trying to create a conversational tone, but should not be inserted in a paper. The reader will never have to wonder what you are **getting at** if the above rules are followed when writing a paper.

>>> 해석

좋은 논문을 쓰기 위해 반드시 지켜야 할 사항이 몇 가지 있다. 우선 요지를 지체 없이 말해야 한다. 공연히 변죽만 울리면서 읽는 사람으로 하여금 이 논문의 주제가 무엇인지 추측케 하지 마라. 서슴지 말고 말해 버려라. 독자가 저자의 논리와 사상을 좀 더 잘 이해하기 위해서는 논문에 화제를 전환하는 어구들이 포함되어야만 한다. 좋은 논문에는 순서를 나타내는 단어들–예를 들어 '첫째', '다음에는', '마지막으로'와 같은 –이 사용되어 글의 요지를 분명하게 한다. 논지를 주장하고 싶을 때 독자의 관심을 끌 수 있는 좋은 방법은 '예를 들면', '일례로'와 같은 지표를 사용함으로써 당신의 논거를 강조하는 것이다. 주된 강조점을 다른 방식으로 기술함으로써 문단을 마치는 방법도 좋다. '바꿔 말하면'이라든가 '요점을 말하면' 등의 어구로 (강조점을) 재 언급하면서 시작할 수 있다. '결론적으로' 혹은 '결론으로 말하면' 등의 어구를 사용하여 논거를 강조할 경우 요점을 잘 전달할 수 있을 것이다. 또 한 가지 명심해야 할 사항은 문어체는 좀 더 형식적이라는 점에서 구어체와 다르다는 것이다. 구어체에서는 그런대로 받아들여질 수 있거나 견책받지 않을 정도의 어구가 문어체로 잘 쓰인 논문에서는 비난받을 수도 있다. 말로 하는 의사소통과는 달리 문서로 하는 의사소통에 있어서는 두서없이 이야기해서는 안 된다. 따라서 주제에서 벗어난 어구들이 포함돼서는 안 된다. "내가 무슨 말을 하다 말았지?", "그런데 말이야", "말이 나왔으니 하는 말인데", "그러니까 생각나는데" 등의 어구는 쓰지 말아야 한다. 그런 어구들은 사용하지 말고 본론에서 다소 벗어난 내용을 편집해서 삭제하라. "하던 말을 계속하자면…", "제가 항상 말하듯이…", "저 그거 알고 계시는지 모르겠군요."등의 어구는 대화를 시작할 때는 사용할 수 있으나 논문에 첨가되어서는 안 된다. 논문을 쓸 때 앞서 언급한 규칙들을 지킨다면 읽는 사람이 당신이 말하고자 하는 것이 무엇일까 하고 의아하게 생각하는 일은 절대 없을 것이다.

>>> 어구

**indicator** 표시하는 것 **unreprimanded** 비난받지 않는 **reprehensible** 비난할 만한

>>> Part 4 인문과학
>>> Chapter 1 언어와 문학

>>> Theme 071  **쓰기** ▶

01 **writing** [ráitiŋ] 글쓰기, 글
   ⓝ writer 작가
   ⓥ write 쓰다, 집필하다
   동 author 저자, 작가  composition 작문(법)

02 **paper** [péipər] 논문, 과제, 리포트
   • term paper 학기말 리포트

03 **get to the point** 요점을 말하다
   관 to the point 간단명료한, 적절한

04 **Don't beat around the bush.**
   빙빙 돌리지 말고 요점을 말해라.
   표 말을 꺼낼 때 자주 쓰는 표현
   Say something. 말 좀 해라.
   Say!/ Listen!/ Look! 있잖아. 이것 봐요.
   Tell me. 그런데 말이야.
   by the way 그런데 말이야
   So what? 그게 어쨌다는 거야?
   Let me tell you something[what].
   = You know something[what]. 있잖아.

05 **theme** [θi:m] 주제, 제목, 테마
   뉘 theme 바닥에 깔려있는 기본적인 주제
   topic 비교적 작은 주제
   subject 적용 범위가 넓은 주제

06 **Spit it out!** 솔직히 말해, 털어놓아라.
   동 make a clean breast of 모조리 털어놓다, 고백하다

07 **make sense of** ~을 이해하다, 뜻을 알다
   관 make sense 의미가 통하다, 이해가 되다

08 **make clear** 명료하게 하다
   동 clarify 명확하게 하다, 분명히 말하다

09 **make a point** 생각을 밝히다, 주장을 입증하다
   혼 make a point of ~ing 반드시 ~하다

10 **underline** [ʌ̀ndərlàin] ~을 강조하다
   동 underscore 강조하다

11 **for example/for instance** 예를 들면
   표 so to speak 말하자면
   Roughly speaking 대충 말하면
   Generally speaking 일반적으로 말하면
   to put in a nutshell 간단히 요약하면

12 **paragraph** [pǽrəgræf] 절, 단락, 문단
   ■ 문장에 관한 용어
   sentence 문장  question mark 물음표
   exclamation mark 느낌표  quotation mark 따옴표
   comma 쉼표  apostrophe 아포스트로피  colon 콜론
   semicolon 세미콜론  period 마침표  dash 대시
   hyphen 하이픈  ellipsis 말줄임표  parenthesis
   괄호  bracket 네모괄호  slash 슬래시

13 **restatement** [ristéitmənt] 고쳐 말함
   관 statement 성명, 진술

14 **preface** [préfis] 1. (이야기를) ~로 시작하다
                          2. 서문, 머리말
   뉘 foreword (추천) 서문, 머리말(주로 저자 이외의 사람이 쓴 글)

15 **in other words** 바꾸어 말하면, 즉

16 **highlight** [háilait] 강조하다, 눈에 띄게 하다

17 **in conclusion** 요컨대, 결론적으로
   관 conclusion 결론, 귀결

18 **formal** [fɔ́:rməl] (말이) 딱딱한, 문어적인
   반 informal (말이) 회화체의
   colloquial 구어체의

19 **meander** [miǽndər] 1. 두서없이 이야기하다
                           2. 꼬불꼬불 흐르다

20 **veer away from** ~을 벗어나다
   표 Where was I? 어디까지 얘기했죠?
   As I was saying 하던 말을 계속하자면
   As I say 제가 항상 말하듯이
   If you ask me, 제 생각을 말씀드린다면,

21 **divergent** [divə́:rdʒənt] 1. ~에서 벗어난
                                  2. 의견이 서로 다른
   ⓝ diverge 갈라져 나오다, 이탈하다

22 **get at** 1. ~을 의미하다; 이해하다
              2. (손이) 미치다

>>> Part 4 Cultural Science
>>> Chapter 1 Language & Literature

## >>> Theme 071 Review Test

01 Some people think that speaking well is more important, whereas others believe that *writing* is more important in our lives.
➡ 어떤 사람들은 우리 삶에서 말을 잘하는 것이 더 중요하다고 생각하는 반면, 또 어떤 사람들은 _____가 더 중요하다고 생각한다.

02 John is working on his *paper*.
➡ 존은 _____ 작업을 하고 있다.

03 *Get to the point*, instead of beating around the bush.
➡ 빙빙 돌리지 말고 _____.

04 Don't *beat around the bush*.
➡ _____.

05 The *theme* of this exhibition is soil and humans.
➡ 이번 전시회의 _____는 흙과 인간이다.

06 If you've got something to say, *spit it out*!
➡ 할 말이 있으면, _____!

07 I'm trying to *make sense of* what you're saying.
➡ 당신이 무슨 말을 하고 있는지 _____하려고 노력하고 있는 중이에요.

08 Let me *make myself clear*.
➡ _____ 말하겠다.

09 I'm just trying to *make a point*.
➡ 전 _____ 겁니다.

10 The incident *underlines* how easily things can go wrong.
➡ 그 사건은 일이 얼마나 쉽게 틀어질 수 있는지 _____.

11 *For example*, Rome wasn't built in a day.
➡ _____, 로마는 하루아침에 세워진 것이 아니야.

12 What is the main idea of the second *paragraph*?
➡ 두 번째 _____의 주제는 무엇인가?

>>> Part 4 인문과학
>>> Chapter 1 언어와 문학

13 The conclusion is a restatement of the topic, thesis, and generalizations.
▶ 결론은 주제와 논지, 그리고 개괄의 _____ 이다.

14 He prefaced his lecture with a critical remark about the institution.
▶ 그는 제도에 대한 비판으로 강의를 _____.

15 In other words, all living organisms on earth cannot live without oxygen.
▶ _____, 지구상의 모든 생명체는 산소 없이 살 수 없다.

16 Some teachers often highlight the importance of textbooks.
▶ 일부 선생님들은 흔히 교과서의 중요성을 _____.

17 In conclusion, a tax raise would not increase the standard of living.
▶ _____, 세금 인상은 삶의 기준을 증가시키지 않을 것이다.

18 The office atmosphere is way too formal.
▶ 회사 분위기가 너무 _____ 하다.

19 The professor's lecture often meandered.
▶ 그 교수님의 강의는 종종 _____.

20 As I was saying, I want to invest in different companies.
▶ _____, 나는 다른 회사에 투자하고 싶어.

21 Given the widely divergent opinions of the two parties, a breakthrough is seen as unlikely.
▶ 양당 간의 너무 _____ 의견 차이를 고려하면, 돌파구를 찾긴 불가능해 보인다.

22 What are you getting at?
▶ 무엇을 _____ 거니?

>>> 정답

01. 글쓰기　　02. 논문　　03. 요점을 말해라　　04. 빙빙 돌리지 말고 요점을 말해라　　05. 주제
06. 솔직히 말해봐　　07. 이해　　08. 분명히(명료하게)　　09. 주장(생각)을 밝히려는　　10. 강조해준다
11. 일례로　　12. 단락　　13. 재언급　　14. 시작했다　　15. 바꾸어 말하면(즉)
16. 강조한다　　17. 결론적으로　　18. 딱딱　　19. 두서가 없었다　　20. 하던 말을 계속하자면
21. 다른　　22. 말하려는(의미하는)

>>> Part 4 Cultural Science
>>> Chapter 1 Language & Literature

## >>> Theme 072 Literature

**Literature** represents a language or a people: **culture** and **tradition**. But, literature is more important than just a historical or cultural **artifact**. Literature **introduces** us to new worlds of experience. We learn about books and literature; we enjoy the **comedies** and the **tragedies** of poems, **stories**, and **plays**; and we may even grow and evolve through our **literary** journey with books. Ultimately, we may discover meaning in literature by looking at what the **author** says and how he/she says it. We may **interpret** the author's message. In academic circles, this decoding of the text is often carried out through the use of literary theory, using a **mythological**, sociological, psychological, historical, or other approach. Whatever critical paradigm we use to discuss and analyze literature, there is still an **artistic** quality to the **works**. Literature is important to us because it speaks to us, it is universal, and it affects us. Even when it is ugly, literature is beautiful. 'Literature' is primarily divided into three **genres**: **Poetry**, **Drama**, and **Prose**. Each genre is further divided into sub-genres. Poetry may then be subdivided into **epic**, **lyric**, and **dramatic poetry**. Subdivisions of drama include foremost **comedy** and **tragedy**, while e.g. comedy itself has sub-genres, including **farce**, **comedy of manners**, **burlesque**, and **satire**. **Novels**, **essays**, **short stories**, and works of **criticism** are examples of prose.

>>> 해석

문학은 언어 또는 사람을 표현한다. 즉, 문화와 전통을 대변한다. 그러나 문학은 단순한 역사적 또는 문화적 가공물 이상으로 중요한 것이다. 문학은 우리가 새로운 세상을 경험하도록 안내해준다. 우리는 책과 문학을 공부하면서 시, 소설, 연극의 희극과 비극을 즐기게 되고, 책으로 문학여행을 하면서 성장하고 진화한다. 궁극적으로, 우리는 작가가 무슨 말을 어떻게 하는지 살펴봄으로써 문학에서 의미를 찾을 수도 있다. 우리는 작가의 메시지를 해석할 수도 있다. 학계에서는 이렇게 글을 해독할 때 신화적, 사회학적, 심리학적, 역사적 또는 다른 접근 방식을 이용한 문학이론을 이용하기도 한다. 우리가 문학을 논의하고 분석하기 위해 어떤 패러다임을 쓰든지 간에, 작품에는 여전히 예술성이 존재한다. 문학은 우리에게 이야기를 해주고, 보편적이며, 영향을 미치는 것이기에 소중하다. 비록 불쾌한 내용이라 할지라도 문학은 아름다운 것이다. '문학'은 크게 운문, 드라마, 산문이라는 세 개의 장르로 나뉜다. 각 장르는 더 세부적인 장르로 나뉜다. 운문은 서사시, 서정시, 극시로 나뉠 수 있다. 드라마의 세부장르로는 우선적으로 희극과 비극을 포함하며, 한편으로 희극 자체에도 예를 들어 광대극, 풍속극, 풍자극, 해학극이 있다. 소설, 에세이, 단편소설, 비평문은 산문의 예이다.

>>> 어구

**represent** 나타내다, 표현하다, 상징하다 **journey** 여행, 여정 **ultimately** 궁극적으로 **in academic circles** 학계에서 **decoding** 해독 **carry out** 수행하다 **sociological** 사회학적인 **psychological** 심리학적인 **approach** 접근(방법) **ugly** 추한, 불쾌한 **discuss** 토론하다 **analyze** 분석하다 **primarily** 주로, 첫째로 **divide into** ~으로 나누다 **subdivide into** 세분 **subdivision** 세분 **foremost** 우선적으로 **e.g.** 예를 들면 (exempli gratia)

>>> Part 4 인문과학
>>> Chapter 1 언어와 문학

>>> Theme 072  **문학** ▶

01 **literature** [lítərətʃər] 문학 (작품)
   • English literature 영문학

02 **culture** [kʌ́ltʃər] 문화; 교양
   ⓐ cultural 문화의, 교양의

03 **tradition** [trədíʃən] 전통 (방식)
   ⓐ traditional 전통적인

04 **artifact** [ɑ́ːrtəfækt] 인공물, 공예품
   ⓐ artificial 인공의, 인조의

05 **introduce** [intrədjúːs] 소개하다, 도입하다
   ⓝ introduction 도입, 소개, 서론

06 **comedy** [kɑ́mədi, kɔ́m-] 희극
   • comedy of manners 풍속 희극

07 **tragedy** [trǽdʒədi] 비극, 비극적 사건

08 **story** [stɔ́ːri] 1. 이야기, 단편 소설; 줄거리
            2. 신문(잡지) 기사
            3. (건물의) 층
   • detective story(=whodunnit) 탐정소설

09 **play** [plei] 1. 연극, 희곡, 각본
           2. 놀이, 오락; 경기, 시합
   관 playwright 극작가
      act (연극의) 막  scene (연극의) 장
      intermission (연극의) 중간 휴식 시간
      plot 줄거리

10 **literary** [lítərèri] 문학의, 문어의
   혼 literal (의미가) 글자 그대로의
   관 literate 읽고 쓸 줄 아는
      ↔ illiterate 문맹의

11 **author** [ɔ́ːθər] 저자, 작가; 저술하다
   • co-author 공저자

12 **interpret** [intə́ːrprit] 해석하다, 번역(통역) 하다
   ⓝ interpreter 번역자, 통역자

13 **mythological** [mìθəlɑ́dʒikəl] 신화의, 신화적인
   ⓝ mythology 신화; 근거 없는 믿음

14 **artistic** [ɑːrtístik] 예술적인, 예술가의
   • artistic talents 예술적 재능
   관 aesthetic 미의; 미학

15 **work** [wəːrk] (집학적) 작품

16 **genre** [ʒɑ́ːnrə] 종류, (예술 작품의) 장르

17 **poetry** [póuitri] (집합적) 시
   • dramatic poetry 극시
   관 poem [póuəm] (한편의) 시

18 **drama** [drɑ́ːmə] 희곡, 각본, 드라마
   • dramatic 연극의; (변화 등이) 극적인

19 **prose** [prouz] 산문(체)
   반 verse 운문, 시

20 **epic** [épik] 서사시(의); 장편 서사 영화
   • an epic poem 서사시

21 **lyric** [lírik] 서정적인; 서정시; 가사
   • a lyric poet 서정시인

22 **farce** [faːrs] 해학극
   관 burlesque [bəːrlésk] 풍자극, 광대극
      satire [sǽtaiər] 풍자, 비꼼

23 **novel** [nɑ́vəl] 1. (장편) 소설
                   2. 새로운, 신기한
   관 short story 단편 소설
      science fiction novel 공상과학소설

24 **essay** [ései] 1. (발표를 위해 쓴 짧은) 글, 수필
                  2. (학교에 제출하는 논문식) 과제물

25 **criticism** [krítəsìzm] 비평, 평론, 비판
   ⓝ critic 비평가, 평론가
   ⓐ critical 비판(평론)의; 위기의, 중대한

Reading V.O.C.A
309

>>> Part 4 Cultural Science
>>> Chapter 1 Language & Literature

>>> Theme 072 **Review Test**

01 His work is considered the masterpiece of contemporary literature.
▶ 그의 작품은 현대 _____ 의 최고 걸작으로 여겨진다.

02 Bobby Darin's influence on American popular culture was significant.
▶ Bobby Darin이 미국 대중 _____ 에 끼친 영향은 상당했다.

03 Judaism is one of the world's oldest religious traditions.
▶ 유대교는 세계에서 가장 오래된 종교적 _____ 중의 하나이다.

04 Countless artifacts including clothing, shoes and jewelry were discovered along with the mummy.
▶ 의복, 신발, 그리고 보석을 포함한 무수히 많은 _____ 이 미라와 함께 발견되었다.

05 As of December 1st, our company will introduce a new computational system.
▶ 12월 1일부터 회사에 새로운 전산시스템이 _____ 될 예정이다.

06 Shakespeare was a master dramatist who wrote delightful comedies and heart-wrenching tragedies.
▶ 셰익스피어는 유쾌한 _____ 과 비통한 _____ 을 쓴 위대한 극작가이었다.

07 The existence of nuclear weapons itself would no doubt be a great tragedy.
▶ 핵무기의 존재 그 자체가 의심의 여지 없이 엄청난 _____ 이다.

08 Sir Arthur Conan Doyle wrote the popular Sherlock Holmes detective stories.
▶ 아서 코난 도일경은 유명한 _____ 인 셜록 홈스를 썼다.

09 The play consists of three acts, four scenes.
▶ 그 _____ 은 3 _____ 4 _____ 으로 구성되어 있다.

10 The novel attracted much attention in the literary world.
▶ 그 소설은 _____ 계에서 많은 관심을 받았다.

11 Dickens' life as an author commenced in 1834.
▶ 디킨스의 _____ 로서의 삶은 1834년에 시작되었다.

12 Silence can be interpreted as a sign of consent.
▶ 침묵은 동의의 표시로 _____ 될 수 있다.

13 In the mythological tale of Oedipus, the main character tries to avoid his destiny.
▶ 오이디푸스의 _____ 이야기 중에서 주인공은 자신의 숙명을 피하려 애를 쓴다.

14 She showed an artistic flair from an early age.
▶ 그녀는 어릴 때부터 _____ 재능을 보였다.

>>> Part 4 인문과학  >>> Chapter 1 언어와 문학

15 The play of Othello is one of Shakespeare's most dramatic works.
➡ 극 오셀로는 셰익스피어의 가장 극적인 _____ 중의 하나이다.

16 The two biggest book genres are fiction and non-fiction.
➡ 책의 가장 큰 두 _____는 픽션과 논픽션이다.

17 Poetry is the mother tongue of mankind.
➡ _____는 인류의 모국어이다.

18 Many intellectual people enjoy the historical drama.
➡ 많은 지식인들은 _____을 좋아한다.

19 The latter part of his work consists mainly of prose.
➡ 그의 작품의 후반부는 주로 _____으로 이루어져 있다.

20 The protagonist of Beowulf, the oldest epic in English literature, is a Geatish hero who fights the monsters.
➡ 영국 문학의 가장 오래된 _____인 베어울프의 주인공은 이에아트족의 영웅으로 괴물들과 맞서 싸운다.

21 Lyric poetry dealing with sex, relationships, and domestic life constituted the new mainstream of American poetry in the late 20th century.
➡ 성, 관계, 그리고 가정생활을 다루는 _____가 20세기 후반 미국 시의 새로운 주류를 이루었다.

22 Japan has a centuries-old tradition of farce plays called Kyogen.
➡ 일본에는 쿄겐이라 불리는 수백 년 전통의 _____이 있다.

23 In the science fiction novel, the king was pregnant.
➡ 그 _____에서는 왕이 임신을 했다.

24 He published several essays about nature, man, and God.
➡ 그는 자연과 사람, 그리고 신에 대한 여러 _____을 출간했다.

25 The critics blasted the play for doing little to develop the plot.
➡ _____은 그 연극이 플롯을 발전시키는 데 있어 소홀히 하였다고 맹렬히 비난하였다.

>>> 정답

01. 문학  02. 문화  03. 전통  04. 공예품  05. 도입
06. 희극, 비극  07. 비극  08. 탐정소설  09. 연극, 막, 장  10. 문학
11. 작가  12. 해석  13. 신화  14. 예술적  15. 작품
16. 장르  17. 시  18. 사극  19. 산문  20. 서사시
21. 서정시  22. 해학극  23. 공상과학소설  24. 수필  25. 비평가들

>>> Part 4  Cultural Science

**Chapter 2**
**Art**

>>> Theme **073**  **Art**

Unlike any other **artists**, actors, singers and dancers have only their bodies as the **instruments** and **medium** of their **craft**. Artists can work in several types of medium to express their **creativity**. Whether for an **opera**, a **classical** chamber piece or a modern **ballet**, in the music world notes are the tools of choice for **composers**. The **maestro** **conducts** the **orchestra** in an effort to breathe life into the **notes** on the musical **score**. The **musicians** of the different sections must play their crafts in **cooperation** in order to create beauty. The musicians of **woodwind** section consisting of flutes, oboes, etc, should not be **in discord with** the **string** section with violas, violins and cellos. Unlike the **performing** arts, in order to transmit the ideas, **painters** and **sculptors** rely on the tools of their **handicraft**. In order to **depict** scenes in nature or illustrate the ideas in their mind, painters use brushes, canvases, easels, palettes, and paints. From a model of living flesh, sculptors breathe life into **clay** and **marble** shaping it into a **statue molded** into a startlingly real form. Regardless of whether it is a romance novel, whodunnit, play, movie or poem, novelists, playwrights, screenwriters and poets rely on some inanimate objects to capture and transfer their ideas on papers. Yet actors, singers and dancers possess only one tool and instrument called their bodies, which they must train and use with the utmost precision to be the **embodiment** of their dreams, hopes and ideas.

>>> 해석

다른 예술가들과는 달리 배우, 가수, 무용가에게는 신체가 그들의 재능을 나타내는 도구요 매개체이다. 예술가들은 몇 가지 종류의 매개체를 통해 그들의 창의력을 표현한다. 오페라이건, 고전적인 실내악 소곡이건, 혹은 현대발레 음악이건 음악의 세계에서 작곡가들이 선택할 수 있는 도구란 음표뿐이다. 지휘자는 악보의 음표에 생명을 불어넣으려는 노력으로 오케스트라를 지휘한다. 미(美)를 창조하기 위해서는 각기 다른 악기부의 연주자들이 서로 협력하여 그들의 재능을 연주해야만 한다. 플루트, 오보에 등으로 이루어진 목관악기부의 연주자들은 바이올린, 비올라, 첼로로 구성된 현악부와 불협화음을 이루어서는 안 된다. 공연예술과는 달리 화가와 조각가들은 자신들의 숙련된 솜씨라는 도구에 의존하여 사상을 전달한다. 자연배경을 묘사하거나 마음속의 사상을 드러내기 위해 화가들은 붓, 캔버스, 이젤, 팔레트, 물감을 사용한다. 조각가들은 살아있는 모델을 보고 진흙과 대리석에 생명을 불어넣어 깜짝 놀랄 만큼 실물과 똑같은 형태의 조상(彫像)을 빚어낸다. 연애소설이건, 탐정소설이건, 혹은 시, 연극, 영화이건 간에 시인, 소설가, 극작가, 시나리오 작가들은 무생물 객체에 의존하여 종이 위에 자신들의 사상을 담아 전달한다. 그러나 배우, 가수, 무용가들은 신체라는 오직 하나의 도구를 갖고 있을 뿐이며 그들의 꿈, 희망, 사상을 형상화하기 위해서는 그 하나뿐인 도구를 훈련시켜 정확하게 사용해야만 한다.

>>> 어구

**chamber** 방; 실내음악의 **piece** 소품, 소곡 **breathe life into** ~에 생명[기운]을 불어넣다 **consist of** ~으로 구성되다 **transmit** 전하다 **flesh** 살, 생물 **playwright** 극작가 **startlingly** 놀랄 만큼 **inanimate** 무생물의, 활기 없는 **transfer** 옮기다, 전하다 **possess** 소유하다 **utmost** 최대한, 극도의 **precision** 정밀, 정확

# Chapter 2 예술

>>> Part 4 인문과학

>>> Theme 073  **예술** ▶

01 **artist** [άːrtist] 예술가
- ⓐ artistic 예술적인
- fine art 미술, 회화, 조각
- 괜 actor 배우  singer 가수
- 괜 avant garde 전위파, 아방가르드

02 **instrument** [ínstrəmənt] 악기, 기계, 기구
- musical instruments 악기
  - ■ 악기
    - a string instrument 현악기
      – cello 첼로, violin 바이올린 banjo 밴조 guitar 기타 harp 하프
    - a wind instrument 관악기
      – woodwind 목관악기 (recorder 리코더 flute 플루트 oboe 오보에 clarinet 클라리넷 piccolo 피콜로 saxophone 색소폰 harmonica 하모니카) – brass 금관악기 (trumpet 트럼펫 trombone 트롬본 horn 호른)
    - a percussion instrument 타악기
      – tambourine 탬버린 xylophone 실로폰 cymbals 심벌즈 drum 북 triangle 트라이앵글
    - a keyboard instrument 건반악기
      – accordion 아코디언 piano 피아노

03 **medium** [míːdiəm] 수단, 매체; 중간의
- 괜 media 매스 미디어

04 **craft** [kræft, kraːft] 1. 기능, 기술; 수공예
                          2. 비행기, 항공기
- 괜 handicraft 손재주, 수공예품

05 **creativity** [kriːeitívəti] 독창성, 창조성
- ⓐ creative 독창적인, 창조적인

06 **opera** [άpərə, ɔ́p-] 가극, 오페라
- 괜 ballet [bǽlei] 발레
- 혼 soap opera (TV) 연속극

07 **classical** [klǽsikəl] 고전의, 클래식 음악의
- 혼 classic 일류의, 빼어난; 고전, 명작

08 **composer** [kəmpóuzər] 작곡가, 작가
- ⓥ compose 작곡하다, 창작하다; 조립하다

09 **maestro** [máistrou] 명지휘자; (예술의) 거장
- 동 virtuoso (음악의) 거장

10 **conduct** [kάndʌkt, kəndʌkt] 1. (악단을) 지휘하다
                                  2. (업무를) 수행하다, 행동하다
                                  3. 안내하다
- ⓝ conductor 지휘자

11 **orchestra** [ɔ́ːrkəstrə] 오케스트라, 관현악단
- a symphony orchestra 교향악단
- chamber orchestra 실내관현악단
- 괜 chorus 합창단  choir 성가대, 합창단

12 **score** [skɔːr] 1. 악보, (음악) 작품; 배경음악
                    2. 득점, 점수, 스코어
                    3. 사실, 진상
- 괜 note (음악의) 음표; 어조
  opus 음악작품, 작품번호(약. op.)
  piece (짧은) 악곡, 소곡

13 **musician** [mjuːzíʃən] 음악가
- ⓐ musical 음악의, 뮤지컬

14 **cooperation** [kouάpəréiʃən] 협력, 협동
- in cooperation with ~와 협력(공동)하여
- 동 collaboration 협력, 협동

15 **woodwind** [wudwind] 목관 악기
- the woodwind section 목관악기부

16 **discord** [dískɔːrd] 불일치, 불화, 불협화음
- be in discord with  ~와 불화하다, 일치하지 않다
- 동 cacophony 불협화음, 거슬리는 음향
- 반 euphony 듣기 좋은 음조
  symphony (특히 악기의) 소리의 조화

17 **string** [striŋ] 1. 현악기; 끈, 줄, 활 시위
                    2. 일련, 한 줄; 부대조건
- the string section 현악부

18 **perform** [pərfɔ́ːrm] 연주(연기, 공연)하다
- ⓝ performance 상연, 공연; 실행

19 **painter** [péintər] 화가
- ⓝ painting 그림(=picture), 유화
- 괜 paint/colors 그림물감  brush 솔, 붓  canvas 캔버스
  easel 이젤  palette 팔레트  gallery 화랑

20 **sculptor** [skʌ́lptər] 조각가
- ⓝ sculpture 조각, 조각품

21 **depict** [dipíkt] 묘사하다, ~을 그리다
- ⓝ depiction 묘사, 서술

22 **clay** [klei] 점토, 찰흙
- 괜 marble 대리석
- 괜 pottery 도기  ceramics 요업, 도자기류

23 **statue** [stǽtʃuː] 상(像), 조각상
- a bronze statue 청동상
- carve a statue 상을 조각하다

24 **mold/mould** [mould] 1. 거푸집; 주조하다, 만들다
                         2. (성격 등에) 영향을 미치다

25 **embodiment** [imbάdimənt] 1. 형상화, 구체화
                              2. (~의) 화신
- ⓥ embody 구체화(구현)하다

>>> Part 4 Cultural Science    >>> Chapter 2 Art

## >>> Theme 073  Review Test

01  The artist's **avant-garde** work had limited public appeal.
▶ 전위_____의 작품은 일반 대중의 마음을 끌기에는 한계가 있었다.

02  Private lessons include voice, piano, strings and **wind instruments**.
▶ 개인 교습에는 성악, 피아노, 현악기, _____ 등이 있습니다.

03  By the late 1990s, television and radio were major advertising **media**.
▶ 1990년대 후반까지 텔레비전과 라디오가 주요 광고 _____였다.

04  Although he has only begun to learn his **craft**, he is already gifted.
▶ 그는 막 _____을 배우기 시작했을 뿐이지만, 이미 타고난 재능이 있다.

05  Your inner rigidity of the art may undermine your artistic **creativity**.
▶ 예술에 대한 내면의 경직성이 예술적 _____을 저해할 수 있다.

06  The bass played the villain in the **opera**.
▶ 그 베이스(저음) 가수는 _____에서 악당 역을 연기했다.

07  Modern literature has many references to **classical** works.
▶ 근대 문학은 _____ 작품과 많은 관련이 있다.

08  Well-known musicians and **composers** including Beethoven, Mozart, and Justin Bieber are left-handed.
▶ 베토벤, 모차르트, 저스틴 비버를 포함하는 유명한 음악가와 _____는 왼손잡이였다.

09  The **maestro** conducted the orchestra.
▶ 그 _____가 오케스트라를 지휘했다.

10  The concert will be **conducted** by the world-famous maestro, Kerem Sezen.
▶ 이번 콘서트는 세계적으로 유명한 지휘자인 케렘 세젠이 _____할 것이다.

11  The **orchestra** performed the overture.
▶ _____가 서곡을 연주하였다.

12  The violinist hurriedly flipped the page of the **score**.
▶ 바이올린 연주자는 급히 _____를 넘겼다.

13  The **musician** performed six shows a day.
▶ 그 _____는 하루에 6회 공연을 했다.

14  The two countries have agreed to keep close **cooperation**.
▶ 양국은 긴밀한 _____ 관계를 유지하는데 합의했다.

¹⁵ Flutes are woodwind instruments.

▶ 플루트는 _____ 악기이다.

¹⁶ Continuous discord between the government and the people resulted in a riot.

▶ 정부와 국민 사이의 계속되는 _____ 는 폭동으로 이어졌다.

¹⁷ Violas are string instruments.

▶ 비올라는 _____ 이다.

¹⁸ The Bolshoi Ballet was performing "Swan Lake" that evening.

▶ 그날 밤, 볼쇼이 발레단은 '백조의 호수'를 _____ 중이었다.

¹⁹ The painter dabbed his brush in the colors on the palette.

▶ _____ 는 팔레트 위의 그림물감에 붓을 가볍게 두드려 붙였다.

²⁰ The sculptor shaped the marble into the form of a small infant.

▶ 그 _____ 는 대리석을 작은 어린아이 모양으로 만들었다.

²¹ The painting depicted a pastoral scene.

▶ 그 그림은 목가적 풍경을 _____.

²² In the course, you will learn how to mold the clay into a pot.

▶ 이 수업에서 _____ 를 빚어 단지를 만드는 방법을 배우게 될 것이다.

²³ The life-size bronze statue stood in the courtyard.

▶ 실물 크기의 _____ 이 안마당에 세워졌다.

²⁴ Some say our ancestors were molded by God.

▶ 어떤 이들은 신이 우리 조상을 _____ 고 말한다.

²⁵ Language is one of our powerful tools to embody our thoughts.

▶ 언어는 우리의 생각을 _____ 하는 강력한 도구 중 하나이다.

---

**〉〉〉 정답**

| | | | | |
|---|---|---|---|---|
| 01. 예술가 | 02. 관악기 | 03. 매체 | 04. 기술 | 05. 독창성 |
| 06. 오페라 | 07. 고전 | 08. 작곡가 | 09. 명지휘자 | 10. 지휘 |
| 11. 오케스트라 | 12. 악보 | 13. 음악가 | 14. 협력 | 15. 목관 |
| 16. 불화 | 17. 현악기 | 18. 공연 | 19. 화가 | 20. 조각가 |
| 21. 그렸다 | 22. 점토 | 23. 동상 | 24. 만들었다 | 25. 구현 |

> Part 4
> Cultural Science

> Chapter 2
> Art

> Theme 074  **Beauty & Appearance**

Many people alter their **appearances**[01] to **conform to** an **imaginary**[02] standard of **beauty**[03]. **Brunettes**[04] change their hair color to **blonde**[04] or red in hopes of transforming themselves from a **plain Jane**[05] into a **ravishing**[06] beauty. Chemicals may be used to alter **straight**[07] hair, in the hopes that **curly**[07] or **wavy hair**[07] will make the person into a **knockout**[08]. People **undergo**[09] **cosmetic**[10] or **plastic surgery**[11] because they believe that they are **plump**[12] because they are a little **overweight**[12]. Yet many are terribly disappointed to discover that being **slender**[13] does not solve all of life's problems. Unfortunately, the obsessive yet illusive quest for physical perfection strikes both sexes alike. In order to **live up to**[14] society's dictates that men be **well-built**[15] and as strong as an ox, people take life-threatening drugs. Instead of accepting **baldness**[16] as a part of life, millions of men with thinning hair spend billions of dollars on covering up their hair loss with **toupees**[17] and hair **transplants**[18]. People need to appreciate the physical qualities that are not fleeting, for a **handsome**[19] man with a short-temper is attractive for only a moment, while a plain woman who is kind and gentle will always be beautiful.

>>> 해석

많은 사람들이 상상 속의 미의 기준에 맞추려고 자신의 외모를 바꾼다. 갈색 머리를 가진 여자들은 자신을 평범한 여자에서 황홀한 매력을 가진 여자로 변형시키고 싶은 희망 때문에 금발로 혹은 붉은색으로 머리카락의 색깔을 바꾸어 버린다. 곱슬곱슬하거나 웨이브가 있는 머리를 하면 굉장한 미인이 될지도 모른다는 희망으로 생머리를 바꾸는 데에는 화학약품이 쓰일 수도 있다. 사람들은 성형수술을 받는데 이는 그들이 표준체중보다 조금 더 나간다고 해서 살이 쪘다고 믿기 때문이다. 그러나 날씬해지는 것만으로 인생의 모든 문제가 해결되지 않는다는 것을 발견하고는 많은 사람들이 몹시 실망한다. 불행하게도 강박적이고도 환상에 불과한 완벽한 육체에 대한 추구는 남자와 여자에게 있어 모두 똑같다. 잘 단련된 몸을 가져야 하고 황소처럼 힘이 세어야 한다는 사회의 요구에 맞춰 살기 위해서 남자들은 생명을 위협하는 약물을 복용하기도 한다. 대머리를 인생의 한 과정으로 받아들이는 대신 머리숱이 적은 수백만의 남자들이 머리가 빠진 곳에 부분 가발을 쓰거나 머리카락을 심어 가리느라 수십억 달러를 소비한다. 사람들은 한때 지나가 버리고 마는 것이 아닌 신체적 특성을 제대로 평가할 수 있어야 한다. 왜냐하면, 잘생겼으나 성미가 급한 남자는 한순간 매력적이지만, 평범하지만 친절하고 부드러운 성품의 여자는 언제나 아름답기 때문이다.

>>> 어구

alter 바꾸다, 고치다 conform to ~에 일치시키다; ~에 따르다 transform into 모양을 ~로 바꾸다 terribly 몹시 disappointed 낙담한, 실망한 solve problems 문제를 해결하다 obsessive ~에 사로잡혀 있는, 강박적인 illusive/illusory 환상에 불과한 quest 추구 physical perfection 육체적 완벽 dictate 명령, 요구 cover up 감추다 appreciate 제대로 평가하다 fleeting 어느덧 지나가는 short-temper 급한 성격

>>> 구문

- because they believe that they are plump (because they are little overweight).
  (그들이 약간 과체중이기 때문에) 자신이 통통하다고 생각하기 때문이다.

- live up to society's dictates (that men be well-built ~) [that + 동격절]
  (남자는 체격이 좋아야 한다는) 사회의 요구에 맞춰 살기 위해서

>>> Part 4 인문과학
>>> Chapter 2 예술

>>> Theme 074  **아름다움과 외모** ▶

01 **appearance** [əpíərəns] 1. 외모, 용모
　　　　　　　　　　　2. 출현, 출두
　　반 disappearance 사라지기, 소멸
　　관 look (사람의) 겉모습, 외모
　　　　countenance 얼굴 표정, 용모
　　　　visage 사람의 이목구비, 얼굴 생김새

02 **imaginary** [imædʒənèri] 상상 속의, 가상적인
　　ⓥ imagine 상상하다, 추측하다
　　ⓝ imagination 상상(력), 공상

03 **beauty** [bjúːti] 아름다움, 미모
　　ⓐ beautiful 아름다운, 훌륭한

04 **brunette** [bruːnét] 흑갈색머리의 여성
　　관 brunet (머리털이) 흑갈색인 (사람)
　　반 blond(e) 금발인

05 **plain** [plein] 1. (여성이) 못생긴, 평범한
　　　　　　　2. 평이한, 쉬운
　　• plain Jane 평범한 여자

06 **ravishing** [ræviʃiŋ] 매혹적인
　　ⓥ ravish 황홀하게 하다; 강간하다
　　동 attractive 매력적인

07 **curly** [kə́ːrli] 머리칼이 곱슬곱슬한
　　• curly hair 곱슬머리
　　ⓥ curl 곱슬머리(를) 하다
　　관 straight hair 직모, 생머리
　　　　wavy hair 웨이브가 있는 머리
　　　　pigtail 양옆으로 묶은 머리 ponytail 한 갈래로 묶은 머리
　　　　part 가르마 타다 perm 파마, 파마하다

08 **knockout** [nakaut] 1. 매우 매력적인 사람
　　　　　　　　　　2. (권투의) 케이오
　　• knock out 나가떨어지게 하다, 깊은 인상을 주다

09 **undergo** [ʌndərgou] (안 좋은 일·수술 등을) 겪다[받다]
　　• undergo surgery 수술을 받다

10 **cosmetic** [kɑzmétik, kɔz-] 1. 화장품
　　　　　　　　　　　　　　2. 화장용의, 성형의
　　　　　　　　　　　　　　3. 겉치레에 불과한
　　• cosmetic surgery 성형수술

11 **plastic surgery** 성형수술
　　• undergo plastic surgery 성형수술을 받다

12 **plump** [plʌmp] (비만이라기보다는) 통통한
　　동 chubby 통통한
　　관 obese/fat/overweight (병적으로) 비만인
　　　　stout (완곡하게) 살찐

13 **slender** [sléndər] 호리호리한, 날씬한
　　동 slim 호리호리한, 날씬한
　　관 slight 가냘플 정도로 호리호리한
　　　　thin 사람이 야윈
　　　　emaciated 야윈, 수척해진

14 **live up to** (다른 사람의 기대에) 부응하다
　　• live up to his parents' expectations 부모님의 기대에 부응하다

15 **well-built** 체격이 좋은; (건물이) 튼튼한
　　• be tall and well-built 키가 크고 체격이 좋다

16 **baldness** [bɔ́ːldnis] 대머리
　　ⓐ bald 대머리인
　　관 hair loss 탈모
　　관 beard 턱수염
　　　　m(o)ustache 콧수염
　　　　whiskers 구레나룻
　　　　sideburns 짧은 구레나룻
　　　　goatee 염소수염

17 **toupee** [tuːpéi] (대머리를 덮는) 가발
　　동 wig 가발 cf. big wig 거물

18 **transplant** [trænsplǽnt] 이식하다; 이식수술
　　• get a hair transplant 두발이식을 받다
　　ⓝ transplantation (장기) 이식 (수술)

19 **handsome** [hǽnsəm] (남자가) 멋진, 잘생긴
　　관 macho (거칠게) 남자다움을 과시하는
　　　　glamorous (여성이) 매력이 넘치는

>>> Part 4 Cultural Science    >>> Chapter 2 Art

## Theme 074 Review Test

01 Don't judge a person by his appearances.
➡ _____로 남을 판단하지 마라.

02 Imaginary pregnancy in women usually results from a strong desire or need for motherhood.
➡ 여성들 사이에 _____ 임신은 대개 엄마가 되고 싶은 강한 욕구에서 비롯된다.

03 Beauty is but skin-deep.
➡ _____도 따지고 보면 가죽 한 꺼풀. [속담]

04 The beautiful brunette actress dyed her hair blonde this week for her new movie.
➡ 그 아름다운 _____의 여배우는 그녀의 새로운 영화를 찍기 위해 이번 주에 머리를 _____로 염색했다.

05 She has a plain face and strong blue eyes.
➡ 그녀는 _____ 얼굴에 강렬한 푸른 눈을 가졌다.

06 I met a ravishing woman on a blind date.
➡ 나는 소개팅 자리에서 _____ 여자를 만났다.

07 His hair is naturally curly.
➡ 그의 머리는 타고난 _____이다.

08 He has a new girlfriend, who is a real knockout.
➡ 그는 새 여자친구가 생겼는데, 정말 _____이다.

09 The International Cricket Council (ICC) has made it compulsory for every player to undergo the doping test.
➡ 국제 크리켓 평의회는 모든 선수가 약물 검사를 의무적으로 _____ 했다.

10 Some people seek cosmetic surgery for the wrong reasons and should reconsider their decision.
➡ 어떤 사람들은 잘못된 이유로 _____을 찾는데, 그들은 결정을 재고해야만 한다.

11 Many teenager girls want to undergo plastic surgery to improve their looks.
➡ 많은 십 대 소녀들이 자신의 외모를 가꾸기 위해 _____을 받기를 원한다.

12 The picture shows a plump little girl feeding a thin little bird.
➡ 이 그림에는 가늘고 작은 새에게 먹이를 주는 _____ 작은 소녀가 그려져 있다.

¹³ Sera is blue-eyed, with light skin and a slender figure.

➡ 세라는 푸른 눈에 밝은색의 피부와 _____ 몸매를 가졌다.

¹⁴ When children do not live up to their parents' expectations, sometimes their parents get very angry at them.

➡ 아이들이 부모의 기대에 _____ 하지 못할 때, 때때로 그 부모는 아이들에게 크게 화를 낸다.

¹⁵ At that time, Steve was a young man, fairly well-built, with jeans and a shirt.

➡ 당시에, 스티브는 청바지에 셔츠를 입은 꽤 _____ 젊은 청년이었다.

¹⁶ In an effort to conceal his baldness, he always wears a hat.

➡ _____를 감추기 위해서 그는 항상 모자를 쓴다.

¹⁷ He wears a toupee to cover up his baldness.

➡ 그는 대머리를 감추기 위해 _____을 쓴다.

¹⁸ Her face transplant was successful.

➡ 그녀의 얼굴 _____은 성공적이었다.

¹⁹ Daniel is not just handsome but polite and generous.

➡ 다니엘은 _____ 뿐 아니라 공손하고 마음이 관대하다.

²⁰ The woman stared at the attractive tall gentleman.

➡ 그 여자는 _____이고 키가 큰 신사를 쳐다보았다.

>>> 정답

01. 외모   02. 상상   03. 미모   04. 흑갈색 머리, 금발   05. 평범한
06. 매혹적인   07. 곱슬   08. 매력적인 사람   09. 받게   10. 성형수술
11. 성형수술   12. 통통한   13. 날씬한   14. 부응   15. 체격이 좋은
16. 대머리   17. 가발   18. 이식수술   19. 잘생겼을   20. 매력적

>>> Part 4
Cultural Science

Chapter 3
Religion & History

>>> Theme 075 **Belief & Superstition**

**Superstition**[01] is a **belief**[02] in **supernatural**[03] **causality**[04] : that one event leads to the cause of another without any physical process linking the two events, such as **astrology**[05], **omens**[06], **witchcraft**[07], etc., that contradicts natural science. Opposition to superstition was a central concern of the intellectuals during the 18th century Age of **Enlightenment**[08]. The **philosophes**[09] at that time ridiculed any belief in **miracles**[10], **revelation**[11], **magic**[12], or the supernatural, as "superstition," and typically included as well much of Christian **doctrine**[13]. The word is often used **pejoratively**[14] to refer to **religious practices**[15][16] (e.g., Voodoo) other than the one **prevailing**[17] in a given society (e.g., Christianity in Western culture), although the prevailing **religion**[15] may contain just as many supernatural beliefs. It is also commonly applied to beliefs and practices surrounding **luck**[18], **prophecy**[19] and spiritual beings, particularly the belief that future events can be **foretold**[20] by specific unrelated prior events.

>>> 해석

미신은 초자연적인 인과관계에 대한 믿음으로서 두 사건을 연결하는 어떤 물리적인 과정 없이 하나의 사건이 다른 사건을 일으키는 원인이 되는 것으로 이를테면 점성술이나 징조, 마법 같은 것들이며, 이는 자연과학을 거스른다. 18세기 계몽시대 동안 미신에 대한 반대가 지식층의 가장 중요한 관심사였다. 그 당시 철학자들은 기적, 게시, 마법, 또는 초자연적 현상을 미신으로 여겨 조롱했으며, 기독교 교리 또한 미신의 범주에 포함시켰다. 미신이란 말은 특정 사회에서 지배적인 종교(예를 들어 서구문명에서 기독교)가 (다른 종교와) 마찬가지로 초자연적인 믿음을 포함할지라도, 다른 종교적 관습(예를 들면 부두교)을 경멸적으로 부를 때 종종 사용되었다. 미신은 또한 운, 예언, 영적 존재를 둘러싼 믿음이나 관습에 주로 적용되는 것이며 특히 그 믿음은 미래의 사건이 구체적으로 관련이 없는 선행사건에 의해 미리 예측될 수 있는 것이다.

>>> 어구

contradict ~와 모순되다, 반대하다 concern 관심사, 걱정 intellectual 지식인 refer to ~라고 부르다 Voodoo 부두교(주술의 힘을 믿는 종교) apply to 적용되다 specific 특정한, 구체적인 unrelated 관련이 없는 prior 이전의

>>> 구문

• and typically included as well much of Christian doctrine (as superstition).
일반적으로 기독교 교리 또한 (미신으로) 포함시켰다.

# Chapter 3 종교와 역사

>>> Part 4 인문과학

>>> Theme 075  믿음과 미신 ▶

01 **superstition** [sùːpərstíʃən] 미신
- 관 amulet/talisman 부적
  fetish 맹목적 숭배물, 미신의 대상
  taboo 금기
  totemism 토템숭배신앙
  animism 애니미즘(만물에 영혼이 있다는 신앙)

02 **belief** [bilíːf] 신앙, 믿음; 신념
- religious belief 종교적 믿음, 신앙
- ⓥ believe 믿다, 생각하다

03 **supernatural** [sùːpərnǽtʃərəl] 초자연적인 (것)
- 관 unnatural 비정상적인, 부자연스러운

04 **causality** [kɔːzǽləti] 인과 관계
- ⓝ cause 1. 원인, 이유, 근거; 대의명분
  2. 원인이 되다, 야기하다
- 혼 casualty 사상자, 피해자

05 **astrology** [əstrάlədʒi] 점성술, 별점
- ⓝ astrologer 점성술사
- 관 horoscope 점성술, 별점
- 동 zodiac (점성술의) 12궁도
  augury 점, 전조
  divination 점(占), 점을 침, 예언

06 **omen** [óumən] 전조, 징조, 조짐
- ⓐ ominous 불길한, 흉조의
- 반 auspicious/propitious 길조의, 상서로운

07 **witchcraft** [wítʃkræft] 마법, 요술
- 관 witchery 마법, 요술
  witch 마녀, 여자마법사 ↔ wizard (남자) 마법사
  bewitch 마법을 걸다, 매혹하다
- 동 sorcerer 마법사 sorceress 여자 마법사
  * Harry Potter and the Sorcerer's Stone
    (해리포터와 마법사의 돌)

08 **enlightenment** [inláitnmənt] 계몽, 교화
- age of enlightenment (18세기 유럽의) 계몽주의 시대
- devote oneself to enlightenment 계몽에 힘쓰다
- ⓥ enlighten 계몽하다, 교화하다, 가르치다
- 동 edify (의식을) 고양시키다(교화시키다)

09 **philosophe** [fíːləzɔ̀ːf] (계몽) 철학자
- 관 philosopher 철학자, 현인

10 **miracle** [mírəkl] 기적, 놀라운 일
- ⓐ miraculous 기적의, 초자연의
- 동 marvelous 놀라운, 훌륭한, 불가사의한

11 **revelation** [rèvəléiʃən] 〈신학〉계시; 폭로
- The Book of Revelations of St. John 요한 계시록
- 동 apocalypse 계시, 묵시록; 세계의 종말

12 **magic** [mǽdʒik] 마법, 마술
- ⓝ magician 마술사, 요술쟁이

13 **doctrine** [dάktrin, dɔ́k-] 교리, 교의; 주의
- ⓥ indoctrinate 사상 등을 세뇌시키다
- 동 tenet 주의, 신조, 교리
  dogma 교리, 교의; 독단

14 **pejorative** [pidʒɔ́ːrətiv] (말이) 경멸적인
- ⓐ pejoratively 경멸적으로

15 **religious** [rilídʒəs] 종교(상)의; 신앙심 깊은
- a religious war 종교전쟁
- a religious service 예배
- ⓝ religion 종교, 종파

16 **practice** [prǽktis] 1. 관행, 습관, 풍습
  2. 실천(하다); 연습(하다)
  3. (변호사 등의) 개업(하다)
- ⓐ practical 실용적인
- ⓝ practitioner 개업의사, 개업변호사

17 **prevailing** [privéiliŋ] 우세한, 지배적인; 유행하는
- ⓥ prevail 이기다, 우세하다, 성행하다
- 동 prevalent 유행하는, 널리 퍼진

18 **luck** [lʌk] 운, 운수, 행운
- good luck 행운 ↔ bad luck 불운, 불행

19 **prophecy** [prάfəsi] 예언
- ⓝ prophet 예언자, 선지자
- ⓐ prophetic 예언하는, 전조가 되는
- ⓥ prophesy 예언하다, 예보하다

20 **foretell** [fɔːrtél] 예언하다, 전조가 되다
- ⓝ foreteller 예언자
- 동 portent/presage 전조, 조짐
  bode/forebode/foreshadow/forecast
  ~의 전조가 되다, 예언하다
  divine (직감으로) 알다, 예측하다; 신의, 신성한
  fortune teller/diviner 점쟁이

>>> Part 4 Cultural Science   >>> Chapter 3 Religion & History

## >>> Theme 075 Review Test

01 Many people in the world still believe in superstitions.
➡ 세상의 많은 사람들은 여전히 _____을 믿고 있다.

02 India and Pakistan were divided by their belief.
➡ 인도와 파키스탄은 _____에 의해 분리되었다.

03 A myth is a traditional, typically ancient story dealing with supernatural beings, ancestors, or heroes.
➡ 신화란 _____ 존재나 조상, 또는 영웅들을 다루는 전통적이고 전형적인 고대 이야기이다.

04 Science aims at understanding causality, so that control can be exerted.
➡ 과학은 _____를 이해하여 통제가 가능하게 하는 것을 목표로 한다.

05 The astrologer used a zodiac to know my future.
➡ 그 _____는 내 미래를 알기 위해 12궁도를 사용하였다.

06 Brooms are considered to be bad omens in some countries.
➡ 어떤 나라에서는 빗자루가 나쁜 _____로 여겨진다.

07 During the Salem witch trials, he was accused of witchcraft, convicted and hanged.
➡ 세일럼 _____ 재판에서 그는 _____을 부린 혐의로 기소되었고, 유죄판결을 받아 교수형에 처해졌다.

08 At the start of the seventeen hundreds came the Age of Enlightenment, often called "The Age of Reason."
➡ 1700년대가 시작할 무렵, "이성 시대"라고도 불리는 _____가 도래했다.

09 Most philosophes denounced slavery because it deprived people of their most basic rights.
➡ 대부분의 _____들이 노예제도가 인간에게서 기본권을 박탈한다는 이유로 맹렬히 비난했다.

10 It was a miracle that no one was hurt or killed in that accident.
➡ 그 사고에서 누구도 다치거나 죽지 않은 것은 _____이었다.

11 The book includes many shocking revelations about the historical truths.
➡ 이 책은 역사적 진실에 관한 여러 충격적인 _____를 담고 있다.

12 Magic is a kind of trick using optical illusions.
➡ _____은 착시 현상을 이용한 일종의 속임수이다.

¹³ Judaism has heavily influenced the doctrines of Christianity and Islam.

▶ 유대교는 기독교와 이슬람교 _____ 에 큰 영향을 미쳤다.

¹⁴ I am not saying that in a pejorative sense.

▶ 저는 그것을 _____ 의미로 말하는 게 아닙니다.

¹⁵ Different religious beliefs often lead to war.

▶ _____ 신념의 차이가 종종 전쟁으로 이어진다.

¹⁶ There are still many mysteries that remain about the people, practices and customs of Ancient Egypt.

▶ 고대 이집트의 사람과 _____, 그리고 관습에 대한 많은 미스터리가 여전히 남아 있다.

¹⁷ The prevailing view is that things will get worse.

▶ 사정이 더 악화될 것이라는 것이 _____ 견해이다.

¹⁸ A broken mirror is considered as a sign of bad luck.

▶ 깨진 거울은 _____ 의 상징으로 여겨진다.

¹⁹ How much do you trust fortune-teller prophecies?

▶ 점쟁이의 _____ 을 얼마나 믿나요?

²⁰ Nobody can foretell what will happen in the future.

▶ 미래에 어떤 일이 일어날지 _____ 수 있는 사람은 아무도 없다.

---

**>>> 정답**

| | | | | |
|---|---|---|---|---|
| 01. 미신 | 02. 신앙 | 03. 초자연적인 | 04. 인과관계 | 05. 점성술사 |
| 06. 징조 | 07. 마녀, 마법 | 08. 계몽주의 시대 | 09. 철학자 | 10. 기적 |
| 11. 폭로 | 12. 마술 | 13. 교리 | 14. 경멸적인 | 15. 종교적 |
| 16. 풍습 | 17. 지배적인 | 18. 불운 | 19. 예언 | 20. 예언할 |

>>> Part 4 Cultural Science
>>> Chapter 3 Religion & History

>>> Theme 076 **Faith & Religion**

Religious freedom enables people of different **faiths**[01] to live together in tolerance. A country that offers its citizens religious freedom allows people to **worship**[02] with relatively few hindrances. To promote harmony, between followers of different faiths within a nation, it should be pointed out that the main religions do have some things in common. They have a shared belief in the supernatural. The followers of the **religion**[03] are expected to be **edified**[04] in mind and **spirit**[05] by repenting from behavior that was condemned by a teacher who espoused a better way of life. They all stress forgiveness for and patience with others that offend, because it edifies one's own **soul**[05]. They all have their places of worship, whether it is in a **Buddhist**[06] **temple**[07] or at **shrine**[08], a **protestant**[09] **chapel**[10] or **church**[10], a **Catholic**[09] **cathedral**[11], a **Muslim**[12] **mosque**[13], or a **Jewish**[14] **synagogue**[15]. **Ministers**[16], **rabbis**[14], and **priests**[17] alike **preach**[18] on topics expanded upon from **sacred**[19] **scriptures**[20] such as **the Sutras**[20], **the (Holy) Bible**[20], and **the Koran**[20]. They all have individuals who were **martyrs**[21] because they chose to die for their beliefs. Catholics as well as Buddhist **monks**[22] and **nuns**[22] live in **devoted**[23] **seclusion**[24] in **monasteries**[25] and **nunneries**[25], respectively. The rabbi, the **pope**[26], and the Dalai Lama are all respected leaders, who are known for achieving a level of peace and harmony associated with following the **tenets**[27] and adhering to the **creed**[27] of the religion that they practice. Even from the most cursory examination, it is possible to discover similarities among the differing religions of the world.

>>> 해석

종교의 자유가 있으므로 다른 신앙을 가진 사람들이 서로 포용하며 함께 살아갈 수 있는 것이다. 국민에게 종교의 자유를 허가하고 있는 나라에서는 국민들이 별다른 장애 없이 자기의 신을 경배할 수 있다. 한 국가 내에서 종교가 다른 신도들끼리의 화합을 촉진하기 위해 주요 종교들에 서로 공통점이 있다는 점이 지적되어야 한다. 주요 종교들은 전통적으로 초자연적인 것을 믿는다. 신도들은 보다 나은 생활 방식을 지지하는 설교사로부터 비난받은 행동을 회개함으로써 자신들의 마음과 영혼이 교화되기를 기대하고 있다. 주요 종교들은 모두 잘못을 저지른 다른 사람들을 용서하고 인내할 것을 강조한다. 왜냐하면 그렇게 하는 것이 우리의 영혼을 올바르게 인도하기 때문이다. 불교 사원, 개신교 예배당이나 교회, 천주교의 대성당, 회교 사원, 유대교 회당 등 주요 종교는 모두 예배 장소를 가지고 있다. 성직자, 랍비, 승려들 모두 수트라, 성경, 코란 같은 그들의 경전에 관한 가르침을 주제로 설교한다. 주요 종교에는 모두 신앙을 위해 목숨을 바친 순교자들이 있다. 불교뿐 아니라 천주교에서도 수도사들과 수녀들은 각기 수도원과 수녀원에서 독실한 은둔생활을 한다. 랍비, 교황, 달라이 라마는 모두 존경받는 지도자들로 그들은 그들이 믿고 있는 종교의 교의를 따르고 신조를 지니면서 평화와 조화를 이루고 있는 것으로 알려져 있다. 얼핏 봐도 세상의 서로 다른 종교들 간에는 서로 유사점이 있음을 발견할 수 있다.

>>> 어구

hindrance 방해, 장애  promote 촉진하다  harmony 조화, 화합  follower 신봉자  supernatural 초자연적인  repent 회개하다  condemn 비난하다, 책망하다  espouse 신봉하다  patience 인내, 참을성  respected 존경받는  adhere to (신념을) 고집하다  practice (계율을) 따르고 실천하다  cursory 겉핥기의  similarity 유사점

>>> 구문

• A country (that offers its citizens religious freedom) allows people to worship ~
 (국민에게 종교의 자유를 제공하는) 나라에서는 사람들이 ~을 숭배할 수 있도록 한다

## Theme 076 신앙과 종교

01 **faith** [feiθ] 믿음, 신앙(심)
  - ⓐ faithful 독실한, (특정 종교의) 신자; 충실한 ↔ unfaithful (배우자에 대해) 불충실한
  - 통 belief 신앙, 믿음

02 **worship** [wə́ːrʃip] 숭배(하다), 예배(하다); 찬미
  - the worship of idols 우상숭배
  - a place of worship 예배당

03 **religion** [rilídʒən] 종교, 종파; 신앙생활
  - ⓐ religious 종교(상)의; 신앙심 깊은 ↔ secular 비종교적인, 세속의
  - religious freedom 종교의 자유

04 **edify** [édəfài] 교화하다, 신앙심을 함양하다
  - ⓝ edification (도덕적·종교적인) 교화
  - 통 enlighten 계몽하다, 교화하다

05 **spirit** [spírit] 정신, 영혼; 용기; 기분
  - ⓐ spiritual 정신적인
  - 통 soul 영혼, 정신, 마음; 정열, 기백
  - 뷔 mind (두뇌 활동에 의한 이성적) 정신상태  heart (감정이나 정서적인) 마음

06 **Buddhist** [búːdist] 불교도
  - ⓝ Buddhism 불교  Buddha 석가모니, 부처
  - 관 reincarnation 환생, 윤회  nirvana 열반, 해탈
  - Confucianism 유교  Taoism 도교

07 **temple** [témpl] 1. (힌두교·불교의) 사원 2. (고대 로마·그리스의) 신전

08 **shrine** [ʃrain] 성지(聖地); 묘, 사당
  - 통 Mecca 무하마드 탄생지, 성지, 메카
  - 관 pilgrimage 성지 순례  pilgrim 순례자  hajj (이슬람교의) 메카 순례

09 **protestant** [prάtəstənt] 신교도(의), 개신교의
  - 관 Christianity 기독교  Christian 기독교 신자
  - Catholic 천주교의, 구교의; 보편적인
  - Puritan 청교도(영국의 신교도)

10 **chapel** [tʃǽpəl] (학교·교도소·군대 내의) 부속 예배당
  - 관 church (그리스도교의) 교회 (건물)

11 **cathedral** [kəθíːdrəl] (주교가 관장하는) 대성당
  - 통 parish (교회·성당의) 교구; 지역 교회

12 **Muslim** [mʌ́zlim, múːs-] 이슬람교도, 회교도
  - 관 Islam 이슬람교, 마호메트교  jihad (이슬람교도의) 성전(聖戰)
  - Hinduism 힌두교  guru (힌두교의) 스승이나 지도자; 전문가

13 **mosque** [mask, mɔsk] 모스크, 회교 사원

14 **Jewish** [dʒúːiʃ] 유대인의; 유대교의
  - ⓝ judaism 유대교  Jew 유대인, 이스라엘인; 유대교도
  - 관 rabbi [rǽbai] (유대교의 지도자·교사) 라비

15 **synagogue** [sínəgùg] 유대교, 회당

16 **minister** [mínəstər] 1. (개신교의) 성직자, 목사  2. 장관
  - 관 vicar (영국 국교회의) 교구 목사

17 **priest** [priːst] (가톨릭·성공회의) 사제[신부]
  - 관 clergyman (일반적으로) 성직자

18 **preach** [priːtʃ] 설교하다, 전도하다
  - ⓝ preacher 설교자, 전도자
  - 관 sermon 설교, 설법
  - pray 빌다, 기도하다, 간청하다  say grace 식전 기도를 드리다

19 **sacred** [séikrid] 신성한, 종교적인
  - 통 holy 신성한
  - 뷔 hallowed 성스러운 것으로 숭상되는
  - consecrated 종교 목적에 바쳐진
  - sanctimonious 독실한 체하는
  - 관 saint 성인, 성자

20 **scripture** [skríptʃər] 1. (특정 종교의) 경전  2. (the Scriptures) 성서
  - sacred scripture 성서
  - the Buddhist Scriptures 불교 경전
  - 관 the Sutras 수트라(불교의 경전)  the (Holy) Bible 성경(기독교 경전)
  - the Koran 코란(이슬람교의 경전)

21 **martyr** [mάːrtər] 순교자; 순교하다
  - ⓝ martyrdom 순교
  - 관 proselytize (남을) 개종시키다
  - missionary (비기독교 국에 파견되는) 선교사

22 **monk** [mʌŋk] 수도사, 수사
  - 표 nun 수녀

23 **devote** [divóut] 헌신하다, 전념하다[to]
  - ⓐ devout 독실한, 헌신적인

24 **seclusion** [siklúːʒən] 은둔, 격리
  - 관 hermit (종교적) 은둔자

25 **monastery** [mάnəstèri] (주로 남자) 수도원
  - 관 nunnery/convent 수녀원
  - abbey 대수도원  cloister 수도원 생활

26 **pope** [poup] 교황
  - 관 cardinal 추기경  archbishop 대주교  bishop 주교

27 **creed** [kriːd] (종파의) 교리, 신조; 신념
  - 통 tenet 주의, 신조, 교리
  - 관 atheist 무신론자  atheism 무신론  monotheism 일신교, 일신론

>>> Part 4 Cultural Science
>>> Chapter 3 Religion & History

>>> Theme 076 **Review Test**

01 The **faithful** expect to be rewarded in the afterlife.
▶ _____들은 사후에 천당에 가기를 원한다.

02 Many Christians **worship** in churches on Sunday.
▶ 많은 기독교인들이 일요일이면 교회에서 _____.

03 The woman frowned upon religious **sentiments** in **secular** forums.
▶ 그 여자는 _____ 인 토론에서 _____ 인 의견을 말하는 것에 대해 불쾌감을 드러냈다.

04 His boring speech neither interested nor **edified** us.
▶ 그의 지루한 연설은 우리를 흥미롭게 하지도, _____ 시키지도 못했다.

05 All religious believers think that the **spirit** will never die after the body dies.
▶ 모든 종교인들은 육신이 죽은 후에도 _____ 은 절대 죽지 않을 것이라 믿는다.

06 **Buddhism** and **Hinduism** originated in India, and **Confucianism** and **Taoism** arouse in China.
▶ _____ 와 힌두교는 인도에서 유래하였고, _____ 와 _____ 는 중국에서 발생했다.

07 The faithful entered the **temple** to pray.
▶ 신도들은 기도하러 _____ 안으로 들어갔다.

08 The Japanese prime minister has visited the Yasukuni **Shrine**.
▶ 일본총리는 야스쿠니 _____ 를 참배했다.

09 **Christianity** has separated into two main types of Christians: **Catholics** and **Protestants**.
▶ 기독교는 _____ 와 _____ 의 두 가지 큰 갈래로 분리되었다.

10 The Sistine **chapel** features some of Michelangelo's greatest works.
▶ 시스티나 _____ 의 볼거리라면 미켈란젤로의 일부 위대한 작품들이다.

11 Many famous artists decorated the **cathedrals** during the Renaissance.
▶ 르네상스 시대에 수많은 유명화가들이 _____ 의 장식을 맡았다.

12 The Muslim made a **pilgrimage** to Mecca.
▶ _____ 들은. 메카로 순례여행을 떠났다.

13 The Muslims worshiped at the **mosque**.
▶ 이슬람교도들은 _____ 에서 예배했다.

14 Islam, **Judaism**, and Christianity are the three major, monotheistic religions.
▶ 이슬람, _____, 기독교는 3대 유일신 종교이다.

15 The men and women were segregated in the **synagogue**.
▶ _____ 에서는 남녀가 분리되었다.

>>> Part 4 인문과학  >>> Chapter 3 종교와 역사

16 The minister preached on the topic of forgiveness.
➡ _____는 용서란 주제로 설교하였다.

17 The parishioner confessed his sins to the priest.
➡ 그 신도(교구민)는 자신의 죄를 _____에게 고백했다.

18 The preacher gave a sermon on love.
➡ _____는 사랑에 대해 설교를 했다.

19 There are many animals who are considered sacred in India. Snakes, rats and cows are some of them.
➡ 인도에서는 많은 동물들이 _____ 것으로 여겨진다. 뱀, 쥐, 그리고 소가 그 일부이다.

20 Mormons accept the Book of Mormon as sacred scripture along with the Bible.
➡ 모르몬 교도들은 성경과 함께 모르몬 경전을 _____로 받아들인다.

21 The martyrs died for their beliefs.
➡ _____들은 자신의 신념을 위해 목숨을 바쳤다.

22 The monk resided in a monastery high in the mountains.
➡ _____는 산속 높은 곳에 있는 한 수도원에서 살았다.

23 Most Korean parents devote so much time and energy to their children's future.
➡ 대부분의 한국 부모들은 매우 많은 시간과 에너지를 자녀의 미래에 _____.

24 A hermit is a person who lives in seclusion or isolation from society.
➡ _____는 사회로부터 _____되거나 고립된 곳에 사는 사람이다.

25 The widow became a nun and stayed in a nunnery.
➡ 미망인은 수녀가 되어 _____에서 살았다.

26 The cardinal attended the conclave to elect a new pope.
➡ 그 추기경은 새로운 _____을 선출하기 위한 교황선거 비밀회의에 참석하였다.

27 The man adhered to his creed.
➡ 남자는 자신의 _____을 지켰다.

>>> 정답

| 01. 신자 | 02. 예배를 드린다 | 03. 비종교적, 종교적 | 04. 교화 | 05. 영혼 |
| 06. 불교, 유교, 도교 | 07. 사원 | 08. 신사(사당) | 09. 구교(천주교), 개신교 | 10. 예배당 |
| 11. 대성당 | 12. 회교도 | 13. 모스크(회교사원) | 14. 유대교 | 15. (유태인) 회당 |
| 16. 목사 | 17. 사제 | 18. 설교자 | 19. 신성한 | 20. 성서 |
| 21. 순교자 | 22. 수사 | 23. 헌신한다 | 24. 은둔자, 격리 | 25. 수녀원 |
| 26. 교황 | 27. 신념 | | | |

>>> Part 4 Cultural Science
>>> Chapter 3 Religion & History

## >>> Theme 077 History & Prehistory

**Prehistory**[01] is often used to refer to the **period**[02] in time before written **historical records**[03][04] became available. Because of a lack of written records, **archaeologists**[05] rely heavily on **paleontology**[06], **astronomy**[07], biology, **geology**[08], **anthropology**[09] and **archaeology**[05] to provide information about the period. The prehistoric period is divided into the Stone, Bronze and Iron **Ages**[10]. Firstly, **the Stone Age**[11] is a broad prehistoric time period during which humans widely used stone for tools and weapons. This Age is further subdivided into **Paleolithic**[12], **Mesolithic**[12] and **Neolithic**[12] periods. Next, **the Bronze Age**[11] was the time in the **development**[13] of human **culture**[14] when the use of bronze became more **widespread**[15]. The term "Bronze Age" is of strictly local value as bronze **came into use**[16] at different **times**[17] in different parts of the world. Lastly, **the Iron Age**[11] was the period in the history of man when iron began to be used as the main material for weapons, tools and other objects. In common with the Stone Age and the Bronze Age, the **dating**[18] of the Iron Age varies for different communities in different parts of the world, as the **adoption**[19] of Iron would have **taken place**[20] at different times.

>>> 해석

선사시대는 문자로 기록된 역사 기록들을 접할 수 있기 전의 시대를 언급하기 위해 종종 사용된다. 문서로 된 기록이 없기 때문에 고고학자들은 그 시기에 대한 정보를 제공해 주는 고생물학, 천문학, 생물학, 지질학, 인류학 그리고 고고학에 많이 의존한다. 선사시대는 석기시대, 청동기시대, 철기시대로 구분된다. 우선, 석기시대는 인간이 도구와 무기로 돌을 널리 사용한 기간 동안의 광범위한 선사시대이다. 이 시대는 구석기시대, 중석기시대, 신석기 시대로 세분된다. 다음으로, 청동기 시대는 인간 문화의 발전에서 청동의 사용이 더욱 널리 퍼진 시기이다. "청동기 시대"라는 말은 세계의 다양한 지역에서 다른 시기에 청동기를 사용하기 시작했기 때문에 엄격히 말하면 지역적 평가이다. 마지막으로, 철기시대는 쇠가 무기나, 도구, 기타 물건으로 가장 많이 사용되기 시작한 인류역사의 시대이다. 석기시대, 청동기 시대와 마찬가지로 철기시대의 연대구분은 철기의 도입이 서로 다른 시대에 일어났기 때문에 세계의 각지의 다양한 공동체에 따라 다르다.

>>> 어구

refer to 언급하다, ~라고 부르다 available 입수할 수 있는 lack of ~의 부족 rely on ~에 의존하다 biology 생물학 subdivide into ~으로 세분하다 local 지역의 value 가치, 평가 in common with ~와 마찬가지로 vary 가지각색이다, 다르다

>>> 구문

• the Bronze Age was the time (in the development of human culture) when the use of bronze became ~
청동기 시대는 (인간 문화의 발전에서) 청동기의 사용이 ~한 때이다

>>> Part 4 인문과학
>>> Chapter 3 종교와 역사

>>> Theme 077   **역사와 선사시대** ▶

01 **prehistory** [príːhistri] 선사 시대(사)
  ⓐ prehistoric 유사 이전의, 선사 시대의
  관 preliterate 문자사용 이전의

02 **period** [píːəriəd] 1. 시대, 기간, 주기
  2. 마침표 〈영〉 full stop
  • the prehistoric period 선사시대
  • glacial period[epoch, era] 빙하기

03 **historical** [histɔ́ːrikəl] 역사의, 역사에 관련된
  • historical records 역사적 기록
  ⓐ historic 역사적으로 중요한
  ⓝ history 역사(학), 이력, 과거의 일
  • ancient[medieval, modern] history 고대(중세, 근대)사
  관 chronicle (시대순으로 기록한) 연대기

04 **record** [rékərd] 1. 기록, (문서로 기록된) 정보
  2. 성적, 최고기록
  • an official record 공식 기록
  표 off the record 비공식으로
  관 archive[áːrkaiv] 기록보관소

05 **arch(a)eologist** [àːrkiálədʒist] 고고학자
  ⓝ arch(a)eology 고고학

06 **paleontology** [pèiliantálədʒi] 고생물학
  • Paleontology is the study of fossils.
    고생물학은 화석을 연구하는 학문이다.
  관 fossil 화석

07 **astronomy** [əstrάnəmi] 천문학
  ⓝ astronomer 천문학자

08 **geology** [dʒiálədʒi] 지질학
  ⓝ geologist 지질학자

09 **anthropology** [æ̀nθrəpάlədʒi] 인류학
  ⓝ anthropologist 인류학자
  관 paleoanthropology 고인류학
    cultural anthropology 문화인류학

10 **age** [eidʒ] 1. 시대, 시기
  2. 나이, 연령, 수명
  • the Iron[the Stone/the Bronze] Age 철기(석기/청동기) 시대
  • be[come] of age 성년이 되다
  비 age 큰 특색이나 권력자로 대표되는 시대
    era 근본적 변화나 큰 사건으로 특징되는 시대
    epoch (중요한 사건이 일어났던) 시대
    period (길고 짧음에 관계없는) 일정 기간

11 **Stone Age** 석기 시대
  관 Bronze Age 청동기 시대
    Iron Age 철기시대
    cf. the Ice Age 빙하 시대, 빙하기

12 **Pal(a)eolithic** [pèiliəlíθik] 구석기(시대)의
  관 Mesolithic 중석기 시대의
    Neolithic 신석기 시대의

13 **development** [divéləpmənt] 발달, 발전, 개발

14 **culture** [kʌ́ltʃər] (한 시대 등의) 문화
  • primitive culture 원시문화
  ⓐ cultural 문화의, 문화적인
  관 civilization (주로) 물질문명

15 **widespread** [wáidspred] 널리 퍼진, 보급된
  관 disseminate 유포하다, 보급하다

16 **come into use** 쓰이게 되다
  반 go out of use 쓰이지 않게 되다

17 **times** [taimz] (역사상의) 시대, 시기
  • prehistoric times 선사시대

18 **dating** [déitiŋ] (고고학 등의) 연대 결정
  • radiocarbon dating 탄소연대측정
  표 date back to (시기 따위가) ~까지 거슬러 올라가다

19 **adoption** [ədάpʃən] 1. 채택, 채용, 도입
  2. 입양

20 **take place** 생기다, 일어나다

■ 기타 역사관련 보충어휘
  the Mesozoic 중생대 Jurassic 쥐라기의
  feudalism 봉건시대
  Medieval[Middle] Ages 중세
  ancient 고대의 Modern 근대의, 현대식의
  Renaissance 르네상스 Reformation 종교개혁
  Enlightenment 계몽주의
  Industrial Revolution 산업혁명

## Review Test

01 Since prehistory, the importance of hunting for most cultures was reflected in their religions.
➡ _____ 때부터, 대부분의 문화에서 사냥의 중요성은 그들의 종교에 반영되었다.

02 The last glacial period ended about 9,000 years ago, and most areas were covered with ice.
➡ 마지막 _____는 약 9,000년 전에 끝났고, 대부분의 지역이 눈으로 뒤덮였다.

03 This drama is based on historical fact.
➡ 이 드라마는 _____ 사실에 기초하고 있다.

04 The earliest record of dental treatment comes from ancient Egypt.
➡ 치과 치료에 대한 최초의 _____은 고대 이집트에서 나온다.

05 Israeli archaeologists claim to have unearthed the oldest Hebrew text ever found.
➡ 이스라엘의 _____들은 가장 오래된 히브리어 문서를 발굴했다고 주장한다.

06 Paleontology is the study of past life forms, based on plant and animal fossils.
➡ _____은 식물과 동물의 화석에 기초하여 과거 생물의 형태를 연구하는 학문이다.

07 Astronomy is a natural science that deals with the study of celestial objects such as planets, stars, and galaxies.
➡ _____은 행성, 별, 은하와 같은 천체를 연구하는 자연과학이다.

08 Geology indicates that the climate has always been changing, long before humankind had any influence.
➡ _____을 통해 인간이 영향을 미치기 오래전부터 기후가 늘 변화해오고 있음을 알 수 있다.

09 Anthropology is the study of human kind throughout time and space.
➡ _____은 시공간을 넘어 인류에 대해 연구하는 학문이다.

10 The Middle Ages was the roughly 1000-year span between the fall of the Roman Empire and the beginning of the Renaissance in Europe.
➡ 중세 _____는 로마제국의 멸망과 유럽 르네상스의 시작 사이에 걸친 대략 천 년의 기간이다.

11 The end of the Stone Age came from the innovation of smelting ore to make metals.
➡ 광석을 녹여 금속을 만드는 혁신으로 _____는 막을 내렸다.

12 Paleolithic means "old stone", referring to the stone tools that the people used.
➡ _____는 '오래된 돌'을 뜻하며, 그 시대 사람들이 이용한 돌로 된 도구를 가리킨다.

¹³ Sleep plays a vital role in brain development and growth.
➡ 수면은 뇌 _____과 성장에 매우 중요한 역할을 한다.

¹⁴ Some anthropologists find culture from human experience.
➡ 어떤 인류학자들은 _____를 인간의 경험에서 찾는다.

¹⁵ Racism and injustice were widespread practices across the United States, especially in the South.
➡ 인종 차별과 불평등은 미국 전역, 특히 남부에 _____ 관행이었다.

¹⁶ The word "The Holocaust" did not come into use until the late 1950s.
➡ 홀로코스트란 말은 1950년대 후반에 들어 _____.

¹⁷ In early American colonial times, the death penalty was the punishment for numerous crimes.
➡ 초기 미국 식민지 _____에, 사형제도는 수많은 범죄의 처벌도구였다.

¹⁸ Carbon dating can be used to authenticate the old artifact.
➡ 오래된 공예품이 진품인지 입증하는데 탄소 _____을 이용할 수 있다.

¹⁹ The adoption of Japanese as a second foreign language was not welcomed by parents.
➡ 제2외국어로 일본어를 _____한 것은 학부모들에게 환영받지 못했다.

²⁰ Technological innovations have taken place in succession, but the overall condition of humanity is no better.
➡ 기술 혁신은 계속해서 _____, 인류의 전반적인 환경은 나아진 게 없다.

>>> 정답

| 01. 선사 시대 | 02. 빙하기 | 03. 역사적 | 04. 기록 | 05. 고고학자 |
| 06. 고생물학 | 07. 천문학 | 08. 지질학 | 09. 인류학 | 10. 시대 |
| 11. 석기 시대 | 12. 구석기 | 13. 발달 | 14. 문화 | 15. 널리 퍼진 |
| 16. 쓰이게 되었다 | 17. 시대 | 18. 연대측정(법) | 19. 채택 | 20. 일어났지만 |

>>> Part 4 Cultural Science
>>> Chapter 3 Religion & History

## >>> Theme 078 Archaeology

**Archaeology**[01] is the study of human societies. **Archaeologists**[01] are able to learn about past societies by **digging**[02] **up** and **analyzing**[03] **artifacts**[04], **architecture**[05], and other data sources. Archaeology can **be classified under**[06] both the **humanities**[07] and the scientific **fields**[08] since **a wide range of**[09] different procedures are **employed**[10]. In some countries, archaeology is thought to be a **branch**[11] of anthropology. Information about human history since the creation of stone tools in eastern Africa more than three million years ago up until more recent years can be obtained through archaeology. Archaeology is especially important in **uncovering**[12] information about prehistoric societies for which no written records **exist**[13]. Such societies, from the Paleolithic **Era**[14] to the **advent**[15] of literacy, **compose**[16] **approximately**[17] ninety-nine percent of human history. Those studying cultural evolution and human evolution as well as cultural history can benefit from archaeological activities. Archaeological activities include **survey**[18], **excavation**[19] and **analysis**[03] of obtained data. Archaeologists must extend their studies to other fields in order to carry out deeper analyses. Thus, it requires **cross-disciplinary**[20] research as it draws upon other fields, including history, geography, paleontology, and anthropology, just to name a few.

### >>> 해석

고고학은 인간 사회를 연구하는 학문이다. 고고학자들은 예술품, 건축물 또는 다른 자료들을 발굴, 분석함으로써 과거의 인간 사회에 대해 알고자 한다. 고고학은 인문학과 과학의 분류 하에 동시에 놓일 수 있는데, 이것은 넓은 범위에서의 각기 다른 방식이 차용되는 고고학의 특징에서 비롯된다. 어떤 나라에서는 고고학이 인류학의 한 줄기로 여겨지기도 한다. 고고학을 통해 300만 년 전 동아프리카에서 석기가 만들어졌을 때부터 최근까지의 역사를 탐구할 수 있다. 고고학은 특히 여태껏 밝혀지지 않은 기원전 생활상을 연구할 수 있다는 점에서 그 의의가 있다. 구석기 시대부터 문자의 발현이 있던 시대까지의 기간이 인류 역사의 약 99퍼센트를 차지한다. 문화 및 인류의 진화와 문화적 역사를 연구하는 사람들에게 고고학적인 연구는 큰 도움이 된다. 고고학적 연구는 자료를 발굴하고 조사하며 분석하는 활동이다. 고고학자는 보다 심층적인 고고학적 분석을 위해서 다른 분야의 학문에까지 그들의 연구범위를 확장해야 한다. 따라서 역사, 지리, 고생물학, 인류학 등을 포함하는 다른 분야를 이용한 여러 학문 분야에 걸친 연구가 요구된다고 할 수 있다.

### >>> 어구

society 사회  procedure 절차, 공정  anthropology 인류학  up until ~까지  prehistoric 선사시대의  Paleolithic 구석기시대의  benefit from ~로부터 이익[혜택]을 얻다  literacy 읽고 쓰는 능력  evolution 진화  extend 범위를 넓히다  draw upon ~을 이용하다, ~에 의지하다  just to name a few 일부의 예를 들자면

### >>> 구문

- Information (about human history since the creation of stone tools in eastern Africa more than three million years ago up until more recent years) can be obtained through archaeology.
  (300만 년 전 동아프리카에서 석기가 만들어진 이후부터 최근까지 인류 역사에 대한) 정보를 고고학을 통해 얻을 수 있다.

>>> Theme 078   고고학 ▶

01 **archaeology** [à:rkiάlədʒi] 고고학
  ⓐ archaeological 고고학적인, 고고학상의
  ⓝ archaeologist 고고학자

02 **dig up** 발굴하다, 파내다; 찾아내다
  • dig up the ruins 유적지를 발굴하다

03 **analyze** [ǽnəlàiz] 분석하다, 분석하여 조사하다
  • analyze the sample 시료를 분석하다
  ⓝ analysis 분석, 분해, 검토
  표 in the last[final] analysis 최종적으로, 결국
  동 dissect 해부하다, 분석하다

04 **artifact** [ά:rtəfækt] 1. (선사시대의) 인공유물
              2. 인공물, 가공품
  • ancient artifacts 고대 유물
  관 relics (역사적인) 유물, 유적
     remains 유물, 유적; 잔여물
     ruins 폐허, 유적
     historic sites 사적

05 **architecture** [ά:rkətèktʃər] 건축, 건축학
  ⓝ architect 건축가, 건축기사
  관 carpenter 목수, 목공
     stonemason 석공
     bricklayer 벽돌공

06 **be classified under** ~으로 분류되다
  • can be classified under the categories 그 범주로 분류될 수 있다
  ⓥ classify 분류하다
  관 be categorized as ~으로 분류되다

07 **humanity** [hju:mǽnəti] 1. (pl.) 인문학
              2. 인간성, 인류
  • major in the humanities 인문학을 전공하다

08 **field** [fi:ld] 1. 분야, 활동범위, 영역
             2. 들, 벌판, 밭, 땅; 경기장
             3. 현장, 작업장
  • in scientific fields 과학분야에서

09 **a wide range of** 광범위한, 다양한
  ⓐ range 범위, 영역; 범위가 ~에 미치다

10 **employ** [implɔ́i] 1. ~을 이용하다, 사용하다
              2. (시간을) 소비하다
              3. 고용(하다)

11 **branch** [bræntʃ] 1. 분과, 부문, 분야
              2. 나뭇가지; 지점; 지류
  • the various branches of science 과학의 여러 분야
  유 discipline 학과, 교과; 학문 (분야)

12 **uncover** [ʌnkʌ́vər] 1. (유적을) 발굴하다
              2. (비밀을) 폭로하다
  동 unearth ~을 파내다, 발굴하다; 폭로하다

13 **exist** [igzíst] 존재(현존, 실재)하다
  ⓐ existing/existent 현존하는, 존재하는
  ⓝ existence 존재, 생존
  표 put ~ out of existence 소멸(멸종)시키다

14 **era** [íərə, érə] (역사·정치상 구분한) 시대
  • the Paleolithic era 구석기 시대
  관 epoch [épək] 새 시대, 획기적 사건

15 **advent** [ǽdvent] (중요한 인물·사건의) 출현, 도래
  • the advent of a new era 새 시대의 도래
  관 emerge (보이지 않던 것이) 출현하다

16 **compose** [kəmpóuz] 1. ~을 구성하다
              2. (마음을) 진정시키다
  • be composed of ~으로 이루어지다
  • compose oneself 심란한 마음을 가라앉히다

17 **approximately** [əprάksəmətli] 대략, 대체로
  ⓐ approximate 거의 정확한, 근사치인

18 **survey** [sərvéi] 조사; 측량

19 **excavation** [èkskəvéiʃən] 발굴, 출토품
  ⓥ excavate 발굴하다
  동 exhume 파내다, 발굴하다
     uncover/unearth/dig up 발굴하다

20 **cross-disciplinary** 여러 학문에 걸치는
  ⓝ discipline 학과; 학문 (분야); 훈련, 징계
  ⓐ disciplinary 학문 분야로서의; 징계적인
  동 interdisciplinary 많은 학문 분야에 관련이 있는

>>> Part 4 Cultural Science    >>> Chapter 3 Religion & History

## Theme 078 Review Test

01 Through archaeology we can find out about the lives of our ancestors.
➡ _____을 통해 우리는 조상들의 삶들을 알 수 있다.

02 The archaeologist dug up the ruins.
➡ 고고학자는 그 유적을 _____.

03 The first step we do is to analyze a problem.
➡ 우리가 해야 할 첫 단계는 문제를 _____하는 것이다.

04 Hundreds of artifacts looted from the country have been returned to the country's National Museum.
➡ 약탈당했던 수백 점의 _____이 그 나라의 국립박물관으로 반환되었다.

05 Houses with German architecture were destroyed and the use of the German language in Brazil was also forbidden.
➡ 독일 _____의 집들은 파괴되었고 브라질에서 독일어의 사용도 금지되었다.

06 This novel is set in the science fiction genre, but can also be classified under dystopian and feminist literature.
➡ 이 소설은 공상 과학 소설 장르로 잡혀 있지만, 반(反)이상향과 페미니스트 문학으로도 _____ 수 있다.

07 I was more interested in the humanities than the economics.
➡ 나는 경제학보다 _____에 더 관심이 많았다.

08 He is highly skilled in a number of other scientific fields as well.
➡ 그는 많은 다른 과학 _____에도 매우 숙달되어 있다.

09 The museum has a wide range of artifacts.
➡ 그 박물관은 _____ 유물을 보유하고 있다.

10 Various methods can be employed to solve the problem.
➡ 그 문제를 푸는 데는 여러 방법을 _____할 수 있다.

11 Archaeology is a branch of science that studies the tools and other cultural remains of humans.
➡ 고고학은 도구와 다른 인류 문화적 유적을 연구하는 과학의 한 _____이다.

12 Several hundred mummies were uncovered during initial excavations.
➡ 첫 발굴 작업 동안에 수백 구의 미라가 _____되었다.

Reading V.O.C.A
334

¹³ According to the study, significant differences exist between the male and female brain.

연구 결과에 따르면, 남성과 여성의 두뇌 사이에는 큰 차이가 _____ 한다고 한다.

¹⁴ The Victorian era of British history was the period of Queen Victoria's reign from 20 June 1837 until her death on 22 January 1901.

영국 역사에서 빅토리아 _____ 는 빅토리아 여왕이 통치한 1837년 6월 20일부터 그녀가 죽은 1901년 1월 22일까지의 기간이었다.

¹⁵ With the advent of iron tools, the way of life was largely altered.

철기의 _____ 로 삶의 방식은 크게 바뀌었다.

¹⁶ The sun is mostly composed of the elements hydrogen and helium.

태양은 대부분 수소와 헬륨으로 _____.

¹⁷ Approximately 2,000 people gathered in front of the U.S. embassy.

_____ 2천 명의 사람들이 미국 대사관 앞에 모였다.

¹⁸ The survey showed that employees value some self-improvement activities much more than others.

이 _____ 에 따르면 직장인들이 무엇보다 자기계발 활동을 소중하게 생각한다.

¹⁹ Many artifacts were discovered during excavations.

_____ 이 이루어지는 동안 많은 유물이 발견되었다.

²⁰ There is a great deal of cross-disciplinary research in archaeology.

고고학 연구에 있어서는 _____ 연구가 많이 있다.

>>> 정답

01. 고고학   02. 발굴했다   03. 분석   04. 유물   05. 건축(양식)
06. 분류될   07. 인문학   08. 분야   09. 광범위한   10. 이용
11. 분야   12. 발굴   13. 존재   14. 시대   15. 도래
16. 이루어져 있다   17. 대략   18. 조사   19. 발굴   20. 여러 학문에 걸치는

Reading V.O.C.A
335

## >>> 분야별 용어정리 [4]  인문과학

### 1. 언어와 문학

■ **Language** (언어)
archaic language 고어
dialect/vernacular/patois 방언
body language 보디랭귀지
gesture 제스처, 몸짓
language family 어족
Esperanto 세계가 공통으로 쓰기 위해 인공적으로 만든 인공어
foreign language 외국어
Latin 라틴어
Greek 그리스어
German 독일어
English 영어
Portuguese 포르투갈어
Polish 폴란드어
Russian 러시아어
French 프랑스어
Vietnamese 베트남어
Arabic 아랍어
Thai 태국어
Hindi 인도어

■ **Word** (단어)
synonym 동의어
antonym 반의어
homonym 동철이의어
(발음은 같지만 의미는 다른 단어)
– homophone 동음이철어
  (발음은 같지만 철자와 의미가 다른 단어)
– homograph 동형이의어
  (철자는 같지만 뜻은 다른 단어)
polysemy 다의어
abbreviation 약어, 약자
acronym/initialism 두문자어
(여러 단어의 각 첫 자만을 따서 만든 약어)
onomatopoeia 의성어
archaic word 고어
obsolete word 사어, 폐어
pejorative word 경멸어
derivative 파생어
jargon 전문용어
monosyllable 1음절어
disyllable 2음절어
intonation 억양
connotation 함축(적 의미)
accent/stress 강세

■ **Literature** (문학)
anthology 명시선집
fairy tale 동화
fable 우화
critic 비평가
book fair 도서전시회
publisher 출판사
manuscript 원고
copyright 저작권
author 저자, 작가
plagiarism 표절
piracy 저작권 침해

■ **Book** (책)
volume (책의) 권
paperback 얇은 종이 표지의 책
hardcover/hardbound 양장본(딱딱한 표지로 제본한 책)
bookshelf 서가, 책장
library 도서관
librarian 사서
check out (책을) 대출하다

### 2. 예술

■ **Art** (예술)
painting 그림, 회화
oil painting 유화
printmaking 판화
dessin 데생(채색 없이 선으로 그리는 것)
croquis 크로키(움직이는 대상을 빠르게 그리는 것)
mosaic 모자이크(조각을 붙여서 만드는 회화기법)
décalcomanie 데칼코마니(어떤 무늬를 특수한 종이에 찍어 얇은 막을 이루게 만든 뒤 다른 표면에 옮기는 것)
graffiti 그래피티(공공건물 등의 낙서로 그린 그림)
atelier (화가·조각가 등의) 작업장
canvas 캔버스(유화를 그릴 때 쓰는 천)
easel 이젤(그림을 그릴 때 그림판을 놓는 받침대)
craft 공예
ceramic art 도예
sculpture 조각, 조각품
statue 동상, 조각상, 입상
bust (sculpture) 흉상
torso 토르소(머리와 팔다리가 없고 몸통뿐인 조각)
relief/embossed carving 양각
intaglio/(depressed) engraving 음각

■ **Architect** (건축)
Byzantium 비잔티움 양식
(서기 330년 비잔틴 제국의 대표적 건축양식으로 정사각형 벽 위의 원형의 돔이 특징)
Romanesque 로마네스크 양식
(10세기 후반에서 12세기 고딕양식으로 발전한 건축 양식)
Gothic 고딕 양식
(12~16세기에 서유럽에서 유행한 건축 양식으로 뾰족한 아치와 굵고 높은 기둥이 특징)
Renaissance 르네상스 양식
(14세기 말에서 16세기 초에 유행한 좌우대칭, 장식이 없는 소박한 스타일, 끝이 둥근 형태가 특징)
Baroque 바로크 양식
(17–18세기 유럽에서 유행한 건축양식으로 불규칙적인 곡선과 복잡하고 화려한 장식이 특징)
Rococo 로코코 양식
(18세기 전반에 프랑스에서 발달된 화려하고 섬세한 건축·장식 양식)

■ **zeitgeist** (사조)
classicism 고전주의(1700~1800: 조화와 균형의 단정한 형식미를 중시하는 예술 사조)
romanticism 낭만주의(1700~1900: 감정의 자유분방한 표현을 중시)
realism 사실주의(1850~1900: 현실을 있는 그대로 객관적으로 묘사, 재현하려고 하는 예술상의 경향)
impressionism 인상주의(1850~1900: 빛과 함께 변하는 색채의 변화 속에서 자연을 주로 묘사)
modernism 모더니즘(1900~: 기존의 도덕, 권위, 전통 등을 부정하고, 새롭고 혁신적인 문화의 창조를 추구하는 예술상의 경향과 태도)
postmodernism 포스트 모더니즘(1950~: 예술상에서, 비역사성, 비정치성, 주변적인 것의 부상, 주체 및 경계의 해체, 탈장르화 등의 특성)
Dadaism 다다이즘(기존의 모든 가치나 질서를 철저히 부정하고 야유하면서, 비이성적, 비심미적, 비도덕적인 것을 지향하는 허무주의적 예술사조)
surrealism 초현실주의(1920년 중반에 일어난 예술 운동으로 다다이즘에 기원을 두고 있으나 적극적 표현과 창조적 태도, 내적 충동의 표현을 강조)
abstractionism 추상주의(20세기 초반 서유럽에서 시작되어 지금까지 계속되는 추상 예술의 경향)

## 3. 종교

■ **Christianity** (기독교)
Jesus Christ 예수 그리스도
the Old Testament 구약성서
the New Testament 신약성서
Decalogue 모세의 십계
(the Ten Commandments)
Exodus (구약성서의) 출애굽기
Inquisition 종교 재판
crusade 십자군 전쟁
heresy 이단
paganism 이교도 신앙
conversion/proselytism 개종
evangelist 복음 전도자
fast 단식
laity/layman 평신도
Mass 미사
baptism 세례
baptismal name 세례명
Lent 사순절
Easter 부활절
rosary (가톨릭교의) 묵주
(sacrament of) confession 고해성사
purgatory (가톨릭의) 연옥, 지옥
cross oneself 성호를 긋다
Trinity 삼위일체(성부, 성자, 성령)
(God the Father, God the Son, God the Holy Ghost)
pulpit 설교, 강론
reverend 성직자
sanctuary 성역, 성소

■ **Buddhism** (불교)
Siddhartha 싯다르타(석가모니의 어릴 때 이름)
Buddha 석가모니
meditation 명상
Zen Buddhism 불교의 선종
non-Zen Buddhism 불교의 교종

■ **Islamism/Moslemism** (이슬람교)
Muhammad 마호메트(이슬람교 창시자)
Allah (이슬람교의) 알라신
Shiite (이슬람교의) 시아파 신도
Sunni (이슬람교의) 수니파 교도
Salah 이슬람교의 예배, 살라트
Ramadan 라마단(이슬람교의 단식월)

## 4. 철학

■ **Philosophy** (철학)
metaphysics 형이상학
rationalism 합리주의, 이성론
empiricism 경험론, 경험주의
skepticism 회의론
epistemology 인식론
ontology 존재론, 본체론
nominalism 명목론
utilitarianism 공리주의
Pragmatism 실용주의
phenomenology 현상학
existentialism 실존주의
conceptualism 개념주의
idealism 관념론, 유심론
- absolute idealism (Hegel의) 절대적 관념론
materialism 유물론

■ **Philosopher** (철학자)
sophist 그리스의 철학교사
Aristotle 아리스토텔레스
Socrates 소크라테스
Plato 플라톤
John Locke 로크
Descartes 데카르트(프랑스 철학자)
Machiavelli 마키아벨리
(이탈리아 정치가로 군주론 저술)
Francis Bacon 베이컨
(영국의 철학자로서 경험학파의 시조)
Thomas Hobbes 홉스(영국의 철학자)
- Leviathan 리바이어던(홉스의 저서)
Jean-Jacques Rousseau 루소
(프랑스의 철학자로서 계몽사상가)
Adam Smith 아담 스미스
(영국의 경제학자로서 국부론)
Spinoza 스피노자
(네덜란드 철학자로서 Pantheism 범신론)
Immanuel Kant 칸트
(독일의 철학자로서 순수 이성비판 저술)
Friedrich Nietzsche 니체
(독일의 철학자로서 실존주의의 선구자)
Friedrich Hegel 헤겔(독일의 철학자)
Karl Marx 칼 마르크스(독일의 공산주의자)
- Marxism 마르크시즘
Friedrich Engels 엥겔스(독일의 사회주의자)
Martin Heidegger 하이데거(독일의 철학자)
Confucius 공자

■ **Logic** (논리학)
deductive reasoning 연역적 추론
inductive reasoning 귀납적 추론
syllogism 삼단 논법
dichotomy 이분법
dialectics 변증법

# Part 5

## 사회과학 (Social Science)

### 1. 정치와 국가(Politics & Government)
- [079] Election & Political System 선거와 정치제도
- [080] Political Party 정당
- [081] Legislative Branch 입법부
- [082] Administrative Branch 행정부
- [083] Judiciary Branch 사법부
- [084] Constitution & Rights 헌법과 인권

### 2. 법률과 범죄(Law & Crime)
- [085] Crime 범죄
- [086] Criminal 범죄자
- [087] Criminal Trial & Punishment 형사재판과 형벌
- [088] Capital Punishment 사형제도
- [089] Euthanasia 안락사
- [090] Lawsuit 소송

### 3. 경제와 금융(Economy & Finance)
- [091] Economy 경제
- [092] Finance 재정
- [093] Banking 은행
- [094] Investment 투자
- [095] Marketing 마케팅

### 4. 직업과 노동(Jobs & Labor)
- [096] Kinds of Jobs 직업의 종류
- [097] Employment & Layoff 고용과 해고
- [098] Labor Dispute 노동 쟁의
- [099] Organization & Position 조직과 직위
- [100] Meeting 회의

>>> Part 5 Social Science

**Chapter 1
Politics & Government**

>>> Theme 079  **Election & Political System**

**Elections**[01] allow people a chance to **affirm**[02] or **reform**[03] their **government**[04]. Whether it is a victory **by a slim margin**[05] or a defeat by a **landslide**[05], the **constituency**[06] elects new **representatives**[07] **reshuffling**[08] the representatives or re-electing the **public servants**[09] affirming their government. For example, in a **democratic**[10] society there may be the full range of **political**[11] groups from which to choose from the **right-wing conservatives**[12][13] to the **left-wing**[12] **revolutionaries**[14]. Those who feel that they are **privileged**[15] would be more likely to support the system. On the contrary, those who feel at a disadvantage due to the social system would be more vehement about **communistic**[10] reform. But, since late 1980s, the communistic **regimes**[16] have begun to **collapse**[17] one by one. In the middle of the spectrum holding some views from both sides may be **the middle of the road**[12] **moderates**[18]. In democratic elections, people can **vote for**[19] not only their local and state representatives but also the **candidate**[20] of their choice for the **presidency**[21]. Unlike a land ruled by a **tyrant**[22] or **dictator**[22], the president doesn't have **totalitarian**[23] rule, but must work with the Congress. Yet despite the repeated act of elections, some would argue that the power of the people has been **usurped**[24] as an **oligarchy**[25] **wields**[26] financial influence over elected officials.

>>> 해석

선거는 국민들에게 정부에 대한 (지지를) 확인하거나 정부를 개혁할 수 있는 기회를 준다. 근소한 차이의 승리이든 큰 패배이든 간에 유권자는 (기존) 의원을 물갈이하면서 새로운 대표를 선출하거나 정부를 지지하면서 다시 그 공무원을 뽑는다. 예를 들어 민주 사회에서는 보수 우파를 선택하는 사람에서부터 좌익 성향의 혁명가를 선택하는 사람에 이르기까지 정치적 그룹의 범위가 매우 다양하다. 자신이 기득권층이라고 생각하는 사람은 현 체제를 지지하는 경향이 더 짙다. 반대로 사회 체제 때문에 불이익을 당한다고 생각하는 사람들은 개혁에 더 열성적이다. 그러나 1980년 종반부터 공산주의 체제는 하나씩 붕괴되기 시작했다. 양쪽의 견해들을 수용하는 중간 범위에 중도의 온건파들이 있을 것이다. 민주주의 선거에서 사람들은 지방과 주 대표뿐만 아니라 대통령을 뽑을 권한도 있다. 폭군이나 독재자에 의해 통치되는 나라와는 달리 대통령은 전체주의 통치를 하지 못하고 국회와 함께 일해야 한다. 하지만, 반복되는 선거행위에도 불구하고 소수 권력자들이 선거로 선출된 관리들에게 재정적 영향력을 행사하기 때문에 국민의 권한이 침해당한다고 주장하는 사람들도 있다.

>>> 어구

allow ~을 주다, 허용하다 disadvantage 불이익 due to ~ 때문에 social system 사회제도 vehement 열정적인 spectrum (생각 등의) 범위 Congress 국회 influence over ~에 대한 영향력

>>> 구문

- the full range of political groups from which to choose ~ [의문사+to R]
  (= the full range of political groups from which they may/can choose ~)
  ~ 선택할 수 있는 광범위한 정치적 그룹

- In the middle of the spectrum ~may be the middle of the road moderates. [도치]
  (=The middle of the road moderates may be in the middle of the spectrum~)
  ~하는 중간 범위에 중도의 온건파들이 있을 것이다.

# Chapter 1 정치와 국가

>>> Part 5 사회과학

>>> Theme 079   선거와 정치제도 ▶

01 **election** [ilékʃən] 선거
- stand[run] for election 선거에 입후보하다
- election day (미국의) 대통령 선거일
- an elected official 선출된 공무원
- ⓥ elect 선출하다; 선출된
- ⓐ elected 선출된, 당선된  elective 선거의; 선택(과목)의
- 관 campaign 선거운동  canvass 선거운동을 하다

02 **affirm** [əfə́ːrm] 확인하다, 단언하다, 지지하다

03 **reform** [rifɔ́ːrm] 개혁(하다), 쇄신; 교정(하다)
- reform the government 정부를 개혁하다

04 **government** [gʌ́vərnmənt] 정부, 통치(권)
- the Federal Government 연방정부
- government of the people, by the people, for the people
  국민의, 국민에 의한, 국민을 위한 정치 (Lincoln의 명언)
- ⓥ govern 통치하다, 지배하다; 좌우하다
- 동 governor 주지사

05 **landslide** [lǽndslaid] 1. (선거에서) 압승  2. 산사태
- win ~ by a landslide 압도적으로 이기다
- 반 a victory by a slim margin 근소한 차이의 승리

06 **constituency** [kənstítʃuənsi] 선거구; 유권자
- a local[district] constituency 지역구
  ↔ a national[nationwide] constituency 전국구
- canvass the constituency for votes
  표를 얻기 위해 선거구를 유세하다
- ⓝ constituent (특정 선거구에 사는) 유권자
- 동 constitution 헌법; 구성; 체질

07 **representative** [rèprizéntətiv] 1. 대표(자); 의원
  2. 대표하는; 대의제의
- a representative democracy 대의제
- ⓥ represent 대표(대리)하다; 나타내다

08 **reshuffle** [riːʃʌ́fl] (조직을) 개편(하다), (정부에서) 개각(하다)
- a major reshuffle of the cabinet 대대적인 개각
- 관 shuffle 발을 끌며 걷다; 교체하다

09 **public servant** 공무원
- 동 official (고위) 공무원

10 **communistic** [kùmjunístik] 공산주의(자)의
- ⓝ communism 공산주의(체제)
- 관 democratic 민주주의의(적인), 민주국가의
  - democracy 민주주의, 민주 국가
  socialism 사회주의  socialist 사회주의자
  capitalism 자본주의  capitalist 자본주의자

11 **political** [pəlítikəl] 정치의, 정치적인
- a political problem 정치적 문제
- a political party 정당
- ⓝ politics 정치, 정치학; 정략  politician 정치인

12 **right-wing** [rait-wiŋ] 우익의, 보수적인
- ⓝ right wing 우익(우파/보수파)
- 반 left-wing 좌익의, 급진적인  - left wing 좌파, 좌익
  the middle of the road 중도, 중용

13 **conservative** [kənsə́ːrvətiv] 보수적인; 보수주의자
- ⓥ conserve 보존하다, 보호하다; 절약하다
- ⓝ conservation 보존, 유지; 보호관리지구
- 반 liberal 자유주의의, 진보적인

14 **revolutionary** [rèvəlúːʃənèri] 혁명적인; 혁명가
- ⓝ revolution 혁명, 큰 변혁

15 **privileged** [prívəlidʒd] 특권(특전)을 가진
- the privileged class 특권층, 기득권층
- ⓝ privilege 특권, 특전

16 **regime** [rəʒíːm, rei-] 정권, 정치 제도
- an authoritarian[autocratic] regime 권위주의(독재) 정권

17 **collapse** [kəlǽps] 붕괴(하다), 무너지다
- the collapse of communism 공산주의의 붕괴

18 **moderate** [mάdərət] 1. 온건한, 온건파의
  2. 알맞은, 적당한; 온화한
- 반 radical 급진적인, 급진파의; 근본적인
  extremist 극단(과격)주의자(의)

19 **vote** [vout] 투표(하다), 표결(하다)
- vote for ~에 찬성표를 던지다
- vote against ~에 반대표를 던지다
- ⓐ voting 투표(선거)의
- 관 suffrage/franchise 선거권, 참정권

20 **candidate** [kǽndidèit] (선거의) 입후보자
- 관 running mate (미 대선의) 부통령 후보
  run for ~에 출마하다

21 **presidency** [prézədənsi] 대통령의 직
- run for the presidency 대통령 선거에 출마하다
- ⓝ president 대통령  vice-president 부통령

22 **tyrant** [táiərənt] 폭군, 독재자
- 동 dictator 독재자  dictatorial 독재적인
  despot 폭군, 독재자  despotic 독재적인
  authoritarian 권위주의적인, 독재적인

23 **totalitarian** [toutæ̀litέəriən] 전체주의의; 전체주의자
- ⓝ totalitarianism 전체주의(하나의 정당이 지배하고 다른 정당을
  인정하지 않는 정치체제)

24 **usurp** [juːsə́ːrp] (왕좌 등을) 빼앗다[찬탈하다]
- usurp the throne 왕위를 찬탈하다
- ⓝ usurpation (왕위의) 찬탈, 강탈
- 관 throne [θroun] 왕좌, 왕위

25 **oligarchy** [άləgὰːrki] 과두제, 소수 독재 정치
- 관 monarchy 군주제  monarch (세습적) 군주
  anarchy 무정부주의  anarchist 무정부주의자
  plutocracy 금권(부호) 정치
  theocracy 신권(神權) 정치  aristocracy 귀족 정치
  bureaucracy 관료 정치, 관료주의

26 **wield** [wiːld] (무기·권력 등을) 휘두르다
- wield the absolute power 절대 권력을 휘두르다

>>> Part 5 Social Science
>>> Chapter 1 Politics & Government

>>> Theme 079 **Review Test**

01 The campaigning is especially intense the month before the election.
➡ 선거운동은 _____가 있기 한 달 전에 특히 집중적으로 행해진다.

02 The spokesperson recently affirmed that there would be no delay in imposing the higher tax for multiple homeowners.
➡ 대변인은 다주택 소유자에 대한 중과세가 연기되지는 않을 것이라고 최근 _____.

03 The younger candidates maintain that the law is obsolete and in need of reform.
➡ 젊은 후보들은 법이 구식이고 _____할 필요가 있다고 주장한다.

04 Layers of bureaucracy need to be peeled away to increase the government's efficiency.
➡ _____의 효율성을 증대시키기 위해 관료주의 계층을 벗겨 내야 한다.

05 For an hour the candidates were tied, but the challenger took a slim lead which grew into a landslide victory.
➡ 한 시간 동안 후보자들은 동점을 유지했으나 도전자가 근소한 승리로 앞서 가다 결국에는 _____을 거두었다.

06 The senator did his best to represent the wishes of his constituency.
➡ 그 상원의원은 자신의 출신 _____의 요구사항들을 표명하는 데 최선을 다했다.

07 They elected her as their representative.
➡ 그들은 그녀를 _____로 선출했다.

08 The recent political scandal brought about a reshuffle of the cabinet.
➡ 최근의 정치스캔들 때문에 _____이 있었다.

09 Many advanced countries have laws calling for the political neutrality of public servants.
➡ 많은 선진국들은 _____의 정치적 중립을 요구하는 법들이 있다.

10 Capitalism and democracy is directly opposed to communism and dictatorship.
➡ 자본주의와 _____는 _____와 독재의 개념과 직접적으로 대조된다.

11 Totalitarianism is a political system where the state strictly governs its people and enforces many aspects of individuals' private and public lives.
➡ 전체주의 정부는 엄격하게 국민들을 통치하고 개인의 사적, 공적 생활의 많은 영역을 강요하는 _____ 시스템이다.

12 The right-wing voters could not be swayed by the liberal candidate.
➡ _____ 성향의 유권자들은 진보성을 띤 후보자에게 동요되지 않았다.

13 The left-wing party was voted into power to the shock of the ruling conservatives.
➡ 좌익 정당이 투표를 통하여 권력을 잡게 된 사실은 여당 _____들에게는 매우 놀라운 사실이었다.

14 The revolutionaries fought for democracy.
➡ _____들은 민주주의를 위해 싸웠다.

15 The party has been viewed as an old, outdated organization that only advocates the interest of the privileged class.
➡ 그 정당은 _____의 이익을 옹호해 온 오래되고, 구식인 조직으로 비쳐 왔다.

## Part 5 사회과학 >>> Chapter 1 정치와 국가

16. People, who had been repressed under the dictatorship, finally rose up against the regime.
➡ 독재 정권에 억눌려 있던 국민들이 결국 _____에 맞서 들고일어났다.

17. The disintegration of the Soviet Union is considered the collapse of communism.
➡ 소비에트연합의 해체는 공산주의체제의 _____로 여겨진다.

18. The candidate tried to appear moderate in an effort to woo voters.
➡ 그 후보자는 표를 얻기 위한 노력으로 _____처럼 보이려 했다.

19. The majority voted against the proposal.
➡ 대부분 사람들은 그 안에 _____.

20. The senator was nominated as the party's presidential candidate.
➡ 그 상원의원은 당의 대통령 _____로 지명되었다.

21. The former vice-president ran for the presidency and announced that a retired general would be his running mate.
➡ 전(前) 부통령은 _____에 출마해서 퇴역장군이 자신의 러닝메이트라고 발표했다.

22. The tyrant ruled with an iron fist.
➡ 그 _____은 무자비하게 철권통치를 했다.

23. The totalitarian government quickly smashed any public demonstrations.
➡ _____ 정부는 어떠한 공공 시위든지 간에 재빠르게 진압한다.

24. The usurper of the throne seriously fears to be usurped from the throne.
➡ 왕위를 빼앗은 사람은 그 왕위를 _____ 당할까 봐 매우 두려워한다.

25. An oligarchy of five families ruled the small nation.
➡ 다섯 집단의 _____가 작은 나라를 다스렸다.

26. She had all the power, and wielded it like a tyrant.
➡ 그녀는 모든 권력을 독점했고, 폭군처럼 권력을 _____.

### 》》》 정답

| | | | | |
|---|---|---|---|---|
| 01. 선거 | 02. 단언했다 | 03. 개정 | 04. 정부 | 05. 압승 |
| 06. 선거구민들(유권자) | 07. 대표 | 08. 개각(내각의 자리변동) | 09. 공무원 | 10. 민주주의, 공산주의 |
| 11. 정치적 | 12. 우익 | 13. 보수파 | 14. 혁명가 | 15. 기득권층 |
| 16. 정권 | 17. 붕괴 | 18. 온건파 | 19. 반대표를 던졌다 | 20. 후보 |
| 21. 대통령선거 | 22. 폭군 | 23. 전체주의 | 24. 찬탈 | 25. 과두정부 |
| 26. 휘둘렀다 | | | | |

Reading V.O.C.A

>>> Part 5 Social Science  >>> Chapter 1 Politics & Government

## >>> Theme 080 Political Party

It is amazing that anything ever gets accomplished in a government in which **opposing**[01] **political parties**[02] must work together. In many cases, the **legislative**[03] process may be held up by political **stand-off**[04], **filibuster**[05], **mud-slinging**[06] and **name calling**[07]. There is constantly **tension**[08] between the **ruling party**[02] and the **opposition**[01] party. The ruling party is constantly blaming the smaller opposition party of **standing in the way of**[09] progress, while the opposition party attempts to blame all of the country's woes and difficulties on the "mismanagement" of money, resources, etc. on the party in power. Each month, if not each week, there seems to be a new **scandal**[10] which indicates how untrustworthy any of the **major parties**[02] are. Other times, laws are **enacted**[11] only after **behind-the-scene**[12] **negotiations**[13] involving **go-betweens**[14] from several parties work out a **compromise**[15]. By the time election year rolls around, each party tries to **garner**[16] enough votes to change the **balance**[17] of power. The old saying that politics makes strange **bedfellows**[18] is true. Members of the opposition party who ridiculed the **planks**[19] of the ruling party's **platform**[19] **switch**[20] sides. On many occasions, the **minority**[21] parties that sometimes **squabbled**[22] amongst themselves join together to form a **coalition**[23] continuing the **power plays**[24].

>>> 해석

대립하고 있는 정당과 함께 일을 처리해야 하는 정부에서 어떤 일을 이루어낸다는 것은 대단한 일이다. 많은 경우에 정치적 교착상태, 의사진행방해, 중상모략, 욕설 등에 의해 입법 절차는 방해받는다. 여당과 야당 간에는 끊임없는 긴장감이 서려 있다. 여당은 야당이 일의 진행을 방해한다고 끊임없이 비난하고 야당은 국가의 모든 재난과 난국을 돈이나 자원 등을 잘못 관리하는 집권당의 탓으로 돌린다. 매주, 아니면 매달마다 다수당이 얼마나 믿을 수 없는지를 알려주는 새로운 스캔들이 나오는 듯하다. 때로는 여러 당의 중재자를 포함한 막후 협상으로 타협안에 도달한 후에야 입법이 되기도 한다. 선거 때가 다가오면 각 정당들은 권력의 우세를 바꿀 정도의 충분한 표를 얻으려고 노력한다. '정치는 뜻밖의 동지를 만든다'라는 속담은 사실이다. 여당의 정당 강령 세부안을 비웃던 야당 의원들이 당적을 바꾼다. 많은 경우에 자기들끼리 하찮은 일로 다투곤 하던 소수당들은 실력행사를 계속하기 위한 연합을 형성하기도 한다.

>>> 어구

amazing 놀랄만한, 대단한  accomplish 성취하다, 이루다  work together 함께 일하다  hold up (진행을) 방해하다  constantly 끊임없이  mismanagement 부실처리  untrustworthy 신뢰할 수 없는  work out 만들어내다, 해결하다, 일이 잘 풀리다  roll around 정해진 일이 일어나다  ridicule 비웃다  occasion 경우

>>> 구문

- It is amazing that ~ [가주어 it]
  ~인 것은 놀라운 일이다.
- only after behind-the-scene negotiations (involving go-betweens from several parties) work out a compromise.
  (여러 당의 중재자를 포함한) 막후 협상이 타협을 성사시킨 후에야

>>> Part 5 사회과학  >>> Chapter 1 정치와 국가

>>> Theme 080　정당 ▶

01 **opposing** [əpóuziŋ] 대립하는, 정반대의
- ⓝ opposition 반대, 대립; 반대당
- ⓥ oppose 반대하다, 대치하다

02 **party** [pάːrti] 1. 정당; 단체, 그룹
　　　　　　　  2. 사교모임, 파티
- political party 정당
- ruling party 여당 ↔ opposition party 야당
- major party 다수당 ↔ minority party 군소정당

03 **legislative** [lédʒislèitiv] 입법의, 입법기관의
- the legislative body 입법부
- legislative session 입법기, 회기
- ⓝ legislature 입법부, 입법 기관(의회)
- ⓥ legislate 법률을 만들다

04 **stand-off** [stǽndɔ(ː)f] 교착상태
- 표 stand off 떨어져 있다, 회피하다
- 동 deadlock 교착상태

05 **filibuster** [fíləbʌstər] (의안의 통과 저지 등을 위한) 의사 진행 방해(를 하다)

06 **mud-slinging** [mʌsliŋiŋ] 비방, 인신공격
- resort to mudslinging 인신공격에 호소하다

07 **name calling** [néimkɔ̀ːliŋ] 욕설
- 표 call somebody names ~를 욕하다
- 괄 name-dropping 유명인사의 이름팔기

08 **tension** [ténʃən] 긴장관계; 긴장, 불안
- relieve tension 긴장을 완화하다
- ⓐ tense 팽팽한, 긴장한, 긴박한; 시제

09 **stand in the way of** ~를 훼방 놓다

10 **scandal** [skǽndl] 추문, 스캔들
- a political scandal 정치적 추문
- hush up a scandal 스캔들을 덮어버리다

11 **enact** [inǽkt] (법률을) 제정하다
- ⓝ enactment 법률의 제정, 입법

12 **behind-the-scene** 비밀리에, 막후의
- behind-the-scene negotiation 막후협상

13 **negotiation** [nigòuʃiéiʃən] 협상, 절충
- ⓥ negotiate 교섭(협상)하다
- ⓝ negotiator 교섭자, 협상가

14 **go-between** [goubitwíːn] 중개자
- 동 mediator/intermediator/conciliator/intercessor/ arbitrator 중재자, 조정자

15 **compromise** [kάmprəmàiz] 타협(하다), 타협안

16 **garner** [gάːrnər] 모으다, 저장하다

17 **balance** [bǽləns] 균형; 저울; (통장) 잔고
- balance of power 세력 균형
- 표 be in the balance 불안정 상태에 있다

18 **bedfellow** [bedfélou] 불륜의 상대, 협력자
- strange[odd, unlikely] bedfellow 뜻밖의 (어색한) 동지

19 **platform** [plǽtfɔːrm] (정당의) 강령, 정강
- party platform 정당 강령
- 괄 plank 정당 강령의 한 항목
- 괄 manifesto 공약, 성명(서) convention 전당대회

20 **switch** [switʃ] 갈아타다, 교체하다

21 **minority** [minɔ́ːrəti] 소수, 소수파
- minority party 군소정당

22 **squabble** [skwάbl] 시시한 싸움을 하다

23 **coalition** [kòuəlíʃən] (파벌, 정당의) 연합, 연립
- the coalition government 연립 정부

24 **power play** [páuər plei] 실력 행사, 힘의 정책
- 괄 power game 권력 획득 경쟁

>>> Part 5 Social Science  >>> Chapter 1 Politics & Government

## >>> Theme 080 Review Test

01 In the recent election, the candidates of the opposing parties tried all their best, but the result was poor.
▶ 최근 선거에서 _____ 의 후보들은 최선을 다했지만. 결과는 나빴다.

02 The ruling party had been in power for forty years.
▶ 40년 동안 _____ 이 집권하고 있다.

03 The bill is expected to be voted into law during the current legislative session.
▶ 그 법안은 이번 _____ 동안에 표결에 부쳐질 것으로 예상된다.

04 Negotiations have been standoff since last year.
▶ 협상은 작년 이후로 _____ 에 빠져 있다.

05 In the Korean parliament that doesn't have a filibuster system, there are few good ways for minority parties to block a problematic bill.
▶ _____ 제도가 없는 한국의 의회에는 소수당이 문제 있는 법안을 저지할 좋은 방법이 별로 없다.

06 Some candidates seem to spend more time mudslinging the other candidates instead of expounding on their own principles and platforms.
▶ 어떤 후보자는 자신의 원칙과 강령을 충분히 설명하기 보다 다른 후보자를 _____ 하는 데 더 많은 시간을 쓰는 것 같다.

07 She doesn't rely on name-calling or stereotyping to get her point across.
▶ 그녀는 자신의 논점을 이해시키기 위해 _____ 을 하거나 정형화하지 않는다.

08 It is a matter causing great tension between the two parties.
▶ 그 문제는 두 정당 간에 큰 _____ 을 불러일으켰다.

09 Judges took a more skeptical view of regulations that could stand in the way of voters.
▶ 판사들이 투표자를 _____ 할 수도 있는 법령에 대해 더욱 회의적인 견해를 취했다.

10 There was a political scandal that a politician used a budget for personal purpose.
▶ 어느 정치인이 예산을 개인목적으로 사용했다는 _____ 이 있었다.

11 Congress enacted a law which prohibits smoking in public places.
▶ 국회는 공공장소에서 흡연을 금지하는 법률을 _____.

12 Behind-the-scene negotiations were necessary to pass the bill.
▶ 법안을 통과시키기 위해서는 _____ 이 필요하다.

13 FTA has become one of the major subjects on political negotiation.
▶ FTA(자유 무역 협정)는 정치적 _____ 에서 주요 주제들 중 하나가 되었다.

¹⁴ The diplomat acted as a go-between for the two nations.
➡ 외교관은 두 나라 간의 _____ 역할을 한다.

¹⁵ Even moderate party members looking for a compromise have decided to stick with the hardliners.
➡ _____의 길을 모색하던 온건파 당원조차 강경노선을 걷기로 결정했다.

¹⁶ Labour has totally betrayed its original working class constituency in order to garner new votes.
➡ 노동당은 새로운 표를 _____ 위해 본래의 노동자 계층 유권자들을 완전히 저버렸다.

¹⁷ It requires the most sophisticated diplomatic skill to maintain the balance of power.
➡ _____을 유지하는 것은 가장 섬세한 외교술을 요구로 한다.

¹⁸ Integrity and politics are strange bedfellows these days.
➡ 오늘날 진실성과 정치는 _____이다.

¹⁹ The party platform was decided at the convention.
➡ 정당 _____은 전당대회에서 결정되었다.

²⁰ His disappointment with the result has led him to switch parties.
➡ 그는 결과에 실망한 나머지 당을 _____.

²¹ The minority party opposed the proposal.
➡ _____은 그 안에 반대했다.

²² We need just disinterested experts who can descry the true national interest, not the squabbling politicians.
➡ 우리는 단지 진정한 국익을 알아볼 수 있는 사심 없는 전문가를 필요로 하며, _____이나 하는 정치인들은 필요 없다.

²³ A coalition government is a cabinet of a parliamentary government in which several political parties cooperate.
➡ _____는 여러 정당이 연합한 의원정부제의 내각이다.

²⁴ The war is being driven by the political power play.
➡ 그 전쟁은 정치적 _____에 기인하고 있다.

---

>>> 정답

| 01. 야당 | 02. 여당 | 03. 회기 | 04. 교착상태 | 05. 의사진행 방해 |
| 06. 비방 | 07. 욕설 | 08. 긴장 | 09. 방해 | 10. 정치적 추문 |
| 11. 제정했다 | 12. 막후협상 | 13. 협상 | 14. 중개자 | 15. 타협 |
| 16. 모으기 | 17. 세력 균형 | 18. 어색한 동지 | 19. 강령 | 20. 갈아탔다 |
| 21. 소수당 | 22. 시시한 싸움 | 23. 연립 정부 | 24. 실력 행사 | |

>>> Part 5 Social Science    >>> Chapter 1 Politics & Government

>>> Theme 081 **Legislative Branch**

Laws are decided at various levels within a nation. At the lowest level, the city **council** debates **proposals** which will affect the whole **municipality**. The council may hold **public hearings presided over** by the council chairperson in which the citizens **voice** their support or **disapproval** of the **measure**. The council may also elect to hold an **off-the-record conference** to vote upon the issue after discussing it privately. Those measures which are passed become **ordinances** and **laws** governing the behavior of the citizens. On the state level in America, **legislators** are elected to **the upper or lower chamber** of **Congress**, the **Senate** and **House of Representatives**, respectively. The **resolution** may be debated in a **subcommittee** which would in turn send it to a **standing committee**. This committee may make **amendments** to the proposal before it is sent to the floor of the **legislature** for a debate. Only after the much **amended bill** is agreed on by both houses of Congress does it ever go to the office of the Chief Executive for **approval**. The president can choose whether to **sign the bill into law** or **veto** it. If he returns the bill to the house, the Congress can **override** the veto by a two-thirds majority in each house, and in that case, the bill becomes law without the President's **signature**. Only after intense negotiations is a bill enacted into a law. Depending upon the nation, the laws of the people may be determined by different legislative branch, such as **Parliament**, **Diet**, **Bundestag** or **National Assembly**.

>>> 해석

법은 한 나라 내에서 다양한 기준으로 결정된다. 가장 낮은 기준으로는 시의회에서 모든 자치제에 영향을 줄 안(案)에 대해 토론하는 것이 있다. 의회에서는 시민들이 그 정책에 찬성하는지 반대하는지에 대한 의견을 말할 수 있는 의회 의장 주재의 공청회를 개최할 수도 있다. 의회는 또 어떤 문제를 내밀히 토론한 뒤 그 문제에 대해 투표하기 위해 비밀회의를 열기로 결정할 수도 있다. 그렇게 통과되는 법안들은 시민의 행동을 다스리는 조례나 법령이 된다. 미국의 주 기준에서 국회의원은 국회의 양원인 상원이나 하원의 의원으로 선출된다. 그 결의안은 소위원회에서 논의되고 그다음 그것은 상임위원회로 보내진다. 이 위원회에서는 그것이 토론을 위해 입법부의 회의장으로 보내지기 전에 그 안에 대한 개정작업을 한다. 국회의 양당에 의해 동의되고 많은 수정을 거친 후에만 법안을 대통령 승인을 위해 대통령실로 가져갈 수 있다. 대통령은 법안에 서명하여 발효시킬지 아니면 법률안 거부권을 행사할지를 선택할 수 있다. 만약 대통령이 (법률안 거부권을 행사하여) 법안을 의회로 돌려보낸다면 의회는 양원에서 2/3의 다수결로 거부권 행사를 무효화할 수 있으며, 그럴 경우 법안은 대통령의 서명 없이 법적 효력을 갖는다. 열띤 협상이 끝난 후에만 그 법안은 법률로 제정된다. 국민의 법은, 국가에 따라서 Parliament, Diet, Bundestag 혹은 국회 등에서 결정된다.

>>> 구문

- Only after (the much amended bill is agreed ~) does it ever go the office ~
  [Only after + 절 + 동사 + 주어]
  (많은 수정이 합의된) 후에만 대통령실로 간다.

- Only after (intense negotiations) is a bill enacted into a law. [Only after + 구 + 동사 + 주어]
  (열띤 협상) 후에만 그 법안은 법률로 제정된다.

>>> Part 5 사회과학
>>> Chapter 1 정치와 국가

>>> Theme 081  **입법부** ▶

01 **council** [káunsəl] (지방 자치 단체의) 의회
- a city[municipal] council 시의회
- city councilor 시 의회 의원

02 **proposal** [prəpóuzəl] 제안, 제의; 청혼
- reject a proposal 제안을 거절하다
- 동 resolution (국회의) 결의안

03 **municipality** [mjuːnisəpǽləti] 지방자치단체
- ⓐ municipal 지방 자치단체의
- a municipal office 시청
- a municipal council 시의회

04 **public hearing** 공청회
- hold a public hearing 공청회를 열다
- 관 off-the-record conference 비공개회의

05 **preside** [prizáid] 사회를 맡다[over]
- preside over a meeting 회의의 사회를 맡다

06 **voice** [vɔis] 1. (불만·반대 등을) 표하다
2. 목소리, 발언권, 의견
- have no voice in the matter 그 문제에 대해 발언권이 없다

07 **disapproval** [dìsəprúːvəl] 불승인, 불찬성
- express disapproval 반대의견을 표명하다
- 반 approval 승인, 찬성

08 **measure** [méʒər] 1. (특정 목적을 달성하기 위한) 조치, 법안
2. 기준, 단위, 측량
- 관 resolution (의회의) 결의안, 결정

09 **ordinance** [ɔ́ːrdənəns] 조례, 규정; 법령
- 관 law (일반적으로) 법, 법률
  code 법전 cf. penal code 형법전

10 **legislator** [lédʒislèitər] 입법자, 의원
- ⓝ legislation 법률의 제정
  legislature 입법기관, 입법부
- ⓐ legislative 입법의, 입법부의
- legislative branch 입법부

11 **the upper chamber** (양원제의) 상원
- 반 the lower chamber (양원제의) 하원
- 관 bicameral [baikǽmərəl] 양원제의

12 **Congress** [káŋgris | kɔ́ŋgres] 〈미〉 국회
- 관 the Capitol 미국 국회 의사당

13 **Senate** [sénət] (미국 등의) 상원
- ⓝ senator 상원의원
- 관 congressman 국회의원, 하원의원

14 **House of Representative** (미의회 등의) 하원
※미 국회는 상원(the Senate)과 하원(the House of Representatives)으로 구성

15 **standing committee** 상임위원회
- 관 steering committee 운영위원회, 초정위원회
  executive committee 집행위원회
  subcommittee 소위원회, 분과위원회

16 **amendment** [əméndmənt] 개정; 수정안
- an amendment bill (법안의) 수정안
- ⓥ amend (법안 등을) 수정(개정)하다
- 동 rectify (잘못된 것을) 수정하다, 바로잡다

17 **bill** [bil] 1. 법안, 의안
2. 지폐, 어음, 증권
3. 계산서, 청구서
- sign a bill into law 법안에 서명하여 법으로 만들다
- draw up a bill 의안을 기초하다
- foot the bill 계산을 치르다

18 **veto** [víːtou] 1. (대통령의 법률안) 거부권
2. (법률안의) 거부권을 행사하다

19 **override** [òuvərráid] (직권을 이용하여 결정·명령 등을) 기각(무시)하다, 무효화하다
- override a veto 거부권을 무효로 하다

20 **signature** [sígnətʃər] (공식 문서에의) 서명
- 관 autograph (유명인의) 자필서명, 사인

21 **Parliament** [páːrləmənt] (영국의) 의회
- 관 House of Commons (영국의) 하원
  House of Lords (영국의) 상원
- 관 Diet (덴마크·스웨덴·일본 등의) 국회
  Bundestag 독일의 하원
  National Assembly (프랑스의) 하원

## Review Test

01 The city council passed the resolution.
➡ _____는 그 결의안을 통과시켰다.

02 The proposal was reviewed in committee meetings.
➡ 위원회의에서 그 _____은 재검토되었다.

03 A city council is the legislative body that governs a city, municipality or local government area.
➡ 시 의회는 시, _____ 또는 지방정부 지역을 다스리는 입법기관이다.

04 The ordinance will go into effect after a public hearing.
➡ 그 법령은 _____ 후에 발효될 것이다.

05 The newly elected Chairperson presided over the meeting.
➡ 새로 선출된 의장이 그 회의의 _____.

06 The Member of Parliament voiced his dissent in the debate.
➡ 그 국회의원은 토론에서 이의를 _____.

07 Citizens have the right to voice their approval or disapproval of government plans that impact them.
➡ 시민은 그들에게 영향을 미치는 정부의 계획에 대해 찬성 또는 _____을 표할 권리가 있다.

08 Congress passed a measure to increase property taxes.
➡ 국회는 재산세를 인상하는 _____을 통과시켰다.

09 The city enacted an ordinance.
➡ 시에서는 _____를 제정했다.

10 Under the new law, 243 legislators will be chosen by direct voting, and there will be 15 more districts.
➡ 개정법에 따라, 243명의 _____이 직접선거를 통해 선출될 예정이고 15개의 지역구가 늘어나게 된다.

11 The bicameral legislature has two chambers, which are commonly known as the upper and lower chamber.
➡ _____ 의회는 두 개의 입법부를 가지고 있는데, 흔히 _____로 알려져 있다.

12 Congress is the national legislative body of the United States, consisting of the Senate and the House of Representatives.
➡ _____는 상원과 하원으로 구성되어 있는 미국의 국가 입법 기구이다.

¹³ The Senate has 100 members.

➡ _____은 의원이 100명이다.

¹⁴ Population determines the number of representatives sent to the House of Representatives.

➡ _____으로 몇 명의 대표자를 보낼 것인지는 인구수로 결정한다.

¹⁵ The issue was presented in the standing committee.

➡ 그 쟁점이 _____에 상정되었다.

¹⁶ If the proposed amendment passes, school uniforms and hairstyle regulations will be abolished.

➡ 제안된 _____이 통과되면, 교복 및 두발 규정이 폐지된다.

¹⁷ The bill was signed into law.

➡ 그 _____은 서명되어서 법률로써 발효되었다.

¹⁸ A president has the power to veto a law passed by a lawmaking body.

➡ 대통령은 입법 기관이 통과시킨 법안을 _____할 권한이 있다.

¹⁹ The president vetoed the bill, and the Senate failed by a single vote to override his veto.

➡ 대통령이 그 법안에 대해 거부권을 행사했는데, 상원에서는 한 표 차로 대통령의 거부권을 _____ 하는데 실패했다.

²⁰ The bill now awaits the signature of President Barack Obama before it becomes law.

➡ 그 법안은 법률로 효력을 갖기 위해 버락 오바마 대통령의 _____을 기다리고 있다.

²¹ The House of Commons is the lower house in the British Parliament.

➡ The House of Commons는 영국 _____ 내 하원이다.

>>> 정답

01. 시의회　　02. 안　　03. 지방자치단체　　04. 공청회　　05. 사회를 맡았다
06. 표했다　　07. 불찬성　　08. 법안　　09. 조례(條例)　　10. 의원
11. 양원제, 상원과 하원　　12. 의회　　13. 상원　　14. 하원　　15. 상임위원회
16. 수정안　　17. 법안　　18. 거부　　19. 무효화　　20. 서명
21. 의회

>>> Part 5 Social Science
>>> Chapter 1 Politics & Government

## >>> Theme 082 Administrative Branch

Although the **Prime Minister** or the President may **head up** the **executive administration** of a government, his **leadership** can be supported by those who **implement** his decisions. One way in which this is done is through a **cabinet**. The cabinet may be made up of people of his own choosing. Or, due to a new balance of power, there may be a **shake-up** of the cabinet, so that it could be a **coalition cabinet** composed of ministers drawn from the different political parties. Each member of the cabinet has a specific branch or field. For example, the **Minister** of **Foreign Affairs** or **Secretary of State** **represents** the nation in its **diplomatic** affairs abroad. **The Attorney General** is the country's **chief** law officer and **oversees** the **Department of Justice**. When **the Chief Executive** wants to launch a new project, it is the job of the cabinet to see that it gets done.

>>> 해석

수상이나 대통령이 정부의 행정을 이끌어간다 할지라도 그의 결정을 수행해 줄 사람들에 의해서 그의 영도력은 지원받는다. 이것이 이루어질 수 있는 한 방법은 내각을 통해서이다. 내각은 자신이 직접 선택한 사람들로 구성된다. 혹은, 권력균형을 이유로, 다른 정당 출신인 장관들로 구성된 연립내각이 되도록 내각개편이 있을 수 있다. 내각의 각 각료들은 특정한 분과나 분야를 맡게 된다. 예를 들어 외무장관 또는 국무장관은 외국에서 외교 관련 사건에 있어 나라를 대표한다. 법무장관은 그 나라 법무공무원의 장이며 법무부를 감독한다. 대통령이 새로운 계획을 착수하고자 할 때 그 계획이 잘 실행되도록 확인하는 것은 내각의 몫이다.

>>> 어구

be made up of ~으로 구성되다 balance of power 권력의 균형 composed of ~으로 구성된 specific 특정한 branch 분과, 부문 field 분야 abroad 해외에 see (to it) that 꼭 ~하도록 (조치)하다

>>> 구문

• it is the job of the cabinet to see that it gets done. [가주어 it]
그것이 실행되도록 확인하는 것이 내각의 일이다.

>>> Part 5 사회과학
>>> Chapter 1 정치와 국가

>>> Theme 082　**행정부** ▶

01 **Prime Minister** [praim mínəstər] 수상, 국무총리
　　 관 premier (프랑스·이탈리아 등의) 수상

02 **head up** (부서 등을) 이끌다(책임지다)

03 **executive** [igzékjutiv] 1. (the ~) 행정부
　　　　　　　　　　　　 2. (기업의) 경영간부, 이사, 중역
　　 ⓝ execution 실행, 집행; 처형
　　 • executive branch 〈미〉행정부

04 **administration** [ədmìnistréiʃən] 1. (the ~) 〈미〉 행정부
　　　　　　　　　　　　　　　　　 2. 관리, 경영
　　 • administration official 고위 당국자
　　 ⓐ administrative 행정의, 관리의
　　 • administrative branch 행정부

05 **leadership** [líːdərʃip] 지도력, 통솔력
　　 • exercise strong leadership 강력한 리더십을 발휘하다

06 **implement** [ímpləmənt] 1. 시행[실행, 이행]하다
　　　　　　　　　　　　　 2. 도구, 용구, 기구
　　 • implement a policy 정책을 시행하다

07 **cabinet** [kǽbənit] 1. 내각 2. 장식장
　　 • a cabinet member 각료
　　 • a coalition cabinet 연립내각
　　 • a caretaker cabinet 과도 내각

08 **shake-up** [ʃéikʌp] (내각의) 대개편, 대대적인 인사이동
　　 표 shake up 흔들어 섞다; (조직을) 개편하다
　　 통 reshuffle (조직·내각을) 개편(하다)

09 **minister** [mínəstər] 1. 장관 2. 성직자
　　 관 ministry (정부의 각) 부처; (집합적) 성직자

10 **foreign affairs** 외교 문제, 외무
　　 • the Minister of Foreign Affairs 외무장관

11 **Secretary of State** 국무장관
　　 • Department of State 〈미〉 국무부
　　 • Attorney General 법무장관
　　 관 Department of Justice 〈미〉 법무부

　　■ 미국 행정부 명칭
　　　Department of State 국무부 (우리나라의 외교통상부)
　　　Department of Defense 국방부 (우리나라의 국방부)
　　　Department of Treasury 재무부 (우리나라 지식경제부)
　　　Department of Agriculture 농무부 (우리나라의 농림수산식품부)
　　　Department of Justice 법무부 (우리나라의 법무부)
　　　Department of Interior 내무부 (우리나라의 행정안전부)
　　　Department of Commerce 상무부 (우리나라 지식경제부)
　　　Department of Labor 노동부 (우리나라의 고용노동부)
　　　Department of Health and Human Services 보건복지부
　　　　(우리나라의 보건복지부)
　　　Department of Housing and Urban Development
　　　　도시주택부 (우리나라의 국토해양부)
　　　Department of Transportation 교통부 (우리나라의 국토해양부)

12 **represent** [rèprizént] 1. 대표(대리)하다, 대변하다
　　　　　　　　　　　　 2. 표현하다, 나타내다
　　 ⓝ representative 대의원, 국회의원

13 **diplomatic** [dìpləmǽtik] 외교의, 외교적 수완이 있는
　　 • a diplomatic document 외교문서
　　 • a diplomatic policy 외교정책
　　 • diplomatic immunity 외교관의 면책 특권
　　 ⓝ diplomat 외교관
　　 관 ambassador 대사 consul 영사

14 **chief** [tʃiːf] 1. 우두머리, (조직의) 장
　　　　　　　 2. 으뜸가는, 주요한

15 **oversee** [óuvərsiː] 감독하다
　　 통 supervise 감독하다, 관리하다
　　 superintend 지휘감독하다

16 **Chief Executive** 대통령, 주지사
　　 관 president 대통령
　　 governor 주지사

>>> Part 5 Social Science    >>> Chapter 1 Politics & Government

## >>> Theme 082 Review Test

01 The prime minister came from the ruling party.
➡ _____는 여당 의원 출신이었다.

02 As a Secretary of State, Hillary Clinton heads up the U.S. Department of State.
➡ 국무장관으로서 힐러리 클린턴은 미 국무부를 _____.

03 The legislature hardly performs its supposed duty of checking the executive branch.
➡ 입법부는 _____ 견제라는 본연의 임무를 거의 수행하지 못하고 있다.

04 The last administration was characterized by inefficiency and wasteful spending.
➡ 전(前) _____는 특히 무능력하고 낭비가 심했다.

05 Churchill served his country as a brilliant Prime Minister with strong leadership.
➡ 처칠은 강력한 _____을 지닌 현명한 수상이었다.

06 The debate centered on how to implement the new law.
➡ 새로 만들어진 법률을 어떻게 _____할 것인지에 대해 토론이 집중되었다.

07 When the new government came to power, a caretaker cabinet was put together.
➡ 새로운 정부가 정권을 잡았을 때 _____이 구성되었다.

08 The affair led to a major shake-up in the cabinet.
➡ 그 사건은 내각의 _____으로 이어졌다.

09 Belgium has the highest number of female ministers in the world.
➡ 세계에서 벨기에가 여성 _____이 가장 많다.

10 The Minister of Foreign Affairs discussed the relationship between the two countries.
➡ _____은 두 나라 관계에 대해 논의했다.

11 The Secretary of State managed to straighten out some thorny problems with the peace treaty.
➡ _____은 평화조약에 관한 골치 아픈 문제를 간신히 해결하였다.

12 Diplomats represent their country's interests abroad.
➡ 외교관들은 자국의 이익을 외국에서 _____.

¹³ The ambassador claimed diplomatic immunity and was not detained.

▶ 그 대사는 _____을 주장해서 구금되지 않았다.

¹⁴ The chief executive, David Roberts, assumed the post in May 2003.

▶ 행정부서의 _____인 데이비드 로버트는 2003년 5월에 직책을 맡았다.

¹⁵ Education Ministry said universities should employ accountants to oversee the money and make their funds transparent.

▶ 교육부는 대학이 회계사를 고용하여 자금을 _____하고 투명하게 해야 한다고 밝혔다.

¹⁶ The chief executive appointed cabinet officials.

▶ _____은 각료들을 임명했다.

>>> 정답

01. 국무총리   02. 이끌고 있다   03. 행정부   04. 행정부   05. 지도력
06. 실행   07. 과도 내각   08. 대개편   09. 장관   10. 외무장관
11. 국무장관(우리나라의 외교부 장관에 해당)   12. 대변한다   13. 외교관의 면책 특권   14. 장
15. 감시   16. 대통령

>>> Part 5 Social Science
>>> Chapter 1 Politics & Government

## Theme 083 Judiciary Branch

The **judiciary**[01] is the system of **courts**[02] that **interprets**[03] and **applies**[04] the law in the name of the state. The judiciary also provides a mechanism for the resolution of **disputes**[05]. Under the **doctrine**[06] of the **separation of powers**[07], the judiciary generally does not make law (that is, which is the **responsibility**[08] of the legislature) or **enforce**[09] law (which is the responsibility of the executive), but rather interprets law and applies it to the facts of each **case**[10]. The **judicial branch**[11] of the state is often tasked with **ensuring**[12] **equal**[13] **justice**[14] under law. It usually consists of a court of final **appeal**[15] called the "**Supreme court**"[16] or "**Constitutional court**[16], together with **lower courts**[16]. In many **jurisdictions**[17], the judicial branch has the power to change laws through the process of **judicial review**[11]. Courts with judicial review power may **annul**[18] the laws and rules of the state when it finds them **incompatible with**[19] a higher **norm**[20], such as primary legislation, the **provisions**[21] of the **constitution**[22] or **international law**[23].

>>> 해석

사법부는 국가의 이름으로 법을 해석하고 적용하는 법원의 조직이다. 또한 사법부는 분쟁을 해결하기 위한 방법을 제공한다. 삼권 분립이라는 원칙 아래에 사법부는 대체로 법을 만들지 않으며(그것은 입법부의 책무이며) 법 집행도 하지 않지만 (그것은 행정부의 책무이다), 오히려 각 사건에 대해 법을 해석하고 적용한다. 국가의 사법부는 종종 법 아래 평등한 정의를 보장하는 임무를 맡고 있다. 법원은 보통 대법원 또는 헌법재판소라고 불리는 상고 법원과 하급법원으로 구성되어 있다. 많은 사법 관할 구역에서는 사법부가 위헌 법률 심사 절차를 통해 법을 바꿀 수 있는 권한을 가지고 있다. 위헌법률심사권을 가진 법원은 최초 제정법, 헌법 조항, 국제법 같은 상위규범과 모순되는 법이나 규칙을 발견하게 되면 그것을 폐지할 수 있다.

>>> 어구

resolution 해결 the legislature 입법부 the executive 행정부 be tasked with ~의 임무를 맡다 process 절차 primary legislation 최초 제정법

>>> 구문

- provides a mechanism for the resolution of disputes [provide B for A = provide A with B]
  (= provides the resolution of disputes with a mechanism)
  분쟁을 해결하기 위한 방법을 제공한다

>>> Theme 083 **사법부** ▶

01 **judiciary** [dʒuːdíʃièri] 사법부, 사법제도; 사법의
- judicature 사법행정; 사법당국
- judicial system 사법제도, 사법부

02 **court** [kɔːrt] 1. 법원, 법정
2. (테니스 등의) 코트; 궁정
3. 비위를 맞추다, 구애하다
- a civil court 민사법정
↔ a criminal court 형사법정
- settle cases out of court 사건을 소송에 의하지 않고 해결하다

03 **interpret** [intə́ːrprit] 해석하다, 번역하다
- interpret the law narrowly 법을 축소해석하다
- ⓝ interpretation 해석, 설명; 통역

04 **apply** [əplái] 적용하다, 응용하다
- apply the law without any prejudice 어떤 편견도 없이 법을 적용하다
- ⓝ application 적용, 응용; 신청

05 **dispute** [dispjúːt] 분쟁, 논쟁
- settle a dispute 분쟁을 해결하다

06 **doctrine** [dáktrin] 교리; 신조; 정책, 주의

07 **separation of powers** (입법·행정·사법의) 삼권 분립
- checks and balances 견제와 균형

08 **responsibility** [rispὰnsəbíləti] 책임, 책무, 의무
- ⓐ responsible for ~에 책임이 있는

09 **enforce** [infɔ́ːrs] (법률을) 시행[집행]하다
- enforce laws and regulations 법과 규제를 시행하다
- implement (정책·법률을) 이행[시행]하다

10 **case** [keis] 1. 소송 사건, 판례
2. 경우, 사례
3. 환자, 증상
- a civil case 민사 사건

11 **judicial** [dʒuːdíʃəl] 재판의, 사법의
- the judicial branch 사법부
- a judicial precedent 판례
- judicial review 위헌법률심사
※ 법률이 헌법에 위반되는지를 심사하는 절차로서 미국에서는 대법원이, 우리나라에서는 헌법재판소가 담당

12 **ensure** [inʃúər] 보장하다, 확실하게 하다

13 **equal** [íːkwəl] 평등한, 같은
- provide equal opportunities 동등한 기회를 주다
- ⓝ equality 평등, 같음
- egalitarian 평등주의자

14 **justice** [dʒΛstis] 1. 정의, 공정
2. 사법, 재판
3. (J-) (대법원) 판사
- equal justice under law 법 아래에서의 평등한 정의
- the Department of Justice 〈미〉 법무부
- the Chief Justice of the United States 미 대법원장

15 **appeal** [əpíːl] 1. 항소, 상고(하다)
2. 간청(하다), 탄원(하다)
3. 매력; 관심[흥미]을 끌다
- a Court of Appeals 항소법원
- a court of final appeal 상고법원

16 **Supreme court** 대법원
- Constitutional court 헌법재판소
lower court 하급법원

17 **jurisdiction** [dʒùərisdíkʃən] 사법(재판)권, 관할권
- have no jurisdiction 재판권이 없다

18 **annul** [ənΛl] (법적으로) 무효화하다, 폐지하다
- annul a law 법을 폐지하다
- nullify/repeal/revoke/abrogate/rescind 폐지하다

19 **incompatible with** ~와 모순(상반)되는, 양립할 수 없는, 호환이 안 되는
- compatible 양립할 수 있는, 모순이 없는

20 **norm** [nɔːrm] 규범; 표준, 기준
- ⓐ normative 표준의, 기준이 되는

21 **provision** [prəvíʒən] 1. (법률의) 조항, 규정
2. 공급, 준비; (pl.) 식량
- stipulation (법령·계약 등의) 조항, 조건
- proviso (법령·계약 등의) 단서, 조건

22 **constitution** [kὰnstətjúːʃən] 헌법; 구성; 체질
- ⓐ constitutional 헌법(상)의, 입헌적인

23 **international law** 국제법
- treaty (국가 간의) 조약, 협정

>>> Part 5 Social Science
>>> Chapter 1 Politics & Government

>>> Theme 083 **Review Test**

01 The independence of the judiciary is a critical foundation of our constitution.
➡ _____의 독립은 우리나라 헌법의 중요 토대이다.

02 The court should be the place where citizens mete out justice.
➡ _____은 시민들이 정의를 판가름할 수 있는 곳이어야 한다.

03 Congress makes the laws and the judiciary interprets the law.
➡ 국회는 법률을 만들고, 사법부는 그 법을 _____.

04 Judges are charged to impartially apply the law as it is written.
➡ 판사들은 법에 정해진 대로 공평하게 법을 _____ 하여야 한다.

05 If those who are in dispute are still dissatisfied, they can take the dispute to court.
➡ _____ 중에 있는 이들이 여전히 불만스러워 한다면, 그 _____을 재판에 걸 수 있다.

06 The Monroe Doctrine was delivered by James Monroe to the United States Congress in 1823.
➡ 먼로 _____는 제임스 먼로가 1823년에 미국 국회에 전달하였다.

07 Our constitution holds a democracy's basic principle of checks and balances, and a separation of powers.
➡ 헌법은 견제와 균형과 _____이라는 민주주의의 기본 원칙을 담고 있다.

08 It is the responsibility of the court to prove that a person is guilty.
➡ 유죄를 입증하는 것은 법정의 _____이다.

09 It is the job of the police to enforce laws.
➡ 법을 _____하는 것이 경찰의 임무이다.

10 The murder case still remains unsolved.
➡ 그 살인 _____은 아직 미해결 상태에 있다.

11 The Supreme Court is the highest level in the American judicial branch.
➡ 대법원은 미국 _____에서 최고 우위에 있는 법원이다.

12 Our first duty is to ensure the safety of the nation.
➡ 우리의 첫 번째 의무는 나라의 안전을 _____하는 것이다.

Reading V.O.C.A

¹³ All men are created equal.

→ 모든 사람은 나면서부터 _____ 하다.

¹⁴ The Chief Justice wrote the majority opinion for the court.

→ _____ 은 법관들의 다수의견을 기재했다.

¹⁵ The case was remitted to the Court of Appeal.

→ 그 사건은 _____ 으로 송부되었다.

¹⁶ The constitutionality of the law was debated before the Supreme Court.

→ 그 법률의 합헌성이 _____ 에서 논의되었다.

¹⁷ Community Legal Service Funds are normally limited to Appellate jurisdiction.

→ 지역 법률 구조 기금은 보통 상소심 _____ 에 국한된다.

¹⁸ The Cabinet annulled municipal elections held a month ago.

→ 내각은 한 달 전 시행된 시 선거를 _____.

¹⁹ Capitalism is incompatible with socialism.

→ 자본주의와 사회주의는 _____.

²⁰ The right to self-defense is an international norm that none deny.

→ 정당방위의 권리는 누구도 부정하지 않는 국제적 _____ 이다.

²¹ There have been few improvements in the provision of human rights due to the lack of legislative reform.

→ 법적 개혁의 부족으로 인권 _____ 에 있어 발전이 거의 없었다.

²² Freedom of speech is a right guaranteed by the constitution.

→ 연설의 자유는 _____ 에 보장되어 있는 권리이다.

²³ Dokdo is Korean territory by international law.

→ 독도는 _____ 에 의해 한국 영토이다.

>>> 정답

| 01. 사법부 | 02. 법정 | 03. 해석한다 | 04. 적용 | 05. 분쟁 |
| 06. 주의(원칙) | 07. 삼권 분립 | 08. 책임 | 09. 집행 | 10. 사건 |
| 11. 사법부 | 12. 보장 | 13. 평등 | 14. 대법원장 | 15. 항소법원 |
| 16. 대법원 | 17. 재판권 | 18. 무효화했다 | 19. 양립할 수 없다 | 20. 규범 |
| 21. 조항 | 22. 헌법 | 23. 국제법 | | |

>>> Part 5 Social Science
>>> Chapter 1 Politics & Government

## Theme 084 Constitution & Rights

We **hold**[01] these truths to be **self-evident**[02], that all men are created equal, that they **are endowed by**[03] their Creator with certain **inalienable**[04] **rights**[05], that among these are Life, **Liberty**[06] and the **pursuit of Happiness**[07]. That to **secure**[08] these rights, Governments are **instituted**[09] among men, **deriving**[10] their just powers from the consent of **the governed**[11], That whenever any Form of Government becomes **destructive**[12] of these ends, it is the right of the People to alter or to **abolish**[13] it, and to institute new Government, laying its **foundation**[14] on such principles and **organizing**[15] its powers in such form, as to them shall seem most likely to effect their Safety and Happiness. Prudence, indeed, will dictate that Governments long established should not be changed for light and **transient**[16] **causes**[17]; and accordingly all experience has shown, that mankind **are** more **disposed to**[18] suffer, while evils are **sufferable**[19], than to **right**[05] themselves by abolishing the forms to which they are accustomed. But when a long train of **abuses**[20] and usurpations, pursuing **invariably**[21] the same object evinces a design to reduce them under **absolute**[22] despotism, it is their right, it is their **duty**[23], to throw off such Government, and to provide new guards for their future **security**[08]. <Preamble to United States Declaration of Independence>

>>> 해석
우리는 다음과 같은 것을 자명한 진리라고 생각한다. 즉, 모든 사람은 평등하게 태어났고, 조물주로부터 몇 개의 양도할 수 없는 권리를 부여받았으며, 그 권리 중에는 생명과 자유, 그리고 행복의 추구가 있다. 이 권리를 보장하기 위하여 인류는 정부를 조직했으며, 이 정부의 정당한 권력은 피통치자의 동의로부터 유래하고 있는 것이다. 또 어떠한 형태의 정부이든 이러한 목표에 대해 파괴적이 되는 경우에는, 언제든지 정부를 바꾸거나 폐지하여 인민의 안전과 행복을 가장 효과적으로 가져올 수 있는, 그러한 원칙에 기초를 두고 그러한 형태로 기구를 갖춘 새로운 정부를 조직하는 것이 국민의 권리인 것이다. 실로 신중함은 오랜 역사를 가진 정부를 천박하고도 일시적인 명분으로 변경해서는 안 된다는 것이며, 경험으로 볼 때, 고로 인간에게는 그들이 익숙한 (정부) 형태를 폐지하여 자신들을 바로잡기보다는 악폐를 참을 수 있는 데까지는 참는 경향이 있다는 것을 가르쳐 줄 것이다. 그러나 오랜 동안에 걸친 일련의 학대와 착취가 변함없이 동일한 목적을 추구하고 국민을 절대 전제정치 밑에 예속시키려는 계획을 분명히 했을 때에는, 그런 정부를 떨쳐버리고 미래의 안전을 위해서 새로운 보호자를 준비하는 것이 국민의 권리이며 또한 의무인 것이다. <미국 독립선언서 전문>

>>> 어구
form of government 정부형태 reduce 복종시키다 usurpation 찬탈 despotism 전제정치 throw off 떨쳐버리다 preamble 서문; 전문

>>> 구문
• on such principles and ~ in such form, as (to them) shall seem most likely to effect ~ [유사 관계대명사 as]
가장 ~에 영향을 끼칠 것 같은 그러한 원칙과 그러한 형태

• mankind are more disposed to suffer, while ~, than (disposed) to right ~ [비교급]
인간은 ~을 바로잡기보다는 참는 경향이 더 있다

>>> Part 5 사회과학
>>> Chapter 1 정치와 국가

>>> Theme 084　헌법과 인권 ▶

01 **hold** [hould] 1. (생각을) 품다, 생각하다
　　　　　　　　2. 잡아두다; 유지하다; 보유하다
　• hold a belief 신념을 가지다

02 **self-evident** [self-évədənt] 자명한, 뻔한
　• a self-evident truth 자명한 진리

03 **be endowed** 부여받다, 선천적으로 가지고 있다
　ⓥ endow 기부하다, 부여하다

04 **inalienable/unalienable** (권리가) 양도할 수 없는
　• an inalienable human right 양도할 수 없는 인권
　빤 alienable 양도할 수 있는

05 **rights** [raits] 인권, 공민권
　ⓝ right 권리; 바로잡다

06 **liberty** [líbərti] / **freedom** [frí:dəm] 자유
　• liberty[freedom] of religion 신앙의 자유
　• liberty[freedom] of expression 표현의 자유
　• liberty[freedom] of thought 사상의 자유
　• liberty[freedom] of speech 언론의 자유
　• liberty[freedom] of assembly 집회의 자유
　• liberty of the press 언론의 자유
　• personal freedom 신체의 자유
　• freedom of conscience 양심의 자유

07 **the pursuit of happiness** 행복의 추구

08 **secure** [sikjúər] 1. 얻어내다, 확보하다
　　　　　　　　　　2. 안전하게 지키다
　　　　　　　　　　3. 안전한, 확실한, 안심하는
　• secure the right to vote 투표권을 보장하다
　ⓝ security 안전, 안심, 보증, 담보, 경비회사

09 **institute** [ínstətjù:t] 1. 도입하다, 설립하다
　　　　　　　　　　　　 2. (연구) 기관, 협회
　• institute a government 정부를 수립하다
　ⓝ institution 학회, 협회; 시설, 제도

10 **derive** [diráiv] 1. [derive A from B] A에서 B를 이끌어내다
　　　　　　　　　　2. derive from ~에서 유래하다
　ⓝ derivative 파생상품, 파생어

11 **the governed** 피통치자
　ⓥ govern 통치하다, 지배하다
　ⓝ government 정부

12 **destructive** [distrΛktiv] 파괴적인, 해가 되는
　ⓥ destruction 파괴, 파멸
　빤 constructive 건설적인, 발전적인
　　　- construction 건설, 구조

13 **abolish** [əbálish, əbɔ́l-] (법률·제도·조직을) 폐지하다
　• abolish slavery 노예제도를 폐지하다
　동 do away with 폐지하다

14 **foundation** [faundéiʃən] 1. 기본, 기초, 토대
　　　　　　　　　　　　　　 2. 창설, 설립, 재단

15 **organize** [ɔ́:rgənàiz] 조직하다, 설립하다
　빤 disorganize 조직을 파괴하다

16 **transient** [trǽnʃənt] 일시적인, 순간적인
　동 transitory 일시적인, 덧없는
　　 temporary 일시적인, 임시의

17 **cause** [kɔːz] (대의) 명분, 목적; 원인, 이유
　• political, financial, and social causes
　　정치적, 경제적, 사회적 대의명분
　ⓝ causality 인과관계

18 **be disposed to** ~하는 경향이 있는, ~할 마음이 있는
　ⓝ disposition 성질, 경향, 기분; 처리, 배치

19 **sufferable** [sΛfərəbl] 참을 수 있는
　빤 unbearable/intolerable/unendurable
　　　참을 수 없는, 견딜 수 없는

20 **abuse** [əbjúːz] 1. 학대, 폭행; 남용; 욕
　　　　　　　　　　2. 학대하다, 악용하다, 욕하다
　ⓐ abusive 학대하는, 욕설을 퍼붓는

21 **invariably** [invέəriəbli] 변함없이, 언제나
　ⓐ invariable 변하지 않는; 불변량
　빤 variable 변하기 쉬운, 변덕스러운
　빤 variant (표준과는) 다른; 변종

22 **absolute** [ǽbsəlùːt] 1. 전제적인, 절대적인
　　　　　　　　　　　　 2. 완전무결한, 철저한
　• an absolute monarch 전제군주
　• absolute power 절대권력

23 **duty** [djúːti] 의무, 임무
　• rights and duties 권리와 의무

>>> Part 5 Social Science
>>> Chapter 1 Politics & Government

## >>> Theme 084 Review Test

01 I hold it natural duty as a parent to do my utmost for my children.
➡ 나는 부모로서 아이들에게 최선을 다하는 것이 당연한 의무라고 _____.

02 It is self-evident that, in the information age, information is a key asset for any organization.
➡ 정보화 시대에 모든 기관에서 정보가 중요 자산이란 것은 _____하다.

03 She is endowed with both beauty and intelligence.
➡ 그녀는 미모와 지성을 모두 _____.

04 All men are endowed with inalienable rights.
➡ 인간은 누구나 _____ 권리를 부여받고 태어났다.

05 Our rights are precious and we should defend them.
➡ 우리의 _____은 소중한 것이며 우리는 그것을 지켜야 한다.

06 They are fighting for liberty of speech and liberty of assembly.
➡ 그들은 _____와 _____를 위해 싸우고 있다.

07 All men are endowed with inalienable rights to the pursuit of happiness.
➡ 모든 사람은 양도할 수 없는 _____권을 부여받고 태어났다.

08 We must secure the benefits of freedom for ourselves and our posterity.
➡ 우리 자신과 후세를 위해 자유의 혜택을 _____.

09 By the will of Alfred Nobel, "Nobel Prize" was instituted in 1985 to recognize great human endeavors.
➡ 알프레드 노벨의 유서에 따라, 훌륭한 인간의 업적을 인정하고자 1985년 노벨상이 _____.

10 The word 'politics' is derived from a Greek word meaning 'city'.
➡ politics라는 단어는 city(도시)를 의미하는 그리스어에서 _____.

11 The law is criminal when it is not given the consent of the governed.
➡ _____의 동의가 없으면 그 법은 범죄이다.

12 The tornado, which had winds of 322 kilometers per hour, was one of the most destructive in U.S. history.
➡ 시속 322킬로미터의 바람을 일으킨 이 토네이도는 미국 역사상 가장 _____ 토네이도 중 하나였다.

>>> Part 5 사회과학    >>> Chapter 1 정치와 국가

¹³ In Brazil, slavery was abolished in 1888.
▶ 브라질에서는 1888년에 노예제도가 _____.

¹⁴ The collective power of people served as the foundation for democratization.
▶ 국민의 결집된 힘이 민주화의 _____로 작용했다.

¹⁵ After retiring, she organized some charity functions.
▶ 은퇴 후, 그녀는 몇몇 자선회를 _____했다.

¹⁶ Most adverse effects were transient.
▶ 대부분의 역효과는 _____이었다.

¹⁷ The organization is also involved in a number of political causes such as anti-racism and similar movements.
▶ 그 조직은 인종 차별 반대주의와 그 비슷한 운동 같은 많은 정치적 _____과도 관련이 있다.

¹⁸ Infants are said to be innately disposed to learn language.
▶ 유아들은 선천적으로 언어를 배우려는 _____고들 말한다.

¹⁹ The windmill is designed to be sufferable on the strong wind.
▶ 풍차는 강풍에도 _____ 있도록 설계되어 있다.

²⁰ He was indicted on charges of child abuse.
▶ 그는 아동 _____ 혐의로 기소되었다.

²¹ My answer is invariably the same every time: "Of course."
▶ 내 대답은 _____ 똑같다. "물론이다."

²² He held absolute power over the government.
▶ 그는 정부에 대한 _____을 장악했다.

²³ Citizens, whether men or women, have equal rights and duties before the law.
▶ 남자든, 여자든 시민이면 법 앞에서 동등한 권리와 _____를 가진다.

---

》》》 정답

01. 생각한다 02. 지명 03. 타고났다 04. 양도할 수 없는 05. 공민권
06. 표현의 자유, 집회의 자유 07. 행복추구 08. 안전하게 지켜야 한다 09. 설립되었다 10. 유래한다
11. 피통치자(국민) 12. 파괴적인 13. 폐지되었다 14. 토대 15. 설립했다
16. 일시적 17. 명분 18. 경향이 있다 19. 견딜 수 20. 학대
21. 변함없이 22. 절대적인 권력 23. 의무

Reading V.O.C.A
363

>>> Part 5 Social Science

Chapter 2
Law & Crime

>>> Theme 085 Crime

The pursuit of **easy money** and **ill-gotten gains** is the motive for many **crimes**. A **criminal** may **blackmail** an **adulterer** or **bigamist** in order to **extort** money. The **crook** may **threaten** to reveal **incriminating** pictures to a spouse or the media. Criminals **break into** homes and businesses in pursuit of money and/or valuables to be pawned for money. Without a sense of **guilt** for the emotional or the psychological damage done by these **thefts**, **burglars** sell engagement rings, heirlooms, and silverware. Stores are **plundered** for TVs, radios and other appliances to make a quick profit. **Con men conspire** to **swindle** people **out of** money through **forgery**, signing someone else's signature or even drawing up **fake** documents enabling them to collect huge sums of money or benefits. Many of the elderly are left destitute by **con artists** who **rob** them **of** their entire savings. **Terrorists** are known for taking **hostages**, not only to promote attention to or bring "justice" for a cause but also in pursuit of monetary gains. Neither is it unheard of for heiresses and millionaires to be **kidnapped** for multi-million dollar **ransoms**.

>>> 해석

쉽게 돈을 벌려 하고 부정이익을 좇다 보면 많은 범죄를 저지르게 된다. 범죄자는 돈을 뜯어내기 위해서 간통한 사람이나 중혼자를 협박한다. 사기꾼은 죄를 뒤집어씌울 만한 사진을 배우자나 매스컴에 공개하겠다고 협박할 수도 있다. 범죄자들은 돈이나 저당물로 돈이 될 만한 귀중품을 찾아서 가정집이나 회사를 침입한다. 이런 도둑질에 의해 행해지는 감정적 혹은 정신적인 피해에 대한 죄의식 없이 도둑은 약혼반지, 가보, 은식기류를 팔아치울 것이다. 상점들에선 쉽게 돈이 될 만한 TV나 라디오, 그밖에 다른 기구들을 약탈당한다. 사기꾼은 남의 이름으로 사인한다거나 심지어는 그들에게 매우 많은 돈과 이익을 가져다줄 수 있도록 서류를 날조하는 등의 위조행위를 통해 사람들에게서 돈을 사취할 음모를 꾸민다. 사기꾼들은 노인들에게서 그들이 저축한 모든 돈을 강탈해 감으로써 많은 노인들을 빈털터리로 만든다. 테러리스트들은 주의를 끌거나 "정의"라는 대의명분을 위해서 뿐만 아니라 금전적인 이익을 위해서도 인질을 이용하는 것으로 알려져 있다. 상속녀나 백만장자를 납치하여 수백만 달러의 몸값을 요구한다는 것도 드문 이야기는 아니다.

>>> 어구

pursuit 추구 motive 동기 reveal 폭로하다 spouse 배우자 pawn 저당 잡히다 psychological 심리적인, 정신적인 engagement ring 약혼반지 heirloom 세습재산, 가보 silverware 은식기류 appliance 가정용 기구 draw up (계약서를) 작성하다 huge 막대한 the elderly 노인들 destitute 가난한 be known for ~으로 알려져 있다 monetary 금전적인 cause 대의명분 unheard of 전례가 없는, 지금까지 들어본 적이 없는 heiress 상속녀 millionaire 백만장자

>>> 구문

• Neither is it unheard of (for heiresses and millionaires) to be kidnapped ~ [도치/가주어]
  (=It is neither unheard of (for heiresses and millionaires) to be kidnapped ~)
  (상속녀나 백만장자가) 납치되는 것이 드문 이야기는 아니다

# Chapter 2 법률과 범죄

>>> Part 5 사회과학

>>> Theme 085 | **범죄** ▶

01 **easy money** 쉽게 번 돈, 손쉬운 돈벌이
- make easy money 쉽게 돈을 벌다
- 관 ill-gotten gains 부정하게 얻은 이익

02 **crime** [kraim] 범죄
- commit a crime 범죄를 저지르다
- perpetrate a crime 범죄를 저지르다
- ⓝ criminal 범죄자
- 비 crime 법률의 중대한 위반으로 범죄
  offense 법률에 대한 (때로는 가벼운) 위반
  sin (도덕상·종교상의) 죄

03 **blackmail** [blǽkmeil] 공갈, 협박(하다)
- 관 black market 암시장
- 동 threat 위협, 협박
  menace [ménis] 위협, 협박

04 **adulterer** [ədʌ́ltərər] 간통자
- ⓝ adultery 간통, 간음
- 혼 adult 어른, 성인(의)

05 **bigamist** [bígəmist] 중혼
- ⓝ bigamy 중혼(죄)
- 관 monogamy 일부일처

06 **extort** [ikstɔ́ːrt] 갈취하다
- ⓝ extortion 강탈, 착취

07 **crook** [kruk] 사기꾼
- ⓐ crooked 구부러진, 부정직한

08 **threaten** [θrétn] 위협하다, 협박하다
- ⓐ threatening 위협적인, 협박적인

09 **incriminate** [inkrímənèit] 죄를 씌우다
- ⓝ incrimination 죄를 씌움
- 동 inculpate (남에게) 죄를 뒤집어씌우다

10 **break into** 침입하다; 갑자기 ~하기 시작하다
- 관 unlawful entry 불법침입

11 **guilt** [gilt] 유죄
- a feeling of guilt 죄책감

12 **theft** [θeft] 도둑질, 절도(죄)
- 동 thievery 절도 thief 도둑
- 관 shoplift (가게 물건을) 슬쩍하다
  pilfer 좀도둑질하다
  pickpocket 소매치기하다

13 **burglar** [bə́ːrglər] 강도, 도둑
- burglar alarm 도난 경보기
- ⓝ burglary 절도, 강도죄
- 동 robber 강도 robbery 강도질
  holdup 강도, 노상강도

14 **plunder** [plʌ́ndər] 약탈[강탈](하다)
- 동 loot 약탈하다; 전리품, 장물

15 **con man** 사기꾼
- ⓐ con 신용 사기의; 사기 치다
- 동 con artist 사기꾼

16 **conspire** [kənspáiər] 음모를 꾸미다, 공모하다
- ⓝ conspiracy 공모, 음모

17 **swindle** [swíndl] 사취하다, 사기 치다
- swindle A out of B 속여서 A에게서 B를 빼앗다
- ⓝ swindler 사기꾼
- 동 fraud 사기, 사기꾼 defraud 사취하다
  scam 신용 사기 scammer 사기꾼

18 **forgery** [fɔ́ːrdʒəri] 위조(죄)
- ⓥ forge 위조하다, 날조하다

19 **fake** [feik] 1. 위조하다, ~인 체하다
  2. 가짜, 위조품; 가짜의
- fake money 위조지폐
- 동 counterfeit 위조의, 모조의
  bogus 모조의, 가짜의
  phony 가짜인; 위조(품)

20 **rob** [rɔb] 강탈하다, 빼앗다
- rob A of B A에게서 B를 빼앗다
- ⓝ robbery 강도질

21 **terrorist** [térərist] 테러리스트
- 동 terrorism 테러행위
- 관 lynch 린치를 가하다

22 **hostage** [hástidʒ] 인질

23 **kidnap** [kídnæp] 납치하다, 유괴하다
- ⓝ kidnapper 유괴범
- 동 abduct 유괴하다 abduction 유괴, 납치
  abductor 유괴범

24 **ransom** [rǽnsəm] (납치된 사람의) 몸값

>>> Part 5 Social Science   >>> Chapter 2 Law & Crime

## Theme 085 Review Test

01 The lure of easy money can be too hard to resist.
➡ _____에 대한 유혹은 참기 힘들다.

02 His life went down hill after he committed his first crime.
➡ 처음으로 _____를 저지른 이후 그의 인생은 내리막길을 걸었다.

03 He tried to blackmail her out of some money.
➡ 그는 _____으로 그녀에게 돈을 빼앗으려 했다.

04 The scarlet letter is an "A" embroidered on Hester's clothes with gold thread, which signifies that she is an adulterer.
➡ 주홍글씨는 헤스터가 _____라는 것을 표시하는 그녀의 옷에 금실로 수놓아진 A라는 글자이다.

05 The man was charged with bigamy for having two wives.
➡ 그 남자는 아내가 두 명인 _____로 기소되었다.

06 The man extorted money from the executive by threatening to reveal his past to his wife.
➡ 그 남자는 임원에게 과거를 아내에게 폭로하겠다고 위협하여 돈을 _____.

07 The crook bilked dozens of senior citizens of their savings.
➡ 그 _____은 수십 명의 노인에게서 그들이 저축한 돈을 떼먹었다.

08 The Earth is getting hotter, threatening humans, animals, and plants.
➡ 지구는 점점 뜨거워지고 있고, 이는 인간, 동물, 그리고 식물을 _____하고 있다.

09 The man used incriminating photographs to blackmail the senator to do his bidding.
➡ 그 남자는 상원의원이 그가 시키는 대로 하도록 하기 위해서 _____만한 사진들을 협박용으로 이용했다.

10 The robbers broke into the bank vault.
➡ 강도들이 은행 금고에 _____.

11 His insomnia is due to a feeling of guilt.
➡ 그의 불면증은 _____에 기인한 것이다.

12 The items lost in the theft were priceless because of their sentimental value.
➡ _____ 맞은 물건은 그들에게 있어 애착이 가는 것이기 때문에 매우 귀중한 것이다.

13 The burglar broke into the house while the family was away on vacation.
➡ 가족이 휴가를 보내느라 집을 비운 사이에 _____이 들었다.

Reading V.O.C.A
366

| | |
|---|---|
| 14 The thieves broke into the mansion in search of plunder. | ➡ 도둑들은 _____하려고 큰 저택에 침입했다. |
| 15 The charming suitor turned out to be nothing more than a con man. | ➡ 매력적인 그 구혼자는 한낱 _____에 지나지 않음이 밝혀졌다. |
| 16 The group was accused of conspiring against the government. | ➡ 그 단체는 반정부 _____ 죄로 기소되었다. |
| 17 The charlatan swindled the people out of their money. | ➡ 사기꾼은 사람들에게서 돈을 _____. |
| 18 The man was arrested when he tried to forge a signature on a check. | ➡ 그 남자는 수표에 서명을 _____하려 할 때 체포되었다. |
| 19 Seeking to spread awareness among public about fake notes, the Reserve Bank has launched a website explaining ways to detect counterfeit notes. | ➡ 대중에게 _____지폐에 대해 널리 알리기 위해서 연방준비은행은 _____지폐를 판별하는 방법을 설명하는 웹사이트를 열었다. |
| 20 The woman was robbed of her jewelry. | ➡ 그 여자는 보석류를 _____. |
| 21 The terrorists hijacked the plane and demanded money. | ➡ _____들은 비행기를 납치하고는 돈을 요구했다. |
| 22 The bank robbers took a hostage from among the customers. | ➡ 은행 강도들은 은행 고객들 중 한 사람을 _____로 잡았다. |
| 23 The woman was kidnapped while she was walking to work. | ➡ 그 여자는 일터로 걸어가는 동안에 _____. |
| 24 They abducted the heiress in hopes of receiving a large ransom. | ➡ 그들은 _____을 많이 받을 것이라는 기대로 상속녀를 _____. |

>>> 정답

| | | | | |
|---|---|---|---|---|
| 01. 손쉬운 돈벌이 | 02. 범죄 | 03. 공갈(협박) | 04. 간통자 | 05. 중혼죄 |
| 06. 갈취했다 | 07. 사기꾼 | 08. 위협 | 09. 죄를 뒤집어씌울 | 10. 침입했다 |
| 11. 죄책감 | 12. 도둑 | 13. 도둑 | 14. 약탈 | 15. 사기꾼 |
| 16. 음모 | 17. 사취했다 | 18. 위조 | 19. 위조, 위조 | 20. 강탈당했다 |
| 21. 테러리스트 | 22. 인질 | 23. 납치당했다 | 24. 몸값, 유괴했다 | |

>>> Part 5 Social Science    >>> Chapter 2 Law & Crime

## >>> Theme 086 Criminal

A life of crime may find its roots in childhood. A **juvenile**[01] **delinquent**[02] may start off with **vandalism**[03], writing his name on buildings and destroying public or private property. His crimes may include **petty**[04] thefts, for example, robbing from local cash registers when no one is looking. He may **shoplift**[05], actually **stealing**[06] the stores' merchandise. Another way he may make money would be to **pickpocket**[07] the money, wallets or **valuables**[08] from pedestrians or those on public transportation. The child may even join a **gang**[09] in which he may become an **accomplice**[10] in **felony**[11] crimes such as **drug dealing**[12]. He could start as a young **lookout**[13] for the older drug dealers. He may work his way up to being a dealer until he is responsible for defending his gang's drug **territory**[14], from other gangs. In order to maintain their territory the **hoodlums**[15] may **commit murder**[16] in **shoot-outs**[17][18] with rival gangs. If the hoodlum **is arrested**[19] and **sent to jail**[20], he may learn how to become a better criminal from older craftier **convicts**[21]. He may learn the techniques for more sophisticated crimes such as forgery or other forms of **fraud**[22]. Hardened by a prison sentence, the **ex-con**[23] may find it difficult to escape the **vicious circle**[24] of criminal behavior.

>>> 해석

범죄자의 인생은 그 뿌리를 유년기에서 찾을 수 있다. 비행 청소년은 건물에다 자신의 이름을 쓴다든지 공공 재산이나 사유 재산을 파괴하는 기물파손행위로 비행을 시작한다. 그의 범죄행위는 아무도 보지 않을 때 금전등록기에서 돈을 훔치는 등의 사소한 절도가 포함될 수도 있다. 그는 실제로 가게 물건을 슬쩍할지도 모른다. 그가 돈을 버는 또 다른 방법은 보행자들이나 대중교통 수단을 이용하는 사람들을 상대로 돈, 지갑, 귀중품을 소매치기하는 일이다. 그 아이는 심지어 갱단에 가입해 마약 밀매와 같은 중죄에 공범이 될 수도 있다. 그는 더 경험 많은 마약 판매업자의 망을 봐주는 것으로 시작할 수도 있다. 그는 다른 갱단들로부터 자신의 갱단의 마약 구역을 지킬 책임을 질 때까지 지역 조직에서 마약 거래상이 되기 위한 자신의 길을 구축해 갈지도 모른다. 자신의 구역을 지키기 위해 이 깡패들은 상대 갱단들과 총격전을 벌이며 살인을 저지를 수도 있다. 이 깡패가 체포되어 감옥에 가면 그는 더 경험 많고 솜씨 있는 죄수에게서 더 끔찍한 범죄자가 되는 법을 배우게 된다. 그는 위조나 다른 형태의 사기 등 더 정교한 범죄를 저지르는 데 필요한 기술을 배운다. 징역형을 살며 단련된 그 전과자는 범법행위의 악순환을 벗어나기 어렵다는 것을 알게 될 것이다.

>>> 어구

be rooted in ~에 뿌리를 두다 childhood 유년 시절 start off ~하는 것으로 시작하다 private property 사유재산 theft 절도 cash register 금전등록기 merchandise 상품, 제품 pedestrian 보행자 public transportation 대중교통수단 old 노련한, 경험이 많은 be responsible for 책임을 지다 defend 방어하다, 지키다 crafty 솜씨 있는, 교활한 sophisticated 정교한 prison sentence 징역형

>>> 구문

• Hardened by a prison sentence, the ex-con may find it ~ [분사구문]
 (=After the ex-con is hardened by a prison sentence, the ex-con may find it ~)
 징역형에 의해 단련된 후 그 전과자는 ~을 알게 될 것이다

>>> Part 5 사회과학   >>> Chapter 2 법률과 범죄

>>> Theme 086    **범죄자** ▶

01 **juvenile** [dʒúːvənl] 청소년; 청소년의
- juvenile crime 청소년 범죄
- a juvenile court 법원의 소년부

02 **delinquent** [dilíŋkwənt] 비행의, 채무불이행의
- juvenile delinquent 비행 청소년
- juvenile delinquency 청소년 비행

03 **vandalism** [vǽndəlìzm] (낙서 등으로 인한) 공공시설의 파괴, 예술 문화의 파괴

04 **petty** [péti] 경미한, 사소한
- petty crime 경범죄
- petty larceny 좀도둑질

05 **shoplift** [ʃɑ́plift] (가게 물건을) 슬쩍하다
- 관 have sticky fingers 손버릇이 나쁘다

06 **steal** [stiːl] 훔치다, 좀도둑질하다
- ⓝ stealing 절도, 훔치기

07 **pickpocket** [píkpɑ̀kit] 소매치기(하다)
- 관 purse-snatcher 핸드백 날치기

08 **valuables** [vǽljuəblz] 귀중품
- keep the valuables in the safe 귀중품을 금고에 보관하다

09 **gang** [gæŋ] 갱, 폭력단; 집단, 패거리
- ⓝ gangster 갱의 일원, 폭력배, 깡패
- 관 organized crime 조직범죄

10 **accomplice** [əkɑ́mplis] 공범
- 동 confederate 공모자, 공범
  accessory 종범, 방조자

11 **felony** [féləni] 흉악범죄, 중범죄
- 반 misdemeanor 경범죄
  minor offense/petty crime 경범죄

12 **drug dealing** 마약 거래
- 관 drug trafficking 마약밀매
  drug addiction 마약 중독

13 **lookout** [lúkaut] 망보는 사람, 경계

14 **territory** [térətɔ̀ːri] 영토, 영역, (판매) 구역
- disputed territory 분쟁지역

15 **hoodlum** [húːdləm] 깡패, 폭력배
- 동 ruffian 깡패, 악당
  scoundrel/villain/rascal (비열한) 악당

16 **commit** [kəmít] (죄를) 저지르다, 범하다
- commit murder 살인하다
- commit suicide 자살하다

17 **murder** [mə́ːrdər] 살인(죄)
- an attempted murder 살인미수
- first-degree murder 1급 살인(미리 계획한)
- second-degree murder 2급 살인(그 외의 살인)
- 동 homicide 살인죄, 살인범; 강력반
- 참 manslaughter (사전 모의가 없는) 살인
  assassination (공적 인물의) 암살
  massacre/mass killing 대량학살

18 **shoot-out** 총격전
- ⓥ shoot 쏘다, 발사하다; 싹이 나오다
- 관 shoot 'em up 총격전이 많은 영화
  shoot-down 격추

19 **arrest** [ərést] 1. 체포(하다), 검거(하다)
              2. (관심을) 끌다; (진행을) 막다
- 동 apprehend 체포하다, 염려하다, 이해하다
  round up 검거하다

20 **jail** [dʒeil] 1. 교도소, 감옥
              2. 투옥하다
- be sent to jail 감옥에 들어가다

21 **convict** [kɑ́nvikt] 1. 죄수, 재소자
           [kənvíkt] 2. 유죄를 선고하다
- a long-term convict 장기복역수
- be convicted of murder 살인죄의 유죄판결을 받다
- ⓝ conviction 유죄판결
- 관 inmate 재소자; (정신 병원) 입원 환자
  fugitive 도망자

22 **fraud** [frɔːd] 사기, 사기꾼
- ⓥ defraud 사취하다

23 **ex-convict/ex-con** 전과자
- 동 recidivist 상습범
  criminal record 전과, 범죄 경력

24 **vicious circle** 악순환
- ⓐ vicious 악랄한, 사나운, 악의에 찬

## Review Test

> Part 5 Social Science    > Chapter 2 Law & Crime

> Theme 086

01 The judge sentenced the juvenile to two years probation.

➡ 판사는 _____에게 집행유예 2년을 선고했다.

02 Juvenile delinquents needed mentors and role models to show them an alternative life.

➡ _____들에게는 다른 인생을 알려줄 조언자들과 역할 모델이 필요했다.

03 Vandalism did hundreds of dollars of damage.

➡ _____로 피해액이 수백 달러에 달했다.

04 He admitted committing petty crimes in his younger years.

➡ 그는 어렸을 적에 _____를 저질렀음을 인정했다.

05 The store's security cameras caught the girl shoplifting a CD.

➡ 소녀가 CD를 _____하는 것이 가게의 보안카메라에 잡혔다.

06 The teen mugged the frail old lady, stealing her purse.

➡ 그 십 대는 노상에서 약한 노인에게 달려들어 지갑을 _____.

07 The tourist realized that he had been pickpocketed on the crowded city bus.

➡ 관광객은 자신이 복잡한 시내버스에서 _____당한 것을 알았다.

08 The gang shot him dead and then stole valuables.

➡ 갱은 그를 쏴 죽이고는 _____을 훔쳐갔다.

09 The gang of boys held up the liquor store.

➡ 한 _____의 남자아이들이 술집을 털었다.

10 He is serving a sentence for being an accomplice to armed robbery.

➡ 그는 무장 강도의 _____으로 복역 중이다.

11 A hit-and-run accident is a felony.

➡ 뺑소니는 _____다.

12 The police says the gang is involved in murder, attempted murder, extortion and drug dealing.

➡ 경찰은 그 폭력조직이 살인, 살인미수, 강탈, 그리고 _____에 연루되어 있다고 말했다.

13 The lookout was standing on the corner watching for the police while the other man burgled the house.

➡ _____은 다른 사람이 집을 터는 동안에 경찰이 오는지 보면서 길모퉁이에 서 있었다.

Reading V.O.C.A
370

¹⁴ The police said the killings stemmed from a dispute over drug dealing territory.

▶ 경찰은 그 살인사건이 마약판매 _____을 둘러싼 분쟁 때문에 일어났다고 말했다.

¹⁵ The hoodlums harassed people who passed by.

▶ _____들은 지나가는 사람들을 괴롭혔다.

¹⁶ They were charged with conspiracy to commit murder.

▶ 그들은 _____ 위해 공모한 혐의로 기소되었다.

¹⁷ The jury found the defendant guilty of first-degree murder.

▶ 배심원은 피고에게 제1급 _____에 대한 유죄평결을 내렸다.

¹⁸ The store was the site of a shootout between the robbers and the police.

▶ 그 가게는 강도들과 경찰들이 _____을 벌인 장소이다.

¹⁹ You're under arrest for violation of Federal Narcotics laws.

▶ 연방 마약법 위반으로 당신을 _____합니다.

²⁰ Many strikers were sent to jail and others lost their jobs.

▶ 많은 파업 노동자들이 _____ 또 다른 이들은 직장을 잃었다.

²¹ The escaped convict was a fugitive from justice.

▶ 그 탈출한 _____는 형벌을 피한 도망자였다.

²² The jury found him guilty of fraud.

▶ 배심은 그에게 _____죄에 대한 유죄평결을 내렸다.

²³ Ex-convicts often find it hard to fit into society after years of imprisonment.

▶ _____들은 종종 수년간 투옥생활을 하고 나서 사회에 적응하기 어렵다는 것을 알게 된다.

²⁴ There is a vicious circle of neglect and crime.

▶ 태만과 범죄는 계속 _____한다.

**》》》 정답**

| 01. 청소년 | 02. 비행 청소년 | 03. 공공시설의 파괴 | 04. 경범죄 | 05. 슬쩍 |
| 06. 훔쳤다 | 07. 소매치기 | 08. 귀중품 | 09. 패거리 | 10. 공범 |
| 11. 중범죄 | 12. 마약거래 | 13. 망보는 사람 | 14. 구역 | 15. 깡패 |
| 16. 살인을 저지르기 | 17. 살인죄 | 18. 총격전 | 19. 체포 | 20. 감옥에 들어갔고 |
| 21. 죄수 | 22. 사기 | 23. 전과자 | 24. 악순환 | |

## Theme 087  Criminal Trial & Punishment

The court system has a variety of procedures that must be followed before a person **is convicted of** a crime. Some less serious **violations** of the law, such as traffic violations, result in **hearings** which determine the amount of a **fine** that must be paid as a **penalty** for a crime. In more serious cases, such as those that could result in **jail or prison terms**, **the defendant** is given a **counselor** to present his case before a **judge** and a **jury**. The **prosecutor** represents the case of the **plaintiff** or the people who have been **offended**. If the crime is serious enough to **warrant** that **the accused** be **kept in custody** behind **bars**, then he will only be **released from** his **cell** if **bail** is posted with the assurance that he will not **flee**. In order to avoid spending the time and money to go to trial, the **lawyers** may try to **plea bargain**, deciding the **punishment** of the accused. Sometimes lawyers encourage their **clients** to **plead guilty** to a lesser charge to avoid taking a case to court. If the defendant continues to **plead not guilty**, then the case will proceed to court. The **prosecution** must present sufficient evidence before a **grand jury** to **indict** the accused of a crime with which he has been **charged**. If the case does go to court, the accused will only **be found guilty** if the prosecution has provided sufficient evidence to get a **conviction** to put the accused away in prison. If not, the defendant will **be found not guilty** and will be **acquitted**. If a jury returns a **verdict** of guilty, a judge will determine the **sentence**. After sentencing, the defendant can **appeal** the ruling to a higher court if he does not want to accept it.

>>> 해석

사법제도에는 사람에게 유죄판결을 내리기 전에 밟아야 하는 몇 가지 절차가 있다. 교통법규위반과 같이 그다지 심각하지 않은 법을 어겼을 경우 범죄에 대한 벌로써 얼마의 벌금을 물게 할지를 결정하는 심리로 끝난다. 감옥에서 형을 살아야 하는 것과 같은 결과를 낳을 수 있는 보다 중대한 경우에, 피고는 판사와 배심원 앞에서 자신의 사건을 소송해 줄 변호사를 선임해야 한다. 검사는 고소인이나 피해를 당한 사람들의 사건을 대리한다. 피고를 감옥에 유치할 정도로 심각한 범죄라면 그가 달아나지 않을 거라는 보증 하에 보석금을 낼 때만 그는 감옥에서 풀려날 수 있다. 재판에 드는 시간과 비용을 절약하기 위해서 변호사들은 유죄답변거래를 통해 피고의 형벌을 결정할 수도 있다. 때때로 변호사들은 사건을 법정으로 끌고 가는 것을 막고 형량을 덜 받도록 하기 위해서 피고에게 죄를 인정하도록 권하기도 한다. 피고가 계속하여 무죄를 주장한다면 사건은 법정으로 간다. 검찰 측은 고발된 범죄로 피고를 기소하기 위해서 중요한 역할을 하는 배심원 앞에서 충분한 증거를 제시해야 한다. 사건을 법정으로 끌고 갈 경우 검찰 측이 피고를 감옥에 집어넣을 유죄판결을 이끌어내기에 충분한 증거를 제시한다면 피고는 유죄판결을 받을 수밖에 없다. 그렇지 않다면 피고는 무죄 판결을 받을 것이고 무죄방면될 것이다. 배심원이 유죄라는 취지의 평결을 답신해오면, 판사는 형을 결정할 것이다. 선고 후에, 피고가 판결에 대해 승복하지 않는다면 상급법원에 항소할 수 있다.

>>> 어구

court system 사법제도  a variety of 여러 가지의  represent 대표하다, 대변[변호]하다  assurance 확언, 보증  proceed 계속해서 진행하다  sufficient 충분한  put away in ~에 (정리해서) 넣어두다  ruling 판결

>>> Part 5 사회과학  >>> Chapter 2 법률과 범죄

>>> Theme 087  **형사재판과 형벌** ▶

01 **be convicted of** ~의 유죄판결을 받다
- ⓝ conviction 유죄 선고[판결]; 확신

02 **violation** [vàiəléiʃən] (법의) 위반; 폭행
- ⓝ violator 위반자
- ⓥ violate (법을) 위반하다, (권리를) 침해하다

03 **hearing** [híərɪŋ] (법정의) 심리, 청문회; 청력, 청취
- a court hearing 법정 심리
- a public hearing 청문회

04 **fine** [fain] 1. 벌금(을 부과하다)
  2. 좋은, 훌륭한; 세련된; 순수한
  3. 미세한, 촘촘한, 예리한
- be fined for plagiarism 표절로 벌금을 물다

05 **penalty** [pénəlti] 형벌, 처벌; 불이익
- impose a heavy penalty 무거운 형벌을 과하다
- ⓥ penalize 유죄로 하다, 벌하다

  동 punishment 처벌, 형벌
  관 penal 형법의, 형벌의, 형사의 – penal code 형법전

  ■ 형벌의 종류
  capital punishment 사형(=death penalty)
  imprisonment 구금, 징역
   – life imprisonment 종신형, 무기징역
   – five years' imprisonment 징역 5년
  a suspended sentence 집행유예 probation 보호관찰, 집행유예

06 **jail term/prison term** 형기(刑期)
- serve jail term 징역을 살다

  ■ 교도소 관련
  prison/jail/penitentiary 교도소
  correctional facility 교정시설, 교도소
  parole [pəróul] 가석방 prison break/jail break 탈옥

07 **defendant** [diféndənt] 피고(인)
  ※ 우리나라에서는 형사소송에서 피고인, 민사소송에서 피고로 구분하지만, 영미법에서는 모두 피고로 부름

  관 plaintiff 원고, 고소인

08 **counselor** [káunsələr] 1. 〈미〉 (법정) 변호사
  2. 상담역, 고문, 카운슬러

  동 lawyer (일반적) 변호사 attorney (at law) 변호사
  barrister 〈영〉 법정 변호사 solicitor 〈영〉 서류 작성 담당 변호사
  advocate 〈스코〉 변호사

09 **judge** [dʒʌdʒ] 재판관, 법관, 판사
- presiding judge 재판장, 주심 판사 cf. Justice 대법원 판사
  관 Your Honor 법정에서 판사를 칭할 때

10 **jury** [dʒúəri] 〈집합적〉 배심(원단)
- ⓝ juror (배심을 구성하는) 배심원
- ※ 배심원은 법률전문가가 아닌 민간인으로 위촉된다.

  관 petit jury (재판을 담당하는) 소배심
     grand jury (기소를 담당하는) 대배심

11 **prosecutor** [prásikjùːtər] 검사, 소추자
- ⓝ prosecution 기소, 소추; (the ~) 검찰 당국
- ⓥ prosecute 기소하다, 공소를 제기하다

  관 a district attorney 지방검사(약. D.A.)

12 **offend** [əfénd] 1. (법 등을) 위반하다
  2. (남에게) 불쾌감을 주다
- ⓝ offender 범죄자, 위반자 offense (법률) 위반, 범죄, 반칙
- a minor[a petty] offense 경범죄
- ⓐ offensive 모욕적인, 불쾌감을 주는

13 **warrant** [wɔ́ːrənt] 1. (판사가 발부하는) 영장
  2. 보증(하다), 담보
- a search warrant 수색 영장
- an arrest warrant 구속[체포] 영장

  동 subpoena/summons (증인에 대한) 소환장

14 **the accused** 피고인, 피의자
- ⓥ accuse 기소[고발, 고소]하다
- accuse A of B A를 B의 죄로 고소하다
- ⓝ accuser 고소인, 고발자, 원고

15 **keep ~ in custody** 구류[감금]하다

  동 behind bars 철창신세인 detention 구류, 감금

16 **acquit** [əkwít] (무죄로) 석방하다
- ⓝ acquittal 무죄 방면

  동 release 석방(하다) exonerate (무혐의로) 풀어주다
  관 flee 도망하다, 달아나다

17 **cell** [sel] 1. (교도소의) 독방, 작은 방
  2. 세포; 전지

18 **bail** [beil] 보석, 보석금
- bail out 보석금을 내고 꺼내주다

19 **plea bargain(ing)** 유죄 답변 거래
- ⓝ plea (피고 측의) 답변(서), 항변(서); 탄원

  관 arraignment 죄상의 인정 여부 절차

20 **client** [kláiənt] (변호사 등의) 의뢰인

21 **plead not guilty** 무죄를 주장하다

  관 plead guilty 유죄를 인정하다
     be found guilty 유죄로 판결되다
     be found not guilty 무죄로 판결되다

22 **indict** [indáit] 기소하다, 비난하다
- ⓝ indictment 기소, 공소(장), 고발

23 **charge** [tʃɑːrdʒ] (~혐의로) 고발[비난]하다
- be charged with ~으로 기소되다
- on charges of ~의 혐의로

24 **verdict** [vɔ́ːrdikt] (배심원단의) 평결
- reach a verdict 평결을 내리다

25 **sentence** [séntəns] 판결, (형의) 선고

26 **appeal** [əpíːl] 1. 항소[상소](하다)
  2. 간청(하다), 호소(하다)
- ⓐ appellate 상소의, 상고의

Reading V.O.C.A
373

## Part 5 Social Science — Chapter 2 Law & Crime

### Theme 087 Review Test

01 The accountant was convicted of embezzling millions of dollars from his clients.
➡ 그 회계사는 고객들로부터 수백만 달러의 돈을 횡령한 죄로 _____.

02 The man violated the law by stealing.
➡ 그 남자는 도둑질을 함으로써 법을 _____.

03 The woman had to go to court for a custody hearing.
➡ 그 여자는 보호 _____를 위해 법정에 출두해야 했다.

04 The motorist had to pay a $250 fine for speeding.
➡ 그 운전자는 속도위반 한 것에 대해 250달러의 _____을 물어야 했다.

05 The man on death row was fighting to overturn his sentence of capital punishment.
➡ 사형수 감방에 있는 그 남자는 자신이 받은 _____를 뒤집기 위해 분투했다.

06 New laws have been passed to make jail terms harsher for repeat offenders.
➡ 재범자들에 대해 _____를 더 강화한다는 새로운 법률이 통과되었다.

07 According to the constitution, defendants have the right to a fair and speedy trial.
➡ 헌법에 따르면 _____는 공정하고 신속한 재판을 받을 권리가 있다.

08 As a counselor for the defendant, the lawyer asked for a mistrial.
➡ 그는 피고에 대한 _____로서, 그 _____는 무효 심리를 요구했다.

09 The judge decided to put the rapist in jail for twenty years.
➡ _____는 그 강간범을 20년간 투옥하기로 결정했다.

10 The jury consisted of five men and seven women.
➡ _____은 5명의 남자와 7명의 여자로 구성되었다.

11 The prosecutor had a passion for justice.
➡ _____는 정의에 대한 정열이 있었다.

12 The sex offender received a harsh sentence.
➡ 그 성_____는 엄한 형벌을 받았다.

13 Prosecutors asked a court to issue a warrant for his arrest.
➡ 검찰은 법원에 그에 대한 구속_____을 발급해 줄 것을 청구하였다.

14 The plaintiff charged the accused of assault.
➡ 고소인은 그 _____를 폭행죄로 고소했다.

Reading V.O.C.A

¹⁵ He was arrested a week ago and is being kept in custody.
➡ 그는 일주일 전에 체포되었고, _____ 있는 중이다.

¹⁶ The defense attorney argued for an acquittal for her client.
➡ 피고 측 변호사는 피고의 _____ 을 주장했다.

¹⁷ The twenty-by-twenty foot cell would be the convict's home for the next forty years.
➡ 가로, 세로 20피트인 그 _____ 은 그 죄수가 앞으로 40년 동안 살 곳이다.

¹⁸ The man paid the bail money for his brother to get out of jail.
➡ 그 사람은 그의 형이 감옥에서 풀려나도록 _____ 을 지불했다.

¹⁹ The defense lawyer plea bargained with the assistant D.A. for a lighter sentence.
➡ 피고인의 변호인은 더 가벼운 형량을 받기 위해 지방 검사보와 _____ 를 했다.

²⁰ The lawyer's client maintained his innocence.
➡ 그 변호사의 _____ 은 자신의 무죄를 주장했다.

²¹ The man maintained his innocence and pleaded not guilty.
➡ 그 남자는 자신이 결백하다고 우기면서 _____.

²² The former bank president was indicted on charges of embezzlement.
➡ 전(前) 은행장은 횡령혐의로 _____.

²³ The suspect was charged with burglary.
➡ 용의자는 강도 혐의로 _____.

²⁴ The foreman of the jury read the verdict.
➡ 그 배심의 장은 _____ 을 낭독했다.

²⁵ The prosecutor was disappointed that the sentence was not harsher.
➡ 검사는 보다 엄한 _____ 가 되지 않은 것에 실망했다.

²⁶ Defendants have a right to appeal to a higher court and ultimately to the supreme court.
➡ 피고는 상급법원이나 궁극적으로는 대법원에 _____ 할 권리가 있다.

>>> 정답

01. 유죄판결을 받았다  02. 위반했다  03. 심리  04. 벌금  05. 사형(선고)
06. 형기  07. 피고  08. 법정 변호사, 변호사  09. 판사  10. 배심원단
11. 검사  12. 범죄자  13. 영장  14. 피의자  15. 구금되어
16. 무죄 방면  17. 독방  18. 보석금  19. 유죄 답변 거래  20. 의뢰인
21. 무죄를 주장했다  22. 기소되었다  23. 기소되었다  24. 평결문  25. 형의 선고
26. 항소

Part 5 Social Science
Chapter 2 Law & Crime

## Theme 088 Capital Punishment

Those who disagree with **capital punishment**[01] argue that it is not the most effective method for reducing crime. They feel that the threat of **imprisonment**[02] is much more successful in preventing potential criminals from committing **offenses**[03]. This type of thinking asserts that if a potential criminal knows that he will certainly receive punishment, it is a stronger **deterrent**[04] than his fear of the **severity**[05] of the punishment. However, those in support of capital punishment state that the **death penalty**[01] is a much more effective crime deterrent since imprisonment cannot be more **frightening**[06] than **execution**[07]. The effectiveness of the death penalty in reducing crime has long been an issue of debate. Therefore, researchers have gathered statistical data on **homicide**[08] trends in jurisdictions pre-and post-**abolition**[09] of the death penalty. Researchers have also made comparisons of the homicide rates between countries in which the death penalty is **legal**[10] and those in which it is **illegal**[10]. The results of most such comparisons show that the existence or non-existence of the death penalty is not a significant factor in homicide rates. These results are used as support by those who **oppose**[11] the death penalty to refute the argument that crime can **be deterred by**[04] capital punishment, and many death penalty **opponents**[11] believe that the crime deterrence argument has been fully negated. On the other hand, supporters of the death penalty claim that since the death penalty is reserved for the most **atrocious**[12] homicide cases such as child murders, **serial killings**[13], **torture**[14] murders or **torso murders**[15], capital punishment's ability to prevent crimes may not be generally apparent in data on homicide rates.

### 해석

사형을 반대하는 사람들은 사형이 범죄를 줄이는데 가장 효과적인 방법이 아니라고 주장한다. 그들은 구금에 대한 위협이 잠재적 범죄가 실제로 일어나는 것을 예방하는 데에 훨씬 더 성공적이라고 생각한다. 이런 종류의 생각은 잠재적 범죄자는 그가 처벌받으리라는 것을 안다면 바로 그것이 처벌의 심각성에 대한 두려움보다 강한 억제제일 것이라는 논리이다. 그러나 사형을 찬성하는 사람들은 감옥에 갇히는 것보다 사형집행이 더 두려운 일이기 때문에 사형이 훨씬 효과적인 범죄 억제제라고 주장한다. 범죄를 줄이는 데 있어서 사형의 유효성은 오랜 기간 논란이 있어왔다. 그러므로 연구자들은 사형제도를 폐지하기 전과 후 판결에서의 살인 동향에 대한 통계자료를 모아왔다. 또한 사형제도가 합법인 나라와 불법인 나라의 살인율을 비교했다. 그 결과 사형제도의 유무는 살인범죄율에 그다지 큰 영향을 주지 않는다는 것이 밝혀졌다. 이런 결과들은 사형제도로 범죄를 억제할 수 있다는 주장을 반박하기 위해서 사형제도 반대를 외치는 사람들에 의해 사용되고 이들은 사형의 범죄억제 효과는 완전히 부정되었다고 생각한다. 반면, 사형제도를 지지하는 사람들은 사형제도는 아동 살해, 연쇄살인, 고문살해, 토막살해 같은 가장 잔인한 살인사건들만을 위해 유보되기 때문에 보통 살인범죄율에 관한 자료에 사형제도의 범죄억제 효과는 나타나지 않을 수 있다고 주장한다.

### 어구

**assert** 주장하다 **gather** 모으다 **statistical** 통계적인 **comparison** 비교 **non-existence** 존재하지 않음, 비실재 **negate** 무효화하다, 부정하다 **reserve** 예약하다; 유보하다 **apparent** 명백한, 확실히 보이는

>>> Part 5 사회과학  >>> Chapter 2 법률과 범죄

>>> Theme 088    **사형제도** ▶

01 **capital punishment** 사형(死刑)
- 동 death penalty 사형

02 **imprisonment** [impríznmənt] 투옥, 구금
- imprisonment for life 무기 징역

03 **offense** [əféns] 위반; 범죄, 경범죄
- ⓝ offender 위반자, 범죄자
- ⓥ offend 위반하다, 불쾌하게 하다
- 동 violation 위반, 침해

04 **deterrent** [ditə́:rənt] (행위를) 억제하는, 억지력
- deterrent for heinous crimes 악랄한 범죄를 억제하는
- a nuclear deterrent 핵 억제력
- ⓥ deter 단념시키다, 그만두게 하다
- be deterred by 제지당하다

05 **severity** [səvérəti] 혹독함; 격렬함; 심각성
- ⓐ severe 엄격한, 가혹한

06 **frightening** [fráitniŋ] 깜짝 놀라게 하는, 두려운

07 **execution** [èksikjú:ʃən] 1. 사형 집행
                               2. 집행, 실행; 제작
- ⓥ execute 처형하다; 실행[수행] 하다
- 참 executive [igzékjutiv] 행정부; 이사

■ 사형 집행의 방법
  be executed by firing squad 총살당하다
  = be shot to death
    • execution by firing squad 총살형
  be hanged 교수형 당하다
    • death by hanging 교수형 gallows 교수대
  be burned at the stake 화형을 당하다
  be decapitated/ be beheaded 참수당하다
    • decapitation/beheading 참수 guillotine 단두대
  be electrocuted 전기의자에 앉다
    • death by electrocution 전기의자 사형집행
    • electric chair 전기의자
  be executed by lethal injection 약물로 사형당하다
    • lethal injection 독극물 주입 사형

08 **homicide** [hɑ́məsàid] 살인(죄), 살인범; 강력계
- commit homicide 살인을 저지르다
- accidental homicide 과실치사

09 **abolition** [æbəlíʃən] (법률·제도의) 폐지
- ⓥ abolish 폐지하다

10 **legal** [lí:gəl] 합법의, 적법한; 법적인
- 동 lawful 합법적인, 적법의
  legitimate 합법의; 적출의
- 반 illegal 불법의, 위법의
  unlawful 법에 어긋나는, 불법의
  illegitimate 불법의; 서출의

11 **oppose** [əpóuz] 반대하다, 대항하다
- ⓝ opponent 반대자, 상대자; 대항하는

12 **atrocious** [ətróuʃəs] 흉악한, 잔인한
- atrocious crime 흉악한 범죄
- ⓝ atrocity 잔혹 행위
- 동 heinous 악랄한, 극악무도한

13 **serial killing** [síəriəl kíliŋ] 연쇄 살인
- ⓝ serial killer 연쇄 살인범
- ⓐ serial 연속하는, 일련의
- 관 mass killing 다중 살인, 대량학살

14 **torture** [tɔ́:rtʃər] 고문; 고통
- ⓐ torturous 몹시 괴로운

15 **torso murder** [tɔ́:rsou mə́:rdər] 토막살인
- ⓝ torso (인체의) 몸통; 몸통만으로 된 조각상
- 관 dismember 팔다리를 잘라버리다

>>> Part 5 Social Science  
>>> Chapter 2 Law & Crime

>>> Theme 088 **Review Test**

01 The proposed bill would scrap capital punishment and replace it with a punishment of life imprisonment, with no parole or pardon possible.
➡ 제출된 법안은 _____ 제도를 폐지하고 그것을 가석방이나 사면이 없는 종신형으로 대체하자는 것이다.

02 Once found guilty, the accused is expected to receive either the death penalty or imprisonment for life.
➡ 일단 유죄로 밝혀지면, 피고는 _____ 또는 _____ 을 받을 것으로 예상된다.

03 Drunk driving is not a simple misdemeanor but a serious offense.
➡ 음주운전은 단순한 경범죄가 아니라 심각한 _____ 이다.

04 Many criminologists believe that the death penalty does not have a deterrent effect.
➡ 많은 범죄학자들은 사형제도가 범죄 _____ 효과가 없다고 생각한다.

05 A prison sentence should match the severity of the crime.
➡ 징역 형기는 범죄의 _____ 과 맞아야 한다.

06 The prospect of life in prison is frightening, and the death penalty is also a daunting prospect.
➡ 감옥에서의 삶을 상상하는 것은 _____ 일이며, 사형은 또한 상상하기에도 무섭다.

07 The death penalty is usually executed by firing squad, lethal injection or hanging.
➡ 사형은 보통 총살, 독극물 주사, 또는 교수형 등으로 _____.

08 He was sentenced to life imprisonment for the double homicide.
➡ 그는 이중 _____ 죄(두 명을 살해한 범죄)로 종신형을 선고받았다.

09 The congressman advocates the abolition of death penalty.
➡ 그 의원은 사형제의 _____ 를 주장한다.

10 There are no safe drugs, legal or illegal.
➡ _____ 이든 _____ 이든 안전한 마약이란 없다.

11 He opposes the death penalty because innocent people might be wrongly executed.
➡ 그는 결백한 사람들이 잘못 사형 집행될 수 있기 때문에 사형제도를 _____.

12 He had committed atrocious crimes against women.
➡ 그는 여성을 상대로 _____ 범죄를 저질렀다.

¹³ Sadly, many adult serial killers may have also suffered abuse as children.

➡ 유감스럽게도 많은 성인 _____들은 어릴 때에 학대를 당했을 수 있다.

¹⁴ They are often subjected to forced abortion, torture and execution.

➡ 그들은 종종 강제유산과 _____ 그리고 처형을 당하고 있다.

¹⁵ The torso murderer killed and dismembered at least 12 victims.

➡ 그 _____은 적어도 12명의 희생자를 죽이고 토막을 내었다.

〉〉〉 정답

| 01. 사형 | 02. 사형, 무기징역 | 03. 범죄 | 04. 억제 | 05. 심각성 |
| 06. 두려운 | 07. 집행된다 | 08. 살인 | 09. 폐지 | 10. 합법적, 불법적 |
| 11. 반대한다 | 12. 흉악한 | 13. 연쇄 살인범 | 14. 고문 | 15. 토막살인범 |

>>> Part 5 Social Science   >>> Chapter 2 Law & Crime

## >>> Theme 089 Euthanasia

The term "**euthanasia**", also called **mercy killing**, is derived from the Greek word euthanatos which means "good death." Euthanasia is the **termination** of a very sick person's life in order to **relieve** them of their **suffering**. A person who undergoes euthanasia usually has an **incurable condition**. But there are other instances where some people want their life to be ended. In many cases, it is carried out at the person's **request**, but there are times when they may be too ill and the decision is made by relatives, medics or, in some instances, the courts.

Euthanasia **is against the law** in the UK where it is illegal to help anyone **kill themselves**. **Voluntary** euthanasia or assisted **suicide** can lead to imprisonment of up to 14 years. The issue has been at the centre of very heated **debates** for many years and is surrounded by religious, ethical and practical **considerations**. Many believe that people should be able to choose to **end their own lives** and believe that doctors who wish to help should be able to **assist** them so they can do it painlessly. Others believe that not only is assisting someone wrong, but ending one's own life is a **sin** as well, so the debate still **rages**.

>>> 해석

mercy killing이라고도 하는 안락사(euthanasia)라는 용어는 "좋은 죽음"을 의미하는 euthanatos에서 유래했다. 안락사는 몹시 아픈 사람의 고통을 덜어주기 위해 그들의 생명을 끝내는 것이다. 안락사 시술을 받는 사람은 대개 불치병을 앓고 있다. 하지만 어떤 사람들은 스스로 자신의 생명을 끊고자 하는 경우도 있다. 많은 경우 안락사는 환자의 요청에 의해 행해 지지만, 환자가 너무 아픈 경우에 그 요청을 친척이나, 의사, 또는 법원이 하는 경우도 많이 있다.

스스로 목숨을 끊으려는 사람을 돕는 것이 불법인 영국에서 안락사는 법에 위반된다. 자발적 안락사 또는 자살방조는 14년 형을 받을 수 있다. 안락사 문제는 종교적, 윤리적, 현실적인 이유를 둘러싸고 수년 동안 열띤 논쟁의 중심에 있어 왔다. 많은 사람들은 사람이 자신의 생명을 끝내는 선택을 할 수 있어야 하며, 환자를 돕고자 하는 의사는 환자가 고통 없이 안락사 할 수 있도록 도움을 줄 수 있어야 한다고 생각한다. 다른 이들은 누군가의 안락사를 돕는 것이 잘못일 뿐만 아니라, 자신의 생명을 끊는 것 또한 죄악이라고 생각하며, 이 논쟁은 여전히 격해지고 있다.

>>> 어구

undergo (안 좋은 일) 당하다, (수술을) 받다  instance 경우, 사례  carry out 실행하다  be derived from ~에서 유래되다

>>> 구문

• Others believe that not only is assisting someone wrong, but ending one's own life is a sin [not only + 도치]
다른 이들은 믿는다/ 누군가를 (목숨을 끊도록) 돕는 것이 잘못일 뿐만 아니라, 자신의 생명을 끊는 것 또한 죄악이라고

>>> Part 5 사회과학  >>> Chapter 2 법률과 범죄

>>> Theme 089　**안락사** ▶

01 **euthanasia** [ju:θənéiʒə] 안락사
- positive euthanasia 적극적 안락사(독물 투입 등의 적극적으로 생명을 끊는 것)
- passive euthanasia 소극적 안락사(치료중지나 인공호흡장치 등을 제거하는 등으로 생명연장을 중지하는 것)
  - 통 mercy killing 안락사
  - 관 death with dignity 존엄사

02 **termination** [tə̀:rmənéiʃən] 종료, 종결; 낙태
- ⓥ terminate 끝내다; 끝나다
- ⓐ terminal (병이) 말기의; 터미널, 종말
  - 관 exterminate 박멸하다, 전멸시키다

03 **relieve** [rilí:v] (고통을) 경감시키다, 구원하다
- relieve pain 고통을 완화시키다
- ⓝ relief 경감, 완화; 안심; 구원; 양각

04 **suffering** [sʌ́fəriŋ] 고통, 괴로움; 고난
- ⓥ suffer (병을) 앓다; 괴로워하다

05 **incurable** [inkjúərəbl] 불치의, 고칠 수 없는
  - 반 curable 치료할 수 있는

06 **condition** [kəndíʃən] 1. (신체의) 이상, 병
　　　　　　　　　　　　2. (협상) 조건, 필요조건
　　　　　　　　　　　　3. 상태, 상황
- an incurable condition 불치병

07 **request** [rikwést] 1. 부탁, 요구, 요청
　　　　　　　　　　　 2. 부탁하다, 요청하다
- without the request of the patient 환자의 요청 없이

08 **be against the law** 불법이다

09 **suicide** [sjú:əsàid] 1. 자살
　　　　　　　　　　　 2. 〈~ oneself〉 자살하다
- commit suicide 자살하다
- assisted suicide 자살방조
  - 관 kill oneself 자살하다
  　　 end one's own life 스스로 목숨을 끊다

10 **voluntary** [váləntèri] 자발적인
- ⓐ voluntarily 자발적으로

11 **debate** [dibéit] 1. 논쟁, 토론
　　　　　　　　　　 2. 논쟁하다, 토론하다
- a heated debate 열띤 토론
- ⓐ debatable 논쟁의 여지가 있는
  - 관 controversial 논쟁의 여지가 있는
  　　 contentious 논쟁을 불러일으키는

12 **consideration** [kənsìdəréiʃən] 고려(의 대상)
- ⓥ consider 고려하다, 숙고하다

13 **assist** [əsíst] 도와주다, 돕다
- ⓝ assistant 조수, 보조자, 협력자
  　 assistance 보조, 지원

14 **sin** [sin] (도덕상·종교상의) 죄
- ⓐ sinful 죄 많은, 벌 받을
  - 관 crime (법률상의) 범죄

15 **rage** [reidʒ] 1. (언쟁 등이) 격해지다
　　　　　　　　　 2. 몹시 화를 내다
　　　　　　　　　 3. 격렬한 분노, 격노
  - 관 be all the rage 크게 유행하다

Reading V.O.C.A

## Review Test

01 A large number of people support euthanasia because they feel that people should be able to request 'mercy killing' to end their suffering.
→ 많은 사람들은 자신들의 고통을 끝내기 위해 자비로운 살해(_____)를 요청할 수 있어야 한다고 생각하기 때문에 _____를 지지한다.

02 Death may simply be defined as the termination of life.
→ 죽음은 삶의 _____로 간단히 정의된다.

03 Euthanasia refers to the practice of intentionally ending a life in order to relieve pain and suffering.
→ 안락사는 고통과 괴로움을 _____ 하기 위해 의도적으로 삶을 끝내는 것을 가리킨다.

04 It is impossible to undo the suffering caused by the war.
→ 전쟁으로 빚어진 _____을 돌이키는 것은 불가능하다.

05 Stem-cell research can help doctors treat incurable diseases, such as cancer and Alzheimer's.
→ 줄기세포 연구는 의사들이 암과 알츠하이머와 같은 _____병을 치료하는데 도움을 준다.

06 In current conditions, an increase in savings can have beneficial economic results.
→ 현_____에서는, 저축을 늘리는 것이 경제적으로 이로운 결과를 가져올 수 있다.

07 Many people believe that euthanasia, which is an assisted killing by the request of the patient, should be legal.
→ 많은 사람들은 환자의 _____에 의한 죽음을 돕는 행위인 안락사는 합법적이라고 생각한다.

08 Euthanasia is against the law in the country.
→ 그 나라에서 안락사는 _____.

09 The charity is opposed to all forms of assisted suicide and euthanasia.
→ 그 자선단체는 모든 형태의 _____나 안락사에 대해 반대하는 입장이다.

10 Assisted suicide, also called voluntary euthanasia, is currently a contentious issue in many countries.
→ _____로 불리는 자살방조는 현재 많은 나라에서 논쟁거리이다.

11 In recent years, euthanasia has become a very heated debate.
→ 최근 들어, 안락사는 매우 열띤 _____거리가 되었다.

12 The matter is still under consideration.
→ 그 문제는 여전히 _____ 중 이다.

¹³ Some prison employees were allegedly bribed to assist the escape.

➡ 일부 간수들이 뇌물을 받고 탈옥을 _____ 것으로 알려졌다.

¹⁴ Anyone who commits suicide is committing a sin.

➡ 자살하는 사람은 _____를 짓는 것이다.

¹⁵ The debate over the rapid increases in suicide rates has been raging since last year.

➡ 작년부터 급격한 자살율 증가에 대한 논쟁이 _____.

>>> 정답
01. 안락사, 안락사   02. 종결   03. 경감   04. 고통   05. 불치
06. 상황   07. 요청   08. 불법이다   09. 자살방조   10. 자발적 안락사
11. 논쟁   12. 고려   13. 도운   14. 죄   15. 격해지고 있다

>>> Part 5 Social Science
>>> Chapter 2 Law & Crime

## >>> Theme 090  Lawsuit

A **lawsuit** is a **civil action** **brought in** a court of law in which a **plaintiff**, a **party** who **claims** to have **incurred** loss as a result of a **defendant's** actions, demands a legal or **equitable remedy**. The defendant is required to respond to the plaintiff's **complaint**. If the plaintiff is successful, judgment will be given in the plaintiff's favor, and a variety of court orders may be issued to enforce a right, award **damages**, or **impose** a **temporary** or **permanent injunction** to prevent an act or **compel** an act. A **declaratory** judgment may be issued to prevent future legal **disputes**. A lawsuit may involve dispute **resolution** of **private law** issues between individuals, business entities or non-profit organizations. A lawsuit may also enable the state to be treated as if it were a private party in a **civil case**, as plaintiff or defendant regarding an injury, or may provide the state with a civil cause of action to enforce certain laws.

The **conduct** of a lawsuit is called **litigation**. One who has a tendency to **litigate** rather than seek non-judicial remedies is called **litigious**. The plaintiffs and defendants are called **litigants** and the **attorneys** representing them are called **litigators**.

### >>> 해석

소송은 피고의 행위로 인해 입은 손실을 주장하고 법적이고 공평한 구제를 요구하는 당사자인 원고가 법원에 제출하는 민사 소송이다. 피고는 원고의 소장에 대한 답변서를 제출하여야 한다. 만약 원고가 승소한다면, 판결은 원고의 편에서 주어질 것이며, 여러 법원은 권리를 이행하고, 손실을 보상하며, 어떤 행위를 방지하거나 강제하는 일시적 또는 영구적 명령을 부과하는 명령서를 내릴 것이다. 장래의 법적 분쟁을 방지하고자 선언적 판결을 내릴 수 있다. 소송은 개인 간이나 사업체 간, 또는 비영리법인 간에 체결하는 사적 계약에 대한 분쟁해결을 포함할 수 있다. 소송은 국가를 민사사건에서 손해배상에서의 원고나 피고처럼 사적 당사자로 취급할 수 있으며, 국가에게 특정한 법을 집행하기 위한 민사적 소송원인을 제공할 수도 있다. 소송의 수행을 제소라고 한다. 재판을 통하지 않기보다는 소송을 통해 해결하려는 경향을 가진 사람을 소송을 일삼는 사람이라고 부른다. 원고와 피고는 소송당사자로 부르고, 그들을 대리하는 변호사를 소송관계자로 부른다.

### >>> 어구

favor 유리, 이익, 호의  a variety of 여러 가지의  court order 법원명령  issue 발행하다, 발부하다  prevent 막다, 방지하다  individual 개인  business entity 기업체  non-profit organization 비영리 기관  treat as if ~처럼 취급하다  enforce 집행하다, 강요하다  have a tendency to ~하는 경향이 있다  non-judicial 재판에 의하지 않은

### >>> 구문

• as if it were a private party in a civil case [as if 가정법 과거]
  마치 그것(the state)이 사적 당사자인 것처럼

• provide the state with a civil cause of action [provide A with B]
  (=provide a civil cause of action for the state)
  국가에 민사적 소송원인을 제공하다

>>> Part 5 사회과학   >>> Chapter 2 법률과 범죄

>>> Theme 090   소송 ▶

01 **lawsuit** [lɔ́ːsuːt] 소송
- file a lawsuit against ~을 상대로 소송을 제기하다
- civil lawsuit 민사소송
- 동 suit 소송
  - damage suit 손해배상청구소송
  - divorce suit 이혼소송

02 **civil action** 민사소송
- 관 civil case 민사 사건
- 반 criminal action 형사소송

03 **bring in** 제출하다, 도입하다, (평결을) 내리다

04 **plaintiff** [pléintif] (민사 소송의) 원고
※ 민사 소송에서 법원에 소송을 제기하는 사람을 원고(plaintiff)라 하고, 소송을 당하는 사람을 피고(defendant)로 부른다.
- 반 defendant 피고(인)

05 **party** [páːrti] 1. (소송·계약 등의) 당사자
  2. 정당, 당; 단체
- 관 third party (소송 당사자 외의) 제삼자

06 **claim** [kleim] 1. (권리나 보상을) 요구하다
  2. 주장하다
  3. 권리; 청구; 주장
- ⓝ claimant 원고, 요구인

07 **incur** [inkə́ːr] 1. (손해 등을) 입다
  2. (좋지 못한 상황을) 초래하다

08 **equitable** [ékwətəbl] 공정한, 공평한
- ⓝ equity 공평, 공정
- 동 공평한: impartial, unbiased, just

09 **remedy** [rémədi] 1. (침해에 대한) 구제
  2. 치료약; 해결책
  3. 바로잡다, 개선하다
- remedy order 배상명령
- 동 redress 보상, 배상; (부당한 것을) 바로잡다
  compensation 보상, 배상

10 **complaint** [kəmpléint] 1. (원고의) 소장
  2. 불평, 항의
- ⓥ complain 불평하다, 고소하다

11 **damage** [dǽmidʒ] 1. 손상, 피해
  2. (pl.) 손해배상금
- pay for the damage 손해를 배상하다
- 동 loss 손해, 손실

12 **impose** [impóuz] (의무 등을) 부과하다, 지우다
- impose on 주제넘게 나서다, 이용하다
- 형 imposing 인상적인

13 **temporary** [témpərèri] 일시적인, 임시의
- ⓐⓓ temporarily 일시적으로, 임시로
- 동 일시적인: temporary, momentary, transitory, transient
  잠정적인: tentative, provisional

14 **permanent** [pə́ːrmənənt] 영구적인, 영원한
- ⓐⓓ permanently 영구히
- 동 영원한: lasting, everlasting, eternal, perpetual

15 **injunction** [indʒʌ́ŋkʃən] (법원의) 명령
- permanent injunction 영구적 금지명령

16 **compel** [kəmpél] 억지로 시키다, 강요하다
- 동 강요하다: oblige, coerce, force

17 **declaratory** [diklǽrətɔ̀ːri] 선언적인
- a declaratory judgment 선언적 판결
- ⓥ declare 선언하다, 신고하다
- ⓝ declaration 선언(문), 신고서

18 **dispute** [dispjúːt] 1. 분쟁, 논쟁
  2. 논쟁하다, 반박하다
- ⓐ disputable 논쟁의 여지가 있는

19 **resolution** [rèzəlúːʃən] 1. (문제의) 해결(책)
  2. 결심; 결의, 결의안
- dispute resolution 분쟁 해결
- ⓐ resolute 단호한, 굳게 결심한
- 반 irresolute 우유부단한

20 **private law** 사법(私法), 개인 간에 적용되는 법
- 관 public law 공법

21 **conduct** [kəndʌ́kt] 1. 수행하다
  2. 지휘하다, 안내하다

22 **litigation** [litəgéiʃən] 소송
- ⓥ litigate 소송하다, 법정에서 다투다
- ⓐ litigious 소송하기 좋아하는

23 **litigant** [lítəgənt] 소송 당사자(원고 또는 피고)
- 관 litigator (변호사 등의) 소송 관계자

24 **attorney** [ətə́ːrni] 변호사, 소송 대리인
- attorney-at-law 변호사
- 비 lawyer (일반적) 변호사
  counselor ⟨미⟩ 법정 변호사
  barrister ⟨영⟩ 법정 변호사
- 관 client (변호사의) 의뢰인

## Review Test

### Theme 090

01  She **filed a lawsuit against** him.
→ 그녀는 그를 상대로 _____.

02  He filed **a civil action** against the company.
→ 그는 회사를 상대로 _____을 제기하였다.

03  If there is evidence, it would need to **be brought in** court.
→ 증거가 있다면 법정에 _____되어야 한다.

04  The case was decided in favor of **the plaintiff**.
→ 그 사건은 _____의 승소로 판결 났다.

05  The agreement is binding on both **parties**.
→ 그 합의는 양 _____ 모두에게 법적 구속력이 있다.

06  The judge did not accept the defendants' **claim**.
→ 판사는 피고의 _____을 받아들이지 않았다.

07  We shall pay for the damage you **incur**.
→ 우리는 당신이 _____ 손해를 배상해 줄 것입니다.

08  No one believed that the court decision was **equitable**.
→ 어느 누구도 그 법원의 결정이 _____했다고는 생각하지 않았다.

09  Holding copyright provides the only legal **remedy** against unauthorized copying.
→ 저작권 소유는 무단 복제에 대비하는 유일한 법적 _____이다.

10  Defendants are required to respond to the plaintiff's **complaint**.
→ 피고는 원고의 _____에 답변해야 한다.

11  He must pay for the **damage** he has caused.
→ 그는 자신으로 말미암아 발생한 _____에 대해서 배상하여야 한다.

12  The court **imposed** an injunction on him.
→ 법원은 그에게 금지명령을 _____.

13  The EU has imposed a **temporary** ban on imports of live, captive and pet birds.
→ 유럽연합(EU)은 야생 조류 및 가금류와 애완 조류에 대해 _____ 수입금지령을 내렸다.

¹⁴ He gave up his permanent U.S. residency to receive a re-examination for active-service in the military.
→ 그는 현역 재검을 받기 위해 _____ 미국 거주권을 포기했다.

¹⁵ The court granted a permanent injunction to halt it.
→ 법원은 그것에 대해 _____ 을 내렸다.

¹⁶ He was compelled to admit that his mistake caused a serious loss.
→ 그는 자신의 실수로 심각한 손해를 초래한 점을 인정하도록 _____ 당했다.

¹⁷ A declaratory judgment may be issued to prevent future legal disputes.
→ _____ 판결은 미래의 법적인 분쟁을 방지하고자 선고될 수 있다.

¹⁸ The dispute was settled without recourse to litigation.
→ 그 _____ 은 소송 없이 해결되었다.

¹⁹ Mediation is a successful tool in dispute resolution.
→ 조정은 분쟁 _____ 에 있어 성공적인 수단 중 하나이다.

²⁰ Whether in public law or in private law, the distress caused to litigants is enormous.
→ _____ 이건 공법이건 간에 소송당사자들이 받는 고통은 엄청나다.

²¹ The trial was conducted properly and fairly.
→ 재판은 적절하고 공정하게 _____.

²² Some disputes can be settled out of court; others require litigation.
→ 어떤 분쟁은 법정 밖에서 해결할 수도 있고, _____ 을 필요로 하는 것도 있다.

²³ A litigant means both the plaintiff and the defendant in a lawsuit.
→ _____ 란 소송에서 _____ 와 _____ 모두를 의미한다.

²⁴ An attorney can speak for a client in a court of law.
→ _____ 는 법정에서 그의 _____ 을 대변할 수 있다.

>>> 정답

01. 소송을 제기했다  02. 민사소송  03. 제출  04. 원고  05. 당사자
06. 주장  07. 입은  08. 공정  09. 구제  10. 소장
11. 피해  12. 부과했다  13. 일시적인  14. 영구적인  15. 영구적 금지명령
16. 강요  17. 선언적  18. 분쟁  19. 해결  20. 사법
21. 행해졌다  22. 소송  23. 소송 당사자, 피고, 원고  24. 변호사, 의뢰인

>>> Part 5 Social Science

Chapter 3
Economy & Finance

>>> Theme 091 **Economy**

The **exchange**$^{01}$ of money drives **economic**$^{02}$ forces. Money **circulates**$^{03}$ in an economy as **goods**$^{04}$ and **services**$^{05}$ are **purchased**$^{06}$. The person who has the money purchases an **item**$^{04}$ which **distributes**$^{07}$ the wealth to not only the **shopkeeper**$^{08}$ but a host of other people including the **manufacturer**$^{09}$, the manufacturer's employees, the truck drivers, the advertisers and a host of others. The difference between the **wholesale**$^{10}$ and **retail**$^{10}$ price which is paid by the **consumer**$^{11}$ includes a **profit margin**$^{12\ 13}$ for the company and **distributor**$^{07}$ and all the others who made the production and the **distribution**$^{07}$ of the item possible. Hence, the willingness of consumers to spend hard-earned money contributes to the ability of companies and businesses to spend, produce and profit, which in turn affects the **GNP**$^{14}$ and **NNP**$^{14}$. When there's a **price hike**$^{15}$ or **wage freeze**$^{16}$, the free flow of money can be stifled. A **recession**$^{17}$ is the result of less spending. If consumers are not buying more, then companies are not able to make a profit or worse to maintain their **revenues**$^{18}$. If this happens, **budget cuts**$^{19}$ are possible. If people's jobs are lost due to these budget cuts, then even fewer people have money to spend. In reaction to economic circumstances, the **stock market**$^{20}$ can **fluctuate**$^{21}$, sometimes **plummeting**$^{22}$ or **taking a nosedive**$^{22}$ in reaction to economic news, which may cause a **panic**$^{23}$. There are **ups and downs**$^{21}$ in stock market just like everything in life. **Bullish market**$^{24}$ is followed by **bearish**$^{24}$ one, which is followed by bullish one. In good and bad times, the economy is driven by market forces.

>>> 해석

돈의 교환은 경제력을 움직이게 한다. 경제에 있어 상품과 서비스가 구매될 때 화폐가 유통된다. 돈을 가진 사람이 물품을 하나 사게 되면 그것은 가게 주인뿐만 아니라 제조업자, 그 제조업체의 직원들, 트럭 운전사들, 광고주들, 그 밖에 많은 다른 사람들에게도 화폐의 가치를 분배하게 되는 것이다. 소비자가 지불하는 도매가와 소매가의 차이는 회사, 배급자, 제품을 만든 모든 사람들, 그 제품의 배급을 가능하게 했던 모든 사람들의 이익을 계산에 넣은 것이다. 그러므로 소비자들은 힘들게 번 돈을 씀으로써 회사나 업체들의 소비, 생산, 이윤 창출의 능력에 공헌하게 되어 GNP와 NNP에 영향을 끼친다. 물가 상승이나 임금 동결이 있으면 자유로운 통화의 흐름이 억제된다. 소비가 적으면 불경기가 일어난다. 소비자들이 구매를 더 많이 하지 않으면 회사들은 이익을 볼 수가 없거나 수익을 유지하기가 더 어려워진다. 이렇게 되면 예산 삭감이 일어날 수 있다. 이러한 예산 삭감으로 인해 사람들이 실직하게 되면 돈을 쓰는 사람은 훨씬 더 줄어들게 된다. 경제사정에 따라 주가가 변동될 수 있고, 때때로 경제소식에 따라 주가가 폭락하거나 하락하는데 이는 경제 공황을 야기할 수도 있다. 인생의 모든 것처럼 주식 시장에도 부침(浮沈)이 있다. 활황 시장 다음에는 침체 시장이 오고, 그다음에는 활황 장세가 오는 식이다. 좋은 때든 그렇지 못할 때든지 시장의 힘이 경제를 이끌어간다.

>>> 어구

advertiser 광고자 a host of 많은 hard-earned 애써서 번 market forces 시장의 힘

>>> 구문

• not only the shopkeeper but (also) a host of other people ~ [not only A but (also) B]
  가게 주인뿐 아니라 많은 다른 사람들 또한 ~

• the willingness (of consumers) to spend hard-earned money contributes to
  힘들게 번 돈을 쓰려는 (소비자의) 의향이 ~에 공헌하다

# Chapter 3 경제와 금융

>>> Part 5 사회과학

>>> Theme 091  경제 ▶

01 **exchange** [ikstʃéindʒ] 1. 교환, 환전; 거래소
   2. 교환하다
  - stock exchange 증권거래소
  - foreign exchange 외국환, 외환
  - foreign exchange market 외환시장
  - exchange rate 환율

02 **economic** [èkənámik] 경제의, 경기의
  - ⓝ economy 경제, 경기
    economics 경제학

03 **circulate** [sə́ːrkjulèit] 돌다, 순환하다, 유통되다
  - ⓝ circulation 순환, 유통, 발행 부수
  - 관 currency 통화, 화폐; 통용

04 **goods** [gudz] 상품, 물품
  - 혼 good 좋은, 훌륭한, 선한
  - 관 item (하나의) 물품

05 **services** [sə́ːrvisis] 용역
  - goods and services 재화 및 용역

06 **purchase** [pə́ːrtʃəs] 구입(하다), 구매(하다)
  - purchase price 구매가

07 **distribute** [distríbjuːt] 1. 분배하다, 배포하다
   2. 유통시키다
  - ⓝ distributor 배급자, 유통업자
    distribution 유통, 배급, 배포, 분배

08 **shopkeeper** [ʃápkìːpər] 〈영〉 가게 주인, 상인
  - 통 storekeeper 〈미〉 가게 주인
  - 관 merchant 상인

09 **manufacturer** [mæ̀njufǽktʃərər] (대량) 제조업자
  - ⓥ manufacture (대량으로) 제조하다; 제품

10 **wholesale** [hóulsèil] 도매(의), 대량의
  - ⓝ wholesaler 도매상인, 도매업자
  - 반 retail 소매(의), 소매로
    – retailer 소매업자

11 **consumer** [kənsúːmər] 소비자
  - consumer price index 소비자 물가지수
  - ⓥ consume 소비하다, 소모하다, 먹다

12 **profit** [práfit] 이익, 이윤
  - net profit 순이익
  - ⓐ profitable 이익이 되는, 수익성이 좋은

13 **margin** [máːrdʒin] 수익; 한계; 가장자리
  - profit margin 이윤폭, 이익률

14 **GNP** 국민총생산(gross national product)
  - per capita GNP 1인당 국민총생산
  - 관 NNP 국민 순생산(net national product)
    GDP 국내 총생산(gross domestic product)

15 **hike** [haik] 1. 대폭 인상(하다)
   2. 하이킹하다
  - price hike 가격 인상, 물가 급등
  - 관 skyrocketing price 치솟는 물가

16 **freeze** [friːz] 얼리다, 동결(하다)
  - wage freeze 임금 동결

17 **recession** [riséʃən] 불황, 경기 침체
  - 통 depression 불황, 불경기
    slump 불황, 부진
    stagnation/stagnancy 침체, 불황

18 **revenue** [révənjùː] 매출, 수입, 세입
  - 반 expenditure 지출

19 **budget cut** 예산 삭감
  - ⓝ budget 예산, 경비

20 **stock** [stak, stɔk] 1. 주식 〈영〉 share
   2. 재고(품), 비축물
  - stock market 주식 시장, 증권 거래소
  - stock price 주가
  - stock holder 주주 〈영〉 shareholder

21 **fluctuate** [flʌ́ktʃuèit] 오르내리다, 변동하다
  - ⓝ fluctuation 변동, 동요
  - 통 ups and downs 흥망, 성쇠

22 **plummet** [plʌ́mit] 곤두박질치다, 급락하다
  - 통 plunge 급락(하다), 떨어지다
    take a nosedive 급강하하다; 폭락하다

23 **panic** [pǽnik] (갑작스러운) 공포, 공황; 경제 대공황

24 **bullish** [búliʃ] (시세가) 상승세의, 강세인
  - bullish market (주가의) 오름세
  - 반 bearish (시세가) 하락세의, 약세인

>>> Part 5 Social Science  >>> Chapter 3 Economy & Finance

>>> Theme 091 **Review Test**

01  The company was listed on the Korea Stock Exchange in 2012.
➡ 그 회사는 2012년에 한국 _____ 에 상장되었다.

02  As the economic slump continues, the standard of living is deteriorating.
➡ _____ 침체가 지속되면서 생활 수준이 나빠지고 있다.

03  It's hard to estimate how many counterfeit checks are circulating in the country.
➡ 얼마나 많은 위조 수표가 국내에 _____ 있는지는 추정하기 어렵다.

04  Canals were the main method of transporting goods at the time.
➡ 당시에는 운하가 _____ 을 운반하는 주요 수단이었다.

05  The G.D.P. represents the value of all goods and services produced within a territory in a year.
➡ GDP는 일 년간 영토 내에서 생산된 모든 _____ 의 가치를 나타낸다.

06  The purchase price often is negotiable.
➡ _____ 는 종종 흥정이 가능하다.

07  Nowadays the Internet has become the most affordable way to distribute information to many people.
➡ 오늘날에는 인터넷이 많은 사람들에게 정보를 _____ 가장 경제적인 수단이 되었다.

08  Pedlars have an impact on legitimate businesses, whether street traders or shopkeepers.
➡ 행상인들은 노점 상인이든 _____ 이든, 합법적인 장사에 영향을 미친다.

09  Food manufacturers are responsible for the microbiological safety of their processes.
➡ 식품 _____ 은 그들 공정의 미생물학적 안전성에 대한 책임이 있다.

10  The shopkeeper buys wholesale and sells at retail.
➡ 그 상점주인은 _____ 로 사다가 _____ 로 판다.

11  The consumer price index remained steady.
➡ _____ 물가지수는 여전히 안정되어 있다.

12  All the companies concentrate on finding the method to maximize profit.
➡ 모든 기업은 _____ 을 극대화하는 방안을 찾는데 몰두한다.

13  An upturn in the global economy will help increase the overall company's profit margin.
➡ 세계 경제의 호전이 전반적인 회사의 _____ 을 증대시키는데 기여할 것이다.

Reading V.O.C.A
390

¹⁴ The nation was ranked 12th in the world in per capita GNP.

➡ 그 국가는 _____에서 세계 12위를 차지했다.

¹⁵ Riders were opposed to a price hike in the public transportation fares.

➡ 승객들은 대중교통 운임 _____을 반대했다.

¹⁶ The company decided to institute a price freeze.

➡ 그 회사는 가격을 _____시키기로 결정했다.

¹⁷ Unemployment increased during the recession.

➡ _____ 동안 실업률이 증가하였다.

¹⁸ A deficit is a shortfall of revenue as against expenditure.

➡ 적자는 지출에 비해 _____이 부족한 것이다.

¹⁹ The department faced budget cuts that would put thousands of people out of work.

➡ 그 부서는 _____을 위해 수천 명의 직원을 해고해야 할 처지에 직면했다.

²⁰ In a word, buying a stock is like buying a part of a company.

➡ 한마디로 말하면, _____을 사는 것은 기업의 일부를 사는 것과 같은 것이다.

²¹ Prices fluctuate according to supply and demand.

➡ 가격은 공급과 수요에 따라 _____.

²² Stock prices plummeted as soon as the news of the failure got out.

➡ 파산 소식이 알려지자마자 주가가 _____.

²³ Many small time investors lost money during the Panic.

➡ _____ 기간에 많은 소규모 투자가들이 손해를 보았다.

²⁴ The stock market has gone from bullish to bearish.

➡ 증시가 _____에서 _____로 돌아섰다.

---

》》》 정답

01. 증권 거래소　02. 경기　03. 유통되고　04. 물건　05. 재화와 용역
06. 구매가　07. 배포하는　08. 가게 주인　09. 제조업자들　10. 도매, 소매
11. 소비자　12. 이윤　13. 이익률　14. 1인당 국민총생산　15. 인상
16. 동결　17. 불경기　18. 수입　19. 예산 삭감　20. 주식
21. 변동한다　22. 급락했다　23. 경제 대공황　24. 강세, 약세

>>> Part 5 Social Science  >>> Chapter 3 Economy & Finance

>>> Theme 092  **Finance**

There are several things that can be done today to make your future **financially secure** tomorrow. Despite a **sizable gross income**, after **taxes** are **deducted** and **bills** are paid, many people barely have enough money left from their **paychecks** to **break even**. Yet there are **investments** that over an extended period of time can put money in the bank for you and your family. A small amount of money can be deducted from the net income for a **short-term** investment option of buying **bonds** which **mature** in seven to ten years. Savings bonds, for example, are purchased at half the **face value**. When the bond matures, not only does one receive the **full value** of the bond but can also earn **interest** as long as one waits to collect the money. Another low cost way to create a **nest egg** for the future is to buy life **insurance policies**. If the **premiums** are dutifully paid, when the policies mature, there are several options. One policy can **cover** the cost of burial while the others name one's children and grandchildren as **beneficiaries**, leaving them with a **substantial** inheritance. Another possibility is to wait for a policy to mature in ten to twenty years and cash it in as a source of **venture capital** to be used for future investments. This could be used to create **megabucks** by investing in **securities** sold on the stock exchange. Through **reinvesting** some of the profit, one could live comfortably on the interest, while the money does the work.

>>> 해석

당신의 미래를 재정적으로 확실하게 보장할 수 있도록 하기 위해 오늘 할 수 있는 일이 몇 가지 있다. 총수입이 상당히 많아도, 세금을 공제하고 청구서 비용을 지불하고 나면 대부분의 사람들은 간신히 수지를 맞출 수 있는 돈이 월급봉투에 남는다. 그러나 당신과 당신 가족을 위해 은행에 장기간동안 돈을 예치할 수 있는 투자가 있다. 7년에서 10년 이내에 만기가 되는 채권을 구입하는 단기투자옵션에 대해서는 순이익에서 소액만이 공제된다. 예를 들자면, 저축채권은 액면가의 반으로 구입할 수 있다. 채권이 만기가 되면 채권의 발행가액뿐만 아니라 그 금액을 받기 위해 오래 기다리는 한 그 이자까지 받을 수 있다. 미래에 대비한 밑천을 장만하는데 비용을 절감할 수 있는 또 하나의 방법은 생명보험증권을 사는 것이다. 보험료를 충실히 납입한다면 보험증권의 만기가 돌아올 때 몇 가지 옵션이 있다. 하나의 증권이 장례비용을 충당할 수 있다면 다른 증권들은 가입자의 자식과 손자들을 수령인으로 지정해 상당한 유산을 물려줄 수도 있다. 또 하나는 보험증권이 10년이나 20년이 지나 만기가 될 때까지 기다렸다가 그것을 미래 투자에 사용될 수 있는 위험부담자본의 원천으로 현금화하는 것이다. 이런 현금화된 자본을 주식시장에서 거래되는 유가증권에 투자함으로써 거금을 획득하는 데 사용할 수 있다. 이익의 일부를 재투자함으로써 그 자금이 투자활동을 수행하는 동안 이에 대한 이자로도 편안하게 생활할 수 있다.

>>> 어구

**barely** 가까스로, 거의 ~않다 **extended** 연장한 **dutifully** 충실히 **burial** 장례 **collect money** 수금하다

>>> 구문

- to make your future financially secure [make 5형식]
  당신의 미래를 재정적으로 확실하게 보장하기 위해
- many people barely have enough money left from their paychecks to ~
  많은 사람들이 그들의 봉급으로부터 간신히 ~할 만큼의 돈만 남기게 된다

>>> Part 5 사회과학
>>> Chapter 3 경제와 금융

>>> Theme 092　재정 ▶

01 **financially** [fainǽnʃəli] 재정적으로
　ⓐ financial 금융의, 재정적인
　ⓝ finance 재원, 자금, 재정
　관 fiscal 회계의, 재정의
　　monetary 화폐의, 통화의

02 **secure** [sikjúər] 1. 확보하다, 보장하다
　　　　　　　　　　 2. 안전한, 확실한
　ⓝ security 보안, 안전; (pl.) 유가증권

03 **sizable** [sáizəbl] 상당한 크기의, 꽤 많은
　• gain a sizable profit 상당한 이익을 얻다
　동 considerable 상당한 substantial 상당한

04 **gross** [grous] 총(總)~, 총계의, 전체의; 총수입
　• the gross amount 총액

05 **income** [ínkʌm] 수입, 소득
　• gross income 총수입
　• net income 순수입

06 **tax** [tæks] 세금, 세; 과세하다
　• tax cut 세금 인하
　관 세금의 종류
　　income tax 소득세　corporation tax 법인세　local tax 지방세
　　inheritance tax 상속세　value added tax 부가세
　　excise duty 소비세　withholding tax 원천징수세

07 **deduct** [didʌ́kt] 공제하다
　• deduct income tax 소득세를 떼다
　ⓝ deduction 공제, 차감액; 추론

08 **bill** [bil] 1. 고지서, 청구서; 계산서
　　　　　　 2. (제출된) 법안

09 **paycheck** [peitʃek] 급료 (지불 수표)
　• a weekly[monthly] paycheck 주급[월급]
　비 pay (가장 일반적인) 급료
　　wage 시급, 주급 등의 기간 단위 임금
　　salary 전문직 급여 또는 월 단위 급여
　　fee (변호사 등의) 전문직에 대한 수수료
　　honorarium (전문적 서비스에 대한) 사례비

10 **break even** 본전치기를 하다, 수지를 맞추다
　• break-even point 손익분기점
　관 profit and loss 손익
　　profit and loss statement 손익 계산서

11 **investment** [invéstmənt] 투자, 투자액
　ⓥ invest 투자하다, 출자하다　reinvest 재투자하다
　관 dividend (주식) 배당금　deficit 적자, 손실

12 **short-term** 단기의, 단기적인
　• short-term investment 단기투자
　반 long-term 장기적인, 장기의

13 **bond** [band, bɔnd] 채권; 유대, 끈; 속박
　• a public bond 공채
　관 holdings (주식, 채권 등의) 재산
　　asset (특히 부동산 등의) 재산, 자산
　　liability/debt 부채, 빚

14 **mature** [mətjúər] 1. 만기가 되다; 성숙하다
　　　　　　　　　　 2. 만기의
　　　　　　　　　　 3. 성숙한, 익은
　ⓝ maturity 만기일; 성숙
　반 immature 미완성의, 미성숙한

15 **face value** (증권의) 액면가
　• at face value 액면 그대로
　관 full value 전액

16 **interest** [íntərəst] 1. 이자, 이익, 지분
　　　　　　　　　　 2. 관심, 이해관계
　　　　　　　　　　 3. 관심을 끌다[보이다]
　• an annual interest rate 연이율

17 **nest egg** 비상금
　관 seed money 밑천, 자본금

18 **insurance policy** 보험 증서, 보험 약관

19 **premium** [príːmiəm] 1. (pl.) (납입) 보험료
　　　　　　　　　　　 2. 할증료, 상여금

20 **cover** [kʌ́vər] 1. (보험으로) 보장하다
　　　　　　　　　 2. 포함하다, 다루다, 걸치다
　　　　　　　　　 3. 덮다, 가리다; 보도하다
　• be fully covered 전부 보장되다
　관 coverage 보험의 보상 범위　full coverage 종합 보험

21 **beneficiary** [bènəfíʃièri] (보험금·연금 등의) 수익자, 수령인
　• the beneficiary of the policy 보험 수익자

22 **substantial** [səbstǽnʃəl] 상당한, 중대한
　• substantial sums of money 상당한 돈

23 **venture** [véntʃər] (사업상의) 모험, 벤처

24 **capital** [kǽpətl] 1. 자본, 자산
　　　　　　　　　　 2. 수도; 대문자
　• venture capital 벤처기업에 투자되는 모험 자본
　관 liquidity 유동자금
　　hedge fund 단기 이익을 올리는 민간 투자 자금

24 **megabucks** [mégəbʌks] 엄청난 돈, 큰돈
　ⓝ buck (구어) 달러

## Review Test

**01** The survey found that around 65 percent of the respondents feel financially insecure.
➡ 조사에 따르면 응답자의 65% 정도가 _____ 불안정하다고 느끼는 것으로 드러났다.

**02** The man invested in securities.
➡ 그는 _____ 투자를 했다.

**03** There have been sizable investments in recent years to improve sewage treatments.
➡ 최근 하수처리를 향상시키기 위한 _____ 투자가 있어 왔다.

**04** Despite the movie's large gross, considering its cost it was a flop.
➡ 그 영화는 _____은 많았지만, 제작비를 고려해 보면 실패작이었다.

**05** The net income is a more reliable measurement of a person's wealth.
➡ 사람의 재산은 _____으로 측정하는 것이 더 낫다.

**06** Taxes in America often total twenty percent of the gross income.
➡ 미국에서 _____은 종종 총수입의 20%가 된다.

**07** Contributions to charities can count as a tax deduction.
➡ 자선 단체에 내는 기부금은 세금 _____에 포함될 수 있다.

**08** Paul could not pay his bills and became insolvent.
➡ 폴은 _____를 지불하지 못해 파산했다.

**09** The employees received a monthly paycheck.
➡ 직원들은 월급제로 _____를 받았다.

**10** After a financial disaster, she had to sell all her property to break even.
➡ 재정적으로 크게 타격을 입고 나서, 그녀는 _____ 위해 전 재산을 처분해야 했다.

**11** The man lived off the dividends of his investments.
➡ 그 사람은 자신이 _____한 주식의 주식 배당금으로 먹고살았다.

**12** I prefer to invest in long-term rather than short-term bonds.
➡ 나는 _____ 채권보다는 _____ 채권에 투자하기를 선호한다.

**13** The man gave his child savings bonds.
➡ 그 사람은 자식에게 저축 _____을 주었다.

**14** The insurance policy will mature in December this year.
➡ 그 보험은 올해 12월에 _____가 된다.

¹⁵ The bonds could be redeemed for face value in seven years.
➡ 그 채권은 7년 후에 _____로 상환받을 수 있다.

¹⁶ The savings account offered two percent monthly interest.
➡ 보통 예금은 매달 2%의 _____가 붙는다.

¹⁷ We must build up a nest egg for the bad years.
➡ 안 좋을 때를 대비해서 우리는 _____을 모아야 한다.

¹⁸ You can make a claim on your insurance policy.
➡ 당신은 _____에 따라 청구를 할 수 있습니다.

¹⁹ The premium of the insurance policy went up.
➡ _____가 올랐다.

²⁰ My car is covered by insurance.
➡ 내 차는 보험에 _____.

²¹ As beneficiary of the insurance policy, the child would be financially secure for life.
➡ 그 아이는 보험의 _____이기 때문에 재정적으로 생활 보장이 될 것이다.

²² The division of labor brought about a substantial improvement in productivity.
➡ 분업은 생산력에 _____ 향상을 불러왔다.

²³ The funds were not available to invest in a new venture.
➡ 그 자금은 새로운 _____ 사업을 하는데 사용되지 않는다.

²⁴ The company needed to raise the venture capital to participate in the project.
➡ 회사는 그 계획에 참여하기 위해 _____을 조달할 필요가 있었다.

²⁵ They sank megabucks into their new project.
➡ 그들은 새 프로젝트에 _____을 쏟아 부었다.

---

**>>> 정답**

| 01. 재정적으로 | 02. 증권 | 03. 상당한 | 04. 총수입 | 05. 순수입 |
| 06. 세금 | 07. 공제 | 08. 청구서 | 09. 급여 | 10. 수지를 맞추기 |
| 11. 투자 | 12. 단기, 장기 | 13. 채권 | 14. 만기 | 15. 액면가 |
| 16. 이자 | 17. 비상금 | 18. 보험 약관 | 19. 납입 보험료 | 20. 들어 있다(보장을 받는다) |
| 21. 수익자 | 22. 상당한 | 23. 투기성(벤처) | 24. 모험 자본 | 25. 엄청난 돈 |

>>> Part 5 Social Science   >>> Chapter 3 Economy & Finance

## >>> Theme 093 Banking

Marcia **filled out**[01] a **withdrawal**[02] slip performing the first of many tasks she had to accomplish. While **waiting in line**[03] for a **teller**[04] to process her **forms**[05], she read the brochures describing the interest rates for **home equity loans**[06] since she and her husband would need extra money to **pay for**[07] their daughter's college tuition next year. Then she had the **bank officer**[08] escort her into the **vault**[09] where she **took out**[10] her and her husband's passports. She then went to **exchange**[11] some of the money **into foreign currency**[12] and to purchase **traveler's checks**[13] for her upcoming vacation. She then **wire transferred**[14] **funds**[15] to her brother Tommy's **account**[16] since he was behind in his rent. While waiting for the teller to finish the process, she decided to fill out a form to **apply for**[17] the **credit card**[18] offered by the bank. It was only after leaving the bank that she realized she didn't **withdraw**[02] enough money to go food shopping. So instead of waiting in line inside to do the **transaction**[19], she went to the drive-in **ATM**[20].

>>> 해석

Marcia는 해야 할 많은 일들 중 먼저 인출표를 작성하는 일부터 했다. 현금 출납 계원이 자신의 일을 처리하는 걸 기다리는 동안 그녀는 주택 담보 대출의 금리에 대해 설명해 놓은 소책자를 읽었다. 왜냐하면 그들 부부는 내년에 딸의 대학 등록금을 내기 위해서 여분의 돈이 필요했기 때문이다. 그녀는 은행 직원에게 금고실로 호위해 달라고 부탁했고 거기에 가서 그들 부부의 여권을 꺼내왔다. 그 다음 다가오는 휴가 때 쓰기 위해 약간의 돈을 외국돈으로 환전했고 여행자수표를 구입했다. 그러고 나서 그녀는 남동생 Tommy가 집세가 밀려 있다고 해서 남동생 구좌로 온라인 송금을 했다. 현금 출납 계원이 일을 처리하는 동안 그녀는 은행에서 제공하는 신용카드를 신청하려고 신청서를 쓰기로 했다. 은행을 나온 지 얼마 되지 않아 그녀는 시장을 보러 가기에는 돈을 충분히 인출하지 않았다는 것을 깨달았다. 그래서 줄을 서서 은행 일을 보는 대신 드라이브인 현금자동지급기로 향했다.

>>> 어구

task (해야 할) 일  accomplish (일을) 해내다  escort into ~으로 안내하다  upcoming 다가오는  behind in (계산, 낼 돈 등이) 밀리다, 뒤처지다

>>> 구문

- she had the bank officer escort her into the vault [have 사역동사]
  그녀는 은행 직원이 그녀를 금고실로 호위하도록 했다

- While waiting for the teller to finish the process
  현금 출납 계원이 일을 끝내기를 기다리는 동안

- It was only after leaving the bank that she realized ~ [It is ~ that 강조 구문]
  은행을 나온 후에서야 그녀는 ~을 깨달았다

>>> Part 5 사회과학   >>> Chapter 3 경제와 금융

>>> Theme 093   은행 ▶

01 **fill out** (서식의) 빈 곳을 채우다
- fill out a form 양식을 작성하다
- 육 fill up (기름을) 가득 채우다

02 **withdraw** [wiðdrɔ́ː] 1. (예금을) 인출하다
2. 취소[철회]하다; 후퇴하다
- ⓝ withdrawal 인출; 철회; 철수
- withdrawal slip 출금표
- 반 deposit 예금하다 deposit slip 입금표

03 **wait in line** 줄을 서서 기다리다
- 반 cut in line 새치기하다

04 **teller** [télər] (은행의) 금전 출납 계원
- 동 cashier (은행·상점 등의) 출납원

05 **form** [fɔːrm] 1. (공식 문서의) 서식
2. 종류; 모습, 형태
- an application form 신청서

06 **loan** [loun] 대출[융자](하다), 빌려주다
- loan officer 대출 담당 직원
- home equity loan 주택담보대출
- cosign a loan for ~의 융자를 위해 보증을 서다
- 관 대출 관련
  mortgage 담보 대출 mortgage loan 담보대출
  collateral 담보물 security 저당, 담보
  foreclosure 저당권 실행으로 인한 담보물 상실
  bankruptcy 파산, 도산

07 **pay** [pei] 1. (치러야 할 돈을) 지불[납부]하다
2. 이득이 되다, 대가를 치르다
3. 급료, 보수
- ⓝ payee (금전·수표의) 수취인
  payer 지급인, (수표) 발행인
  payment 지불, 지급, 상환
- pay for 대금[비용]을 지불하다
- pay off 빚을 다 갚다
- down payment 계약금, 착수금
- easy payment 분할 지급
- payment arrears 대출금 연체

08 **bank** [bæŋk] 은행; 저장고; 둑, 제방
- bank book 은행 통장
- bank officer 은행 간부
- bank clerk 은행원, 창구직원
- ⓝ banking 은행 업무

09 **vault** [vɔːlt] 1. (은행의) 귀중품 보관실, 금고
2. 아치형 천장
- 동 safe deposit box 대여금고

10 **take ~ out** 1. (계좌에서 돈을) 인출하다
2. (사람을) 데리고 나가다
3. (물건을) 꺼내다; 제거하다

11 **exchange A into B** A를 B로 환전하다
- exchange Korean currency into dollars 한화를 달러로 환전하다
- 관 change 잔돈, 거스름돈

12 **currency** [kə́ːrənsi] 통용되는 돈, 통화
- foreign currency 외화
- ⓐ current 현재의; 통용되는

13 **check** [tʃek] 수표
- traveler's check 여행자 수표(T/C)
- personal check 가계 수표
- promissory note 약속 어음
- bounced check 부도수표
- checkbook 수표책
- checking account 당좌 예금 구좌
- clear check 수표를 결제하다
- endorse the check 수표에 배서하다
- cash a check 수표를 현금으로 바꾸다
- 관 cash 현금, 현찰 · cash flow 현금의 흐름
  draft 어음, 환어음
  money order 우편환(M.O)

14 **transfer** [trænsfɔ́ː] 1. 옮기다, 송금하다
2. 전근[전학]하다
3. (교통수단을) 갈아타다
- wire transfer 온라인 송금(하다)
- 관 wire 온라인으로 송금하다; 철사, 전선

15 **fund** [fʌnd] (특정 목적을 위한) 기금[자금]
- fund-raiser 기금 모금자, 모금 행사

16 **account** [əkáunt] 1. (은행의) 계좌; 계정
2. 설명, 이야기
3. 회계 장부
- account number 계좌 번호
- savings account 보통예금
- current account 당좌 계정
- joint account (부부) 공동명의 계좌
- delinquent account 체납 계좌
- 관 balance (계좌의) 잔고

17 **apply for** 신청하다
- ⓝ application 신청

18 **credit** [krédit] 1. 신용거래, 융자; 공제액
2. (영화 참여자의) 이름 언급
- credit card 신용카드
- ⓝ creditor 채권자 (↔ debtor 채무자)

19 **transaction** [trænsǽkʃən] 거래, 업무, 처리
- ⓥ transact 거래하다, 처리하다

20 **ATM** 현금자동인출기(Automatic Teller Machine)
- 동 cash machine/cash dispenser 〈영〉현금자동지급기

Reading V.O.C.A
397

>>> Theme 093 **Review Test**

01 In order to wire money, one must fill out a form detailing the name and account number of the beneficiary.
➡ 돈을 부치려면 받는 사람의 이름과 계좌번호를 상세히 알리는 _____ 해야 한다.

02 Money can be withdrawn from an account with proper identification.
➡ 정확하게 신분 확인이 되면 계좌에서 돈을 _____ 수 있다.

03 I am tired of waiting in line at the bank.
➡ 나는 은행에서 _____ 것이 진절머리가 난다.

04 Inside of the bank, tellers provide the general service for current accounts.
➡ _____ 은 은행 내부에서 당좌계정에 대한 서비스 일체를 제공한다.

05 Please fill out this application form.
➡ 이 _____ 에 기입해 주세요.

06 In order to be considered for a loan, applicants must have collateral which the bank can repossess in case of default.
➡ _____ 를 받기 위해서 대출신청자는 채무 불이행의 경우를 대비하여 은행이 회수할 담보물을 가지고 있어야 한다.

07 Upon receipt of a check, banks will pay the specified amount to the order of the person named.
➡ 은행은 수표를 받자마자, 서명한 사람의 지시에 따라 명시된 금액을 _____ 해야 한다.

08 The bank officer can authorize the opening of accounts.
➡ _____ 가 계좌의 신설을 허락한다.

09 Money and safety deposit boxes are stored in a bank vault.
➡ 돈과 대여 금고는 _____ 에 보관된다.

10 Kate took out her wallet and showed the guard her identification.
➡ 케이트는 지갑을 _____ 서 경비원에게 신분증을 보여주었다.

11 Before going on a trip, it's wise to exchange some money for the currency of the country that will be visited.
➡ 여행 가기 전에 방문할 나라 돈으로 _____ 해놓는 게 좋다.

12 The unit of currency in Vietnam is the Dong.
➡ 베트남의 _____ 단위는 동이다.

¹³ The check bounced because there were not sufficient funds in the account to cover the payment.
▶ 돈이 나갈 구좌에 잔고가 부족했기 때문에 그 _____는 부도가 났다.

¹⁴ To transfer money into an account, the number is required.
▶ 돈을 _____하려면 계좌 번호가 필요하다.

¹⁵ Many orphanages are maintained by the charity fund.
▶ 많은 보육원들이 자선_____으로 유지되고 있다.

¹⁶ The money was deposited to the account on Monday.
▶ 월요일에 돈이 _____에 입금되었다.

¹⁷ His wife applied for a patent for his invention after his death.
▶ 그가 죽은 후, 그의 아내가 그의 발명에 대한 특허권을 _____.

¹⁸ Credit card holders are able to make purchases and send the money to the card company instead of the individual stores.
▶ _____ 보유자는 물건을 구입하고 나서 물건을 산 가게 대신 카드 회사로 돈을 보낼 수 있다.

¹⁹ The cash machine dispenses money and a receipt for the transaction.
▶ 현금 자동 지급기로 _____하면 돈과 영수증이 나온다.

²⁰ Money can be withdrawn after banking hours at an Automatic Teller Machine.
▶ 은행 업무 시간이 끝나면 _____에서 돈을 인출할 수 있다.

**》》》 정답**

| 01. 양식을 작성 | 02. 인출할 | 03. 줄 서서 기다리는 | 04. 금전 출납 계원 | 05. 신청서 |
| 06. 융자 | 07. 지불 | 08. 은행 간부 | 09. 은행 금고 | 10. 꺼내 |
| 11. 환전 | 12. 통화 | 13. 수표 | 14. 계좌이체(송금) | 15. 기금 |
| 16. 계좌 | 17. 신청했다 | 18. 신용카드 | 19. 거래 | 20. 현금자동인출기 |

>>> Part 5 Social Science
>>> Chapter 3 Economy & Finance

## >>> Theme 094 Investment

You no longer need to be a **millionaire**[01] oil **magnate**[02] or a **billionaire**[01] **tycoon**[03] to win in the stock market. Even the average Joe can wheel and deal in the world of high finance if he takes some time to understand the real life applications of the principles of **supply and demand**[04]. First, he should have an appreciation for the political and technological **breakthroughs**[05] that could signal a buyer's or seller's market. For instance, if a war breaks out in a country that a company has a **plant**[06] or **factory**[06], this may negatively **impact**[07] the stock. However, if a company is able to **corner the market**[08] through the release of a newly developed technology, the price of the stock may **shoot up**[09], spelling a profit for current **stockholders**[10]. Secondly, in this era of **high stakes**[11] **mergers**[12] and **acquisitions**[13], he should also be able to realize how a **takeover**[14] would positively or negatively **affect**[15] his stock. For example, if a struggling firm **merges with**[12] a larger and more **lucrative**[16] **corporation**[17], the stock of the smaller **firm**[17] may become more **profitable**[16]. Through the assumed benefit of the **association**[18] with the new **parent company**[19], the future of the company has brightened. In contrast, if **investors**[20] believe that the acquisition will cause the larger company to lose money as a result of this **deal**[21], the stock may be considered less **valuable**[22]. With the globalization of many fields, even multinational companies or companies interested in **joint ventures**[23] could be a **feasible**[24] option for would-be investors.

>>> 해석
이제 더 이상 증권 시장에서 성공하기 위해서 석유회사 대부호나 억만장자의 거물일 필요는 없다. 보통 사람들도 시간을 좀 들여 실생활에서 수요와 공급의 원리가 적용된다는 것을 알게 되면 거액의 돈이 유통되는 세계에서 눈부시게 활약할 수 있을 것이다. 첫째로 구매자 시장이나 판매자 시장에 있을 변화를 시사하는, 정치적 또는 기술적으로 획기적인 일들을 이해해야 한다. 예를 들어 자신의 회사 공장이 진출해 있는 나라에 전쟁이 일어난다면 이것은 주식에 부정적인 영향을 미칠지도 모른다. 하지만 고도로 발달된 새로운 기술로 회사가 주식을 매점할 수 있다면, 주가가 폭등하여 현(現) 주주에게 이익을 가져다줄 것이다. 둘째로, 주식의 보유분이 많이 있을 때 합병과 인수가 일어난다면 주식매입이 긍정적으로나 부정적으로 주식에 얼마나 많은 영향을 미치는지 알아야 한다. 예를 들어 상황이 좋지 않은 회사가 좀 더 크고 상황이 좋은 회사와 합병한다면 작은 회사의 주식이 더 이익이 된다. 새로운 모(母) 회사와의 제휴로 생긴 인수이익 때문에 그 회사의 장래는 밝아진다. 반대로 투자가들이 이러한 거래의 결과로 인수를 한 더 큰 회사가 손해를 보는 것이라 믿는다면 주가는 떨어질 것이다. 여러 분야에서 세계화가 이루어지기 때문에 투자 지망가들에게 있어서 다국적 기업이나 합작 사업에 관심이 있는 회사는 실현 가능성 있는 선택이 될 수 있다.

>>> 어구
**average Joe** 평범한 사람, 보통 사람 **wheel and deal** 눈부시게 활약하다, 술책을 부리다 **appreciation** 이해 **signal** 신호를 보내다, 시사하다 **seller's market** 판매자 시장 **buyer's market** 구매자 시장 **spell a profit** 이익을 가져오다 **assumed benefit** 인수이익 **globalization** 세계화

>>> 구문
- in a country that a company has a plant or factory [장소명사 + 관계사 that]
  (= in a country where a company has a plant or factory)
  회사가 공장을 가지고 있는 나라 안에서
- the price of the stock may shoot up, spelling a profit for current stockholders
  주가는 솟구칠 것이고 따라서 현 주주에게 이익을 가져다줄 것이다

>>> Part 5 사회과학
>>> Chapter 3 경제와 금융

>>> Theme 094　**투자** ▶

01 **millionaire** [míljənɛ̀ər] 백만장자, 대부호
　관 billionaire 억만장자

02 **magnate** [mǽgneit] 거물, ~왕
　• an oil magnate 석유왕

03 **tycoon** [taikúːn] (재계의) 거물

04 **supply** [səplái] 공급(하다), 보급품
　• supply and demand 수요와 공급
　관 demand 수요

05 **breakthrough** [breikθruː] 돌파구, 획기적 발전
　표 break through 돌파하다

06 **plant** [plænt] 1. (산업공정이 진행되는) 공장
　　　　　　　　 2. 식물(을 심다)
　유 factory (상품이 만들어지는) 공장

07 **impact** [ímpækt] 1. 영향; 효과; 충격
　　　　　　[impǽkt] 2. 영향을 주다, 충돌하다
　• have an impact on ~에 영향을 미치다

08 **corner the market** 상품[시장]을 독점하다
　• corner (특정 상품의) 시장을 장악하다
　ⓝ cornering 매점매석
　관 niche market 틈새시장

09 **shoot up** 1. 급증하다, 급등하다
　　　　　　 2. 총질하다

10 **stockholder** [stákhòuldər] 〈미〉 주주
　• stockholder meeting 주주총회
　• a major shareholder 대주주
　동 shareholder 〈영〉 주주

11 **high stakes** (도박에 거는) 큰돈
　관 stake (도박에 거는) 돈, 돈을 걸다

12 **merger** [mə́ːrdʒər] (흡수) 합병
　• merge with ~와 합병하다
　ⓝ mergee 합병의 상대방

13 **acquisition** [æ̀kwizíʃən] 1. (기업) 인수
　　　　　　　　　　　　　　2. 습득, 취득한 것
　• merger and acquisition 인수합병(약: M&A)

14 **takeover** [teikóuvər] 기업[경영권] 인수
　표 take over (기업 등을) 인수하다
　　 take over from ~으로부터 인계받다

15 **affect** [əfékt] 1. 영향을 미치다
　　　　　　　　 2. ~인 체하다
　표 ~에 영향을 미치다
　　 = have an effect on
　　 = have an impact on
　　 = have an influence on

16 **lucrative** [lúːkrətiv] 수지맞는, 이익이 많은
　동 profitable 이익이 많은

17 **corporation** [kɔ̀ːrpəréiʃən] (큰 규모의) 기업(약. Corp); 법인
　ⓥ incorporate 법인으로 만들다
　ⓐ incorporated 주식회사인(약. Inc.)
　동 firm 기업, 회사
　　 company 회사(약. Co.)
　　 Ltd. 유한책임의(Limited : 회사명 뒤에 붙여 씀)
　　 plc 〈영〉 유한 책임회사(public limited company)
　　 enterprise 기업, 회사; 대규모 사업
　　 cooperative 협동조합(coop)
　관 conglomerate (문어발식) 대기업
　　 consortium 컨소시엄, 합작기업
　　 small and medium-sized business 중소기업
　　 listed enterprise[corporation, company] 상장 기업

18 **association** [əsòusiéiʃən] 1. 제휴, 연계; 협회
　　　　　　　　　　　　　　　2. 연상, 연관
　ⓥ associate 제휴시키다[하다]; 연상하다

19 **parent company** 모회사, 모기업
　관 subsidiary (company) 자회사
　　 the affiliates 계열회사

20 **investor** [invéstər] 투자자
　• would-be investor 투자 지망자
　• institutional investor 기관투자가
　• individual investor 개인투자자

21 **deal** [diːl] 1. 거래, 사업상 합의
　　　　　　 2. 처리, 취급, 대우
　• It's a deal. 좋습니다.(제안에 동의하는 표현)
　• big deal 대단한 것; (반어) 대단한데

22 **valuable** [vǽljuəbl] 가치가 큰, 귀중한
　동 valuables 귀중품

23 **joint venture** 합작 투자 (사업)
　• joint venture company 합작투자회사

24 **feasible** [fíːzəbl] 실행할 수 있는, 실현 가능한
　ⓝ feasibility 가능성, 실현 가능성

Reading V.O.C.A
401

>>> Part 5 Social Science
>>> Chapter 3 Economy & Finance

>>> Theme 094 **Review Test**

01 Her father Jack Kelly was a self-made millionaire, the son of Irish immigrants.
➡ 그녀의 아버지인 Jack Kelly는 아일랜드 이주민의 자식으로, 자수성가한 _____였다.

02 The new well would turn the millionaire oil magnate into a billionaire.
➡ 백만장자인 석유_____은 새로 발견된 유전 때문에 억만장자가 되었다.

03 The business tycoon built and expanded her empire through shrewd deals.
➡ 그 재계의 _____은 빈틈없는 거래를 통해 사업을 확장시켜나갔다.

04 The price and availability of a product are often determined by supply and demand.
➡ 제품의 가격과 이용도는 _____에 의해서 결정되기도 한다.

05 His research led to be a major breakthrough in the health sciences.
➡ 그의 연구는 건강학에 _____을 가져왔다.

06 The company has lots of manufacturing plants all over China.
➡ 그 회사는 중국 전역에 다수의 제조 _____을 소유하고 있다.

07 Public services have been found to positively impact economic growth.
➡ 공공 서비스가 경제 성장에 긍정적인 _____을 미치는 것으로 밝혀졌다.

08 The new design enabled the company to corner the market.
➡ 그 회사는 새로운 계획 덕택에 _____할 수 있었다.

09 The company's stock prices shot up over 30 percent.
➡ 그 회사의 주식은 30% 넘게 _____.

10 They are responsible first to their stockholders, not their customers.
➡ 그들은 고객이 아니라 _____들에게 우선적으로 책임을 져야 한다.

11 A business often deals with matters that have high stakes.
➡ 사업은 종종 _____이 걸린 일들을 처리한다.

12 The merger of the two banks would create the world's biggest bank.
➡ 그 두 은행이 _____하면 세계에서 가장 큰 은행이 탄생할 것이다.

13 The Merger and Acquisition department tried to determine whether a buyout would be feasible.
➡ _____ 부서에서는 기업매수가 가능한지 결정지으려 했다.

¹⁴ The company was in financial trouble and primed for a takeover.

➡ 그 회사는 재정적인 문제에 봉착해 다른 곳으로 _____ 될 준비를 했다.

¹⁵ The real estate market may be easily affected by the economic slump.

➡ 부동산 시장은 불경기에 쉽게 _____ 수 있다.

¹⁶ The drug manufacturers have seen a very lucrative market, since 1950s.

➡ 약 제조사업은 1950년대 이후로 매우 _____ 시장이었다.

¹⁷ The corporation bought several companies to form a conglomerate.

➡ 그 _____ 은 _____ 을 만들기 위해 회사를 몇 개 사들였다.

¹⁸ This film was developed and produced in association with Mirage Enterprises.

➡ 이 영화는 미라지 엔터프라이즈와 _____ 하여 개발되고 생산되었다.

¹⁹ All funding provided from subsidiaries to parent companies should be in the form of dividends.

➡ _____ 에서 _____ 로 제공되는 모든 자금은 배당금의 형태로 이뤄져야 한다.

²⁰ The stock market continued to plummet as investors grew concerned about the outbreak of war.

➡ 주식시장은 전쟁 발발에 대한 _____ 들의 불안으로 계속해서 폭락했다.

²¹ The two shook hands to close the deal.

➡ 두 사람은 _____ 를 끝내며 악수를 나누었다.

²² The Olympics are the most valuable asset in world sport.

➡ 올림픽은 세계 스포츠 대회 중에 가장 _____ 자산이다.

²³ The company combined resources to launch a joint venture.

➡ 그 회사는 _____ 을 시작하기 위해 재원을 합쳤다.

²⁴ A company assessed the feasibility of launching a product in another country.

➡ 회사는 다른 나라 시장에 제품 출시에 대한 _____ 을 평가했다.

>>> 정답

01. 백만장자　　02. 왕　　03. 거물　　04. 수요와 공급　　05. 획기적인 발전
06. 공장　　07. 영향　　08. 시장을 독점　　09. 급등했다　　10. 주주
11. 큰돈　　12. 합병　　13. 인수합병　　14. 인수　　15. 영향을 받을
16. 이익이 많은　　17. 기업, 문어발식 대기업　　18. 제휴　　19. 자회사, 모회사　　20. 투자자
21. 거래　　22. 귀중한　　23. 합작사업　　24. 실현 가능성

>>> Part 5 Social Science
>>> Chapter 3 Economy & Finance

## >>> Theme 095  Marketing

Companies are adopting **sophisticated**[01] **marketing**[02] methods to reach and please **customers**[03]. In order to **target**[04] their **niche market**[05], even small-and medium-sized companies are purchasing the addresses of customers to **launch**[06] **direct mail**[07] **campaigns**[08]. The glossy **brochures**[09] offer **discounted**[10] prices for those who respond to the special deal before a certain deadline. The **pamphlets**[09] make it easy to **place an order**[11] and **guarantee**[12] **satisfaction**[13]. Sometimes they **give** products **away**[14] for the price of **shipping and handling**[15] only. These two **tactics**[16] remove any excuses that the customer has for not putting in the effort or taking a risk on a previously untried product. A company may choose to follow up the direct mail campaign with **telemarketing**[17], adding the personal touch. Using important information about an individual's personal **spending habits**[18], **salespeople**[19] may try to target a **potential**[20] customer for a specific product or service. The success of a company depends upon attracting and maintaining **clients**[03]. Without the revenues generated by steady or increased **sales**[21], newly incorporated companies may find themselves **out of business**[22].

>>> 해석

회사에서는 고객에게 다가가고 고객을 만족시키기 위해 고도의 판매 전략을 쓰고 있다. 틈새시장을 목표로, 중소기업에서는 개인에게 직접 우편물을 보내기 위해 고객의 주소를 확보하고 있다. 화려해 보이는 안내 책자에는 정해진 기한 내에 수량을 한정해서 제품을 구매할 사람들에게 할인가를 제공한다. 팸플릿 덕택에 주문하기가 쉬워졌고 만족도를 높일 수 있다. 또는 배송이나 취급비용만 받고 제품을 거저 주기도 한다. 이 두 가지 전술은 고객이 노력을 하지 않아도 되고 전에 써 본 적이 없는 제품을 살 때 위험부담을 가지지 않도록 해 준다. 회사에서는 개인적인 접촉방식에 덧붙여 통신판매방식으로서 개인에게 직접 우편물을 보내는 방법을 취할 수도 있다. 판매원은 고객 개인의 소비 습관에 대한 주요 정보를 입수하여 특정 상품이나 서비스를 이용할 가능성이 있는 잠재고객을 목표로 할 수도 있다. 회사의 성공은 고객을 확보하고 유지하는 데 달렸다. 판매수익이 꾸준하거나 증가하지 않고는 신설 주식회사는 파산하고 말 것이다.

>>> 어구

adopt 채택하다  method 방법, 방식, 수단  reach (어떤 사람의 관심권 내에) 들어가다, ~에게 보여지다  please 만족시키다  small-and medium-sized company 중소기업  glossy 화려해 보이는, 윤이 나는  previously 이전에  untried 해보지 않은, 검증되지 않은  personal touch 개인적인 접촉

>>> 구문

• give products away for the price of shipping and handling ~
  배송과 취급비용으로 제품을 거저 주다

• remove any excuses (that the customer has) for not ~
  ~하지 않는 것에 대해 (소비자가 가지는) 어떤 변명도 제거하다

>>> Part 5 사회과학    >>> Chapter 3 경제와 금융

>>> Theme 095    **마케팅 ▶**

01 **sophisticated** [səfístəkèitid] 세련된, 정교한, 복잡한
- 요 elaborate 정교한, 공을 들인
  complicated 복잡한

02 **marketing** [má:rkitiŋ] 마케팅, 홍보, 영업
- marketing manager 마케팅 책임자, 영업부장
- marketing policy 판매정책
- marketing techniques 마케팅 기법
- marketing strategy 마케팅 전략
- marketing research 시장조사
- target marketing 표적 마케팅
- marketing channel 판매경로, 유통경로
- 관 advertising 광고, 광고업
  ad 광고(advertisement)

03 **customer** [kʌ́stəmər] 고객, 소비자, 단골
- 관 client 의뢰인; 고객, 거래처
  consumer 소비자

04 **target** [tá:rgit] 1. 목표, 대상, 표적
  2. 목표로 삼다, 겨냥하다

05 **niche** [niʃ] (시장의) 틈새
- niche market 틈새시장
- target a niche market 틈새시장을 공략하다

06 **launch** [lɔ:nʃ] 1. (상품을) 출시하다
  2. (조직적인 일을) 개시하다
  3. (우주선을) 발사하다
- ⓝ launching 출시; 개업, 착수; 발사
- 관 showcase 신제품 공개 행사; 진열장

07 **direct mail** 광고용 우편물 (약. DM)
- send direct mail to customers
  고객들에게 광고용 우편물을 발송하다

08 **campaign** [kæmpéin] 1. (특정 목적의 조직적인) 운동[활동]
  2. 선거 운동; 군사작전
- advertising campaign 광고 선전
- boycott campaign 불매운동

09 **brochure** [brouʃúər] 소책자, 안내서, 브로셔
- 관 pamphlet (홍보용) 소책자, 인쇄물
  booklet 소책자, 팸플릿
  leaflet (광고나 선전용) 전단

10 **discount** [dískaunt] 할인하다; 할인
- discount rates 할인가
- discount price 할인가격

11 **place an order** 주문하다
- ⓝ order 주문; 명령, 지시; 질서, 순서
- 요 on order 주문 중인, 주문해 놓은

12 **guarantee** [gærəntí:] 1. 보증(하다); 품질 보증서
  2. 확약; 확신하다; 담보
- ⓐ guaranteed 확실한, 보장된

13 **satisfaction** [sætisfǽkʃən] 만족, 흡족
- ⓥ satisfy 만족시키다, 충족시키다
- ⓐ satisfactory 만족스러운, 충분한

14 **give ~ away** 거저주다, 나누어 주다; 기부하다
- 표 hand out (물건을) 나누어 주다

15 **shipping and handling** 발송 제경비
- ※ 우편료·운임·보험·포장료 등 발송에 드는 경비
- ⓥ ship 수송하다; 출하하다; (큰) 배, 선박
- ⓝ shipment 수송, 수송품
  shipping 배송, 선적
- 관 B/L 선하증권(bill of lading)
  delivery 배송, 배달
  invoice 송장, 물품대금 청구서

16 **tactics** [tǽktiks] 전술, 전략
- 비 strategy (특정 목표를 위한) 전략

17 **telemarketing** [tèləmá:rkitiŋ] 통신 판매

18 **spending habit** 소비습관
- 관 spending spree 흥청망청 돈을 써댐

19 **salespeople** [séilzpì:pl] 판매원, 영업사원
- 관 salesman 영업사원, 남자 판매원

20 **potential** [pəténʃəl] 잠재적인, 가능성 있는
- potential customer 잠재고객

21 **sales** [seilz] 매출(액), 판매(의)
- sales department 영업부, 판매과
- sales figure 판매 합계액, 판매 수치

22 **out of business** 폐업한
- go out of business 폐업하다

>>> Part 5 Social Science
>>> Chapter 3 Economy & Finance

## >>> Theme 095 Review Test

01 We have to develop more sophisticated marketing approaches.
➡ 우리는 보다 _____ 마케팅기법을 개발해야 한다.

02 As marketing manager, his job is to supervise all the company's advertising.
➡ _____ 매니저로서, 그는 그 회사의 광고를 관리 감독한다.

03 The way to insure repeat purchases is to do anything to make the customers happy.
➡ 물건을 다시 쓰게 하기 위해서는 _____ 이 만족할 만한 일을 하면 된다.

04 The ad was created to target young teenagers.
➡ 그 광고는 어린 십 대들을 _____ 만들어졌다.

05 In the competitive field of athletic shoes, companies are searching for a niche market to appeal to.
➡ 경쟁적인 운동화 사업 분야에서 업체들은 사람들에게 어필할 _____ 을 물색 중이었다.

06 The company has recently launched a new product.
➡ 회사는 최근 새로운 상품을 _____.

07 Companies use direct mail to target a specific consumer type.
➡ 회사에서는 특정 소비자들을 목표로 _____ 을 발송한다.

08 It is not a very effective advertising campaign if people do not remember them.
➡ 사람들이 기억하지 않으면 별로 효과적인 _____ 이 아니다.

09 The brochure put the qualities of the stove in writing.
➡ _____ 에 난로의 특성이 소개되어 있다.

10 The toaster was discounted 20 percent for the sale.
➡ 토스터가 판매가에서 20% _____.

11 The Acme car company placed an order for 500 uniforms for its workers.
➡ Acme 자동차회사는 직원들이 입을 유니폼 500벌을 _____.

12 Good companies guarantee their products and services.
➡ 좋은 회사는 자기 회사의 상품과 서비스를 _____.

Reading V.O.C.A
406

¹³ Our primary concern is to improve customer satisfaction.
➡ 우리의 주요 관심사는 _____을 향상시키는 것이다.

¹⁴ The artist decided to give away all of his fortune to charity.
➡ 예술가는 자신의 전 재산을 자선단체에 _____ 하기로 했다.

¹⁵ When shopping by mail, customers must pay the price of the items as well as shipping and handling.
➡ 우편으로 물건을 구입하고자 할 때 소비자는 _____와 더불어 물건 값을 지불해야 한다.

¹⁶ His aggressive management tactics resulted in his business success.
➡ 그의 공격적인 경영 _____이 사업을 성공으로 이끌었다.

¹⁷ The health club reached new clients through telemarketing.
➡ 헬스클럽은 _____를 통하여 신규 고객을 확보했다.

¹⁸ When it becomes hard to make ends meet, consumers alter their spending habits.
➡ 수지타산을 맞추기 어렵게 되면(빚을 지게 되면), 소비자는 _____을 바꾼다.

¹⁹ The pharmaceutical industry is filled with energetic salespeople.
➡ 제약업계는 정력적인 _____으로 가득하다.

²⁰ Businesses are brainstorming ways to approach the potential customers through social networking.
➡ 기업들은 소셜 네트워킹을 통해 _____에게 접근하는 방법을 고안 중이다.

²¹ Sales began to slow after the initial curiosity died down.
➡ 초창기 호기심이 줄어들자 _____가 부진해지기 시작했다.

²² Many small restaurants cannot afford the increased cost and are going out of business.
➡ 많은 소규모의 식당들이 증가된 비용을 감당할 수 없어서 _____ 있다.

### 정답

| | | | | |
|---|---|---|---|---|
| 01. 정교한 | 02. 마케팅 | 03. 고객 | 04. 대상으로(목표로) | 05. 틈새시장 |
| 06. 출시했다 | 07. 광고용 우편물 | 08. 광고 선전 | 09. 안내책자 | 10. 할인되었다 |
| 11. 주문했다 | 12. 보장한다 | 13. 고객만족 | 14. 기부 | 15. 발송 제경비 |
| 16. 전략 | 17. 통신 판매 | 18. 소비습관 | 19. 영업사원 | 20. 잠재고객 |
| 21. 판매 | 22. 폐업하고 | | | |

>>> Part 5 Social Science

**Chapter 4
Jobs & Labor**

## >>> Theme 096 Kinds of Jobs

As a **receptionist**[01] at a **temp agency**[02], Maria met people from **all walks of life**[03]. She heard the tales of everyone from **accountants**[04] to **welders**[05]. She once met an **actress**[06] who claimed that she wouldn't work as a **data processor**[07] because she was an artist and it was beneath her. Another character was a **former**[08] **soldier**[09] who said he didn't want to be a **security guard**[10] because he didn't like guns. But sometimes there were success stories. For example, two years ago a guy arrived in the big city after being a **farmer**[11] all his life. She sent him to work for a female **veterinarian**[12]. She went to their wedding yesterday. She even got them the **tailor**[13], **seamstress**[14], **photographer**[15], **real estate agent**[16], and **travel agent**[17]. They even used her **pastor**[18].

>>> 해석

임시직 취업 알선소에서 접수 담당자로 일할 때, Maria는 모든 종류의 직업인을 만났다. 그녀는 회계사부터 용접공에 이르기까지 모든 사람들의 이야기를 들었다. 한 번은 자신은 예술가이고 자신의 위신에 관계되는 일이기에 정보처리사 같은 일은 하지 않겠다고 말하는 여배우를 만나기도 했고, 또 한 번은 총이 싫어서 경비 일은 하고 싶지 않다는 전직 군인을 만나기도 했다. 하지만 가끔씩 성공적인 사례도 있었다. 예로, 2년 전 한 남자가 평생을 농부로 지내다가 대도시로 왔는데 Maria는 그를 여자 수의사가 경영하는 동물병원에 소개시켜주었다. Maria는 어제 그들의 결혼식에 다녀왔다. 게다가 그녀는 그들에게 재단사, 여자 재봉사, 사진사, 여행사를 알선해 주기도 했다. 심지어 자신의 고객인 목사까지도 소개시켜 주었다.

>>> 어구

**tale** 이야기 | **be beneath a person** ~의 위신에 관계되다 | **all one's life** 평생, 태어나서 줄곧

>>> 구문

- **everyone from accountants to welders** [from A to B]
  회계사에서 용접공에 이르기까지 모든 사람
- **an actress who claimed that she wouldn't work as a data processor ~**
  [의지를 나타내는 will]
  정보처리사로 일하지 않겠다고 말한 어느 여배우
- **She even got them the tailor ~** [4형식 동사 get]
  그녀는 심지어 그들에게 재단사도 데려다 주었다

## Chapter 4 직업과 노동

>>> Part 5 사회과학

>>> Theme 096  직업의 종류 ▶

01 **receptionist** [risépʃənist] 접수 담당자
   - 동 cashier 계산대 직원

02 **temp [temporary] agency** 임시직 취업 알선소, 인력 파견업체

03 **all walks of life** 다양한 직업의 사람들, 각계각층

04 **accountant** [əkáuntənt] 회계사
   - CPA (Certified Public Accountant) 공인 회계사
   - 관 bookkeeper 부기계원

05 **welder** [wéldər] 용접공
   - ⓥ weld 용접하다
   - 관 blacksmith 대장장이  assembler 조립공  plumber 배관공
     bricklayer/mason 벽돌공  carpenter 목수
     mechanic 기계공  repairperson 수리공
     architect 건축가  foreman 공사장의 현장 감독
     construction worker 건설공사 인부

06 **actress** [æktris] 여배우
   - 관 actor 남자 배우

07 **data processor** 1. 정보 처리사  2. 데이터 처리 장치

08 **former** [fɔ́:rmər] 예전의; 전~
   - former mayor 전 시장

09 **soldier** [sóuldʒər] 군인
   - a career[professional] soldier 직업 군인
   - a soldier of fortune 용병

10 **security guard** 경비원
    - 관 bodyguard 경호원

11 **farmer** [fɑ́:rmər] 농부
    - 관 peasant 소작농  fisherman 어부  stock farmer 목축업자
      shepherd 양치기  beekeeper/apiarist 양봉업자
      market gardener 원예업자

12 **veterinarian** [vètərənéəriən] 수의사

13 **tailor** [téilər] 재단사, 양복장이
    - a custom tailor 맞춤 양복점

14 **seamstress** [sí:mstris] 여자 재봉사

15 **photographer** [fətágrəfər] 사진사, 사진작가

16 **real estate agent** 부동산 중개인
    - 관 real estate 부동산

17 **travel agent** 여행사, 여행사 직원
    - 관 guide (여행) 안내인, 가이드

18 **pastor** [pǽstər] 목사
    - 비 clergy(man) 성직자  priest 신부
      monk 수도사  nun 수녀

■ 직업의 명칭
nanny 보모, 유모  baby sitter 아기 보는 사람  caregiver 아기 돌보는 사람  housekeeper 가정부  gardener 정원사  chauffeur 고용운전사  custodian 건물 관리인  janitor 수위, 관리인  midwife 조산사  nurse 간호사  messenger (우편) 배달부, 택배원  delivery person 배달원  courier 택배원  mover 이삿짐 배달원  cabdriver 택시운전사  dry cleaner 세탁업자  hairdresser 미용사  psychic 점쟁이  sanitation worker 환경미화원  server 웨이터  busboy (식당) 접시 나르는 사람  chef 주방장  baker 제빵사  butcher 정육점 주인  grocer 식료품 가게 주인  barber 이발사  hairdresser 미용사  businessman 사업가  businesswoman 사업가  lawyer 변호사  police officer 경찰  fire fighter 소방관  stockbroker 주식 중개인  secretary 비서  anchorman 앵커  weatherman 기상캐스터  columnist 칼럼 기고가  journalist 언론인(신문, 잡지, 방송 기자 등)  reporter 신문기자  operator 전화 교환원  pharmacist/druggist 약사  pilot 조종사  flight attendant 항공기 승무원  sailor 선원, 뱃사람  politician/statesman 정치인  professor 교수  instructor 교사  scientist 과학자  interpreter 통역자  translator 번역가  stenographer 속기사  curator 박물관장

>>> Part 5 Social Science    >>> Chapter 4 Jobs & Labor

>>> Theme 096 **Review Test**

01 The **receptionist** greeted the client and informed the boss of her arrival.
➡ _____는 손님을 맞이하고 나서 사장에게 그녀가 왔다고 알렸다

02 Many **temp agencies** do not offer any type of benefits, such as health insurance.
➡ 많은 _____에서는 건강보험 같은 어떤 혜택도 제공하지 않는다.

03 I have met many people from **all walks of life**.
➡ 나는 _____의 많은 사람들을 만나 왔다.

04 The two months prior to the deadline to file taxes proves to be the busiest time for **Certified Public Accountants**.
➡ 세금 신고 마감 2달 전이 _____에게 가장 바쁜 시기로 나타났다

05 The **welder** used a blowtorch to fuse the two steel bars together.
➡ 그 _____은 두 개의 강철 막대기를 한 데 녹이기 위해 토치램프를 사용했다.

06 The **actress** brought to life the character of Shakespeare's Cleopatra.
➡ 그 _____는 Shakespeare의 Cleopatra 역할을 생생하게 연기했다.

07 The **data processor** entered the personal information of the company's newest clients.
➡ 그 _____는 최근의 회사 고객 신상에 대한 정보를 입력했다.

08 My old sister, a former **nun**, is now an admired public official.
➡ 그 _____ 수녀였던 누나가 지금은 훌륭한 공직자가 되어 있다.

09 The **soldier** marched in formation with the rest of his company.
➡ 그 _____은 그의 중대에 있는 나머지 사람들과 편대하여 행진했다

10 The **security guard** patrolled the floors of the museum.
➡ 그 _____은 박물관 층층을 순찰했다.

11 The **farmer** sowed the seeds hoping that the fall would bring a good harvest.
➡ 그 _____는 가을에 풍성한 수확을 바라며 씨를 뿌렸다.

12 The **veterinarian** examined the sick cow.
➡ 그 _____는 병든 소를 진찰했다.

¹³ The tailor made alterations to the pants.

➡ 그 _____가 바지를 수선했다.

¹⁴ The seamstress made the dress in five days.

➡ 그 _____는 5일 만에 옷을 만들었다.

¹⁵ He was a talented photographer, painter and sculptor.

➡ 그는 재능있는 _____이자, 화가이며 조각가였다.

¹⁶ The real estate agent showed the house to the prospective buyers.

➡ 그 _____은 살 가능성이 있는 사람들에게 집을 구경시켜 주었다

¹⁷ The travel agent booked the airplane and hotel reservations for my vacation.

➡ 그 _____에서 나의 휴가를 위해 비행기와 호텔을 예약해 주었다.

¹⁸ Pastors can get married while priests cannot get married.

➡ _____는 결혼할 수 있지만 _____는 결혼할 수 없다.

>>> 정답

01. 접수 담당자　02. 임시직 취업 알선소　03. 각계각층　04. 공인 회계사　05. 용접공
06. 여배우　07. 정보처리사　08. 예전에　09. 군인　10. 경비원
11. 농부　12. 수의사　13. 재단사　14. 여자 재봉사　15. 사진작가
16. 부동산 중개인　17. 여행사　18. 목사, 신부

>>> Part 5 Social Science
>>> Chapter 4 Jobs & Labor

## >>> Theme 097 Employment & Layoff

Due to the recession, **employers**[01] and labor unions were constantly at odds. In order to **cut costs**[02], a large company wanted to **layoff**[03] many **full-time workers**[04]. The administration decided to cut the **fringe benefits**[05] of the remaining **employees**[01]. **Annual leave**[06] would be cut from four paid weeks to two **unpaid**[07] weeks of **vacation**[06]. In order to receive a **pension**[08] after **retirement**[09], the employee would need to work for the company 30 years instead of 20 years. The labor union **fought back**[10] by striking and picketing in front of the company. The **blue-collar**[11] union members' **placards**[12] had **slogans**[13] that accused the **white-collar bosses**[11][14] of being **misers**[15] who only cared about **fattening**[16] their own paychecks. After two months of **collective bargaining**[17], the union officials signed a **contract**[18] that would provide their members with **on-the-job training**[19] and a two percent **pay raise**[20]. The company's board of trustees saw the contract as a defeat, and demanded the **resignation**[21] of its chairmen and Chief Executive Officer, and is now **recruiting**[22] for their **replacements**[23] from among Fortune 500 companies.

>>> 해석

경기침체 때문에 노사는 끊임없이 갈등을 겪었다. 비용 삭감을 위해 큰 회사는 많은 정규직 노동자들을 해고하고자 했다. 경영진에서는 남은 직원들의 복리후생을 줄이기로 결정했다. 전에 4주 유급 휴가이던 연차휴가는 2주 무급 휴가로 되었다. 퇴직 후 연금을 받기 위해서, 전에 20년 근무하면 되던 것이 30년을 해야 한다. 노조는 회사 앞에서 파업과 피케팅을 하며 이에 맞서 싸웠다. 육체노동직 조합원들의 플래카드에는 사무직의 상사들이 자신들의 월급봉투를 살찌우는 데만 급급한 구두쇠가 되어 간다고 비난하는 슬로건이 적혀 있었다. 두 달간의 단체 협상 끝에 노조 간부들은 직원들에게 직업 현장 교육 실시와 2%의 월급 인상을 해 주겠다는 계약서에 서명했다. 그 계약을 패배로 본 회사 이사회에서는 의장단과 최고 경영자의 사임을 요구했다. 그래서 요즈음 500개의 우수 기업체 중에서 그들을 대신할 사람들을 모집하고 있다.

>>> 어구

recession 불경기, 경기침체 labor union 노동조합 constantly 끊임없이 be at odds 다투다, 갈등하다 the administration 경영진 strike 파업하다 picket 피켓[팻말]을 들고 시위하다 paycheck 급여 union official 노조 간부 board of trustee 이사회 Chief Executive Officer 최고 경영자, 사장 Fortune 500 경제지 Fortune이 매년 게재하는 미국 및 해외 기업의 매상 규모 상위 500사(社) 리스트

>>> 구문

- slogans that accused the white-collar bosses of being misers [accuse A of B]
  사무직 상사가 구두쇠가 되어가는 것을 비난하는 슬로건
- The company's board of trustees saw the contract as a defeat [see A as B]
  회사의 이사회에서는 계약을 패배로 보다(간주하다)

>>> Part 5 사회과학  >>> Chapter 4 직업과 노동

>>> Theme 097 **고용과 해고** ▶

01 **employer** [implɔ́iər] 고용주, 사용자
- 반 employee 피고용인, 종업원, 직원

02 **cut cost** 비용을 줄이다[삭감하다]

03 **layoff** (일시) 해고
- 표 lay off 해고하다
- 동 fire/dismiss/sack 해고하다
- 관 be habitually late 습관적으로 지각하다
  lie down on the job 일을 게을리 하다
  absenteeism 무단결근(합당한 사유 없이 결근하는 일)

04 **full-time** 정규직의, 전임의, 전일제의
- full-time worker 정규직 근로자
  = permanent worker
  = regular worker
- full-time job 정규직
- 반 part-time (근무가) 시간제의
  * part-time worker 비정규직 근로자
    = temporary worker
    = non-regular worker

05 **fringe benefits** 복리 후생, 부가 급여
- 관 perquisite/perk 급여 외 수입

06 **annual leave** 연차 휴가
- 관 maternity leave 출산 휴가
  sick leave 병가
- 뉘 vacation (일반적으로) 휴가

07 **unpaid** [ʌnpeid] 무보수의; 미납의
- unpaid leave 무급 휴가
- paid leave 유급 휴가

08 **pension** [pénʃən] 1. 연금
                      2. 작은 호텔
- a retired pension 퇴직연금

09 **retirement** [ritáiərmənt] 은퇴, 퇴직, 퇴임
- voluntary retirement 명예퇴직
- retirement age 정년
- ⓥ retire 1. 은퇴[퇴직] 하다; 퇴각하다
           2. 경기에서 중도탈락하다

10 **fight back** 1. 강력히 맞서다[반격하다]
                  2. (특히 감정을) 간신히 억누르다

11 **blue-collar** 육체노동자의
- 관 white-collar 사무직의
  pink-collar 저임금 여성 노동자의

12 **placard** [plǽka:rd] 현수막, 플래카드

13 **slogan** [slóugən] (광고나 정치적) 구호, 슬로건
- 관 catchphrase 선전 구호
  watchword 좌우명, 표어; (군대) 암호

14 **boss** [bɔːs] (직장의) 상관, 상사; 사장
- 동 superior 상사, 상관
- 반 subordinate 부하, 하급자
- 관 seniority (근무기간에 따른) 연공서열
  merit rating 인사 고과, 근무 평정

15 **miser** [máizər] 구두쇠
- ⓐ miserly 인색한, 구두쇠의
- 혼 misery [mízəri] (정신적·육체적) 고통

16 **fatten** [fǽtn] 살찌우다, 살찌다
- fatten their pockets 그들의 주머니만 부르게 채우다
- ⓐ fattening 살찌게 하는
  fat 살찐, 비만인; 지방

17 **collective bargaining** (노사간의) 단체 교섭
- 관 minimum wage 최저임금

18 **contract** [kántrækt] 1. 계약, 계약서
                          2. 수축하다, (병에) 걸리다
- sign a contract 계약을 맺다

19 **on-the-job training** 실무교육, 현장연수(OJT)

20 **pay raise** 임금인상 (= wage increase)
- 동 rise 〈영〉 급여 인상

21 **resignation** [rèzignéiʃən] 사퇴, 사임
- submit[hand in] one's resignation 사표를 제출하다
- ⓥ resign 사직하다, 사임하다

22 **recruit** [rikrúːt] 1. (신입 사원 등을) 모집하다
                        2. 신입 사원, 신병
- 관 new employee 신입사원
  rookie 신인 선수, 신병
  novice/apprentice 초보, 견습생
- 관 intern 인턴사원

23 **replacement** [ripléismənt] 교체, 대체; 후임자
- ⓥ replace 대신하다, 대체하다
- 표 fill in for ~ 대신 일하다
  = sub(stitute) for
- 관 turnover (직원의) 이직률; 총매상

## Review Test

01 Female employees are more likely to have higher rates of absenteeism, because they often are responsible for caring for the sick and the elderly.
▶ 여성 _____은 종종 아픈 사람들이나 노인들을 보살필 책임이 있기 때문에 무단결근할 확률이 더 높다.

02 Parts of the estate were sold off to cut costs and make ends meet.
▶ _____하고 수지타산을 맞추기 위해 일부 부동산을 매각했다.

03 With profits down twenty-five percent, the board of directors decided to lay off one hundred workers to cut costs.
▶ 이윤이 25% 줄어들자 이사회에서는 비용 삭감을 위해 100명의 근로자를 _____하기로 결정했다.

04 After four years of part-time jobs during college, Alice felt certain she had the right experience to find a full-time job in her field.
▶ Alice는 대학에 다니는 4년 동안 시간제 일을 한 후에 자신의 전문 분야에서 _____ 일을 구하는 데 아주 좋은 경험을 했다고 확신했다.

05 The employer must continue to cover their workers for fringe benefits such as health care.
▶ 고용주는 의료보험 같은 노동자들에 대한 _____을 계속 보장해야 한다.

06 This year, for her annual leave, Tanya planned to spend three weeks in China.
▶ Tanya는 올 _____ 때 중국에서 3주를 보내기로 계획했다.

07 Although she has five weeks of vacation, her unpaid leave causes a significant loss of revenue.
▶ 그녀에게 5주 동안의 휴가가 있었지만 _____였기 때문에 고정수입에 막대한 손실이 있었다.

08 After forty-five years of service as a teacher, Ted looked forward to living off the money he would receive from his pension during his retirement.
▶ 선생님으로서 45년을 근무한 후 Ted는 퇴직 후에 _____을 받아 그 돈으로 생활하기를 기대했다.

09 Murphy decided to go into voluntary retirement this year instead of facing the next year with the possibility that may be laid off.
▶ Murphy는 내년에 해고당할 가능성에 처하느니 올해 _____을 하기로 결심했다.

10 Neither did they try to fight back nor to defend themselves when they were attacked.
▶ 그들은 공격당하면서 _____거나 방어하려 하지 않았다.

11 With his promotion to a desk job as a supervisor, Bruce left his fellow welders and traded in his blue-collar for a white-collar job.
▶ Bruce는 사무를 보는 관리자로 승진하여 그의 동료 용접공들의 곁을 떠나 _____이 아닌 _____ 노동자로 일하게 되었다.

12 Thousands of protesters sat on the road, chanting and waving placards.
▶ 수천 명의 시위대는 길에 앉아 구호를 외치고 _____를 흔들었다.

13 Some protesters shouted anti-American slogans and burned a U.S. flag.
▶ 일부 시위자는 반미 _____를 외치며 미국 국기를 불태웠다.

¹⁴ Since accepting the promotion to manager, Jen felt distant from her former peers who saw their old co-worker as the boss.

▶ Jen은 지배인으로 승진했기 때문에 이전 동료들이 자신을 _____으로 보는 것에 대해 거리감을 느꼈다.

¹⁵ The miser hid his gold bullion in a plain box labeled "Old Clothes".

▶ _____는 헌옷이라는 딱지가 붙은 평범한 상자 안에 금괴를 숨겼다.

¹⁶ As a result, the government policy has helped fatten only rich people's wallets because they are more easily able to accumulate wealth.

▶ 결과적으로, 정부 정책이 부를 더 쉽게 축적할 수 있는 부유층만 더 _____.

¹⁷ The strength of the union rests in its ability to gain the best deal possible for all its members through collective bargaining.

▶ 조합의 힘은 _____을 통해 모든 구성원에게 가능한 한 최선의 타협을 얻는 능력에 의지한다.

¹⁸ A union contract is a legal document that contains provisions related to workers' rights and benefits.

▶ 노조 _____은 근로자의 권리와 혜택에 관련된 조항을 담고 있는 법률 문서이다.

¹⁹ Often companies prefer bright young people fresh out of college to whom they can provide on-the-job training instead of trained workers who are stuck in old routines.

▶ 종종 회사에서는 일상에 찌든, 일에 단련된 근로자들보다 회사에서 _____를 시킬 수 있는, 대학을 갓 졸업한 총명하고 젊은 사람들을 선호한다.

²⁰ Because of her excellent work, Judith's boss gave her a raise in her salary.

▶ Judith가 일을 너무 잘하자 사장은 월급을 _____했다.

²¹ Joseph decided to resign his position after a year of being at odds with his boss.

▶ Joseph는 1년 동안 계속된 사장과의 불화 끝에 자신의 직책에서 _____하기로 결정했다.

²² The top law firms visit the best schools to recruit their new employees from the cream of the crop.

▶ 최고의 로펌에서는 최고의 인재들을 자신들의 신입사원으로 _____하기 위해 우수 학교를 방문한다. *cream of the crop 가장 좋은 사람[것]

²³ We must find a replacement as soon as possible.

▶ 되도록 빨리 _____를 구해야 한다.

---

>>> 정답

01. 피고용인  02. 비용을 삭감  03. 해고  04. 정규직  05. 복리 후생
06. 연차 휴가  07. 무급 휴가  08. 연금  09. 명예퇴직  10. 강력히 맞서
11. 육체 노동직, 사무직  12. 플래카드  13. 구호  14. 상관  15. 구두쇠
16. 살찌웠다  17. 단체교섭  18. 규약(계약)  19. 현장연수  20. 인상
21. 사임  22. 채용(모집)  23. 후임자

>>> Part 5 Social Science
>>> Chapter 4 Jobs & Labor

## >>> Theme 098  Labor Dispute

**Labor union workers** may leave their work in order to force companies to accept collective bargaining demands. **Union members** can call a **general strike** in which workers **stage a walkout**, stopping production lines as machines become **idle**. When the union **goes on strike**, the company may respond with a **lockout**. The angered workers may **picket**, standing in front of their employer's office, headquarters or factory carrying placards detailing their demands as well as the positions of their bosses which are perceived as unfair. The issues of health care, layoffs, job compensations, and improvement of **working conditions** may be the themes repeated throughout the **protest** over **contract dispute**. Speeches can also be given outlining the reasons for the protest as well as **rallying** the people to be strong in their **resolve**. They may try to bring the issue to the public by **staging demonstrations** and **marching**. On many occasions, the **demonstrators** are peaceful. Yet when they are perceived as dangerous, the police may try to control or **disperse** the crowd of demonstrators and supporters by using **tear gas**. If the **labor dispute is dragged out** for too long, sometimes the workers and the employers ask the government to **arbitrate** between them, and in another case the government tries to step into **mediation** in order to **settle** the dispute.

>>> 해석
노조원들은 회사 측이 단체 교섭 요구안을 받아들이도록 하기 위해 업무를 중지할 수도 있다. 노조원들은 기계를 놀게 하면서 생산라인을 멈추고 직원들이 파업을 벌일 때 총파업에 들어갈 수도 있다. 노조가 파업에 들어가면, 회사는 직장 폐쇄로 대응할 수 있다. 분개한 노동자들은 고용주 사무실, 본사, 공장 앞에 서서 부당하다고 인식되는 그들 상관의 태도뿐만 아니라 그들의 요구를 자세히 적은 플래카드를 들고 피켓시위를 할 것이다. 의료 보험, 해고, 급여 문제, 처우 개선 등이 계약 분쟁에 대한 항의가 진행되는 내내 반복되는 주제가 될 것이다. 연설은 사람들을 결집시켜 결의를 굳게 할 뿐 아니라 그들의 주장에 대한 대략적인 이유에 대해 설명해 줄 수 있다. 그들은 시위와 행진을 함으로써 그 문제를 밖으로 가지고 나올 수도 있다. 많은 경우 시위자들은 평화롭게 시위를 한다. 하지만 위험하다고 생각될 경우에 경찰은 시위집단과 지지집단들을 진압하거나 해산시키기 위해서 최루 가스를 사용하기도 한다. 노사분규가 지나치게 장기화되면, 어떤 때는 노사 양측이 정부에 중재를 요청하기도 하고, 다른 경우에는 정부가 분쟁을 해결하기 위해 중재에 들어간다.

>>> 어구
**collective bargaining** (노사간의) 단체 교섭  **force A to R** A에게 ~하게 강요하다  **production line** 생산라인  **headquarters** 본부, 본사  **carry a placard** 플래카드를 들고 다니다  **detail** 상세히 열거하다  **position** 입장, 태도  **health care** 의료보험  **layoff** 해고  **compensation** 보상

>>> 구문
- the workers and the employers ask the government to arbitrate
 [ask A to R  A에게 ~해줄 것을 요청하다]
 노사가 정부에 중재해줄 것을 요청하다

>>> Part 5 사회과학
>>> Chapter 4 직업과 노동

>>> Theme 098　노동 쟁의 ▶

01 **labor union** 노동조합, 노조
- union member 노조원
- 동 trade union 〈영〉 노동조합

02 **worker** [wə́:rkər] 노동자, 근로자
- 관 work force 전 종업원, 노동인력
  workplace 작업장, 일터

03 **strike** [straik] 파업(하다)
- go on strike 파업에 들어가다
- general strike 총파업
- labor strike 노동쟁의
- 관 sabotage 공장의 기계설비 파괴 행위
  slow-down/go-slow 태업(怠業), 생산지연

04 **walkout** [wɔ́:kaut] (파업으로서) 작업 중단
- stage a walkout 파업에 들어가다
- 혼 workout 기업 회생을 위한 구조조정

05 **idle** [áidl] 가동되지 않는, 놀고 있는; 게으른

06 **lockout** [lákaut] (사용자의) 직장 폐쇄
- 표 lock out (문을 잠가) 못 들어오게 하다
- 관 shutdown 휴업, 조업중단

07 **picket** [píkit] 1. (노동자들의) 출근 저지 행위
2. (항의 팻말을 들고 시위를 하는) 피켓 시위자
- 관 picket line 피켓 라인(노동 쟁의 때 출근 저지 투쟁을 위해 파업 노동자들이 늘어선 줄)
  scab 비조합원, 파업방해자
  blackleg 〈영〉 파업방해자

08 **working conditions** 근로 조건, 작업 환경

09 **protest** [próutest] 1. 항의(운동), 시위
2. (공개적으로) 항의하다

10 **contract dispute** 계약 분쟁
- ⓥ dispute 분쟁, 논쟁(하다)

11 **rally** [rǽli] 1. 결집하다, 단결하다
2. (대규모) 집회
3. 랠리(자동차 경주)

12 **resolve** [rizálv] 1. (단호한) 결심, 결의
2. (문제를) 해결하다
- ⓝ resolution 결의, 결심, 해결(책)
- ⓐ resolute 굳게 결심한, 단호한

13 **demonstration** [dèmənstréiʃən] 시위, 데모
- stage a demonstration 시위를 벌이다
- ⓥ demonstrate 시위하다; (예를 들어) 실증하다
- ⓝ demonstrator 시위 운동자

14 **march** [ma:rtʃ] 1. (시위로) 가두행진하다
2. 행진[행군]하다
- 관 sit-in 연좌 농성

15 **disperse** [dispə́:rs] 해산시키다; 해산하다
- disperse the crowds 군중을 해산시키다

16 **tear gas** 최루탄
- 관 molotov cocktail/ petrol bomb 화염병

17 **labor dispute** 노동 쟁의, 노사분규

18 **drag out** (필요 이상으로) ~을 오래 끌다

19 **arbitrate** [á:rbətrèit] 중재[조정]하다
- ⓝ arbitration 중재, 조정
  arbitrator 중재인, 조정자
- 동 intercede/mediate/intermediate 중재하다
  intervene (상황 개선을 위해) 개입하다

20 **mediation** [mì:diéiʃən] 중재, 조정
- ⓥ mediate 조정하다, 중재하다

21 **settle** [sétl] 1. (분쟁 등을) 해결하다
2. 정착하다
- settle the dispute 분쟁을 해결하다

Reading V.O.C.A
417

>>> Theme 098 **Review Test**

01 The steel workers banded together to form a labor union that would stand together to negotiate for improvements.
➡ 철강 회사 노동자들은 개선점을 협상할 _____를 만들기 위해서 단결했다.

02 The employer turned a deaf ear to the demand of the workers.
➡ 고용주는 _____의 요구를 묵살했다.

03 In 1994, the baseball players went on strike cutting short the season and alienating the fans.
➡ 1994년 야구 선수들이 _____가서 시즌이 갑자기 중단되자 팬들은 고개를 돌렸다.

04 The nurses union staged a walkout, which brought the labor dispute to life-threatening proportions.
➡ 간호사 노조는 _____ 갔고, 이것은 생명을 위협할 정도로 격렬한 노동 분쟁을 불러일으켰다.

05 The factory machines are lying idle because of the strike.
➡ 파업으로 인해 그 공장의 기계들이 _____ 있다.

06 The strike effectively shut down production in the factory and led to a lockout.
➡ 파업은 사실상 공장의 조업을 중단시켰고 _____로 이어졌다.

07 The striking workers prevented the replacements from crossing the picket line.
➡ 파업 노동자들은 교체 요원들이 _____을 넘지 못하도록 했다.

08 The workers demanded higher wages and better working conditions.
➡ 노동자들은 임금 인상과 _____ 개선을 요구하였다.

09 Sit-ins became an important protest tool during the civil rights era.
➡ 문민 시대에는 연좌 농성이 중요한 _____ 수단이 되었다.

10 Contract disputes occasionally occur as a result of a contractual issue arising between the employer and contractor.
➡ _____은 고용주와 계약자 사이에 계약상의 문제가 불거질 때 종종 발생한다.

11 Many students were rallied for the demonstration.
➡ 그 시위를 위해 많은 학생들이 _____.

12 The union needs to renew its resolve to positively cooperate with the investigation.
➡ 노조는 _____를 새로이 하여 수사에 적극적으로 협조해야 한다.

¹³ The angered steel workers staged a demonstration to protest working conditions.

➡ 분개한 제철소 근로자들은 근로 조건에 항의하는 _____.

¹⁴ More than 100,000 workers marched last week to demand fair wages and better working conditions.

➡ 지난주 십만 명이 넘는 근로자들이 적정 임금과 근로조건 개선을 요구하며 _____.

¹⁵ The rally was dispersed by the police.

➡ 경찰에 의해 집회가 _____.

¹⁶ Police used rubber bullets and tear gas to control the demonstrators.

➡ 경찰은 고무탄과 _____을 이용해 시위자들을 진압했다.

¹⁷ In labor disputes, a walkout is a labor strike, the act of employees collectively leaving the workplace as an act of protest.

➡ _____에 있어서 작업중단은 노동쟁의의 하나로, 근로자들이 항의의 수단으로서 전체적으로 작업장에서 나가는 행위이다.

¹⁸ Both sides could not afford to drag the negotiations out any longer.

➡ 양측 모두 협상을 더 이상 _____ 여력이 없었다.

¹⁹ Arbitration has been used as a means of resolving labor disputes.

➡ _____는 노동분쟁을 해결하기 위한 수단의 하나로 사용되어 왔다.

²⁰ Authorities have declared the walkout illegal because the strike was launched during a government mediation period.

➡ 정부 _____ 기간에 파업이 시작되었기 때문에 당국은 불법파업으로 규정했다.

²¹ The dispute between the company and the employees was finally settled.

➡ 노사간의 분쟁이 마침내 _____.

》》》 정답

01. 노조
02. 근로자들
03. 파업에 들어
04. 파업에 들어
05. 놀고(가동되지 않고)
06. 직장 폐쇄
07. 피켓 라인
08. 근로 조건
09. 항의
10. 계약 분쟁
11. 결집하였다
12. 결의
13. 시위를 벌였다
14. 가두 행진을 벌였다
15. 해산되었다
16. 최루탄
17. 노사분규
18. 오래 끌
19. 중재
20. 중재
21. 해결되었다

>>> Part 5 Social Science
>>> Chapter 4 Jobs & Labor

>>> Theme 099 **Organization & Position**

The average company has a **chain of command**⁰¹ in which **subordinates**⁰² **report to**⁰³ their **superiors**⁰². Regardless of the **organization's**⁰⁴ purpose, some **departments**⁰⁵, such as accounting and **personnel**⁰⁶, are common to almost all companies. On **the bottom rung**⁰⁷ of a department is the average employee. Virtually any of these **positions**⁰⁸ could be filled through a **job referral service**⁰⁹. This level reports to a **supervisor**¹⁰ who **oversees**¹¹ the daily **management**¹² of one of the many departments that make up the company. Over the supervisor is the **manager**¹² who reports to a **managing director**¹². At this level of management, these **administrators**¹³ try to make sure that their **branches**¹⁴ are contributing to the **overall**¹⁵ purpose and plan of the whole organization, keeping track of the monthly, if not annual, **performance**¹⁶ of the branches **for** which they are individually held **responsible**¹⁷. At the top of the **hierarchy**¹⁸ are the **vice-presidents**¹⁹ who head divisions which could be central to the **head office**²⁰ or could represent branch offices anywhere in the world. **Heading**²¹ this command is the **president**¹⁹ who may **serve as**²² the Chief Executive Officer²³ and may also be a member of the company's **board of directors**²⁴.

>>> 해석

보통 회사에서는 부하직원이 상사에게 보고를 하는 명령계통이 있다. 회사의 목적에 관계없이 거의 모든 회사에는 경리과나 인사과 같은 부서들이 있다. 부서 내에서 말단은 평직원이다. 사실 이런 자리는 취업 알선 서비스를 통해 채워질 수 있는 자리이다. 이러한 자리에 있는 사람은 회사를 구성하는 많은 부서 중 한 부서의 하루하루의 경영을 감독하는 상사에게 보고한다. 이 상사 위에는 상무에게 보고를 하는 부장이 있다. 이 정도의 직위에 있는 관리자들은 매년이 아니면 매달 개별적으로 책임을 지는 자신의 부서의 실적을 파악함으로써 자신들의 지부가 조직 전체의 통합적인 목표와 계획에 반드시 기여하도록 노력한다. 이러한 체계의 제일 위에는 본사의 중추적인 부서들을 이끌거나, 세계 어디에서나 지점을 대표할 수 있는 지부를 이끌어가는 부사장들이 있다. 이러한 명령체계를 이끌어가는 사람은 최고경영자 역할을 할 수도 있고 회사의 이사회 구성원 중 한 사람일 수도 있는 회장이다.

>>> 어구

regardless of ~에 상관없이 average employee 평직원 virtually 사실상 make up ~을 구성하다 contribute to 기여하다 keep track of ~을 파악하다, 기록하다

>>> 구문

• (On the bottom rung of a department) is the average employee/ [도치]
  (Over the supervisor) is the manager/
  (At the top of the hierarchy) are the vice-presidents
  부서의 말단에 평직원이 있다/ 감독관 위에는 부장이 있다/ 체계의 꼭대기에는 부사장이 있다

• keeping track of the monthly, (if not annual), performance of the branches
  (for which they are individually held responsible) [삽입]
  (매년이 아니면) 매달 (개별적으로 책임을 지고 있는) 부서의 실적을 파악하여

>>> Part 5 사회과학   >>> Chapter 4 직업과 노동

>>> Theme 099   **조직과 직위** ▶

01 **chain of command** 지휘[명령] 계통
ⓝ command 명령(하다), 지휘(하다), 통솔

02 **subordinate** [səbɔ́:rdənət] 부하, 하급자
밴 superior 상급자, 상사

03 **report to** ~의 지시를 받다, ~에게 업무 보고를 하다, ~에 출두하다
• report to one's superior 상사에게 보고하다

04 **organization** [ɔ̀ːrɡən-izéiʃən] 조직, 단체
• organization chart 조직도, 회사 기구도
• organizational culture 조직 문화

05 **department** [dipá:rtmənt] 부서, 과
• accounting department 경리부
• publicity department 홍보부
• business department 영업부
• maintenance department 관리부
• complaint department 고객 상담부
• service department 애프터 서비스부
• department meeting 부서회의

06 **personnel** [pə̀:rsənél] 전 직원; 인사과
• personnel department 인사부
• personnel management 인사관리
동 staff (전체) 직원

07 **the bottom rung** (사회 계급 등의) 최하층, 가장 낮은 지위
관 rank and file (조직의) 일반 구성원
• a rank-and-file worker 평사원

08 **position** [pəzíʃən] 지위, 자리, 위치; 입장
• a position of responsibility 책임 있는 지위
동 post (큰 조직 내의 중요한) 직위

09 **job referral service** 취업 알선 서비스

10 **supervisor** [sú:pərvàizər] (단위 조직을 책임지는) 관리자, 감독관
ⓥ supervise 감독하다, 지휘하다
ⓝ supervision 감독, 관리, 지휘

11 **oversee** [óuvərsi:] (일이 제대로 이뤄지는지) 감독하다

12 **manager** [mǽnidʒər] (부서의) 관리자, 부장, 과장; 매니저
ⓝ management 경영진; 경영, 관리
관 managing director 전무이사
   chairman 회장

13 **administrator** [ədmínistrèitər] (기업체의 중간) 관리자
ⓝ administration 행정부, 관리, 경영

14 **branch** [bræntʃ] 1. 지점, 지부 (=branch office)
2. 가지; (학문의) 분과
표 branch out (새로운 분야로) 진출하다
관 chapter (협회 등의) 지부

15 **overall** [óuvərɔ̀:l] 전반적인, 종합적인
• overall purpose 종합적인 목표

16 **performance** [pərfɔ́:rməns] 1. 실적, 성과
2. 공연, 연기, 수행
• business performance 영업실적
ⓥ perform 공연하다, 수행하다

17 **responsible for** 1. ~을 책임지고 있는
2. ~에 책임이 있는
ⓝ responsibility 맡은 일, 책무; 책임

18 **hierarchy** [háiərà:rki] (조직 내의) 계급[계층]
• the social hierarchy 사회적 계층
관 stratification 성층, 계층화

19 **vice-president** 부사장, 부통령
관 president 사장, 대통령

20 **head office/main office** 본사
관 headquarters 본부(약. HQ)
밴 branch 지사, 지점

21 **head** [hed] 1. ~을 이끌다, 책임지다
2. (특정 방향으로) 향하다

22 **serve as** ~의 역할을 하다, ~로 복무하다
• serve as the company's CEO 그 회사의 대표를 역임하다

23 **Chief Executive Officer** 최고 경영자, 사장 (약. CEO)
표 executive (기업이나 조직의) 경영진

24 **board (of directors)** 이사회
• board members 이사
표 director (회사의) 임원[중역]; 감독

>>> Part 5 Social Science   >>> Chapter 4 Jobs & Labor

## >>> Theme 099 Review Test

01 The chain of command is the formal line of authority, communication, and responsibility within an organization.
➡ _____이란 조직 내의 권한, 의사소통, 그리고 책임에 대한 공식적인 체계이다.

02 The subordinate reported to his supervisor's office to explain his frequent lateness.
➡ _____은 자신의 잦은 지각에 대해 설명하기 위해 상사실로 출두했다.

03 The hostess had received a complaint from her guest and reported to her manager.
➡ 여종업원은 손님에게서 불만을 접수 받았고 지배인에게 _____.

04 Every organization, in fact every department within an organization, has its own culture.
➡ 모든 _____, 사실상 조직 내의 모든 부서에는 그들만의 조직문화가 있다.

05 The accounting department is responsible for issuing the employee paychecks.
➡ _____는 직원들의 급료 지급에 대해 책임이 있다.

06 Any inquiries about a position should be referred to the personnel department.
➡ 그 일자리에 대한 문의는 _____로 해야 합니다.

07 The minimum wage is a safety net for the bottom rung of society.
➡ 최저임금은 사회의 _____을 위한 안전망이다.

08 Fred was shocked to hear that he was being demoted to his old position.
➡ Fred는 그가 이전 _____으로 지위가 강등되었다는 말을 듣고 충격을 받았다.

09 The accountant got his new position through a job referral service.
➡ 그 회계원은 _____를 통해 새 직장을 구했다.

10 The employee was afraid that he would be fired by his supervisor.
➡ 그 직원은 _____가 그를 해고할까 봐 두려워했다.

11 He was appointed to oversee the project
➡ 그는 그 사업을 _____하도록 임명되었다.

12 The disgruntled customer demanded to see the manager.
➡ 불만을 품은 고객은 _____를 만나게 해 달라고 요구했다.

13 Kate has worked here as a network administrator for more than 15 years.
➡ 케이트는 15년이 넘도록 이곳에서 네트워크 _____로 일하고 있다.

Reading V.O.C.A
422

¹⁴ The bank had twenty branch offices throughout the city.

▶ 그 은행은 도시 전역에 20개의 _____ 이 있다.

¹⁵ The overall profit structure of corporations is expected to get better.

▶ 기업들의 _____ 수익 구조가 개선될 전망이다.

¹⁶ The managing director reviewed the annual performance report from his division.

▶ 상무는 자신의 부서에서 올라온 연간 _____ 보고를 검토했다.

¹⁷ The CEO has the ultimate authority to make final decisions for an organization, and should be responsible for it.

▶ 최고 경영자는 조직의 최종 결정 권한을 가지며 그 권한에 _____ 을 져야 한다.

¹⁸ In medieval England, a rigid social hierarchy formed the basis of the system of governance.

▶ 중세 영국에서는 엄격한 _____ 이 지배 체제의 기반이 되었다.

¹⁹ The vice-president was the favored candidate to replace the president.

▶ _____ 은 사장을 대신할 정도의 사람들에게 지지를 받고 있는 후보였다.

²⁰ The head office expected a report from the branch offices every two weeks.

▶ _____ 에서는 지점에서 2주마다 보고해 주길 바랐다.

²¹ He has headed the design department for over 10 years.

▶ 그는 10년이 넘도록 디자인 부서를 _____.

²² She was re-elected in November 2008 and is still serving as mayor.

▶ 그녀는 2008년 11월에 재선되어 현재까지 시장직을 _____.

²³ The CEO accepted the responsibility for the failure of company and offered his resignation to the board.

▶ _____ 는 회사의 실패에 대한 책임을 받아들여 이사회에 사직서를 제출했다.

²⁴ The board of directors met to discuss the organization's five-year plan.

▶ _____ 는 조직의 5개년 계획안에 대해 토론하기 위해서 모임을 가졌다.

>>> 정답

01. 명령계통   02. 부하 직원   03. 보고하였다   04. 조직   05. 경리부
06. 인사부   07. 최하층   08. 직책   09. 취업 알선 서비스   10. 상사
11. 감독   12. 관리자   13. 관리자   14. 지점   15. 전반적인
16. 실적   17. 책임   18. 사회적 계층   19. 부사장   20. 본사
21. 이끌어 왔다   22. 역임하고 있다   23. 최고 경영자   24. 이사회

>>> Part 5 Social Science
>>> Chapter 4 Jobs & Labor

## >>> Theme 100 Meeting

The **chairperson** banged her **gavel** to **call** the meeting **to order**. The first thing on the **agenda** was the reading of the **minutes** from the previous **meeting**. Mr. Johnson **made a motion** to dispense with the reading of the minutes. The motion was **put to a voice vote** in which **the ayes had it**, the motion was carried, and the meeting **moved on to** the next **order of business**. The next item on the agenda was **taking disciplinary action against** the strikers for the walkout. After hours of **brainstorming**, the board decided to **put the question to a vote**. Mr. Chaplin moved that the proposal be **approved** by a voice vote. Yet because this was such a **sensitive** issue, a voice vote and a **show of hands** were **decided against** in favor of **ballots** to keep the votes confidential. After the votes were **counted**, the issue was **rejected** by **a vote** of 4 **in favor**, 7 **against**, and 1 **abstention**. With that Mr. Walters **obtained the floor** and made a motion to **adjourn** the meeting. Ms. Smith **seconded the motion** and it was carried by **unanimous consent**.

>>> 해석
의장은 의사봉을 두드려 개회를 선언했다. 의사일정의 첫 번째 일은 지난 회의의 회의록을 낭독하는 일이었는데 Johnson 씨가 회의록 낭독을 생략하자고 제안했다. 그 안은 찬성자 다수로 결정되는 구두 표결에 부쳐져서 통과되었다. 회의는 다음 순서로 넘어갔다. 다음 안건은 파업 참여자에 대한 징계조치에 대한 건이었다. 몇 시간 동안의 난상토론 끝에 이사회는 그 문제를 표결에 부치기로 결정했다. Chaplin씨는 그 안을 구두 표결로 결정하자고 제안했다. 그러나 그것은 민감한 사안이었기 때문에 구두 표결과 거수 표결이 아닌 비밀이 보장되는 비밀 투표를 하기로 결정되었다. 개표한 결과, 그 안건은 찬성 4, 반대 7, 기권 1로 기각되었다. 그러고는 바로 Walters 씨가 발언권을 얻어 휴회를 제안했다. Smith씨가 재청했고 만장일치로 통과되었다.

>>> 어구
previous 이전의   dispense with ~을 생략하다; ~없이 지내다   confidential 비밀의   with that 그러고는 바로

>>> 구문
• Mr. Chaplin moved that the proposal (should) be approved by a voice vote.
[should 생략]
Chaplin씨는 그 안을 구두 표결로 결정하자고 제안했다.

>>> Part 5 사회과학
>>> Chapter 4 직업과 노동

>>> Theme 100 | 회의 ▶

01 **chairperson** [tʃéərpə̀ːrsn] 의장, 회장 ※ 중성적 표현
- 관 chairman (회의의) 의장, 회장

02 **gavel** [ɡǽvl] 의사봉, 사회봉
- bang[rap] a gavel 의사봉을 두드리다

03 **call to order** (회의를) 시작하다, 개회를 선언하다
- call the meeting to order 개회를 선언하다
- 관 chair[run] a meeting 회의를 주재하다

04 **agenda** [ədʒéndə] (회의의) 안건, 의제
- an item on the agenda 안건의 한 항목
- hidden agenda (이면에) 숨겨진 의도

05 **minutes** [mínits] 의사록, 회의록
- read the minutes 회의록을 낭독하다
- 동 minute [máinjuːt] 대단히 작은, 미세한

06 **meeting** [míːtiŋ] 회의; 만남
- attend a meeting 회의에 참석하다
- adjourn a meeting 회의를 휴회하다
- ordinary meeting 정례회의
- business meeting 업무회의
- 비 conference (대규모로 열리는) 회의, 회담원

07 **make a motion** 제안을 하다
- ⓝ motion 발의, 동의
- 관 second the motion 재청(다른 사람이 재차 제안)하다
  third the motion 삼청하다

08 **put ~ to a vote** 표결에 부치다
- put~ to a voice vote 구두 표결에 부치다
- 동 a voice vote 구두 표결

09 **ayes** [aiz] (yes의 방언으로) (표결에서의) 찬성
- The ayes have it. 찬성으로 결론 났습니다.

10 **move (on) to** (다음 주제로) 넘어가다
- move on to the next agenda item 다음 안건으로 넘어가다

11 **order of business** 의제의 순서, 처리해야 할 문제
- the first order of business 최우선 과제

12 **take disciplinary action against**
~에게 징계조치를 내리다
- ■ 징계처분(disciplinary action)의 종류
  파면: (disciplinary) dismissal, fire, sack
  정직: suspension (from duty)
  감봉: salary reduction, wage cut
  견책: reprimand
  좌천, 강등: relegation, demotion, degradation

13 **brainstorming** 브레인스토밍(여러 사람이 자유롭게 의견을 내는 회의방법)
- ⓥ brainstorm 난상토론을 벌이다

14 **approve** [əprúːv] 찬성하다, 승인하다
- ⓝ approval 찬성, 승인
- 동 agree 동의하다
  consent 동의, 승낙(하다), 허락(하다)
  acquiesce (동의하지 않지만) 묵인하다

15 **sensitive** [sénsətiv] 1. (주제가) 민감한
  2. 예민한, 세심한
- sensitive issue 민감한 사안

16 **show of hands** 거수에 의한 의사 표시
- 관 a rising vote 기립투표
  a proxy vote 대리 투표

17 **decide against** 1. ~에 반대의 결정을 하다
  2. ~에게 불리하게 결정하다

18 **ballot** [bǽlət] 무기명 투표; 총 투표수
- 관 vote (일반적인) 투표, 표결
  poll 여론조사 straw poll 비공식 여론조사

19 **count** [kaunt] 세다, 계산하다; 중요하다
- ⓝ counting 계산, 집계, 개표
- a counting overseer 개표 참관인

20 **reject** [ridʒékt] 기각하다, 거절하다
- 동 thumb down 거부하다, 반대하다
- 관 vote down 부결시키다

21 **a vote in favor** 찬성투표
- 관 in favor of ~에 찬성하여, 지지하여
- 반 a vote against 반대표

22 **abstention** [æbsténʃən] 1. (투표의) 기권
  2. 절제, 자제
- ⓥ abstain 기권하다; 삼가다, 자제하다

23 **obtain[get, have] the floor** 발언권을 얻다
- 관 have the final say 최종결정권을 갖다

24 **adjourn** [ədʒə́ːrn] 휴회하다, 회의를 연기하다
- adjourn the meeting 회의를 휴회하다

25 **unanimous** [juːnǽnəməs] 만장일치의
- unanimous consent 만장일치의 동의
- ⓝ unanimity 만장일치, 전원 합의
- ⓐ unanimously 만장일치로(=with unanimity)

>>> Part 5 Social Science    >>> Chapter 4 Jobs & Labor

## >>> Theme 100 Review Test

01 The chairperson ran the meeting.
➡ _____이 회의를 진행했다.

02 The chairperson banged the gavel three times.
➡ 의장은 세 번 _____.

03 The chairperson called the meeting to order.
➡ 의장이 _____.

04 The meeting covered the items on the agenda.
➡ 회의에서 _____에 있는 항목들을 다뤘다.

05 The secretary read the minutes from the last meeting.
➡ 비서가 지난번 회의의 _____을 낭독했다.

06 The woman sent a memo to her boss detailing the outcome of the meeting.
➡ 그 여자는 _____의 결과에 대해 자세히 적은 메모를 사장에게 보냈다.

07 The board member made a motion that the issue come to a vote.
➡ 이사는 그 안건을 표결에 부치자고 _____.

08 The board decided the matter by a voice vote.
➡ 이사회는 그 문제를 _____로 결정했다.

09 Those in favor will say 'aye.' Those opposed will say 'no.' The 'ayes' have it and the proposal is passed.
➡ 찬성하시는 분은 '_____', 반대하시는 분은 '반대'라고 말씀해 주십시오. 다수의 찬성으로 안건이 가결되었습니다.

10 Can we move on to the next item on the agenda?
➡ 다음 안건으로 _____까요?

11 He proposed to move to the next order of business.
➡ 그는 다음 _____로 넘어가자고 제안했다.

12 The company has promised not to take any disciplinary action against the strikers for the walkout.
➡ 그 회사는 파업에 가담한 파업참가자들에 대해 어떤 _____ 않겠다고 약속했다.

13 The group brainstormed about options for twenty minutes.
➡ 그 집단은 몇 가지 옵션에 대해 20분 동안 _____.

14 Every member of the board approved the proposal.
➡ 이사회의 모든 멤버가 그 제안에 _____.

¹⁵ The meeting agenda covers sensitive issues such as transparent management.
➡ 회의 안건에는 투명한 경영 관리와 같은 _____이 포함되어 있다.

¹⁶ In a vote by a show of hands, the measure passed five to two.
➡ _____ 표결을 통해 그 안은 5대 2로 통과했다.

¹⁷ The union decided against anything so radical as a strike.
➡ 노조는 파업과 같은 극단적인 조치는 _____.

¹⁸ The board voted by ballot to insure confidentiality.
➡ 이사회는 비밀을 보장하기 위해 _____를 했다.

¹⁹ With all of the ballots counted, the vote was four in favor, ten against, and one abstention.
➡ _____ 결과 찬성 4표, 반대 10표, 기권 1표였다.

²⁰ After prolonged discussions, the board rejected the proposal.
➡ 오랜 토론 끝에 이사회는 그 안을 _____.

²¹ The board was in favor of raising the price.
➡ 이사회에서는 가격 인상에 _____.

²² Instead of taking sides in the debate, the man decided to abstain from voting.
➡ 그는 토론에서 어느 한 쪽의 편을 드느니 _____하기로 결정했다.

²³ The board member tried desperately to obtain the floor to voice his dissent.
➡ 그 이사회 의원은 반대의견을 표명하기 위해 필사적으로 _____ 했다.

²⁴ The board moved to adjourn the meeting.
➡ 이사회에서는 _____할 것을 제의했다.

²⁵ Everyone agreed with the proposal and when the issue was voted upon, it passed with unanimous consent.
➡ 모두 그 안에 동의해서 그것이 표결에 부쳐졌을 때 _____ 통과되었다.

---

**》》》 정답**

| 01. 의장 | 02. 의사봉을 두드렸다 | 03. 개회를 선언했다 | 04. 의제 | 05. 회의록 |
| 06. 회의 | 07. 제안했다 | 08. 구두 표결 | 09. 찬성 | 10. 넘어갈 |
| 11. 문제 | 12. 징계조치도 내리지 | 13. 난상 토론을 벌였다 | 14. 찬성했다 | 15. 민감한 사안 |
| 16. 거수 | 17. 하지 않기로 결정했다 | 18. 무기명 투표 | 19. 개표 | 20. 기각했다 |
| 21. 찬성했다 | 22. 기권 | 23. 발언권을 얻으려 | 24. 휴회 | 25. 만장일치로 |

## >>> 분야별 용어정리 [5] 사회과학

### 1. 외교와 국제관계

■ **Diplomacy** (외교)

diplomacy 외교
- power diplomacy 무력외교
- nonpartisan diplomacy 초당파 외교
- total diplomacy 총력외교

diplomatic 외교의
accord/act 의정서
treaty/convention 조약, 협정
agreement 협정
summit conference 정상회담
communique 공식발표, 공동설명서
joint declaration 공동 선언
peace treaty 평화조약
modus vivendi 잠정협정
signatory 조약 가맹국
sovereignty 주권, 독립국
stalemate/deadlock 교착상태

■ **Diplomat** (외교관)

agrement[àːgreimáːnt] 아그레망(대사·공사 파견에 대하여 주재국 정부가 내는 공식 승인)
credentials 신임장
protocol 외교 의전, 의정서
ambassador 대사
embassy 대사관
attache 대사의 수행원
consul 영사
consul general 총영사
consulate 영사관
minister 공사
legation 공사관
envoy 사절, 특사
personal message 친서
foreign concession 외국인 거류지
extraterritoriality 치외법권
persona grata 호감 가는 외교사절
recall 소환
faux pas 결례, 실례
official visit 공식방문

■ **International Relations** (국제관계)

cold war 냉전
friendly relations 우호관계
treaty of amity 우호조약
severance/rupture 국교단절
rapprochement 친교관계 회복
carrot and stick 회유와 위협
ally 동맹국
nonalignment 비동맹
neutralism 중립주의
NATO 북대서양조약기구
(North Atlantic Treaty Organization)

imperialism 제국주의
expansionist polish 팽창주의
protectorate 보호국, 보호령
trusteeship 신탁통치
isolation 고립
sanctions 국제적 제재조치
ultimatum 최후통첩
non-aggression pact 불가침조약
hegemony 패권, 주도권
territorial issue 영토문제
exile/deportation 국외 추방
extradition 범죄인 인도
political asylum 정치적 망명
boat people 표류난민
refuge 난민

### 2. 법률과 범죄

■ **Law** (법률)

constitution 헌법
law 법률
order 명령, 훈령(시행령 등)
ordinance (지방자치단체의) 조례
regulation 규칙

\* 상위법 우선의 원칙에 따라 각 법이 충돌할 때 상위법이 우선한다. 따라서 헌법, 법률, 명령, 조례, 규칙 순서로 우선 적용되고 헌법에 위반되는 모든 하위법은 무효이다.

criminal[penal] law 형법
(범죄와 형벌을 규정한 법)
civil law 민법(개인 간의 재산이나 가족관계 등의 법률관계를 규정한 법)
administrative law 행정법(행정기관의 조직, 권한 그리고 행정권과 시민과의 관계 규정)
commercial law 상법(기업과 상행위에 관한 법)
labor law 노동법(근로자의 근로관계를 규정한 법)

■ **Crime** (범죄)

murder/homicide 살인죄
assault 폭행죄
abduction 유괴죄
rape 강간죄
adultery 간통죄
illegal abortion 낙태죄
arson 방화죄
robbery 강도죄
theft 절도죄
fraud 사기죄
breach of trust 배임죄
embezzlement 횡령죄
blackmail 공갈, 협박

coinage offences 통화위조죄
forgery 위조죄
- forgery of documents 문서위조
copyright infringement[violation] 저작권 침해
slander 명예훼손죄
contempt 모욕죄
smuggling 밀수죄
drug smuggling 마약밀수
drug trafficking 마약밀매
prostitution 성매매
malicious mischief 손괴죄
illegal detention 불법감금
unlawful entry 불법침입, 주거침입죄
bribery 뇌물수수
negligence (부주의로 인한) 과실
wiretapping/eavesdropping 도청
perjury 위증죄
receiving stolen property 장물취득죄
sedition 폭동 선동, 소요죄
treason 반역죄
espionage 간첩죄
obstruction of justice/obstructing an officer 공무집행방해
dereliction of duty 직무유기
oppression 직권남용죄

■ **Misdemeanor** (경범죄)

oppression 음주운전
speeding 속도위반
illegal parking 불법주차
public Lewdness 공연음란죄
indecent exposure 공공 노출
free ride 무임승차
fly-tipping 쓰레기 불법 투기
public nuisance 공적 불법방해(공공소란, 악취 등)

### 3. 경제와 금융

■ **Economy** (경기)

boom 호황
recession 불황, 불경기
economic downturn 경기 침체
economic stagnation 경기 침체
inflation 인플레이션, 통화팽창(물가가 지속적으로 상승하는 것)
deflation 디플레이션, 통화수축
(경기가 하강하면서 물가도 하락하는 경제현상)
stagflation 스태그플레이션
(경기 불황 중에도 물가는 계속 오르는 현상)
reflation 경기회복·부양 목적의 통화 재팽창
austerity 긴축
monetary squeeze 금융긴축
monetary ease 금융완화

## ■ Business (기업)

fiscal year 회계연도
assets revaluation 자산재평가
assets depreciation 자산 감가상각
devaluation 평가절하
fixed assets 고정자산
floating assets 유동자산
liquid assets 유동자산
liquidity (자산의) 유동성, 환금성
capital 자본금
capital reserve 자본준비금
capital increase 증자
capital reduction 감자
go public 주식을 공개[상장]하다
plunge/plummet (주가가) 급락하다
bottom out (주가가) 바닥을 치다
skyrocket (주가가) 급등하다
listed stock 상장주
face value 액면가
market value 시가
cash cow 돈이 되는 사업
turnover 총 매상고
inventory 재고
clearance 재고정리
balance sheet 대차대조표
financial statement 재무제표
bottom line 손익이 표시된 재무제표의 마지막 줄
moratorium 국가의 지불 유예(일시적 상환 연기)
surplus 흑자
deficit 적자
cumulative deficit 누적적자
bankruptcy 파산, 도산
chain-reaction bankruptcy 연쇄부도
dishonor 어음의 부도
dishonored check 부도어음
bounced check 부도어음
liquidation (회사의) 청산, 해체
(court) receivership 파산기업의 법정관리
- file for (court) receivership 법정관리를 신청하다
- go into receivership 법정관리에 들어가다
merger 합병
acquisition (기업의) 인수
M&A 기업 인수 합병(merger and acquisition)
amalgamation 합병
corporate raider 기업 매수자
take-over 기업의 매수
conglomerate 복합기업, 대기업
parent company 모기업
subsidiary 자회사
large business 대기업
small business 영세기업
diversification (사업의) 다각화
diversify business recklessly 문어발식으로 기업을 확장하다
CI 기업 로고 등의 이미지 통합 전략 (corporate identity)
bailout 구제금융
phantom[bogus] company 유령 회사
paper company 페이퍼 컴퍼니
(이름뿐이고 실체가 없는 회사)
bubble company 유령회사

## ■ Finance (금융)

CD(certificate of deposit) 양도성 예금증서
debenture 사채, 채권
convertible debenture[bond] 전환사채
corporate bond/company stock 회사채
public bond 공채
state bonds 국채
junk bond 수익률은 높지만 신용도가 낮고 위험도가 높은 채권
loan shark 고리 대부, 사채업자
collateral 담보
mortgage 저당
futures market 선물시장
open tender 공개입찰
bid 입찰에 응하다

# 4. 산업

## ■ Primary Industries (1차산업)

agriculture 농업
- plantation 대규모 농장
- agribusiness 농업 관련 산업
- intensive agriculture 집약농업
stock-farming/stock raising 목축업
- ranching 목장경영
- livestock husbandry 가축 사육
- meat processing 육가공
- dairy farming 낙농업
- apiculture 양봉
hunting 수렵
forestry 임업
- lumbering 제재업, 벌목업
fishery 어업
- aquaculture 양식
- deep-sea fishing/pelagic fishery 원양어업
- coastal fishing 근해어업

## ■ Secondary Industries (2차산업)

mining (industry) 광업
manufacturing industry 제조업
heavy industry 중공업(철강,기계,조선)
light industry 경공업(섬유, 잡화)
apparel industry 의류 산업
armaments industry 군수산업
basic materials industry 소재산업
chemical industry 화학산업
iron industry 제철업
shipbuilding industry 조선업
ceramics 도자기 제조업, 요업
frontier industry 첨단기술산업
housing industry 주택산업
power industry 전력업
textile industry 섬유산업
basic industry 기간산업

## ■ Tertiary Industries (3차산업)

service industry 서비스업
hospitality industry (호텔·식당 등의) 서비스업
export business 수출업
fast-food industry 외식산업
leisure industry 레저산업
retail business 소매업
securities business 증권업
insurance business 보험업
financial[banking] business 금융업
tourist industry 관광산업
carrier business 운수업
transportation business 운송업
networking business 통신업
publishing business 출판업

## ■ 기타

declining industry 사양산업
sunset industry 사양산업
sunrise industry (기술집약형의) 신흥산업
local production 현지생산
manual industry 수공업
nationalized industry 국영기업
nationalization (민영기업의) 국영화
privatization (국영기업의) 민영화
public corporation 공사
protectionism 보호무역주의
tariff barrier 관세장벽
trade barrier 무역장벽
protected industry 보호산업
OA 사무자동화(office automation)

# Part 6

# 자연과학 (Natural Science)

1. 우주와 생물(Universe & Organism)
   [101] Science & Technology 과학과 기술
   [102] Earth & Cosmos 우주와 지구
   [103] Evolutionism & Creationism 진화론과 창조론
   [104] Organism & Reproduction 생명체와 번식
   [105] Plants & Trees 식물과 나무
   [106] Animals 동물
   [107] Characteristics & Habitats 습성과 서식지
   [108] Food Chain 먹이사슬

2. 물질과 형태(Material & Form)
   [109] Materials 물질
   [110] Shape 모양
   [111] Number & Quantity 수와 양

3. 환경과 자연현상 (Environment & Natural Phenomenon)
   [112] Geology & Ecology 지질과 생태계
   [113] Resource & Environment 자원과 환경
   [114] Energy 에너지
   [115] Alternative Energy 대체 에너지
   [116] Pollution 오염
   [117] Global Warming 지구 온난화
   [118] Weather & Climate 기상과 기후
   [119] Natural Disaster 자연 재해
   [120] Earthquake 지진

>>> Part 6 Natural Science

**Chapter 1
Universe & Organism**

>>> Theme **101  Science & Technology**

The recent development of **science** and **technology** has made our life easier and more comfortable. The **emergence** of **Artificial Intelligence** has not only become more than science fiction, but it is getting quicker and more **compact** every year. Instead of **computers** that take up whole rooms, **microchips** have made it possible to compress information making electronic goods that used to be heavy and **clunky** light and slim. With a modem to connect computers, users are now able to enter **cyberspace** through the Internet and communicate with fellow on-line computer users. Our ability to store intelligence has improved too. The computer **hardware** has become more sophisticated as increased **RAM** allows people to run more than one computer program at a time. The **software** has also been improved as **CD-ROMs**, **DVDs** and **Blu-rays** have replaced **floppy disks**, making it possible to store volumes of information on one thin disk. The applications for this information are also immense. Coupled with **astrophysics**, it's possible to do things that someone from the early 1900s could only dream of. With improved computer technology, it's possible to have space travel into the **Milky Way galaxy** to **explore** and monitor the **planets**, such as **Venus**, **Jupiter**, and **Uranus**, that were only visible from telescopes. With the **satellites launched** by **spaceships,** our communications have improved around the world making it possible to talk to someone on the other side of the globe in a matter of seconds. If you are not able to fly in a **space shuttle**, **virtual reality**, featuring computer generated graphics, can recreate a situation similar enough to make you feel as if you are there.

>>> 해석

최근의 과학과 기술의 발전은 우리의 삶을 보다 쉽고 편하게 해주었다. 인공지능의 출현은 공상과학소설 이상이 되었을 뿐만 아니라 발전 속도가 해마다 빨라지고 더욱 정교해지고 있다. 방 하나를 다 차지하던 컴퓨터 대신에 마이크로 칩의 발달로 정보를 압축시켜 무겁고 투박한 전자제품들을 가볍고 날씬하게 만드는 것이 가능해졌다. 컴퓨터끼리 연결할 수 있는 모뎀을 사용하여 컴퓨터 이용자들은 오늘날 인터넷을 통하여 사이버 공간에 들어가 다른 컴퓨터 이용자들과 정보를 교환할 수 있게 되었다. 오늘날의 정보 집약 기술 역시 발달하였다. 컴퓨터의 하드웨어 분야는 점점 더 정교해져서 사람들은 기능이 훨씬 향상된 RAM으로 한 번에 한 개 이상의 컴퓨터 프로그램을 돌릴 수 있게 되었다. 소프트웨어 역시 발달하여 얇은 디스크 한 장에 엄청난 양의 정보를 저장할 수 있는 CD-ROM, DVD, Blu-ray가 플로피 디스크를 대신하게 되었다. 이러한 정보의 응용분야 역시 방대하다. 천체물리학과 결부해서, 1900년대 초기의 사람들이 꿈도 꾸지 못할 일들을 할 수 있게 되었다. 발전된 컴퓨터 기술로 말미암아, 은하계로의 우주여행이 가능해졌으며 망원경을 통해서만 볼 수 있었던 금성, 목성, 천왕성 같은 행성들을 감시하는 일이 가능해졌다. 또한 오늘날에는 우주선에서 발사한 위성들의 도움으로 전 세계적으로 통신망이 발달하여 수초 내로 지구 반대편에 있는 사람과 통화가 가능해졌다. 직접 우주 왕복선을 타고 비행할 수 없다 하더라도 컴퓨터로 만들어내는 그래픽인 가상현실은 당신이 마치 그곳에 있는듯한 느낌을 갖기에 충분히 유사한 상황을 재현해낼 수 있다.

>>> 어구

take up 차지하다 compress 압축하다 electronic goods 전자제품 light and slim 가볍고 얇은 store 저장하다 intelligence 정보, 지능 sophisticated 정교한 immense 막대한 coupled with ~와 결부된 telescope 망원경 in a matter of seconds 순식간에

>>> 구문

• virtual reality, (featuring computer generated graphics), can recreate ~
   (컴퓨터로 만들어낸 그래픽인) 가상현실이 ~을 재현할 수 있다

>>> Part 6 자연과학

# Chapter 1 우주와 생물

>>> Theme 101 　　과학과 기술 ▶

01 **science** [sáiəns] 과학, 학문
- science fiction 공상 과학 소설
- ⓝ scientist 과학자
- ⓐ scientific 과학의, 과학적인

02 **technology** [teknάlədʒi] (과학) 기술
- modern technology 현대 과학기술
- ⓐ technological 과학 기술의

03 **emergence** [imə́ːrdʒəns] 출현, 등장, 부상
- ⓥ emerge 나타나다, 출현하다
- 图 emergency 비상 (사태)

04 **Artificial Intelligence** 인공지능
- ⓐ artificial 인공의, 인조의

05 **compact** [kəmpǽkt, kάm-] 1. 소형의, 간편한
　　　　　　　　　　　　　 2. 소형차, 휴대용 분갑
- 图 compact disk 콤팩트디스크 (약. CD)

06 **computer** [kəmpjúːtər] 컴퓨터
- ⓥ compute 계산하다, 산출하다
- ⓝ computing 컴퓨터 조작[작업]

■ 컴퓨터의 종류
　desktop 탁상용 컴퓨터
　laptop (허벅지 위에 올려놓고 쓸 수 있도록 만든) 랩탑 컴퓨터
　notebook 노트북 컴퓨터
　tablet PC 태블릿(터치스크린을 사용하는 노트북과 PDA의 혼합형 기기)
　PDA 개인 휴대용 정보 단말기

07 **microchip** [máikroutʃìp] 마이크로칩(반도체 집적 회로 소자)
- 图 semiconductor 반도체

08 **clunky** [klʌ́ŋki] 투박한, 쓸모없이 크기만 한

09 **cyberspace** [sáibərspèis] 사이버 공간(전 세계 컴퓨터 네트워크에 의한 3차원 공간)
- ⓐ cyber 컴퓨터(네트워크)의

10 **hardware** [hάːrdwèər] 1. 하드웨어(컴퓨터를 구성하는 물리적 장치)
　　　　　　　　　　　　　 2. 철물
- 图 software 소프트웨어(하드웨어를 동작시키기 위한 프로그램)

11 **CD-ROM** 시디롬(compact disc read-only memory)

■ 기억 장치(storage device)
　ROM(Read Only Memory): 읽을 수만 있는 메모리이기 때문에 전원이 없어도 내용이 지워지지 않는다.
　RAM(Random Access Memory): 읽고 쓸 수도 있는 대신 전원이 나가버리면 모든 내용이 지워진다.
　* 메모리칩은 전원을 끄면 데이터가 날아가느냐, 그렇지 않느냐에 따라 롬(ROM)과 램(RAM)으로 나뉨
　floppy disk 플로피 디스크　DVD 디브이디(digital video disc)
　Blu-ray 블루레이(DVD보다 약 10배를 저장할 수 있는 대용량 매체)
　flash memory 디지털카메라나 MP3 등에 사용되는 메모리칩
　USB flash drive 휴대용 저장장치　hard disk 하드디스크

12 **astrophysics** [æstroufíziks] 천체 물리학, 우주 물리학
- 图 astronomy 천문학
　　　- astronomer 천문학자　astronaut 우주비행사

13 **Milky Way galaxy** (지구가 속한) 은하계
- Milky Way 은하, 은하수
- galaxy 은하, 은하계

14 **explore** [ikspl5ːr] 탐사[탐험]하다
- ⓝ exploration 탐험, 탐사, 탐구　explorer 탐험가

15 **planet** [plǽnit] (태양 주위를 공전하는) 행성
- 图 star 항성(태양처럼 스스로 빛을 내는 별)
　　- sidereal 항성의
　　asteroid 소행성(화성과 목성의 궤도 사이에서 태양을 중심으로 공전하는 작은 천체)
　　comet 혜성(긴 꼬리를 가진 태양주위를 도는 작은 천체)
　　meter 유성, 별똥별(태양계를 떠돌던 작은 암석 등이 지구 중력에 이끌려 낙하하면서 대기와 마찰하여 불타는 것)
　　meteorite 운석(유성체가 대기 중에서 완전히 소멸되지 않고 지상에까지 떨어진 광물)
　　crater [kréitər] 운석 구멍, 분화구
　　constellation 별자리

16 **Venus** [víːnəs] 1. 금성
　　　　　　　　　 2. 그리스 신화의 사랑과 미의 여신
- 图 태양계의 9개 행성
　　Mercury 수성　Venus 금성　Earth 지구　Mars 화성
　　Jupiter 목성　Saturn 토성　Uranus 천왕성
　　Neptune 해왕성　Pluto 명왕성

17 **satellite** [sǽtəlàit] (인공) 위성, 위성 도시[국가]
- artificial satellite 인공위성
- satellite city 위성 도시

18 **launch** [lɔːntʃ] 1. (로켓을) 발사하다
　　　　　　　　　 2. (신제품을) 출시하다

19 **spaceship** [spéisʃìp] 우주선
- ⓝ space 우주, 공간, 장소
- space shuttle 우주 왕복선
- space station 우주 정거장
- space travel 우주여행

20 **virtual reality** 가상현실

>>> Part 6 Natural Science  >>> Chapter 1 Universe & Organism

## >>> Theme 101 Review Test

01 Robotics technology has already reached commercialization, which was only science fiction a mere two decades ago.
▶ 불과 20년 전만 해도 _____에 불과했던 로봇 기술이 이미 상용화되었다.

02 The director applied special effects using the latest technology to his movie.
▶ 감독은 최신 _____을 이용한 특수효과를 영화에 적용했다.

03 The emergence of the Internet news media is affecting the delivery of media content.
▶ 인터넷 언론 매체의 _____이 미디어 콘텐츠 전달에 영향을 미치고 있다.

04 Artificial intelligence has become an integral part of life.
▶ _____은 이제 일상생활의 절대 필요한 부분이 되었다.

05 Computers become more compact and have more capacity.
▶ 컴퓨터는 더욱 _____되고 용량은 더욱 커졌다.

06 A laptop is a portable computer and less powerful than a desktop in terms of computing power.
▶ _____은 갖고 이동할 수 있는 _____이고 전산능력은 _____보다 떨어진다.

07 Microchips make it possible to miniaturize computers.
▶ _____은 컴퓨터의 소형화를 가능하게 했다.

08 Now you can use Internet fax services instead of using a clunky fax machine on your small desk.
▶ 이제 당신은 좁은 책상 위의 _____ 팩스 기계를 이용하는 대신 인터넷 팩스 서비스를 이용할 수 있다.

09 More families have entered cyberspace through the Internet.
▶ 점점 더 많은 가족들이 인터넷을 통해 _____에 들어갔다.

10 The computer needed extra hardware to run that program.
▶ 프로그램을 돌리기 위해서 컴퓨터에 별도의 _____가 필요했다.

11 The CD-ROM is able to hold more information than the old floppy disk.
▶ _____에는 이전의 플로피 디스크보다 훨씬 더 많은 정보를 담을 수 있다.

12 The space program employs astrophysics in its calculations.
▶ 그 우주 프로그램의 계산에 있어서 _____이 사용된다.

Reading V.O.C.A
434

>>> Part 6 자연과학   >>> Chapter 1 우주와 생물

¹³ The galaxy contains stars, planets, and asteroids.

▶ _____는 별과 행성, 소행성들로 이루어져 있다.

¹⁴ These microbots are used to explore planets in our universe.

▶ 이러한 초소형 로봇은 우주에 있는 행성을 _____하는 데 이용된다.

¹⁵ Scientists have yet to discover evidence of life on other planets.

▶ 과학자들은 다른 _____에 생명체의 자취가 있는지 아직 발견하지 못했다.

¹⁶ Mercury, Venus, Earth, Mars, Jupiter, Saturn, Uranus, Neptune, and Pluto are the nine planets in our solar system.

▶ 수성, _____, 지구, 화성, 목성, 토성, 천왕성, 해왕성, 명왕성이 태양계의 9개 행성이다.

¹⁷ The moon is the earth's only satellite.

▶ 달은 지구의 유일한 _____이다.

¹⁸ NASA launched a satellite this morning.

▶ 미항공우주국(NASA)은 오늘 아침 인공위성을 _____.

¹⁹ The spaceship was launched without any delay.

▶ 그 _____은 지체 없이 발사되었다.

²⁰ Virtual reality enables people to have a simulated experience.

▶ _____ 덕분으로 사람들은 모의 경험을 할 수 있게 되었다.

---

**〉〉〉 정답**

01. 공상 과학 소설　02. 과학기술　03. 부상　04. 인공지능　05. 소형화
06. 랩탑, 컴퓨터, 데스크탑　07. 마이크로칩　08. 투박한　09. 사이버 공간　10. 하드웨어
11. 시디롬　12. 천체 물리학　13. 은하계　14. 탐사　15. 행성
16. 금성　17. 위성　18. 발사했다　19. 우주선　20. 가상현실

Reading V.O.C.A
435

>>> Part 6 Natural Science    >>> Chapter 1 Universe & Organism

>>> Theme 102  **Earth & Cosmos**

For many thousands of years, humanity, with a few **notable**⁰¹ exceptions, did not recognize the existence of the **Solar System**⁰². People believed the **Earth**⁰³ to be **stationary**⁰⁴ at the centre of the **universe**⁰⁵ and categorically different from the divine or **ethereal**⁰⁶ objects that **moved through**⁰⁷ the sky. Although the Greek philosopher Aristarchus of Samos had **speculated on**⁰⁸ a **heliocentric**⁰⁹ reordering of the **cosmos**¹⁰, Nicolaus Copernicus was the first to **develop**¹¹ a **mathematically**¹² **predictive**¹³ heliocentric system. His 17th-century **successors**¹⁴, Galileo Galilei, Johannes Kepler and Isaac Newton, developed an understanding of **physics**¹⁵ that led to the gradual acceptance of the idea that the Earth **moves around**⁰⁷ the Sun and that the planets are governed by the same **physical laws**¹⁵ that governed the Earth. Additionally, the **invention**¹⁶ of the **telescope**¹⁷ led to the discovery of further planets and moons. In more recent times, improvements in the telescope and the use of **unmanned**¹⁸ **spacecraft**¹⁹ have enabled the **investigation**²⁰ of geological **phenomena**²¹ such as mountains and **craters**²², and seasonal **meteorological**²³ phenomena such as clouds, dust storms and ice caps on the other planets.

>>> 해석

몇몇 눈에 띄는 예외들이 있었지만, 인류는 수 천 년 동안 태양계의 존재를 인식하지 못했다. 사람들은 지구가 우주의 중심에 고정되어 있으며, 하늘 사이로 움직이는 신성한 물체들이나 천상의 물체들과는 명확히 다른 것으로 생각했다. 사모스 섬의 그리스 철학자 아리스타르코스는 태양을 중심으로 하는 우주 재배열에 관한 추측을 하였으며, 니콜라스 코페르니쿠스는 수학적으로 예견한 태양 중심 체계 지동설을 처음으로 주창했다. 그의 17세기의 후계자인 갈릴레오 갈릴레이, 요하네스 케플러, 아이작 뉴턴은 지구가 태양주위를 돌며, 행성은 지구와 마찬가지의 물리적 법칙에 의해 지배된다는 물리학적 해석을 전개했고 이런 생각은 점차적으로 받아들여졌다. 게다가 망원경의 발명으로 인해 행성과 달 외에 추가적으로 발견을 하게 되었다. 보다 최근에는 망원경의 개량과 무인우주선의 이용으로 인해 다른 행성에 있는 산이나 분화구 같은 지질학적 현상의 연구와 구름이나 먼지 폭풍, 빙산 같은 계절적인 현상의 연구가 가능해졌다.

>>> 어구

humanity 인류 exception 예외 recognize 인식하다 existence 존재 categorically 절대적으로, 명확히 divine 신의, 신성한 philosopher 철학자 reordering 재배열 gradual 점진적인 acceptance 받아들임, 수용 govern 지배하다, 다스리다 planet 행성 improvement 개선, 개량 geological 지질학적인 seasonal 계절적인 dust storm 먼지폭풍 ice cap 빙산, 만년설

>>> 구문

• developed an understanding of physics that led to the gradual acceptance of the idea (that the Earth moves around the Sun) and (that the planets are governed by the same physical laws that governed the Earth). [A and B]
물리학적 해석을 개발했고 이런 생각(지구가 태양주위를 돌며), (행성은 지구와 마찬가지의 물리적 법칙에 의해 지배된다는)은 점차적으로 받아들여졌다.

Reading V.O.C.A
436

>>> Part 6 자연과학
>>> Chapter 1 우주와 생물

>>> Theme 102  우주와 지구 ▶

01 **notable** [nóutəbl] 주목할 만한, 두드러진
- a notable exception 눈에 띄는 예외
- 图 noticeable/remarkable/conspicuous/striking 두드러진, 현저한

02 **the solar system** 태양계
- 팬 solar 태양의 ↔ lunar 달의
  * solar eclipse 일식 ↔ lunar eclipse 월식
  * solar calendar 양력 ↔ lunar calendar 음력
- 팬 full moon 보름달 new moon 초승달

03 **earth** [ə:rθ] 지구; 지표, 땅, 흙
- 팬 sky 하늘, 창공

04 **stationary** [stéiʃənèri] 움직이지 않는, 정지된
- 图 sedentary 주로 앉아서 하는, 한 곳에 머무는
- 혼 stationery 문방구

05 **universe** [júːnəvə̀:rs] (the ~) 우주
- ⓐ universal 보편적인, 일반적인

06 **ethereal** [iθíəriəl] 천상의
- 팬 firmament 하늘, 창공

07 **move around** 주위를 돌다; 이동하다
- 표 move through 움직이다, 이동하다

08 **speculate** [spékjulèit] 1. 추측하다, 짐작하다[on]
   2. 투기하다
- 图 surmise/conjecture/guess 추측하다

09 **heliocentric** [hìːliouséntrik] 태양을 중심으로 하는
- heliocentric theory (코페르니쿠스의) 태양 중심설, 지동설
- geocentric theory 천동설

10 **cosmos** [kάzməs] 우주; 질서, 조화
- ⓐ cosmic 우주의, 포괄적인
- 팬 microcosm 소우주, (우주 축소판으로) 인간
  macrocosm 대우주, 전체

11 **develop** [divéləp] 개발하다, 발전하다, 성장하다
- ⓝ development 개발, 발달

12 **mathematically** [mæ̀θəmǽtikəli] 수학적으로
- ⓐ mathematical 수학의, 수학적인
- ⓝ mathematics 수학

13 **predictive** [pridíktiv] 예언의, 예측의
- ⓥ predict 예측하다
- ⓝ prediction 예측, 예언

14 **successor** [səksésər] 후계자, 후임자, 후손
- 반 predecessor 전임자, 선배, 조상

15 **physics** [fíziks] 물리학
- physical laws 물리법칙
- 팬 the law of inertia 관성의 법칙
  the law of gravity 만유인력의 법칙
  the law of conservation of mass 질량 보존의 법칙
  the law of action and reaction 작용 반작용의 법칙
  the theory of relativity 상대성 이론

16 **invention** [invénʃən] 발명, 발명품
- ⓥ invent 발명하다; 날조하다
- ⓐ inventive 독창적인, 창조적인
- 혼 inventory 물품목록, 재고품

17 **telescope** [téləskòup] 망원경
- 팬 microscope 현미경
  horoscope 점성술

18 **unmanned** [ʌnmǽnd] (기계·차량이) 무인의
- unmanned satellite 무인 인공위성

19 **spacecraft** [spéisʃip] 우주선
- ⓝ craft 비행기, 선박
- unmanned spacecraft 무인 우주선

20 **investigation** [invèstəgéiʃən] 연구, 조사; 수사
- ⓥ investigate 연구하다, 조사[수사]하다

21 **phenomenon** [finάmənàn] 현상 (복수형: phenomena)
- a natural phenomenon 자연현상

22 **crater** [kréitər] 분화구, (달 표면의) 큰 구멍
- a meteorite crater 운석으로 생긴 구멍
- 팬 meteorite 운석 meteor 유성

23 **meteorological** [mìːtiərəlάdʒikəl] 기상의
- ⓝ meteorology 기상학, 기상

Reading V.O.C.A
437

## Review Test

01 Hawking has made notable achievements in the field of astronomy and physics.
→ 호킹은 천문학과 물리학 분야에 _____ 업적을 남겼다.

02 Asteroids are remnant materials from the formation of the Solar System.
→ 소행성은 _____가 형성될 때 떨어져 나온 파편이다.

03 The moon is a satellite of the Earth.
→ 달은 _____의 위성이다.

04 According to the teaching of Hadith, the sky and earth are stationary and planets rotate.
→ 하디스(마호메트의 언행록)의 교리에 따르면, 하늘과 땅은 _____ 상태이고 행성이 회전한다.

05 Scientists debate origins of our universe.
→ 과학자들은 우리 _____의 기원에 대해 논쟁한다.

06 Her beautiful, ethereal voice made the audience mesmerized.
→ 그녀의 아름다운 _____ 목소리가 청중들의 넋을 빼놓았다.

07 The earth moves around the sun.
→ 지구는 태양 _____.

08 Evidence of water found on Mars has led scientists to speculate on the existence of alien life.
→ 화성에서 발견된 물의 흔적으로 과학자들은 외계 생명체의 존재를 _____하게 되었다.

09 The geocentric theory clearly opposes the heliocentric theory, for the heliocentric theory explains that the earth rotates around the sun.
→ _____은 _____이 지구가 태양 주변을 공전한다고 설명한다는 점에서 _____과 명백하게 반대이다.

10 According to the theory, everything exists in the vast external universe, the macrocosm, and also appears in the internal cosmos of the human body, the microcosm.
→ 그 이론에 따르면, 만물은 광대한 외부적인 우주, 즉 _____에 존재하며 인간의 몸 내부의 _____인 _____에도 나타난다.

11 In 1905, Einstein developed the theory of relativity.
→ 1905년 아인슈타인은 상대성 이론을 _____.

12 The genius physicist mathematically proved his new theory.
→ 그 천재 물리학자는 _____ 자신의 새로운 이론을 증명했다.

13 Meteorologists predict the weather using high technology equipment.
→ 기상학자는 첨단장비를 이용해 날씨를 _____.

¹⁴ His theory served as a useful guide for his successors.

➡ 그의 이론은 _____들에게 유용한 안내서 역할을 했다.

¹⁵ Curie is known as the mother of modern physics.

➡ 퀴리는 현대 _____의 어머니로 알려져 있다.

¹⁶ Many great inventions were created by accident.

➡ 많은 위대한 _____들이 우연히 만들어졌다.

¹⁷ Saturn was visible through the telescope.

➡ _____을 통해 토성이 보였다.

¹⁸ Unmanned aircraft is cheaper than manned warplanes, and doesn't create risk losing pilots on dangerous missions.

➡ _____ 항공기는 유인 전투기보다 싸고, 위험한 임무에서 조종사를 잃는 위험이 없다.

¹⁹ The unmanned spacecraft made contact with a major asteroid in the solar system last week.

➡ 지난주 _____이 태양계의 주요 소행성에 진입하였다.

²⁰ He won recognition through his investigation in physiology.

➡ 그는 생리학 _____로 존재를 인정받았다.

²¹ Climate change is a natural phenomenon and history proves it.

➡ 기후 변화는 _____이며 역사가 그것을 증명한다.

²² Scientists think the crater was created when a comet or asteroid smashed into the moon.

➡ 과학자들은 그 _____가 혜성이나 소행성이 달과 충돌했을 때 생성되었다고 생각한다.

²³ Our daily living, farming, fishing and business operations are greatly affected by meteorological changes.

➡ 우리의 일상생활, 농업, 어업, 사업 운영은 _____ 변화에 크게 영향을 받는다.

---

>>> 정답

| 01. 주목할 만한 | 02. 태양계 | 03. 지구 | 04. 정지된 | 05. 우주 |
| 06. 천상의 | 07. 주위를 돈다 | 08. 추측 | 09. 지구 중심설(천동설), 지동설 | |
| 10. 대우주, 우주, 소우주 | 11. 개발했다 | 12. 수학적으로 | 13. 예측한다 | 14. 후계자 |
| 15. 물리학 | 16. 발명품 | 17. 망원경 | 18. 무인 | 19. 무인 우주선 |
| 20. 연구 | 21. 자연현상 | 22. 분화구 | 23. 기상 | |

Reading V.O.C.A
439

>>> Part 6 Natural Science
>>> Chapter 1 Universe & Organism

## >>> Theme 103 Evolutionism & Creationism

The topic of **evolution**[01] has long been a controversy between **fundamentalist**[02] Christianity and science. In addition to Christianity, conservative beliefs exist in most other religions. Some, albeit a small **minority**[03] in the United States, believe in the evolution of all life forms **independently of**[04] God. On the other end of the **spectrum**[05], others **reject**[06] the idea of evolution. Some accept evolution but believe that it occurred under God's direction. Since Charles Darwin's publication of On the **Origin**[07] of **Species**[08] in 1859, the **controversial**[09] debate between evolution and **creationism**[10] has continued. It appears that scientific developments have **contributed to**[11] the debate. For instance, two significant **principles**[12] in modern **biology**[13] **supported**[14] by **a wealth of**[15] evidence have been discovered. The first principle **states**[16] that all biological processes and **elements**[17] **are subject to**[18] the laws of physics and chemistry. The second principle states that all living things have undergone evolution through the processes of random **mutation**[19] and **natural selection**[20]. Evolution, including the origin of species, cannot be **refuted**[21]. In addition, scientists continue to find more **proof**[22] to support the principle of natural selection. On the other hand, not a few Christian scientists contend that basic assumptions of the evolutionary theory are flawed on the basis of up-to-date scientific discoveries and theories. Believing in creationism, approximately half of all Americans continue to reject the idea of evolution.

### >>> 해석

기독교 근본주의자와 과학 사이의 진화에 대한 논쟁은 오래전부터 있어왔다. 기독교뿐 아니라 여타 종교에도 보수적인 믿음은 존재한다. 비록 미국의 한 소수단체긴 하지만 어떤 이들은 모든 생물체의 진화를 신으로부터 분리하여 인정하기도 한다. 또 다른 한편에서는 진화론에 반대하고 있다. 어떤 사람들은 진화론을 받아들이면서도 진화가 신의 통솔하에서 일어났다고 믿기도 한다. 1859년 찰스 다윈의 '종의 진화'가 출판된 이래로 진화론과 창조론 사이의 열띤 논쟁은 계속되어 왔다. 이에 과학의 발전이 한몫해온 것으로 보인다. 그 예로, 현대의 생물학에서 그 증거가 충분한 두 가지 원칙이 발견된 것을 생각해볼 수 있다. 첫 번째 원칙은 모든 생물학적 발전 과정과 요소가 물리학과 화학의 규칙에 따른다는 것이다. 두 번째 원칙은 모든 생물의 무작위적 돌연변이와 자연선택의 과정을 통해 진화를 겪는다는 것이다. 이에 따라 종의 기원을 포함한 진화가 입증되는 것이다. 과학자들은 계속적으로 자연선택의 법칙을 뒷받침할 또 다른 증거들을 찾고 있다. 반면에, 적지 않은 기독교 과학자들은 최근 과학적 발견과 이론에 근거하여 볼 때에 진화론의 기본 전제에 오류가 있다고 주장하고 있다. 약 절반의 미국인은 창조론을 믿으면서 여전히 진화론을 부정하고 있다.

### >>> 어구

controversy 논쟁 Christianity 기독교 conservative 보수적인 belief 믿음 albeit 비록 ~일지라도 occur 일어나다 significant 중요한, 중대한 physics 물리학 chemistry 화학 undergo 겪다 approximately 대략

### >>> 구문

• It appears that scientific developments ~
  과학의 발전이 ~한 것으로 보인다(~하는 것 같다)

Reading V.O.C.A
440

>>> Part 6 자연과학  >>> Chapter 1 우주와 생물

>>> Theme 103   **진화론과 창조론** ▶

01 **evolution** [èvəlúːʃən] 진화, 발전
- ⓥ evolve 진화하다; 발전시키다
- 관 evolutionism 진화론
  evolutionary theory 진화론

02 **fundamentalist** [fʌndəméntəlist] 근본주의자

03 **minority** [minɔ́ːrəti] 소수; 소수 집단
- a minority opinion 소수의 의견
- 반 majority 대다수, 과반수

04 **independently** [ìndipéndəntli] 독립적으로
- independently of ~와는 관계없이, 별개로
- ⓐ independent 독립한, 독자적인, 무소속의

05 **spectrum** [spéktrəm] 1. (생각 등의) 범위, 영역
                           2. 스펙트럼
- a wide spectrum of 광범위한

06 **reject** [ridʒékt] 거부하다, 거절하다, 부정하다
- ⓝ rejection 거절, 각하, 부인

07 **origin** [ɔ́ːrədʒin] 기원, 유래, 출신
- ⓥ originate from ~으로부터 유래하다

08 **species** [spíːʃiːz] 종(種: 생물분류의 최소 단위)
- Origin of Species (다윈의) 종의 기원
- 관 생물의 분류(classification) 체계
  species(종) < genus(속) < family(과) < order(목) < class(강) < division(문) < kingdom(계)

09 **controversial** [kàntrəvə́ːrʃəl] 논란이 많은, 논쟁의
- a controversial issue 논란이 많은 문제
- 동 contentious/debatable/disputable/arguable 논란의 여지가 있는

10 **creationism** [kriéiʃənìzm] 창조론
- 관 evolutionism/Darwinism 진화론

11 **contribute to** 1. 기여하다, 원인이 되다
                    2. 기부[기증]하다
- ⓝ contribution 기부, 기여

12 **principle** [prínsəpl] 원리, 원칙, 법칙; 신조
- 혼 principal 주요한; 교장

13 **biology** [baiálədʒi] 생물학
- ⓝ biologist 생물학자
- 관 botanist 식물학자
  fauna (동물군) flora (식물군)
  nomenclature (분류학적) 학명, 명명법

14 **support** [səpɔ́ːrt] 1. (이론을) 뒷받침하다
                         2. 지지하다, 지원하다
- 동 buttress/bolster/underpin 지지하다

15 **a wealth of** 아주 많은, 풍부한
- 동 아주 많은: a lot of/lots of/plenty of/a good deal of/
  a large number of/a host of/a pile of/a multitude of

16 **state** [steit] 1. (공식적으로) 말하다, (문서로) 서술하다
                    2. 상태; 국가, 정부; 주(州)
- ⓝ statement (공식적인) 성명, 진술
- 관 understate (실제보다) 축소해서 말하다
  ↔ overstate (실제보다) 과장해서 말하다

17 **element** [éləmənt] 요소, 성분, 원소; 원리
- 비 component (일반적으로) 요소, 부품
  constituent (어떤 물건의) 구성 물질
  ingredient (주로) 요리의 재료
  staple 주요 성분, 주요 식료품
  factor 어떤 일의 요인, 인자

18 **be subject to** 1. ~의 지배를 받다, ~에 따르다
                    2. ~을 당하다, ~을 받다
                    3. ~하기 쉽다

19 **mutation** [mjuːtéiʃən] 돌연변이, 변형
- ⓐ mutant 돌연변이의; 돌연변이종

20 **natural selection** 자연도태, 자연선택
- 관 survival of the fittest 적자생존의 법칙
  adaptation (동식물의 환경에의) 적응

21 **refute** [rifjúːt] 반박하다, 부인하다
- ⓐ refutable 반박할 수 있는
- ⓝ refutation 반박, 반증

22 **proof** [pruːf] 증거, 증명, 입증
- ⓥ prove 증명하다, 입증하다
- 동 evidence 증거

>>> Part 6 Natural Science   >>> Chapter 1 Universe & Organism

## >>> Theme 103  Review Test

01 Many biologists today believe in the theory of evolution and natural selection.
▶ 오늘날 많은 생물학자들은 _____와 자연선택의 이론을 믿는다.

02 Many fundamentalists thought the end times were near according to the biblical interpretation.
▶ 많은 _____들이 성서적 해석에 따라 심판의 날이 다가왔다고 생각했다.

03 Muslims constitute only a small minority in the United States.
▶ 미국에서 회교도는 단지 조그만 _____을 이루고 있다.

04 Most societies have developed a religion independently of the advance of science.
▶ 대부분 사회에서는 과학의 발달과는 _____ 종교를 발전시켜 왔다.

05 On the other end of the spectrum, Russia wants aid to Serbia without preconditions.
▶ 다른 한편의 _____에서, 러시아는 전제조건 없이 세르비아를 돕고 싶어 한다.

06 Mormons reject the Christian doctrine of the Trinity.
▶ 모르몬교는 기독교의 삼위일체 교리를 _____.

07 The origin of humans is one of the most contentious points of evolutionary theory.
▶ 인류의 _____은 진화론에서 가장 논란이 많은 논점 중 하나이다.

08 For a species to survive, it needs to be adapted to its environment.
▶ _____이 살아남기 위해서는 환경에 적응하여야 한다.

09 For a strict religious group, getting a tattoo can be a controversial issue.
▶ 엄격한 종교단체에서는 문신을 하는 것이 _____가 될 수 있다.

10 In 1859, Charles Darwin published the Origin of Species, and since then, people have debated between the creationism and evolutionism theories.
▶ 1859년에 찰스 다윈은 종의 기원을 펴냈고, 그로 인해 사람들은 _____과 _____에 대해 논쟁을 해왔다.

11 Although religion itself is a very controversial subject, there is no denying that it has contributed much to our civilization.
▶ 종교 그 자체는 매우 논란이 많은 주제지만, 종교가 우리 문명에 크게 _____는 점은 누구도 부인할 수 없다.

12 Majority rule is the invariable principle of democracy.
▶ 다수결의 법칙은 민주주의의 변치 않는 _____이다.

>>> Part 6 자연과학   >>> Chapter 1 우주와 생물

13 Physics, biology and chemistry are all different parts of science.
➡ 물리학, _____, 화학은 모두 과학의 일부이다.

14 There is not enough evidence to support his theory.
➡ 그의 이론을 _____ 증거가 충분치 않다.

15 A wealth of evidence indicates that his theory is right.
➡ _____ 증거들이 그의 이론이 옳음을 말해주고 있다.

16 The law states that everyone has the right to practise their own religion.
➡ 법에는 모든 사람들이 자기 자신의 종교 생활을 할 권리가 있다고 _____.

17 Regardless of race and culture, all religions have certain elements in common.
➡ 인종과 문화에 상관없이, 모든 종교는 공통적인 특정 _____들이 있다.

18 Rather than being subject to the laws of nature, we would instead control them.
➡ 자연의 법칙에 _____ 보다는, 우리는 그것을 통제하려 한다.

19 Mutation is a change in the genetic material that controls heredity.
➡ _____는 유전을 통제하는 유전 형질이 변형된 것이다.

20 Adaptation occurs over many generations; it is a gradual process caused by natural selection.
➡ _____은 여러 세대를 걸쳐 일어난다. 즉 적응이란 _____에 의한 점진적 과정이다.

21 There is no evidence that refutes the theory of evolution by natural selection.
➡ 자연 선택에 의한 진화 이론을 _____할 어떠한 증거도 없다.

22 Darwin himself admitted there was no proof for his theory of one species gradually evolving into another species in the fossil record at the time of writing his thesis.
➡ 다윈은 자신의 논문을 쓸 당시에 한 종이 다른 종으로 점차적으로 진화했다는 그의 이론에 대한 화석기록 면에서 어떠한 _____도 없다고 스스로 인정했다.

>>> 정답

01. 진화   02. 근본주의자   03. 소수 집단   04. 별개로(관계없이)   05. 영역
06. 부정한다   07. 기원   08. 종   09. 논란이 많은 문제   10. 창조론, 진화론
11. 기여했다   12. 원칙   13. 생물학   14. 뒷받침하는   15. 아주 많은
16. (서술)되어 있다   17. 요소   18. 따르기   19. 돌연변이   20. 적응, 자연선택
21. 반박   22. 증거

>>> Part 6 Natural Science  >>> Chapter 1 Universe & Organism

>>> Theme 104 **Organism & Reproduction**

Biologists estimate that there are about 50 to 100 million species of **organisms** living on Earth today. Organisms are **living things** such as animals, **fungi**, **microorganisms**, or plants. Some organisms, called **multicellular organisms**, **are made up of** millions of **cells**. Dogs, trees, and humans are examples of these. Most multicellular organisms can be seen with the naked eye. On the other hand, some organisms, called microorganisms, are so small that they cannot be seen without using a **microscope**. These organisms can be made up of just one cell. They are called **unicellular organisms** or **single-celled organisms**. These include **bacteria**, **amoeba** and **protozoa** such as the **paramecium**.

While individual organisms die without fail, species continue to live through millions of years as a result of constant **reproduction**. Reproduction becomes a vital process without which species cannot survive for long. In biology, the two types of reproduction are sexual and asexual reproduction. **Sexual reproduction** involves two organisms of the same species, each supplying half the **genes** for the **descendant**. **Asexual reproduction** only involves a single organism; it works by **division** (or **splitting**) of the cell. Most bacteria **reproduce** by asexual reproduction. Some organisms can either reproduce sexually or asexually. There are mainly two modes of sexual reproduction in animals. Most **mammals** are **viviparous** animals which **give birth to live young** that have been **nourished** by the mother's body. Otherwise, most of **reptiles**, birds, fishes, **amphibians**, and insects are all **oviparous** animals which **lay eggs**.

>>> 해석

생물학자는 약 오천만에서 일억에 이르는 생물의 종이 오늘날 지구상에 살고 있다고 추정한다. 생물은 동물, 균류, 미생물, 식물 같은 생명체이다. 다세포 생물로 불리는 어떤 생물들은 수백만 개의 세포로 이루어져 있다. 개, 나무, 인간 등이 이들의 예이다. 대부분의 다세포 생물은 육안으로 볼 수 있다. 반면에 미생물로 불리는 어떤 생물들은 너무 작아서 현미경을 쓰지 않고는 볼 수가 없다. 이 유기체들은 단지 하나의 세포로만 구성되어 있기도 한다. 이들은 단세포 생물로 불린다. 이들의 예에는 박테리아, 아메바, 짚신벌레 같은 원생동물을 포함한다.
개개의 생명체는 반드시 죽지만, 종은 끊임없는 번식으로 인해 수백만 년 동안 살아남는다. 번식은 그것이 없이는 종이 오래 살아남지 못하는 필수적인 과정이 된다. 생물학에서, 생식의 두 가지 형태는 유성생식과 무성생식이다. 유성생식은 후손을 위해 유전자의 반을 각각 공급하는 같은 종의 두 개의 생명체를 필요로 한다. 무성생식에는 오로지 하나의 유기체만 관련되며, 그것은 세포의 분열이나 분할을 통하여 이루어진다. 대부분의 박테리아는 무성생식을 통해서 번식한다. 어떤 생물체는 유성생식 또는 무성생식 모두를 할 수 있다. 동물에 있어 유성생식의 방법에는 주로 두 가지가 있다. 대부분의 포유류는 태생 동물로 어미가 몸에서 영양분을 공급받던 어린 새끼를 낳는다. 반면에, 대부분의 파충류, 새, 물고기, 양서류, 곤충은 모두 난생동물로서 알을 낳는다.

>>> 어구

individual 개개의   without fail 반드시

>>> 구문

• are so small that they cannot be seen without ~ [so ~ that 결과]
  너무나 작아서 그것들은 ~없이는 볼 수가 없다

• Reproduction becomes a vital process without which species cannot survive [전치사+관계사]
  번식은 그것(번식) 없이는 종이 살아남지 못하는 필수적인 과정이 된다

## Theme 104 생명체와 번식

**01 organism** [ɔ́ːrɡənizm] 생물, 유기체
- 관 microorganism 미생물
  multicellular organism 다세포 생물
  unicellular organism 단세포 생물
  (=single-celled organism)
- 동 living thing 생명체, 생물
  creature 생물, 생명체, 창조물

**02 fungus** [fʌ́ŋɡəs] 균류, (pl.) fungi
- 관 yeast 효모 ※ 출아로 증식하는 진균류의 총칭
  mo(u)ld 곰팡이 ※ 진균류 중 버섯을 만들지 않는 것
  mushroom 버섯 ※ 육안 식별이 가능한 크기로 자라는 균류

**03 be made up of** ~으로 구성되다

**04 cell** [sel] 세포; 전지; 독방
- multiplication of cells 세포의 증식
- stem cell 줄기세포  somatic cell 체세포

**05 microscope** [máikrəskòup] 현미경
- 관 telescope 망원경

**06 bacteria** [bæktíəriə] 박테리아, 세균
- 관 germ 세균, 병원균  microbe 미생물

**07 amoeba/ameba** [əmíːbə] 아메바
- 관 protozoan 원생동물 (pl.) protozoa
  paramecium 짚신벌레

**08 reproduction** [rìːprədʌ́kʃən] 번식, 생식
- sexual reproduction 유성생식
- asexual reproduction 무성생식
- ⓥ reproduce 번식하다, 생식하다
- 관 proliferation 증식, 확산
  multiplication 증식, 곱셈

**09 gene** [dʒiːn] 유전자
- ⓐ genetic 유전자의, 유전의
- 관 genome [dʒíːnoum] 게놈(세포나 생명체의 유전자 총체)
  chromosome 염색체
  DNA 세포 내에서 생물의 유전 정보를 보관하는 물질

**10 descendant** [diséndənt] 자손, 후손
- 동 offspring 자식, 자손
- 반 ancestor/forebear/forefather 선조

**11 division** [divíʒən] 1. 분열, 분할
  2. 나눗셈; 분과
- cell division 세포분열
- 동 split 나누다, 분열하다
  fission (세포의) 분열; 핵분열

**12 mammal** [mǽməl] 포유류
※ 어미의 젖을 먹고 자라는 동물

**13 viviparous** [vaivípərəs] 태생(胎生)의
- viviparous animal 태생 동물
- ⓝ viviparity 태생; 모체발아
※ 포유류의 경우처럼 태아가 어미 뱃속에서 어느 정도 성장하고 난 다음 새끼로 태어나는 것
- 관 placenta 태반  placental 태반의  embryo 태아, 배
- 반 oviparous 난생(卵生)의

**14 give birth to** (새끼를) 낳다
- 관 childbirth 출산, 분만

**15 young** [jʌŋ] 1. (동물의) 새끼; 젊은이들
  2. 어린, 젊은
- give birth to live young 새끼를 낳다
- 관 fledgling (갓 날기 시작한) 어린 새, 풋내기

**16 nourish** [nə́ːriʃ] 영양분을 공급하다
- ⓝ nourishment 음식물, 자양물
- 관 nutrient 영양분, 영양소

**17 reptile** [réptil] 파충류(뱀, 악어 등)

**18 amphibian** [æmfíbiən] 양서류(개구리 등)
※ 물과 땅에서 모두 사는 동물

**19 oviparous** [ouvípərəs] 난생의
- oviparous animal 난생 동물
※ 물고기·새·파충류와 같이 알에서 새끼가 나오는 동물
- 관 ovary 난소, 씨방  ovum 난자
  oviduct 나팔관  ovulation 배란
  oval 계란 모양의, 타원형의

**20 lay eggs** 알을 낳다

## Theme 104 Review Test

01 Animals and plants are organisms.
➡ 동물과 식물은 _____이다.

02 All plants are host to a numerous and diverse community of microorganisms, including bacteria, fungi, and yeasts.
➡ 모든 식물은 매우 많고 다양한 박테리아, _____, 효모를 포함하는 미생물 집단의 숙주이다.

03 An organism that is made up of only one cell is known as unicellular organism.
➡ 오직 하나의 세포로 _____ 생물은 단세포생물로 알려져 있다.

04 All organisms are composed of cells.
➡ 모든 유기체는 _____로 이루어져 있다.

05 Most microbes are too small to be seen without a microscope.
➡ _____ 대부분은 너무 작아서 _____ 없이는 볼 수가 없다.

06 Bacteria are a single-celled organism and are one of the smallest living things in the world.
➡ _____는 단세포 동물로서 세상에서 가장 작은 생물의 하나이다.

07 An amoeba is the smallest kind of living creature which consists of only one cell.
➡ _____는 가장 작은 종류의 생물로서 오직 하나의 세포로 이루어져 있다.

08 Sexual reproduction is a process that creates a new organism by combining the genetic material of two organisms.
➡ _____은 두 유기체의 유전적 물질의 결합으로 인해 새로운 유기체가 생성되는 과정이다.

09 A gene is just a small part of a chromosome which is just a small part of a person's DNA.
➡ _____는 사람의 DNA의 작은 일부에 불과한 _____의 일부분에 지나지 않는다.

10 Paleontologists have determined that all birds are descendants of dinosaurs.
➡ 고생물학자들은 모든 새들이 공룡의 _____이라고 단정 지어 왔다.

11 Bacteria reproduce asexually by a type of cell division called binary fission.
➡ 박테리아는 2분열이라고 불리는 _____을 통해 무성생식을 한다.

12 Humans, birds, mammals, and insects are all animals.
➡ 인간, 조류, _____, 그리고 곤충은 모두 동물이다.

¹³ **Viviparous** young grow in the adult female until they are able to survive on their own outside her body.

➡ _____ 동물의 새끼는 어미의 몸 밖에서 스스로 생존할 수 있을 때까지 성체 암컷 안에서 자란다.

¹⁴ Most mammals **give birth to live young**, while birds lay eggs.

➡ 새는 알을 낳는 반면 대부분의 포유류는 새끼를 _____.

¹⁵ Like all mammals, the whale **gives birth to live young**.

➡ 다른 모든 포유류처럼, 고래도 _____ 를 낳는다.

¹⁶ As food **nourishes** our body, so books **nourish** our mind.

➡ 음식이 우리 몸에 _____ 하듯, 책은 우리 마음에 _____ 한다.

¹⁷ **Reptiles** are a group of animals that include turtles, snakes, lizards, and crocodiles.

➡ _____ 는 거북, 뱀, 도마뱀, 그리고 악어를 포함하는 동물의 그룹이다.

¹⁸ Various **amphibians**, reptiles, and mammals hibernate during the winter.

➡ 다양한 _____ 와 파충류, 그리고 포유류는 겨울 동안 동면한다.

¹⁹ **Oviparous** animals produce eggs that hatch outside the body.

➡ _____ 동물은 알을 낳아서 몸 밖에서 부화시킨다.

²⁰ All turtles **lay eggs**, so they are oviparous.

➡ 모든 바다거북은 _____ 때문에 난생동물이다.

---

〉〉〉 정답

| 01. 생물 | 02. 균 | 03. 이루어진(구성된) | 04. 세포 | 05. 미생물, 현미경 |
| 06. 박테리아 | 07. 아메바 | 08. 유성생식 | 09. 유전자, 염색체 | 10. 후손 |
| 11. 세포분열 | 12. 포유류 | 13. 태생 | 14. 낳는다 | 15. 새끼 |
| 16. 영양분을 공급 | 17. 파충류 | 18. 양서류 | 19. 난생 | 20. 알을 낳기 |

>>> Part 6 Natural Science  >>> Chapter 1 Universe & Organism

## >>> Theme 105  Plants & Trees

Man has learned to use **trees**[01] and **plants**[02] for his purposes. He has learned not only how to **grow**[03] **wheat**[04] but also how to **grind**[05] it into **flour**[06] and use it to make cakes and breads. He's also discovered how to make beer and whiskey from **barley**[07]. He has **picked**[08] **fruits**[09] from the **branches**[10] and **boughs**[11] of trees, gathered **berries**[12] from **bushes**[13] and **raised**[03] vegetables from the ground. Farmers have acres of **corn**[04] **stalks**[14] tended to provide food for their animals and themselves. From the oceans, **seaweed**[15] is used to prepare many dishes. For centuries, ancient man had used the **roots**[16] and **barks**[17] of trees to reduce fevers, soothe burns and drive out infections. Modern science has been able to analyze the **components**[18] of different plants and **herbs**[19] to determine the chemicals that should be used to synthesize medicines. In addition to the medicinal qualities of the plant life around him, man has also appreciated the aesthetic beauty of **flowers**[20]. Not only has he decorated his home with plant life, but he has also furnished it with the tables, desks, and chairs hewn from **oak**[21] and **pine trees**[22].

### >>> 해석

인간은 나무나 식물을 인간의 목적에 맞게 사용하는 방법을 터득해 왔다. 인간은 밀을 재배하는 방법뿐 아니라 그것을 갈아서 밀가루로 만들어 케이크와 빵을 만드는 방법도 배웠다. 또한 보리에서 어떻게 맥주와 위스키를 만드는 것인지도 발견했다. 나뭇가지에서 과일을 따고 덤불 속에서 딸기를 모으며 땅속에서는 채소를 길렀다. 농부들은 가축의 사료와 자신의 식량을 제공하는 넓은 옥수수밭을 돌본다. 바다에서 나는 해초는 여러 가지 요리에 쓰인다. 옛날 사람들은 수 세기 동안 열을 내리게 하고 화상을 치료하며 병을 몰아내는 데 나무의 뿌리와 껍질을 사용해 왔다. 현대 과학은 각기 다른 식물과 약초들의 구성 성분을 분석하여 의약품 제조에 사용된 화학 성분을 결정할 수 있게 하였다. 인간들은 주변의 식물을 의학적으로 이용하면서 꽃들의 심미적인 아름다움도 즐겨왔다. 집안을 화초로 장식하고 참나무, 소나무 등으로 만든 식탁, 책상, 의자 등의 가구를 집안에 배치했다.

### >>> 어구

whiskey 위스키 gather 모으다 acres of 많은, 방대한 tend 돌보다, 보살피다 dish 음식, 요리 ancient 고대의 reduce 줄이다 fever 열 soothe 진정시키다 burn 화상 drive out 쫓아내다 infection 감염 analyze 분석하다 synthesize 합성해서 만들다 appreciate 감상하다 aesthetic 미적인 decorate A with B A를 B로 장식하다 furnish 가구를 비치하다 hewn from ~을 잘라서 만든

### >>> 구문

- acres of corn stalks (tended to provide food for ~)
  (~에게 식량을 공급하려고 돌봐지는) 넓은 옥수수밭
- chairs (hewn from oak and pine trees)
  (참나무와 소나무를 잘라 만든) 의자들

>>> Part 6 자연과학
>>> Chapter 1 우주와 생물

>>> Theme 105 | 식물과 나무 ▶

01 **tree** [tri:] (키가 큰) 나무
- plant (tree나 bush보다 작은) 나무
  bush/shrub (가지가 많은) 관목, 덤불
  tree (키가 큰) 나무
  wood (forest보다 작은 규모의) 숲
  forest 대규모의 숲, 삼림
  ※ 크기: plant〈bush/shrub〈tree

02 **plant** [plænt] 1. 식물; (작은) 나무
  2. (나무 등을) 심다
  3. 공장; (대규모의) 시설
- ⓝ plantation (열대지방의 대규모) 농장
- transplant 옮겨 심다, 이식하다

03 **grow** [grou] 1. 기르다, 재배하다
  2. 자라다, 성장하다, 증가하다
- raise/cultivate/farm 기르다
- till/plow/plough 갈다, 경작하다
- crop/harvest/reap 수확하다

04 **wheat** [hwi:t] 밀(소맥)
- corn 옥수수

05 **grind** [graind] 갈다, 가루로 만들다
- ⓝ grinder 분쇄기
- grind wheat into flour 보리를 갈아 밀가루로 만들다
- pulverize 가루로 만들다, 분쇄하다
  crush 으깨다, 짤아뭉개다
- mill 방앗간, 제분소 miller 제분업자

06 **flour** [fláuər] (곡물의) 가루, 밀가루
- dough[dou] 밀가루 반죽

07 **barley** [bá:rli] 보리(대맥)
- buckwheat 메밀 oat 귀리, 연맥
  oatmeal 오트밀 millet 기장, 조

08 **pick** [pik] 1. (과일을) 따다, (꽃을) 꺾다
  2. 고르다, 선택하다

09 **fruit** [fru:t] 열매, 과일; 성과
- fruitful 수확이 많이 나는; 생산적인
  ↔ fruitless 결실이 없는, 헛된

10 **branch** [bræntʃ] 1. 나뭇가지
  2. 점; 지류; 분과, 부문

11 **bough** [bau] 나뭇가지, 큰 가지
- limb[lim] 큰 가지
- twig 작은 가지, 잔가지 sprig 잔가지

12 **berry** [béri] 산딸기류 열매; ~베리
- strawberry 딸기 raspberry 나무딸기
  blueberry 블루베리 blackberry 블랙베리

13 **bush** [buʃ] 덤불, 관목, 수풀
- trim a bush 관목을 다듬다
- shrub 관목 thicket 덤불, 잡목 숲

14 **stalk** [stɔ:k] 1. (식물의) 줄기, 대
  2. 몰래 접근하다; 스토킹하다
- stem 식물의 줄기; (흐름을) 막다
- trunk (나무) 몸통 stalk (식물) 줄기, 대
  stump 나무 밑동 thorn 가시 leaf 잎

15 **seaweed** [si:wi:d] 해초, 해조
- ⓝ weed 잡초; 잡초를 뽑다
- algae[ældʒi:] (물속에 사는) 조류, 말
  - green algae 녹조
  coral 산호 coral reef 산호초

16 **root** [ru:t] 1. (식물의) 뿌리; 기원
  2. 뿌리를 내리다
- taproot (식물의) 원뿌리
- root out ~을 뿌리 뽑다, 근절시키다

17 **bark** [ba:rk] 1. 나무껍질
  2. (개가) 짖다; 개 짖는 소리
- skin (일반적) 피부, 껍질
  peel/rind 오렌지, 레몬의 껍질
  husk 곡물의 겉껍질

18 **component** [kəmpóunənt] 성분; 구성요소

19 **herb** [ə:rb, hə:rb] 허브, 약초, 향료 식물
- herbicide 제초제 herbivore 초식동물

20 **flower** [fláuər] 꽃, 화초
- blossom (나무에 피는) 꽃; 꽃이 피다
  bloom (화초의) 꽃; 꽃이 피다
- pollen 꽃가루, 화분
  nectar (꽃의) 꿀
  seed 씨, 씨앗 bud 싹

■ 꽃 이름
rose 장미 morning glory 나팔꽃 aster 과꽃 marigold 금잔화 rose moss 채송화 garden balsam 봉선화 chrysanthemum 국화 tulip 튤립 lily 백합 azalea 진달래 dandelion 민들레 cockscomb 맨드라미 daffodil 수선화

21 **oak** [ouk] 참나무, 오크
- oak tree 떡갈나무

22 **pine (tree)** 소나무, 솔
- a pine needle 솔잎
- elm tree 느릅나무 palm tree 야자수 willow 버드나무
  cherry 벚나무, 체리

Reading V.O.C.A

## Review Test

01 The forest consisted of a multitude of trees.
➡ _____에는 _____가 많이 있었다.

02 Trees and plants can change their clothes in the fall.
➡ 나무와 _____은 가을이면 옷을 갈아입는다.

03 The farmers grow wheat, corn, rye, and rice.
➡ 그 농부들은 밀, 옥수수, 귀리 그리고 쌀을 _____.

04 Early fall is the season for winter wheat.
➡ 초가을은 가을 _____을 재배하기에 알맞은 계절이다.

05 The miller grinds corn into meal.
➡ 방앗간 주인은 곡물을 _____서 가루를 만든다.

06 The wheat was ground into flour.
➡ 밀을 갈아 _____를 만들었다.

07 Whiskey is made from barley.
➡ 위스키는 _____로 만들어진다.

08 The children picked apples by hand, being careful not to bruise them.
➡ 아이들은 멍들지 않도록 주의하면서 손으로 사과를 _____.

09 Parrots usually eat fruits, seeds, buds, flowers, nectar, and pollen.
➡ 앵무새는 대개 _____, 씨앗, 꽃봉오리, 꽃, 꿀 그리고 꽃가루를 먹는다.

10 Branches jutted from the tree trunk.
➡ _____들이 나무줄기에서 돋아나왔다.

11 He skillfully hacked off boughs of the pine tree.
➡ 그는 솜씨 있게 소나무의 _____들을 잘라냈다.

12 The animals feed on many different types of foods such as berries, nuts, fish, and honey.
➡ 동물은 _____, 견과류, 물고기, 벌꿀 같은 다양한 먹이를 먹고 산다.

¹³ Thousands of fruit trees and bushes are to be planted in a city centre to provide fresh air.

▶ 수천 그루의 나무와 _____이 도심에 맑은 공기를 제공하기 위해 심어질 예정이다.

¹⁴ The field was filled with corn stalks chin high.

▶ 밭에는 턱 높이까지 오는 옥수수_____로 가득 차 있었다.

¹⁵ The diver became entangled in seaweed.

▶ 다이버는 _____에 걸렸다.

¹⁶ The roots went deep below the earth.

▶ 땅속으로 _____가 깊이 내렸다.

¹⁷ The insect made its way up the bark of the tree.

▶ 벌레가 _____을 타고 올라갔다.

¹⁸ The main component of egg shell is calcium carbonate.

▶ 달걀 껍데기의 주 _____은 탄산칼슘이다.

¹⁹ The chef used fresh herbs to season the food.

▶ 주방장은 그 음식의 맛을 내기 위해 신선한 _____을 사용했다.

²⁰ The flowers were in full blossom.

▶ 꽃들이 _____.

²¹ The mighty oak was home to several birds.

▶ 그 커다란 _____는 새들의 보금자리였다.

²² The family decorated the pine tree with Christmas ornaments.

▶ 가족들은 크리스마스 장식으로 _____를 장식했다.

---

**>>> 정답**

| 01. 숲, 나무 | 02. 식물 | 03. 재배한다 | 04. 밀 | 05. 갈아 |
| 06. 밀가루 | 07. 보리 | 08. 땄다 | 09. 과일, 꽃가루 | 10. 가지 |
| 11. 큰 가지 | 12. 딸기류 | 13. 관목 | 14. 대(줄기) | 15. 해초 |
| 16. 뿌리 | 17. 나무껍질 | 18. 성분 | 19. 향료 식물 | 20. 만발했다 |
| 21. 참나무 | 22. 소나무 | | | |

>>> Part 6 Natural Science    >>> Chapter 1 Universe & Organism

## >>> Theme 106 Animals

The world has a magnificent array of **creatures** in the air, on the land, and in the sea. Although there are **insects** which take to the air, such as **bees**, **dragon flies** and **mosquitoes**, it is the birds that rule the air. **Eagles** and **hawks soar** high above the land. The **condors** spread the majestic wings to take to the air. Some **predators**, such as **vultures**, stalk their dying **prey** from the air. Children have heard stories of how the **stork** flew down to deliver them to their parents. Almost everyone can identify the sound of **cuckoos**, **owls**, **doves** and **crows** in nearby trees. Yet there are other birds which are confined to the earth such as **penguins**, **kiwis**, **ostriches** and **peacocks**. On the ground, creatures of every size and shape make their homes. **Cockroaches**, **ants** and **spiders crawl** the earth. Some animals **roam** the fields wild, such as **kangaroos**, **foxes**, **hares**, **rams**, and **wolves**. Snakes slither through the grass while **tortoises** and **turtles** make mincing steps on the ground. Unlike the creatures of the wild which must stalk their prey for food, **flocks of sheep** and **herds of cattle** live on farms being fed by man and in time feeding man. Some animals slip effortlessly from the land to the waters. **Seals** and **walruses** hunt in the frozen ocean waters while **alligators** and **crocodiles** stay submerged for hours in sultry **swamps**. In the waters of the earth are a numerous fish from the tiny **sardines** to the large **tunas**. The waters **teem with** life from the multi-tentacled **squids** and **octopus** to the multi-armed **star fish**. **Sharks** are feared in the oceans and the **whales** are the world's largest mammals on land or in the sea.

>>> 해석

하늘과 육지, 바다에는 굉장히 많은 생물들이 있다. 벌, 잠자리, 모기 같은 곤충들이 공중을 날아다니지만, 공중을 지배하는 것은 역시 새들이다. 독수리와 매는 지상을 높이 날아다닌다. 독수리들은 날개를 위풍당당하게 펴고 하늘을 난다. 독수리 같은 육식동물들은 공중에서 죽어가는 먹잇감에 다가간다. 아이들은 황새가 날아와서 그들을 부모에게 데려다 주었다는 이야기를 들어왔다. 대부분의 사람들은 근처의 나무에서 들려오는 뻐꾸기와 비둘기, 부엉이, 그리고 까마귀 소리를 분간할 수 있다. 펭귄, 키위, 타조, 공작새처럼 지상에서만 사는 새들도 있다. 땅 위에서는 온갖 크기와 모양의 생물들이 자기들의 보금자리를 만든다. 바퀴, 개미, 거미는 땅을 기어 다니며 캥거루, 여우, 토끼, 숫양, 늑대와 같은 동물들은 야생 초원을 돌아다닌다. 뱀은 풀밭을 미끄러져 가지만 거북이들은 땅 위를 느릿느릿 걸어간다. 먹을 것을 구하러 먹잇감에 살금살금 접근해 가야만 하는 야생동물과 달리 양이나 소 떼는 사람들이 주는 먹이를 먹으며 농장에서 살다가, 적당한 때가 되면 사람을 먹여 살린다. 어떤 동물들은 힘들이지 않고 땅에서 물속으로 미끄러져 들어간다. 물개나 바다코끼리는 얼어붙은 해저에서 사냥하지만 악어들은 무더운 늪 속에서 몇 시간씩 잠수한 채로 있다. 바다에는 작은 정어리에서부터 커다란 참치에 이르기까지 셀 수 없이 많은 물고기들이 있다. 물속에는 촉수가 여러 개인 오징어, 낙지에서부터 여러 개의 팔을 가진 불가사리에 이르기까지 수많은 생명체들이 있다. 바다의 상어는 두려움의 대상이며 고래는 육지와 바다를 통틀어 세상에서 가장 큰 포유동물이다.

>>> 어구

**magnificent** 장대한, 훌륭한 **an array of** 다수의 **take to the air** 날다, 비행기로 여행하다 **majestic** 장엄한 **stalk** 몰래 접근하다 **mincing steps** 종종걸음 **fear** ~을 두려워하다 **in time** 때가 도래하면, 제시간에 **submerge** 잠수하다 **sultry** 무더운 **tiny** 아주 작은 **multi-** 복수의, 다수의 **tentacled** 촉수가 있는

>>> 구문

• it is the birds that rule the air. [it is ~ that 강조구문]
공중을 지배하는 것은 바로 새들이다.

>>> Part 6 자연과학
>>> Chapter 1 우주와 생물

>>> Theme 106　　동물

01 **creature** [kríːtʃər] 생물(living things), 생명체
- ⓥ create 창조하다, 창작하다
  - 생물의 분류
    fungus 균  animal 동물  plant 식물
    procaryote 원핵생물  eukaryote 진핵생물
  - 동물의 분류
    insect 곤충류  fish 어류  amphibia 양서류  reptile 파충류
    bird 조류  mammal 포유류

02 **insect** [ínsekt] 곤충, 벌레
- 뉘 bug 벌레
  ※ 모든 bug는 insect이지만 모든 insect가 bug는 아니다. (bug⊂insect)
- 괜 entomology 곤충학  insectivore 식충류 동물
- 곤충의 이름
  bee 벌  dragonfly 잠자리  cicada 매미  mosquito 모기  fly 파리
  cockroach 바퀴벌레  ant 개미  mantis 사마귀  locust 메뚜기
  flea 벼룩  louse 이  tick 진드기  milliped 노래기  centipede 지네  scorpion 전갈  spider 거미

03 **eagle** [íːgl] 독수리
- 동 vulture 독수리, 콘도르
  condor 콘도르(주로 남미에 서식하는 대형 독수리)
- 괜 birds of prey 맹금류(=raptor)  scavenger 청소동물
  hawk 매  falcon 사냥용 매  haggard 야생의 매  owl 올빼미

04 **soar** [sɔːr] 1. (하늘 높이) 날아오르다
　　　　　　　 2. (가치·물가 등이) 급등하다

05 **predator** [prédətər] 포식자, 포식동물
- 육식동물(carnivore)
  tiger 호랑이  lion 사자  leopard 표범  jaguar 재규어  hyena 하이에나  coyote 코요테  fox 여우(vixen 암여우)  wolf 이리
  weasel 족제비

06 **prey** [prei] 먹이; 희생자
- birds of prey 맹금  beast of prey 맹수
- 반 victim 희생자, 제물

07 **stork** [stɔːrk] 황새
- a visit from the stork 아기의 출생
- 괜 crane 두루미, 학  flamingo 홍학
  peacock 수컷공작  peahen 암컷공작

08 **dove** [dʌv] (하얀) 비둘기
- 괜 pigeon [pídʒən] (잿빛) 비둘기

09 **ostrich** [ɔ́ːstritʃ] 타조; 현실 도피자
- 조류의 이름
  crow 까마귀  raven 갈가마귀  magpie 까치  sparrow 참새
  swallow 제비  pheasant 꿩  penguin 펭귄  kiwi 키위
  parrot 앵무새  cuckoo 뻐꾸기  hummingbird 벌새  robin 울새

10 **crawl** [krɔːl] 기어가다

11 **roam** [roum] 떠돌아다니다, 배회하다

12 **ram** [ræm] 숫양
- 괜 ewe [juː] 암양  sheep 양  lamb 새끼 양  mutton 양고기
- 초식동물(herbivore)
  hare 산토끼(rabbit 집토끼)  kangaroo 캥거루  koala 코알라
  sloth 나무늘보  raccoon 너구리  reindeer 순록  deer 사슴
  antelope 영양  squirrel 다람쥐  weasel 족제비  zebra 얼룩말
  opossum 주머니쥐  hamster 햄스터  hedgehog 고슴도치
  mole 두더지  giraffe 기린  rhino(ceros) 코뿔소  hippopotamus 하마  bison 아메리카 들소  buffalo 들소  yak 야크  beaver 비버
  camel 낙타

13 **snake** [sneik] 뱀
- 뱀의 종류: cobra 코브라  anaconda 아나콘다  Viper Snake 살모사  rattlesnake 방울뱀
- 파충류(reptile): lizard 도마뱀  iguana 큰 도마뱀, 이구아나
  chameleon 카멜레온  turtle 거북  crocodile 악어
- 양서류(amphibia): frog 개구리  tadpole 올챙이  toad 두꺼비
  salamander 도롱뇽

14 **slither** [slíðər] 주르르 미끄러지다, 미끄러지듯 나아가다

15 **tortoise** [tɔ́ːrtəs] (육지 또는 민물에 사는) 거북
- 괜 turtle 바다거북  terrapin 식용거북, 자라

16 **a flock of sheep** 양 떼
- 괜 a herd of cattle 소 떼  a school[shoal] of fish 물고기 떼
  a covey[flock] of birds 새 떼
  a swarm of mosquitoes 모기 떼

17 **seal** [siːl] 물범, 물개, 바다표범, 바다사자
- 괜 walrus 바다코끼리  otter 수달

18 **crocodile** [krɑ́kədàil] (턱이 갸름한) 악어
- 괜 alligator (주둥이가 넓은) 악어

19 **swamp** [swɑmp] 늪, 습지
- 동 bog/marsh/fen 늪, 습지

20 **sardine** [saːrdíːn] 정어리
- packed like sardines 빽빽이 들어찬

21 **teem with** ~으로 가득하다
- 동 swarm with/be crowded with ~으로 가득하다

22 **squid** [skwid] 오징어
- 괜 octopus 문어, 낙지  sucker 빨판

23 **star fish/sea star** 불가사리
- 괜 jellyfish 해파리

24 **whale** [hweil] 고래
- 괜 dolphin 돌고래  shark 상어

Reading V.O.C.A
453

>>> Part 6 Natural Science   >>> Chapter 1 Universe & Organism

## >>> Theme106 Review Test

01 All creatures are being categorized into different categories.
➡ 모든 _____는 각각 다른 범주로 분류되고 있다.

02 Pesticide is used to kill harmful insects and bugs such as flea, louse, cockroach, mosquito, fly, and other parasites.
➡ 살충제는 _____, _____, _____, _____, _____, 그리고 다른 기생충 같은 유해 _____이나 벌레들을 죽일 때 사용된다.

03 Vultures are scavengers.
➡ _____들은 썩은 고기를 먹는 청소 동물이다.

04 The condor soared above the land.
➡ 콘도르는 땅 위에서 _____.

05 The predator looked for a victim.
➡ _____은 먹이를 찾았다.

06 A predator is an animal that hunts its prey, kills it and eats it.
➡ _____은 _____를 사냥해서 죽이고 먹는 동물이다.

07 Some say that the stork delivers a baby.
➡ _____가 아이를 물어다 준다고들 한다.

08 The terms doves and pigeons are often used interchangeably. But a dove is a bird that looks like a pigeon, but is smaller and lighter in colour.
➡ dove와 pigeon이란 용어는 종종 혼용되어 사용된다. 그러나 _____는 _____와 비슷한 외관을 보이는 새이지만, 보다 작고 밝은색이다.

09 The ostrich stuck its head in the sand.
➡ _____는 모래에 머리를 박았다.

10 A spider crawled on him and he flicked it off.
➡ 거미 한 마리가 그에게 _____ 그는 거미를 털어냈다.

11 The bison once roamed the plains of America.
➡ 한 때는 들소들이 미국의 평야에 _____.

12 The horns of the ram formed curls at the top of its head.
➡ _____의 뿔은 머리의 꼭대기에서 구부러져 있다.

13 The horse let out a whinny as it spied the snake.
➡ 말은 _____을 보고 나서 히힝 소리를 냈다.

¹⁴ The snake slithered in the grass.

➡ 뱀은 풀밭 위를 _____.

¹⁵ Tortoises are the ones that live on land, whereas turtles are the ones that live in water.

➡ _____은 육지에 사는 반면, _____은 물에 산다.

¹⁶ The shepherd watched his flock of sheep as they grazed in the meadow.

➡ 양치기는 _____가 목초지에서 풀을 뜯어 먹고 있을 때 그들을 감시했다.

¹⁷ The trainer fed fish to the seal when it performed tricks.

➡ 조련사는 _____가 묘기 동작을 하면 물고기를 주었다.

¹⁸ Alligators have a very wide snout, and crocodiles have a narrower snout and jaw.

➡ _____는 매우 넓은 주둥이를 가지고 있는 반면, 크로커다일(아프리카 악어)은 보다 좁은 주둥이와 턱을 가지고 있다.

¹⁹ The alligators remained submerged in the swamp.

➡ 악어들은 _____ 속에 잠수한 채 있었다.

²⁰ The sardines were tightly packed in a tin can.

➡ _____는 캔에 단단히 포장되었다.

²¹ The ocean was warm and teeming with fish and other sea life.

➡ 그 바다는 따뜻했고 물고기나 다른 해양 생물로 _____.

²² A squid has two tentacles more than octopus.

➡ _____는 낙지보다 촉수가 두 개 더 있다.

²³ The star fish typically has five legs.

➡ _____는 대개 다리가 다섯 개다.

²⁴ The whale has a thick layer of insulating fat called blubber.

➡ _____는 blubber라고 불리는 독립된 두꺼운 지방층을 가지고 있다.

---

**》》》 정답**

01. 생명체　02. 벼룩, 이, 바퀴벌레, 모기, 파리, 곤충　03. 독수리　04. 높이 날아올랐다　05. 포식동물
06. 포식 동물, 먹이　07. 황새　08. 하얀 비둘기, 잿빛 비둘기　09. 타조　10. 기어오르자
11. 떠돌아다녔다　12. 숫양　13. 뱀　14. 미끄러지듯 나아갔다　15. 육지거북, 바다거북
16. 양 떼　17. 물개　18. 악어　19. 늪　20. 정어리
21. 가득했다　22. 오징어　23. 불가사리　24. 고래

›› Part 6 Natural Science
›› Chapter 1 Universe & Organism

›› Theme **107** **Characteristics & Habitats**[01]

Some animals are fed by man while others must **forage**[02] for their own food. Farmers bring the **slop**[03] to the **sty**[04] for **pigs**[05] and make sure that the **domestic horses**[06] and **oxen**[07] kept in their **stables**[08] receive plenty of **hay**[09] and oats. Whether it's at a **kennel**[10] or at the home of its master, a dog **barks**[11] with delight and **wags**[12] its tail when its owner fills its bowl with food. **Cats**[13] **purr**[13] when stroked and contented from a meal laid out by a keeper. Yet in contrast to its smaller cousin, the **carnivorous**[14] king of the jungle **pounces on**[15] his prey as it tries to dart out of its grasp. A lion may **roar**[16] to warn away challengers that may want to steal a morsel of its meal. Delighted with his meal, he may **swish**[12] his tail after his **voracious**[17] appetite has been appeased by **feasting on**[18] the **carcass**[19]. Birds must **scavenge**[20] for insects crawling the lands and trees, which they carry back in their **beaks**[21] and **bills**[21] to their **nests**[22] for their babies. Even the amphibians and alligators must **scour**[23] the swamps for a meal. Wolves **howl**[24] in delight at a kill that will provide plenty of food to share with the rest of the pack so they can rest in their **dens**[25] with full stomachs.

›››해석   사람들이 먹이를 주는 동물이 있는 반면 먹을 것을 찾아 돌아다녀야만 하는 동물도 있다. 농부들은 우리 안에 있는 돼지에게 음식찌꺼기를 가져다주고 마구간에서 사육하는 말들에게는 충분한 건초와 귀리가 있는가를 확인한다. 사육장에 있든, 주인집에 있든 개는 주인이 밥그릇에 먹을 것을 담아 주면 좋아서 꼬리를 흔들며 짖어댄다. 고양이는 쓰다듬어 주거나 키우는 사람이 준 밥에 만족하면 가르랑거린다. 사촌인 고양이와는 대조적으로 육식성인 정글의 왕 사자는 달아나려는 먹잇감에 달려들어 먹이를 와락 움켜잡는다. 사자는 자기 식사를 조금 훔치려고 접근해 오는 녀석들에게 경고하기 위해 으르렁거릴지도 모른다. 죽은 동물을 마음껏 뜯어먹어 왕성한 식욕을 채우고 나면 만족스러운 식사에 기분이 좋아서 꼬리를 휙휙 칠지도 모른다. 새들은 땅 위나 나무에 기어 다니는 벌레를 찾아다니는데, 이렇게 새끼에게 주려고 잡은 벌레들을 부리로 물어 둥지로 가지고 간다. 양서류와 악어도 먹이를 구하러 늪지대를 찾아다녀야 한다. 늑대는 사냥에서 잡은 동물을 보고 기뻐서 울부짖는다. 잡은 동물이 나머지 무리에게 줄 만큼 충분하고 배가 부르면 자기들의 굴에서 편히 쉴 수 있기 때문이다.

›››어구   **plenty of** 다량의  **oat** 귀리  **with delight** 좋아서, 기뻐서  **bowl** 사발  **stroke** (동물의 털을) 쓰다듬다  **contented** 만족한  **cousin** 사촌, 친척  **prey** 먹이  **dart out** ~에서 뛰쳐나오다  **grasp** 움켜잡음  **appetite** 식욕  **appease** 달래다  **crawl** 기어가다  **amphibian** 양서류 동물  **alligator** 악어  **swamp** 늪

›››구문
• Farmers bring the slop to the sty (for pigs) [bring A to B]
   농부는 (돼지에게 줄) 음식물 찌꺼기를 우리로 가져간다

• pounces on his prey as it tries to dart out of its grasp
   그의 먹이를 덮친다/ 그것(먹이)이 그것(사자)의 손에서 뛰쳐나오려고 애를 쓸 때

>>> Part 6 자연과학
>>> Chapter 1 우주와 생물

>>> Theme 107  **습성과 서식지** ▶

01 **habitat** [hǽbitæt] 서식지, 서식 환경
- ⓐ habitable 살기에 적합한
- ⓥ inhabit 거주하다, 서식하다

02 **forage** [fɔ́ːridʒ] 1. 찾아다니다; 약탈하다
2. 먹이, 사료

03 **slop** [slap] 1. 음식물 찌꺼기, 구정물
2. (액체를) 넘치게 하다
- 괜 trough[trɔf]/manger[méindʒər] 여물통

04 **sty** [stai] 돼지우리(=pigsty); 더러운 곳
- 통 pen (가축의) 우리; 우리에 가두다 pigpen 돼지우리, 양돈장

05 **pig** [pig] 돼지
- 통 hog 〈미〉 식육용으로 살찌운 수퇘지 swine (집합적) 돼지
- 괜 sow 암퇘지 ↔ boar 수퇘지 piglet 새끼돼지 pork 돼지고기

06 **domestic** [dəméstik] 1. (동물이) 사육되는
2. 국내의; 가정의
- ⓥ domesticate 길들이다, 가축화하다
- • domestic animal 가축

07 **horse** [hɔːrs] 말
- 괜 steed (특히 승마용) 말 stallion 종마
  foal 아주 어린 망아지
  colt 수컷 망아지 ↔ filly 암컷 망아지
- 괜 ox 소; 황소 (pl.) oxen
  bull 황소 ↔ cow 암소, 젖소
  calf 송아지 veal 송아지 고기  donkey 당나귀 mule 노새

08 **stable** [stéibl] 1. 마구간, 축사
2. 안정적인, 안정된

09 **hay** [hei] 건초

10 **kennel** [kénl] 개집, 견사; 개집에 넣다
- 괜 pup(py)/whelp 강아지

11 **bark** [baːrk] 1. (개가) 짖다; 개 짖는 소리
2. 나무껍질

12 **wag** [wæg] (개가 꼬리를) 흔들다
- • a dog wag its tail 개가 꼬리를 흔들다
- 괜 swish 획 소리를 내며 움직이다[휘두르다]

13 **cat** [kæt] 고양이
- 통 pussy 고양이 pussycat 〈유아어〉 야옹이
- 괜 kitten 새끼 고양이 meow 야옹
  purr (고양이가 좋아서) 가르랑거리다
  cf. cub (곰·사자·여우 등의) 새끼

14 **carnivorous** [kaːrnívərəs] 육식성의
- ⓝ carnivore 육식동물
- 통 herbivore 초식 동물 herbivorous 초식성인
  omnivore 잡식 동물 omnivorous 잡식성인

15 **pounce** [pauns] 1. 확 덮치다, 달려들다[on]
2. (맹수·맹금의) 발톱
- 통 claw (동물·새의) 발톱 talon 맹금류의 굽은 발톱
- 괜 paw (동물의 발톱이 달린) 발

16 **roar** [rɔːr] 1. (짐승이) 으르렁거리다; 포효
2. 고함치다

17 **voracious** [vɔːréiʃəs] 걸신들린, 게걸스러운
- ⓝ voracity 폭식, 대식; 탐욕

18 **feast on** 마음껏 먹다, 포식하다
- ⓝ feast 축하연

19 **carcass** [káːrkəs] (동물·새 등의) 시체

20 **scavenge** [skǽvindʒ] 1. 청소하다; 쓰레기를 뒤지다
2. 죽은 고기를 먹다
- ⓝ scavenger (죽은 동물을 먹는) 청소동물; 청소부

21 **beak** [biːk] (매부리형의) 새의 부리
- 통 bill (길쭉하고 납작한) 새의 부리

22 **nest** [nest] (새의) 둥지
- ⓝ nestling (둥지를 못 떠나는) 새끼 새
- 괜 aerie 높은 곳에 있는 맹금의 둥지
  hive 꿀벌의 둥지, 벌통

23 **scour** [skauər] 1. 찾아 헤매다, 샅샅이 뒤지다
2. 문질러 닦다
- 괜 scout 정찰하다, 찾아다니다

24 **howl** [haul] 1. (개·늑대가) 길게 울부짖다
2. 고함치다

25 **den** [den] (야생 동물이 사는) 굴
- 통 burrow 굴 lair 야생 동물의 집, 굴

■ 동물의 습성을 빗댄 단어
  canine [kéinain] 개의, 개와 같은 → 송곳니의
  bovine [bóuvain] 소 같은 → 둔한
  asinine [ǽsənàin] 나귀 같은→ 고집스러운  • ass 나귀
  swine [swain]/porcine 돼지의 → 불결한, 탐욕스러운
  feline [fíːlain] 고양이의 → 교활한, 음흉한
  aquiline [ǽkwəlàin] 독수리 같은 → 매부리 같은, 굽은
  cervine [sə́ːrvain] 사슴의 → 짙은 갈색의
  ursine [ə́ːrsain] 곰의, 곰 같은
  leonine [líːənàin] 사자의 → 용맹스러운
  lupine [lúːpain] 이리 같은 → 사나운
  vulpine [vʌ́lpain] 여우의 → 교활한
  serpentine [sə́ːrpəntìːn] 뱀의 → 꾸불꾸불한, 음흉한
  piscine [páisiːn] 물고기의, 어류에 관한

## Review Test

01 Ant **habitats** are artificial environments for an ant colony to live and thrive.
▶ 개미의 _____는 개미 군집이 살고 번성하기 위한 인위적인 환경이다.

02 At night, badgers go out **foraging** for food.
▶ 오소리는 밤에 밖으로 나와 먹이를 _____.

03 The pig ate the **slop** from the trough.
▶ 돼지는 여물통의 _____를 먹었다.

04 The pigs were penned in **a sty**.
▶ 돼지들을 _____에 넣었다.

05 A female **pig** is called **a sow** and the male is called **a boar**.
▶ 암컷 _____는 _____라 부르고, 수컷은 _____라고 부른다.

06 **Domestic animals**, such as dogs and cats, make our lives happier because they can be our good friends.
▶ 개, 고양이 같이 _____은 우리 인간의 친구가 될 수도 있기 때문에 삶을 더 행복하게 만든다.

07 The **horse** galloped with the other wild stallions.
▶ _____은 다른 사나운 종마와 같이 전속력으로 달렸다.

08 Lock the **stable** door when the steed is stolen.
▶ 말 잃고 _____ 문을 잠근다. (소 잃고 외양간 고친다.)

09 The farmer puts **hay** in the **manger** for her cows each day.
▶ 농부는 매일 소 _____에 _____를 넣는다.

10 The dog stayed at the **kennel** while the family was on vacation.
▶ 식구들이 휴가를 간 동안에 개는 _____에 있었다.

11 The dog **barked** at the stranger.
▶ 개는 낯선 사람을 보고 _____.

12 A dog **wags** its tail, but a lion **swishes** its tail when it feels good.
▶ 기분이 좋을 때 개는 꼬리를 _____ 사자는 _____.

13 Kitten **purrs** when the mother **cat** feeds it.
▶ 새끼 고양이는 어미 _____ 젖을 빨며 _____.

14 Some animals, including man, are **omnivorous** and eat both meat and vegetables; others are either **carnivorous** or **herbivorous**.
▶ 인간을 포함한 몇몇 동물은 _____이며 고기뿐만 아니라 채소도 먹는다. 다른 동물들은 _____이거나 _____이다.

## Part 6 자연과학 / Chapter 1 우주와 생물

15 The jaguar pounced on its prey.
▶ 재규어는 먹잇감을 보고 _____.

16 The lion's roar could be heard for miles.
▶ 그 사자의 _____는 수 마일 밖에서도 들릴 것이다.

17 The hungry wolf ate with a voracious hunger.
▶ 굶주린 늑대는 _____ 먹어댔다.

18 Some lizards feast on fruits and snails rather than carcasses.
▶ 어떤 도마뱀은 죽은 동물보다 과일과 달팽이를 _____.

19 Vultures feed on the carcasses of dead animals.
▶ 독수리는 죽은 동물의 _____를 먹고 산다.

20 Both parents abused her, and she often had to scavenge for food.
▶ 부모 모두 그녀를 학대했고, 그녀는 종종 음식을 찾아 _____ 했다.

21 The duck held the fish in its bill.
▶ 오리는 _____로 물고기를 붙잡았다.

22 The bird returned to the nest with worms for the chicks.
▶ 새는 새끼들에게 줄 벌레들을 잡아 물고 _____로 돌아왔다.

23 A number of people scour the streets looking for discarded items to sell.
▶ 많은 사람들이 버려진 물건을 찾아 팔기 위해 거리를 _____.

24 The dog howled in pain.
▶ 개는 고통으로 _____.

25 The fox stepped out of its den.
▶ 여우가 자기 _____에서 잠깐 밖으로 나왔다.

---

**》》》 정답**

| | | | | |
|---|---|---|---|---|
| 01. 서식지 | 02. 찾아다닌다 | 03. 음식물 찌꺼기 | 04. 돼지우리 | 05. 돼지, 암퇘지, 수퇘지 |
| 06. 가축 | 07. 말 | 08. 마구간 | 09. 여물통, 건초 | 10. 개집 |
| 11. 짖었다 | 12. 흔들지만, 휙 소리를 내며 휘두른다 | 13. 고양이, 가르랑거린다 | 14. 잡식성, 육식성, 초식성 | 15. 달려들었다 |
| 16. 포효 | 17. 걸신들린 듯(게걸스럽게) | 18. (마음껏) 먹는다 | 19. 시체 | 20. 쓰레기를 뒤져야만 |
| 21. 부리 | 22. 둥지 | 23. 샅샅이 뒤진다 | 24. 울부짖었다 | 25. 굴 |

>>> Part 6 Natural Science    >>> Chapter 1 Universe & Organism

## >>> Theme 108  Food Chain

All **living things** **depend on** each other to live. The **food chain** shows how some animals eat other animals to **survive**. While being food for animals higher in the food chain, these animals may eat other animals or plants to survive. The food chain is a complex **balance** of life. If one animal's source of food disappears, such as from overfishing or hunting, many other animals in the food chain are **impacted** and may die. In case of food chain in the water, we may take the following example. All sea creatures **rely on** other sea creatures for food to survive. At **the bottom of the food chain** are the **sea plants** and **plankton**. Many types of fish and animals, such as the **snail**, **shrimp**, **jellyfish**, and sea star, eat the plankton. The small animals and fish who eat plankton then become food for larger fish, such as the **tuna** and **mackerel**. These fish are then eaten by larger fish and animals, such as the **shark** and **dolphin**. Who is at **the top of the food chain**? That's us! We humans eat many of the plants and animals on earth. When animals and plants **die out**, men, without doubt, will begin **starving to death**. That's why we make every effort to maintain the natural balance of our **ecosystem** and **preserve endangered** species from **extinction**.

>>> 해석    모든 생명체는 생존하기 위해 서로에게 의지한다. 먹이사슬은 어떤 동물이 생존하기 위해 어떻게 다른 동물을 먹는지를 보여준다. 먹이사슬에서 보다 상위에 있는 동물의 먹이가 되는 동안, 이 동물들은 생존하기 위해 다른 동물이나 먹이를 잡아먹을 수도 있다. 먹이사슬은 생명체의 복잡한 균형이다. 한 동물의 먹이의 원천이 과도한 어로나 사냥 등으로 인해 사라지게 되면, 먹이사슬 내의 다른 동물은 영향을 받게 되고 죽을지도 모른다. 바다에서의 먹이사슬의 경우 다음과 같은 예를 들 수 있다. 모든 바다 생물은 생존하기 위해 먹이로 다른 바다 생물에 의존한다. 바다에서 먹이사슬의 최하층은 해초나 플랑크톤이다. 달팽이, 새우, 해파리, 불가사리 같은 많은 종류의 물고기나 동물들은 플랑크톤을 먹는다. 플랑크톤을 먹는 작은 동물이나 물고기는 참치나 고등어 같은 보다 큰 물고기의 먹이가 된다. 이들 물고기는 또 상어나 돌고래 같은 보다 큰 물고기의 밥이 된다. 이 먹이사슬의 최상층은 누구일까? 그것은 우리이다. 우리 인간은 지구 상의 많은 식물과 동물을 먹는다. 언젠가 동물들과 식물들이 자취를 감추게 된다면, 물어볼 것도 없이 인간은 굶어 죽게 될 것이다. 이것이 우리 생태계의 자연적인 균형을 유지하고 멸종위기에 처한 종들을 멸종하지 않도록 보존하기 위해 우리가 최선의 노력을 다해야 하는 이유이다.

>>> 어구    disappear 사라지다  creature 생물  make every effort to 최선의 노력을 다하다

>>> 구문
- We humans eat many of the plants [동격]
  우리 인간은 많은 식물을 먹는다
- That's why we make every effort to ~
  이것이 우리가 ~하려고 최선을 다하는 이유이다

>>> Part 6 자연과학    >>> Chapter 1 우주와 생물

>>> Theme 108  **먹이사슬** ▶

01 **living things** 생물, 생명체
- 동 organism 유기체, 생물

02 **depend on** 의지하다, 의존하다
- 동 rely on/count on 의지하다

03 **food chain** 먹이사슬
- the bottom[top] of the food chain 먹이사슬의 최하층[최상층]
- 괸 food web/food cycle 먹이 그물, 먹이 순환
  ※ 여러 생물의 먹이사슬이 그물처럼 복잡하게 얽혀 있는 것

04 **survive** [sərváiv] 살아남다, 생존하다
- ⓝ survival 생존
- 괸 생물의 생존 전략
  procryptic 보호색을 가진
  symbiosis 공생
  parasitism 기생 parasite 기생충

05 **balance** [bǽləns] 1. 균형 (상태)
  2. (통장의) 잔고; 저울
- balance of the ecosystem 생태계의 균형

06 **impact** [ímpækt] 1. 영향(을 주다) [on]
  2. 충돌(하다)
- have an impact on ~에 영향을 미치다

07 **sea plant/sea grass** 해초
- 동 seaweed (김·미역 등의) 해조, 해초
- 괸 laver[léivər] 김 kelp 다시마 sea mustard 미역
  algae 조류, 바닷말 green alga 녹조

08 **plankton** [plǽŋktən] 플랑크톤
- phytoplankton 식물성 플랑크톤
- zooplankton 동물성 플랑크톤

09 **snail** [sneil] 달팽이
- cf. slug (껍데기가 없는) 민달팽이
- 괸 mollusk/mollusc 연체동물
  shellfish 조개류, 갑각류
  abalone 전복 oyster 굴 mussel 홍합
  clam 대합 scallop 가리비

10 **shrimp** [ʃrimp] 작은 새우
- 괸 prawn (중간 크기의) 참새우
  spiny-lobster 큰 새우, 대하
  lobster (보리 새우과에 속하는) 바다가재

11 **jellyfish** [dʒélifiʃ] 해파리
- 괸 starfish/sea star 불가사리
  sea urchin 성게 sea squirt 멍게
  sea cucumber 해삼 coral 산호

12 **tuna** [tjúːnə] 참치, 다랑어
- ■ 식용 물고기 명칭
  mackerel 고등어 sardine 정어리 herring 청어
  saury 꽁치 swordfish 황새치 sea bream 도미
  bass 농어 salmon 연어 trout 송어 mullet 숭어
  flatfish 넙치, 가자미 stingray 가오리
  cutlassfish/hairtail/scabbard fish 갈치

13 **shark** [ʃaːrk] 상어
- cf. whale shark 고래상어

14 **dolphin** [dálfin] 돌고래
- cf. porpoise [pɔ́ːrpəs] 알락 돌고래

15 **die out** 멸종되다, 자취를 감추다
- 괸 die down 차츰 잦아들다, 약해지다

16 **starve to death** 굶어 죽다

17 **ecosystem** [ékousìstəm] (특정 지역의) 생태계
- 괸 ecology 생태학, 생태환경

18 **preserve** [prizə́ːrv] 보존하다, 보호하다
- ⓝ preservation 보존

19 **endangered** [indéindʒərd] 멸종위기에 처한
- endangered species 멸종 위기종
- ⓥ endanger 위태롭게 만들다
- 동 imperil/ jeopardize 위태롭게 하다

20 **extinction** [ikstíŋkʃən] 멸종, 소멸
- ⓐ extinct 멸종한, 사라진
- ⓥ extinguish 소멸시키다, 불을 끄다
- an extinct animal 멸종동물

## Theme 108 Review Test

01 All living things require water to live.

➡ 모든 _____는 살기 위해 물을 필요로 한다.

02 Every living organism on earth depends on the environment.

➡ 지구상의 모든 생명체는 환경에 _____.

03 Food chains are sequences of links that start with basal species, such as producers or fine organic matter, and end with consumer organisms.

➡ _____은 생산자나 미세 유기 물질 같은 기초적인 종에서 시작해서 소비자 생물에서 끝나는 연결고리의 순서적 배열이다.

04 The law of the jungle states that only the fittest will survive.

➡ 약육강식의 법칙은 가장 잘 적응하는 자만이 _____고 말한다.

05 Alien species often disrupt the natural balance of the ecosystem.

➡ 외래종은 종종 자연적인 생태계의 _____을 붕괴시킨다.

06 Almost every human activity impacts the Earth's ecosystem.

➡ 거의 모든 인간 행위가 지구 생태계에 _____.

07 Sea plants provide habitats for many marine creatures, including shrimp, bivalves, fish, plankton, and other small organisms.

➡ _____는 많은 새우, 조개, 어류, 플랑크톤, 그리고 다양한 작은 생물들을 포함하는 많은 해양 생명체들에게 서식지를 제공한다.

08 Plankton are very small plants and animals which float on the surface of the sea.

➡ _____은 바다의 표면에 떠다니는 매우 작은 식물 또는 동물이다.

09 A few species of snails are scavengers, feeding on decaying animals.

➡ 몇몇 종의 _____는 죽어서 썩고 있는 동물을 먹고 산다.

10 Crustaceans are crabs, lobsters, shrimps, prawns and crayfish.

➡ 갑각류에는 게, 바다가재, _____, 참새우, 가재가 있다.

11 The sudden increase in the number of jellyfish was due to climatic warming, which triggered an increase in plankton.

➡ _____의 수가 급작스럽게 증가한 것은 기후 온난화로 인해 촉발된 플랑크톤의 증가 때문이다.

12 Omega-3 fatty acids are found in oily fish, such as salmon, tuna, mackerel, sardines and herring.

➡ 오메가 3 지방산은 _____, _____, _____, _____, _____ 같은 기름기 많은 생선에서 발견된다.

Reading V.O.C.A

¹³ Sharks and not whales, Whale Sharks are considered the biggest fish in the world.
➡ 고래가 아니라 _____인 _____는 세상에서 가장 큰 물고기로 간주된다.

¹⁴ Whales and dolphins are mammals, so in a lot of ways, they are just like human beings.
➡ 고래와 _____는 포유류이다. 그래서 여러 면에서 인간과 매우 흡사하다.

¹⁵ Some scientists believe that the dinosaurs died out when a comet hit the earth.
➡ 일부 과학자들은 혜성이 지구와 충돌했을 때 공룡들이 _____고 생각한다.

¹⁶ In the Ukraine, several million starved to death between 1932 and 1933.
➡ 우크라이나에서는 1932년과 1933년 사이에 수백만 명이 _____.

¹⁷ Growing whale population could break the balance of the marine ecosystem.
➡ 고래 개체 수가 증가는 바다 _____의 균형을 깨트릴 수 있다.

¹⁸ The discovery teaches a lesson about the importance of biodiversity and preserving endangered animals.
➡ 그 발견은 종의 다양성과 멸종위기의 동물을 _____하는 것의 중요성에 대한 교훈을 주고 있다.

¹⁹ An endangered species is a species of organisms facing a very high risk of extinction.
➡ _____은 매우 높은 멸종 위험에 처한 생물의 종이다.

²⁰ Many species of animals are on the verge of extinction.
➡ 많은 종류의 동물이 _____의 위기에 있다.

〉〉〉 정답   01. 생명체   02. 의존한다   03. 먹이사슬   04. 살아남는다   05. 균형
06. 영향을 준다   07. 해초   08. 플랑크톤   09. 달팽이   10. 작은 새우
11. 해파리   12. 연어, 참치, 고등어, 정어리, 청어   13. 상어, 고래상어   14. 돌고래   15. 멸종되었다
16. 굶어 죽었다   17. 생태계   18. 보호   19. 멸종 위기종   20. 멸종

>>> Part 6 Natural Science

**Chapter 2
Material & Form**

## >>> Theme 109 Materials

Our houses **are filled with** examples of man's ability to **manipulate** the world's **resources**. **Wrought iron** decorates and protects our houses. The walls may be **constructed** of **concrete** or **brick** and the windows filled with **glass panes**. Man has also used what was available on the surface of the earth, such as **wood**, to create paper. In the **wooden** wardrobes are **fur** coats, **leather** jackets, **wool** sweaters, **cotton** shirts, **silk** blouses, and **nylon** panty hose. Old clothes and tools are stored in cardboard boxes in the cellar or attic. There are a variety of **metals** that have been adapted and shaped for household use. The kitchen is full of **aluminum** and **tin** in the forms of baking sheets, pans and **foil**. **Stainless steel** pans and flatware can be found in the kitchen. The jewelry box holds rings and bracelets fashioned of gold and silver. **Petroleum** is used to make **plastic** which is seen throughout the house in the shape of utensils, chairs, tables and household appliances, as well as the **vinyl**-covered living room furniture and **cellophane** to wrap leftovers. From above and below the **surface** of the earth, **materials** have been adapted by man to suit his life.

>>> 해석

우리의 집은 인간이 세상의 자원을 얼마나 잘 다루는지를 알게 해 주는 견본품들로 가득 차 있다. 연철은 집을 꾸미고 집을 보호하는 구실을 한다. 벽은 아마도 콘크리트나 벽돌로 만들어졌을 것이며 창문은 창유리로 되어 있을 것이다. 인간은 또한 종이를 만들기 위해 나무와 같이 지상에서 구할 수 있는 것을 사용해 왔다. 나무로 된 옷장 속에는 모피 코트, 가죽 재킷, 양모 스웨터, 면 셔츠, 실크 블라우스, 나일론 스타킹이 들어 있다. 오래된 옷과 연장들은 종이상자에 넣어 지하실이나 다락에 보관한다. 가정용품들을 만드는 데에는 다양한 종류의 금속들이 사용된다. 부엌에는 알루미늄과 양철이 가득한 데 빵 종이, 프라이팬, 은박지 등의 형태로 나타나 있다. 스테인리스 프라이팬과 스테인리스 식기류 또한 부엌에서 찾아볼 수 있다. 보석 상자에는 금과 은으로 된 반지와 팔찌들이 들어 있다. 석유는 거실의 가구에 씌워진 비닐과 남은 음식물을 싸는 데 쓰이는 셀로판을 만드는 데 사용될 뿐 아니라 플라스틱을 만드는 데 사용되는 데 플라스틱 제품은 부엌에서 가정용품, 의자, 탁자, 가전제품의 형태로 찾아볼 수 있다. 지구 표면의 위에서부터 아래까지 인간은 인간의 삶에 맞도록 모든 물질을 변형시켜 왔다.

>>> 어구

example 견본(품) wrought 형체가 갖추어진 decorate 장식하다 available 이용할 수 있는 wardrobe 옷장 panty hose/pantyhose 팬티스타킹 cardboard 판지 cellar 지하실 attic 다락방 a variety of 다양한 household 가정의 flatware 접시류 jewelry 보석류 bracelet 팔찌 fashion 만들다. 빚다 utensil 가정용품 appliance 가정용 전기제품 leftover 나머지, 남은 것 suit ~에 적합하게 하다

>>> 구문

- In the wooden wardrobes are fur coats, leather jackets~ [도치]
  (= fur coats, leather jackets ~ are in the wooden wardrobes)
  나무로 된 옷장 속에는 모피 코트, 가죽 재킷 ~ 가 들어 있다

- rings and bracelets fashioned (out) of gold and silver
  금과 은으로 만들어진 반지와 팔찌들

## Chapter 2 물질과 형태

>>> Part 6 자연과학

>>> Theme 109 　물질 ▶

01 **be filled with** ~으로 가득하다

02 **manipulate** [mənípjuleit] 다루다, 조작하다
- ⓝ manipulation 조작, 조종
- 동 handle 다루다, 처리하다

03 **resource** [ríːsɔːrs, rizɔ́ːs] 자원, 재료; 자산
- ⓐ resourceful 자원이 풍부한; 재치 있는
- 동 source 근원, 출처

04 **iron** [áiərn] 1. 철, 철분(Fe)
  2. 다리미
- wrought iron 단철, 연철
- 동 ferrous 철을 함유한
- 관 steel 강철 ore 광석

05 **construct** [kənstrʌ́kt] 1. 건설하다, 세우다
  2. 만들다; 구성하다
- ⓝ construction 건설, 공사; 건축물; 구성

06 **concrete** [kánkriːt, kɔ́ŋ-] 1. 콘크리트
  2. 구체적인, 탄탄한
- concrete slab 콘크리트 석판 조
- 관 cement 시멘트; 접합제; 결속시키다
  asphalt 아스팔트 〈미〉 blacktop
  mortar 모르타르(석회와 모래의 반죽)

07 **brick** [brik] 벽돌
- 관 bricklayer/mason 벽돌공
- 동 block 사각형 덩어리; 구역; 장애

08 **glass pane** 외부 창유리, 유리패널
- 관 panel 사각형 판, 틀

09 **wood** [wud] 나무, (forest보다는 작은) 숲
- ⓐ wooden 나무로 된, 목제의
- 관 timber (가구나 건축에 사용되는) 목재
  log 통나무; 벌목하다 plywood 합판
- 관 forest (큰 규모의) 숲
  deforest 벌채하다 deforestation 벌채

10 **fur** [fəːr] (동물의) 털, 모피
- 모피로 희생되는 동물
  mink 밍크 raccoon 너구리 weasel 족제비
  stoat 담비 fox 여우 alpaca 알파카
  rabbit 토끼(angora 긴 털, rex 짧은 털)
  down (새의) 솜털(duck down, goose down)

11 **leather** [léðər] (무두질을 거친) 가죽, 피혁
- artificial leather 인조가죽, 합성피혁

12 **wool** [wul] (양·염소 등의) 털, 양모, 울
- 섬유(fiber)의 종류
  cotton 목화, 면 silk 비단, 실크 cashmere 캐시미어(캐시미어 산양의 털) nylon 나일론(인공섬유) polyester 폴리에스테르 rayon 레이온, 인견 spandex 스판(신축성이 뛰어난 합성섬유)
- 직물(fabric)의 가공
  raising/napping 기모(起毛; 보풀을 세우는 가공)
  corduroy 코르덴(골덴)바지처럼 골이 지게 짠 천

13 **metal** [métl] 금속, 합금
- 비금속(base metal): 공기 중에 쉽게 산화되는
  iron 철 copper 구리 lead/plumbum 납 tin 주석
  aluminum 알루미늄 nickel 니켈 tungsten 텅스텐 zinc 아연
- 귀금속(noble metal): 비금속의 반대
  gold 금 silver 은 platinum 백금
  cf. diamond (금속이 아닌 돌)
- 중금속(heavy metal): 비중이 무거운 금속
  chrome 크롬, cadmium 카드뮴, iron, nickel, copper, zinc, tin, mercury, lead
- 경금속(light metal): 비중이 가벼운 금속
  magnesium 마그네슘, aluminum 알루미늄, titanium 티타늄, beryllium 베릴륨
- 합금(alloy)
  steel 강철(철·탄소 및 기타 원소의 합금)
  bronze 청동(구리·주석) brass 황동, 놋쇠(구리·아연)
  duralumin 두랄루민(알루미늄·구리·망간·마그네슘)

14 **foil** [fɔil] 1. (음식을 싸는 알루미늄) 포장지
  2. (불법적인 것을) 저지하다
  3. (펜싱의) 플뢰레

15 **stainless** [stéinlis] 녹슬지 않는, 스테인리스의
- 관 stain 얼룩, 더러워지다

16 **petroleum** [pətróuliəm] 석유
- crude[raw] petroleum 원유
- petroleum products 석유제품
- 관 petrol 휘발유 diesel fuel[oil] 경유

17 **plastic** [pl&#230;stik] 플라스틱(의), 비닐
- plastic bag 비닐봉지
- 관 vinyl [váinl] 비닐(장판 등에 사용하는 수지)
  ※ 우리가 쓰는 비닐이란 말의 영어 단어는 plastic임
  cellophane 셀로판(종이와 같이 얇은 필름)

18 **surface** [sə́ːrfis] (사물의) 표면, 외관

19 **material** [mətíəriəl] 1. 재료, 소재; 직물
  2. 물질적인, 중요한
- 반 immaterial 무형의, 중요하지 않은
- 동 substance (특정) 물질, 실체

>>> Part 6 Natural Science   >>> Chapter 2 Material & Form

>>> Theme 109 **Review Test**

01 The back garden of the Korean restaurant was always filled with logs for the fire.
➡ 그 한국식당의 뒤뜰에는 늘 장작용 통나무가 _____.

02 The machines and equipment have become easier to manipulate.
➡ 기계와 장비들을 _____ 것이 더 쉬워졌다.

03 For humans, oil is the most valuable natural resource.
➡ 인간에게는, 석유가 가장 귀중한 천연_____이다.

04 Steel is an alloy of iron, carbon and other elements, such as silicon and sulfur.
➡ _____은 _____과 탄소, 그리고 규소, 황 같은 다른 원소들의 합금이다.

05 Archaeologists have discovered the remains of a 44,000-year-old Neanderthal building that was constructed using the bones from mammoths.
➡ 고고학자들은 매머드의 뼈를 이용해 _____ 44,000년 된 네안데르탈인의 건물 유적을 발견했다.

06 Concrete is a combined material composed of cement, sand, gravel, and water.
➡ _____는 시멘트와 모래, 자갈, 물로 구성된 혼합물이다.

07 The mason laid the bricks.
➡ 벽돌공이 _____을 깔았다.

08 The baseball broke the glass window pane.
➡ 야구공이 _____를 깨뜨렸다.

09 They sawed the wood up into logs for fire.
➡ 그들은 그 _____를 톱으로 잘라 장작으로 쓸 _____를 만들었다.

10 Minks are often bred and killed for their fur.
➡ _____를 얻기 위해 밍크를 기르고 죽인다.

11 The jacket was constructed from the finest leather.
➡ 그 재킷은 최상품의 _____으로 만들어졌다.

12 It is a soft, slightly elastic knit cloth made from wool, cotton or silk.
➡ 그것은 _____와 _____, 그리고 실크로 만들어진 부드럽고 신축성이 있는 니트 옷이다.

¹³ The **metal** is used to extract the precious metal quickly from gold-rich ore.

➡ 그 _____은 금이 풍부한 광석에서 귀금속을 빨리 추출해내는데 사용된다.

¹⁴ The leftovers were wrapped in aluminum **foil**.

➡ 남은 음식을 알루미늄 _____로 쌌다.

¹⁵ **Stainless steel** does not readily corrode, rust or stain with water as ordinary **steel** does.

➡ _____은 보통의 _____처럼 물에 있어도 쉽게 부식되거나, 녹슬지 않으며, 얼룩이 지지 않는다.

¹⁶ **Petroleum** is used to make the plastic.

➡ _____는 플라스틱을 만드는 데 이용된다.

¹⁷ Using **plastic bags** is harmful for the environment.

➡ _____의 사용은 환경에 유해하다.

¹⁸ Abrasives are materials used to wear down, smooth, or polish a **surface**.

➡ 연마재는 _____을 마모시키거나, 부드럽게 하거나, 윤을 내는데 사용되는 물질이다.

¹⁹ **Materials** range from natural **substances**, such as copper or wood, to man-made synthetics, such as many plastics.

➡ _____는 동이나 나무 같은 천연 _____에서부터 다양한 플라스틱 물질 같은 인조 합성화학물질에 이른다.

>>> 정답

01. 가득했다  02. 다루는(조작하는)  03. 자원  04. 강철, 철  05. 만들어진
06. 콘크리트  07. 벽돌  08. 외부 창유리  09. 나무, 통나무  10. 모피
11. 가죽  12. 양모, 면  13. 금속  14. 포장재(포일)  15. 스테인리스강, 강철
16. 석유  17. 비닐봉지  18. 표면  19. 재료, 물질

>>> Part 6 Natural Science    >>> Chapter 2 Material & Form

>>> Theme 110  **Shape**

Simple **geometry**[01] **formulas**[02] can be used to determine the **legs**[03] and **angles**[04] of different **shapes**[05] used in everyday life. Not everyone remembers the formula to determine the **dimensions**[06] of a **pyramid**[07] or **rhombus**[07]. Yet there are some easy to remember **geometric**[01] rules and formulas to reduce the difficulties of some tasks. For one thing, it's pretty simple to remember that regardless of the **size**[08], all **triangles**[09], whether they are right or **isosceles**[03], have 180 **degrees**[10]. With information about the **width**[11] of any of the angles in a triangle with two **equal sides**[03], it is possible to determine the width of the other two. Another useful thing to remember is that if one knows the **perimeter**[12] or the width of an item, it is simple to **figure out**[13] how long the object is. The **volume**[14] of a **cube**[15] can be determined if the **height**[16], **length**[17], and width are known. It is equally as useful to know that one can determine the length of any of the legs of a **square**[18] if one knows the length of the **diagonal**[19] dissecting the square. Using the **Pythagorean theorem**[20], one can discover the answer. If one knows the **diameter**[21] or even the **radius**[21], one can determine the **circumference**[22] of a **circle**[23]. It's important to realize that using basic geometric principles can save time and labor.

>>> 해석

간단한 기하 공식은 일상생활에서 다른 모양들의 변과 각을 정하는 데 사용될 수 있다. 모든 사람들이 각추나 마름모의 면적을 내는 공식을 기억하고 있는 것은 아니다. 그러나 어떤 일의 어려움을 줄여주는 기억하기 쉬운 기하 규칙이나 공식도 있다. 일례로 크기에 관계없이, 직각 삼각형이든, 이등변 삼각형이든 모든 삼각형의 내각의 합은 180도라는 것은 아주 기억하기 쉽다. 이등변삼각형에서는 어느 각이든지 한 각의 크기를 알면 나머지 두 각의 크기를 알 수 있다. 또 한 가지 기억해 두면 유용한 것은 어떤 도형의 둘레나 넓이를 알고 있으면 그 도형의 길이를 간단히 알아낼 수 있다는 것이다. 높이, 길이, 넓이를 알 수 있으면 6면체의 부피를 낼 수 있다. 정사각형을 자르는 대각선의 길이를 알고 있으면 정사각형의 어느 변의 길이라도 정해진다는 것을 알고 있는 것도 또한 도움이 된다. 피타고라스 정리를 이용해서 답을 알아낼 수 있다. 지름 혹은 반지름만 알고 있어도 원의 원주를 정할 수 있다. 기본적인 기하 원리들을 이용하면 시간과 노력을 아낄 수 있다는 것을 깨닫는 것이 중요하다.

>>> 어구

reduce 줄이다  pretty 아주, 매우  regardless of ~에 상관없이  equally 마찬가지로

>>> 구문

- Not everyone remembers the formula ~ [부분부정]
  모든 사람이 ~ 공식을 기억하는 것은 아니다(기억하지 않는 사람도 있다)

- all triangles, (whether they are right or isosceles), have 180 degrees [삽입]
  모든 삼각형은 (직각 삼각형이든, 이등변 삼각형이든) 180도의 각을 갖는다

>>> Part 6 자연과학   >>> Chapter 2 물질과 형태

>>> Theme 110   모양 ▶

01 **geometry** [dʒiámətri] 기하학
   ⓐ geometric 기하학의

02 **formula** [fɔ́ːrmjulə] 공식, ~식; 방식; 처방
   • mathematical/math formula 수학공식

03 **side** [said] 1. (사각형·삼각형 등의) 변, 면
   2. ~쪽, ~측; ~편, 입장, 태도
   3. 옆, 측면
   [관] leg (3각형의 밑변을 제외한) 변
   edge 모서리 isosceles 2등변의
   hypotenuse 직각 삼각형의 빗변

04 **angle** [ǽŋgl] 각도, 각, 기울기
   • angle meter 각도계, 경사계
   [동] goniometer 각도계
   [관] degree (각도의 단위인) 도

05 **shape** [ʃeip] 모양, 형태, 형
   • a rectangular shape 직사각형

06 **dimension** [diménʃən] 1. (높이·너비·길이의) 치수, 크기
   2. 차원; 규모
   • one dimension 1차원(선)
   • two dimension 2차원(평면)
   • three dimension 3차원(3D)
   • fourth dimension 4차원(시간)
   ⓐ dimensional ~차원의

07 **rhombus** [rámbəs] 마름모꼴
   [관] pyramid 각뿔, 피라미드 trapezoid 사다리꼴, 부등변 사각형
   cone 원뿔, 원뿔형 물체 cylinder 원통, 원기둥, 실린더

08 **size** [saiz] 크기, 규모, 사이즈
   ■ 크기·넓이·양에 대한 용어
   enormous/immense/monstrous/voluminous/
   colossal/huge/massive/gigantic 크기가 엄청난
   vast (범위·크기·양 등이) 어마어마한 bulky 부피가 큰

09 **triangle** [tráiæŋgl] 삼각형, 트라이앵글
   • an equilateral triangle 정삼각형
   [관] quadrangle/tetragon 4각형
   pentagon 5각형; 미국 국방성 hexagon 6각형
   heptagon 7각형 octagon 8각형 polygon 다각형

10 **degree** [digríː] 1. (각도·온도 단위인) 도
    2. 등급, 급, 정도; 학위
   • a ninety degree angle 90도의 각

11 **width** [widθ] 너비, 폭
   ⓐ wide 넓은, 광범위한
   ⓥ widen 넓히다, 넓어지다
   [동] breadth 넓이, 폭 broaden 넓히다, 넓어지다

12 **perimeter** [pərímitər] 1. 둘레
    2. (어떤 구역의) 주위[주변]

13 **figure out** 알다, 이해하다
   ⓝ figure 숫자, 수치; 계산; 인물, 외관

14 **volume** [válju:m] 1. 부피, 용량, 용적
    2. (책의) 권; 음량, 볼륨
   ⓐ voluminous (옷이) 큰; 부피가 큰; 방대한
   [관] weight 무게, 중량 weigh 무게를 재다
   mass 질량 massive 크고 무거운
   density 밀도 dense 밀집한, 빽빽한

15 **cube** [kju:b] 정육면체, 큐빅
   ⓐ cubic 입방의 세제곱의; 3차 방정식
   ⓝ cubicle (칸막이한) 좁은 방

16 **height** [hait] 높이; 키; 고도
   ⓥ heighten 높이다, 고조되다
   [관] high 높이가 높은 tall 키가 큰
   [관] depth 깊이 deep 깊은

17 **length** [leŋkθ] 길이, 기간
   ⓥ lengthen 길게 하다, 연장하다
   [관] latitude 위도 ↔ longitude 경도

18 **square** [skwɛər] 1. 정사각형; 제곱
    2. 제곱의, 평방의; 공정한
   [관] rectangle 직사각형 rectangular 직사각형의
   oblong 직사각형의, 길쭉한 oval 타원형의
   parallelogram 평행사변형

19 **diagonal** [daiǽgənl] 대각선의, 사선의
   [관] straight line 직선 rectilinear 직선의
   curve 곡선 curvilinear 곡선의
   parallel lines 평행선 perpendicular 수직선
   vertical line 수직선 horizontal line 수평선

20 **theorem** [θíːərəm] (수학에서의) 정리
   • Pythagorean theorem 피타고라스의 정리

21 **diameter** [daiǽmətər] 지름, 직경
   [관] radius [réidiəs] 반경, 반지름

22 **circumference** [sərkʌ́mfərəns] 원주, 둘레
   [동] periphery/perimeter 둘레, 원주
   [동] girth (물건의) 둘레; 허리둘레

23 **circle** [sə́ːrkl] 동그라미, 원; 순환
   • semicircle 반원(형)
   [관] sphere/globe/orb 구(球), 구체
   * hemisphere 반구

>>> Part 6 Natural Science   >>> Chapter 2 Material & Form

>>> Theme 110 **Review Test**

01 Mathematics has many different areas, such as arithmetic (addition, subtraction, multiplication and division), calculus, algebra, and geometry.
➡ 수학은 산수(덧셈, 뺄셈, 곱셈, 나눗셈), 미적분, 대수, _____ 같은 다양한 영역을 다룬다.

02 This is a very simple mathematical formula which can be easily solved.
➡ 이것은 쉽게 풀 수 있는 매우 간단한 _____이다.

03 The four sides of a square are equal in length.
➡ 정사각형의 네 _____의 길이는 같다.

04 The angles of square are all right angles.
➡ 정사각형의 _____는 모두 직각이다.

05 The playing field is a rectangular shape of at least 48 feet in length, and at least 30 feet in width.
➡ 그 경기장은 최소한 길이가 48피트이며, 넓이가 30피트 이상의 _____이다.

06 The dimensions of an object are its length, width, and height.
➡ 물건의 _____는 길이, 넓이 그리고 높이다.

07 A rhombus is a geometric shape which has four equal sides, but is not a square.
➡ _____은 같은 길이의 사변형을 가지고 있지만 정사각형은 아닌 기하학적 모형이다.

08 It was impossible to enjoy all the rides in a single day because of the huge size of the amusement park.
➡ 그 놀이공원의 _____ 때문에 하루 만에 탈 것을 모두 즐기는 것은 불가능했다.

09 Any polygon has as many corners as it has sides.
➡ 어떤 _____이든 변의 수와 같은 수의 모서리를 가지고 있다.

10 The lines meet at a 45 degree angle.
➡ 그 선들은 45_____ 각도로 교차한다.

11 The width of the road is eight feet.
➡ 그 도로의 _____은 8피트이다.

12 The perimeter is two times the length plus two times the width.
➡ 길이의 두 배와 너비의 두 배를 더하면 _____가 된다.

13 She couldn't figure out how to operate the machine.
➡ 그녀는 그 기계를 어떻게 작동시키는지 _____ 수 없었다.

¹⁴ Groceries are sold by weight, not volume.
➡ 식료품은 _____가 아닌 _____ 단위로 판매된다.

¹⁵ Each side of the cube was painted in a different color.
➡ _____의 각 면은 각기 다른 색으로 칠해져 있었다.

¹⁶ The fence was the height of a small child.
➡ 담장의 _____는 어린아이의 키만 했다.

¹⁷ The length of the fence was twice its width.
➡ 담장의 _____는 폭의 두 배였다.

¹⁸ The small office cubicle was a perfect square.
➡ 칸막이로 된 작은 사무실은 완벽한 _____이었다.

¹⁹ There are three types of straight lines: vertical, horizontal and diagonal.
➡ 직선에는 세 가지 종류가 있는데 수직선, 수평선, 그리고 _____이다.

²⁰ The Pythagorean theorem is used to find the legs or hypotenuse of a right triangle.
➡ 피타고라스의 _____는 직삼각형의 변, 혹은 빗변을 찾아내는데 사용된다.

²¹ The diameter measured twice the length of the radius.
➡ _____은 _____ 길이의 두 배였다.

²² Unable to verify diameter, but circumference is 60 inches.
➡ 지름을 확인할 수는 없지만, _____는 60인치이다.

²³ The circumference is the distance around the edge of the circle.
➡ 원주는 _____의 가장자리를 빙 둘러 잰 거리이다.

---

**〉〉〉 정답**

| | | | | |
|---|---|---|---|---|
| 01. 기하학 | 02. 수학공식 | 03. 변 | 04. 각도 | 05. 직사각형 |
| 06. 크기 | 07. 마름모꼴 | 08. 거대한 크기 | 09. 다각형 | 10. 도 |
| 11. 폭 | 12. 둘레 | 13. 알 | 14. 부피, 무게 | 15. 정육면체 |
| 16. 높이 | 17. 길이 | 18. 정사각형 | 19. 사선 | 20. 정리 |
| 21. 지름, 반지름 | 22. 원주 | 23. 원 | | |

>>> Part 6 Natural Science
>>> Chapter 2 Material & Form

>>> Theme 111  **Number & Quantity**

The budget of a nation must **weigh**[01] the needs of its people **against** the money available. The United States has **trillions of**[02] dollars of debt because it has been unable to **balance**[03] its spending. The U.S. has **billions of**[04] dollars to **allocate**[05], but there are **tens of thousands of**[06] services that its citizens need to be provided. Privatizing **hundreds of**[07] those services to independent companies does take the pressure off the government's funds. Even if private organizations provide services to the public, there is still a **large**[08] debate about how the remaining **hundreds of billions**[04] should be spent. The defense department, for instance, receives **tens of billions of**[04] dollars not just for the staffing but also for development of new weapons. Tens of thousands of people have signed petitions, protested and marched to voice their argument that the defense budget should be cut by **hundreds of millions of**[09] dollars. They argue that the money should be spent on health and education, since **tens of millions of**[09] people are suffering from incurable diseases and **millions of**[09] adults are illiterate. Yet unfortunately, when such cuts do occur, **hundreds of thousands of**[06] employees of the defense department discover that they no longer have the job security that once was taken for granted. This creates a new burden somewhere else in the system. There will always be **zillions of**[10] demands upon the budget of a country, but it **is up to**[11] the **scores of**[12] administrators to make wise choices that benefit **the largest number of**[13] people.

>>> 해석

한 나라의 예산집행은 유용할 수 있는 금액과 사람들의 필요를 잘 비교검토 해야만 한다. 미국은 지출의 균형을 맞추지 못했기 때문에 수조의 적자를 내고 있다. 미국에서는 수십억 달러를 할당하고 있지만 미국 시민들에게 제공되어야 하는 공공사업도 수만 가지이다. 그러한 공공사업을 개인 기업에게 민영화시킴으로써 정부는 자금 압박감을 덜게 된다. 사기업들이 일반 시민을 상대로 공공사업을 운영한다 하더라도 나머지 수천억 달러를 어떻게 지출해야 할 것인가에 대해서는 상당한 논란이 있다. 예를 들어, 국방부는 군 인력을 위해서 뿐만 아니라 신무기 개발을 위해서 수백억 달러를 받는다. 수만 명의 사람들이 국방부 예산을 수억 달러 삭감해야 한다는 자신들의 주장을 알리기 위해서 탄원서에 서명하고 항의하며 가두행진을 벌인다. 그들은 그 예산을 복지건강과 교육에 써야 한다고 주장하는데 수천만 명이 불치병으로 고생하고 있고 수백만의 성인들이 문맹이기 때문이다. 그러나 불행하게도, 이러한 삭감이 발생하면, 국방부에 소속된 몇십만의 고용인들은 한때 당연한 것으로 생각되었던 직업보장이 더 이상은 아님을 알게 된다. 이는 국방체계의 어딘가에 새로운 부담이 된다. 한 나라의 예산을 필요로 하는 곳은 셀 수 없이 많을 것이나 가장 많은 사람들에게 혜택을 줄 현명한 선택은 수십 명의 행정관에게 달려 있다.

>>> 어구

available 이용할 수 있는 privatize 민영화하다 take the pressure off 부담·압박감을 덜어주다 private organization 민간조직, 민간단체 remaining 남아 있는, 남은 staffing 직원 채용 petition 진정(서), 탄원(서) voice 나타내다, 표하다 incurable disease 불치병 illiterate 글을 모르는, 문맹의 job security 고용 보장 take ~ for granted ~을 당연한 일로 생각하다

>>> 구문

• Privatizing hundreds of those services ~ does take the pressure off ~ [do 강조용법]
그러한 공공사업을 ~ 민영화하는 것은 압박감을 덜어준다

when such cuts do occur
이러한 삭감이 발생하면

>>> Part 6 자연과학 >>> Chapter 2 물질과 형태

>>> Theme 111　　수와 양 ▶

01 **weigh** [wei] 1. 무게가 ~이다, 무게를 달다
　　　　　　　2. 저울질하다, 따져보다
- weigh A against B A와 B를 비교 검토하다
- ⓝ weight 무게
- ⓐ weighty 무거운, 중요한

> 관 heavy/leaden (무게가) 무거운
> ponderous/hefty/cumbersome 크고 무거운
> burdensome 부담스러운

■ 도량형 단위(영국/미국)
  - weight (무게)
    ounce(온스): 1/16파운드, 28.35그램)
    pound(lb)(파운드): 16온스, 약 453그램)
    ton(2,000파운드~2,240파운드)
  - volume (부피)
    pint(pt) (파인트: 473ml)/quart(qt)(쿼트: 946ml)/
    gallon(gal) (갤런: 3.78L)/ barrel(bbl) (배럴: 120~159L)
  - length (길이)
    inch(인치: 2.54cm))/feet(피트: 30.48cm)/
    yard(야드: 0.914m)/mile(마일: 1,609m)
  - area (넓이, 면적)
    square feet(ft²)/square yard(yd²)/
    acre(에이커: 4,050제곱미터)

02 **trillion** [tríljən] 〈단위〉 조(1,000,000,000,000)
- trillions of 수조의, 무수한
- tens of trillions of 수십조의
- hundreds of trillions of 수백조의

> 관 숫자의 구분 비교
> 우리나라에서는 1만을 넘는 경우에는 4자리 단위로 숫자의 이름이 붙어 있다.
> * 만(10,000)
> * 억(100,000,000)
> * 조(1,000,000,000,000),
> * 경(10,000,000,000,000,000)
> 이와 달리 영어에서는 1천 이후에는 3자리 단위로 숫자의 이름이 붙는다.
> * thousand 천(1,000)
> * million 백만(1,000,000)
> * billion 십억(1,000,000,000)
> * trillion 1조(1,000,000,000,000)

03 **balance** [bǽləns] 1. 잔고; 균형
　　　　　　　　2. 균형을 유지하다
　　　　　　　　3. 수입과 지출이 맞아떨어지다

04 **billion** [bíljən] 10억
- billions of 수십억의
- tens of billions of 수백억의
- hundreds of billions 수천억의

05 **allocate** [ǽləkèit] 할당하다, 배분하다
- ⓝ allocation 할당, 배분

06 **thousand** [θáuzənd] 천(1,000)
- tens of thousands of 수만의, 무수한
- hundreds of thousands of 수십만의

07 **hundred** [hʌ́ndrəd] 백(100)
- hundreds of 수백의, 수많은

08 **large** [la:rdʒ] (규모가) 큰; (양이) 많은

> 참 tiny 아주 작은
> small 작은
> average 평균의
> large/considerable/substantial 큰, 상당한
> huge/vast/immense 막대한, 엄청난
> countless/innumerable 셀 수도 없는

09 **million** [míljən] 백만(1,000,000)
- millions of 수백만의, 수많은
- tens of millions of 수천만의
- hundreds of millions of 수억의

10 **zillions of** 수천억의, 무수한

> ■ 수량을 나타내는 방법
> tens of/dozens of/scores of 수십의, 수많은
> hundreds of 수백의
> thousands of 수천의
> tens of thousands of 수만의
> hundreds of thousands of 수십만의
> millions of 수백만의
> tens of millions of 수천만의
> hundreds of millions of 수억의
> billions of 수십억의
> tens of billions of 수백억의
> hundreds of billions of 수천억의
> zillions of 수천억의
> trillions of 수조의
> tens of trillions of 수십조의
> hundreds of trillions of 수백조의

11 **be up to** ~에 달려 있다

12 **score** [skɔːr] 1. (Pl.) 20, 스무 개 정도
　　　　　　2. 점수, 스코어; 음악; 징상
- scores of 수십의, 많은
- 동 dozens of 수십의, 많은

13 **a large number of** 다수의
cf. a number of 약간의

> ■ 수많은, 다수의
> a great deal of/ a good deal of
> a lot of/ lots of
> a host of
> a good number of
> a good many/ a great many
> a crowd of/ a throng of/ a multitude of
> tons of/loads of
> numerous 매우 많은
> a whale of 엄청나게 큰

>>> Part 6 Natural Science
>>> Chapter 2 Material & Form

>>> Theme 111 **Review Test**

01 **Weighing** benefits **against** costs is the way most people make decisions.
➡ 이득과 비용을 _____ 하는 것이 대부분의 사람들이 결정을 내리는 방식이다.

02 The deficit in the U.S. totals **trillions of** dollars.
➡ 미국의 적자는 _____ 달러이다.

03 Eisenhower's first priority was to **balance** the budget after years of deficits.
➡ 아이젠하워 대통령의 최우선순위 과제는 여러 해의 적자재정 후에 정부 예산의 _____ 것이었다.

04 **Billions of** dollars are spent on diet product a year.
➡ 일 년에 _____ 달러가 식이요법 제품으로 소비된다.

05 The government plans to **allocate** approximately 300 billion won from its budget for research and development projects this year.
➡ 정부는 올해 연구개발사업에 정부 예산 약 _____ 원을 _____ 할 계획이다.

06 **Tens of thousands of** people quit smoking a year.
➡ 매년 _____ 명의 사람이 담배를 끊는다.

07 **Hundreds of** fans cheered the championship team's homecoming.
➡ _____ 명의 팬들이 우승팀의 귀환을 환호했다.

08 Some carried **large** suitcases, and others held **tiny** plastic bags.
➡ 어떤 이들은 _____ 여행가방을 옮겼고, 어떤 이들은 _____ 비닐백을 들었다.

09 **Millions of** tourists visit the United States each year.
➡ 매년 _____ 명의 관광객이 미국을 찾는다.

10 The universe contains **zillions of** celestial bodies.
➡ 우주는 _____ 천체를 포함하고 있다.

Reading V.O.C.A

¹¹ **Now it is up to you** to decide whether to cooperate or not.
→ 이제 협력을 할 것인지 말 것인지에 대한 결정은 당신에게 _____.

¹² **Scores of** protesters demonstrated in the street.
→ _____ 명의 시위자들이 거리에서 시위를 벌였다.

¹³ Instead of studying, **a large number of** students party their first year.
→ 1학년때는 _____ 학생들이 공부하는 대신에 먹고 마시며 논다. ※ party 먹고 마시며 놀다

>>> 정답
01. 비교 검토  02. 수조  03. 균형을 맞추는  04. 수십억  05. 할당, 3천억
06. 수만  07. 수백  08. 큰, 아주 작은  09. 수백만  10. 무수한
11. 달려 있다  12. 수십  13. 다수의

>>> Part 6 Natural Science

Chapter 3
Environment
& Natural Phenomenon

>>> Theme 112  **Geology & Ecology**

A mindboggling spectrum is contained between the two most extreme points in the world. The seven **continents**[01] boast a variety of characteristics. The **coasts**[02] and **shores**[02] of these **land masses**[01] are decorated by **beaches**[02] and **cliffs**[03]. **Ponds**[04] and **lakes**[04] dot the landscape while **streams**[05] and **rivers**[05] **crisscross**[06] the earth ending in **waterfalls**[07], **deltas**[08] or rushing to meet the **ocean**[05]. The closer one gets to the **arctic**[09] and **antarctic**[09] **poles**[10], these oceans are full of **icebergs**[11]. Across the earth, **hills**[12] and **mountains**[12] arch the **surface**[13]. The land is dressed in **vegetation**[14] of **forests**[15] and **jungles**[15] or lain bare in **desert**[16] **regions**[17]. Home to a multitude of **fauna and flora**[18], man has left his indelible imprint. Humanity has adapted the land for **rice paddies**[19], **pastures**[19] and **orchards**[19] and diverted the course of streams and **drained**[20] swamps. The **indiscriminate**[21] land **reclamation**[22] has damaged the fragile **ecology**[23] of our planet. Yet, as problems with the atmosphere increase and the hole in the ozone grows larger, man must carefully consider his actions when **tampering with**[24] our amazingly complex world.

>>> 해석

지구의 두 개의 최양극점 사이에는 믿기 어려울 만큼 놀라운 스펙트럼이 있다. 7대륙은 저마다 각기 다양한 특성을 가지고 있다. 이 거대한 땅덩어리들의 해안과 바닷가는 해변과 절벽으로 꾸며져 있다. 곳곳에는 연못과 호수가 있고 시냇물과 강물은 땅 위를 종횡으로 흘러서 폭포나 삼각주를 만들거나 바다로 흘러간다. 북극과 남극에 가까이 다다른다면, 이곳의 바다는 빙산으로 가득 차 있다. 언덕과 산은 지구를 가로질러 지구 표면에 둥근 아치를 그리고 있다. 땅은 초목이 자라는 숲이나 정글의 옷을 입거나 헐벗은 사막이 있다. 수많은 동·식물군의 고향에 인간은 지울 수 없는 자국을 남겼다. 인류는 땅을 논, 목장, 과수원 등으로 개량해 왔으며 수로를 바꾸고 늪지에서 물을 빼내기도 했다. 이러한 무분별한 토지 개간은 취약한 지구의 생태계를 손상시켜 왔다. 하지만 대기오염문제가 심각해지고 오존층의 구멍이 점점 커짐에 따라 우리 인간은 놀라울 정도로 복잡하게 되어 있는 지구를 손댈 때에는 심사숙고해서 행동을 취해야 한다.

>>> 어구

**mindboggling** 믿기 어려울 만큼 놀라운 **boast** 자랑하다 **a variety of** 다양한 **characteristic** 특징, 특질 **be decorated by** ~으로 꾸며지다 **dot the landscape** 도처에 산재하다 **be dressed in** ~의 옷을 입다 **home** 집·고향에[으로, 에서] **a multitude of** 다수의 **indelible** 지울 수 없는 **imprint** 자국 **adapt for** ~용으로 변경하다 **divert** 전용하다 **swamp** 늪 **atmosphere** 대기 **ozone** 오존 **amazingly** 놀랍게 **complex** 복잡한 **fragile** 손상되기 쉬운

# Chapter 3 환경과 자연현상

>>> Part 6 자연과학

>>> Theme 112  지질과 생태계 ▶

01 **continent** [kάntənənt] 대륙
 ⓐ continental 대륙의
 - land mass 대륙, 거대한 육지
 - peninsula 반도 peninsular 반도의
   island 섬 archipelago 다도해, 군도

02 **coast** [koust] 해안 (바닷가나 그 인근의 땅)
 ⓝ coastline (바닷가의) 해안선
 - shore 해안, 바닷가
 - beach (모래가 있는) 바닷가
 - cove 작은 만
   bay 만 ※ 바다가 육지 쪽으로 파고들어 와 있는 지형
   gulf (여러 국가를 아우르는 큰) 만 ※ cove < bay < gulf
   cape 곶 ※ 바다로 돌출한 육지

03 **cliff** [klif] 절벽, 벼랑
 • rocky cliff 암벽
 - precipice 절벽, 벼랑

04 **pond** [pɑnd] (특히 인공으로 만든 작은) 연못
 - puddle 물웅덩이 lake 호수
   ※ puddle < pond < lake

05 **stream** [striːm] 시내(작고 좁은 강)
 - brook 작은 개울 river (크고 넓은) 강
   ※ brook < stream < river
   ditch 배수로, 도랑
   ocean 대양

06 **crisscross** [krískrɔːs] 교차하다; 종횡으로 움직이다

07 **waterfall** [wɔ́ːtəfɔːl] 폭포
 - cascade 작은 폭포 cataract 큰 폭포

08 **delta** [déltə] 삼각주 ※ 강어귀에 형성되는 퇴적층
 - fault 단층 ※ 지층과 암석 등이 어긋난 현상

09 **arctic** [άːrktik] 북극(의)
 - antarctic 남극(의)
   the South Pole 남극 ↔ the North Pole 북극
 - equator 적도 ※ 위도 0°의 선이 지나는 지역
   latitude 위도 ↔ longitude 경도

10 **pole** [poul] 1. (지구의) 극, (자석의) 극
   2. 막대, 기둥
 • Arctic Pole 북극 ↔ Antarctic Pole 남극

11 **iceberg** [áisbəːrg] 빙산
 - ice cap (특히 극지방의) 만년설
   ice shelf (육지에 연결된) 바다를 덮은 빙상 icebreaker 쇄빙선

12 **hill** [hil] 언덕, (나지막한) 산
 - foothill 산기슭의 작은 언덕 hillock 작은 언덕, 둔덕
   mountain 산 mountain range 산맥
   ※ hillock < hill < mountain

13 **surface** [sə́ːrfis] 표면, 표층, 지면, 수면

14 **vegetation** [vèdʒətéiʃən] (특정 지역의) 초목, 식물
 • tropical vegetation 열대 식물
 - vegetable 야채 vegetarian 채식주의자

15 **forest** [fɔ́ːrist] (큰 나무가 빽빽한 넓은) 숲
 - coppice/copse 작은 관목 숲
   wood (forest보다는 작은 규모의) 숲
   ※ coppice/copse < wood < forest
   jungle 밀림, 정글

16 **desert** [dézərt] 1. 사막 2. 버리다, 탈영하다
 - moor (고지대의) 황무지, 황야
   wilderness/wasteland 황무지

17 **region** [ríːdʒən] 지역, 지방, 지대
 - region 명확한 한계가 없는 넓은 지역
   area 경계가 애매한 지역을 칭할 때
   zone 확실한 특징이 있는 경계가 명확한 구역
   belt/strip 지역적 특징을 갖는 길게 늘어선 지역

18 **fauna and flora** (특정 지역에 사는) 동식물군
 ⓝ fauna 동물군 flora 식물군

19 **(rice) paddy** (쌀을 재배하고자 물을 댄) 논
 - orchard [ɔ́ːrtʃərd] 과수원
   pasture/meadow/grassland 목초지, 초원
   prairie [préəri] 대초원
   ※ 나무가 거의 없고 풀로 덮인 넓고 평평한 지역
   plateau [plætóu]/highland 고원
   ※ 높은 곳에 자리한 평평한 땅

20 **drain** [drein] 물을 빼내다, 배수하다
 ⓝ drainage 배수, 배수 시설
 - irrigate 물을 대다, 관개하다 irrigation 관개
 - flood/inundation 홍수, 범람

21 **indiscriminate** [ìndiskrímənət] 무차별적인
 • indiscriminate development 무분별한 개발

22 **reclamation** [rèkləméiʃən] 개간, 간척
 • indiscriminate reclamation 무분별한 개간

23 **ecology** [ikάlədʒi] 생태환경, 생태계
 ⓐ ecologic(al) 생태학의, 생태계의
 ⓐⓓ ecologically 생태학적으로

24 **tamper with** 함부로 손대다, 변경하다

>>> Part 6 Natural Science
>>> Chapter 3 Environment & Natural Phenomenon

## >>> Theme 112 Review Test

01 There are six continents in the world: Asia, Europe, North America, South America, Africa, and Oceania.
➡ 세계에는 '아시아, 유럽, 북미, 남미, 아프리카, 오세아니아'의 6개 _____이 있다.

02 The coast is slowly being eroded.
➡ _____이 조금씩 침식되어가고 있다.

03 The waves crashed against the rocky cliff.
➡ 파도는 _____에 부딪혔다.

04 Lake Superior is the world's largest inland body of freshwater.
➡ 슈페리어 _____는 세계에서 가장 큰 내륙 민물 수역을 가지고 있다.

05 During the drought, the mighty river was reduced to the size of a meager brook.
➡ 가뭄 기간에는 큰 _____도 작은 _____ 정도로 물이 줄어든다.

06 There are several freeways that crisscross the region.
➡ 그 지역을 _____ 몇 개의 고속도로가 있다.

07 The river rushed over the cascades, creating a waterfall as it emptied into the pool below.
➡ 강물이 _____로 떨어져 못 속으로 흘러들어 갔을 때 큰 _____를 이루었다.

08 A delta is at the mouth of a river.
➡ _____는 강어귀에 있다.

09 The arctic air chilled the explorers.
➡ _____ 공기는 탐험가들을 얼게 했다.

10 There is some evidence of melting of the polar ice cap at both poles.
➡ 양 _____ 지방의 만년빙이 녹고 있다는 몇몇 증거가 있다.

11 Icebergs float in water because the liquid form of water is denser than the solid form.
➡ 액체상태의 물이 고체상태보다 밀도가 높기 때문에 _____은 물에서 떠다닌다.

12 The woman reached the top of the mountain to look down on the green hillocks and hills in the countryside below.
➡ 그 여자는 아래에 있는 시골의 푸른 _____과 _____을 내려다보려고 _____의 정상에 올랐다.

13 The surface of the Earth is in continuous slow motion.
➡ 지구의 _____은 계속해서 천천히 움직이고 있다.

¹⁴ The desert has sparse vegetation.   ▶ 사막에는 _____이 드물게 있다.

¹⁵ The forest is a home for a variety of trees and wild life.   ▶ _____은 갖가지 나무들과 야생동물들의 서식지다.

¹⁶ The Sahara is the world's largest desert and covers most of northern Africa.   ▶ 사하라는 세계에서 가장 큰 _____이며 북아프리카의 대부분을 차지하고 있다.

¹⁷ A desert region receives an extremely low amount of precipitation, less than enough to support growth of most plants.   ▶ 사막 _____은 대부분의 식물이 성장하는 데 필요한 양보다 적은, 극소량의 비가 내린다.

¹⁸ The area contains a wide variety of fauna and flora.   ▶ 이 지역에는 매우 다양한 _____이 있다.

¹⁹ The sun glistened off the water in the rice paddies.   ▶ _____에 있는 물에 햇빛이 비치어 반짝거렸다.

²⁰ The land is well drained.   ▶ 이 땅은 _____가 잘 된다.

²¹ Mountains and forests have been damaged extensively due to indiscriminate development.   ▶ _____로 산림이 광범위하게 훼손되어 왔다.

²² The reclamation project is expected to have major positive effects in restoring and protecting the shoreline and, at the same time, minimal side effects.   ▶ 이번 _____사업은 부작용은 최소화하면서 해안가를 복구하고 보호하는 주요한 긍정적인 효과를 가질 것으로 기대된다.

²³ The imbalance between ecology and economy leaves people stressed and unhappy.   ▶ _____와 경제 사이의 불균형이 사람을 스트레스 받고 불행하게 만든다.

²⁴ Some people oppose scientific developments that manipulate nature, but actually, human beings have been tampering with nature since prehistoric times.   ▶ 어떤 이들은 자연을 조작하는 과학적 발달을 반대하지만, 실제로 인간은 선사시대 이후로 늘 자연에 _____.

**〉〉〉 정답**

| 01. 대륙 | 02. 해안 | 03. 암벽 | 04. 호수 | 05. 강, 개울 |
| 06. 종횡하는(교차하는) | 07. 작은 폭포, 폭포 | 08. 삼각주 | 09. 북극의 | 10. 극 |
| 11. 빙산 | 12. 둔덕, 언덕, 산 | 13. 표면 | 14. 식물 | 15. 숲 |
| 16. 사막 | 17. 지역 | 18. 동식물군 | 19. 논 | 20. 배수 |
| 21. 무분별한 개발 | 22. 간척 | 23. 생태계 | 24. 함부로 손을 대어왔다 | |

>>> Part 6 Natural Science
>>> Chapter 3 Environment & Natural Phenomenon

>>> Theme 113  **Resource & Environment**

People need to recognize and stop **wasteful**[01] behavior. In countries with **considerable**[02] **amounts**[03] of money and **abundant**[04] **resources**[05], tons of **trash**[06] are **dumped into**[07] **landfills**[08] without **consideration**[02] for the earth's **limited**[09] resources. The small percentage of the world's **population**[10] **possessing**[11] the **huge**[12] **portion**[13] of the **wealth**[14] must take measures to **secure**[15] tomorrow's resources today. There are loads of ways that people can actively take part in **conserving**[16] resources. Resources as water and **wood**[17] are used thoughtlessly. Water can be saved by taking shorter showers and not leaving the faucet running. Another way to stop wasting water is to run washing machines and dishwashers only when there is a full load. The **lumber**[18] industry fells **vast**[12] amounts of trees to keep up with the large demand for **pulp**[19]. To decrease the **waste**[01] of paper and plastic materials there are several steps that can be taken. One thing that can be done is to use **reusable**[20] supplies like linen napkins and glass plates rather than **disposable**[21] products. Another step is to get things repaired instead of **throwing**[22] items **away**[22], or separate **recyclables**[23] from the **garbage**[06] to **recycle**[23] them. There are a great deal of things that should and must be done to save our **environment**[24] and make effective use of our limited natural resources.

>>> 해석

사람들은 낭비적인 행동을 자각하고 그만두어야 한다. 돈이 많고 자원이 많은 나라에서는 지구의 제한된 자원에 대한 고려는 전혀 하지 않은 채 엄청난 쓰레기가 쓰레기 매립지에 버려진다. 세계 인구 중 작은 비율을 차지하지만 부의 엄청난 부분을 차지하고 있는 사람들은 미래에 쓸 자원을 확보하려는 조치를 지금 바로 강구해야 한다. 자원보존에 능동적으로 참여할 방법은 여러 가지이다. 불행하게도 물이나 나무와 같은 자원은 분별없이 사용된다. 샤워를 오래 하지 않고 수도꼭지를 새지 않게 함으로써 물을 절약할 수 있을 것이다. 물의 낭비를 막을 수 있는 또 다른 방법은 세탁기나 식기세척기를 사용할 때 완전히 다 채우고 기계를 돌리는 것이다. 목재 업계에서는 많은 펄프 수요를 맞추기 위해서 엄청난 양의 나무를 베어 넘어뜨린다. 종이와 플라스틱 물질의 낭비를 줄이기 위해서 취할 수 있는 몇 가지 조치가 있다. 그 한 가지는 일회용 제품보다는 리넨천으로 만든 냅킨이나 유리접시처럼 다시 사용할 수 있는 물건을 사용하는 것이다. 또 물건을 내버리지 않고 고쳐 쓰거나, 재활용할 수 있도록 쓰레기에서 재활용이 가능한 것들을 분리하여 배출하는 것이 또 다른 방법이다. 우리의 환경을 살리고 제한적인 천연자원을 효율적으로 이용하기 위해서 반드시 해야 할 일은 엄청나게 많다.

>>> 어구

recognize 인식하다, 깨닫다 tons of 다수의 take measures 조치를 취하다, 대책을 강구하다 There are loads of ways that… ~에는 여러 가지 방법이 있다 take part in 참여하다 thoughtlessly 생각 없이 faucet (수도) 꼭지 run (액체를) 흘리다 a full load 가득 채운 상태 washing machine 세탁기 dishwasher 식기세척기 fell 베어 넘어뜨리다 keep up with demand 수요를 맞추다 plate 접시 a great deal of 많은, 다량의

>>> 구문

• Another step is to get things repaired ~ [get+목적어+과거분사]
또 다른 조치는 물건을 고쳐지게 하는 것이다(물건을 고쳐 쓰는 것이다)

>>> Theme 113  **자원과 환경** ▶

01 **wasteful** [wéistfəl] 낭비하는, 낭비적인
   ⓥ waste 낭비하다, 헛되이 쓰다
   통 prodigal/profligate 낭비하는

02 **considerable** [kənsídərəbl] (양이) 상당한
   ⓝ consideration 고려, 배려
   ⓥ consider 고려하다, 간주하다
   통 substantial 상당한
   혼 considerate 사려 깊은

03 **amount** [əmáunt] 1. (~의) 양, 합계, 총계
                    2. (합계가) ~에 이르다
   통 aggregate 합계, 총액

04 **abundant** [əbʌ́ndənt] 풍부한, 많은
   • abundant resources 풍부한 자원
   통 ample/plentiful/profuse 풍부한

05 **resource** [rí:sɔ:rs] 자원, 재원
   • natural resources 천연자원
   • human resources 인적 자원

06 **trash** [træʃ] 〈미〉 (물기가 없는) 쓰레기
   • trash[garbage] can (마른 것을 넣는) 쓰레기통
   • dustbin/rubbish bin 〈영〉 쓰레기통
   통 rubbish 〈영〉 쓰레기
      refuse 폐물, 쓰레기
   비 garbage 음식물 쓰레기처럼 젖은 쓰레기
      litter (공공장소에 버려진) 쓰레기
      scrap 남은 음식; (재활용할 수 있는) 폐품
      junk 쓸모없는 물건, 폐물
      wastepaper basket 휴지통

07 **dump** [dʌmp] 1. (쓰레기를) 버리다
                 2. (낮은 가격에) 팔아치우다
                 3. (쓰레기) 폐기장
   • a garbage[rubbish] dump 쓰레기 폐기장
   통 dispose of 버리다

08 **landfill** [lǽndfil] 쓰레기 매립, 매립지
   관 refuse incineration plant 쓰레기 소각장

09 **limited** [límitid] (수나 양이) 한정된, 제한된
   • limited resources 한정된 자원
   반 unlimited 제한 없는, 무한정의
      infinite [ínfənət] 무한한, 무한정의

10 **population** [pὰpjuléiʃən] 인구, 주민수
   ⓐ populous 인구가 많은

11 **possess** [pəzés] 소유하다, 지니다
   ⓝ possession 소유(물), 재산

12 **huge** [hju:dʒ] (크기·양이) 막대한[엄청난]
   통 vast/enormous/immense 엄청난, 막대한

13 **portion** [pɔ́:rʃən] 1. (어떤 것의) 부분; 몫
                       2. (몫으로) 나누다, 분배하다
   통 apportion/allocate/allot/distribute 분배하다
      earmark/set aside (특정 목적을 위해) 배정하다

14 **wealth** [welθ] 부, 재산, 자원
   ⓐ wealthy 부유한, 풍족한
   통 affluent/sufficient/prosperous/well off 부유한

15 **secure** [sikjúər] 1. (힘들게) 확보하다
                      2. 안전한, 안정적인

16 **conserve** [kənsə́:rv] 보전하다; 절약하여 사용하다
   ⓝ conservation 보전, 보호, 유지

17 **wood** [wud] 나무, 목재; 숲

18 **timber** [tímbər] / **lumber** [lʌ́mbər] 목재, 목재용 나무
   • lumber industry 목재업, 목재 산업
   관 log 통나무; 벌목하다

19 **pulp** [pʌlp] (제지 원료인) 펄프
   ※ 나무 등에서 섬유 물질을 기계적 또는 화학적 방법으로 분쇄한 죽 상태의 것
   관 pulp fiction 싸구려 통속 소설
      paper manufacturer 제지업자

20 **reusable** [ri:jú:zəbl] 재사용할 수 있는
   ⓝ reuse 재사용

21 **disposable** [dispóuzəbl] 일회용의 (물건)
   • disposable cups 일회용 컵
   • disposable diapers 일회용 기저귀

22 **throw away** (필요 없는 것을) 버리다
   ⓐ throwaway (상품이) 한번 쓰고 버리는

23 **recyclable** [ri:sáikləbl] 재활용할 수 있는
   ⓥ recycle (폐품을) 재활용[재생]하다
   ⓝ recycling 재활용
   관 ※ reuse(재사용)은 물건을 원형 그대로 또는 고쳐서 다시 사용하는 것이고, recycling(재활용)은 원료를 다시 가공하여 재생제품으로 사용하는 것이다. 예를 들어 병을 세척해서 다시 쓰면 reuse, 병을 녹여서 다시 병을 만들면 recycling이다.

24 **environment** [inváiərənmənt] 환경
   ⓐ environmental 환경의

>>> Part 6 Natural Science
>>> Chapter 3 Environment & Natural Phenomenon

## >>> Theme 113  Review Test

01  We must refrain from wasteful use of power.
→ 우리는 _____ 전기 사용을 자제해야 한다.

02  The electric heater consumes a considerable amount of power.
→ 그 전기난로는 _____ 양의 전기를 소비한다.

03  Dense forests are capable of absorbing large amounts of carbon dioxide.
→ 울창한 숲은 _____ 이산화탄소를 흡수할 수 있다.

04  The country has abundant natural resources to exploit.
→ 그 나라는 활용할 수 있는 _____ 천연자원을 가지고 있다.

05  Our country has only limited natural resources.
→ 우리나라는 오직 한정된 _____ 이 있을 뿐이다.

06  People disposed of trash, refuse or debris into the sea.
→ 사람들은 _____, _____, 잡동사니를 바다에 버렸다.

07  Too much garbage is being dumped at the roadside.
→ 너무 많은 쓰레기가 그 길가에 _____ 있다.

08  The recycling of materials has greater environmental benefits than incineration or landfill.
→ 자원의 재활용은 쓰레기의 소각이나 _____ 에 비해 환경적으로 장점이 훨씬 많다.

09  We have to make efforts to save our limited natural resources.
→ 우리는 _____ 을 절약하는데 노력을 기울여야 한다.

10  As population increases, the city is facing chronic shortages of electricity.
→ _____ 가 증가함에 따라 그 도시는 만성적인 전력 부족사태에 처해 있다.

11  The country possesses huge reserves of crude oil.
→ 그 나라는 엄청난 원유 매장량을 _____.

12  China is a huge country with the largest population in the world.
→ 중국은 세계에서 가장 많은 인구를 가지고 있는 _____ 나라이다.

13  A significant portion of the population is under the level of poverty.
→ 인구의 상당한 _____ 이 빈곤층이다.

| | >>> Part 6 자연과학 | >>> Chapter 3 환경과 자연현상 |

14 Born to an affluent family, she will inherit considerable wealth.
▶ 부유한 가정에서 태어난 그녀는 상당한 _____를 상속받을 것이다.

15 What the government has to do first is secure the manpower and funds needed to implement emission control efforts.
▶ 정부가 먼저 해야 할 일은 배기가스 배출규제를 시행하는 데 필요한 인력과 재원을 _____ 하는 것이다.

16 To preserve our environment, we should conserve energy.
▶ 환경보존을 위해 우리는 에너지를 _____ 한다.

17 Paper is made from wood.
▶ 종이는 _____로 만들어진다.

18 The vast majority of timber logged in the Amazon is used domestically.
▶ 아마존에 벌목된 대부분의 _____가 내수용으로 쓰인다.

19 Wood pulp is the most common material used to make paper.
▶ 우드 _____는 종이를 만드는 데 가장 많이 사용되는 재료이다.

20 We should use reusable shopping bags for groceries instead of plastic bags.
▶ 우리는 식료품을 담을 때 비닐봉지보다는 _____ 쇼핑백을 사용해야 한다.

21 Disposable products should be recyclable.
▶ _____품은 재활용되어야 한다.

22 You should throw away your garbage in a trash can.
▶ 쓰레기는 쓰레기통에 _____ 합니다.

23 All wrapping papers must be recyclable or reusable.
▶ 모든 포장지는 분해되고, _____ 할 수 있거나 재사용이 가능하여야 한다.

24 It is very important to try to recycle in order to protect the environment.
▶ _____을 보호하기 위해 재활용하려고 노력하는 것은 매우 중요하다.

>>> 정답
01. 낭비적인　02. 상당한　03. 많은 양의　04. 풍부한　05. 천연자원
06. 쓰레기, 폐기물　07. 버려지고　08. 매립　09. 한정된 천연자원　10. 인구
11. 보유하고 있다　12. 거대한　13. 부분　14. 부　15. 확보
16. 절약해야　17. 나무　18. 목재　19. 펄프　20. 재사용 할 수 있는
21. 일회용　22. 버려야　23. 재활용　24. 환경

Reading V.O.C.A

## Theme 114 Energy

All forms of **energy** are stored in different ways, in the energy **sources** that we use every day. These sources are divided into two groups - **renewable** energy and **nonrenewable** one. Renewable energy sources include **solar energy** (which **comes from** the sun and can be **turned into electricity** and **heat**), **wind energy**, **geothermal** energy (from inside the earth), **biomass** from plants, and **hydropower** from water. However, we get most of our energy from nonrenewable energy sources, which include the **fossil fuels** - **oil**, **natural gas**, and **coal**. They're called fossil fuels because they were formed over millions and millions of years by the action of heat from the Earth's **core** and pressure from rock and soil on the **remains** of dead plants and animals. Another nonrenewable energy source is the element **uranium**, whose **atoms** we split (through a process called **nuclear fission**) to create heat and electricity. We use all these energy sources to **generate** the electricity we need for our homes, businesses, schools, and factories. Electricity **energizes** our computers, lights, refrigerators, washing machines, and air conditioners, to name only a few uses. We use energy to run our cars. The **gasoline** we burn in our cars is made from oil. We also use energy to cook on an outdoor grill or soar in a beautiful hot-air balloon. The **propane** for these recreational activities is made from oil and natural gas.

>>> 해석

우리가 매일 쓰는 에너지원에서 모든 형태의 에너지는 다양한 방식으로 저장된다. 이런 에너지원은 두 가지로 분류할 수 있는데 재생 가능 에너지와 재생이 불가능한 에너지가 그것이다. 재생 가능 에너지원은 전기와 열로 바꿀 수 있는 태양에서 생산되는 태양 에너지, 풍력 에너지, 땅속에서 나온 지열 에너지, 식물로부터 나온 생물 에너지, 그리고 물을 이용한 수력전기를 포함한다. 그러나 우리는 대부분의 에너지를 재생 불가능 에너지로부터 얻는데, 이에는 석유, 천연가스, 석탄 같은 화석연료가 포함된다. 그것들은 지구의 핵으로부터 나온 열작용과 죽은 동식물의 유해에 바위와 토양의 압력이 가해지면서 수백만 년에 걸쳐 생성된 것들이기 때문에 화석 연료로 불린다. 또 다른 재생 불가능 에너지원은 열과 전력을 생산하기 위해 핵분열로 불리는 공정을 통해 원자를 분열시키는 우라늄 원소이다. 우리는 집이나, 회사, 학교, 공장에서 필요한 전기를 만들어 내기 위해 이러한 모든 에너지원을 사용한다. 전기의 몇 가지 용도만 말하자면 컴퓨터, 전등, 냉장고, 세탁기, 에어컨 등의 동력을 공급한다. 우리는 차를 운행하고자 에너지를 사용한다. 차를 몰 때 태우는 휘발유는 석유로부터 만들어진다. 또한 야외용 그릴로 요리를 하거나 아름다운 열기구를 쏘아 올릴 때에도 에너지를 사용한다. 이런 여가활동에 쓰이는 프로판 가스는 석유나 천연가스로 만들어진다.

>>> 어구

store 저장하다 be divided into ~으로 분류되다 be formed 형성되다 over millions and millions of years 수백만 년 동안 split 쪼개다, 분열시키다 refrigerator 냉장고 washing machine 세탁기 air conditioner 냉방기, 에어컨 to name only[but] a few 몇 가지만 말하자면 outdoor 야외의 grill 석쇠, 그릴 soar 하늘 높이 날아오르다 recreational activity 여가활동

>>> 구문

- ~ is the element uranium, whose atoms we split to create heat [whose 소유격 관계대명사]
  (= the element uranium, and we split its atoms to create heat)
  우라늄 원소이며, 우리는 열을 생산하기 위해 그것(우라늄 원소)의 원자를 분열시킨다

>>> Part 6 자연과학   >>> Chapter 3 환경과 자연현상

>>> Theme 114   에너지 ▶

01 **energy** [énərdʒi] 에너지, 힘
- energy crisis 에너지 위기
- energy efficient 연비가 좋은
- ⓥ energize 기운을 북돋우다, 동력을 공급하다
- ⓐ energetic 정력적인, 활동적인
  - 반 enervate 기력을 떨어뜨리다

02 **source** [sɔːrs] 원천, 근원; 출처
- energy sources 에너지원
- green energy sources 친환경 에너지원
- clean energy sources 청정 에너지원
- alternative energy sources 대체 에너지원

03 **renewable** [rinjúːəbl] 1. (에너지가) 재생 가능한
2. (계약이) 갱신 가능한
- renewable energy 재생 가능 에너지
  - 반 nonrenewable 재생 불가능한

04 **solar energy/solar power** 태양 에너지
- ⓐ solar 태양의, 태양열을 이용한
  - 관 solar collector 태양열 집열기
  - 관 wind energy 풍력
    tidal energy (조수 간만을 이용한) 조력

05 **come from** ~에서 나오다[생산되다]
- 동 originate from ~에서 유래되다
  derive from ~에서 파생되다

06 **turn into** ~으로 변하다, ~으로 바꾸다
- turn into electricity 전기로 바꾸다
- 동 be transformed into ~으로 변하다

07 **electricity** [ilektrísəti] 전기, 전력, 전류
- ⓐ electric(al) 전기의, 전기로 이용하는
  - 동 electric power 전력
  - 관 electronic 전자의
    power plant 발전소 voltage 전압 electrical current 전류
    power cut/power failure/
    (power) outage/ blackout 정전

08 **heat** [hiːt] 1. 열, 더위, 난방; 온도
2. 뜨겁게 만들다
- heating system 난방설비
- ⓝ heater 난방기, 난로
  - 관 radiator 라디에이터, 방열기 stove 난로, 스토브
    hearth 화로 fireplace 벽난로

09 **geothermal** [dʒìːouθə́ːrməl] 지열의
- 동 thermal 열의, 보온이 되는, 온천의
  thermometer 온도계 thermostat 온도조절장치

10 **biomass** [báioumæs] 1. (에너지원인) 생물자원, 바이오매스
2. (특정 지역 내의) 생물량

11 **hydro**[háidrou]/**hydropower/hydroelectric power** 수력자원, 수력발전

12 **fossil** [fásəl] 화석 ※지질시대 생물의 유해나 흔적
- fossil fuel 화석 연료(석유·석탄·천연가스 등)
  - 관 remains 유해, 유적, 화석

13 **fuel** [fjúːəl] 1. (석탄, 오일, 석유 같은) 연료
2. 부채질하다
- run short of fuel 연료가 바닥나다

14 **oil** [ɔil] 1. (지하에서 발견되는) 석유[기름]
2. 윤활유; 식용유, (몸에 바르는) 오일
- crude oil (가공 전의) 원유 oil well 유정(油井)
  - 관 petroleum 석유 refinery 정유소, 정제소
    – 〈영〉 petrol/〈미〉 gasoline/gas 휘발유
    ※ 석유의 원유를 끓여 30~200℃ 사이에서 정제한 기름
    – light oil/gas oil/diesel oil (디젤용) 경유
    ※ 석유의 원유를 끓여 200~300℃ 사이에서 정제한 기름
    – 〈영〉 paraffin/〈미〉 kerosene (난방용) 등유
    ※ 석유의 원유를 끓여 180~250℃ 사이에서 정제한 기름

15 **natural gas** 천연가스
※ gas는 "기체, 가스"의 의미로 사용되지만, 미국에서는 gas station (주유소)에서처럼 petrol(휘발유)과 같은 의미로도 자주 사용된다.
- 관 LNG: Liquefied Nitrogen Gas (액화천연가스)
  LPG: Liquefied Petroleum Gas (액화석유가스)
  methane [méθein] 메탄(천연가스의 주성분)
  propane [próupein] 프로판(가스)

16 **coal** [koul] 석탄
- a lump of coal 석탄 한 덩어리
  - 관 charcoal 숯, 목탄 briquette 연탄

17 **core** [kɔːr] (지구의) 중심핵; 핵심
- 관 mantle (지구의) 맨틀

18 **atom** [ǽtəm] 원자
※ 더 이상 쪼갤 수 없는 원소의 가장 작은 성분
- ⓐ atomic 원자의, 원자력의
  - 관 element 원소 molecule 분자

19 **nuclear** [njúːkliər] 원자력의, 핵(무기)의
- nuclear power 원자력 nuclear weapon 핵무기
  - 관 light water nuclear reactor 경수로
    uranium 우라늄 enriched uranium 농축 우라늄
    plutonium 플루토늄(원자폭탄의 주재료)

20 **fission** [fíʃən] 핵분열, (세포) 분열
- nuclear fission 핵분열
  - 반 nuclear fusion 핵융합

21 **generate** [dʒénərèit] 발생시키다, 만들어 내다
- generate electricity 발전하다
- ⓝ generator 발전기
  - 동 dynamo 다이너모, 발전기

>>> Part 6 Natural Science   >>> Chapter 3 Environment & Natural Phenomenon

>>> Theme 114 **Review Test**

01 A product's energy efficiency is becoming an important measurement of performance.
➡ 제품의 _____ 효율은 그 제품의 성능을 평가하는 중요한 척도가 되고 있다.

02 Development of clean energy sources to replace fossil fuels is a national and international priority.
➡ 화석 연료를 대체할 _____의 개발은 국내뿐만 아니라 국제적으로 우선사항이다.

03 Oil is a fossil fuel that is used worldwide as a source of nonrenewable energy.
➡ 기름은 화석연료로 전 세계적으로 쓰이는 _____ 에너지다.

04 Solar energy will be the main source of clean efficient energy in the 21st century.
➡ _____는 21세기에 무한해 에너지의 주된 원천이 될 것이다.

05 The country generates around 45 percent of its electricity from nuclear power, while about 40 percent comes from hydroelectric plants.
➡ 그 나라는 약 40%의 전력을 수력발전소에서 _____ 반면, 약 45%는 원자력에서 생산한다.

06 Only about 40-50% of the energy in the fuel can be turned into electricity.
➡ 연료의 40~50%의 에너지만이 전기로 _____ 수 있다.

07 As the source of power, petroleum and electricity have now replaced coal.
➡ 동력원으로서 석유와 _____이 석탄과 대체되었다.

08 Ondol Heating System is quite efficient.
➡ 온돌 _____는 매우 효율적이다.

09 The building is heated by a geothermal heating system.
➡ 그 건물은 _____ 난방 시스템으로 난방을 한다.

10 Biomass is often called 'bioenergy' or 'biofuels'.
➡ _____는 생물 에너지 또는 생물 연료라고도 불린다.

11 Hydroelectric power provides a viable source of energy.
➡ _____은 실행 가능한 에너지원을 제공해 준다.

12 Coal is a fossil fuel.
➡ 석탄은 _____다.

Reading V.O.C.A

¹³ We are running short of fuel.

▶ 우리는 _____가 바닥나고 있어.

¹⁴ Crude oil undergoes several processes before motor oil is obtained.

▶ 엔진 오일이 얻어지기까지 _____는 몇 가지 과정을 거친다.

¹⁵ Burning fossil fuels, such as natural gas, coal, oil, and gasoline, raises the level of carbon dioxide in the atmosphere.

▶ _____, 석탄, 석유, 휘발유와 같은 화석 연료를 태우면 대기 중의 이산화탄소 수치를 올라가게 한다.

¹⁶ The mine produced several hundred tons of coal a year.

▶ 그 광산에서는 매년 수백 톤의 _____이 생산된다.

¹⁷ The earth consists of the crust, the mantle, the outer core, and the inner core.

▶ 지구는 지각, 맨틀, 외_____, 내_____으로 구성되어 있다.

¹⁸ Atomic energy is a relatively new source for power.

▶ _____은 비교적 새로운 에너지원이다.

¹⁹ Nuclear fusion is constantly occurring on the sun.

▶ _____은 태양에서 끊임없이 발생한다.

²⁰ Nuclear fission takes place in nuclear reactors.

▶ _____은 원자로에서 발생한다.

²¹ Methane from food waste is used to generate electricity in some countries.

▶ 어떤 나라에서는 음식 쓰레기에서 발생하는 메탄으로 전기를 _____.

>>> 정답

| 01. 에너지 | 02. 청정 에너지원 | 03. 재생 불가능한 | 04. 태양에너지 | 05. 생산되는 |
| 06. 바꿀 | 07. 전력 | 08. 난방설비 | 09. 지열 | 10. 바이오매스 |
| 11. 수력발전 | 12. 화석 연료 | 13. 연료 | 14. 원유 | 15. 천연가스 |
| 16. 석탄 | 17. 핵 | 18. 원자력 | 19. 핵융합 | 20. 핵분열 |
| 21. 만들어낸다 | | | | |

>>> Part 6 Natural Science
>>> Chapter 3 Environment & Natural Phenomenon

## >>> Theme 115  Alternative Energy

Our society needs to **emphasize** the importance of finding **alternative energy**[01] sources to **replace**[02] the use of coal and oil, which are **currently**[03] the **primary**[04] sources of energy. The **current**[03] sources of energy are not only limited but sometimes also dangerous. For example, coal **miners**[05] suffer **respiratory**[06] problems as well as often lose their lives in **mine**[05] accidents. Although nuclear energy provides an unlimited amount of energy, the accident at Chernobyl and accounts of unsafe **disposal**[07] of **radioactive**[08] **waste**[09] vividly exemplify the **magnitude of**[10] the **hazards**[11] of atomic energy. Also, the **oil crisis**[12] of the seventies demonstrated that even oil wells were not unlimited **suppliers**[13] of crude oil to **meet the demand**[14] for energy. Yet there are alternatives which should be **explored**[15] through further research and development. First, **dams**[16] need to be built along rivers for hydroelectric power. Another **option**[17] is to create and use **windmills**[18] that **efficiently**[19] **harness**[20] **wind energy**[21]. Lastly, money should be invested in creating more efficient solar collectors to use solar power. Until these problems with our present and **possible sources**[22] of energy are **solved**[23], we should all **decrease**[24] the burden on our natural resources by conserving energy.

>>> 해석

우리 사회는 현재 사용하는 주 에너지원인 석탄과 석유를 대체할 에너지원을 찾는 것을 중요하게 생각해야 한다. 현 에너지원은 제한되어 있을 뿐만 아니라 때로는 위험하기까지 하다. 한 예로, 석탄을 캐는 광부들은 광산사고로 생명을 잃는 경우도 간혹 있고 호흡기 질환으로 고생들을 한다. 핵에너지가 무제한의 에너지를 공급해주긴 하지만, 체르노빌 사고와 방사성 폐기물의 위험한 처리에 대한 기사는 원자력에 대한 위험의 중대성을 생생하게 보여주고 있다. 또한 70년대의 석유파동을 통해 유정(油井)도 에너지에 대한 수요를 충족시켜줄 정도로 무제한의 원유를 공급해주지 못한다는 것을 알았다. 하지만 보다 심층적인 연구와 개발을 통해 개척되어야 하는 대체 에너지원이 있다. 먼저 강을 따라 수력발전에 필요한 댐을 건설해야 한다. 또 하나는 풍력을 효과적으로 이용할 수 있는 풍차를 만들어 사용하는 방법이 있다. 마지막으로 태양열을 이용하는 데 필요한 태양열 수집기를 더 효율적인 것으로 만드는 데 돈을 투자할 필요가 있다. 우리의 현재 에너지원과 앞으로 쓸 수 있는 에너지원에 대한 문제들이 해결될 때까지 우리 모두는 에너지를 보존함으로써 우리의 천연자원에 대한 부담을 줄여야 한다.

>>> 어구

emphasize 강조하다, 중요시하다  coal 석탄  oil 석유  Chernobyl (원자로 폭발사고가 발생했던) 체르노빌  unsafe 위험한  vividly 생생하게  exemplify 예를 보여주다  oil well 유정(油井)  crude oil (정제하지 않은) 원유  hydroelectric power 수력발전  solar collector 태양열 집열기  solar power 태양에너지  burden 부담  conserve 보존하다

>>> 구문

• Our society needs to emphasize the importance ~ [need to 동사원형]
  우리 사회는 ~ 중요성을 강조할 필요가 있다 → 중요성을 강조해야 한다

  dams need to be built along rivers
  강을 따라 댐이 건설될 필요가 있다 → 댐을 건설해야 한다

>>> Part 6 자연과학
>>> Chapter 3 환경과 자연현상

>>> Theme 115　**대체 에너지** ▶

01 **alternative** [ɔːltə́ːrnətiv] 대안; 대체 가능한
- alternative energy 대체 에너지
- ⓥ alternate 대체하다, 번갈아 나오다; 교대의

02 **replace** [ripléis] 대체하다, 대신하다
- ⓝ replacement 대체, 교체

03 **currently** [kə́ːrəntli] 현재, 지금
- ⓐ current 현재의, 통용되는; 전류
- ⓝ currency 통화, 유통

04 **primary** [práiməri] 주된, 주요한; 초기의
- primary sources of energy 주요 에너지원
- ⓐⓓ primarily 주로

05 **mine** [main] 광산, 갱; 채굴하다
- ⓝ miner 광부
- coal mine 탄광 coal mining 탄광업

06 **respiratory** [réspərətɔ̀ːri] 호흡(기관)의
- suffer respiratory problem 호흡기 질병을 앓다
- ⓝ respiration 호흡

07 **disposal** [dispóuzəl] 폐기, 처리; 처분
- ⓥ dispose of ~을 없애다, 처리하다

08 **radioactive** [rèidiòuǽktiv] 방사능의
- radioactive waste 방사능 폐기물
- radioactive contamination 방사능 오염
- ⓝ radioactivity 방사능

09 **waste** [weist] 1. 쓰레기, 폐기물
　　　　　　　 2. 낭비하다
- toxic waste 유독성 폐기물
- ⓐ wasteful 낭비하는, 낭비적인

10 **magnitude** [mǽɡnətjùːd] 1. (엄청난) 규모, 중요성
　　　　　　　　　　 2. (지진의) 진도

11 **hazard** [hǽzərd] 위험(요소)
- ⓐ hazardous 위험한
- hazardous waste 유해 폐기물

12 **oil crisis/oil shock** 석유 파동[위기]
- ⓝ crisis 위기, 중대 국면

13 **supplier** [səpláiər] 공급자, 공급 회사
- ⓥ supply 공급하다; 공급, 비축, 보급품

14 **meet the demand** 수요를 충족시키다

15 **explore** [iksplɔ́ːr] 탐사하다, 개척하다

16 **dam** [dæm] 댐, 둑
- a hydroelectric dam 수력발전 댐
- 웹 bank/dike 강둑, 제방

17 **option** [ápʃən, ɔ́p-] 선택(권), 방안
- ⓐ optional 선택적인

18 **windmill** [wíndmìl] 풍차, 바람개비
- 웹 mill 방앗간

19 **efficiently** [ifíʃəntli] 능률적으로, 효과적으로
- ⓐ efficient 능률적인
- fuel-efficient 연비가 좋은
- energy-efficient 열효율이 좋은

20 **harness** [háːrnis] 1. (동력으로) 이용하다
　　　　　　　　 2. (말에 채우는) 마구
- harness wind energy 풍력을 이용하다
- 동 exploit/utilize/tap (자원을) 이용하다

21 **wind energy/wind power** 풍력
- a wind power plant 풍력발전소

22 **possible** [pɑ́səbl] 가능한, 있을 수 있는
- ⓝ possibility 가능성, 실현성

23 **solve** [salv] (문제·곤경을) 해결하다, 풀다
- solve the problem 문제를 풀다
- 동 resolve (문제를) 해결하다

24 **decrease** [dikríːs] 감소하다, 줄다; 줄이다
- 반 increase 증가하다, 늘리다
- 동 diminish/reduce/cut down/lessen 줄(이)다

## Part 6 Natural Science
### Chapter 3 Environment & Natural Phenomenon

## >>> Theme 115  Review Test

01 More money needs to be invested in alternative energy sources.
➡ _____ 원 개발에 더 많은 돈을 투자할 필요가 있다.

02 The use of bioenergy to replace fossil fuels can help reduce greenhouse gas emissions.
➡ 화석연료를 _____ 바이오에너지의 이용은 온실가스 배출량을 줄이는 데 도움이 될 수 있다.

03 At present, no currently available biofuel appears financially advantageous over fossil fuels.
➡ 현재로서는 _____ 이용 가능한 그 어떤 생물 연료도 재정적으로 화석연료보다 유리해 보이지 않는다.

04 Currently, our primary sources of energy are fossil fuels, such as coal, oil and natural gas.
➡ 현재 우리의 _____ 에너지원은 석탄, 석유, 천연가스 같은 화석연료이다.

05 The coal mine collapsed and 7 miners were buried in it.
➡ _____이 무너져서 7명의 _____가 매몰되었다.

06 Miners are vulnerable to respiratory diseases.
➡ 광부들은 _____ 질환에 취약하다.

07 The government is troubled with disposal of nuclear waste.
➡ 정부는 핵폐기물 _____ 문제로 골머리를 앓고 있다.

08 Hazardous radioactive waste is a major drawback of nuclear energy.
➡ 위험한 _____이 핵에너지의 주요 결점이다.

09 The river has been polluted with toxic waste from chemical plants.
➡ 화학공장에서 배출된 _____로 인해 강이 오염되어 왔다.

10 We should realize the magnitude of the effects of climate change.
➡ 우리는 기후 변화가 미치는 영향의 _____을 깨달아야 한다.

11 Poor handling or defective equipment can increase the hazard of radiation exposure.
➡ 서툰 조작과 장비 결함이 방사능 노출의 _____을 높일 수 있다.

12 Modern use of solar technology started after the oil crisis in 1973 and 1979.
➡ 현대의 태양열 기술의 사용은 1973년과 1979년의 _____이 있은 후 촉발되었다.

13 The power plant supplied the entire metropolitan area with energy.
➡ 그 발전소는 도시 전체에 에너지를 _____.

¹⁴ The price of oil would soar when supplies are unable to meet the demand.

▶ 기름값은 공급이 _____ 못할 때 치솟는다.

¹⁵ The countries that rely on imports for their energy needs are intensively exploring alternative sources of energy.

▶ 에너지 수요를 수입에 의존하는 나라들은 집중적으로 대체 에너지원을 _____ 있다.

¹⁶ Dams need for hydroelectric power.

▶ _____은 수력발전에 필요하다.

¹⁷ Converting heat and light to energy is still not a viable option enough to effectively replace coal and oil.

▶ 열과 빛을 에너지로 전환하는 것은 아직 석탄과 석유를 효율적으로 대체할 만큼 충분히 실행 가능한 _____이 아니다.

¹⁸ Windmills are used to harness the power of the wind.

▶ _____는 바람의 힘을 동력화하는 데 이용된다.

¹⁹ Using energy efficiently is the quickest and most cost-effective way of reducing pollution.

▶ 에너지를 _____ 이용하는 것은 오염을 줄이는 가장 빠르고 가장 비용 효율이 높은 방법이다.

²⁰ Research is uncovering even more effective ways to harness solar power.

▶ 연구 결과 태양열을 훨씬 더 효과적으로 _____ 있는 방법이 나왔다.

²¹ Wind energy does not contribute to air pollution.

▶ _____은 대기오염을 일으키지 않는다.

²² Scientists should consider possible dangers of alternative energy.

▶ 과학자는 대체 에너지의 _____ 위험도 고려해야 한다.

²³ Electric cars and hydrogen powered cars can solve pollution problems in the future.

▶ 미래에는 전기차나 수소 전기차가 공해 문제를 _____ 있을 것이다.

²⁴ Electric vehicles will do much to decrease air pollution.

▶ 전기 자동차는 대기오염을 상당히 _____ 줄 것이다.

>>> 정답
01. 대체 에너지    02. 대신하는    03. 지금    04. 주요    05. 탄광, 광부
06. 호흡기    07. 처리(폐기)    08. 방사능 폐기물    09. 유독성 폐기물    10. 중요성
11. 위험    12. 석유파동    13. 공급하였다    14. 수요를 충족시키지    15. 개척하고
16. 댐    17. 방안(선택안)    18. 풍차    19. 효과적으로    20. 이용할 수
21. 풍력    22. 가능한(있을 수 있는)    23. 해결할 수    24. 줄여

## Theme 116 Pollution

Man's progress has sometimes meant a step backward for the earth and its inhabitants. **Carbon monoxide emissions** from vehicles **pollute** the air creating **smog** and **acid rain**. Increased levels of **carbon dioxide** are **being blamed for** global warming which is the result of the **greenhouse effect**. **CFCs** are causing the destruction of the **ozone** in the earth's **atmosphere**. **Potable** water is becoming an increasingly urgent issue as **ground waters** are being heedlessly polluted with **unpurified** domestic and industrial **sewage**. The lakes and streams are being **contaminated** by **insecticides**, **herbicides** and **pesticides**, **poisoning** fish and the people who eat them. **Garbage** and **junk litter** the countryside and oceans, posing a threat to animals large and small on the land and in the sea. **Radioactive waste** from power plants is unsafely disposed of. Therefore, there is always the possibility of accident, such as **radiation leak** or **radiation exposure,** at nuclear power plants. In order to stop, if not reverse, the negative effect of man's advancements, new initiatives must be taken to **preserve** nature and save the environment. First, disposable goods should be recycled. Secondly, energy and fuel-efficient practices should be used by businesses and individuals. Finally, new efforts should be made to find renewable energy sources.

### 해석

인류의 진보는 때로는 지구와 지구에 사는 생명체들에게는 퇴보를 의미하기도 한다. 차량에서 배출되는 일산화탄소는 대기를 오염시켜 스모그와 산성비를 만들어낸다. 계속 늘어나는 이산화탄소는 온실효과의 결과인 지구 온난화 현상의 원인이 되고 있다. 프레온가스는 대기 중에 있는 오존을 파괴하고 있다. 정화되지 않은 가정이나 산업오수로 인해 지하수가 조심성 없이 오염됨에 따라 식수문제도 점점 더 절박한 문제로 대두되고 있다. 호수와 개울은 살충제, 제초제, 농약으로 오염되어 그것들을 먹는 물고기와 사람들에게 해가 되고 있다. 쓰레기와 온갖 잡동사니들이 시골과 바다에 어질러져 있어 육지와 바다에 사는 크고 작은 동물에게 위협이 되고 있다. 발전소에서 나오는 핵폐기물은 위험하게 처리되고 있다. 그래서 핵발전소에서 방사선 누출이나 방사선 피폭 같은 사고의 가능성이 항상 있어왔다. 인류 진보에 부정적인 영향을 거꾸로 뒤집지는 못할지라도 최소한 중단하기 위해서는, 자연을 보전하고 환경을 살리려는 새로운 조치들이 취해져야 한다. 먼저 일회용품은 재활용될 수 있어야 한다. 둘째, 회사와 가정에서는 에너지 효율과 연료 효율이 좋은 제품을 써야 한다. 마지막으로 재생 가능한 에너지원을 찾으려는 새로운 노력을 기울여야 한다.

### 어구

a step backward 뒷걸음, 퇴보 inhabitant 거주자 vehicle 차량 global warming 지구 온난화 increasingly 점점 더 urgent 다급한, 절박한 lake 호수 stream 시내, 개울 countryside 시골지방 dispose of 처리하다, 버리다 reverse 뒤집다, 뒤바꾸다 advancement 진보 initiative 조치, 새로운 계획 disposable goods 일회용 물품 recycle 재활용하다 business 기업, 회사 individual 개인 renewable energy 재생 가능에너지 energy-efficient 에너지효율이 좋은 fuel-efficient 연비가 좋은

>>> Part 6 자연과학  >>> Chapter 3 환경과 자연현상

>>> Theme 116   **오염** ▶

01 **carbon dioxide** 이산화탄소 (약. $CO_2$)
   - carbon monoxide 일산화탄소
   - sulfur dioxide 이산화황 가스

02 **emission** [imíʃən] (빛·열·가스 등의) 배출
   - ⓥ emit (빛·열·가스를) 내뿜다, 배출하다
   - release 방출하다; 방출, 유출
   - discharge 방출하다; 배출, 방출

03 **pollute** [pəlúːt] 오염시키다
   - ⓝ pollution 오염, 공해
   - pollutant 오염물질, 오염원
   - air pollution 대기 오염
   - water pollution 수질 오염

04 **smog** [smag, smɔg] 스모그, 연무
   ※ smoke와 fog의 합성어
   - dust storm 황사

05 **acid rain** 산성비
   - ⓝ acid 산; 산성의
   - alkali 알칼리

06 **be blamed for** ~으로 비난받다, ~에 대한 책임이 있다

07 **greenhouse effect** 온실 효과
   ※ 이산화탄소 등이 온실의 유리처럼 작용하여 지구표면의 온도를 높게 유지하는 효과

08 **CFC/chlorofluorocarbon** 프레온 가스
   ※ 스프레이 등에 사용되는 오존층 파괴의 주범

09 **ozone** [óuzoun] 오존
   ※ 3개의 산소원자로 구성된 매우 활성이 강한 분자로 대기권 밖에서 자외선을 흡수시키는 오존층을 형성
   - ozone layer 오존층
   - destruction of the ozone 오존층의 파괴
   - oxygen 산소 hydrogen 수소

10 **atmosphere** [ǽtməsfìər] 대기; 분위기
   - ⓐ atmospheric 대기의
   - atmospheric pressure 기압

11 **potable** [póutəbl] (물이) 마실 수 있는
   - edible 식용으로 할 수 있는

12 **ground water** 지하수
   - surface water 표층수
   - fresh water 담수 sea water 해수
   - seawater desalination 해수 담수화

13 **unpurified** [ʌnpjúərəfàid] 정화되지 않은
   - ⓥ purify 정화하다, 정제하다
   - ⓝ purification 정화, 정제

14 **sewage** [súːidʒ] 하수, 오수
   - ⓝ sewer 하수구, 하수관
   - septic tank 분뇨 정화조

15 **contaminate** [kəntǽməneit] 오염시키다
   - ⓝ contamination 오염, 타락

16 **herbicide** [hə́ːrbəsàid] 제초제
   - insecticide 살충제
   - pesticide 살충제, 농약

17 **poison** [pɔ́izn] 1. 해를 끼치다; 오염시키다
                     2. 독, 독약
   - ⓝ poisoning 중독
   - food poisoning 식중독
   - lead poisoning 납중독
   - blood poisoning 패혈증

18 **litter** [lítər] 1. 어지럽히다; (쓰레기를) 버리다
                    2. (공공장소에 버려진) 쓰레기
                    3. 어질러져 있는 것들
   - garbage 젖은 쓰레기
   - junk 쓸모없는 물건, 폐물

19 **radioactive** [rèidiòuǽktiv] 방사능의
   - radioactive waste 방사능 폐기물
   - radioactive fallout 방사능 낙진
   - radioactive isotope 방사성 동위원소
   - ⓝ radioactivity 방사능

20 **radiation** [rèidiéiʃən] 방사선

21 **leak** [liːk] 누출(되다), 유출(되다)
   - radiation leak 방사능 유출
   - ⓝ leakage 누출되는 양, 새어나감

22 **exposure** [ikspóuʒər] 1. (유해환경에의) 노출
                            2. (불법의) 폭로
   - radiation exposure 방사선 노출, 피폭
   - ⓥ expose 노출시키다; 폭로하다

23 **preserve** [prizə́ːrv] 보존하다, 보호하다
   - preserve nature 자연을 보존하다
   - ⓝ preservation 보존, 보호
   - conserve 보존하다, 절약하여 사용하다
   - eco-friendly 환경 친화적인

>>> Part 6 Natural Science  >>> Chapter 3 Environment & Natural Phenomenon

>>> Theme 116 **Review Test**

01 More and more carbon dioxide is being produced as the world population increases.
➡ 세계인구가 늘어나면 늘어나면서 점점 더 많은 양의 _____가 방출된다.

02 Global warming has been linked to excessive carbon dioxide emissions.
➡ 지구 온난화 현상은 과도한 이산화탄소 _____과 연관이 있다.

03 Metal scraps should be recycled, otherwise they would pollute the earth.
➡ 금속 조각은 재생되어야 한다. 그렇지 않으면 지구를 _____ 것이다.

04 Smog blanketed the city, making it difficult to breathe.
➡ _____가 도시를 온통 덮어 숨쉬기가 곤란했다.

05 Acid rain is a menace to our environment.
➡ _____는 우리의 환경을 위협한다.

06 Increased carbon dioxide emissions are blamed for global warming.
➡ 증가한 이산화탄소 배출이 지구의 온난화에 대한 _____.

07 The green house effect is used to account for rising temperatures around the world.
➡ _____는 전 세계의 기온 상승의 이유를 잘 설명하는 데 이용된다.

08 CFCs have been linked to the destruction of the ozone.
➡ 오존층 파괴는 _____와 관련이 있다.

09 The ozone layer has a hole over Antarctica.
➡ 남극대륙의 _____에 구멍이 났다.

10 When fossil fuels are burned, both carbon dioxide and sulfur dioxide are released into the atmosphere.
➡ 화석연료를 태울 때에 이산화탄소와 아황산가스가 _____ 중에 배출된다.

11 In the twenty-first century, potable water is expected to be as precious as oil.
➡ 21세기에는 _____ 물이 석유만큼이나 귀하게 될 것이다.

12 Discharging of wastewater has contaminated ground water and surface water.
➡ 폐수의 방류로 _____와 _____가 오염되었다.

13 The sea has been severely polluted with unpurified domestic sewage.
➡ 그 바다는 _____ 생활 하수로 심각하게 오염되었다.

Reading V.O.C.A
494

¹⁴ The sewage needed to be treated before it could be released.
⇨ _____는 밖으로 배출되기 전에 하수처리가 돼야 한다.

¹⁵ Inadequate waste disposal has led to contamination of ground water.
⇨ 적절하지 않은 쓰레기 처리가 지하수 _____을 야기했다.

¹⁶ Herbicides are designed to kill weeds.
⇨ _____는 잡초를 제거하기 위한 것이다.

¹⁷ It is estimated that over three million people are poisoned from pesticides each year.
⇨ 매년 3백만 명 이상이 _____로 인해 _____ 것으로 추정된다.

¹⁸ People should place trash in cans instead of littering on the street.
⇨ 쓰레기는 거리에 _____ 말고 쓰레기통에 버려야 한다.

¹⁹ We need to stop polluting the earth with radioactive waste.
⇨ 우리는 _____로 지구를 오염시키는 것을 중단해야 한다.

²⁰ At Chernobyl, many people were exposed to high levels of radiation.
⇨ 체르노빌에서는 많은 사람들이 높은 수치의 _____에 노출되었다.

²¹ The earthquake caused radiation leaks at the Fukushima nuclear plant.
⇨ 지진은 후쿠시마 원전에서 _____을 일으켰다.

²² Radiation exposure can raise the risk of cancer.
⇨ _____은 암 발생 위험을 높일 수 있다.

²³ Many industrialized countries are instituting laws to preserve nature.
⇨ 산업화된 많은 나라에서는 자연을 _____ 법을 제정하고 있다.

>>> 정답

01. 이산화탄소　02. 배출　03. 오염시킬　04. 스모그　05. 산성비
06. 책임이 있다　07. 온실효과　08. 프레온가스　09. 오존층　10. 대기
11. 마실 수 있는　12. 지하수, 표층수　13. 정화되지 않은　14. 오수　15. 오염
16. 제초제　17. 살충제, 해를 입는　18. 버리지　19. 방사능 폐기물　20. 방사선
21. 방사능 유출　22. 방사선 피폭　23. 보전하는

>>> Part 6 Natural Science
>>> Chapter 3 Environment & Natural Phenomenon

>>> Theme 117 Global Warming

**Global warming**, the general **increase** in the earth's near-surface air and ocean temperatures, remains a **pressing** issue in a society that has **expanded** its industrial use since the mid-twentieth century. What are the **causes** and **effects** of global warming?

The burning of fossil fuels **has a** significant **effect on** the warming of the atmosphere. The heavy use of **power plants**, cars, airplanes, buildings, and other man-made structures **releases** $CO_2$ **into** the atmosphere and **contributes to** global warming. Another cause of global warming is land-use changes, such as **deforestation**. When forest land is destroyed, carbon dioxide **is released into** the air, thus increasing the **long-wave** radiation and trapped heat. The increase in the warming of the atmosphere has significant effects on both natural environment and human life. **Obvious** effects include **melting** of the **polar ice caps** and **glaciers**, Arctic **shrinkage**, and **worldwide sea level rise**. There are also less obvious effects, such as economic trouble, ocean **acidification**, and population risks. Global warming and **climate change** cause everything to change from the natural habitats of wildlife to the culture and **sustainability** of a region.

>>> 해석

지구 지표면의 공기와 바다의 기온이 총체적으로 상승하는 지구 온난화는 19세기 중반 이후부터 산업적 활용이 확대되어 온 사회에서 여전히 절박한 문제이다. 지구 온난화의 원인은 무엇이며 그 영향은 무엇일까?
화석연료의 연소는 대기를 따뜻하게 하는데 엄청난 영향을 주었다. 발전소, 자동차, 항공기, 건물, 그리고 기타 인간이 만든 구조물의 과도한 이용은 대기에 이산화탄소를 배출하고 지구 온난화에 기여했다. 지구 온난화의 다른 원인은 삼림 벌채 같은 땅의 이용을 변경하는 것이다. 삼림지가 파괴되면, 이산화탄소는 공기 중으로 배출되고, 그리하여 장파 복사(지표나 대기에서 내보내는 복사에너지)와 차단된 열을 증가시킨다. 대기 온난화의 상승은 자연환경과 인류의 삶 모두에 막대한 영향을 미친다. 명백한 영향에는 극지방의 만년설과 빙하가 녹고, 북극이 축소되며, 전 세계적으로 해수면이 상승하는 것을 포함한다. 경제적인 어려움, 바다의 산성화, 인구 전체의 위험 등 좀 더 불확실한 영향도 있다. 야생동물의 자연 서식지에서부터 지역의 문화와 지속 가능성에 이르기까지 지구온난화와 기후변화로 인해 모든 것은 변화된다.

>>> 어구

near-surface 지표면 가까이의 ocean temperatures 해수의 온도 fossil fuel 화석연료 significant 중대한 atmosphere 대기 heavy use of ~의 과도한 사용 land-use 토지의 이용 carbon dioxide 이산화탄소 trapped heat 차단된 열 Arctic 북극의 population 인구, 거주민 habitat 서식지 wildlife 야생동물

>>> Part 6 자연과학   >>> Chapter 3 환경과 자연현상

>>> Theme 117　**지구 온난화** ▶

01 **global warming** 지구 온난화

02 **increase** [inkríːs] 증가하다[시키다]; 증가
- 반 decrease 감소하다[시키다]; 감소

03 **pressing** [présiŋ] 긴급한, 시급한
- pressing issue 긴급한 문제

04 **expand** [ikspǽnd] 확장되다[시키다]
- ⓝ expansion 확장, 팽창

05 **cause** [kɔːz] 1. 원인, 이유; 대의명분
　　　　　　 2. 야기하다, 초래하다
- ⓝ causality 인과관계
- 통 generate/create/give rise to/bring about/result in 일으키다

06 **effect** [ifékt] 1. 영향, 효과, 결과
　　　　　　 2. ~에 영향을 주다
- have an effect on ~에 영향을 주다
  = have an impact on
  = have an influence on
- 비 effect/result 어떤 일에 대한 직접적인 결과
  outcome 직접적 인과관계는 불분명하지만 어떤 일이 일어난 이후에 일어난 일
  consequence/repercussion 발생한 일의 특히 좋지 못한 결과
  aftermath 전쟁이나 사고 등의 후유증
  fall-out 예기치 않은 나쁜 결과
  upshot 일련의 사건이나 토론의 최종적 결말
  conclusion 숙고한 끝에 내린 최종적인 결론
  corollary 무엇에 따른 필연적인 결과나 당연한 귀결
- 비 impact 무엇이 다른 것에 미치는 강력한 영향
  influence 무엇이 다른 것에 미치는 영향력

07 **power plant** 발전소
- water[hydro/hydraulic] power plant 수력발전소
- wind power plant[station] 풍력 발전소
- steam power plant[station] 화력 발전소
- nuclear[atomic] power plant 원자력 발전소

08 **release** [rilíːs] 1. 방출하다, 발산하다
　　　　　　 2. 석방하다; 공개하다
　　　　　　 3. 방출, 석방, 개봉
- release ~ into the air 대기 중으로 방출하다
- 통 emit 방출하다

09 **contribute** [kəntríbjuːt] 1. 원인이 되다[to]
　　　　　　　　　 2. 기여하다, 기부하다[to]
- ⓝ contribution 기부, 기여, 공헌

10 **deforestation** [diːfɔ̀ːristéiʃən] 삼림의 파괴
- ⓥ deforest 삼림을 없애다
- destruction of the ozone 오존층의 파괴
- 괸 felling/lumbering/logging 벌목, 벌채
  – fell/lumber/log 벌채하다
- 괸 forest 삼림

11 **long-wave** [lɔːŋ weiv] 긴 파동, 장파
- ⓝ wave 파동, 파장; 파도, 물결
- 반 short-wave 단파
- 괸 visible light 가시광선
  infrared radiation 적외선
  ultraviolet radiation[light, rays] 자외선

12 **obvious** [ábviəs] 명백한, 분명한

13 **melt** [mélt] (열 때문에) 녹다; 녹이다
- ⓐ melting 녹는
- the melting point 녹는 점, 용해점

14 **polar** [póulər] 극[남극, 북극] 지방의
- a polar region 극지방
- ⓝ pole 하수구, 하수관

15 **ice cap** (극지방의) 만년설
- the polar ice cap 극지방 만년설

16 **glacier** [gléiʃər] 빙하
- glacier age 빙하시대
- glacier iceberg 빙산

17 **shrinkage** [ʃríŋkidʒ] 축소, 수축
- ⓥ shrink 줄어들다, 오그라들다

18 **worldwide** [wəːrldwaid] 전 세계적인, 세계적으로
- worldwide crisis 세계적인 위기

19 **sea level** 해수면(해발 고도의 기준높이)
- sea level rise 해수면 상승
- mean sea level 평균 해수면
- above sea level 해발

20 **acidification** [əsìdəfikéiʃən] 산성화
- ⓝ acid 산; 산성의; 신, 신랄한
- ⓥ acidify 산성화되다

21 **climate change** 기후변화(기상이변, 온난화 등)

22 **sustainability** [səstèinəbíləti] 지속 가능성
- ⓥ sustain 지속시키다, 견디다

>>> Part 6 Natural Science
>>> Chapter 3 Environment & Natural Phenomenon

>>> Theme 117  **Review Test**

01 Greenhouse gas emissions are suspected to be the cause of global warming.
▶ 온실가스 배출은 _____의 주범으로 의심받고 있다.

02 Global warming is the increase in the average temperature of the Earth's near-surface air and oceans.
▶ 지구 온난화는 지구 지표면의 공기와 바다의 평균 기온이 _____하는 것이다.

03 Pollution is, in my opinion, a more pressing issue than global warming.
▶ 제 생각에는 지구온난화보다 공해가 더 _____ 입니다.

04 The country has worked to expand the use of alternative fuels.
▶ 그 나라는 대체 연료의 사용을 _____하기 위해 노력해 왔다.

05 Carbon dioxide emissions are considered to be the major cause of global warming.
▶ 이산화탄소의 배출이 지구 온난화를 일으키는 주된 _____이라고 여겨진다.

06 The Kyoto Protocol was created in 1997 to monitor and prevent the effects of global warming.
▶ 지구 온난화의 _____을 감시하고 막기 위해 1997년에 교토 의정서가 체결되었다.

07 All fossil fuel burning power plants emit carbon dioxide.
▶ 화석연료를 태우는 모든 _____가 이산화탄소를 배출한다.

08 Nuclear power plants in Fukushima released harmful radioactive debris and highly toxic materials into the air.
▶ 후쿠시마의 원자력 발전소는 해로운 방사능 잔해와 독성이 높은 물질들을 공기 중으로 _____.

09 $CO_2$ emissions into the atmosphere, which contribute to climate change, come from deforestation.
▶ 기후 변화의 _____ 대기로의 이산화탄소 배출은 삼림파괴에서 비롯된다.

10 Logging and agricultural expansion contribute to the deforestation.
▶ 재목 벌채와 농경지의 확장이 _____의 원인이 된다.

11 Visible light and ultraviolet radiation are commonly called shortwave radiation, while infrared radiation is referred to as longwave radiation.
▶ 가시광선과 자외선은 흔히 _____ 복사로 불리는 반면에, 적외선은 _____ 복사로 불린다.

12 It is obvious that global warming will lead to countless negative consequences.
▶ 지구온난화가 수많은 부정적인 결과를 초래할 것이라는 것은 _____ 사실이다.

¹³ Due to global warming, the Antarctic glaciers are gradually melting.
➡ 지구 온난화로 인해 남극의 빙하가 서서히 _____ 있다.

¹⁴ Global warming is contributing to the rise in sea levels by melting the glaciers of Polar Regions.
➡ 지구 온난화는 _____의 빙하를 녹임으로써 해수면 상승의 원인이 되고 있다.

¹⁵ There is evidence of melting of the polar ice cap at both poles.
➡ 남극과 북극에서 _____이 녹고 있다는 증거가 있다.

¹⁶ Glaciers in Antarctica are melting at a rapid pace.
➡ 남극에 있는 _____는 빠른 속도로 녹고 있다.

¹⁷ Some scientists attribute arctic shrinkage to global warming, while others argue that it is caused by natural changes in local wind currents.
➡ 어떤 과학자들은 북극이 _____을 지구 온난화의 결과로 보는 반면, 다른 과학자들은 그것이 지역적 국지풍의 자연적 변화 때문에 일어난다고 주장한다.

¹⁸ Glaciers are melting at an alarming rate worldwide.
➡ _____ 빙하는 놀라운 속도로 녹고 있다.

¹⁹ Because of global warming, the sea level is rising.
➡ 지구 온난화로 _____이 상승하고 있다.

²⁰ Rising seawater temperatures will result in a rise of the sea levels, acidification of seawater and coastal erosion.
➡ 바닷물의 온도 상승은 해수면 상승과, 바닷물의 _____, 그리고 해안의 침식을 야기할 것이다.

²¹ The whole world has to work together to prevent further climate change.
➡ 더 이상의 _____가 일어나지 않도록 전 세계는 함께 노력해야 한다.

²² Environmental sustainability involves making decisions and taking action that are in the interests of protecting the natural world.
➡ 환경적 _____은 자연 세계의 보호에 대한 관심이 있는 결정과 조치를 포함한다.

### 정답

| | | | | |
|---|---|---|---|---|
| 01. 지구 온난화 | 02. 증가 | 03. 시급한 문제 | 04. 확장 | 05. 원인 |
| 06. 영향 | 07. 발전소 | 08. 방출했다 | 09. 원인이 되는 | 10. 삼림파괴 |
| 11. 단파, 장파 | 12. 명백한 | 13. 녹고 | 14. 극지방 | 15. 만년설 |
| 16. 빙하 | 17. 줄어드는 것 | 18. 전 세계적으로 | 19. 해수면 | 20. 산성화 |
| 21. 기후변화 | 22. 지속 가능성 | | | |

> Part 6
> Natural Science

> Chapter 3
> Environment & Natural Phenomenon

## Theme 118 Weather & Climate

A large country like the U.S. can experience **extreme**[01] **weather conditions**[02] within the **boundaries**[03] of its nation. Some areas like the western regions may always have **fair**[04] weather. The days are mostly **sunny**[05] and rarely **hazy**[06] or **cloudy**[07]. They receive just the necessary amount of **precipitation**[08] from **occasional rain showers**[09,10] to **water**[11] plants and maintain comfortable water supplies. Precipitation may vary throughout the country in terms of location. Some parts of the country may be surprised at a small **drizzle**[12], whereas others may find it normal to experience drizzle and an occasional **downpour**[13] and **gusty winds**[14], while another portion of the country braces itself for the annual **torrential rain**[15] with accompanying **gales**[16]. In the western regions with a **mild climate**[17,02], the **daily highs**[18] aren't enough to drive people inside to hide from the **scorching**[19] heat, nor is the **humidity**[20] high enough to make it **sultry**[21]. In other regions of the same country, especially in the midwestern or the southern regions, residents may constantly be under siege from the scorching heat with no relief in sight from a cooling **rainfall**[08]. On the flip side, in areas with **moderate**[17] weather, the **temperatures**[22] may infrequently be low enough to require a light sweater or jacket at night even in the winter. The winters can be **cool**[17], mild and **breezy**[23] in such a place, while the northern part of Alaska, the arctic region of the nation, may be plagued by **snow storms**[24], **blizzards**[25], **hail storms**[24] and **sleet**[26].

>>> 해석

미국 같은 큰 나라는 한 나라 안에서도 날씨가 극단적으로 상이할 수 있다. 서부 지역 같은 곳은 항상 맑은 날씨이다. 대체로 햇볕이 드는 날이 많고 안개가 끼거나 구름이 끼는 날은 거의 없다. 이 지역에는 식물을 적셔주고 상수도를 넉넉하게 유지시키는 데 필요한 적당량의 강우가 이따금씩 소나기로 올 뿐이다. 강수량은 지역에 따라 전국적으로 다르다. 어떤 지역에서는 놀랄 만큼이나 적은 보슬비가 오지만, 다른 지역에서는 보슬비와 이따금씩 오는 호우와 돌풍을 겪는 것이 보통이 되어버린 지역도 있고, 또 일부 지역에서는 매년 강풍을 동반한 폭우에 대비하기도 한다. 기후가 온화한 서부지역에서는 찌는 듯한 더위 때문에 사람들이 안으로 들어가야 할 정도로 낮 최고기온이 높지 않으며, 습도 또한 날을 아주 덥게 만들 정도로 습하지 않다. 같은 나라 다른 지역에서, 특히 중서부나 남부에서는 주민들이 시원한 비가 내릴 기미도 보이지 않는 찌는듯한 폭염에 계속 시달리기도 한다. 반대로 날씨가 적당한 지역에서는 겨울밤에조차 얇은 스웨터나 재킷을 입어야 할 정도로 기온이 낮은 날이 드물다. 그런 지역에서는 겨울에 서늘하고 화창하고 산들바람이 부는 날씨지만, 같은 나라의 북극 지역인 알래스카의 북쪽 지역에서는 눈보라, 폭풍설, 우박을 동반한 폭풍, 진눈깨비 등에 시달리기도 한다.

>>> 어구

experience 경험하다 region 지역 mostly 대부분, 대체로 rarely 거의 ~않다 maintain 유지하다 comfortable 풍족한, 넉넉한 water supply 상수도 vary 다르다 throughout ~에 걸쳐 in terms of ~에 있어서, ~면에서 portion of ~의 일부 brace for ~에 대비하다 annual 연간의 accompany ~을 동반하다 midwestern 중서부의 resident 거주자, 주민 constantly 끊임없이 be under siege 포위 공격을 받다 drive ~하도록 몰아가다 relief 경감, 위안 with no relief in sight 나아질 기미가 없이 on the flip side 반면에 infrequently 드물게 arctic region 북극 지역 be plagued by ~에 시달리다

>>> Part 6 자연과학
>>> Chapter 3 환경과 자연현상

>>> Theme 118 **기상과 기후**

01 **extreme** [ikstríːm] 극단의, 극도의, 심각한
- extreme weather event 이상 기후

02 **weather** [wéðər] 날씨, 기상
- weather condition 기상 상태, 기상 조건
- weather forecast 일기예보
- weather report 일기예보
- weather forecaster 기상통보관
- weather station 기상대
- weatherwise 날씨에 대해 전해 드리면
- climate (어느 지역의 평균적인) 기후

03 **boundary** [báundəri] 경계, 영역
- boundary 지역과 지역을 구분하는 경계
  border (나라와 나라를 구분하는) 국경
  frontier 〈영〉 (황량하고 위험한) 국경

04 **fair** [fεər] 1. (날씨가) 맑은, (바람이) 잔잔한
           2. 타당한, 공정한
           3. (양이) 상당한
- fair weather 맑은 날씨
- fair wind 순풍

05 **sunny** [sʌ́ni] 화창한, 햇살이 내리쬐는
- a sunny day 화창한 날

06 **hazy** [héizi] 날씨가 흐린, 안개가 낀; 막연한
- haze 안개
- foggy 안개가 낀  fog 안개

07 **cloudy** [kláudi] 흐린, 구름이 잔뜩 낀

08 **precipitation** [prisìpətéiʃən] 강우, 강수량
- rainfall 강우(량)

09 **occasional** [əkéiʒənəl] 때때로의, 이따금의
- occasional shower 가끔씩 내리는 소나기
- intermittent shower 간헐적인 소나기

10 **shower/rain shower** 소나기
- thunder shower 천둥을 동반한 소나기
  isolated shower 국지적인 소나기
- torrential rain/heavy rain 폭우
  rainy season 장마철, 우기

11 **water** [wɔ́ːtər, wát-] 1. 물을 주다
                     2. 군침이 돌다

12 **drizzle** [drízl] 이슬비(가 내리다)
- mizzle 이슬비(가 내리다)
- drizzling 이슬비가 내리는
  spitting 비가 후두두 떨어지는
  pouring 비가 억수같이 퍼붓는

13 **downpour** [dáunpɔːr] 폭우
- pour down 억수로 퍼붓다
  * It pours down. 비가 억수같이 퍼붓는다.
  = It rains cats and dogs.
  = It rains in torrents.

14 **gusty** [gʌ́sti] (바람이) 거센, 돌풍이 부는
- a gusty wind 돌풍
- gust 돌풍; 갑자기 몰아치다
- windy 바람이 부는  blustery 바람이 휘몰아치는

15 **torrential** [tɔːrénʃəl] 억수같이 퍼붓는
- torrential rain 폭우
- torrent 급류, 마구 쏟아짐

16 **gale** [geil] 강풍, 돌풍
- blast 센 바람, 돌풍, 폭풍  typhoon 태풍  tempest 폭풍우
  tornado 회오리바람, 토네이도

17 **mild** [maild] (날씨가) 온화한; 부드러운
- a mild climate 온화한 기후
- moderate/temperate/clement/genial/benign 온화한

18 **highs** [hais] 최고 기온
- daily highs 일일 최고기온
- lows 최저 온도

19 **scorching** [skɔ́ːrtʃiŋ] 타는 듯이 더운
- scorching heat 폭염, 타는 듯한 무더위
- scorcher 매우 더운 날
- boiling 찌는 듯이 더운  sweltering 무더운, 더위 먹은
  muggy 후텁지근한(덥고 습기가 많은)
- cool 시원한  chilly 쌀쌀한, 차가운

20 **humidity** [hjuːmídəti] 습기, 습도
- humid 습한, 눅눅한

21 **sultry** [sʌ́ltri] 무더운, 찌는 듯이 더운

22 **temperature** [témpərətʃər] 온도, 기온

23 **breezy** [bríːzi] 산들바람이 부는

24 **snow storm** [snóustɔːrm] 눈보라
- hail storm 우박을 동반한 폭풍

25 **blizzard** [blízərd] (심한) 눈보라

26 **sleet** [sliːt] 싸라기눈, 진눈깨비
- snowflake 눈송이  frost 서리  dew 이슬

>>> Part 6 Natural Science    >>> Chapter 3 Environment & Natural Phenomenon

## >>> Theme 118  Review Test

01 **Climate change** involves not only global warming but extreme **weather events**.
➡ 기후 변화는 지구 온난화뿐만 아니라 _____와도 관련되어 있다.

02 The disaster highlighted the vulnerability of many areas in the country to the dangers of climate change and extreme **weather conditions**.
➡ 그 재해는 그 나라의 많은 지역에서의 기후 변화와 극도로 나쁜 _____에 대한 취약함을 부각시켰다.

03 Climate change will affect us all, and it has no respect for international **boundaries**.
➡ 기후 변화는 국제 _____와는 무관하게 우리 모두에게 영향을 미칠 것이다.

04 Tomorrow's forecast calls for **fair** skies and a pleasant breeze.
➡ 일기예보에서 내일은 하늘이 _____ 산들바람이 부는 날씨라고 한다.

05 The day will be mostly **sunny** with cool temperatures.
➡ 낮에 대체로 _____하고 서늘한 기온이 예상된다.

06 The **haze** obscured the buildings in the distance.
➡ _____ 때문에 멀리 있는 건물들이 잘 안 보였다.

07 Weatherwise, partly **cloudy** skies are expected tomorrow.
➡ 날씨에 대해 전해 드리면, 내일은 가끔 _____ 날씨가 예상됩니다.

08 The main forms of **precipitation** include drizzle (sometimes called mist), rain, sleet, snow, graupel and hail.
➡ _____의 주요 형태는 (때로는 안개로 불리는) 이슬비, 비, 진눈깨비, 눈, 싸락눈, 우박을 포함한다.

09 There'll be **occasional showers** for the next two days.
➡ 다음 이틀 동안은 _____가 내릴 것이다

10 The weather man said that there'd be **isolated thunder showers** on Tuesday.
➡ 기상예보관은 화요일에 _____가 내리겠다고 보도했다.

11 She **watered** the flowers every day.
➡ 그녀는 매일 꽃에 _____.

12 It began to **drizzle** in the afternoon.
➡ 오후에 _____ 시작했다.

13 The rain began to **pour** down.
➡ 비가 _____ 시작했다.

14 The **gusty winds** made it difficult to walk straight.
➡ _____이 불어 똑바로 걷기가 힘들었다.

15 Torrential downpours have caused tremendous floods.
➡ _____ 폭우로 엄청난 홍수가 일어났다.

16 The rain was accompanied by gales.
➡ 비를 동반한 _____이 불었다

17 The country has a mild climate which is never hot nor cold.
➡ 그 나라는 덥지도 춥지도 않은 _____를 가지고 있다.

18 Thursday would be clear with highs in the low eighties and lows in the high forties.
➡ 목요일은 _____ 80도, _____ 40도로 맑겠습니다.

19 The scorching heat made everyone lethargic.
➡ _____로 모든 사람들이 기진맥진했다.

20 The weather is humid, sticky, muggy, and sweltering.
➡ 날씨가 _____ 끈적끈적하며 후덥지근하고 무덥다.

21 The ladies drank lemonade in the shade of the verandah on that sultry afternoon.
➡ 그녀는 _____ 오후에 베란다 그늘에서 레모네이드를 마셨다.

22 The overnight low temperature would be in the thirties.
➡ 밤사이 최저 _____은 30도 안팎이겠습니다.

23 The sunny breezy day made it perfect for windsurfing.
➡ 화창하고 _____ 그날은 윈드서핑 하기에는 최고였다.

24 The hailstorm produced hail as large as ping-pong balls.
➡ 탁구공만한 _____가 쳤다.

25 The blizzard dumped three feet of snow on the city in 24 hours.
➡ 그 도시에 _____가 쳐서 하루 동안 3피트의 눈이 내렸다.

26 The weather forecasted freezing rain and sleet.
➡ 일기예보에서 _____가 올 거라고 했다.

>>> 정답

01. 이상 기후  02. 기상 조건  03. 경계  04. 맑고  05. 화창
06. 안개  07. 구름이 잔뜩낀  08. 강우  09. 가끔 소나기  10. 천둥을 동반한 국지적인 소나기
11. 물을 주었다  12. 이슬비가 내리기  13. 억수같이 퍼붓기  14. 돌풍  15. 억수같이 퍼붓는
16. 강풍  17. 온화한 기후  18. 최고 기온, 최저 기온  19. 타는 듯한 무더위  20. 습하고
21. 찌는 듯이 더운  22. 기온  23. 산들바람이 부는  24. 우박을 동반한 폭풍우  25. 눈보라
26. 진눈깨비

## Part 6 Natural Science
## Chapter 3 Environment & Natural Phenomenon

# Theme 119 Natural Disaster

Rain can bring **devastation**[01] in several ways. The earth needs a certain amount of rain in order to **replenish**[02] lakes, rivers, streams, water supplies and to grow crops and water plants and trees. Without adequate rain, the land can become **cracked**[03] and dried by the **devastating**[02] effects of a **drought**[04], leaving people without food and money. If such a drought is excessively **prolonged**[05], it will lead to **severe**[06] **famine**[07], which can **starve** people **to death**[08]. On the other hand, **disaster**[09] also **strikes**[10] when heavy rains shower the earth. After a **thunderstorm**[11], it's not unimaginable to see cars **crushed**[12] by heavy tree limbs. Electricity and telephones have **gone out**[13] because of gales **knocking**[09] the cables loose. More **seriously**[06], **hurricanes**[14] have left thousands of people **homeless**[15]. Houses and property have been **destroyed**[16] in the **deluge**[17] of a **typhoon**[14]. **Flood**[18] waters have made it impossible to drive as the water level has often left vehicles **submerged**[19]. The evening news has shown pictures of citizens boating to safety in flood **stricken**[09] areas. Around the nation viewers can see **footage**[20] of helicopters **rescuing**[21] people from the roofs of their houses. **Intense rains**[22] can create a **disaster zone**[23] and trigger a national **emergency**[24].

>>> 해석

비는 여러 면에서 참화를 가져올 수 있다. 호수, 강, 개울, 상수도에 물을 채워 주고 농작물, 수생식물, 수생나무들을 자라게 하기 위해 땅에 어느 정도의 비는 필요하다. 적당히 비가 내려 주지 않는다면 가뭄의 참혹한 결과로 땅이 갈라지고 말라 비틀어져 사람들은 먹을 것도 없고 무일푼이 될 것이다. 이러한 가뭄이 지나치게 장기화되면 극심한 기근으로 이어지게 되고 많은 사람들을 굶어 죽게 할 수도 있다. 반면에 폭우가 땅을 흠뻑 적실 때에도 재난이 닥친다. 폭풍우가 친 후에 큰 나뭇가지가 차들을 덮친 것을 볼 수 있다. 강풍이 케이블을 세게 쳐서 느슨하게 만들기 때문에 전기와 전화가 끊어진다. 더욱 심각하게도, 태풍은 수천 명의 사람들에게서 집을 앗아간다. 태풍으로 인한 홍수로 집이 침수되고 재산을 잃게 된다. 물의 수위가 차량을 물에 빠지게 할 정도가 되면 운전도 할 수 없다. 저녁 뉴스에는 수마가 할퀴고 간 지역에서 시민들이 배를 타고 안전하게 대피하는 장면이 나온다. 전국의 시청자들은 헬리콥터들이 지붕 위에 있는 사람들을 구조하는 장면을 볼 수도 있다. 집중호우 때문에 재해 지역이 생길 수 있고 국가 비상사태가 발생할 수도 있다.

>>> 어구

lake 호수 stream 하천 water supply 상수도 adequate 충분한 cracked 깨진, 갈라진 shower ~을 흠뻑 적시다, 퍼붓다 unimaginable 상상할 수도 없는 limb 큰 나뭇가지 electricity 전력 gale 강풍 vehicle 차량

>>> 구문

• because of gales knocking the cables loose [knock+목적어+목적보어]
  강풍이 케이블을 쳐서 느슨한 상태가 되게 만들기 때문에

>>> Part 6 자연과학  >>> Chapter 3 환경과 자연현상

>>> Theme 119　**자연 재해** ▶

01 **devastating** [dévəstèitiŋ] 대단히 파괴적인, 엄청난
  • a devastating catastrophe 엄청난 대재앙
  ⓝ devastation 대대적인 파괴, 초토화
  ⓥ devastate (한 지역을) 완전히 파괴하다

02 **replenish** [riplénij] 보충하다, 다시 채우다
  반 deplete 고갈시키다

03 **crack** [kræk] 1. 갈라지다, 금이 가다, 깨지다
  2. 갈라져 생긴 금, 틈
  ⓐ cracked 금이 간, 갈라진

04 **drought** [draut] 가뭄; 결핍
  관 irrigate 물을 대다, 관개하다
  drain 물을 빼다, 배수하다
  reservoir [rézərvwὰːr] 저수지

05 **prolonged** [prəlɔ́ːŋd] 장기간의
  ⓥ prolong 연장하다, 연장시키다

06 **severe** [sivíər] 극심한, 심각한; 엄격한
  ⓐ severely 심하게, 혹독하게
  ⓝ severity 혹독함, 가혹함, 엄격
  동 seriously 심하게, 진지하게

07 **famine** [fǽmin] 기근, 결핍
  혼 feminine 여성의

08 **starve to death** 굶어 죽다
  • starve somebody to death 굶겨 죽이다
  ⓝ starvation 기아, 굶주림
  관 malnutrition 영양실조

09 **disaster** [dizǽstər] 재난, 참사
  동 catastrophe 대참사, 재앙 calamity 재앙, 재난
  관 avalanche 눈사태 landslide 산사태
  volcano eruption 화산폭발

10 **strike** [straik] 세게 치다, 덮치다
  • be struck by lightning 번개를 맞다
  ⓐ stricken (피해를) 당한, ~에 시달리는
  동 pound 세게 치다, 강타하다 knock 때려서 ~하게 만들다

11 **thunderstorm** [θʌ́ndərstɔ̀ːrm] 폭풍우, 뇌우
  관 storm 폭풍 snowstorm 눈보라
  thunder 천둥, 우레 lightning 번개

12 **crush** [krʌʃ] 1. 쭈그러뜨리다, 부수다
  2. 홀딱 반함
  • be crushed in the accident 사고로 박살 난

13 **go out** 1. (전기 등이) 나가다
  2. 외출하다
  관 blackout/power failure[cut] 정전

14 **hurricane** [hə́ːrəkèin] 폭풍, 허리케인
  관 typhoon 태풍

15 **homeless** [hóumlis] 집 없는; 노숙자의
  관 tramp/vagrant/vagabond/hobo 부랑자

16 **destroy** [distrɔ́i] 파괴하다
  ⓐ destructive 파괴적인

17 **deluge** [déljuːdʒ] 1. 대홍수, 호우; 쇄도
  2. 물에 잠기게 하다

18 **flood** [flʌd] 홍수; 침수하다, 범람하다
  동 overflow 넘치다, 범람하다
  inundate 침수시키다; 쇄도하다

19 **submerge** [səbmə́ːrdʒ] 1. 물에 잠기게 하다
  2. 잠수하다
  ⓐ submerged 수몰된
  관 submarine 잠수함

20 **footage** [fútidʒ] (특정 사건을 담은) 장면, 화면

21 **rescue** [réskjuː] 구조하다, 구하다; 구조

22 **intense rain** 집중 호우
  관 heavy rain 호우 shower 소나기
  isolated rain shower 국지성 소나기

23 **disaster area[zone]** 재해 지역
  동 devastated region/distressed area
  재해[재난] 지역

24 **emergency** [imə́ːrdʒənsi] 비상 (사태)
  • declare a state of emergency 비상사태를 선포하다

Reading V.O.C.A
505

>>> Part 6 Natural Science
>>> Chapter 3 Environment & Natural Phenomenon

>>> Theme 119 **Review Test**

01 The aftermath of the storm was devastating destruction.
➡ 폭풍우가 지나간 여파로 _____ 재난이 있었다.

02 Last night's rainfall replenished the reservoir's low water level.
➡ 지난밤에 내린 비가 낮은 수위였던 그 저수지를 _____.

03 The ground was cracked by the earthquake.
➡ 지진으로 땅이 _____.

04 The drought made it necessary to restrict water use.
➡ _____ 때문에 제한급수를 할 필요가 있었다.

05 Due to an adequate irrigation system, the farmers in this area are able to withstand prolonged droughts.
➡ 충분한 관개시설 덕분에, 이 지역의 농부들은 _____ 가뭄을 견뎌낼 수 있다.

06 A severe drought caused the paddies to dry up.
➡ _____ 가뭄은 논을 말라붙게 했다.

07 Each year, famine kills many children in the world.
➡ 매년 _____ 으로 수많은 아이들이 죽어간다.

08 Today, many children in the world suffer from starvation or severe malnutrition.
➡ 오늘날 세상의 많은 아이들이 _____ 이나 심각한 _____ 로 고통받고 있다.

09 The disaster made it necessary to call in the National Guard to restore order.
➡ _____ 으로 인해 파괴된 것을 원상복구하기 위해서 주 방위군의 원조가 필요했다.

10 The region was struck by a strong hurricane.
➡ 강력한 폭풍이 그 지역을 _____.

11 The house appeared gloomy in the thunderstorm.
➡ _____ 가 치는 날이면 그 집은 음침해 보였다.

12 My car was badly crushed in the accident.
➡ 내 차는 그 사고로 심하게 _____.

13 High winds and lightning strikes can damage power poles, which can cause the electricity to go out for a period of time.
➡ 강풍과 벼락은 전신주에 손상을 입힐 수 있고 이로 인해 일정 시간 전기가 _____ 수 있다.

Reading V.O.C.A
506

>>> Part 6 자연과학    >>> Chapter 3 환경과 자연현상

14 The typhoon assaulted the Hawaiian islands with strong winds and heavy rains.
➡ _____이 강한 바람과 폭우를 동반하여 하와이 섬들을 쓸고 갔다.

15 The government will provide temporary accommodations for the homeless.
➡ 정부는 _____ 사람들을 위해 일시적인 숙박시설을 제공할 것이다.

16 Destroyed houses and cars were evidence of the catastrophe.
➡ _____ 집과 차들로 큰 재해가 일어났다는 것을 알 수 있었다.

17 The deluge made the roads impassable.
➡ _____로 인해 길을 통행할 수 없었다.

18 The river flooded and inundated the entire village.
➡ 강물이 _____해서 마을 전체를 _____.

19 Due to the flood, the whole village was submerged.
➡ 홍수 때문에 온 마을이 _____.

20 Television footage showed firefighters climbing cars to rescue people.
➡ 텔레비전 _____에서는 소방관들이 사람들을 구조하기 위해 차에 오르는 것을 보여주었다.

21 The fire fighter rescued the little girl from the burning building.
➡ 소방관은 불타고 있는 건물에서 어린 소녀를 _____.

22 Intense rains are often followed by flood and inundation.
➡ _____가 내린 다음에는 종종 홍수와 침수가 일어난다.

23 Indiana was declared a disaster area due to tornadoes and flooding.
➡ 인디애나는 토네이도와 홍수로 인해 _____으로 선포되었다.

24 After the disaster, the president declared a state of emergency.
➡ 재난이 있은 후 대통령은 _____를 공포했다.

>>> 정답
01. 엄청난   02. 다시 채웠다   03. 갈라졌다   04. 가뭄   05. 장기간의
06. 극심한   07. 기근   08. 굶주림, 영양실조   09. 재난   10. 덮쳤다
11. 폭풍우   12. 박살 났다   13. 나갈   14. 태풍   15. 집을 잃은
16. 파괴된   17. 홍수   18. 범람, 침수시켰다   19. 물에 잠겼다   20. 화면
21. 구조했다   22. 집중 호우   23. 재해 지역   24. 비상사태

Reading V.O.C.A
507

>>> Part 6 Natural Science
>>> Chapter 3 Environment & Natural Phenomenon

>>> Theme 120 **Earthquake**

An **earthquake**[01] is the result of a sudden release of stored energy in the Earth's **crust**[02] that creates **seismic waves**[03]. At the Earth's surface, earthquakes may manifest themselves by a **shaking**[04] or **displacement**[05] of the ground. Sometimes, they cause **tsunamis**[06], which may lead to **loss of life**[07] and **destruction**[08] of property. An earthquake is caused by **tectonic**[09] **plates**[10] getting stuck and **putting a strain on**[11] the ground. The strain becomes so great that **rocks**[04] give way by breaking and **sliding**[12] along **fault planes**[13]. An earthquake's point of initial ground **rupture**[14] is called its **focus**[15] or **hypocenter**[15]. The term **epicenter**[16] means the point at **ground level**[17] directly above this.

Earthquakes **are measured with**[18] a **seismometer**[19], commonly known as a **seismograph**[19]. An earthquake's **magnitude**[20] is ranked on **the Richter scale**[21]. Earthquakes with magnitudes less than 3 occur **daily**[22], and are generally not felt by people at the surface. A magnitude of 3 to 5 is considered minor, while a **quake**[01] with a magnitude of 5 to 7 is moderate to strong. At the higher end, these quakes can be **destructive**[08] to cities. Earthquakes from 7 to 8 are major; about fifteen of these occur annually. Every year, at least one earthquake with a magnitude over 8 – a "great" quake – **wreaks havoc**[22]. An earthquake with a magnitude of 10 has never been measured, but it would create widespread devastation.

>>> 해석

지진은 지진파를 만들어내는 지구의 지각에 저장된 에너지의 갑작스러운 방출의 결과이다. 지구의 표면에서 지진은 지면의 흔들림이나 지면의 위치이동으로 나타난다. 때때로, 지진은 생명을 앗아가거나 재산을 파괴하는 쓰나미를 일으킨다. 지진은 지면에 들러 붙어서 엄청난 압력을 가하는 지각판에 의해 일어난다. 그 압력은 너무 커져서 암반이 단층면을 따라 부서지거나 미끄러짐으로서 무너지게 된다. 지진으로 인해 최초로 땅의 균열이 일어난 지점을 진원지 또는 진원이라고 부른다. 진앙은 진원 바로 위의 지표점이다.
지진은 흔히 seismograph로 알려져 있는 지진계로 측정한다. 지진의 규모(진도)는 리히터 척도로 기록된다. 진도 3 이하의 지진은 매일 일어나며, 일반적으로 지표면에서는 사람이 거의 느끼지 못한다. 진도 3에서 5까지는 소형 지진으로 여겨지는 반면, 진도 5~7까지는 중간 정도에서 강한 지진에 속한다. 7에 가까운 지진은 도시를 파괴할 수도 있다. 진도 7에서 8까지의 지진은 대형 지진이며, 매년 약 15회 정도 발생한다. 해마다 최소 한 차례 이상의 진도 8을 넘는 지진 즉, 대지진은 막대한 피해를 입힌다. 진도 10의 지진은 한 번도 관측되지 않았지만, 일어난다면 대대적인 파괴를 초래할 것이다.

>>> 어구

**release** 배출, 방출  **surface** 표면  **manifest** 나타내다  **initial** 최초의  **annually** 해마다  **widespread** 광범위한

>>> 구문

- ~ is called its focus or hypocenter/ ~ is considered minor [5형식 수동태]
  그것(지진)의 진원지라고 부른다/ 소형으로 여겨진다

- An earthquake with a magnitude of 10 has never been measured ~ [현재완료: 경험]
  진도 10의 지진은 한 번도 관측된 적이 없다

>>> Part 6 자연과학  >>> Chapter 3 환경과 자연현상

>>> Theme 120  **지진** ▶

01 **earthquake** [ə́:rθkweik] 지진
- earthquake zone[belt] 지진대
- a major earthquake 대형 지진
- a minor earthquake 소형 지진, 약진
- strong[powerful, violent] earthquake 강진
  - 동 quake 지진; 떨다, 마구 흔들리다
  - 관 aftershock (큰 지진 후의) 여진

02 **crust** [krʌst] 1. 지각, 표면
  2. (빵) 껍질, 외피
- the earth's crust 지구의 지각

03 **seismic** [sáizmik] 지진의, 지진에 관한
- seismic waves 지진파
- the seismic center[focus] 진원지
- seismic activity 지진활동
- seismic test 내진 테스트

04 **shake** [ʃeik] 1. 흔들리다, 흔들다; 흔들기
  2. 떨다, 떨리다; 떨림
  - 동 rock 암석, 암반; 뒤흔들다
  - 동 quiver (가볍게) 떨다
    shiver/tremble (추위나 공포로 몸을) 떨다, 떨리다; 전율
    tremor 흔들림, 떨림; 전율

05 **displacement** [displéismənt] (제자리를 벗어난) 이동
  ⓥ displace 옮겨 놓다; 대신하다

06 **tsunami** [tsuná:mi] 쓰나미(지진성 해일)
  ※ 바다 밑에서 지진 등의 지각 변동이 일어날 때 해일이 동시에 발생해 해안 지방에 큰 피해를 주는 것(일본어에서 유래)

07 **loss of life** 인명손실
  - 관 fatality 재난으로 인한 사망자
    casualties 사상자(사망+부상)
    death toll 사망자 수
    victim 희생자 sufferer 피해자, 이재민

08 **destruction** [distrʌ́kʃən] 파괴, 파멸, 말살
  ⓐ destructive 파괴적인

09 **tectonic** [tektánik] 지질 구조의, 구조의
- tectonic plate 지각판
  ※ 판을 이루어 움직이고 있는 지각의 표층

10 **plate** [pleit] 1. (지각의) 암판
  2. (납작한) 접시; 번호판, 명판
- tectonic plate motion 지각판의 운동

11 **strain** [strein] 1. 압력, 압박
  2. 부담, 중압감, 긴장
  3. 팽팽하게 잡아당기다, 긴장시키다
- put a strain on ~에 중압을 가하다, 짓누르다

12 **slide** [slaid] 미끄러지다, 미끄러지듯 움직이다
  - 관 landslide 산사태

13 **fault** [fɔ:lt] 1. 단층
  2. 잘못, 단점, 결함, 실수
- fault plane 단층면, 단층지대 ※ 지각을 구성하고 있는 지층, 암석 등이 하나의 면을 경계로 어긋난 경계면
- fault line 단층선 ※ 단층면이 지표면과 만나는 선

14 **rupture** [rʌ́ptʃər] 파열, 균열; (관계의) 결렬

15 **hypocenter** [háipəsèntər] (지진의) 진원지
  - 동 the seismic center[focus] 진원지

16 **epicenter** [épəsèntər] 진앙
  - 관 진원(hypocenter)은 지진을 일으키며 에너지가 처음 방출된 지점이며, 진앙(epicenter)은 진원에서 연직으로 지표면과 만나는 지점이다.

17 **ground level** 지상, 지반면; 1층

18 **measure** 재다, 측정하다; (치수, 길이 등이) ~이다
- be measured with a seismometer 지진계로 측정되다

19 **seismometer** [saizmɑ́mətər] / **seismograph**
  지진계 ※ 지진에 의한 지면의 진동을 측정하는 장치
  - 관 seismology 지진학  seismologist 지진학자

20 **magnitude** [mǽgnətjù:d] 1. 지진의 규모, 진도
  2. (엄청난) 규모

21 **the Richter scale** (지진의 규모를 나타내는) 리히터 척도
- register 8 on the Richter scale 진도 8을 기록하다
  - 관 scale 규모, 저울(의 눈금); 축척; 비늘

22 **havoc** [hǽvək] 대파괴, 큰 피해
- wreak havoc on ~을 크게 파괴하다
  = make havoc of
  = play[create, work] havoc with

>>> Part 6 Natural Science
>>> Chapter 3 Environment & Natural Phenomenon

>>> Theme 120 **Review Test**

01 The region experienced aftershocks for days after the earthquake.
➡ 그 지역에는 _____이 끝나고 며칠 동안 _____이 있었다.

02 The earth's crust repeatedly rises and falls.
➡ _____은 침강과 융기를 반복한다.

03 Seismic waves are created by the release of energy in the crust.
➡ _____는 지각의 에너지가 방출되면서 생성된다.

04 The earthquake shook the villages located along the San Fernando valley.
➡ San Fernando 계곡을 따라 위치한 마을들은 지진으로 _____.

05 Earth Crust Displacement theory still hasn't been accepted by the scientific community.
➡ 지구 지각 _____설은 여전히 과학계에서 받아들여지지 않고 있다.

06 An underwater earthquake caused a tsunami that devastated several Asian countries.
➡ 해저의 지진은 몇몇 아시아 국가를 초토화시킨 _____를 일으켰다.

07 The earthquake has led to widespread loss of life.
➡ 그 지진은 대대적인 _____을 가져왔다.

08 The tsunami caused great destruction of property.
➡ 그 _____로 인해 대규모 재산이 _____되었다.

09 Earthquakes are caused by two tectonic plates bumping into each other.
➡ 지진은 두 개의 _____이 서로 충돌하면서 발생한다.

10 These plates are moving perpetually and sometimes slide past each other.
➡ 이러한 _____들은 끊임없이 움직이고 있으며 때로는 서로서로 미끄러지며 지나간다.

11 The steel beams broke under the strain.
➡ 강철 빔은 _____을 못 이기고 부러졌다.

12 When the plates slide past each other, it releases a shock wave.
➡ 두 개의 판이 서로 _____ 때, 충격파가 발생한다.

Reading V.O.C.A
510

¹³ Earthquakes usually occur along fault lines, or cracks that occur within the Earth's crust.
→ 지진은 항상 _____, 즉 지각 내에 발생하는 틈을 따라 발생한다.

¹⁴ Earthquakes are caused mostly by rupture of geological faults, but also by other events, such as volcanic activity, landslides, and nuclear tests.
→ 지진은 주로 지질 단층의 _____에 의해 일어나지만, 화산활동, 산사태, 핵실험 같은 다른 일에 의해서도 일어난다.

¹⁵ The hypocenter is the point within the earth where an earthquake rupture starts.
→ _____는 지진의 균열이 시작되는 지구 내의 지점이다.

¹⁶ The seismologist attempts to predict the epicenter of the next quake.
→ 지진학자는 다음 지진이 일어날 _____를 예측하려고 시도한다.

¹⁷ The focus is located deep underground while the epicentre is at ground level.
→ 진원은 지하 깊은 곳에 있지만, 진앙은 _____에 있다.

¹⁸ Earthquakes can be measured with a seismograph.
→ 지진은 _____ 수 있다.

¹⁹ The seismometers are instruments for detecting Earth motions and recording Earth's movements.
→ _____는 지구 운동을 탐지하고 지구의 움직임을 기록하는 도구이다.

²⁰ The earthquake measured 6.5 in magnitude.
→ 그 지진은 _____ 6.5로 측정되었다.

²¹ The strongest earthquake ever recorded happened on May 22, 1960 in Chile, and it registered 9.5 on the Richter scale.
→ 지금까지 가장 강했던 지진은 1960년 5월 22일에 칠레에서 발생했으며, _____에서 9.5를 기록하였다.

²² The earthquake wreaked havoc on the city.
→ 지진은 그 도시를 _____.

>>> 정답

01. 지진, 여진  02. 지각  03. 지진파  04. 흔들렸다  05. 이동
06. 쓰나미(지진 해일)  07. 인명손실  08. 쓰나미, 파괴  09. 지각판  10. 판
11. 압력  12. 미끄러짐  13. 단층선  14. 균열  15. 진원지
16. 진앙지  17. 지상  18. 지진계로 측정될  19. 지진계  20. 진도
21. 리히터 척도  22. 크게 파괴했다

## >>> 분야별 용어정리 [6] 자연과학

### 1. 우주

■ **Aerospace** (항공우주)

celestial body 천체
elliptical orbit 타원형 궤도
orbit flight 궤도 비행
trajectory (로켓이 그리는) 궤적
extraterrestrial 지구(대기권) 밖의
outer space 대기권 밖의 공간
apogee 원지점(달이 공전 중에 지구에서 가장 멀리 떨어져 있게 되는 지점)
perigee 근지점(달의 공전 궤도상에서 지구에 가장 가까운 지점)
gravity 중력, 인력
zero G 무중력(zero gravity)
weightlessness 무중력 상태
gravity field 인력권
injection 인공위성이나 우주선을 궤도에 진입시킴
launch (우주선의) 발사
launcher 발사대
propellant (로켓의) 추진체
thrust (우주선의) 추진력
lunar landing 달 착륙
mother ship (우주선의) 모선
rendezvous (우주선의) 만남
docking 도킹, 우주선의 결합
space engineering 우주공학
space junk 우주 폐기물
space outfit 우주복
space tug 우주 예인선
splashdown 우주선의 귀환
NASA 미국 항공 우주국
UFO 유에프오, 미확인 비행 물체
(unidentified flying object)
E.T. /extraterrestrial 외계인
alien 외계인, 외국인

■ **Astronomy** (천문학)

astronomer 천문학자
(astronomical) observatory 천문대
Hubble telescope 허블망원경
celestial body 천체
celestial sphere 천구
starry 별이 많은, 별모양의
stellar 별의, 항성의, 별이 많은
interstellar 항성 간의, 성간
nebula 성운(수천억 개의 별들로 이루어진 집단)
galaxy/Milky Way 은하계
galactic 은하계의, 은하수의
extragalactic 은하계 밖의
light year 광년
(초속 약 30만km로 빛이 1년간 나아가는 거리)
eclipse 식(어떤 천체가 비치던 빛을 잠시 가리어 다른 천체의 일부 또는 전부를 어둡게 하는 현상)
 - lunar eclipse 월식
 - solar eclipse 일식
 - total lunar eclipse 개기월식
spiral 나선형
ellipse 타원형
cluster of stars 성단(별의 무리)
globular cluster 구상성단
(수만 개의 별들이 공 모양으로 무리지어 있는 것)

■ **Constellation** (별자리)

Polaris 북극성
Andromeda 안드로메다 자리
(지구로부터 88광년 떨어져 있는 은하로서 가을의 초저녁 동쪽 하늘에 보이는 별자리)
Cassiopeia 카시오페이아 자리
(북극성을 끼고 북두칠성과 맞은편에 있는 별자리)
Big Dipper 북두칠성

■ **Cosmology** (우주론)

cosmology 우주론
(우주의 기원·구조를 연구하는 천문학의 한 부문)
cosmogony/cosmogeny 우주생성론
astrobiology 우주생물학
protostar 원시성(항성으로 진화하게 될 성간의 가스와 먼지의 집합체)
nova 신성(어둡던 별이 수주일 내에 수만 배 갑자기 밝아졌다가 다시 서서히 어두워지는 별)
supernova 초신성(별이 폭발하면서 생기는 엄청난 에너지를 순간적으로 방출하여 그 밝기가 평소의 수억 배에 이르렀다가 서서히 낮아지는 현상)
big bang 우주 대폭발
(우주 생성의 시발이라고 하는 가스체의 폭발)
black hole 블랙홀
(중력이 너무 커서 빛조차도 빠져나갈 수 없는 천체)
white hole 화이트홀
(블랙홀의 반대개념으로 우주공간에서 반드시 물질이 그 내부로는 절대 들어갈 수 없는 내뿜기만 하는 세계)
worm hole 웜홀
(블랙홀과 화이트홀로 연결된 우주 내의 통로)

■ **Astrology** (점성술)

astrology 점성술
astrologer 점성술사
horoscope 별자리점

zodiac 황도 십이궁
Aries 양자리
Taurus 황소자리
Gemini 쌍둥이자리
Cancer 게자리
Leo 사자자리
Virgo 처녀자리
Libra 천칭자리
Scorpio 전갈자리
Sagittarius 궁수자리
Capricorn 염소자리
Aquarius 물병자리
Pisces 물고기자리

### 2. 생물

■ **Biology** (생물학)

taxonomy 생물분류학
nomenclature 학명, (분류법상) 명명
ornithology 조류학
herpetology 파충류학
entomology 곤충학
mammalogy 포유류학, 동물학
microbiology 미생물학, 세균학
ichthyology 어류학
mycology 균류학
zoology 동물학
botany 식물학 cf. botanist 식물학자
linnaeus 린네(스웨덴의 식물학자)
biochemistry 생화학
physiology 생리학
bioengineering 생체공학
bionics 생체공학
embryology 발생학
histology 조직학
biophysics 생물물리학
homeostasis 생체항상성
phenetics 표현학
genetics 유전학
protein 단백질
phosphorous 인
amino acid 아미노산
mitochondria 미토콘드리아
chloroplast 엽록체
chlorophyll 엽록소
photosynthesis 광합성
phototroph 광합성 생물
autotroph 자가 영양생물

metabolism 신진대사
antibody 항체
serum 혈청

## 3. 지질학

■ Geology (지질학)
Archeozoic era 시생대
(지구표면이 형성된 최초의 시대)
Proterozoic era 원생대
(25억 년 전~5억 7,000만 년 전까지의 지질시대)
phanerozoic eon 현생대
(약 38억 년부터 역사 시대가 시작되는 1만 년까지의 기간)
─ Paleozoic 고생대/Mesozoic 중생대/
 Cenozoic 신생대
petrology 암석학
Structural geology 구조지질학
stratigraphy 지층학
geography 지리학
geochemistry 지구화학
meteorology 기상학
paleontology 고생물학
sedimentology 퇴적학
pedology/soil science 토양학
oceanics 해양학

## 4. 에너지

■ Nuclear Energy (원자력)
nuclear[atomic] reactor 원자로
core 원자로의 노심
coolant 냉각제
meltdown 원자로 노심의 용융
radioisotope 방사성 동위원소
reprocessing 재처리

■ Nuclear Weapon (핵무기)
strategic nuclear weapon 전략핵무기
nuclear armament 핵무장
nuclear power 핵보유국
nuclear freeze 핵무기 동결
nuclear deterrent 핵 억지력
nuclear umbrella 핵우산
nuclear proliferation 핵확산
NPT 핵확산 방지 조약
 (Nonproliferation Treaty)
nuclear arms reduction 핵 군축

nuclear disarmament 핵 군축
nuclear inspection 핵사찰
IAEA 국제 원자력 기구
 (International Atomic Energy Agency)
nuclear warhead 핵탄두
nuke 핵무기, 수소폭탄
hydrogen bomb 수소폭탄
atomic bomb 원자폭탄
conventional weapon 재래식 무기
fallout 방사능 낙진
radioactive cloud 방사능 구름
EMP 핵폭발에 의해 생기는 전자기 충격파
(Electromagnetic Pulse)

## 5. 기상

■ Climatology (기후학)
atmospheric pressure 기압
high atmospheric pressure/
anticyclone 고기압
low atmospheric pressure 저기압
trough 기압골
cold front 한랭전선
warm front 온난전선
tropical front 열대전선
troposphere 대류권
stratosphere 성층권
westerlies 편서풍
southeaster 남동풍
discomfort index 불쾌지수
cold wave 한파
mercury 수은주
thermometer 온도계
thaw 해빙
tidal wave 해일
chance of rain 비 올 확률
lull (비·바람·폭풍우의) 진정, 잠잠함
maximum wind speed 최대풍속
clear 쾌청
generally fair 대체로 맑음
generally[mostly] cloudy 대체로 흐림
partly cloudy 곳에 따라 흐림
occasionally cloudy 가끔 흐림

## 6. 재해

■ Volcano (화산)
volcano eruption 화산폭발
active volcano 활화산
dormant[inactive] volcano 휴화산
volcanic region 화산지대
volcanic ash 화산재
lava 용암
magma 마그마
basalt 현무암(용암이 굳어진 돌)
granite 화강암

# Appendix 1 — Branches of Science 학문의 분야

* discipline 학과, 학문의 부문(a subject that people study or are taught, especially in a university)
* branch 부문, 분과(a division of an area of knowledge or a group of languages)

## Natural science [자연과학]

| | |
|---|---|
| astrology 점성학, 점성술 | Astrology is the study of the movements of the planets, sun, moon, and stars in the belief that these movements can have an influence on people's lives. |
| astronomy 천문학 | Astronomy is the scientific study of the stars, planets, and other natural objects in space. |
| astrophysics 천체 물리학 | Astrophysics is the study of the physical and chemical structure of the stars, planets, and other natural objects in space. |
| geology 지질학 | Geology is the study of the Earth's structure, surface, and origins. |
| geophysics 지구 물리학 | Geophysics is the branch of geology that uses physics to examine the earth's structure, climate, and oceans. |
| petrology 암석학 | Petrology is a field of geology that focuses on the study of rocks and the conditions on which they form. |
| gem(m)ology 보석학 | Gemology is the science, art and profession of identifying and evaluating gemstones. |
| geography 지리학 | Geography is the study of the countries of the world and of such things as the land, seas, climate, towns, and population. |
| cosmology 우주론, 우주철학 | Cosmology is the study of the origin and nature of the universe. |
| physics 물리학 | Physics is the scientific study of forces such as heat, light, sound, pressure, gravity, and electricity, and the way that they affect objects. |
| chemistry 화학 | Chemistry is the scientific study of the structure of substances and of the way that they react with other substances. |
| physiology 생리학 | Physiology is the scientific study of how people's and animals' bodies function, and of how plants function. |
| biology 생물학; 생태학(=ecology) | Biology is the science which is concerned with the study of living things. |
| microbiology 미생물학 | Microbiology is the branch of biology which is concerned with very small living things such as bacteria and their effects on people. |
| biochemistry 생화학 | Biochemistry is the study of the chemical processes that happen in living things. |
| bacteriology 세균학 | Bacteriology is the science and the study of bacteria. |
| ecology 생태학(=bionomics) | Ecology is the study of the relationships between plants, animals, people, and their environment, and the balances between these relationships. |
| zoology 동물학 | Zoology is the biological discipline which involves the study of animals. |
| botany 식물학 | Botany is the scientific study of plants. |
| entomology 곤충학 | Entomology is the study of insects. |
| ornithology 조류학 | Ornithology is the study of birds. |
| ichthyology 어류학 | Ichthyology is the branch of zoology devoted to the study of fish. |
| eugenics 우생학, 인종개량법 | Eugenics is the study of methods to improve the human race by carefully selecting parents who will produce the strongest children. |
| euthenics 생활 개선학, 환경 우생학 | Euthenics deals with human improvement through altering external factors such as education and the controllable environment, including the prevention and removal of contagious disease and parasites, environmentalism, education regarding home economics, sanitation, and housing. |
| meteorology 기상학 | Meteorology is the study of the processes in the Earth's atmosphere that cause particular weather conditions, especially in order to predict the weather. |
| climatology 기후[풍토]학 | Climatology is the study of climate, scientifically defined as weather conditions averaged over a period of time, and is a branch of the atmospheric sciences. |
| oceanography 해양학 | Oceanography is the scientific study of sea currents, the sea bed, and the fish and animals that live in the sea. |
| electronics 전자 공학, 일렉트로닉스 | Electronics is the technology of using transistors and silicon chips, especially in devices such as radios, televisions, and computers. |
| aeronautics 항공학 | Aeronautics is the science of designing and building aeroplanes. |
| sitology 식품학, 영양학 | Sitology is the scientific study of food, diet, and nutrition. |
| dietetics 식이요법(학) | Dietetics is the scientific study of diet and healthy eating. |

## ❖ Cultural sciences [인문과학]

- theology 신학 — Theology is the study of the nature of God and of religion and religious beliefs.
- ethics 윤리, 도덕; 윤리학 — Ethics is the study of questions about what is morally right and wrong.
- civics 국민윤리 — Civics is the study of the rights and duties of the citizens of a society.
- philosophy 철학, 형이상학 — Philosophy is the study or creation of theories about basic things such as the nature of existence, knowledge, and thought, or about how people should live.
- (a)esthetics 미학 — Aesthetics is a branch of philosophy concerned with the study of the idea of beauty.
- linguistic 언어학 — Linguistics is the study of the way in which language works.
- phonology 음운학, 음운론 — In linguistics, phonology is the study of speech sounds in a particular language.
- phonetics 음성학, 발음학 — In linguistics, phonetics is the study of speech sounds.
- etymology 어원학, 어원연구, 품사론 — Etymology is the study of the origins and historical development of words.
- semantics 의미론 — Semantics is the branch of linguistics that deals with the meanings of words and sentences.
- morphology 형태학; [언어]형태론 — The morphology of something is its form and structure. In linguistics, morphology refers to the way words are constructed with stems, prefixes, and suffixes.
- philology 비교언어학, 문헌학 — Philology is the study of words, especially the history and development of the words in a particular language or group of languages.
- graphology 필적학, 필적 관상법 — Graphology is the study of people's handwriting in order to discover what sort of personality they have.
- archaeology 고고학 — Archaeology is the study of the societies and peoples of the past by examining the remains of their buildings, tools, and other objects.

## ❖ Social science [사회과학]

- anthropology 인류학, 문화인류학 — Anthropology is the scientific study of people, society, and culture.
- ethnology 민족학, 인종학 — Ethnology is the branch of anthropology that compares and analyzes the origins, distribution, technology, religion, language, and social structure of the ethnic, racial, and/or national divisions of humanity.
- ethnography 기술 민족학 — Ethnography is the branch of anthropology in which different cultures are studied and described.
- ergonomics 인간공학 — Ergonomics is the study of how equipment and furniture can be arranged in order that people can do work or other activities more efficiently and comfortably.
- sociology 사회학 — Sociology is the study of society or of the way society is organized.
- politics 정치학, 정치 — Politics is the study of the ways in which countries are governed.
- economics 경제학 — Economics is the study of the way in which money, industry, and trade are organized in a society.
- jurisprudence 법률학, 법리학 — Jurisprudence is the study of law and the principles on which laws are based.
- forensics 법의학 — Forensics is the use of scientific techniques to solve crimes.
- criminology 범죄학 — Criminology is the scientific study of crime and criminals.
- psychology 심리학 — Psychology is the scientific study of the human mind and the reasons for people's behaviour.
- statistics 통계학 — Statistics is a branch of mathematics concerned with the study of information that is expressed in numbers.
- gerontology 노인학 — Gerontology is the study of the process by which we get old, how our bodies change, and the problems that old people have.
- pedagogy 교육학 — Pedagogy is the study and theory of the methods and principles of teaching.
- pedology
  1. 소아학, 육아학(pediatrics) — Pedology (paidology, paedology) is the study of children's behavior and development, not to be confused with pedagogy, which is the art or science of teaching.
  2. 토양학 — Pedology is the study of soils in its natural environment.

## Medical science [의학]

| | | |
|---|---|---|
| ☐ | p(a)ediatrics 소아과(학) | Paediatrics is the area of medicine that is concerned with the treatment of children's illnesses. |
| ☐ | genetics 유전학 | Genetics is the study of heredity and how qualities and characteristics are passed on from one generation to another by means of genes. |
| ☐ | immunology 면역학 | Immunology is a broad branch of biomedical science that covers the study of all aspects of the immune system in all organisms. |
| ☐ | phrenology 골상학 | Phrenology is the study of the size and shape of people's heads in the belief that you can find out about their characters and abilities from this. |
| ☐ | embryology 발생학, 태생학 | Embryology is the scientific study of embryos and their development. |
| ☐ | cardiology 심장학 | Cardiology is the study of the heart and its diseases. |
| ☐ | neurology 신경학 | Neurology is the study of the structure, function, and diseases of the nervous system. |
| ☐ | pathology 병리학 | Pathology is the study of the way diseases and illnesses develop. |
| ☐ | etiology 병인론, 인과 관계학, 원인론 | Etiology (alternately aetiology, aitiology) is the study of causation. |
| ☐ | orthop(a)edics 정형 외과(학) | orthop(a)edics is the branch of medicine concerned with injuries and diseases of the bones or muscles. |
| ☐ | pharmacology 약학, 약리학 | Pharmacology is the branch of science relating to drugs and medicines. |
| ☐ | obstetrics 산과학, 산파술 | Obstetrics is the branch of medicine that is concerned with pregnancy and giving birth. |
| ☐ | gyn(a)ecology 부인과 의학 | Gynaecology is the branch of medical science which deals with women's diseases and medical conditions. |
| ☐ | anatomy 해부학 | Anatomy is the study of the structure of the bodies of people or animals. |

## (The Science of) Agriculture [농학]

| | | |
|---|---|---|
| ☐ | horticulture 원예학 | Horticulture is the study and practice of growing plants. |
| ☐ | forestry 임학, 조림학 | Forestry is the science or skill of growing and taking care of trees in forests. |
| ☐ | dendrology 수목학 | Dendrology is the science of trees, and more generally the study of woody plants. Woody plants may be trees, shrubs, and lianas. |
| ☐ | pomology 과수 원예학 | Pomology is a branch of botany that studies and cultivates fruits. |
| ☐ | agronomics 작물학, 농업경영학 | Agronomics was a branch of economics that specifically dealt with land usage. |

# Appendix 2 — Abbreviation & Acronym 약어와 두문자

| 약어 | 원어 및 의미 |
|---|---|
| AAM | (air-to-air missile) 공대공미사일 |
| ABA | (American Bankers Association) (미) 미국은행협회 |
| ABM | (anti-ballistic missile) 미사일요격용 미사일 |
| ADA | (Americans with Disabilities Act) (미) 장애인 차별 금지법 |
| ADA | (American Dental Association) (미) 치과 의사회 |
| ADB | (Asian Development Bank) 아시아개발은행 |
| ADB | (African Development Bank) 아프리카 개발 은행 |
| ADEA | (Age Discrimination in Employment Act) (미) 고용 시 연령차별금지법 |
| ADP | (automated data processing) 컴퓨터에 의한 자동 정보 처리 |
| ADR | (American Depositary Receipt) 미국예탁증권 |
| AFL-CIO | (American Federation of Labor and Congress of Industrial Organization) 미국 노동 총연맹 산업별 조합회의 |
| AGI | (adjusted gross income) 필요 경비를 뺀) 조정 후 총소득 |
| AI | (Artificial Intelligence) 인공지능 |
| AI | (Amnesty International) 국제사면위원회 |
| AICPA | (American Institute of Certified Public Accountants) (미) 공인회계사협회 |
| AIDS | (acquired immune deficiency syndrome) 에이즈, 후천성면역결핍증 |
| a.m. | (ante meridiem) 오전 ↔ p.m.(post meridiem) 오후 |
| AM | (amplitude modulation) 진폭 변조(라디오의 AM) cf. FM |
| AMA | (American Management Association) (미) 경영자협회 |
| AMEX | (American Stock Exchange) 아메리칸 증권거래소 |
| AMM | (anti-missile missile) 미사일요격용 미사일 |
| AOL | (absent over leave) (군대에서) 휴가기간을 넘기고 귀대하지 않은 |
| AOL | (America Online) 미국의 인터넷 회사 |
| APB | (all-points bulletin) (미) 전국 지명 수배 |
| APEC | (Asia-Pacific Economic Cooperation) 아시아 태평양 경제 협력 각료 회의 |
| APO | (Asian Productivity Organization) 아시아 생산성 기구 |
| APR | (annual percentage rate) 연이율 |
| ARS | (Agricultural Research Service) (미) 농업 연구소 |
| ARS | (audio[automated] response system) 음성[자동] 응답 시스템 |
| ASAP | [éisæp] (as soon as possible) (메일) 가능한 한 빨리 |
| ASEAN | (Association of Southeast Asian Nations) 동남아시아 국가연합 |
| ASEM | (Asia-Europe Meeting) 아시아 – 유럽 정상회의 |
| ASM | (air-to-surface missile) 공대지미사일 |
| ATM | (automated teller machine) 현금자동출납기 |
| AWACS | (airborne warning and control system) 공중 조기 경계 관제 시스템 |
| BBS | (bulletin board system) 전자 게시판 시스템 |
| BD | (Blu-ray Disc) 블루레이 디스크(DVD 다음의 차세대 저장장치) |
| BIOS | (basic input/output system) 바이오스 (컴퓨터 기본 입출력 시스템) |
| BIS | (Bank for International Settlements) 국제결제은행 |
| BLS | (Bureau of Labor Statistics) (미) 노동 통계국 |
| BL/BOL | (bill of lading) 선하증권 |
| BOD | (biochemical oxygen demand) 생화학적 산소요구량 cf. COD |
| BPS | (bits per second) 초당 비트 수(송수신되는 데이터 속도 측정 단위) |
| B/S | (balance sheet) 대차대조표 cf. P&L 손익 계산서 |
| C/A | (capital account, current account) (부기) 자본금 계정, 당좌예금 |
| CAD | (computer-aided design) 컴퓨터 이용 설계 |
| CAI | (computer-aided instruction) 컴퓨터 이용 학습 |
| CATV | (cable television) 유선 텔레비전 |
| CB | (convertible bond) 전환 사채 |
| CBO | (Congressional Budget Office) (미) 연방 의회 예산국 |
| CBT | (Computer-based TOEFL) 컴퓨터 기반 토플시험 cf. IBT |
| CC/cc | (carbon copy) 복사 |
| CD | (cash dispenser) 현금자동지급기 |
| CD | (certificate of deposit) 양도성 예금증서 |
| CD-ROM | (compact disc, read-only memory) 씨디롬 |
| CEA | (Council of Economic Advisers) (미) 대통령경제자문위원회 |
| CI | (corporate identity) 기업 이미지 통합 전략 |
| CI | (composite index) 경기종합지수 |
| DI | (diffusion index) 경기동향지수 |
| CEO | (chief executive officer) 최고 경영자 |
| COO | (chief operating officer) 업무최고책임자 |
| CFO | (chief financial officer) 재무담당최고책임자 |
| CMO | (Chief Marketing Officer) 마케팅 최고경영자 |
| CERN | (Conseil Européen pour la Recherche Nucleaire) 유럽 원자핵 공동 연구소 |
| CFC | (chlorofluorocarbon) 염화불화탄소, 프레온 가스 |
| CFP | (certified financial planner) 공인 파이낸셜 플래너 |
| CFTC | (Commodities Futures Trading Commission) (미) 상품 선물 거래 위원회 |
| CGI | (computer-generated imagery) 컴퓨터 생성 화상 |
| CIA | (Central Intelligence Agency) (미) 중앙정보국 |
| CID | (criminal investigation department) 런던 경찰국의 형사부 |
| CIF | (cost, insurance, freight) 운임·보험료 포함 가격 |
| CIS | (Commonwealth of Independent States) 독립 국가 연합 |
| CITO | (Charter of International Trade Organization) 국제 무역 헌장 |
| CLU | (Chartered Life Underwriter) 공인 생명 보험사 |
| CPCU | (Chartered Property and Casualty Underwriter) 공인손해보험사 |
| CPI | (consumer price index) 소비자 물가 지수 |
| CM | (commercial message) (라디오·TV의) 광고 방송 |
| CME | (Chicago Mercantile Exchange) 시카고상업거래소(세계2위의 선물거래소) |
| Co. | (company) 회사 |
| COCOM | (Coordinating Committee for Export to Communist Area) 대공산권수출통제위원회 |
| COD | (cash on delivery or collect on delivery) 대금 상환 인도 |
| COD | (Chemical Oxygen Demand) 화학적산소요구량 cf. BOD |
| COLA | (cost of living adjustment) 생계비 조정 |
| COMECON | (Council for Mutual Economic Assistance) 코메콘, 공산권경제상호원조회의 |
| CP | (commercial paper) 상업어음, 기업어음 |
| CPA | (certified public accountant) 공인회계사 |
| CPI | (consumer price index) 소비자물가지수 |
| CPM | (Cost per thousand) 광고매체에서 1,000명에 광고를 전달하는데 소요되는 비용 |
| CPS | (characters per second) 초당 컴퓨터 프린터 속도 |
| CPU | (central processing unit) 컴퓨터 중앙 처리 장치 |
| CRE | (Commission for Racial Equality) (영) 인종 차별 방지 위원회 |
| CRT | (cathode ray tube) (모니터) 음극선관 |
| CYA | (cover your ass) 〈채팅〉 너 몸조심해라. |
| DAC | (Development Assistance Committee) 개발원조위원회 |
| DBA | (Doctor of Business Administration) 경영학 박사 |
| DIF | (data interchange format) 데이터 교환 형식 |
| DJIA/Dow | (Dow Jones Industrial Average) 다우존스 산업평균지수 |
| DMZ | (demilitarized zone) 비무장지대 |
| DNS | (domain name server) 도메인 네임서버 |
| DOD | (Department of Defense) (미) 국방부(Pentagon) |
| DOA | (Department of Agriculture) (미) 농무부 |
| DOA | (dead on arrival) (의료) 도착시 이미 사망 |
| DOL | (Department of Labor) (미) 노동부 |
| DOS | (disk operating system) (컴퓨터) 도스, 디스크 운영 체제 |
| DOT | (Department of Transportation) (미) 교통부 |
| DP | (data processing) (컴퓨터에 의한) 데이터 처리 |
| DPI | (dot per inch) 프린터 해상도의 측정 단위 cf. cpi(characters per inch) 인치당 문자수 |
| DPRK | (democratic people's republic of Korea) 북한, 조선민주주의 인민공화국 |
| DTP | (desktop publishing) 전자출판 |
| EAP | (employee assistance program) 근로자 지원 프로그램 |
| EC | (European Community) 유럽공동체(EU의 전신) |
| EU | (European Union) 유럽연합 |
| EEC | (European Economic Community) 유럽 경제 공동체 |
| EMS | (European Monetary System) 유럽통화제도 |
| EIB | (European Investment Bank) 유럽투자은행 |
| EMU | (European Economic and monetary union) 유럽통화연맹 |
| ECOSOC | (Economic and Social Council) (유엔) 경제사회이사회 |
| EEOC | (Equal Employment Opportunity Commission) 미연방 고용 기회 균등 위원회 |
| EER | (energy efficiency ratio) 에너지 효율비 |
| EEZ | (Exclusive Economic Zone) 배타적 경제수역 |
| EFT | (electronic funds transfer) 온라인 이체 |
| EOQ | (economic order quantity) 경제적 주문량 |
| EPA | (Environmental Protection Agency) (미) 환경보전청 |
| EQ | (emotional quotient) 감성지수 cf. IQ 지능지수 |
| ERISA | (Employee Retirement Income Security Act) (미) 종업원퇴직소득보장법 |
| ESCAP | (Economic and Social Commission for Asian and the Pacific) (유엔) 아시아태평양 경제사회위원회 |
| ESOP | (employee stock ownership plan) 종업원 지주 제도 |
| ESC | (Economic and Social Council) 유엔 경제 사회 이사회 |

|  |  |
|---|---|
| ETS | (Educational Testing Service) (미) 교육평가원 |
| FAA | (Federal Aviation Administration) (미) 연방항공국 |
| FAO | (Food and Agriculture Organization) 국제연합식량농업기구 |
| FAQ | (frequently asked questions) (인터넷) 빈번하게 묻는 질문 |
| FAS | (free alongside ship) 선측 인도 (가격) |
| FOB | (free on board) 본선인도(가격에 선적 운임이 포함됨 ) |
| FASB | (Financial Accounting Standards Board) (미) 재무회계기준위원회 |
| FBI | (Federal Bureau of Investigation) (미) 연방수사국 |
| FCC | (Federal Communication Commission) 미국 연방 통신 위원회 |
| FDA | (Food and Drug Administration) (미) 식품의약국 |
| FDIC | (Federal Deposit Insurance Corporation) (미) 연방예금보험공사 |
| Fed | (Federal Reserve System) (미) 연방 준비 제도 |
| fedex | (Federal Express) 택배로 부치다 cf. FedEx 페덱스(미국 특송업체) |
| FHA | (Federal Housing Administration) (미) 연방 주택국 |
| FICA | (Federal Insurance Contributions Act) (미) 연방 보험 기여법 |
| FIFA | (Fédération Internationale de Football Association) 국제축구연맹 |
| FIBA | (Fédération Internationale de Basket–ball) 국제 농구연맹 |
| FIG | (Fédération Internationale de Gymnastique) 국제체조연맹 |
| FIFO | (first in, first out) (회계) 선입 선출법 cf. lifo 후입선출법 |
| FM | (frequency modulation) 주파수 변조(라디오의 FM) cf. AM |
| FMLA | (Family and Medical Leave Act) (미) 가족 의료 휴가법 |
| FMV | (fair market value) 공정시장가치 |
| NMAF | ((Fannie Mae) Federal National Mortgage Association) (미) 연방 저당권 협회 |
| FTA | (Free Trade Agreement) 자유 무역 협정 |
| GNMA | ((Ginnie Mae) Government National Mortgage Association) (미) 정부 저당 금고 |
| FOMC | (Federal Open Market Committee) (미) 연방 공개 시장 위원회 |
| FORTRAN | (Formula Translation) 과학 기술 계산용 프로그램을 나타내는 언어 |
| FRB | (Federal Reserve Bank/ Federal Reserve Board) (미) 연방준비은행, (미) 연방준비제도이사회 |
| FRG | (Federal Republic of Germany) 독일연방공화국 |
| FTC | (Federal Trade Commission) (미) 연방 통상 위원회 |
| FTP | (file transfer protocol) (컴퓨터) 파일 전송을 위한 프로토콜 |
| FY | (fiscal year) 회계 연도 |
| FYI | (for your information) (채팅) 참고해, 참조로 |
| G-10 | (Group of Ten Nations) 10개국 재무장관 회의 |
| G-7 | (Group of Seven Nations) 7개 선진국(미국·일본·영국·프랑스·독일·이탈리아 캐나다) |
| GAAP | (generally accepted accounting principles) 일반 회계 원칙 |
| GAO | (General Accounting Office) (미) 회계 감사원 |
| GATT | (General Agreement on Tariffs and Trade) 관세 및 무역에 관한 일반협정 |
| GDP | (gross domestic product) 국내총생산 |
| GNP | (gross national product) 국민총생산 |
| GI | (government issue) (미) 일반 사병 |
| GIC | (guaranteeed interest contract) 이율보증 보험계약 |
| GIF | (graphic interchange format) (컴퓨터) 정지 화상을 압축하기 위한 규격 |
| GMO | (genetically modified organism) 유전자 변형 농산물 |
| GMT | (Greenwich mean time) 그리니치 표준시 |
| GPO | (General Post Office) (영) 중앙 우체국 |
| GPO | (Government Printing Office) (미) 정부인쇄국 |
| GTC order | (good–till–canceled order) (증권) 취소주문을 낼 때까지 유효한 주문 |
| GUI | (graphical user interface) (컴퓨터) 그래픽 사용자 인터페이스 |
| HDTV | (high density television) 고화질 텔레비전 |
| UDTV | (ultra definition television) 초고선명 텔레비전(HDTV의 4배 화질) |
| HHS | (Department of Health and Human Services) (미) 보건 사회복지부 |
| HIV | (human immunodeficiency virus) 후천성 면역결핍증, 에이즈 |
| HR | (human resources) 인적 자산, 회사에 고용된 직원 |
| HAS | (health savings account) (미) 건강예금구좌 |
| HTML | (hypertext markup language) (인터넷) 하이퍼텍스트 기술용 언어 |
| HTTP | (hypertext Transport Protocol) (인터넷) 데이터 통신 규약 |
| HUD | (Housing and Urban Development) (미) 주택·도시 개발부 |
| Hz | (hertz) 헤르츠(진동수의 단위) cf. MHz(megahertz) |
| I/O | (input-output) 입출력 |
| IAEA | (International Atomic Energy Agency) 국제원자력기구 |
| IATA | (International Air Transport Association) 국제 항공 운송 협회 |
| IARU | (International Amateur Radio Union) 국제 아마추어 무선연맹 |
| IBF | (International Boxing Federation) 국제 복싱연맹 |
| IBT | (Internet–based TOEFL) 인터넷 기반 토플시험 |
| IBRD | (International Bank for Reconstruction and Development) 국제부흥개발은행 |
| IC | (integrated circuit) 집적회로 |
| ICAO | (International Civil Aviation Organization) 국제민간항공기구 |
| ICBM | (intercontinental ballistic missile) 대륙간탄도탄 |
| ICC | (International Chamber of Commerce) 국제 상공 회의소 |
| ICC | (Interstate Commerce Commission) 국제휴전감시위원회 |
| ICJ | (the International Court of Justice) 국제사법재판소 |
| ICPO | (International Criminal Police Organization) 국제형사경찰기구 |
| ICRC | (International Committee of the Red Cross) 국제적십자위원회 |
| ID | (identification) 신분증, 신분확인 |
| IDO | (International Disarmament Organization) 국제 군축 기구 |
| IEA | (International Energy Agency) 국제에너지기구 |
| IFJ | (International Federation of Journalists) 국제기자연맹 |
| IHO | (International Hydrographic Organization) 국제수로기구 |
| ILO | (International Labor Organization) 국제노동기구 |
| IMF | (International Monetary Fund) 국제통화기금 |
| IMO | (International Maritime Organization) 국제 해사 기구 |
| Inc. | (Incorporated) (미국에서 회사명 뒤에 쓰임) 주식회사 |
| IOC | (International Olympic Committee) 국제 올림픽 위원회 |
| IOU | (I Owe You) 약식차용증서 |
| IQ | (intelligence quotient) 지능지수 cf. EQ 감성지수 |
| LTD | (Limited) (영국에서 회사명 뒤에 붙여) 유한 책임의 |
| INF | (intermediate–range nuclear forces) 중거리핵전력 |
| IRBM | (intermediate–range ballistic missile) 중거리탄도탄 |
| IOC | (International Olympic Committee) 국제올림픽위원회 |
| IP | (Internet protocol) 인터넷 규약 |
| IPI | (International Press Institute) 국제 신문 편집자 협회 |
| IPO | (initial public offering) 기업공개 |
| IPR | (intellectual property rights) 지적 재산권 |
| IRA | (individual retirement account) (미) 개인 퇴직금 적립 계정 |
| IRA | (Irish Republican Army) 아일랜드공화국군 |
| IRC | (internet relay chat) 실시간 인터넷 채팅 |
| IRS | (Internal Revenue Service) (미) 국세청 |
| ISBN | (International Standard Book Number) 국제 표준 도서 번호 |
| ISSN | (International Standard Serial Number) 국제표준 축차 간행물 번호 |
| ISDN | (integrated services digital network) 종합정보통신망 |
| ISO | (International Organization for Standardization) 국제 표준화 기구 |
| ISU | (International Skating Union) 국제빙상연맹 |
| ITC | (International Trade Commission) (미) 국제 무역 위원회 |
| ITO | (International Trade Organization) 국제 무역 기구 |
| IWW | (Industrial Workers of the World) 세계산업노동조합 |
| JSA | (Joint Security Area) (판문점) 공동경비구역 |
| JIT | (just–in–time inventory or just–in–time manufacturing) 적기공급생산 |
| KGB | (Komitet Gosudarst vennoi Bezopasnosti(Committee of State Security)) (구소련)국가보안위원회 |
| KISS | (keep it simple stupid) (채팅) 간단 명료하게 |
| LAN | (local area network) 랜, 근거리 통신망 |
| LAWN | (local area wireless network) 무선근거리통신망 |
| LBO | (leveraged buyout) 매수 예정 회사의 자본을 담보로 한 차입금에 의한 기업 매수 |
| L/C | (Letter of credit) 신용장 |
| LCD | (liquid crystal display) 액정 표시 장치 |
| LED | (light–emitting diode) 발광 다이오드 |
| LDC | (less developed country) 저개발국 |
| LLDC | (least less–developed countries) 후발도상국 |
| LDP | (Liberal Democratic Party) 일본 자민당 |
| LIBOR | (London Interbank Offer Rate) 런던 은행 간 자금 대출 금리 |
| LIFO | (last in, first out) 후입 선출법 cf. FIFO 선입 선출법 |
| LNG | (liquefied natural gas) 액화 천연 가스 |
| LTV | (loan to value ratio) 담보가치(주택가격) 대비 대출비율 |
| M&A | (merger and acquisition) 기업 인수 합병 |
| MAI | (Multilateral Agreement on Investment) 다자간 투자 협정 |
| MBA | (master of business administration) 경영 관리학 석사 |
| MBO | (management by objectives) 목표 관리 |
| MC | (master of ceremonies) 진행자, 사회자 |

|  |  |
|---|---|
| MFN | (most-favored nation) (외교) 최혜국 |
| MIA | (missing in action) (미) 전시 행방불명 |
| MICR | (magnetic ink character recognition) 자기 잉크 문자 판독 |
| MIPS | (million instructions per second) (컴퓨터 속도 단위) 밉스, 초당 100만 명령 실행 |
| MIS | (management information systems) 경영[관리] 정보 체계 |
| MOU | (memorandum of understanding) 양해각서 |
| MSA | (Mutual Security Act) (미) 상호 안전 보장법 |
| MSG | (monosodium glutamate) 글루탐산소다(인공 조미료 원료로 쓰이는 화학 물질) |
| NASA | (National Aeronautics and Space Administration) (미) 항공우주국 |
| NASD | (National Association of Securities Dealers) 미국 증권업 협회 |
| NASDAQ | (National Association of Securities Dealers Automated Quotation) 나스닥 |
| NATO | (North Atlantic Treaty Organization) 북대서양조약기구 |
| NAV | (net asset value) (주식 회사의) 1주(株)당 순자산 가치 |
| NBA | (National Basketball Association) 미국 프로 농구 협회 |
| NBC | (nuclear, biological and chemical) 핵·생물·화학 무기 |
| NFA | (National Futures Association) (미) 선물업협회 |
| NGO | (nongovernmental organization) 비정부기구 |
| NICS | (newly industrializing countries) 신흥공업국 |
| NIES | (newly industrializing economies) 신흥공업경제지역 |
| NIMBY | (not in my back yard) 님비(자기 주거 지역 안에 혐오시설 설치를 반대하는 주민) |
| NLRB | (National Labor Relations Board) (미) 전국 노동 관계 위원회 |
| NNP | (net national product) 국민 순생산 |
| NOI | (net operating income) 순영업이익 |
| NOL | (net operating loss) 순영업손실 |
| NPV | (net present value) 순현재가치 |
| NRC | (Nuclear Regulatory Commission) (미) 원자력 규제 위원회 |
| NSC | (National Security Council) (미) 국가 안전보장 회의 |
| NYPD | (New York City Police Department) 뉴욕시 경찰청 |
| NYSE | (New York Stock Exchange) 뉴욕증권거래소 |
| OA | (office automation) 사무자동화 |
| OAPEC | (Organization of Arab Petroleum Exporting Countries) 아랍석유수출국기구 |
| OAU | (Organization of African Unity) 아프리카 통일 기구 |
| OECD | (Organization for Economic Cooperation and Development) 경제협력개발기구 |
| OPEC | (Organization of Petroleum Exporting Countries) 석유수출국기구 |
| OAS | (Organization of American States) 미주기구 |
| OAU | (Organization of African Unity) 아프리카통일기구 |
| OCR | (optical character recognition) (컴퓨터) 광학식 문자 해독 장치 |
| OEM | (original equipment manufacturer) 주문자 상표 제품의 제조 |
| OJT | (on-the-job training) 직장내 훈련 |
| OSHA | (Occupational Safety and Health Administration) (미) 노동 안전 위생국 |
| OTC drug | (over-the-counter drug) 의사 처방없이 직접 살 수 있는 약 |
| OTC market | (over-the-counter market) (미) 장외 증권시장 |
| P&L | (profit and loss statement) 손익 계산서 cf. B/S 대차대조표 |
| P/E | (price/earnings ratio) 주가이익비율 |
| PAC | (Political Action Committee) (미) 정치 활동 위원회(기업이나 노동조합 등의 이익단체가 조직한 선거운동조직) |
| PBX | (private branch exchange) 구내 교환기 |
| PDA | (personal digital assistant) 개인 휴대용 정보 단말기 |
| PECC | (Pacific Economy Cooperation Council) 태평양경제협력위원회 |
| PKO | (peacekeeping operations) UN의 평화 유지 활동 |
| PIC | (personal identification code) (컴퓨터) 개인용 식별 코드 |
| PIN | (personal identification number) (컴퓨터) 개인 식별 번호 |
| PL | (price index) 물가 지수 |
| PL | (product liability) (불량 상품에 대해 생산자가 지는) 제조물 책임 |
| PLO | (Palestine Liberation Organization) 팔레스타인해방기구 |
| PM | (prime minister) (영) 수상 |
| p.m. | (post meridiem) 오후 ↔ a.m.(ante meridiem) 오전 |
| POW | (prisoners of war) 전쟁포로 |
| PPI | (producer price index) 생산자 물가 지수 |
| PPP | (purchasing power parity) 구매력 평가 지수 |
| PR | (public relations) 홍보활동, 선전 |
| prefab | (prefabricated house) 조립십 주택 |
| PSA | (public service announcement) 공공 부문의 공고 |
| PUD | (planned unit development) 계획단위개발 |
| PV | (present value) 현재가치, 현가 |
| R&D | (research and development) 연구 개발 |
| REIF | (real estate investment trust) (미) 부동산 투자 신탁 |
| RFP | (request for proposal) 제안 요청서, 입찰요청서 |
| RGB | (red, green, and blue) 적·녹·청을 혼합하여 원하는 색을 만드는 방식(주로 TV에 사용) |
| CMYK | (cyan, magenta, yellow, black) 주로 인쇄에 사용되는 색 조합방식 |
| MISRIF | (reduction in force) 예산 감축에 의한 공무원의 감원 |
| RIMPAC | (Rim of the Pacific Exercise) 림팩, 환태평양국가합동연습 |
| ROI | (return on investment) 투자 수익 |
| SARS | (severe acute respiratory syndrome) 사스, 급성호흡기증후군 |
| SALT | (Strategic Arms Limitation Talks) 전략무기제한교섭 |
| SAT | (Scholastic Aptitude Test) (미) 대학수능시험 |
| GRE | (Graduate Record Examination) (미) 대학원 입학 자격시험 |
| SBA | (Small Business Administration) (미) 중소기업청 |
| SDI | (Strategic Defense Initiative) (미) 전략방위구상 |
| SDR | (special drawing right) 특별인출권 |
| SEC | (Securities and Exchange Commission) (미) 증권 거래 위원회 |
| SIG | (special interest group) 특수 이익 집단 |
| SIPC | (Securities Investor Protection Corporation) (미) 증권 투자가 보호 기관 |
| SKU | (stock-keeping unit) 재고 관리 코드 |
| SMSA | (Standard Metropolitan Statistical Area) (미) 표준 대도시 지구 |
| SOP | (standard operating procedure) 표준 처리 절차 |
| SOC | (social overhead capital) 사회간접자본(도로, 항만 등) |
| SOFA | (Status of Forces Agreement) (한미) 주둔군 지위 협정 |
| SPD | (Sozialdemokratisch Partei Deutschlands) 독일사회민주당 |
| SSA | (Social Security Administration) (미) 사회 보장국 |
| SSI | (Supplemental Security Income) (미) 보조적 보장 소득 |
| START | (Strategic Arms Reduction Talks) 전략무기삭감교섭 |
| TC | (traveler's check) 여행자 수표 |
| TOB | (take-over bid) 주식공개매수제도 |
| TQM | (total quality management) 종합 품질 관리 |
| UFO | (unidentified flying object) 미확인비행물체, 유에프오 |
| UN | (United Nations) 국제 연합, 유엔 |
| UNAEC | (United Nations Atomic Energy Commission) 국제연합 원자력위원회 |
| UNCMAC | (United Nations Command Military Armistice Commission) 유엔군 사령부 군사 정전 위원회 |
| UNCTAD | (United Nations Conference on Trade and Development) 유엔무역개발회의 |
| UNEP | (United Nations Environment Program) 유네프, 유엔 환경 계획 |
| UNESCO | (United Nations Educational Scientific and Cultural Organization) 유네스코, 유엔 교육 과학 문화 기구 |
| UNGA | (United Nations General Assembly) 유엔총회 |
| UNHCR | (United Nations High Commissioner for Refugees) 유엔난민고등판무관 |
| UNICEF | (the United Nations Children's Fund) 유니세프, 유엔 아동 기금 |
| UNIDO | (UN Industrial Development Organization) 유엔산업개발기구 |
| UNSC | (United Nations Security Council) 유엔 안전 보장 이사회 |
| UPC | (universal product code) (미) 통일 상품 코드 |
| UPU | (Universal Postal Union) 만국 우편 연합 |
| URL | (Uniform resource locator) 인터넷 웹주소 |
| USTR | (U.S. Trade Representative) 미 무역대표부 |
| VA | (Veteran's Administration) (미) 재향군인 관리국 |
| VAN | (value added network) 부가가치통신망 |
| VAT | (value-added tax) 부가가치세 |
| VGA | (video graphic array) 영상 출력 (구현) 어댑터 |
| VIP | (very important person) 귀빈, 요인 |
| VP | (vice president) 부통령 |
| WCO | (World Customs Organization) 세계 관세 기구 |
| WEF | (World Economic Forum) 세계경제포럼 |
| WFP | (World Food Program) 유엔 세계 식량 계획 |
| WMO | (World Meteorological Organization) 유엔 세계 기상 기구 |
| WTO | (World Trade Organization) 세계무역기구 |
| WWF | (World Wide Fund for Nature) 세계자연보호기금 |
| WPI | (wholesale price index) 도매물가지수 |
| WWW | (World Wide Web) 월드 와이드 웹 |